NÓS QUE LUTAMOS COM DEUS

NÓS QUE LUTAMOS COM DEUS

PERCEPÇÕES DO DIVINO

JORDAN B. PETERSON

ALTA BOOKS
GRUPO EDITORIAL
Rio de Janeiro, 2025

Nós que Lutamos com Deus

ISBN: 978-85-508-2673-8

Alta Books é uma Editora do Grupo Editorial Alta Books.

Translated from original We Who Wrestle With God © 2024 by Jordan Peterson. ISBN 978-0-593-54253-8. This translation is published and sold by Penguin Random House, the owner of all rights to publish and sell the same. PORTUGUESE language edition published by Starlin Alta Editora e Consultoria Eireli, Copyright © 2025 by STARLIN ALTA EDITORA E CONSULTORIA LTDA.

Impresso no Brasil — 1ª Edição, 2025 — Edição revisada conforme o Acordo Ortográfico da Língua Portuguesa de 2009.

Dados Internacionais de Catalogação na Publicação (CIP)
(BENITEZ Catalogação Ass. Editorial, MS, Brasil)

P485n
1.ed. Peterson, Jordan
Nós que lutamos com Deus : percepções do divino / Jordan Peterson ; tradução Wendy Campos. - 1.ed. - Rio de Janeiro : Alta Books, 2025.
576 p.; il.; 15,7 x 23 cm.

Título original: We who wrestle with God.
ISBN 978-85-508-2673-8

1. Cristianismo - Filosofia. 2. Deus. 3. Histórias bíblicas. 4. Mitologia. 5. Psicologia. 6. Religiões. I. Campos, Wendy. II. Título.

04-2025/143 CDD 220.95

Índice para catálogo sistemático:
1. Histórias bíblicas : Cristianismo 220.95
Aline Graziele Benitez - Bibliotecária - CRB-1/3129

Grupo Editorial Alta Books

Produção Editorial: Grupo Editorial Alta Books
Diretor Editorial: Anderson Vieira
Editor da Obra: Jose Ruggeri
Vendas Governamentais: Cristiane Mutüs
Gerência Comercial: Claudio Lima

Produtor Editorial: Thiê Alves
Tradução: Wendy Campos
Copidesque: Helena Coutinho
Revisão: Vanessa Schreiner; Denise Himpel
Diagramação: Joyce Matos

ALTA BOOKS
GRUPO EDITORIAL

Rua Viúva Cláudio, 291 — Bairro Industrial do Jacaré
CEP: 20.970-031 — Rio de Janeiro (RJ)
Tels.: (21) 3278-8069 / 3278-8419
www.altabooks.com.br — altabooks@altabooks.com.br
Ouvidoria: ouvidoria@altabooks.com.br

Editora **afiliada à:**
ASSOCIADO

À minha recém-falecida mãe,

Beverley Ann Peterson,

que, como todos nós, lutou com Deus

(ela, na maioria das vezes, com alegria).

SUMÁRIO

CADÁVER-CONSOLO

Não, não, cadáver-consolo, Desespero, não me banquetearei de ti;
Nem desatarei — por mais tíbios — os últimos laços de homem em mim
Ou, por mais exaurido, gritar *não posso mais*. Eu posso, sim;
Posso, esperança, e anseio que o dia venha, não escolho não ser.
Mas, ah! Ó terrível, por que urge sobre mim
Teu esmagador pé direito, opressor do mundo? Ergue tua pata de leão contra mim?
Observa com olhos sombrios e devoradores meus ossos dilacerados? E sopra,
Ó, em tormentas de tempestade, destroçado estou; frenético para evitar-te e fugir?

Por quê? Para que minha palha voe; meu grão caia, puro e limpo.
Não, em todo aquele esforço, aquele flagelo, desde que (parece) beijei o chicote,
Ou a mão, então, meu coração, ei-lo! Ganhou força, roubou alegria, quis rir, aplaudir.
Mas aplaudir quem? O herói cuja mão celestial me lançou e o pé me pisoteou?
Ou eu, que lutei com ele? Ó, qual dos dois? Ambos? Aquela noite, aquele ano
De escuridão, agora terminada, eu, miserável, estava lutando com (meu Deus!) meu Deus.[1]

Versões anteriores da última estrofe:

De escuridão encerrada, em que eu, miserável, lutei, me debati com Deus.
Agora, tudo terminado, sei que, miserável, lutei, me debati com Deus.
Em que, ao fim de tudo, sei que lutei, eu me debati com Deus.
De escuridão, enfim terminada, eu, miserável, lutei e me debati.

— *Gerald Manley Hopkins (1885)*

A história dos Seres supremos de estrutura celeste é de grande importância para a compreensão da história religiosa da humanidade como um todo. Não será possível escrevê-la aqui, nestas poucas páginas, mas não podemos deixar de mencionar um fato que nos parece capital: os Seres supremos de estrutura celeste têm tendência a desaparecer do culto; "afastam-se" dos homens, retiram-se para o Céu e tornam-se *dei otiosi*. Numa palavra, pode se dizer que esses deuses, depois de terem criado o Cosmos, a vida e o homem, sentem uma espécie de "fadiga", como se o enorme empreendimento da Criação lhes tivesse esgotado os recursos. Retiram-se, pois, para o Céu...[2]

— *Mircea Eliade, O Sagrado e o Profano* (1959)

PRENÚNCIO: A VOZ CALMA E BAIXA

Começamos nossa jornada, nossa luta com Deus, com uma história única. Uma história que apresenta uma ideia de notável relevância, na forma dramática típica das narrativas bíblicas — uma ideia que pode nos ajudar a compreender por que devemos explorar essas antigas histórias, cada vez mais esquecidas. É a fábula de Elias, também conhecido como Elijah, que nos oferece uma das mais fundamentais caracterizações ou definições de Deus. O profeta em questão viveu na época do rei Acabe e de sua esposa Jezabel, no século IX a.C. Embora sua história seja breve, Elias se destaca entre os profetas por duas razões: sua estranha partida da Terra e sua aparição, muito mais tarde, ao lado de Moisés e de Jesus de Nazaré no topo do monte Tabor durante a Transfiguração, quando Jesus revelou sua identidade divina para seus discípulos (Mateus 17:1–9; Marcos 9:2–8 e Lucas 9:28–37). Esse termo, *transfiguração,* foi empregado pelos tradutores latinos do texto original em grego, que se referem ao evento por meio da palavra *metamorphoō,* com suas conotações de transformação qualitativa da lagarta em borboleta. Seres humanos crescem e se desenvolvem conforme amadurecem — presumindo que amadureçam — de uma maneira quase tão radical quanto o inseto alado. Como o apóstolo Paulo observa em 1 Coríntios 13:11: "Quando eu era criança, falava como criança, entendia como criança, pensava como criança; mas quando eu me tornei homem, eu coloquei de lado as coisas infantis." Está longe de ser irrelevante o fato de que a palavra grega *psyché* (ψυχή) — raiz da qual deriva o termo *psicologia*; o significante para a alma ou espírito humano — tenha o sentido literal de borboleta.

Por mais profunda que seja essa conexão entre alma e borboleta, não é o único motivo para comparação. Borboletas também são capazes de impressionantes proezas de navegação. E nessa capacidade navegacional e, talvez, na brevidade de sua vida e em suas restrições, elas se assemelham aos seres humanos, que viajaram de seu ponto de origem na África para todos os cantos do planeta, por mais distantes e inóspitos que fossem. Esses insetos de asas delicadas também são belos, excepcionalmente simétricos e incríveis em sua capacidade de perceber beleza e simetria, características que buscam ao selecionar seus parceiros. São capazes de detectar desvios em ambas as qualidades com impressionante precisão. Isso revela uma elevada capacidade de julgamento em relação ao ideal: outra capacidade que esses insetos, criados à perfeição, compartilham com a psique humana. Por que tudo isso é relevante para a história de Elias e para a compreensão da vida? Porque a morte e o posterior ressurgimento do profeta na companhia do Cristo transfigurado são representativas, ou simbólicas, da capacidade da psique para a transmutação qualitativa e revolucionária.

Somos informados em 2 Reis 2:1 que Elias é levado corporeamente aos céus, ainda vivo, um privilégio que o Antigo Testamento concede apenas a ele e ao profeta Enoque (Gênesis 5:24). Naturalmente, um dos pilares da tradição cristã é que Jesus ascende aos céus após sua ressurreição em um evento semelhante (Lucas 24:50–53; Atos 1:9–11). Grande parte do cristianismo também aceita o dogma da Assunção de Maria, a ascensão de seu corpo e sua alma aos céus após sua morte, mas esse fenômeno é limitado a essas ocorrências. A ascensão ou assunção ao reino divino denota a presença de alguém muito notável. No momento da assunção de Elias, ele está na companhia de Eliseu, seu discípulo e sucessor. Eles viajavam de Gilgal para Betel, lugares de extrema importância bíblica. Gilgal, por exemplo, é o local onde os israelitas ergueram um memorial a Deus, para celebrar a passagem segura pelo rio Jordão rumo à terra prometida (Josué 4:19–24). Betel, por sua vez, significa "casa de Deus" e aparece pela primeira vez em Gênesis 28:10–22 como o local onde Jacó sonha com uma escada que alcança o céu, pela qual anjos — mediadores entre o homem e o divino — subiam e desciam. Nesse sonho, Deus reafirma a Jacó o pacto que fizera com

Abraão e Isaque, prometendo-lhe numerosa prole, terras e proteção divina. Qualquer história que retrate seus heróis movendo-se de um local importante para outro de equivalente ou maior relevância é, em essência, um relato sobre a própria ideia de "jornada significativa" — uma trajetória de vida trilhada da maneira mais corajosa e significativa possível. Portanto, é apropriado que a última e mais grandiosa aventura de Elias ocorra a caminho de Betel, o local da visão da Escada de Jacó. Ele está na companhia de Eliseu:

> E sucedeu, quando eles haviam partido, que Elias disse a Eliseu: Pede-me o que devo fazer por ti, antes que de ti eu seja tomado. E Eliseu disse: Rogo-te que uma porção dobrada do teu espírito seja sobre mim.
>
> E ele disse: Pediste dura coisa: Todavia, se me vires quando eu for tomado de ti, assim se sucederá para contigo; mas se não, assim não se sucederá.
>
> E sucedeu que, enquanto eles ainda seguiam adiante, e conversavam, apareceu ali uma carruagem de fogo, e cavalos de fogo, e os separaram a ambos; e Elias subiu por um turbilhão de vento ao céu.
>
> E Eliseu viu isto, e bradou: Meu pai, meu pai, a carruagem de Israel, e os seus cavaleiros! E ele não mais o viu. E ele agarrou as suas próprias vestes e as rasgou em dois pedaços.
>
> *2 Reis 2:9–12*

Assim, Elias é levado ao Reino de Deus, da mesma maneira que o grande navegador e admirador da beleza do mundo dos insetos alça voo aos céus após sua metamorfose. A ascensão do profeta ao reino divino prepara o cenário para sua aparição póstuma ao lado de Jesus no topo do monte Tabor:

> E, seis dias depois, tomou Jesus consigo a Pedro, e a Tiago, e a João, seu irmão, e os conduziu à parte a um alto monte.
>
> E transfigurou-se diante deles; e a sua face resplandeceu como o sol, e as suas vestes estavam brancas como a luz.
>
> E eis que lhes apareceram Moisés e Elias, falando com ele.

> Então, respondendo Pedro, disse a Jesus: Senhor, é bom estarmos aqui; se queres, façamos aqui três tabernáculos, um para ti, um para Moisés, e um para Elias.
>
> E, enquanto ainda falava, eis que uma nuvem luminosa os cobriu. E da nuvem saiu uma voz que dizia: Este é o meu amado Filho, em quem me comprazo; escutai-o.
>
> E os discípulos, ouvindo isso, caíram sobre as suas faces, e temeram muito.
>
> *Mateus 17:1–6*

Uma transformação igualmente impressionante é descrita nos relatos sobre Moisés: "E ao descer Moisés do monte Sinai, as duas tábuas do testemunho estavam na mão de Moisés quando desceu do monte, não sabia Moisés que a pele da sua face resplandecia enquanto falava com ele. E quando Arão e todos os filhos de Israel viram Moisés, eis que a pele da sua face resplandecia. E temeram aproximar-se dele" (Êxodo 34:29–30). Essa resplandecência é a manifestação do ápice supremo, por assim dizer, do que é normalmente humano — uma indicação da descida do divino ao profano, ou da ascensão do profano ou mundano aos céus.

Portanto, faz todo sentido, em termos simbólicos, que essas transformações de caráter ou transmutações da psique ocorram no topo de montanhas. O cume da montanha sagrada é o local mítico onde o céu e a terra se tocam, onde o meramente material encontra o transcendental e o divino. Além disso, a vida pode ser bem representada como uma série de jornadas ao topo da montanha. Para os pessimistas, esse é o temido destino de Sísifo, condenado a empurrar uma rocha montanha acima só para vê-la rolar até a base, em um processo infinito. Um intérprete mais otimista da vida, porém, pode enxergar as oportunidades para a transformação pessoal. Quando escalamos uma nova montanha e chegamos ao cume — isto é, atingimos nosso objetivo —, significa que concluímos algo com sucesso, concretizamos uma visão proximal e nos tornamos mais do que éramos antes. Ao alcançar o topo, ao menos da escalada atual, conseguimos ver tudo o que está diante de nós, incluindo o próximo desafio — a próxima oportunidade para ação, amadurecimento e crescimento;

o próximo chamado para o sacrifício transformacional. O progresso ascendente e contínuo representado por escaladas montanha acima, cada uma com sua experiência culminante, é uma variação do caminho da ascensão simbolizado pela Escada de Jacó, a subida em espiral rumo aos céus e ao Reino de Deus, onde a figura do Próprio Deus reluz no ponto mais alto — no ápice da montanha mais alta imaginável.

Há muito mais na história de Elias do que sua assunção ao reino de Deus e sua transformação final. O grande profeta viveu na época que Israel e Judá eram reinos divididos. Naquele tempo, o povo de Israel era governado pelo rei Acabe, que o converteu para a adoração de outros deuses além de Yahweh (Jeová), o tradicional deus de Abraão, Isaque e do povo escolhido. Esse desvio de propósito foi uma consequência direta do casamento de Acabe e Jezabel, uma abastada princesa fenícia — que, após o matrimônio, apresentou seus falsos deuses ao marido. Baal, o deus de escolha de Jezabel, era a divindade fenícia e canaanita da natureza, responsável pela fertilidade, chuva, trovão, relâmpago e orvalho. A nova esposa de Acabe, uma mulher bastante determinada, matou a maioria dos profetas de Yahweh durante sua tentativa de estabelecer a supremacia de Baal. O texto bíblico ressalta que o marido de Jezabel, inteiramente à mercê da influência da esposa: "[...] fez mais do que todos os reis de Israel antes dele para provocar a ira do Senhor Deus de Israel" (1 Reis 16:33). Elias adverte o rei sobre os perigos de sua fraqueza e idolatria, afirmando que as consequências de seu reinado equivocado serão anos de seca tão severa que até o orvalho cessará.

Como Baal era o deus atribuído à chuva provedora da vida, a seca prevista por Elias claramente minou a autoridade do deus e de seus sacerdotes, além de abalar a confiança do povo em Acabe, seu rei, e em Jezabel. O motivo narrativo do "reino sedento" empregado nesse fragmento é um tropo simbólico de grande significado. Já foi retratado, por exemplo, na obra-prima de animação *O Rei Leão*, da Disney. Scar, o diabólico irmão do rei de direito, destrona Mufasa, o legítimo Rei das Terras do Reino, e exila seu filho Simba para as margens do reino. Como consequência, a chuva cessa e os animais que serviam de alimento aos leões desaparecem. Quando Simba retoma o trono, a chuva volta a cair. O conto de fadas *A Água da Vida*, dos Irmãos Grimm, desenvolve esse tema, apresentando-o como a aventura de um menino, caçula de três irmãos, encarregado de buscar a água que restaurará as forças do pai moribundo. O Livro do Êxodo faz referência a algo semelhante, no contraste entre a rigidez pétrea do intransigente faraó e a maestria dinâmica de Moisés sobre as águas. Quando o princípio errado é estabelecido como supremo — quando um falso rei assume o trono ou um éthos ímpio prevalece —, o povo rapidamente se vê privado da própria água da vida. Em termos mais profundos, porém, um reino centrado no pilar errado — que adora os deuses errados, por assim dizer — sofre tanto psicológica quanto espiritualmente.

Depois de anunciar a seca e se retirar para o deserto, onde é de início alimentado por corvos e bebe água de um riacho, as provisões do profeta se esgotam. De pronto, Deus ordena que Elias procure uma viúva na cidade de Sarepta. Elias a encontra junto a um poço e lhe pede pão e água. Ela responde: "Vive o Senhor teu Deus, nem um bolo tenho, senão um punhado de farinha em uma barrica, e um pouco de azeite em um cântaro; e eis que estou ajuntando dois gravetos, para que eu possa entrar e prepará-lo para mim e para o meu filho, para que possamos disso comer, e morrer" (1 Reis 17:12). Elias a tranquiliza, dizendo que Deus não permitirá que a privação recaia sobre seu lar: "Porque assim diz o Senhor Deus de Israel: A barrica de farinha não se esgotará, tampouco do cântaro de azeite faltará, até o dia em que o Senhor enviar chuva sobre a terra" (1 Reis 17:14). Pode parecer estranho que um emissário de Deus precise recorrer a uma pobre viúva para o próprio sustento. Mas as narrativas bíblicas são sutis e sofisticadas. Aqui, a história de Elias enfatiza, primeiro, a importância até mesmo dos mais humildes (a viúva, nesse caso); segundo, a necessidade de orientação moral mesmo sob condições de privação (a disposição da viúva em oferecer hospitalidade, uma obrigação que será revisitada em nossa análise); e, terceiro, a abundância como algo dependente da orientação moral adequada por parte de todos, independentemente do status de quem a pratica.

A influência indevida e manipuladora que a esposa do rei fraco exerce sobre seu inepto e incrédulo marido ameaça a integridade do próprio Estado. Em parte, ela representa a atração, em geral perigosa, por ideias e costumes estrangeiros que podem invadir e permear uma sociedade sob o disfarce de algo criativo, sofisticado e novo. Antes que surja a objeção — "Os autores das histórias bíblicas eram inaceitavelmente preconceituosos e até xenofóbicos" —, é relevante considerar alguns personagens do Antigo Testamento, como o sogro de Moisés, Jetro, que desempenha um papel importante no Livro de Êxodo (veja, em especial, 18:17–23); Raabe, uma corajosa e leal prostituta de Jericó (Josué 2); e Naamã (2 Reis 5), cuja humildade e fé possibilitaram sua cura pelas mãos de Eliseu. Todos eles são indivíduos que, apesar ou até por causa de sua origem estrangeira, conseguem ter um olhar imparcial e agir com moralidade, desempenhando, portanto, um papel corretivo quando os israelitas se corrompem. Às vezes, o novo parasita envenena; outras, restaura e renova. Em casos assim, a sabedoria reside, entre outros aspectos, na capacidade de distinguir o que é ajuda do que é estorvo.

A mulher pobre, mas bondosa, que perdeu o marido é apresentada de maneira sutil como o oposto desejável da arrogante e perigosa rainha Jezabel. Por quê? Durante a maior parte da história humana, a condição de viúva era uma situação desesperadora, principalmente quando essas mulheres tinham filhos dependentes. Nos textos bíblicos, a figura da viúva é muitas vezes usada para representar vulnerabilidade, impotência e existência à margem social e econômica. Sua condição miserável pode ser encarada como uma forma ubíqua de injustiça cósmica. É por essa razão, assim como para a edificação moral de seu povo, que o espírito de Deus convoca os israelitas a corrigir essa iniquidade — abstendo-se das tentações do egoísmo e da avareza e deixando algo para os desvalidos.

> E, quando fizerdes a colheita da vossa terra, o canto do teu campo não colherás totalmente, nem colherás os restos da tua colheita.
>
> E não recolherás a tua vinha, nem colherás toda uva da tua vinha; tu as deixarás para o pobre e estrangeiro. Eu sou o Senhor vosso Deus.
>
> *Levítico 19:9–10*

Esse princípio é elaborado no Livro de Deuteronômio, com um argumento adicional: em algum momento da vida, todo indivíduo dependerá de outras pessoas; portanto, uma psique e uma sociedade adequadamente estruturadas devem ser organizadas para que essa dependência inevitável seja atendida com o cuidado e a atenção necessários. Não há sentido em estabelecer uma sociedade que não cuide de seus membros em cada etapa de seu desenvolvimento, desde a mais vulnerável até a mais capaz, produtiva e generosa.

> Quando colheres as uvas de tua vinha, não as colherás outra vez; será para o estrangeiro, para o órfão e para a viúva.
>
> E te lembrarás de que foste um servo na terra do Egito; portanto, te ordeno que faças isso.
>
> *Deuteronômio 24:21–22*

A viúva generosa, apesar de sua pobreza, personifica o padrão de conduta sacrificial recíproca e de ajuda mútua que caracteriza tanto um indivíduo maduro e confiável quanto um Estado pacífico e produtivo. Ela contrasta radicalmente com a rainha privilegiada cujo egoísmo ameaça a psique e a comunidade.

Ao longo da história de Elias, a ideia de que a hierarquia de valores psicológicos e sociais deve se organizar sob a égide de um governante apropriado — ou, de modo mais abstrato, de um princípio adequado — é ainda mais reforçada. O profeta deixa Sarepta e prepara o que pode ser descrito, em termos coloquiais, como o conflito do Monte Carmelo. Ele convence Obadias, chefe do palácio de Acabe, a reunir todos os profetas de Baal, bem como o povo de Israel, ao pé da montanha. Dois altares sacrificiais são preparados: um para Baal, sob o controle de seus profetas; outro para Yahweh, sob o comando de Elias. Cada deus é invocado para acender o fogo do altar que consumirá o sacrifício. Os profetas de Baal rezam por horas, sem sucesso. Elias molha seu altar três vezes (apenas para reforçar seu argumento) e, em seguida, pede a intercessão de Yahweh. Fogo imediatamente desce dos céus, imolando o sacrifício e até o próprio altar. A supremacia de Yahweh é, então, estabelecida. Os profetas de Baal são executados e uma "abundante chuva" (1 Reis 18:41) ressurge de imediato. Não pode haver prosperidade na ausência de uma verdadeira ordem moral. Sob a orientação do espírito vivificante apropriado, a privação pode se tornar apenas uma memória distante.

Nada feliz, Jezabel dirige sua ira a Elias. O desafortunado profeta, então, foge para o deserto árido. Ele se abriga em uma caverna, onde Deus fala com ele

(1 Reis 19). O recebimento da revelação em um lugar solitário é um tropo comum de narrativa. Vozes internas e experiências imaginativas tornam-se mais prováveis em condições de isolamento, quando a comunicação verbal externa é minimizada, e na escuridão e no silêncio, quando os estímulos sensoriais externos são drasticamente reduzidos. Isso aumenta a probabilidade de uma experiência de revelação — para o bem ou para o mal. Em um nível mais profundo, isso pode ocorrer porque os sistemas neurológicos no hemisfério cerebral direito, que (ao menos em pessoas destras) estão mais associados a pensamentos e ações inconscientes e implícitos, podem assumir o controle da experiência verbal e imagética quando não são abafados ou, de outra forma, suprimidos pelas condições normais de interação social e estímulos sensoriais.[1]

Elias expressa grande frustração e desesperança, acreditando que seus esforços para permanecer fiel só resultaram em desastre: "E ele disse: Tenho sido mui ciumento pelo Senhor Deus dos Exércitos; porquanto os filhos de Israel têm abandonado o teu pacto, lançado abaixo os teus altares, e matado os teus profetas à espada; e eu, somente eu restei; e eles buscam pela minha vida, para me tirarem" (1 Reis 19:10). E Deus diz a ele: "Sai e põe-te de pé sobre o monte diante do Senhor. E eis que o Senhor passou por ele, e um vento grande e forte rasgou os montes, e fez em pedaços as rochas diante do Senhor; mas o Senhor não estava no vento; e depois do vento, um terremoto; mas o Senhor não estava no terremoto; e depois do terremoto, um fogo; porém o Senhor não estava no fogo; e depois do fogo, uma voz calma e baixa" (1 Reis 19:11–12). Há muitas expressões famosas na Bíblia, e "uma voz calma e baixa" certamente é uma delas. É nesse momento que Elias — e, por meio dele, a humanidade — passa a entender que Deus não está no vento, não importa quão feroz, nem no terremoto, seja qual for sua magnitude, mas, sim, em algo dentro de nós; a voz da própria consciência; o guia interno para o que é certo e errado; o espírito autônomo que habita cada alma e nos faz sentir vergonha de nós mesmos, aponta nossas falhas e nossos pecados e gera o impulso de nos arrependermos, pedirmos desculpas e nos redimirmos.

Essa é uma descoberta de magnitude incomparável: a possibilidade de estabelecer uma relação com Deus ao estar atento à própria consciência. Deus concede ao homem e à mulher o livre-arbítrio, mesmo desejando a lealdade de Suas criaturas e buscando guiá-las. Como Ele pode melhor reconciliar esses desejos conflitantes? Não por meio de imposição, força ou medo, mas pela provisão de uma voz, uma imagem ou mesmo um sentimento capaz de sugerir e orientar, ou envergonhar e humilhar de maneira silenciosa e suave (embora capaz de amplificar sua intensidade quando necessário). Essa identificação entre consciência e Deus torna-se cada vez mais explícita, ao menos em certas vertentes do pensamento cristão. O cardeal John Henry Newman, teólogo britânico do século XIX, por exemplo, enfatizou exatamente esse ponto em muitos de seus escritos:

> A Lei Divina, então, é a regra da verdade ética, o padrão do certo e do errado, uma autoridade soberana, irreversível e absoluta na presença dos homens e dos anjos. "A lei eterna", diz Santo Agostinho, "é a Razão ou Vontade Divina de Deus, que ordena a observância e proíbe a perturbação da ordem natural das coisas". "A lei natural", diz Santo Tomás, "é uma impressão da Luz Divina em nós, uma participação da lei eterna na criatura racional". Essa lei, tal como é compreendida nas mentes dos indivíduos, é chamada de "consciência"; e, embora possa sofrer refração ao passar pelo meio intelectual de cada um, não é, portanto, afetada a ponto de perder seu caráter de Lei Divina, mas ainda possui, como tal, o privilégio de comandar a obediência.[2]

Esse pode ser considerado um argumento muito mais poderoso e justificado do que a proposição, hoje mais frequente, do "argumento do design" — a insistência de que a complexidade da natureza necessariamente indica um criador ativo. Em 1 e 2 Reis, estabelece-se a base reveladora para uma definição muito mais psicológica e relacional da Divindade Suprema, distanciando Deus do cenário pagão do mundo natural (por mais impressionante que a natureza possa ser) e colocando-O, de maneira maravilhosa e terrível, dentro de cada um de nós. É a percepção de Elias que prepara o palco para a história de Jonas, bem como para o conto misterioso do profeta que primeiro rejeita e, depois, obedece ao chamado da voz calma e baixa, e cujas façanhas constituem a história que encerra este livro. A importância fundamental e revolucionária da contribuição de Elias é enfatizada pelo milagre de sua assunção corpórea ao céu. Esse evento, que precede a libertação de Jonas do ventre da baleia, bem como a ressurreição de Cristo, indica o sucesso incomparável de Elias como profeta. Os textos bíblicos e sua caracterização de Deus não podem ser compreendidos sem a apreciação da relevância incomparável de Elias como profeta e da importância vital de sua percepção transformadora e revolucionária. Após conhecer a história de Elias, percebemos a natureza do ser — o nosso e o divino — de modo diferente, mais claro, direto e pessoal. Nossa visão se torna mais nítida, e passamos a escutar de uma nova maneira.

Por que a história serve como base até mesmo para o ato de percepção em si? Ou ainda, para a transformação do ato de percepção em si? Porque o mundo precisa ser filtrado pelo mecanismo da história para se tornar compreensível ou até apreensível; porque o mundo é complexo demais para ser entendido ou navegado na ausência de propósito e caráter (características definidoras da própria história). Uma infinidade de fatos se apresenta continuamente para nossa consideração: um fato para cada fenômeno, talvez, e mais — não só um fato para cada fenômeno, mas para todas as suas possíveis combinações. São fatos demais. O mesmo problema se aplica aos resultados: cada ação, cada causa possível gera uma ramificação exponencial de efeitos — numerosos demais para contemplar, ponderar e considerar. Esse é um problema intratável; algo que o filósofo Daniel C. Dennett descreve como "um problema epistemológico novo e profundo".[3] Há um número quase infinito de maneiras de categorizar — e, portanto, perceber — um número finito de objetos. Não conseguimos, nem podemos, prestar igual atenção a tudo o que ocorre o tempo todo ao nosso redor. Em vez disso, a cada observação, priorizamos certos fatos. Assim, prestamos atenção a uma pequena parte e ignoramos todo o restante. Agimos de acordo com nosso propósito. Fazemos isso para obter o que precisamos e queremos — mas qual é esse propósito? Pode ser a satisfação tola de nosso desejo momentâneo, quando somos ou permanecemos infantis, ou imaturos, voltados para a gratificação imediata de nossos desejos. Pode ser o desejo de obter poder para alcançar essa gratificação, mesmo diante da presença ou até das objeções daqueles com quem somos obrigados a lidar à medida que avançamos. Ou pode, ainda, ser o estabelecimento maduro dos laços que nos unem e dão verdadeiro significado à vida — os laços matrimoniais, familiares, sociais, profissionais e com o Estado. Talvez, também, seja a integração harmoniosa e produtiva do presente e do futuro no indivíduo autônomo, que constitui a verdadeira maturidade e uma conduta responsável, tanto cooperativa quanto competitiva.

Ponderamos os fatos de acordo com nossos valores. Elevamos alguns caminhos adiante, elementos do mundo e pessoas a um patamar mais alto do que outros, relegando tudo o que consideramos inferior ao submundo do que é impedimento, obstáculo, inimigo ou à esfera invisível da irrelevância. Assim, ordenamos, simplificamos e reduzimos o mundo antes mesmo de experimentá-lo. Essa priorização não é um processo passivo. É um ato de renúncia, oferta ou sacrifício. Não somos receptores submissos de verdades autoevidentes. Cada percepção é tanto um esforço quanto uma sensação. Cada percepção requer o movimento dos olhos, a investigação dos dedos ou o aguçamento da audição. Tudo o que experienciamos depende de motivação e ação, não é apenas um reflexo sensorial — a sensação, portanto, nunca ocorre antes da ação. Aquilo que ocupa nossa atenção — aquilo de que estamos conscientes, mesmo que de maneira breve — é, então, algo elevado momentaneamente ao patamar mais alto, celebrado e adorado, quer saibamos disso ou não. Devemos especificar o que é mais valioso no momento, dentre todas as coisas, até na hora de enxergar. Aqueles elementos de atenção momentânea, até mesmo pontual, são, por sua vez, organizados de modo mais ou menos coerente (dependendo do grau de nossa integridade) em uma estrutura piramidal de valor. Essa estrutura pode ter algo no topo — nosso objetivo final — ou ser uma casa dividida contra si mesma, que não pode subsistir (Marcos 3:25). Vemos o mundo por meio de uma hierarquia de valor. Esse é o mapa que usamos para orientar nossa navegação pelo território desconhecido, no qual, de outra forma, estaríamos perdidos. *Portanto, nossa percepção se dá de acordo com nosso objetivo.* Essa é uma constatação notável e pouco reconhecida, que implica nada menos do que o fato de que tanto nossa infelicidade quanto nossa alegria dependem de nossos valores.

Elevamos aquilo que mais valorizamos ao patamar mais alto de supremacia ou soberania. Miramos no alvo superior que consideramos central, ao menos naquele momento. Direcionamos nossa consciência para o que definimos como digno de nossa atenção e nossos esforços. Iniciamos nossa jornada contínua adiante ao postular um bem — um bem que é, pelo menos, melhor do que nosso ponto de partida. Isso é um ato de fé e de sacrifício: *fé* porque esse bem poderia estar em outro lugar; *sacrifício* porque, ao buscar determinado bem, decidimos renunciar a todos os outros. Todas as nossas percepções são aliadas — "parceiras espirituais" — da nossa decisão inicial e determinante. Nosso objetivo delineia uma paisagem moral ao nosso redor, na qual o destino almejado é o bem mais elevado imaginável, ao menos no tempo e no lugar que nossa intenção lhes confere relevância. O propósito, portanto, confere significado ao mundo, priorizando e organizando até a forma como o percebemos. Como consequência, vemos diante de nós o caminho a seguir, a rota que consideramos mais provável de nos levar ao destino pretendido; quando nos deparamos com algo ou alguém que impede nosso avanço, nos desesperamos; quando nos deparamos com algo ou alguém que nos ajuda, sentimos esperança.

Grande parte de nossa comunicação consiste na descrição de propósitos. Contamos a outras pessoas o que estamos fazendo e esperamos e desejamos que elas façam o mesmo. Conversamos, muitas vezes de maneira superficial, sobre as pretensões das pessoas à nossa volta. O que elas desejam? No que estão prestando atenção? E como estão agindo em consequência disso? Passamos a falar de caráter, e não apenas de objetivos imediatos, quando discutimos essas questões com mais profundidade, porque o caráter nada mais é do que a manifestação habitual do propósito. Conhecer a si mesmo ou aos outros — isso é compreender o caráter. Como adquirimos e representamos tal conhecimento? Atuamos, imitamos, encenamos — dramatizamos —, de modo a representar e internalizar os padrões de atenção e ação que caracterizam a nós mesmos e às outras pessoas. De modo mais abstrato: contamos uma história. Quando descrevemos os propósitos de uma pessoa ou de um povo; seu caminho adiante, os obstáculos e as oportunidades que surgem, os amigos e inimigos que os acompanham nessa jornada — a paisagem moral que emerge —, contamos uma história. Ao fazer isso, priorizamos, organizamos e percebemos o mundo. Dessa maneira, descrevemos o objetivo. Vemos o mundo sob a luz do propósito. O que é uma história que detalha o propósito e todas as suas consequências? *Uma descrição da estrutura por meio da qual vemos o mundo.* Histórias nos revelam, em suas várias caracterizações, as estruturas de valor dentro das quais o mundo se manifesta à nossa percepção. Por que isso importa? O que significa? Por que é importante — e até vital? É um desafio tremendo perceber e agir no mundo, com toda sua complexidade incompreensível. Assim, valorizamos descrições de como perceber e agir — talvez mais do que qualquer outra coisa.

Ficamos fascinados pelas histórias que encenamos na infância — histórias a que assistimos no palco ou na tela, ou lemos nas obras de ficção, até na vida adulta — porque não há nada mais importante que devemos saber do que como construir, ajustar e aprimorar a hierarquia de valores dentro da qual os fatos relevantes do mundo se concretizam. É assim que acabamos por construir o mundo que ocupamos, em termos existenciais. É assim que criamos a realidade em que habitamos. É assim que navegamos adiante — e decidimos onde é "adiante". Vemos o herói almejar alto, viver a verdade, sacrificar-se pelo que é melhor, lutar nobremente contra as agruras e os desafios da Sorte atroz, porém mantendo sua integridade. Vemos os objetos do mundo se revelarem diante dele como ferramentas e obstáculos relevantes para sua jornada. Observamos os amigos que ele encontra ao longo do caminho fazerem os sacrifícios necessários para ajudá-lo e ficamos felizes com isso. Vemos seus inimigos trapacearem, roubarem, traírem e mentirem; quando fracassam, sentimos que a justiça foi feita; quando triunfam, experienciamos a indignação moral dos enganados. Em resumo: somos cativados por pessoas com grandes propósitos e desejamos, se formos corajosos, ser possuídos por seu espírito.

Aspiramos a seus propósitos — ou esperamos fazê-lo —, ver o que eles veem, experimentar as emoções que sentem e aprender as lições que aprendem, enquanto permanecemos na segurança do abrigo confortável do mundo imaginário. Esse é o valor da ficção: é nela que experimentamos com os valores, enquanto nos mantemos seguros. É nela que o jogo que molda nossas percepções pode acontecer de maneira mais segura e eficaz.

Colocamos aquilo que mais valorizamos — o bem cuja descoberta é nosso propósito; o destino almejado no momento — no topo, no pináculo, no lugar de supremacia ou soberania. Miramos no alvo que consideramos central, ao menos naquele momento. Focamos o que definimos como digno de nossa atenção e nossos esforços. Postulamos um bem — ao menos um bem que é melhor do que nosso ponto de partida. Isso é um ato de fé e de sacrifício: fé, porque o bem poderia estar em outro lugar; e sacrifício porque, ao buscar esse bem, decidimos abdicar de todos os outros. Cada percepção está alinhada àquela fé inicial e determinante, enquanto a decisão que estabelece a estrutura interpretativa é, por si só, uma jornada parcial em direção à terra prometida de nosso propósito, dado que a percepção depende da ação, que, por sua vez, é o próprio elemento constitutivo da jornada. Nosso propósito desenha uma paisagem moral ao nosso redor, na qual o objetivo é o bem mais elevado imaginável, pelo menos no tempo e no lugar que tornam aquele objetivo relevante. Para reiterar, o propósito dá sentido ao mundo, priorizando e organizando até mesmo a forma como o percebemos. Esse propósito revela o caminho a seguir, a rota que consideramos a mais provável para nos levar ao destino pretendido. Vemos o caráter também como um propósito. Ele é a personificação do propósito, a busca habitual pelo propósito. É a motivação para agir.

Tudo isso levanta diversas questões cruciais: se vemos, e devemos ver, o mundo por meio de uma história; se o mundo se revela para nós dessa forma — que história é essa? Como devemos descrever adequadamente nossos propósitos, nossas tentações mais profundas, nossos esforços ascendentes mais admiráveis? O que é relevante e o que pode e deve ser ignorado? A que devemos dedicar nossa valiosa atenção? Para quais objetivos devemos direcionar nossa ação? Qual verdade desconfortável nossa consciência tenta eternamente revelar? Qual é a hierarquia de valores apropriada para revelar o mundo de maneira mais produtiva, generosa e sustentável? Em outras palavras, qual é a história, a verdadeira história de nossa vida — qual é e qual deveria ser? É um relato de nossas mais altas aspirações, de nosso relacionamento mais fundamental e, ao mesmo tempo, da verdadeira base sob nossos pés. É, portanto, e deve ser, a caracterização do próprio divino, de Deus, como enfatizam os relatos bíblicos. E o que isso significa?

A consciência, por mais importante que seja — aquela que se manifesta a Elias —, não é a única manifestação de Deus; não é Sua única persona dramática. Como veremos, Deus aparece também como um chamado — inspiração, aventura, entusiasmo, curiosidade e até tentação —, outro de Seus principais disfarces, entre muitos. Desejamos profundamente encontrar e, se possível, nos tornar, por exemplo, o herói (outro disfarce) — e não apenas o herói, mas o herói de todos os heróis. Queremos personificar não apenas o rei, senhor de seu domínio, mas o rei dos reis. Somos feitos para admirar o princípio divino da soberania em si. Desejamos isso para assumir a perspectiva do espírito devidamente elevado ao patamar mais alto e experienciar o mundo através de seus olhos. Queremos fazer isso para adotar uma postura de heroísmo e realeza responsável diante dos problemas que nos afligem e que nos oferecem oportunidades em nossa vida. Queremos compreender, da maneira mais profunda possível, a natureza do Bem que está por trás de todos os bens proximais — o Bem que proporciona a irresistível vida de abundância, o verdadeiro jardim do desejo eterno. Da mesma forma, queremos identificar o Vilão por trás de todos os atos de vilania — a natureza do espírito que deseja gerar todo o sofrimento do mundo apenas pelo sofrimento em si. Queremos entender o Bem para que possamos ser bons e entender o Mal para que possamos evitar ser maus. Assim, podemos promover a salvação e a redenção do mundo por meio tanto de pequenas quanto de grandes ações. Podemos restringir o inferno gerado pelo mal, não apenas por nós mesmos, mas por todos a quem amamos e com os quais nos importamos, pela estabilidade e continuidade das sociedades que habitamos e por amor ao próprio mundo.

Para o bem ou para o mal, a história é o ponto central — e para o bem ou para o mal, a história sobre a qual a psique e a cultura ocidentais se fundamentam hoje de modo um tanto frágil — por mais frágeis que tenham se tornado — é, em termos mais fundamentais, a narrativa contada no corpus bíblico, a compilação dramática que serve de base à nossa cultura e através da qual enxergamos o mundo. Essa é a história sobre a qual a civilização ocidental está alicerçada. É uma coleção de caracterizações não apenas de Deus, cuja imitação, adoração ou, de fato, personificação é considerada o objetivo mais elevado de todos, mas do homem e da mulher, cujos caracteres devem existir em relação a esse Deus; e da sociedade em relação ao indivíduo e ao divino. É, também, a revelação do sacrifício que torna esse propósito possível e uma análise dramática do objetivo transcendente que une todas as coisas da melhor maneira possível. A história bíblica, em sua totalidade, é a moldura por meio da qual o mundo dos fatos se revela, no que diz respeito ao Ocidente: é a descrição da hierarquia de valores dentro da qual até mesmo a ciência (isto é, a ciência que, em última análise, busca o bem) se torna possível. A Bíblia é a biblioteca de histórias sobre a qual se alicerçam as sociedades mais produtivas, livres, estáveis e pacíficas que o mundo já conheceu — a base do Ocidente, em termos simples e claros.

A paisagem do ficcional é o mundo do bem e do mal — o mundo dos valores, com seu ápice apontando na direção da própria terra prometida, e o eterno poço do sofrimento abissal e infinito ocupando o lugar mais baixo possível. As histórias bíblicas iluminam o caminho eterno para o alto da montanha sagrada até a cidade celestial e, ao mesmo tempo, alertam para os perigos apocalípticos que espreitam no desviante, no marginal, no monstruoso, no pecaminoso, no profano, no serpentino e no verdadeiramente demoníaco. Nessa concepção, Deus é o espírito que conduz para o alto. O homem é o ser que luta com esse espírito a cada decisão, pois decidir é uma questão de priorizar, a cada olhar, já que todo olhar é um sacrifício de uma possibilidade em favor de um objetivo desejado, e a cada ação, à medida que todo passo em direção a um destino nos afasta de todos os outros. A cada momento de consciência, estamos destinados a lutar com Deus.

H. PISAN

1

No Princípio

1.1. Deus como espírito criativo

No princípio criou Deus o céu e a terra.

E a terra era sem forma e vazia; e havia trevas sobre a face do abismo. E o Espírito de Deus se movia sobre a face das águas.

Gênesis 1:1–2

Como Deus é apresentado no início do grande Livro de Gênesis? Como um espírito vivo — criativo, móvel e ativo —, algo que faz e é. Deus é, em suma, *um personagem* cuja personalidade se revela à medida que a história bíblica avança.

Gênesis começa com uma confrontação. Deus está se "movendo" sobre a face das "águas". O que significa *movendo*? O mais óbvio é que Deus é capaz de se mover. Menos óbvio é que *movido* [ou sua variação mais comum, *comovido*] é algo que dizemos quando somos impactados por algo profundo. Deus é aquilo que nos encontra quando novas possibilidades emergem e tomam forma.

Deus é o que encontramos quando algo toca as profundezas da alma. Mas então o que significa *águas* — especialmente porque Deus ainda não criou as águas? Refere-se à palavra em hebraico antigo *tehom* ou *tohu va bohu*: caos; potencial; aquilo que espreita, mas ainda não foi revelado — pois a água é a precondição para a vida, mas também abriga o desconhecido em suas profundezas. Deus é, portanto, o espírito que enfrenta o caos; que confronta o vazio, o profundo; que molda voluntariamente o que ainda não foi concebido e navega pelo horizonte em constante transformação do futuro. Deus é o espírito que engendra os opostos (luz/trevas; terra/água), bem como as possibilidades que emergem no espaço entre eles:

> E disse Deus: Haja um firmamento no meio das águas, e deixe que separe as águas das águas.
>
> E fez Deus o firmamento, e separou as águas que estavam debaixo do firmamento das águas que estavam acima do firmamento. E assim foi.
>
> E Deus chamou ao firmamento Céu. E houve a tarde e a manhã, o segundo dia.
>
> E disse Deus: Deixe as águas sob o céu em um lugar, e apareça o solo seco. E assim foi.
>
> E chamou Deus ao solo seco de Terra; e ao ajuntamento das águas ele chamou Mares. E Deus viu que isto era bom.
>
> *Gênesis 1:6–10*

> E disse Deus: Haja luzes no firmamento do céu para dividir o dia da noite; e que sejam por sinais, e para estações, e para dias, e anos;
>
> E que eles sejam por luzes no firmamento do céu para dar luz sobre a terra. E assim foi.
>
> *Gênesis 1:14–15*

Como é possível entender, em termos humanos, esse primeiro encontro com Deus? O que é Ele, e o que Ele está confrontando? Imagine, por um momento, aquilo com que você se depara ao acordar pela manhã. Sua atenção não se fixa nos objetos que o rodeiam — na realidade banal dos móveis em seu quarto. Em vez disso, você reflete sobre os desafios e as oportunidades do dia. Talvez se sinta ansioso porque há coisas demais com que lidar. Talvez (com sorte) sua situação seja melhor e, em vez disso, esteja ávido pelas oportunidades que se apresentam. Sua consciência — seu ser — paira sobre o potencial oferecido pelo início de uma nova manhã, de maneira semelhante às condições e aos processos da própria criação, como retratada nos versos de abertura da Bíblia — uma criação que continua a cada olhar lançado e a cada palavra proferida. Por meio da consciência, processamos o reino do ser potencial — do tornar-se. Esse é o domínio que inspira tanto esperança, ao vislumbrar as coisas positivas à frente, quanto ansiedade, diante da terrível incerteza da vida.[1]

Eis outra maneira de entender nossa confrontação com a possibilidade. Imagine qualquer objeto. Agora, imagine que há um espaço ao redor desse objeto, que consiste no que ele pode se tornar conforme o tempo passa e o contexto muda. Em condições normais, o estado futuro mais provável de qualquer item familiar — uma garrafa, uma caneta, o Sol — pode ser previsto pelo seu estado atual. No entanto, ante uma reviravolta cruel do destino ou uma mudança radical de propósito, tais restrições podem ser eliminadas, e a possibilidade ainda irrevelada do objeto pode se tornar aparente. Em um bar barulhento, uma garrafa pode se tornar um porrete mortal ou, se quebrada com raiva, uma lança afiada como uma navalha. Uma caneta pode se transformar no mecanismo que salva uma vida quando inserida na traqueia de alguém que está sufocando. O Sol pode deixar de ser o provedor estável e previsível de vida e luz que define os dias e as noites em que vivemos e se tornar a fonte da tempestade solar que derruba a rede elétrica da qual dependemos de maneira tão frágil.

É essa amplitude de possibilidade que a consciência confronta e processa ao assimilar o mundo e determinar como agir. Assim, nosso avanço no tempo não é um processo mecânico pelo reino da realidade estável. A consciência lida com o que ainda pode se realizar da mesma forma que o espírito de Deus lida com o vazio e a profundeza amorfa; da mesma forma que o divino enfrenta a *massa confusa* que é o caos, a oportunidade e a matriz da qual todas as formas emergem.

Deus é igualmente aquilo que (ou quem) cria não apenas a ordem, mas, como enfatizado repetidamente ao longo do livro de abertura do corpus bíblico, a ordem que é boa. No primeiro dia, Ele estabelece a separação entre luz e trevas (Gênesis 1:3–4). No segundo, Ele cria o firmamento, separando as águas abaixo, as terrestres, das águas acima, a fonte da chuva (Gênesis 1:6–8). No terceiro, a *terra firme* que habitamos é formada e separada do que se torna os oceanos, e sobre a terra surge a relva (Gênesis 1: 9–13). No quarto dia:

> Fez Deus duas grandes luzes; a luz maior para governar o dia, e a luz menor para governar a noite; ele também fez as estrelas.
>
> E Deus os colocou no firmamento do céu para dar luz sobre a terra;
>
> E para governar sobre o dia e sobre a noite, e para separar a luz das trevas, e Deus viu que isto era bom.
>
> *Gênesis 1:16–18*

No quinto dia, surgem os animais aquáticos e as aves (Gênesis 1:20–23). Toda essa criação, apesar de sua condição ou bondade imaculada, ainda está em um processo de desenvolvimento ascendente e contínuo, como indicado no sexto e último dia da criação do mundo por Deus. Surgem os animais terrestres (Gênesis 1:24–25) e, finalmente, o homem e a mulher:

> E disse Deus: Façamos um homem à nossa imagem, conforme a nossa semelhança; e que eles tenham domínio sobre os peixes do mar, e sobre as aves do céu, e sobre o gado, e sobre toda a terra, e sobre toda a coisa rastejante que rasteja sobre a terra.
>
> Assim Deus criou o homem a sua própria imagem, à imagem de Deus o criou; macho e fêmea ele os criou.
>
> E Deus os abençoou, e Deus lhes disse: Sede frutíferos e multiplicai-vos, e reabasteça a terra e subjugai-a; e tende domínio sobre os peixes do mar, e sobre as aves do céu, e sobre toda a coisa vivente que se move sobre a terra.
>
> *Gênesis 1:26–28*

Ao final da Criação, Deus parece ter Se superado em relação a tudo o que havia feito antes. E emite o seguinte julgamento: "E Deus viu todas as coisas que ele havia feito; e eis que era muito bom" (Gênesis 1:31). O que isso significa? Em primeiro lugar, que Deus não apenas confronta e molda o caos e a possibilidade, mas o faz com intenções benevolentes e resultados positivos. Deus é apresentado como o processo ou espírito guiado pelo propósito de fazer com que todas as coisas existam e prosperem; em suma, o espírito guiado pelo amor. Em segundo lugar, essa sequência da criação significa não apenas que a vida deve e se manifestará de modo mais abundante, mas também que o fará em uma espiral ascendente contínua — do *bom* para o *muito bom* —, que pode servir como a definição do próprio céu. Essa é a Escada de Jacó, o processo que eternamente torna tudo como deve ser, mas que, de alguma forma, também está se aprimorando, encontrando novos caminhos para ordens superiores do que é verdadeiro, belo e bom.

A criação culmina na concepção do homem e da mulher, e é especificamente a criação deles que é considerada algo "muito bom". Os dois primeiros seres humanos, e homens e mulheres em geral, são, assim, avatares do próprio Deus, sendo Deus o espírito criativo que invoca a existência da ordem a partir do caos e da possibilidade, e o homem e a mulher um microcosmo desse espírito, semelhantes ou até idênticos em essência, incumbidos de reiterar para sempre o processo criativo. É difícil imaginar uma concepção mais otimista da humanidade. Assim como a importância dessa insistência de Deus não poderia ser maior. Essa descrição do processo criativo — que retrata a ação da Palavra, orientada para o bem — é também uma declaração dos princípios fundamentais: os mesmos princípios aos quais o homem e a mulher são chamados a se submeter e a defender. O relato bíblico atribui a cada um de nós um valor que nos coloca no ápice da criação; um valor que é muito bom em um cosmos que é bom; um valor que supera qualquer avaliação terrena (dado nosso reflexo da imagem do próprio divino). Isso, deve-se entender, é uma questão de definição. O pilar em torno do qual tudo mais deve girar é estabelecido com base no reflexo divino da humanidade e deve ser mantido imutável, sacrossanto, inviolável: sagrado. Essa é nada menos do que a descrição da ordem moral implícita no próprio cosmos, reflexo da natureza de Deus, do homem e da mulher, e o fundamento sobre o qual a ideia de direitos intrínsecos e responsabilidade soberana se alicerça.

Acreditamos nessa narrativa? Acreditamos no que ela afirma e infere? Primeiro: o que significa acreditar? Agimos, tanto de modo individual quanto coletivo, como se ela fosse verdade, ao menos quando nos comportamos como deveríamos — ao menos quando agimos em prol de interesses genuínos, próprios e alheios. Tratamos as pessoas que amamos (e até as que odiamos) como se fossem valiosos *loci* de consciência criativa, capazes de encontrar seu caminho adiante e criar o mundo que depende de suas descobertas. É essa identidade e existência supremas que eternamente impedem o esforço sedento por poder de qualquer organização, sociedade ou Estado que ousa ameaçar a soberania individual. Tanto os sábios quanto os ignorantes deveriam agradecer ao Senhor por isso.

Objetamos, profundamente ofendidos, quando alguém não nos trata como convém a um filho de Deus — ou seja, quando alguém nos trata como se não tivéssemos importância. Da mesma forma, ofendemos quando tratamos os outros como inferiores; como se fossem menos do que seres conscientes de valor sagrado, cuja experiência, de alguma forma misteriosa, é essencial para a própria realidade. Mesmo que a história que contamos a nós mesmos, neste mundo cada vez mais ateísta, materialista e baseado em fatos, contrarie ceticamente essa crença, ainda acreditamos, tendo em vista que manifestamos tal ofensa, seja ao sofrê-la ou ao afligi-la. Nenhum homem que professa descrença no livre-arbítrio ou mesmo na consciência se atreve a tratar sua esposa como se ela não tivesse livre-arbítrio ou consciência. Por quê? Porque, se ele o fizer, o caos se instala. E por que isso acontece? Porque a presunção de valor intrínseco reflete uma realidade que é profunda o suficiente — "real" o suficiente —, de modo que negá-la representa um perigo prático para nós. E, se essa presunção é tão necessária, como não seria verdadeira? Se a presunção que estrutura cada uma de nossas interações é a aceitação ou a dramatização do valor transcendente do indivíduo (inclusive nós mesmos), como podemos não "acreditar" que esse valor é real? De maneira mais profunda, podemos questionar: em que momento é preciso admitir que uma "ficção necessária" se torna verdadeira na exata proporção de sua necessidade? O que é mais necessário para nossa sobrevivência não é a própria essência do "verdadeiro"? Qualquer outra forma de verdade se opõe à vida, e uma verdade que não serve à vida é uma verdade apenas por um padrão que é, em última análise, contraproducente — e, portanto, não é, em essência, "verdadeira".

Nesse ponto da narrativa de Gênesis, a apresentação de Deus como personagem ainda é bastante preliminar. No entanto, essas frases de abertura, de riqueza inesgotável, descrevem a natureza essencial da ordem cósmica: a existência de um processo que transforma o caos e a possibilidade na ordem habitável que é boa, visando algo muito bom; a proclamação de que, nessa criação, esse processo é tanto fundamental quanto de natureza superior; a afirmação de que a própria realidade depende dele; a insistência de que os seres humanos são e devem fazer parte desse processo e que essa possibilidade de participação confere a cada pessoa valor e responsabilidade divinos e supremos. O homem (e a mulher também, de maneira tão miraculosa, logo no início) é assim concebido à imagem do divino. A essência que define ou caracteriza cada ser humano — o próprio espírito que o torna humano e valioso — é análoga à força que transforma o vazio no próprio Jardim Celestial. Todos os lugares e as condições mais funcionais e desejáveis do mundo, desde o microcosmo do casamento feliz até a comunidade integrada da nação, são implícita e explicitamente alicerçados em algo muito semelhante a essa presunção. Além disso, e de uma maneira que reforça o ponto central, a falta dessa crença ou fé transforma os terríveis relacionamentos e sistemas políticos que o homem também é capaz de criar no verdadeiro inferno que com frequência se tornam.

Acreditamos? Quando hesitamos nesse compromisso, a catástrofe se aproxima.

1.2. O espírito do homem no lugar mais elevado

Deus diz ao homem e à mulher recém-criados que eles devem "subjugar" a terra (após "reabastecê-la"). Essa ideia tem sido bastante criticada, sobretudo devido ao seu desenvolvimento no versículo seguinte, que concede ao homem e à mulher soberania ("domínio") sobre peixes, aves e "toda coisa vivente". Aqueles que alegam que algo mais deveria ocupar a posição superior objetam veementemente ao éthos condensado nessas palavras. De acordo com esses críticos, não é o homem e a mulher em sua relação com Deus que devem ser elevados, celebrados e adorados. Considere as palavras do professor de história Lynn White, extraídas de seu famoso artigo de 1967, "As Raízes Históricas de Nossa Crise Ecológica":

> O cristianismo, especialmente em sua forma ocidental, é a religião mais antropocêntrica que o mundo já viu. Já no século II, tanto Tertuliano quanto Santo Irineu de Lyon ressaltavam que, ao moldar Adão, Deus estava prenunciando a imagem do Cristo encarnado, o Segundo Adão. O homem compartilha, em grande medida, a transcendência da natureza de Deus. O cristianismo, em contraste absoluto com o paganismo antigo e as religiões da Ásia (exceto, talvez, o zoroastrismo), não só estabeleceu um dualismo entre homem e natureza, mas também insistiu que é a vontade de Deus que o homem explore a natureza para atingir seus próprios fins... Na Antiguidade, cada árvore, cada fonte, cada riacho, cada colina tinha seu próprio *genius loci*, seu espírito guardião. Esses espíritos eram acessíveis aos homens, mas eram muito diferentes dos homens; centauros, faunos e sereias mostram essa ambivalência. Antes de cortar uma árvore, minerar uma montanha ou represar um riacho, era importante apaziguar o espírito responsável por aquela situação, e mantê-lo apaziguado. Ao destruir o animismo pagão, o cristianismo possibilitou a exploração da natureza com uma atitude de indiferença aos sentimentos dos objetos naturais.[2]

O que White está afirmando? Que é imoral elevar o meramente humano; que, seja lá o que constitua o vago termo *natureza*, ou pior, *o meio ambiente*, deve ser colocado em primeiro lugar, e não o homem e a mulher, a sociedade ou o bem-estar humano. Tais objeções, em teoria feitas em prol da natureza, parecem adequadas — até altruístas e humildes (por que esse presunçoso acidente evolutivo que é o homem deveria ocupar o centro do palco?) —, mas são, na verdade, o oposto. Se a natureza é colocada acima do homem, de modo que cada riacho tenha seu espírito transcendente, então homem, mulher e criança estão necessariamente em uma posição inferior à natureza. Isso pode significar, em teoria, que as maravilhas do meio ambiente seriam devidamente valorizadas. No entanto, na prática, muitas vezes significa que os seres humanos devam ser tratados com a mesma consideração que as ervas daninhas ou os ratos. Essa inversão de valores não apenas dificulta a gestão responsável da terra, mas também facilita a exploração daqueles considerados tão indignos quanto as formas mais inferiores de vida — uma exploração praticada justamente pelos tipos de pessoas que sempre tentam abusar dessa vantagem.

Uma objeção moral semelhante costuma ser levantada em relação à ordem de povoar a terra. ("Sede frutíferos e multiplicai-vos", Gênesis 1:28). Porém, essa diretriz é oferecida em um contexto muito específico: caracterizado pelo espírito que já estabeleceu a ordem que é boa e muito boa e que continua a fazê-lo, em grande parte por intermédio do homem. Isso significa que a atividade humana de criação, incluindo a de constituir uma família, deve ser conduzida de maneira reabastecedora — conforme claramente indicado nesse versículo, e subentendido nos que o precedem — e que reflita mais verdadeiramente o espírito do Criador. O domínio do homem sobre a terra deve ser, para usar uma palavra agora maculada por associação com forças ideológicas, *sustentável;* deve tornar o que é bom ainda melhor. Nosso planeta não deve ser explorado de maneira egoística até a exaustão — uma estratégia que tornaria a ordem de ser frutífero e se multiplicar sem sentido em pouco tempo, em termos geracionais. Por isso, Gênesis 2:15 coloca Adão, o primeiro homem, no jardim eterno para "cultivá-lo e guardá-lo". Esse jardim é o Éden, que significa lugar bem regado, e paraíso — *para-daiza* — um recinto murado que circunda a natureza.[3] Esse ambiente otimizado é o delicado equilíbrio entre o mundo material e a ordem social que melhor possibilita que cada pessoa — em termos mais exatos, cada casal e, depois, cada família — demarque uma parte da criação para si e, em seguida, trabalhe e se sacrifique para torná-la parte da ordem que é boa ou muito boa.

Os preceitos bíblicos posteriores de descansar periodicamente a terra (Êxodo 23:11) e cuidar dos animais de trabalho estão em consonância com esse sentimento produtivo e visionário: "O homem justo se importa com a vida de seu animal, mas as ternas misericórdias dos perversos são cruéis" (Provérbios 12:10). "Tu não porás focinheira no boi, quando ele pisar o grão" (Deuteronômio 25:4). "Mas o sétimo dia é o shabat do Senhor teu Deus, nele não farás obra alguma, nem tu, nem teu filho, nem tua filha, nem teu servo, nem tua serva, nem teu gado" (Êxodo 20:10). Este último versículo é especialmente revelador, pois indica que até aqueles sobre quem o poder ou a autoridade excessivos poderiam ser exercidos com certa facilidade devem receber descanso. Esses princípios de cuidado refletem uma noção ainda mais profunda que permeia o corpus bíblico: a de que o esforço moral mais elevado é exatamente aquele que faz a água da vida fluir, de modo que até o deserto possa florescer.

"Subjugar" também não significa dominar — e que se danem as alegações em contrário. O divino sempre se opõe ao tirano (como em Êxodo 7–14) e alerta até mesmo contra reis supostamente benevolentes (1 Samuel 8:10–18). Além disso, Deus é apresentado (definido) como o espírito que (ou quem) pune até os homens notáveis, mesmo líderes arquetípicos de seu povo, quando sucumbem às tentações da força e da coerção (Números 20:12). Para completar, é claro, há os exemplos de Jó e, depois, de Cristo — que serão abordados em detalhes em um trabalho futuro — que rejeitam o uso da força mesmo nas situações mais exasperantes e desesperadoras. Subjugar, portanto, não é controlar e comandar, mas colocar tudo em seu devido lugar — atribuir a cada coisa seu valor subordinado ou devido; ordenar tudo de maneira hierárquica, para que as prioridades de atenção e ação possam ser estabelecidas; e organizar as coisas para que o mundo deixe de ser mero potencial ou desordem. Essa responsabilidade é enfatizada em Gênesis 2, o segundo capítulo da criação, no qual Deus primeiro "formou todo animal do campo, e toda ave do ar; e os levou até Adão para ver como ele lhes chamaria" (Gênesis 2:19). Esse versículo indica claramente que o trabalho da criação empreendido pelo Logos, ou Palavra de Deus, estava de alguma forma incompleto até ser diferenciado ainda mais pelo homem, cuja decisão nessas questões parece estranhamente definitiva: "E como quer que Adão chamasse cada criatura vivente, este era o seu nome. E Adão deu nomes a todo o gado, e a toda ave do céu, e a todo animal do campo" (Gênesis 2:19–20).

Adão subjuga e nomeia. Essas são as ações ou até a essência da consciência humana. E não é só isso. Tendo em vista que o Ser depende dessa consciência (já que o Ser sem consciência é literalmente inconcebível e talvez até impossível), a consciência é a essência daquilo que sustenta o próprio Ser. Essa essência é o Divino Criador de Todas as Coisas, a realidade inefável da qual depende toda a realidade revelada. É a Palavra que estava "no princípio" em Gênesis e, muito mais tarde, referida pelo apóstolo João (João 1:1). O herói — o espírito de Adão feito à imagem do espírito fundamental — é o processo ativo de subjugar e nomear, que, por sua vez, é a avaliação que possibilita a percepção, o significado e até a própria existência. Esse herói confronta eternamente o caos primordial — as águas e o vazio sobre os quais o espírito de Deus se move. Essa possibilidade ainda amorfa é a Grande Mãe, a matriz da qual a realidade emerge, a *prima materia*, a matéria primordial da qual é "feito" tudo o que é tangível e real, em sua forma mais elementar. E quem faz isso é o herói. Isso significa que os seres humanos criados por Deus têm algo real e vital com que se ocupar — algo de fato importante até mesmo no plano cósmico.

1.3. O real e sua representação

O que poderia ser mais real do que os fatos? Primeiro, quais fatos? E é aí que está o problema. É por essa razão que encontramos histórias arquetípicas na base de toda psique bem integrada e de toda comunidade unida. Essas histórias fornecem a estrutura por meio da qual conhecemos os fatos e comunicamos a hierarquia de valores que atribui peso a um fato em relação a outro. As grandes histórias refletem o propósito que motiva e proporciona segurança ao indivíduo e que, quando compartilhado, constitui a base para a comunidade. Esse propósito é um pré-requisito para a percepção que nos possibilita discernir a verdadeira realidade. As histórias que representam nosso propósito e nosso caráter são dotadas de uma realidade primária, sobretudo porque até nossa compreensão do real — e até nossa percepção "direta" dos fatos — depende da existência *a priori* dessas representações. Seriam os fatos mais reais do que o instrumento que permite a determinação dos fatos? Não conseguimos evitar ver o mundo por meio de uma história. Para ser mais exato, vemos o mundo por meio de uma estrutura que, quando dramatizada ou verbalizada, *é* uma história.

Até a ciência avançou de tal forma que passamos a compreender, com cada vez mais clareza, como a linguagem que compõe uma história funciona — e por que isso é relevante para quem se interessa por histórias, em especial em suas formas mais grandiosas. O corpus de qualquer linguagem humana contém uma codificação de significado que pode ser derivada empiricamente. Podemos mapear essa codificação como a relação estatística entre letras, palavras, frases, sentenças, parágrafos, e assim por diante, ao longo da árvore viva do Logos. Uma palavra é identificável como tal porque se encaixa no padrão matemático da relação entre letras que caracteriza todas as palavras compreensíveis. É esse padrão que torna certas "não palavras" plausíveis, como *despirar, desapetite* e *friaca,* e que permite distingui-las de imediato de "não palavras" implausíveis, como *kjlk, zxnq* e *qwlelrltl,* ou, de maneira ainda mais radical, *m4a3s2t1r.* "Não palavras" plausíveis aderem aos padrões sonoros da língua na qual são criadas.[4] Elas possuem combinações de consoantes e vogais que são tanto familiares quanto pronunciáveis para os falantes daquele idioma.[5] Em contraste, "não palavras" implausíveis contêm combinações de letras que são desconhecidas ou impossíveis de pronunciar naquele idioma.[6]

Observamos uma situação análoga em níveis de significado "mais elevados" ou "mais fundamentais". Assim como há uma probabilidade estimável de que determinada letra venha depois de uma letra específica (na verdade, há uma hierarquia dessa probabilidade; por exemplo, em inglês, após qualquer consoante, é mais provável que venha um *e* do que um *a*, que, por sua vez, é mais provável do que um *q*), também há uma probabilidade alta e estimável de que qualquer expressão — e, portanto, conceito — ocorra ou exista em estreita proximidade a uma rede de outros conceitos com significado associado. Esse conjunto de concepções próximas constitui as chamadas associações simbólicas que ajudam a conotar, em vez de denotar, o significado da expressão em questão. Em uma história bem construída, cada rede de associações é cercada por outras redes de similaridade comparativa e contraposta a redes de dissimilaridade contrastantes.

Essa extensa rede de associações forma o *contexto de significado*. No nível linguístico, esse contexto contém conceitos que são semelhantes ou têm pesos equivalentes, ou que têm alta probabilidade de existir em proximidade uns dos outros. Por exemplo, a palavra *dragão* tende a ocorrer próxima de palavras ou expressões como cuspidor de fogo, mítico, lendário, criatura, serpente, monstro, fantasia, folclore, mitologia, guardião do tesouro; a palavra *bruxa*, próxima de magia, feitiço, vassoura, caldeirão, inquisição, manto preto, chapéu, maldição, poção e conciliábulo; a palavra *pai*, próxima de amor, família, apoio, orientação, modelo, mentor, provedor, protetor, legado, sabedoria e mágica; a palavra *vilão*, próxima de mal, antagonista, perverso, nefasto, maligno, desprezível, corrupto, malévolo, inescrupuloso e diabólico.[7] Além do nível linguístico, esse contexto também existe nos domínios da imagem e do comportamento. É fácil lembrar exemplos relevantes extraídos da cultura popular — o basilisco (uma variante de dragão) no segundo volume da série *Harry Potter*,[8] cujo olhar matava ou, ao menos, petrificava (assim como um coelho fica paralisado diante do olhar de um lobo) e cuja mordida pode ser curada, de maneira misteriosa, pelas lágrimas de uma fênix; o pai representado por Geppetto no filme *Pinóquio*,[9] que deseja ardentemente que o filho esculpido por ele possa se libertar dos fios de marionete que selam seu destino (a atração do engano, a tentação da vitimização neurótica, a rebelião barata do hedonismo delinquente); e a figura do Coringa em *Batman: O Cavaleiro das Trevas*[10] — o vilão cuja perfídia é tão intensa que ele trai até o éthos dos ladrões.

A associação entre imagens é ainda mais profunda do que a associação análoga entre palavras, pois uma imagem consegue transmitir um número muito maior de ideias ao mesmo tempo, em comparação com a capacidade mais limitada da linguagem. Isso é ainda mais evidente nos casos de imagens em movimento. A associação entre imagens é possível porque, no mundo humano de atenção e ação, existem padrões de caráter que se inter-relacionam de maneira regular e identificável. Se não fosse assim, não conseguiríamos nos relacionar com outras pessoas nem lidar com nosso próprio eu, pois a imprevisibilidade que reinaria seria emocionalmente intolerável e, com certeza, também não conseguiríamos cooperar em torno de um objetivo ou uma meta compartilhada.

Esse padrão de associação é a melhor maneira de compreender a ideia de, por exemplo, *símbolo*. Uma representação simbólica não é uma mera substituição, ocultação ou falso substituto — no sentido freudiano de "repressão". É, ao contrário, algo que traz à consciência, em palavras ou figuras, uma série de ideias e imagens que surgem juntas e, assim, elucidam a relevância, o significado, as implicações ou o sentido de tudo o que está associado a ela. O padrão de atenção e ação de uma pessoa no mundo real pode produzir o mesmo efeito: uma pessoa pode lembrar um velho amigo, um antigo inimigo, um irmão ou irmã — ou até algo mais elementar, mais arquetípico; algo que evoca um herói ou um vilão. Experienciamos tal efeito, por exemplo, quando somos arrebatados por um sentimento de admiração por alguém cativante e carismático, ou por uma sensação de desconforto visceral, consternação e repulsa. É o fato de aqueles que nos afetam dessa maneira expressarem um padrão de espírito que nos obriga a notar alguma coisa além do que é evidente em uma assimilação imediata — que chama nossa atenção para a possibilidade de que algo profundo e que precisa ser compreendido esteja se manifestando.

Embora o significado simbólico em geral seja considerado algo mais ou menos, ou até indefinida e irredutivelmente, aberto à interpretação — uma noção levada ao extremo pelos expoentes da escola pós-moderna[11] —, a ideia de que há uma regularidade estatística na coocorrência de palavras, imagens e comportamentos está longe de ser radical. O reflexo disso na cultura em geral parece óbvio. Se fosse viável compilar todos os textos produzidos por uma sociedade e mapear a relação entre palavras e conceitos contidos nesses textos, seria possível, em princípio, desenvolver um modelo matemático de significado — pelo menos no nível linguístico —, desde que essa compilação fosse ao mesmo tempo coerente e compreensível. Além disso, agora temos uma prova indiscutível da existência dessa representação na forma dos chamados Modelos de Linguagem de Grande Escala.[12] Esses sistemas de IA utilizam um número impressionante de parâmetros (estimado por alguns observadores em 1,76 trilhões no caso do GPT-4[13]) para especificar a relação entre palavras e conceitos presentes nos muitos textos que servem como material de treinamento para tais modelos. Por diversas razões, não está claro se mesmo uma biblioteca textual tão extensa é suficiente para treinar um modelo estatístico com uma representação imparcial do mapa linguístico de significado, e isso representa um grande problema, tanto prático quanto teórico. Parte desse viés é consequência da manipulação pelos desenvolvedores do modelo; parte é decorrente da preferência por obras contemporâneas na seleção dos materiais de treinamento, já que o texto eletrônico é o mais acessível.[14] No entanto, nenhuma dessas objeções enfraquece o ponto central: o significado pode ser mapeado, e os mapas não são apenas imaginários, subjetivos ou arbitrários.

Reiterando: esse contexto de significado linguístico, detectável matematicamente, é composto não apenas pela relação entre palavras, expressões e frases, mas também pelos parágrafos e capítulos dentro dos quais estão inseridas — ao longo de toda a hierarquia de conceituação. No mínimo, isso sugere — ou significa necessária e inevitavelmente — que existe um núcleo implícito em qualquer rede de significados compreensíveis. Por exemplo, o núcleo dos termos *vida selvagem, criatura, animal de estimação, peixe, mamífero, vertebrado, ave, réptil, inseto* e *anfíbio* é a palavra *animal.* Esse núcleo de um conjunto de ideias associadas é algo semelhante à alma (ou até mesmo ao deus?) desse conjunto. Não é uma mera relação estatística entre letras e palavras em um corpo de texto impresso. É, em vez disso, uma relação na mente das pessoas — no espaço metacoletivo da imaginação humana, no qual essas ideias relacionadas são uma força viva ou até uma entidade. Como forças que inspiram, motivam e organizam, essas ideias associadas são mais parecidas com personagens dotados de objetivos ou personalidades do que com meras relações matemáticas. Assim, um padrão de ideias inspiradoras concomitantes pode ser bem representado e adequadamente considerado como um espírito vivo, dinâmico e em movimento, em vez de algo estático e morto.

Considere as palavras de Cristo a esse respeito, quando, nos relatos do evangelho, Ele insiste que a Palavra de Deus pode ser comparada, por exemplo, a uma semente. Na parábola do grão de mostarda (Mateus 13:31–32; Marcos 4:30–32; Lucas 13:18–19), o Reino dos Céus é descrito como algo semelhante a uma pequena semente, da qual emerge um imensa força vital. Na parábola do semeador (Lucas 8:5–15; Mateus 13:3–23; Marcos 4:3–20), aqueles que ouvem ou falham em ouvir são comparados ao solo. Algumas sementes caem à beira do caminho (aqueles que ouvem, mas não entendem), algumas em solo rochoso (aqueles que recebem a palavra com alegria, mas não perseveram), algumas entre espinhos (aqueles que acabam sufocados pelas preocupações e riquezas da vida) e algumas em solo fértil (aqueles que ouvem, guardam na memória e geram frutos). Esse tema é aprofundado ainda mais na parábola do joio e do trigo (Mateus 13:24–30; Mateus 13:36–43), que afirma que várias sementes podem germinar na alma humana, de modo que muitos (o "joio" ou as ervas daninhas) são tentados a seguir o caminho do eterno adversário, enquanto outros (os "filhos do reino" [Mateus 13:38]) são aqueles que permitem ser possuídos pelo espírito de sacrifício ascendente que caracteriza o pacto de redenção com Deus.

É por essa razão que Cristo adverte contra o falso, nocivo e até mortal "fermento dos fariseus" (Lucas 12:1; Mateus 16:6). Os membros dessa seita desempenham o papel de hipócritas religiosos na Paixão, manipulando sua tradição para promover ideias egoístas (Marcos 7:6–9) — reivindicando para si, assim como Adão e Eva, o direito de estabelecer a própria ordem moral transcendente, apenas para elevar, de maneira falsa, sua posição social (como Cristo descreve de maneira condenatória em Mateus 23). Esse pecado é semelhante à transgressão do terceiro mandamento (Êxodo 20:7), "Não tomarás o nome do Senhor teu Deus em vão; porque o Senhor não terá por inocente aquele que tomar o Seu nome em vão", que não é uma determinação contra o pecado descuidado de profanar ou blasfemar, como se costuma presumir, mas uma proibição do erro muito mais grave de reivindicar lealdade e compreensão da ordem divina enquanto, na verdade, busca apenas objetivos egoístas. É difícil imaginar uma busca mais atroz e prejudicial, que só traz o descrédito da hipocrisia para a atividade religiosa em si. Sem dúvida, de sementes más brotam frutos amargos.

O filósofo alemão Georg W. F. Hegel apresentou um conceito semelhante, baseado no significado associado, em sua discussão sobre o *zeitgeist* — um termo usado, desde então, com o sentido de espírito da época.[15] É o *zeitgeist* que concede às fotos antigas o visual de sua era — um estilo ou uma característica que se apodera de todos naquele tempo e lugar, à medida que admiram e imitam uns aos outros. A mesma ideia de espírito vivo (ainda que em sua forma patológica ou farisaica) manifesta-se nas obras do maior comentarista das catástrofes da era soviética, Aleksandr Solzhenitsyn. Ele ilustrou com precisão como os males perpetrados pelas autoridades naquele terrível sistema comunista não eram uma aberração do espírito supostamente puro e moral do marxismo, mas uma consequência direta do veneno implícito naquela terrível doutrina de acusação e inveja que nos remete a Caim. "De cada qual, segundo a sua capacidade; a cada qual, segundo a sua necessidade",[16] sem dúvida. Ao redor dessa ideia central — pilar, mastro, estaca ou cajado orientador — desenvolve-se uma rede de ideias, imagens e comportamentos. Quando composta de mentes vivas, essa rede não é um mero "sistema de ideias". Em vez disso, é um caráter que se expressa na forma de *zeitgeist;* um caráter que se apodera de uma cultura inteira; um espírito que muitas vezes se manifesta como a garra de ferro da ideologia, reduzindo cada indivíduo a um fantoche ou porta-voz inconsciente. Tais redes são mais bem compreendidas como entidades vivas; transpessoais, porém também pessoais; abstratas, na medida em que são, em parte, a relação entre ideias; porém concretas, pois atraem e podem ser acolhidas pelos incautos, orgulhosos e amargurados, assumindo, assim, o controle de todos os aspectos de seu ser.

Esse apoderamento por uma ideia viva é o que o psicólogo suíço Carl Gustav Jung tentou demonstrar em grande parte de seu trabalho em relação à ideia de Deus — uma ideia criticada à exaustão pelas mentes do Iluminismo. É o que ele chama de "complexo", um conceito que tem suas origens no método de livre associação descoberto e popularizado por Sigmund Freud.[17] Foi por essas razões que Jung gravou as seguintes palavras em um arco sobre a entrada da casa em forma de castelo que construiu com as próprias mãos em Kusnacht, na Suíça, e que serviu como residência nos últimos anos de sua vida: *Vocatus atqua non vocatus deus aderit* (Evocado ou não evocado, Deus está presente).[18] Se o núcleo de uma rede de ideias (um símbolo, em alguns casos) foi representado — ou, para ser mais específico, denotado — por determinada palavra ou conceito ("evocado"), então ele foi tornado consciente ou concretizado — ou até mesmo *tornado real* (?). Se não foi, ou ainda não foi, ele pode estar implícito — codificado na relação entre ideias, imagens ou comportamentos, mas ainda não nomeado ou subjugado. Isso significa, por falta de um termo melhor, que ele permanece *inconsciente.*

De maneira semelhante, se esse núcleo já existiu e foi identificado, porém ignorado, negligenciado ou explicitamente rejeitado, então ele está abandonado — ou morto. Esse estado de inconsciência ou abandono é refletido, imaginado, caracterizado ou descrito em um tropo narrativo arquetípico: o herói engolido pelo monstro, vivendo uma existência parcial em seu ventre, tal como o profeta Jonas; Geppetto, em *Pinóquio*; Osíris, o deus morto, no submundo;[19] ou o Deus do mundo judaico-cristão, cuja morte foi anunciada de maneira tão notória por Nietzsche: "Deus está morto. Deus continua morto. E nós o matamos."[20] Aliás, o que é válido para as palavras também se aplica às imagens e dramatizações criativas que nos guiam e que contêm um "mapa de significado" adicional que representa os padrões comportamentais, rituais e costumes de nossas culturas.[21] Essas representações têm um núcleo vivo, que existe quer seja reconhecido ou não e que desempenha um papel causal na determinação de nossos padrões individuais e coletivos de atenção e ação. E, por mais que isso seja significativo, não é tudo: essa base comportamental/cultural, ainda em grande parte implícita (pois envolve ação, e não sua representação em palavra ou imagem), reflete a estrutura do mundo ordenado e inteligível. Esse mundo está codificado em nosso mapa da mesma forma que morrer ao cair de uma ponte em um rio caudaloso reflete a relação entre conhecimento e realidade. Esse é o reflexo da estrutura do próprio cosmos na alma do homem. Assim, mesmo quando Deus está morto, ele continua a existir, não apenas nas profundezas do ser, mas na ordem padronizada do ser e do tornar-se.

A validade de uma visão de mundo, portanto, está longe de ser arbitrária. Ela depende da precisão com que reflete o mundo natural, social e psicológico. Essa codificação de significado, essa representação de valor, essa hierarquia implícita da provável priorização da atenção e ação é, reiterando, algo muito semelhante ao processo de ponderação de entradas dos novos Modelos de Linguagem de Grande Escala. Ao criar esses espíritos artificialmente inteligentes, *externalizamos e moldamos nosso inconsciente* — e até mesmo nosso *inconsciente coletivo*[22] — e, agora, devemos enfrentar e aproveitar a riqueza de possibilidades e perigos resultantes desse feito. Isso também implica algo de importância revolucionária mencionado anteriormente: o *inconsciente coletivo* é a relação entre conceitos, imagens e comportamentos (considerados em termos estatísticos) em toda a cultura, enquanto o *inconsciente pessoal* é a representação em menor resolução desses conceitos, imagens e ações em um indivíduo. Essa conexão entre o inconsciente pessoal e o coletivo ajuda a explicar a sensação de revelação que experimentamos, por exemplo, ao ler um livro particularmente profundo. Essa sensação é a expansão de nosso modelo inconsciente ou implícito de significado como consequência da incorporação do padrão ou espírito que caracteriza os níveis mais profundos da cultura. Em sua manifestação mais profunda, é o reflexo da imagem de Deus, considerada a representação da alma do homem e da mulher na corpus bíblico, e que também constitui o pacto entre o divino e o povo escolhido.

Esse encontro com algo mais profundo, com a essência de nossa codificação cultural, é o que gera no leitor a sensação de "eu já sabia disso, mas não tinha palavras para expressar". É a identidade entre o pessoal e o cultural que define com mais exatidão o indivíduo enculturado ou socializado e, ao mesmo tempo, o que possibilita o entendimento mútuo e uma comunidade harmoniosa, produtiva e generosa. Esse é o microcosmo considerado o atributo central da alma humana e o reflexo da ordem cósmica mais ampla em seus níveis mais profundos, bem como a conformidade entre realidade e psique, cuja compreensão tornou o empreendimento científico tanto motivado quanto possível.[23] É o compartilhamento de um padrão de entendimento e ação; a possessão simultânea pelo espírito do coletivo. Se não imitássemos uns aos outros, não conseguiríamos viver juntos. Mas, ao imitar "uns aos outros", também estamos imitando o passado, nossa tradição — ou, para ser mais preciso, o espírito dessa tradição e, com a graça de Deus, o espírito vivo dessa tradição, e não os meros padrões remanescentes de seu cadáver.

Essa imitação inconsciente, tanto individual quanto coletiva, é o padrão comportamental que Freud tentou fundamentar no aspecto estritamente sexual[24] (um padrão bem aceito por biólogos evolutivos[25] e psicólogos de visão limitada) e Nietzsche, no desejo de poder (um padrão ampliado além dos sonhos mais loucos desse filósofo pelos pós/neo-modernistas ou metamarxistas, que insistem que a interação humana não é nada além de exploração mútua[26]). Essas duas subdeidades, o prazer e o poder, podem ser consideradas os espíritos que emergem inevitavelmente para se apoderar da cultura quando a unidade monoteísta superior é questionada. Tanto o prazer quanto o poder são uma espécie de núcleo que, embora necessários, tornam-se patológicos quando elevados à posição suprema, em vez de servirem ao seu mestre superior com a devida submissão e de maneira humilde, mansa ou reverente. Grande parte da imagética no Livro do Apocalipse demonstra o colapso para essa dinâmica entre o hedonismo e a força ou a coerção, que é eternamente emblemática do fim dos tempos.[27] O mundo não consegue sobreviver se for governado pelo sexo ou pelo poder. Essas forças degeneram em tirania e caos entrelaçados, misturados e fundidos, quando são elevadas ao lugar mais alto. O mundo da ordem soberana adequada é e deve ser governado pelo padrão de confronto ao caos, da aspiração ascendente, da verdade e do sacrifício voluntário, exatamente como está codificado no corpus bíblico de modo profundo e abrangente. Nós nos convidamos a ser possuídos por esse espírito mais profundo quando nos esforçamos de maneira voluntária e diligente para *nos afastar* do inferno do totalitarismo, da dolorosa futilidade do niilismo ou da elevação autodestrutiva dos caprichos do eu limitado em direção à ordem que é boa ou muito boa.

Perceber como esse espírito se reflete nas histórias mais profundas de uma cultura nos ajuda a entender o eterno valor dos caracteres arquetípicos do mundo narrativo: o Dragão do Caos, a Grande Mãe, o Grande Pai e o Filho divino.[28] Aprender a compreender e reconhecer esses caracteres, onde quer que se manifestem, também nos permite reconhecer a inevitabilidade de seu fascínio e renascimento, caso sejam esquecidos ou abandonados. O Dragão do Caos é a plenitude da possibilidade não categorizada ou ainda não descoberta — aquilo que existe eternamente fora do reino da experiência, a maior ameaça possível e o reino ilimitado do que ainda pode ser. Esse dragão é o *tohu va bohu* sobre o qual o espírito de Deus paira eterna e criativamente, o caos aquoso que, de algum modo, existia antes do surgimento da ordem criativa. A Grande Mãe,[29] por outro lado, é a manifestação mais primordial desse reino caótico das possibilidades, dentro do domínio do que é experienciado de maneira direta. É a própria natureza, que é tanto a maneira mais elementar pela qual o potencial se revela quanto a experiência em relação a nossa própria mãe: o amor e o cuidado que abrangem tudo e que são, ao mesmo tempo, precondição para a vida, no sentido mais concreto, e o maior obstáculo para sua realização independente, quando esse cuidado falha. O Grande Pai, por sua vez, é a estrutura *a priori* de valor, derivada das ações do espírito que deu origem a tal estrutura e composta pelas consequências de sua ação criativa e regeneradora. Ele também é o eterno tirano que surge quando essa estrutura se torna ultrapassada, rígida ou voluntariamente cega. O indivíduo arquetípico, por fim, é o Herói, o processo ativo que gera e renova o mundo do subjugar e nomear, considerado por Deus o atributo primário de Adão. Ele é o valor que torna a percepção possível, dá significado ao mundo, participa do que é bom e constitui a própria imagem do espírito que gera a realidade. Esse Herói é eternamente antagonizado pelo Adversário, o usurpador, o espírito de Caim e Lúcifer que se opõe, com orgulho e presunção, à ordem cósmica implícita e ao seu progenitor.

Tudo isso significa que o Herói eterno (a essência ou espírito de Adão) é o processo ativo de encontrar, subjugar, nomear e construir relacionamentos, descrito no drama humano inicial do grande Livro de Gênesis. No entanto, os esforços masculinos individuais de Adão a esse respeito são insuficientes, apesar de seu papel central e sua natureza divina, como indica o trecho seguinte aos seus atos de nomeação: "[...] mas para Adão não foi encontrada uma ajudadora adequada" (Gênesis 2:20). A natureza dessa ausência foi expressa de maneira singular pelo romancista inglês Daniel Defoe, mais conhecido como o autor de *Robinson Crusoe*, embora também fosse um prolífico pensador filosófico e escritor de sua época.[30] Defoe refletiu sobre a necessidade de uma companhia para Adão (como o próprio Deus aparentemente concluiu):

> Um igual, um companheiro, um participante de seus pensamentos, suas observações, suas alegrias, seus propósitos, seus empreendimentos. Agora era evidente, a partir de pesquisas reais, que nenhum desses animais, nem mesmo a serpente, possuía razão, ideias morais e intelectuais, faculdades de abstração e nomeação, capacidade de comunhão ou culto racional. Eles podem ser ministros para seus propósitos, mas não ajudantes se encontram para ele. Por outro lado, Deus era a fonte de seu ser e o objeto de sua reverência, mas não no mesmo nível de necessidades e recursos. Era, portanto, evidente que o homem em relação a um igual estava sozinho, e ainda precisava de um associado.[31]

1.4. Eva a partir de Adão

Eva é, estranhamente, extraída de Adão — o que, de certa forma, é uma inversão do que se poderia esperar, já que o mais evidente é a mulher dar à luz o homem. No entanto, essa inversão reforça a ideia da primazia criativa do Logos trabalhando em harmonia com a estrutura (ou Pai) por meio da qual esse Logos opera, além de indicar a estranha dependência desse processo em relação a forças que atuam fora dele e além de sua compreensão (pelo menos em sua forma humana). Portanto, é perfeitamente apropriado que Eva seja derivada do Adão inconsciente: "E o Senhor Deus fez um profundo sono cair sobre Adão, e ele dormiu; e ele tomou uma de suas costelas, e fechou a carne em seu lugar; e da costela que o Senhor Deus havia tirado do homem, ele fez uma mulher, e a levou ao homem" (Gênesis 2:21–22).

Adão acaba de ser confirmado em seu papel como descritor e delineador do mundo; ele é o locus da consciência diferenciada da qual o Ser e o tornar-se, de alguma forma misteriosa, dependem. A origem de Eva a partir de Adão indica sua ligação com o próprio Logos; até mesmo sua feminilidade primordial é mais uma manifestação da Palavra de Deus, já que Ele a criou àquela imagem feminina, como enfatizado em Gênesis 1. Isso também indica, é claro, que toda mulher é dependente e, em certa medida, uma criatura da ordem social, representada interculturalmente como masculina,[32] bem como uma manifestação, na dimensão de sua consciência, da Palavra que estabelece a ordem real e cósmica. É exatamente nesse ponto que os defensores do relativismo de gênero pós-modernos insistem, ao assinalar a "construção social" da feminilidade e da masculinidade, embora, ao fazer isso, metem os pés pelas mãos, confundindo a derivação do feminino a partir da cultura com a completa independência entre os papéis sexuais e de gênero e os substratos biológico e físico subjacentes.

Isso não significa que o papel de Eva seja idêntico ou uma mera derivação do papel de nomeação de Adão. Reiterando, Eva deriva do Adão *inconsciente*. Essa compreensão é fundamental para entender seu papel. Ela representa e exprime o que ainda não é conhecido por Adão. Dada a ignorância dele, tanto voluntária quanto involuntária, ela tem muito com o que trabalhar. Eva, como o eterno feminino, chama a atenção para o que ainda não foi trazido à luz da consciência — para o que ainda não foi nomeado ou subjugado à ordem social. Esse é o papel de Eva como "ajudadora", uma palavra traduzida do hebraico עֵזֶר כְּנֶגְדּוֹ ou *ezer kenegdo*.

O termo *ezer* aparece ao longo dos textos bíblicos. Quando se refere a Deus, denota sua provisão de assistência poderosa — e não em uma função subordinada: "Nossa alma espera pelo Senhor; ele é a nossa ajuda [*ezer*] e o nosso escudo" (Salmos 33:20). Os Salmos 115:9–11, 121:1–2 e 124:8 ampliam essa descrição, retratando Deus nesse papel de *ezer*, uma fonte de força e auxílio. A palavra *ezer* também é usada para descrever um aliado militar (Ezequiel 12:14). Sugere resgate, força e vantagem estratégica.[33] A palavra *kenegdo*, em conjunto com *ezer*, ajuda a aprofundar essa caracterização. Ela aparece apenas como um descritor de Eva e conota algo como *lutar com* ou *ajudar contra*. Pode ser mais útil considerar Eva como algo próximo a uma adversária benéfica — uma parceira de jogo. O desenvolvimento ideal em uma relação, em termos psicológicos, não depende nem de estagnação, nem de vitória, mas de desafio. A união de opostos que caracteriza a dinâmica entre masculino e feminino é um processo de provações e testes mútuos — um concurso de dança ou um jogo. O parceiro de jogo ideal é aquele cujas habilidades em campo igualam ou até superam ligeiramente as do potencial jogador. É aí que reside a verdadeira aventura. Jogar na zona de desenvolvimento proximal[34] — no limite, na fronteira entre caos e ordem — traz a excitação que é um marcador de desenvolvimento contínuo e ascendente.

É para promover essa melhoria mútua que Eva é criada, em um estado fundamental de igualdade e parceria — e é feita a partir da costela de Adão, da lateral de seu corpo, e não de sua cabeça (como Atena surgiu de Zeus, o que implicaria uma possível superioridade) ou de sua perna, pé ou outra parte inferior do corpo (o que implicaria subordinação ou inferioridade). Eva corresponde a Adão da mesma maneira que o *yin* taoista corresponde ao *yang*. Seu papel é chamar a atenção de seu parceiro para todas as questões que ele pode ter negligenciado, envolvido como está em sua tarefa de administração responsável. Nesse trabalho, ele é convocado a estender, expandir e atualizar a nomeação e a subjugação de acordo com as verdadeiras, e até novas, necessidades do momento, sem reestruturar toda a tradição de modo radical, orgulhoso ou presunçoso. O papel de Eva está em conformidade com as bem conhecidas diferenças de personalidade entre homens e mulheres, evidentes em várias culturas,[35] e mais pronunciadas em sociedades mais igualitárias: as mulheres são mais afáveis — mais preocupadas com os outros, mais interessadas em pessoas do que em coisas[36] —, além de serem mais propensas a experienciar emoções negativas, ameaça e dor; mais *sensíveis* a tudo que pode colocar em perigo, ferir ou causar angústia nas pessoas. Infelizmente, é esse mesmo papel — intimamente ligado ao cuidado e à atenção às sutis e incipientes necessidades de bebês e crianças — que também as tornam, talvez, mais suscetíveis aos encantos da serpente (ou pelo menos as primeiras a ser vulneráveis).

A história do pai e da mãe primordiais de toda a humanidade, portanto, define os principais papéis dos sexos, dentro dos limites da ordem cósmica, conforme desempenham seus respectivos papéis como habitantes e criaturas dependentes, bem como criadores autônomos. No entanto, isso não é tudo: o grande drama de Adão e Eva no jardim também descreve o padrão fundamental de erros ao qual ambos os sexos são propensos. Cada predisposição temperamental tem suas vantagens e tentações. Portanto, uma história que caracteriza de maneira abrangente o homem e a mulher em relação à natureza e a Deus também descreverá, necessariamente, tanto o propósito adequado quanto o pecado. Adão ordena, nomeia e subjuga. Eva é predisposta, por natureza e por Deus, a falar pelos oprimidos, ignorados e marginalizados, levando suas preocupações à atenção de Adão. Ela é adequada para esse papel fundamental, pois é verdadeiramente mais sensível de uma forma que reconhece as preocupações dos frágeis e dos ainda não verbais ou socializados. Isso lhe permite desempenhar um papel que é ao mesmo tempo estabilizador e exploratório — e, portanto, algo que se assemelha ao próprio Logos. Ela estabiliza conforme a ordem individual e social mantém sua harmonia, considerando, sempre que possível, tudo o que é vulnerável, porém valioso. Ela explora na medida em que tudo o que está ordenado precisa ser expandido sempre que as circunstâncias mudam — quando, por exemplo, nasce um novo filho ou surge uma nova preocupação doméstica ou no relacionamento, ou quando alguém que antes era forte e capaz está doente, frágil e necessitando de cuidados, seja essa situação temporária ou permanente.

O conhecimento da sensibilidade essencial de Eva — sua capacidade de servir como um sinal de alerta, por assim dizer[37] — é crucial para entender sua tentação primordial ao pecado, que consiste em presumir, com orgulho, algo como "Eu posso envolver até a própria serpente — até mesmo o que é irredutivelmente venenoso e falso — com meus braços acolhedores; posso incorporar o fruto que a serpente oferece, o domínio do bem e do mal, e me tornar o próprio Deus ao fazê-lo. Tudo isso eleva minha reputação e coloca essa virtude superior no centro do mundo". Isso equivale à insistência de que a capacidade feminina para a tolerância empática e a inclusão é, ou deveria ser, a base da própria ordem moral (isto é, o que é bom deve corresponder ao que a mãe é para o bebê dependente) e, ao mesmo tempo, à veemente proclamação de que tal compaixão, e nada mais, é o verdadeiro atestado de sua superioridade moral. Essa é uma extrapolação exagerada, uma forma de arrogância e presunção enganosa, e uma manifestação do espírito que eternamente busca usurpar. Por essa razão, a serpente é tentadora.

Adão não é melhor. Ele é capaz de categorizar e ordenar o mundo, mas também de proclamar falsamente sua expertise e reivindicar habilidades além de seu real nível de competência, e é muito provável que faça isso para impressionar o eterno feminino. Esse é o narcisismo vaidoso que caracteriza o falso masculino, ilustrado por personagens como Gaston, no filme *A Bela e a Fera*[38], da Disney, ou, de modo mais grave, pela chamada Tríade ou Tétrade Sombria das personalidades patológicas.[39] A alegação autoengrandecedora, arrogante e igualmente usurpadora de Adão é de que ele pode e deve reestruturar o mundo para que a serpente e seu fruto possam ser incorporados de qualquer maneira e com a mesma facilidade que Eva, não importa quão irrazoáveis sejam as exigências. Seu éthos se assemelha a algo como "Eu oferecerei aquilo que impressionar o feminino — mesmo que o pedido seja excessivo; mesmo que essa oferta envolva a usurpação e a violação da ordem moral implícita, conforme estabelecida por Deus". Eva, orgulhosamente, acolhe e incorpora demais, em uma exibição egoísta de sua compaixão e cuidado, enquanto Adão se humilha para impressionar sua parceira, insistindo que nada do que ela exige, quer ou demanda está além de seu poder. São essas as duas maneiras pelas quais a mãe e o pai eternos da humanidade caem no pecado capital do orgulho, catalisando a queda.

Homem e mulher incorporam o Logos, pelo menos em potencial. O padrão de ser que deve caracterizar cada indivíduo é um reflexo, uma imitação (e não uma imitação pálida) de algo que é, ao mesmo tempo, o mais real e, em última análise, sagrado. É nessa suposição fundamental — nessa crença axiomática (uma reivindicação de imensa e ainda irrealizada magnitude e importância) — que homem e mulher fundamentam sua dignidade, de modo intrínseco, fora da esfera do *eu*, da soberania, do Estado e da natureza. É nessa suposição fundamental que o valor transcendente do indivíduo se alicerça; é sobre ela que toda a estrutura de direitos e responsabilidades que caracteriza as sociedades livres e altamente funcionais do Ocidente é construída, na medida em que cada uma dessas sociedades é, de fato, funcional e livre. É em torno desse mastro, fincado no chão — desse bastão da tradição — que cada indivíduo, família, cidade e Estado livres se congregam, encontram segurança e esperança, e se unem em intenção, propósito e ação. Talvez o mundo e tudo o que é perceptível deva ser fundamentado ou centrado em torno de um axioma central, uma proposição de fé central e inquestionável, uma afirmação que transcenda a questão em foco — ou até mesmo de um evento miraculoso. Talvez isso seja verdade porque precisamos de um intermediário entre nosso conhecimento sempre falho e incompleto e o mundo de mistério infinito; talvez porque precisemos encobrir e esconder de nós mesmos nossa vasta ignorância, para que possamos agir sem a regressão infinita da dúvida. Talvez devamos carregar conosco uma espécie de caixa, que nunca deve ser aberta, para que a Pandora de nossa indagação não nos destrua e nos faça cair em uma eterna espiral descendente.

Lynn White, o historiador e crítico do Ocidente já mencionado,[40] parece endossar o animismo que via a natureza como algo inevitavelmente assombrado, incompreensível e intocável, sagrado ou tabu: "Antes de cortar uma árvore, minerar uma montanha ou represar um riacho, era importante apaziguar o espírito responsável por aquela situação, e mantê-lo apaziguado." O mesmo se aplica aos seus descendentes ambientalistas ou adoradores da natureza contemporâneos. O leitor de tais palavras, tentado a moralizar sem sacrifício, é levado a presumir, de maneira acrítica, que essa atitude era superior ao antropocentrismo dominante dos cristãos, que destruíam a natureza e ousavam colocar o homem — essa criatura patética — no centro do mundo, nomeando, subjugando e assumindo a função de administrador. Mas qual é a alternativa? Elevar insetos, roedores, árvores e arbustos a um status superior ao das crianças? Promover o inconsciente e indiferente mundo natural ao status de divindade? Colocar a natureza no mais alto lugar, de maneira acrítica, é conspurcar o homem — e as consequências disso não serão boas nem para o homem, nem para a natureza. Homem e mulher devem dominar e subjugar exatamente porque manifestam o desejo legítimo de viver e de que seus filhos, netos e bisnetos prosperem na abundância. Qualquer tentativa de substituir essa preocupação central terminará em desastre — incluindo a adoração de ideologias, idolatrias ou falsos deuses que levarão à tirania e ao totalitarismo. Isso não significa, reitero, que qualquer homem ou mulher, ou toda a humanidade, tenha o direito de saquear em nome de interesses egoístas. Pelo contrário. Como criaturas concebidas à imagem de Deus, temos a responsabilidade de dar seguimento e expandir o ato de criação da melhor maneira imaginável.

1.5. À imagem de Deus

O que significa ser "criado à imagem de Deus"? Significa que o espírito humano existe, em sua essência, na fronteira entre ordem e caos; que ele serve como mediador entre o tornar-se e o ser; que ele molda a maneira como a nova realidade se manifesta quando a realidade antiga e ultrapassada clama por redenção e renovação. A visão de que a capacidade mediadora do homem é central ou até idêntica à consciência é refletida em fontes tão diversas quanto as cosmogonias dos antigos mesopotâmicos e egípcios[41] e as reflexões dos neurocientistas cognitivos modernos.[42] Nessa visão, a consciência é o espírito humano ativo, o eterno matador de gigantes e dragões, o inimigo do rei maligno e da mãe devoradora, e a força responsável, autossacrificial e ascendente que impulsiona a transformação e o movimento. Por que considerar o pensamento desses povos antigos? Porque suas grandiosas, populosas e duradouras civilizações foram a consequência desse pensamento. E por que considerar os cientistas modernos?

Porque suas investigações mapeiam o mundo natural e biológico, mas destacam um notável paralelo com as ideias mais antigas às quais ainda temos acesso.

Era dever do imperador da antiga Mesopotâmia assegurar que o espírito de Marduk, o deus supremo no panteão de deuses de sua sociedade, se manifestasse em suas atitudes e ações. Exatamente por essa razão, ele era responsabilizado por seus sacerdotes durante a cerimônia anual de Ano Novo, que incluía confissão, arrependimento, batalha e renovação. Era sua incumbência, como personificação da autoridade legítima, adotar o caráter daquela divindade suprema.[43] Ao fazer isso, e somente isso, sua soberania era tanto caracterizada ou entendida (o que deve governar?) quanto justificada. Um bom imperador era, portanto, um avatar do espírito de Marduk — uma divindade que, assim como o Deus de Gênesis, gerava a ordem que era boa a partir do caos/possibilidade, em consequência da eterna batalha com a mãe-dragão primordial das profundezas, Tiamat (etimologicamente ligada a *tehom* e *tohu va bohu*). A abstração desse espírito, a partir do panteão anterior com seus deuses originais e primordiais, mas de alguma forma insuficientes, criou a precondição para o desenvolvimento da ideia abstrata de "soberania" em si (uma vez que a "soberania" é o espírito que transcende qualquer rei específico, algo no qual a própria existência da realeza se baseia e que todo governante legítimo deve buscar). Por isso, Cristo é tradicionalmente "Rei dos Reis, e Senhor dos Senhores" (Apocalipse 19:16). Ele é, por definição, o espírito ou a essência da soberania, sua própria personificação.

Sabemos, com base em um dos textos mais antigos conhecidos, o *Enuma Elish*,[44] que Marduk era caracterizado pelos mesopotâmicos como o vencedor da eterna batalha dos deuses no céu. Ele era o deus que se elevou acima de todos os outros deuses; o espírito emergente que decidiu enfrentar voluntariamente o monstruoso; o vencedor da batalha cósmica capaz de inspirar, unir e liderar outros (deuses); o criador do mundo a partir do confronto com a serpente ou o dragão; e, por fim, o regenerador do mundo dissoluto. Esse motivo narrativo da batalha dos deuses pela primazia é bastante difundido em toda a tradição humana.[45] Por quê? Imagine que, como grupos tribais, cada um unido sob o domínio de um ou vários deuses, nos reunimos na tentativa de estabelecer entidades políticas maiores. Imagine que, em consequência disso, não faltaram batalhas pela primazia da dramatização e da narrativa, travadas no campo do interesse e da memória; pela opinião e pela atitude, negociadas por meio do diálogo; e, quando tudo mais falhasse, pela força: por meio de escravização, morte e destruição. Imagine, por fim, que esses complexos processos de consolidação possam ser representados como um grande e interminável conflito entre as grandes figuras da imaginação — os deuses que o homem projetou no cosmos —, lutando por posição e primazia no espaço definido pela imaginação coletiva humana, apoderando-se de seus seguidores e acólitos terrenos, por assim dizer, e impelindo-os a agir da mesma forma.

De uma perspectiva, os seres humanos lutam entre si para estabelecer os próprios deuses como superiores. De outra, os deuses usam os seres humanos como seus representantes terrenos para estabelecer seu domínio no céu. Há muito a ser dito sobre esta última perspectiva. Ideias são espíritos vivos, como sugerido anteriormente,[46] existentes tanto na psique coletiva quanto na individual. A terrível realidade desse campo de batalha divino é expressa por Gloucester, em *Rei Lear*, de Shakespeare: "O que para os garotos são as moscas, nós somos para os deuses: matam-nos por brinquedo"[47] — um eco de Homero, na *Ilíada* (Livro XVII, versos 515–516), ao expressar os sentimentos de Zeus: "As criaturas são as mais infelizes. Das que na terra movem-se e respiram!"[48] Essa é a terrível luta em direção à unidade, tanto da psique quanto da sociedade.

Os mesopotâmicos "sabiam", ou pelo menos representavam em sua narrativa, a ideia monoteísta de que o que é mais profundo — o supremo e o divino — era precisamente o espírito de encontro voluntário com a alma, a sociedade e a natureza. Eles "sabiam", também, que qualquer imperador que se prezasse se esforçaria para incorporar esse espírito e que a própria sobrevivência e renovação do reino dependiam desse esforço, como expliquei em meu livro de 1999, *Mapas do Significado*:

> A identificação do imperador mesopotâmico com a mais divina de todas as deidades (de acordo com o julgamento e a escolha desses poderes idênticos) lhe conferia poder e contribuía para a manutenção da ordem social e psicológica entre seu povo. Além disso, o imperador mesopotâmico tinha com seu povo a mesma relação que

> Marduk tinha com ele: a de um modelo ritual para emulação, a personalidade cujas ações serviam de padrão para todas as ações realizadas no reino — a personalidade que era o Estado, uma vez que era o Estado que definia e ordenava as interações interpessoais (afinal, essa é sua função primária). Portanto, a Babilônia foi conceitualizada como "o reino de deus na terra" — isto é, como uma imitação profana do céu. O imperador servia a essa "imitação de céu" como o "imitador de Marduk", pelo menos na medida em que fosse conservador, justo, corajoso e criativo.[49]

Os mesopotâmicos determinaram que o padrão para a soberania legítima — o espírito da confrontação voluntária, o princípio vivificador que deve ser elevado ao patamar mais alto — era um olho atento e uma voz mágica. Marduk tinha olhos ao redor da cabeça e proferia palavras mágicas que transformavam, por exemplo, a noite em dia. Essa é uma visão brilhante e inspiradora: a ideia de que o deus de todos os deuses é a atenção e a palavra criativa e transformadora — a Palavra que transforma a possibilidade monstruosa e a escuridão no próprio mundo. Quem deve liderar? Não aquele capaz de exercer a maior força. Não o mais rico. Não aquele que consegue manipular com mais eficácia, de maneira maquiavélica. Mas o comunicador atento e visionário: aquele que observa mais de perto e conta a melhor história, passada, presente e futura. O que deve liderar? Não o poder. Não o capricho hedonista e imaturo do momento, mesmo em suas manifestações sexuais mais intensas. Algo mais elevado. Algo que realmente une, estabelece, nomeia, classifica e renova; algo que busca o que é superior e reflete a verdade.

Como essas ideias arquetípicas podem ser aplicadas à realidade prática? Como o caos e a possibilidade, e nosso confronto voluntário com eles, podem ser compreendidos, em termos práticos? Mais uma vez, vamos refletir sobre as manhãs. Com o que você se depara quando acorda? Pense, novamente, no que se manifesta no teatro de sua consciência quando um novo dia começa; a promessa e o perigo das próximas dezesseis horas de vigília, o futuro que ainda não tomou forma. Esse presente em desenvolvimento não é, em última análise, determinado nem restrito pelo passado — não em um sentido simples e previsível, já que até mesmo a trajetória mais estável e previsível pode se transformar em um piscar de olhos e mudar de direção de repente.[50] Como consequência, não podemos, nem em teoria, aplicar um conjunto de regras determinísticas e seguir em frente. Nenhum algoritmo nos permite calcular com precisão o horizonte transformador do futuro — não em um mundo que não é, nem em princípio, determinístico.[51]

Em vez disso, somos chamados a enfrentar o desafio eterno de moldar — de acordo com nossa visão (por mais imatura que ela possa ser) — aquilo que ainda não é, mas que poderia ser. Estamos orientados no mundo em direção ao tornar-se, ao que está mudando e ao que pode ser mudado — enquanto tudo que é estático e fixo se torna irrelevante e invisível, até para a própria percepção.[52]

"Eu poderia fazer isso; talvez eu faça aquilo; eu deveria fazer isso; aquilo me interessa; isso está me atormentando; as coisas vão acabar mal se eu fizer isso e não aquilo, ou bem, se fizer aquilo e não isso" — esse é o domínio da preocupação e do cuidado[53] que constantemente emerge e domina a consciência. Talvez você enfrente toda essa possibilidade com medo porque suas circunstâncias são muito caóticas — complexas além de sua competência (ou é o que você teme). Talvez isso seja uma consequência dos percalços e desafios do destino — mas, possivelmente, também um resultado da inadequação, do orgulho, da arrogância, da tendência à evitação e ao engano, e, por conseguinte, do ressentimento. Talvez, em contraste, você esteja entusiasmado por perceber tanto a possibilidade no sentido positivo quanto um caminho viável para alcançá-la. Talvez isso aconteça porque você foi devidamente encorajado a enfrentar, confrontar e explorar; a desafiar a si mesmo — e porque assumiu essa responsabilidade de maneira voluntária e a transformou em hábito de atenção e ação. Talvez, por fim, você se permita aceitar esse desafio até o limite do medo, de modo que apreensão e entusiasmo estejam em perfeito equilíbrio. Nessa posição, você está alerta e vigilante; atento aos possíveis problemas, mas preparado para seguir em frente; pronto para se esquivar, atacar e se adaptar. Isso significa que está na posição ideal — se você é capaz de lidar com o horizonte do futuro, está de fato indo muito bem.

Confrontado dessa maneira, o horizonte do futuro equivale ao caos da possibilidade existente no início dos tempos, retratado nos versículos iniciais de Gênesis. Projetamos nossas visões sobre as águas e trazemos à existência — graças a nossa afinidade com o Logos (por meio da exploração, da imaginação, do pensamento e da fala) — o mundo habitável, que é bom ou até muito bom, na proporção exata à retidão de nosso propósito. Essa é, dentro de cada um de nós, a manifestação contínua da Palavra Divina que gerou o cosmos no princípio do tempo e do espaço. Essa é a caracterização bíblica inicial do espírito do que é mais elevado, a manifestação inicial do espírito do único Deus. Essa é uma ideia impressionante e revolucionária, que ordena o mundo e engendra civilizações — uma ideia que é a condição prévia para uma ordem psicológica e social otimizada. Reiterando, é com base nessa suposição de nosso valor individual implícito que derivamos nosso conjunto infinito de direitos naturais (e também, não devemos nos esquecer, como tendemos a fazer, de nossa responsabilidade natural).

Esses direitos e responsabilidades não nos são atribuídos, de maneira secundária, por meio de um processo de contrato social — não são algo outorgado pelo Estado onisciente, onipresente e onipotente. Pelo contrário, são o reflexo mais profundo daquilo que dá origem ao Estado duradouro e que o impede de se desviar para o anacronismo, a cegueira, o gigantismo e a tirania. Esses direitos e responsabilidades estão presentes desde o princípio, assim como o Logos, que é sua verdadeira fonte. Eles são axiomáticos, a legítima fundação de tudo, incluindo qualquer Estado possível que seja capaz de estabelecer quaisquer direitos — ou de negá-los. O espírito que intermedeia o tornar-se e o ser, portanto, é algo que existe no princípio, está presente no hoje, molda o futuro, reside dentro de nós e (se permitirmos) nos caracteriza.

Nós "temos nossos direitos". Por quê? Pense no seguinte: a sociedade, a tradição, a lei — tudo isso está, em um sentido real, morto. São meros vestígios do passado. Representam aquilo que já está fixo e invisível enquanto buscamos avançar, devido a essa fixidez. São exatamente os aspectos que tomamos como garantidos, ocultados da consciência por sua previsibilidade. Em contraste, é o futuro, manifestando-se no presente, que convoca a consciência; é o potencial do futuro que se revela no teatro da consciência. Esse é o eterno fluxo das águas do caos e da vida para a base morta, porém necessária, da certeza tradicional. O que — ou quem — domina esse futuro? O locus da consciência. *O indivíduo*. A ousadia visionária e aventureira da alma individual. O verdadeiro esforço ético do indivíduo. A capacidade individual de imaginar, pensar e comunicar (variantes do Logos intrínseco). O indivíduo soberano é o escultor e o potencial mestre do futuro indeterminado — ou, para ser mais exato, o mestre é a consciência que se manifesta dentro de cada indivíduo.

A sociedade só é capaz de se adaptar ao futuro na medida em que integra e atende à visão e ao pensamento (o Logos) de seus cidadãos. Portanto, aqueles que lideram devem servir e promover essa individualidade divina; agregar e unir suas preocupações; reunir, consolidar e comunicar suas necessidades e desejos visionários; e transformar a lei — o passado necessário, mas morto — na Palavra viva e orientadora. O líder legítimo, portanto, necessariamente encara o abismo — o sofrimento de seus constituintes; encontra os outrora grandiosos heróis do passado definhando no submundo; identifica, resgata e rejuvenesce o Pai eternamente moribundo, integrando passado e presente; e dá nova vida e visão ao que foi estabelecido antes. Essa é a história eterna, que já aconteceu, está acontecendo agora e continuará a acontecer para sempre, em qualquer futuro humano identificável. É o que os antigos egípcios descobriram com seu culto ao deus Hórus, o grande olho da atenção, a força que enfrenta o caos e o mal e revigora Osíris, deus do Estado, que vagueia cegamente pelo submundo.[54] O Estado acabaria estagnado, paralisado pela mera concretização do passado morto, se não atendesse à visão e ao pensamento de seus constituintes. É o indivíduo visionário e verdadeiro — o profeta e a voz — que eternamente se opõe à estagnação e à tirania. Portanto, até mesmo para se manter e se propagar, o Estado deve se submeter ao Logos do indivíduo.

Isso não é mera ideologia; não é uma verdade relativa. É, sim, aquilo que deve ser primordial — genuinamente — para que o inferno não se manifeste. Foi a negação e a erradicação do Logos do indivíduo que produziram os regimes totalitários tirânicos do século XX. Não superamos, de modo algum, as tentações do poder desmedido e dos prazeres hedonistas. Isso não significa que aqueles que vivem no presente podem fazer o que quiserem: o Estado pode ser delimitado pela necessidade da visão criativa, renovadora e ativa do indivíduo, mas, da mesma maneira, o indivíduo deve sacrificar sua mera individualidade, isolada e atomizada, em favor da tradição que constitui a maturidade e que nos une como comunidade.

Em conformidade com essa visão, o Estado não *concede* liberdade aos seus cidadãos. O Estado que proíbe seus indivíduos de prestar atenção e de falar a verdade — a liberdade que subsiste — se fossiliza, murcha e morre em um surto autodestrutivo e cada vez mais desmoralizante de mentiras. Essa é a vitória comparável ao irmão maligno do rei; o tio sombrio, ressentido e egotista do príncipe banido, porém legítimo; e ao temido evento que inaugura pragas, estagnação e desaparecimento da própria água da vida. Essa é uma verdade que está além de todas as objeções relativistas. Existe uma relação necessariamente recíproca entre o Estado e o cidadão — e não há maneira de o Estado ser superior, ainda que forneça aquilo que é obrigatoriamente estático e estável. Sem o indivíduo — em suma, sem *você* — incorporando o éthos apropriado, o Estado acabaria estagnado de maneira terrível. Nós — a espécie humana, ao menos em seus melhores momentos — concluímos, por meio de um doloroso processo de tentativa e erro, que tanto a tirania quanto a escravidão são intrinsecamente erradas, pois ambas existem em oposição a esse princípio. O tirano suprime e, ao mesmo tempo, tenta substituir o Logos, enquanto os oprimidos estão intimidados e indolentes demais — na verdade, arrogantes e incrédulos demais — para fazer com que esse Logos se manifeste internamente. Essa supressão e servidão condenam tanto o indivíduo quanto o Estado — e não apenas os "condenam", se essa condenação for entendida como mera morte, mas engendram, em vez disso, um verdadeiro inferno, que, em sua plena manifestação, pode tornar a morte uma alternativa preferível.

Você acredita, de coração, que a escravidão é errada? Acredita, genuinamente, que a tirania que insiste na escravidão também é errada? Acredita, portanto, na divindade intrínseca do indivíduo (tecnicamente, no valor profundo do indivíduo, com base em nossas premissas)? De que outra forma sua objeção ao tirano escravizador faria sentido? Em outras palavras: a oposição sincera à coerção e à força, bem como à irresponsabilidade, fruto da fraqueza, do hedonismo e da imaturidade, que permite a coerção e a força, ainda que apenas sentida ou percebida de maneira incipiente (por exemplo, como um sentimento de violação gerado pela consciência), é uma forma de fé, pelo menos na alternativa à tirania e à escravidão. Mais uma pergunta, uma vez que essa definição foi esclarecida: baseado nessa crença, você se opõe à escravidão e à tirania de maneira profunda o suficiente para seguir os ditames do Logos criativo? Ou hesita, considerando a responsabilidade onerosa demais, abandonando, assim, a verdadeira aventura e o significado da vida? A oposição à escravidão e à força é uma crença genuína e, por uma questão de princípio fundamental, uma crença religiosa. Travamos muitas guerras para determinar se o axioma do valor divino intrínseco do homem e da mulher é verdadeiro — se é, de maneira profunda, fundamental e não arbitrária, uma verdade. Aqueles que lutaram pela liberdade fizeram muitos sacrifícios para promover essa ideia; para elevá-la ao mais alto patamar.

A escravidão foi contestada e, depois, erradicada de modo substancial e meticuloso em nome dessa mesma verdade profunda — e isso foi motivado por razões religiosas[55] — que postulava, contra todas as evidências imediatas (como as de riqueza, poder e status comparativos), que a alma do indivíduo era, de maneira apropriada e definitiva, soberana, não importando quão humilde e excluído ele fosse; que postulava que tal valor não é maior, em um sentido absoluto, para os ricos e ilustres, não importando sua riqueza ou importância aparentes. A dificuldade dessa constatação não deve ser subestimada. Ela vai de encontro aos fatos mais autoevidentes, como a capacidade da força de dominar a fragilidade e as nítidas vantagens da riqueza sobre a pobreza. "Se eu posso, por que não deveria? Se detenho o poder, por que aqueles que se opõem a mim são algo além de desprezíveis e fracos? Se sou rico, mesmo por herança, isso não é evidência, *prima facie*, de que sou mais amado por Deus (ou pelo destino e pela natureza) e, portanto, tenho direito a um status especial, como os fatos indicam?" Certamente, essa era a presunção no mundo clássico, pré-judaico-cristão, e, certamente, é a proclamação feita pelo espírito que se apodera da maioria dos indivíduos e sociedades atualmente.

Sob a influência do espírito condensado nas escrituras e tradições bíblicas, nós, no Ocidente, reconhecemos que tal favoritismo e subjugação eram fundamentalmente errados; que violavam um princípio divino profundo; que ofendiam não apenas um preceito de racionalidade ou compaixão, mas o próprio espírito do que é grandioso. Assim, decidimos que a tirania era imoral, seja ela manifestada na psique, na família, na cidade ou no Estado; que o próprio rei, por mais poderoso, deve se curvar ao que é de fato soberano; e, o mais importante, que há uma "realidade celestial" que é eterna e verdadeiramente superior a qualquer governante terreno ou secular, ou mesmo a qualquer princípio ou lei explícita. Seria muito imprudente e perigoso esquecer que esse ímpeto — para erradicar a escravidão e a tirania; subordinar a autoridade ao que é transcendentalmente soberano — foi (e estou falando tanto em termos históricos quanto psicológicos) uma consequência do éthos estabelecido de maneira incipiente, mas poderosa, no início do relato de Gênesis.[56]

Acreditamos que homens e mulheres são feitos à imagem de Deus? E, em caso afirmativo, o que significa acreditar nisso? E, em caso negativo, no que acreditamos em vez disso — ou será que simplesmente não acreditamos em nada e sofremos as terríveis consequências da ansiedade, da desesperança e da desestabilização social que isso acarreta? Com a crença em um "Deus nas alturas" estabelecida, como são nossos casamentos, nossas famílias, amizades e sociedades — e como seriam se algo diferente se tornasse objetivo ou alicerce? Não seria o caso de que a tirania ou a servidão passariam a governar — de imediato — em todos esses níveis (e também nos níveis intrapessoal, psicológico ou espiritual) se essa pedra angular fosse rejeitada? E que a tirania e a escravidão estão inevitavelmente aliadas à dominação do capricho hedonista e à gratificação de desejos de curto prazo, imaturos e egocêntricos, incapazes de proporcionar uma autorrealização sustentável ou um sistema político produtivo, generoso e harmonioso?

E o que significa a aceitação dessa proposição de valor divino intrínseco se ela for plenamente concretizada?

H. PISAN

2

Adão, Eva, Orgulho, Autoconsciência e a Queda

2.1. A imagem de Deus no eterno paraíso

Em Gênesis 1, uma série de proposições narrativas emerge: que a existência é consequência de um espírito eterno e transcendente agindo sobre o potencial em si; que a ordem habitável, que é boa, surge das ações desse espírito; que o homem e a mulher são feitos à semelhança desse espírito; e que esse espírito é o que tem o devido e eterno domínio sobre a criação. Gênesis 1 enfatiza que o homem e a mulher são imagens genuínas de Deus. Tal imagem não é exatamente Deus, mas uma amostra de baixa resolução do original; algo da mesma natureza, em muitos aspectos, porém em uma escala menor, mais restrita; algo *kenótico*,[1] esvaziado em relação ao original; um ícone ou mesmo um *avatar*[2] do original. Essas presunções são logo ecoadas em Gênesis 2, um capítulo que oferece uma representação mais profundamente encarnada, primordial: "E o Senhor Deus formou o homem do pó da terra, e soprou nas suas narinas o sopro da vida; e o homem se tornou uma alma vivente" (Gênesis 2:7).

A ideia de que o homem é uma imagem de Deus não é completamente absurda? Como poderia o homem imperfeito, até mesmo o homem ou a mulher mais vil, ter uma relação direta com o divino? O homem, com sua propensão à decrepitude, ao sofrimento e à morte; sua evidente insignificância em contraste com a natureza e o cosmos; a brevidade de sua vida — por que atribuir valor a algo tão passageiro em sua existência e desprezível em sua inadequação? Mas, na ausência dessa proposição divina, onde estaríamos? Como poderia ser atribuído ao homem comum qualquer status *a priori* — sobretudo àquele plenamente capaz de aplicar o princípio de que a força dita o direito, princípio este que, de outro modo, certamente prevaleceria e que, com frequência ainda ameaça prevalecer? Como conseguiríamos funcionar sem a tradição de direitos inalienáveis e a responsabilidade individual intrínseca, que são as consequências lógicas dessa proclamação axiomática de nosso valor sagrado? Essa insistência é uma noção tanto improvável quanto de importância imensurável. Talvez seja a maior ideia já revelada — e, como a ideia central do corpus bíblico, é a própria base da tradição judaico-cristã. Trata-se de um axioma, uma proclamação — algo que deve ser estabelecido como um alicerce antes que qualquer sociedade possa surgir; algo que deve ser aceito "pela fé" como uma regra necessária antes mesmo que o jogo possa começar.

Grande parte da fé verdadeiramente religiosa tem essa mesma forma: não se trata de insistir que algo supersticioso ou impossível seja verdadeiro, mas de proclamar e definir o que constitui, abrange ou caracteriza o real, que, portanto, deve ser atendido com a máxima diligência e colocado em prática. Em essência, isso é uma decisão, não só porque nunca sabemos o suficiente de antemão para ter certeza e, diante dessa ignorância, devemos seguir em frente com base em suposições. O casamento oferece uma analogia útil: nenhum casamento pode começar sem fé em sua durabilidade. Existe alguma prova dessa durabilidade antes do compromisso? Não. Além disso, não existe uma maneira de reunir as evidências necessárias sem o compromisso *a priori* — a promessa de participar daquele jogo específico e de nenhum outro. Todas as decisões cruciais da vida são tomadas com base em princípios, e não como consequência de evidências suficientes. Isso não significa que devemos avançar de maneira estúpida e cega.

No entanto, sempre que enfrentamos o verdadeiro desconhecido, somos obrigados a prosseguir com fé. A alternativa é, sem dúvida, sombria.

Em Gênesis 2, a transformação, por Deus, do caos e do nada em existência habitável é detalhada. Deus cria o primeiro lugar de habitação verdadeiramente humano:

> E o Senhor Deus plantou um jardim na direção leste no Éden; e ali ele colocou o homem a quem havia formado.
>
> E da terra o Senhor Deus fez crescer toda árvore que é agradável à vista, e boa para alimento; e também a árvore da vida no meio do jardim, e a árvore do conhecimento do bem e do mal.
>
> E um rio saía do Éden para regar o jardim; e dali partia-se, e tornava-se quatro cabeças.
>
> *Gênesis 2:8–10*

Esse jardim é o ambiente humano ideal, representado em uma abstração imaginativa. É o local arquetípico onde cultura ou ordem (as paredes) e natureza ou caos (as plantas, árvores, pássaros e animais) coexistem em adequado equilíbrio. É tanto a origem quanto o eterno destino perfeito: o "jardim murado" (pois é isso que a palavra *paraíso* — *pairi daiza* — significa[3]), o lugar bem regado (pois é isso que a palavra *Éden* significa[4]). O restabelecimento desse lugar ideal é o objetivo implícito de todo proprietário de casa que imagina um jardim em seu quintal; sua versão cercada do Éden original. (E mesmo que a cerca se manifeste apenas de modo abstrato, como propriedade, o recinto cercado ainda é delimitado pelos limites da convenção social.)

Homens e mulheres têm a propensão natural para trabalhar ou se sacrificar com o objetivo de estabelecer um ambiente que continuamente circunscreva a natureza dentro da cultura; um ambiente que protege e abriga, ao mesmo tempo que possibilita e oferece oportunidades. Sonhamos com um espaço verde e natural próprio e, se isso não for possível, ao menos um apartamento próximo a um parque. Queremos algo que seja delimitado — separado, cercado. Queremos saber exatamente pelo que somos responsáveis e o que temos o direito de esperar em relação às expectativas e propriedades dos outros. Assim, esforçamo-nos para torná-lo bonito, pacífico e seguro, e somos intrinsecamente orientados para essa perfeição. Essa orientação é um espírito; um processo ou padrão que habita em nós, desperta nosso interesse, direciona nossa atenção e motiva nossas ações. O que queremos que aconteça ali, em nossos jardins, se e quando conseguirmos criá-los? Talvez não sejamos capazes de cuidar do mundo todo, mas podemos administrar os próprios pequenos espaços naturais privados, e isso já é muito.

Como podemos imaginar um lugar assim? O que estamos fazendo com essa pequena porção de terra ao invocarmos o espírito certo? Na Índia tradicional, sempre que um novo edifício é construído:[5]

> Antes que uma única pedra seja assentada, "o astrólogo mostra qual ponto da fundação fica exatamente sobre a cabeça da serpente que sustenta o mundo. O construtor faz uma pequena estaca com a madeira da árvore Khadira e, com um coco, crava a estaca no solo naquele ponto específico, de modo a prender firmemente a cabeça da serpente... Se algum dia essa serpente sacudir sua cabeça com violência, partirá o mundo em pedaços".[6] Uma pedra fundamental é então assentada sobre a estaca. Assim, a pedra angular é posicionada exatamente no "centro do mundo". Mas, ao mesmo tempo, esse ato de fundação é uma repetição do ato cosmogônico, pois "prender" a cabeça da serpente, cravar a estaca nela, é imitar o gesto primordial de Soma (Rig Veda II, 12, 1) ou de Indra, quando este "feriu a Serpente em seu covil" (Rig Veda, VI, 17, 9), e seu raio "cortou sua cabeça" (Rig Veda I, 52, 10).[7]

O ato de imobilizar a serpente móvel que sustenta tudo, ainda que de maneira invisível, equivale a fincar o mastro ou bastão dos costumes no centro, estabilizando e orientando a nós mesmos e à comunidade. É a dinâmica entre o cajado e a serpente, dominada por Moisés e exibida ao Faraó, aos egípcios e aos israelitas. É, também, a lança que São Jorge e São Miguel cravam no coração do dragão, para derrotar o caos e o mal. Queremos e precisamos que nosso jardim murado seja delimitado; queremos que seja nosso, para que possamos, no longo prazo, nos beneficiar dos sacrifícios transitórios de tempo, esforço e dinheiro em busca de nosso sonho: por isso os muros. Convidamos a natureza a se expressar dentro desses limites de uma forma que seja atrativa e interessante. Trabalhamos em direção a esse objetivo — essa visão da terra prometida. É nesse esforço que encontramos paz e felicidade. Podemos nos sentar nesse jardim com nossa família e amigos de maneira hospitaleira, jantando à mesa celestial, por assim dizer. Há um espírito que nos habita enquanto fazemos isso, quando feito de modo adequado. Esse espírito é a mesma Palavra que dá origem ao jardim e ao cosmos. O ambiente ideal para homens e mulheres criados à imagem de Deus é o lugar em equilíbrio perfeito entre cultura e natureza — entre ordem e caos. Esse também é o lugar, como vimos, da consciência otimizada.

Esse ambiente edênico tem sido tradicionalmente representado (e é assim descrito no texto bíblico) como um território em quatro partes por rios: "E um rio saía do Éden para regar o jardim; e dali partia-se, e tornava-se quatro cabeças" (Gênesis 2:10). Tal divisão e arranjo formam uma estrutura geométrica conhecida como mandala,[8] que é uma cruz sobreposta a um círculo e, muitas vezes (mas não sempre), cercada por um quadrado. Uma mandala é uma representação de ordem otimizada: o equivalente psicológico ou conceitual do paraíso.[9] Essa divisão quádrupla, que se origina de um centro, representa a posição que o homem sempre ocupa no mundo, com as direções cardeais (norte, sul, leste e oeste) se estendendo a partir desse ponto. Ela tem a mesma estrutura cruciforme de uma catedral, que é uma imagem arquitetônica da ideia de um centro divino ou celestial, assim como uma concretização do Éden. O tema do jardim permeia o design das catedrais, replicando, em pedra, a floresta primordial, com arcos que se ramificam como árvores e banhada pela luz que atravessa os vitrais, assim como os raios de sol penetram pelas folhas e galhos em um bosque.

2.2. O orgulho versus a sagrada ordem moral

Em Gênesis 2, Deus cria o jardim cercado e concede ao homem domínio sobre ele: "E o Senhor Deus ordenou ao homem, dizendo: De toda árvore do jardim tu poderás comer livremente" (Gênesis 2:16). Dessa maneira, Deus proporciona ao homem e à mulher liberdade quase total para explorar, incorporar e utilizar tudo o que o mundo oferece, com duas exceções importantes. A primeira é a ordem de exercer domínio de modo a reabastecer a terra e colocar tudo em seu devido lugar (Gênesis 1:28) e também de cultivar e guardar o jardim (Gênesis 2:15).[10] A segunda é que eles devem evitar ingerir o fruto de uma das árvores centrais do jardim: "Mas da árvore do conhecimento do bem e do mal, dela tu não comerás. Pois no dia em que dela comeres, tu certamente morrerás" (Gênesis 2:17).

A vida no jardim edênico, administrado de maneira adequada, é algo existente em um estado de interação dinâmica — a ordem desafiada, atualizada e expandida pelo caos; o homem competindo e cooperando em justaposição dinâmica à mulher; o homem e a mulher agindo de acordo com a vontade de Deus (manifestando-se como imagens de Deus), ampliando e aperfeiçoando de maneira contínua o que já é bom ou muito bom. O paraíso, assim, tem a mesma natureza que uma grande peça musical — digamos, o terceiro movimento do *Terceiro Concerto de Brandemburgo* de Bach —, uma composição ímpar tanto em sua capacidade de equilibrar o previsível e o esperado com o imprevisível e o novo, quanto de criar algo ainda mais belo e perfeito a partir do que já é belo e perfeito. Esse é um modo de ser, de harmonia em contínuo aprimoramento, exemplificado pela música, a "condição" à qual "toda arte constantemente aspira".[11] É o bom que pode se tornar muito bom.

Mas, nessa interação dinâmica, a humanidade também é chamada a manter as fundações morais do mundo no lugar, incontestadas — ou até mesmo intocadas, em rejeição ao fruto proibido. Portanto, algo deve permanecer necessariamente além do julgamento humano, no que diz respeito à natureza do bem e do mal; algo deve ser fixado de maneira imutável na base, ou elevado, de modo permanente, ao lugar mais alto; algo deve ser considerado transcendentalmente intocável ou inefável. Não é esse o exato conjunto de princípios morais já estabelecidos e enfatizados? A interação eterna entre ordem e caos, Deus e *tehom*; a presunção de que a ordem realizada pela Palavra é boa e de que os seres humanos são muito bons; a ideia de que o homem e a mulher são feitos à imagem de Deus? Esses axiomas não devem ser incorporados ao domínio do conhecimento humano nem substituídos por algum dogma terreno hipoteticamente útil ou conveniente. Devem, ao invés disso, permanecer sagrados; servir e ser considerados e tratados para sempre como as próprias condições prévias para esse conhecimento.

Gênesis 2, portanto, amplia a caracterização de Deus, apresentando-O como o espírito que adverte contra a pretensão desmedida — contra o pecado capital do orgulho. O que significa essa *pretensão*? O paraíso, ou Éden, é um jardim eterno, com duas árvores frutíferas primordiais em seu centro: "E da terra o Senhor Deus fez crescer toda árvore que é agradável à vista, e boa para alimento; e também a árvore da vida no meio do jardim, e a árvore do conhecimento do bem e do mal" (Gênesis 2:9). Essas duas árvores têm uma relação profunda e misteriosa. A árvore da vida produz o fruto que gera a vida, até mesmo a vida eterna. A árvore do conhecimento do bem e do mal é seu oposto; ela abriga a eterna serpente e produz o fruto cuja incorporação gera a morte.

O que isso significa? *Que aquilo que é necessária e inevitavelmente axiomático — sobre o qual tudo o mais depende — só pode ser tocado com grande perigo.* O que é axiomático e fundamental oferece proteção contra o caos que destrói; contra a entropia que sorve, dissolve, devora a esperança e afoga. Algo deve ser mantido como sagrado — nesse caso, a própria base sobre a qual o bem e o mal se alicerçam. É a estaca cravada na cabeça da serpente subterrânea cujo movimento, de outra forma, partiria o mundo em pedaços. É um (o?) grande pecado do orgulho questionar aquilo de que tudo necessariamente depende. *Não toque no que deve permanecer sagrado.* Caso contrário, o centro não se sustenta e tudo desmorona. Algo deve ser o objeto imutável — o bastão sagrado, o pilar inabalável e, talvez, até a árvore que abriga a serpente. Algo deve ser aquilo em torno do que tudo o mais se organiza. É o Próprio Deus, por mais inefável que Ele possa ser. Quanto mais próxima de Deus for a presunção, mais cuidado deve ser tomado em sua abordagem, e mais ainda em sua rejeição ou subversão revolucionária. Alegações extraordinárias exigem evidências extraordinárias — algo enfatizado de muitas formas por muitas pessoas.[12]

A tentativa de transformar a empreitada moral em uma questão de julgamento humano, em vez de preservar um mínimo necessário de pressupostos, é fazer o movimento orgulhoso que transforma a rocha que sustenta a casa em areia, que se move, afunda e devora quando a tempestade chega. É em consonância com isso que Cristo — a própria encarnação da Palavra que estabeleceu tais princípios — declara mais tarde:

> Todo aquele, pois, que escuta estas minhas palavras e as pratica, assemelhá-lo-ei ao homem sábio, que construiu a sua casa sobre a rocha.
>
> E desceu a chuva, vieram as inundações, e sopraram os ventos e golpearam contra aquela casa, mas ela não caiu, porque estava fundada sobre a rocha.
>
> E aquele que ouve estas minhas palavras e não as pratica, compará-lo-ei ao homem insensato, que edificou a sua casa sobre a areia.
>
> E desceu a chuva, vieram as inundações, e sopraram os ventos e golpearam contra aquela casa, e ela caiu, e grande foi a sua queda.
>
> *Mateus 7:24–27*

O finito e o conhecido estão cercados pelo infinito e pelo desconhecido. O primeiro não é capaz de absorver o segundo; se tentar, ultrapassando seus limites, corre o risco de perecer. É necessário, até crucial, compreender: a periferia, a margem, não é mera antítese singular ao que está no centro, nem seu oposto, como comumente se presume. O oposto de um não é o outro, mas o múltiplo, que então se degenera no enumerável, no monstruoso, no inconcebível e, por fim, no caos absoluto, que é pior do que a morte. O oposto do um é a própria multiplicidade — cujo triunfo revolucionário pode muito bem despriorizar o centro, ainda que de maneira temporária. No entanto, essa "vitória" causará estragos entre os fenômenos periféricos ou experimentais que encontraram um lugar na margem de tolerância que deve circundar qualquer ideal.

Isso é verdade, em parte, porque o periférico ou experimental tem uma ligação mais frágil com a identidade do que o centro e, portanto, pode ser desestabilizado com mais facilidade. O semifuncional ou vanguardista atua, assim, mais próximo daqueles que seguem o caminho estreito e reto do que dos outliers extremos, independentemente de sua opinião sobre tais questões. Os outliers extremos são monstros que devorariam e destruiriam tudo, incluindo os vanguardistas (e estes provavelmente seriam os primeiros). Em outras palavras, a margem pode existir ao redor do centro se ambos os lados tomarem certo cuidado. Pode existir em uma trégua frágil, mas talvez mutuamente benéfica (dadas as vantagens tanto da estabilidade quanto da mudança). Entretanto, se a margem insistir em se tornar o centro, em consequência do ressentimento e da amargura que são quase inevitáveis em uma vida à sombra do ideal, então a margem da margem começará a se manifestar. Quando o ideal, esse terrível, porém necessário juiz, enfraquece — talvez de uma forma que seja bem-vinda aos excluídos, e até aos oprimidos —, os dragões predatórios e parasitários do verdadeiro caos voltam à plena força. Mas e então? Aqueles que antes eram marginalizados, e que agora foram falsamente elevados e, pelo visto, colocados no centro, serão as primeiras cabeças a cair na guilhotina.

Além disso, centralizar a margem eliminaria qualquer utilidade hedonista que aquilo que é marginal, de fato, possui. É a transgressão, e o senso de novidade que acompanha tais ações desviantes, que eleva o fetiche, qualquer que seja sua natureza, ao status de afrodisíaco. A novidade em si é uma forma de recompensa de incentivo. Assim, participar de atos inovadores (que são, por definição, marginais, embora possam ser positivos de maneira exploratória ou rebeldes de uma forma meramente transgressora) aumenta o prazer. Isso vale tanto para prazeres estéticos, que vão do gustativo ao artístico, quanto para o prazer sexual. Assim, o deslocamento da margem para a posição de norma ou ideal prejudica até mesmo a exacerbação patológica do prazer, que é o objetivo de muitas práticas marginais — e ameaça até o prazer mais genuíno e válido que pode ser experimentado como consequência da participação na verdadeira, e inclusive redentora, vanguarda. Essa é outra desvantagem, em especial para os criativos, de todas as tentativas de subverter permanentemente a ordem normal ou ideal. Se todos precisarem usar uma máscara de cachorro, por exemplo, ninguém poderá usá-la como um ato de diversão rebelde.

Como o marginal é multiplicidade, o marginalizado não pode ser celebrado, pois isso significa ser elevado ao lugar de primazia, e a pluralidade não pode ser o foco de uma atenção singular. Por definição. Pela própria diferença entre o um e o muito. O homem, ou a sociedade, que tenta abocanhar mais do que é capaz, corre o risco de sufocar, morrer, ou, ainda pior, fracassar na tentativa de incorporar o que não é comestível. O conhecimento humano não consegue, em última análise, manter sua integridade diante de tudo o que é, até agora e talvez para sempre, desconhecido. O que impede a regressão infinita da dúvida diante da genuína ignorância absoluta? Perguntar por que, por que, por que, por que, por que — para sempre.

Quando eu lecionava na Universidade de Toronto, muitas vezes demonstrava isso aos meus alunos de seminário, escolhendo um deles para provocar — perguntando-lhe: "Por que você fez as leituras para esta aula?" ("Porque eu queria estar preparado para a discussão.") "Por que era importante para você estar preparado?" ("Porque eu queria me sair bem na aula.") "Por que se importava em se sair bem?" ("Porque eu quero passar no curso.") "Por que é importante para você passar no curso?" ("Porque eu quero obter meu diploma.") "Por que se importa em obter seu diploma?" ("Eu quero ser competitivo no mercado de trabalho após me formar.") "Por que esse sucesso faz alguma diferença para você?" Era nesse ponto, subindo a Escada de Jacó ou descendo ao submundo, que a situação com frequência começava a ficar difícil para a pessoa questionada. "Se eu não tiver um bom emprego, serei infeliz e não terei dinheiro." "Por que importaria para qualquer pessoa, inclusive para você, o fato de estar sofrendo e sem dinheiro?" No final de *Uma Confissão*, de Tolstói, que detalha seu mergulho em um niilismo intensamente suicida e sua subsequente emersão, o grande autor russo descreve um sonho (condensado e rearranjado para os propósitos da presente ilustração):

> Vejo que estou na cama. Não me sinto nem bem, nem mal, estou deitado de costas. Mas começo a me perguntar se é bom ficar deitado; e parece haver algo errado com minhas pernas: não sei se estão curtas demais ou desiguais, mas há um desconforto. Só agora me ocorre a pergunta que ainda não tinha feito: onde estou e sobre o que estou deitado? Começo a olhar ao redor, e o primeiro lugar que olho é para baixo, para onde sinto que logo vou cair. Olho para baixo e não consigo acreditar nos meus olhos. Estou repousando a uma altura que nunca poderia ter imaginado, muito além de qualquer torre ou da montanha mais alta. Olhando ao redor, vejo que estou deitado sobre

> cordas entrelaçadas e fixadas nas laterais da cama. Meus calcanhares estão apoiados sobre uma das cordas, e minhas pernas sobre outra, de um jeito desconfortável. De alguma forma, sei que essas cordas podem se mover. Meu coração para e sou dominado pelo pavor. É horrível olhar para baixo. Sinto que, se o fizer, vou escorregar imediatamente da última corda e perecer. Não olho, mas não olhar é ainda pior, pois agora estou pensando no que acontecerá comigo assim que a última corda se romper. Sinto que estou esgotando minhas forças por puro pavor e que minhas costas estão lentamente afundando mais e mais. Só mais um instante e despencarei.
>
> Acima de mim, também há um abismo. Olho para esse abismo no céu e tento esquecer o que está abaixo, e realmente esqueço. O infinito abaixo me repele e me aterroriza; o infinito acima me atrai e me dá força. Assim, permaneço pendurado sobre o abismo, suspenso pela última das cordas que ainda não deslizou sob mim. Sei que estou pendurado ali, mas só olho para cima, e meu terror passa. Como acontece em um sonho, uma voz diz: "Preste atenção, é isso!" Continuo a encarar o infinito acima, cada vez mais fundo, e começo a me acalmar.[13]

Não há, necessariamente, um ponto ou lugar específico em que o questionamento cessa. Ele pode facilmente se transformar em uma regressão infinita que aniquila a motivação e petrifica ou paralisa. Nenhum aluno que frequenta uma aula — na verdade, nenhuma pessoa que participe de qualquer atividade — o faz sem presumir algo; sem uma base de fé, por mais implícita que essa fé possa ser. Em algum ponto, o ciclo precisa parar. Caso contrário, todos acabariam paralisados pela dúvida, indecisos, presos a uma encruzilhada, desmoronando, seguindo por todos os caminhos ou por nenhum, em vez de se concentrarem na tarefa em questão. Esse estado de confusão é muito provável. Quando indivíduos e sociedades perdem a fé em seus objetivos, em qualquer nível da "hierarquia celestial", eles começam a questionar e, então, a subverter sua identidade ou propósito e acabam perdidos no deserto: ansiosos, deprimidos e desprovidos de esperança; amargos e cínicos; desregrados e niilistas; hedonistas e obcecados pelo poder. A inércia paralisante e a confusão fragmentada são o estado padrão. Isso acontece quando a integridade ou mesmo a existência do nível mais alto se torna questionável — e, talvez o mais devastador, mesmo que as consequências plenas desse colapso levem décadas ou mais para se manifestarem. Assim, certa fé no cosmos, no jardim e no próprio eu constitui uma base necessária para o avanço; uma base inescapável até, porque a alternativa é a regressão infinita da dúvida e a descida ao abismo.

Nada disso significa que questionamentos profundos nunca sejam necessários: diante de fracassos reiterados, as presunções que guiam nossas ações devem ser desafiadas, passo a passo; de uma forma mais profunda, incremental, caso pequenas correções não sejam suficientes. Mas não devemos jogar o bebê junto com a água do banho toda vez que surge um obstáculo. Isso é válido, em especial, quando o bebê em questão é o infante divino. Então qual é a regra? A correção mínima necessária para manter o navio no curso ou para definir um novo destino. Como podemos descobrir no que temos fé, mesmo que não saibamos, explicitamente, que tal fé existe? Observando em que ponto nosso questionamento cessa, seja quando as perguntas são feitas por outra pessoa, seja quando elas se manifestam internamente, na forma de dúvida. Ainda que os elementos que compõem nossa essência não tenham se tornado explícitos — transformados em objetos de compreensão consciente ou em princípios enunciáveis, imagináveis ou, pelo menos, imitáveis —, eles estão presentes, implicitamente, enquanto a jornada ascendente continua. Uma tradição religiosa é a revelação e a comunicação do que é necessariamente axiomático, ao menos em maneira dramática e narrativa. Essas histórias unificadoras mantêm todos se movendo na mesma direção, enxergando o mundo da mesma forma e experienciando as mesmas emoções; isso não é muito diferente da paz produtiva. Será verdade que quanto mais essas histórias são compreendidas e compartilhadas, maior é o senso de união, tanto no nível psicológico quanto comunitário? É uma coisa boa imitar, encenar e imaginar, mas se também houver a compreensão consciente, uma fonte adicional de desunião não só é eliminada, como também transformada em algo que agora pode se tornar um participante ativo, em vez de mero observador crítico.

Os axiomas da moralidade tradicional são estacas fincadas no chão, bastões da tradição — mas todo bastão da tradição tem sua serpente, o espírito vivo que originalmente estabeleceu a tradição e que a renova de maneira constante.

2.3. A incompletude de Adão e a chegada de Eva

O papel de Adão como espírito nomeador acaba de ser estabelecido quando a história faz uma estranha digressão: "E Adão deu nomes a todo o gado, e a toda ave do céu, e a todo animal do campo; mas para Adão não foi encontrada uma ajudadora adequada" (Gênesis 2:20). Não é Eva quem recebe a tarefa de nomear. Ela é, em vez disso, uma parceira necessária nesse processo de conceituação, representando ou agindo em nome (idealmente, de maneira benéfica ou até lúdica) daquilo que ainda não foi incluído no domínio da conceituação ou no processo de gerar a ordem habitável que é boa ou muito boa. Por quê? Bem, ela é, afinal, a mãe arquetípica da humanidade, assim como companheira e parceira de Adão. Talvez esse status de *outsider* seja a eterna situação da criança — com suas peculiaridades e idiossincrasias individuais e particularizadas, bem como talentos notáveis e únicos. Uma nova criança, por exemplo — ou qualquer mudança nas circunstâncias ou na personalidade de uma criança — deve ser incorporada à ordem funcional existente, domínio de Adão, que precisa, em consequência, se ampliar ou se transformar para atender ao novo conjunto de desejos e necessidades. O clamor da criança — e, de modo mais geral, dos vulneráveis ou excluídos — é a preocupação suprema da mãe eterna.

Há uma variedade de possíveis razões para as notáveis e consistentes diferenças sexuais discutidas anteriormente.[14] Algumas dessas diferenças emergem nas mulheres durante a maturação sexual, e por razões relacionadas diretamente a esse processo. A diferenciação na experiência de emoções negativas e, portanto, na autoconsciência, surge na adolescência.[15] Isso talvez ocorra porque as discrepâncias de tamanho e força entre homens e mulheres — em especial na força da parte superior do corpo, tão crucial para a vitória no combate físico[16] — também surgem nesse momento, tornando necessária e sábia uma cautela adicional mediada pela ansiedade em relação aos homens.

Além disso, é na puberdade que surge a ameaça da potencial catástrofe de uma gravidez indesejada. Mas a força motriz fundamental por trás da diferenciação entre homens e mulheres em termos de personalidade e interesse é, provavelmente, a necessidade de uma maior responsividade à ameaça e de criar relações próximas para auxiliar no cuidado de outros dependentes. Por exemplo, o cuidado de bebês vulneráveis é, com maior frequência e confiabilidade, atribuído às mulheres na pós-adolescência. Não há razão para supor, *a priori,* que as respostas emocionais das mulheres evoluíram apenas para seu benefício pessoal imediato (em vez de contribuir tanto para a sobrevivência quanto para o sucesso reprodutivo, considerados no longo prazo). Faz mais sentido considerar a ansiedade e a autoconsciência acentuadas das mulheres como uma solução conciliada para os problemas conjuntos da díade mãe-bebê. A profundidade dessa propensão ao autossacrifício não deve ser subestimada. Ela chega até os ossos. Por exemplo, enquanto amamentam, as mulheres conseguem detectar a falta de cálcio no corpo de seus bebês e são capazes de descalcificar os próprios esqueletos, liberando o excesso resultante no leite materno para corrigir a deficiência em seus filhos.[17]

Talvez não seja coincidência que a imagem sagrada da mulher seja, com mais frequência, uma representação da mulher com a criança. O que é uma mulher, sozinha? Um alvo de gratificação sexual momentânea, criado pela venalidade dos homens que buscam esse tipo de satisfação, ainda que ela também possa ser seduzida pelo próprio hedonismo a desempenhar esse papel? Um peão na ordem patriarcal, assim como um homem pode ser, embora ela não desfrute do conjunto completo de benefícios que o status social em si confere aos homens?[18] Não há razão alguma para supor que a unidade fundamental da integração psicológica ou da ordem social seja o indivíduo atomizado e definido de maneira subjetiva. Isso também vale para os homens, pouco propensos a ser homens e muito mais inclinados a ser hedonistas imaturos ou manipuladores em busca de poder até que assumam plenamente a responsabilidade que surge com a mulher e a criança. A clássica ênfase liberal no indivíduo funciona apenas quando o indivíduo, assim definido, já está imerso, ainda que de maneira inconsciente, em um éthos ou uma história transcendental que torna sua individualidade uma manifestação de responsabilidade autossacrificial voluntária, em vez de poder ou capricho.

A acentuada autoconsciência das mulheres se reflete no mundo dos homens, pois estes precisam se adaptar às mulheres e às suas preocupações. A propensão feminina à experiência exacerbada de emoções negativas e à alta sensibilidade para a interação interpessoal e o conflito faz com que elas sejam mais propensas a evidenciar, por inferência e ação direta, a constante inadequação dos homens. É por isso que os olhos de Adão se abrem ao comer o fruto oferecido por Eva: ele se torna autoconsciente, ciente da própria nudez (algo pelo qual ele, então, culpa para sempre a mulher, ou até mesmo Deus, por tê-la criado). A necessidade masculina de ser atraente para as mulheres faz com que os homens se esforcem ao máximo para satisfazer[19] — ou, no caso dos homens patológicos, aparentar satisfazer[20] — todos os desejos de uma potencial parceira. As mulheres são muito mais propensas do que os homens a rejeitar outras pessoas, tanto no âmbito sexual quanto em suas relações pessoais. Elas têm mais probabilidade de recusar uma investida sexual quando surgem oportunidades de acasalamento de curto prazo.[21] São elas, também, que propõem o divórcio em cerca de setenta por cento dos casos.[22] Além disso, as mulheres são mais propensas a se envolver em agressão relacional indireta e fofocas (com o objetivo de isolar socialmente uma potencial rival).[23] É provável que essa propensão aumente a autoconsciência dos homens: as mulheres, com sua maior capacidade de decodificar comportamentos não verbais, são mais sensíveis às exibições de atratividade física feminina e aos comportamentos de "conquista de parceiro", como flertar, e tendem a puni-los com severidade, mesmo entre suas amigas. "Não há no céu fúria comparável ao amor transformado em ódio, nem há no inferno ferocidade como a de uma de uma mulher desprezada."[24]

O que tudo isso sugere? As mulheres agregam as preocupações daqueles para os quais, em um sentido profundo, especializaram-se em dedicar sua atenção e cuidado. Elas, então, levam essas preocupações aos parceiros masculinos, especializados, por sua vez, na busca externa, enfrentando os inimigos naturais do lar e da família, competindo e cooperando por posições hierárquicas e colhendo os benefícios decorrentes desse esforço no contexto social mais amplo. Dessa forma, as mulheres se beneficiam dos recursos adicionais que os homens podem fornecer para resolver os problemas relacionados ao cuidado dos dependentes, mesmo que continuem precisando lidar com a necessidade de prover esse cuidado. Os homens, por sua vez, se beneficiam da expansão de sua autoconsciência e, posteriormente, da consciência, impulsionada pela sensibilidade acentuada das mulheres, embora tenham que suportar o peso da avaliação severa e da rejeição que decorrem desse dom.[25]

2.4. Os eternos pecados de Adão e Eva

> Ora, a serpente era mais sutil do que qualquer animal do campo que o Senhor Deus havia feito. E ela disse à mulher: Sim, Deus tem dito: Não comereis de toda árvore do jardim?
>
> E a mulher disse à serpente: Nós podemos comer do fruto das árvores do jardim;
>
> Mas do fruto da árvore que está no meio do jardim, Deus disse: Não comereis dele, nem o tocareis, para que não morrais.
>
> E a serpente disse à mulher: Certamente não morrereis.
>
> Porque Deus sabe que no dia em que dele comerdes, então vossos olhos serão abertos, e vós sereis como deuses, conhecendo o bem e o mal.
>
> E quando a mulher viu que a árvore era boa para alimento, e que era agradável aos olhos, e uma árvore a ser desejada para fazer alguém sábio, ela tomou do seu fruto, e o comeu, e deu também a seu marido, e ele o comeu com ela.
>
> E os olhos de ambos foram abertos, e eles souberam que estavam nus; e coseram folhas de figos, e fizeram para si aventais.
>
> *Gênesis 3:1–7*

Imagine que sua vida está indo bem. Você vive em um jardim ordenado e belo, em equilíbrio ideal entre estrutura e possibilidade. Mas você ainda não incorporou nem conquistou tudo. Estabeleceu uma estrutura conceitual, porém ainda resta uma margem: aquilo ou, na verdade, aqueles que não se encaixam no padrão ordenado e são marginalizados. A ordem deveria ser reestruturada para incluir todos aqueles que não se encaixam? Isso não é simples de gerenciar. Uma verdadeira profusão de formas espreita à margem. Não há como a multiplicidade se tornar o centro de uma unidade, e não há percepção, muito menos estabilidade ou esperança, na ausência de uma unidade. Tudo? Tudo é demais. A inclusão da margem significa que a entropia sobrecarrega a ordem — e, se a margem não for suficiente para sobrecarregá-la, a margem da margem com certeza será. Toda margem tem sua margem mais extrema.

O ato de categorização é uma determinação de ordem — uma ordem que é necessária, mas também eternamente incompleta (às vezes de modo terrível). Portanto, algo ou alguém deve representar aquilo que ainda não foi levado ou incorporado à estrutura da ordem. A união da capacidade de categorizar e ordenar com a necessidade de atender ao que ainda está fora e perdido constitui o espírito humano completo, refletindo com mais precisão o espírito de Deus. Gênesis enfatiza essa unidade: "Por isso, o homem deixará seu pai e sua mãe e se apegará à sua mulher, e eles serão uma carne" (Gênesis 2:24). C. G. Jung observa ainda:

> Esta representação ocupou também a fantasia em níveis culturais elevados e máximos, sempre de novo, tal como podemos observar na filosofia do gnosticismo do helenismo tardio e sincrético. A "rebis" hermafrodita desempenha um papel significativo na filosofia da natureza da Idade Média. E na época atual ouvimos falar da androginia de Cristo na mística católica.[26]

Essa unidade entre o masculino e o feminino manifesta-se no Cristo heroico, que existe de forma implícita (por exemplo, como o Salvador do Mundo ainda não nascido) em Maria; ou no aspecto maternal, implícito em Cristo, que se revela como o amor que redime o mundo. O feminino (Maria) é, portanto, a mandorla que envolve tanto Deus Pai quanto o Filho crucificado. Essa união é a ordem, sobreposta a um fundo de caos e possibilidade, que dá origem à Palavra redentora e autossacrificial — uma Palavra que, por sua vez, é o indivíduo divino que, de maneira plena e completa, aceita sua sina no mundo; seu destino.

A consequência dessa união — pelo menos no início, quando ele está agindo no espírito adequado — é a proteção definitiva contra a catástrofe da autoconsciência (representada pela "nudez"): "E estavam os dois nus, o homem e sua mulher, e não estavam envergonhados" (Gênesis 2:25). Essa autoconsciência é precisamente o que emerge após o excesso de orgulho.

Eva cede à tentação e se alia à serpente. Essa serpente representa tanto o que é marginal, e até monstruoso (uma vez que a cobra é um agente genuinamente peçonhento), quanto a tentação eterna do orgulho — o orgulho que deseja usurpar ou tomar o lugar de Deus. Podemos imaginar a abordagem da serpente, sussurrando: "Abraça-me e toma para si a prerrogativa do divino, o domínio sobre a ordem moral — a definição do bem e do mal." Qual é o pecado de Eva e, portanto, a tentação ou falha eterna do feminino? "Minha compaixão é tão abrangente que pode converter e incorporar até mesmo aquilo que é um veneno mortal; minha compaixão é tão plena que pode transformar tal veneno em verdadeiro alimento — e, mais, no alimento dos iluminados." Essa súbita conscientização de algo profundamente inconsciente provoca um espasmo de autoconsciência. Eva descobre a terrível gravidade de sua presunção; Adão segue o exemplo ao se deixar seduzir pela nova parceira — e, ao fazer isso, pela nova parceira dela, que é tanto a serpente peçonhenta quanto, em um nível mais abstrato, o eterno adversário em si (na forma da serpente mais peçonhenta concebível). Tanto a mãe quanto o pai da humanidade são tentados a assimilar algo que não pode e não deve ser consumido, embora por razões diferentes, específicas de cada sexo — e tudo desmorona. O conhecimento almejado e que motivou esse pecado, de fato, manifesta-se, como Gênesis relata em seguida — embora não da maneira esperada, nem da maneira que alguém verdadeiramente consciente e humilde desejaria.

A serpente é "sutil", camuflada, à espreita; disfarçada como algo que não é; indistinguível da vegetação ou da folhagem; misturando-se de maneira quase perfeita com o que já foi aceito como natural; tentando os incautos a presumir que ela é algo que não é:[27] "Parece tão inofensiva! O que poderia dar errado?" Essa é a aparente irrelevância do parasita ou do predador. "As portas não podem se abrir para eles também?" Essa é uma boa pergunta, quando motivada por uma compaixão verdadeiramente perspicaz, criteriosa e seletiva, mas completamente inadequada quando feita apenas para elevar de maneira falsa e enganosa o status moral percebido de quem a faz. O pecado de Eva foi ceder às tentações da eterna serpente.[28] O pecado de Adão? Ouvir incessantemente a voz de Eva. Pecados de orgulho em ambos os casos. Em Eva, o narcisismo da compaixão: "Eu sou a mãe capaz de abraçar tudo." Em Adão: "Eu posso reestruturar e renomear a ordem em si, indefinidamente — tudo para impressionar Eva." Ambos presumem demais — embora por razões diferentes (razões que, no entanto, se unem nesse pecado de orgulho).

A eterna tentação da mulher é, portanto, a ideia de que a benevolência materna pode ser estendida, orgulhosamente, a todos, até mesmo às serpentes mais peçonhentas, bem como a tentação de valorizar esse fato no âmbito social — usar sua compaixão, por mais inadequada e falsa que seja, para reivindicar virtudes e habilidades morais indevidas, com o propósito de atrair a atenção imerecida de homens específicos ou da comunidade social mais ampla. A compaixão materna é o espírito do feminino, concedido à mulher. Não é algo para se orgulhar, visto que não é uma realização pessoal. É algo que se pode acolher e que deve ser considerado, com toda a humildade, uma dádiva de Deus — um talento concedido, em vez de uma bandeira de virtude a ser exibida com presunção e egoísmo. A eterna tentação do homem é dar ouvidos a essa falsa voz que prega a familiaridade e o parentesco inclusivos e indiscriminados e reivindicar, em nome de propósitos egoístas e de autoengrandecimento, a capacidade de expandir, além de seus limites, o domínio sobre o qual ele já estabeleceu certo grau de maestria.

Existe um pecado correspondente e igualmente mortal de Adão — a tentação ou a falha fundamental do masculino, a afirmação dirigida a Eva: "Eu posso incorporar, dominar, nomear e subjugar, e colocar na ordem adequada qualquer coisa que você me apresente, não importa quão exagerada, absurda ou mortal seja a presunção de que ela deva ser incluída." Tudo para impressionar Eva, como os homens costumam fazer para impressionar as mulheres. Uma terrível realidade dessa dinâmica destrutiva é o quanto ela se assemelha ao esforço e à capacidade morais mais profundos, quando motivados por intenções genuínas (devemos expandir nosso domínio de cuidado e ampliar nossa responsabilidade), e ao pior de todos os pecados possíveis, a eterna queda, quando não o são (ao proclamarmos falsamente nossos feitos e nossas habilidades). Que Deus nos ajude, de verdade, diante de nossa compaixão orgulhosa e confiança ilusória. Quanto do sofrimento do mundo é consequência da pretensão desmedida, do desejo de usurpar e reivindicar mais do que somos capazes de lidar, que não merecemos e ao qual deveríamos servir, em vez de tentar dominar falsamente? Quanto sofrimento emerge no mundo quando o homem mergulha na presunção e no orgulho? Há algo nessa insistência que só pode ser ignorado por nossa própria conta e risco.

As preocupações que Eva compartilha com Adão o forçam a reestruturar sua personalidade e, de modo mais amplo, a ordem social que ele estabeleceu e pela qual é responsável por manter e atualizar. Todo homem é, claro, uma obra em progresso, e a ordem social será sempre incompleta, em parte devido a sua natureza excludente e muitas vezes arbitrária. Mas isso não significa que todos os homens devam ser desprezados até que surja um espécime perfeito, ou que a ordem deva ser completamente eliminada, ou que ela possa ser expandida de modo infinito, imediato e sob demanda. Além disso, a inadequação do homem não implica a superioridade das mulheres, e a presunção dessa superioridade, com base em argumentos morais, leva inevitavelmente a consequências devastadoras. É claro que o inverso também é igualmente verdadeiro.

Imagine um homem que desconhece algo ou que não demonstra a devida preocupação em algum aspecto — sobretudo quando ele deveria saber ou se importar, dada sua idade, seu conhecimento, sua competência ou seu status. Alguns podem perceber nessa falha uma imaturidade latente ou outra inadequação vergonhosa. Agora, imagine que essa falha seja de repente evidenciada, em consequência direta da insatisfação e da rejeição femininas, seja emocional ou sexual. Considere a raiva, a amargura e até o desejo de vingança — contra a mulher, o mundo, ele mesmo e Deus — que podem surgir. Como Adão disse a Deus, de maneira imperdoável: "A mulher que tu me deste para estar comigo, ela me deu da árvore e eu comi" (Gênesis 3:12). O primeiro homem poderia ter escolhido um caminho diferente: poderia ter rejeitado o pedido de sua nova parceira, permanecido obediente ao divino e evitado a queda, em vez de aceitar, cheio de orgulho, o desafio de Eva. Mesmo após seu erro, ele poderia ter se recusado a culpar a parceira e a força divina que a criou, aceitado a responsabilidade por sua insuficiência e buscado redenção. Mas não; para piorar, ele acirrou ainda mais seu orgulho, chegando a ponto de alegar, movido pela presunção e pela autopiedade, uma superioridade moral em relação a Deus. E essa atitude desencadeou tudo o que aconteceu, e que continua a acontecer.

Comer é consumir, incorporar, assimilar, desenvolver, alimentar. No entanto, nem tudo pode ser comido — apenas o que é apropriado, por assim dizer; apenas na proporção certa — e certamente não o que é veneno, por mais tentador e atraente que possa ser. A serpente é a própria anomalia; o infinito que eternamente espreita dentro do finito; aquilo que não se encaixa. É o dragão cujo tesouro oferece a eterna tentação. No entanto, é também o que não pode ser incorporado. O fruto da serpente imortal é aquilo que não pode ser tornado comestível. Mas a tentação de abocanhar mais do que conseguimos mastigar continua a nos seduzir perpetuamente.

2.5. A eterna serpente

Por que associamos a serpente no jardim ao próprio Satanás? Não há uma indicação direta dessa relação no texto, então precisamos buscar uma resposta mais ampla — na natureza, na tradição e no contexto. A serpente é o predador ou adversário proximal — aquilo que é veneno e devora, concretamente, aqui e agora, tal qual uma víbora, crocodilo, tubarão ou píton. Satanás, por contraste — e extensão —, é o adversário *em si*. Com certeza, a picada de uma cobra peçonhenta é algo a ser temido. Crianças devem ser protegidas contra tal eventualidade, e é uma tarefa heroica confrontar um réptil peçonhento e oferecer tal proteção. Agora imagine essa tarefa em grande escala: Satanás é o equivalente psicológico ou abstrato ao concretamente predatório e peçonhento; a pior de todas as serpentes imagináveis; a eterna metasserpente. Sua morada não são os arbustos do jardim do mundo natural, mas as profundezas da alma humana. Sua derrota não depende de caçada e aniquilação, como um ninho de víboras que pode ser incendiado, mas do verdadeiro esforço moral, que é o padrão mais fundamental das ações que caracterizam, por exemplo, os aniquiladores de dragões e serpentes, São Jorge e São Patrício, e o arcanjo Miguel, no fim dos tempos:

> E houve guerra no céu; Miguel e os seus anjos lutaram contra o dragão, e lutou o dragão e os seus anjos,
>
> E não prevaleceram, nem o seu lugar se achou mais no céu.
>
> E o grande dragão foi lançado fora, aquela antiga serpente, chamada de Diabo, e Satanás, que engana todo o mundo; ele foi lançado à terra, e os seus anjos foram lançados com ele.
>
> *Apocalipse 12:7–9*

Satanás, como a essência do predatório, parasitário e reptiliano, é o espírito do ressentimento homicida, o príncipe das mentiras e das trevas — o adversário do ser, o acusador despudorado, a essência da malevolência. Ele é, também, o Rei do Orgulho — o orgulho que alega estar acima de Deus e afirma que o transcendente pode ser abolido em favor de seu domínio. Essa caracterização é destacada nos primeiros versos de *Paraíso Perdido*, de John Milton, que oferecem a seguinte descrição do grande enganador:

> A Serpente infernal; foi ela que, com a astúcia
> Fomentada por Inveja e Vingança, enganou
> A Mãe da Humanidade, na época em que seu Orgulho
> Expulsara-a do Céu, com toda a sua Horda
> De Anjos Rebeldes, com cuja ajuda aspirava
> Elevar-se em Glória acima dos seus Pares,
> Julgava igualar-se ao Altíssimo,
> Se Ele se opusesse; e com ambição mirou
> Contra o Trono e a Monarquia de Deus
> Desencadeou ímpia Guerra no Céu e orgulhosa Batalha
> Em vã tentativa.[29]

Segundo Milton, é especificamente o orgulho de Satanás que incita o sentimento correspondente — e o desejo de governar — em Eva (e depois em Adão). Conhecer o bem e o mal não significa apenas deter o conhecimento do que é moral, uma vez que tanto Adão quanto Eva já sabiam as regras: "E o Senhor Deus ordenou ao homem, dizendo: De toda árvore do jardim tu poderás comer livremente; mas da árvore do conhecimento do bem e do mal, dela tu não comerás. Pois no dia em que dela comeres, tu certamente morrerás" (Gênesis 2:16–17). O "conhecimento" em questão refere-se ao domínio completo que permitiria que o bem e o mal fossem moldados, alterados e definidos pela vontade humana. É exatamente isso que o espírito do orgulho satânico oferece a Eva, sugerindo, inclusive, que a proibição original era motivada por algo semelhante à inveja ou ao ciúme de Deus: "Porque Deus sabe que no dia em que dele comerdes, então vossos olhos serão abertos, e vós sereis como deuses, conhecendo o bem e o mal" (Gênesis 3:5). Isso é se apropriar não apenas da capacidade de reavaliação de todos os valores, no sentido pretendido e recomendado por Nietzsche,[30] mas também da capacidade de criá-los — de ser a verdadeira fonte de valor em si: a capacidade do Próprio Deus.

Essa capacidade simplesmente não está ao alcance do homem. Os valores eternos são estabelecidos, como a base da identidade que confere ao homem e à mulher a essência da própria humanidade. Ser humano é compartilhar não apenas uma forma física, mas também metafísica — a própria identidade de valor que é, entre outras coisa, uma condição prévia para qualquer comunicação que não se degenera em uma regressão infinita de questionamento. Assim, podemos perguntar a alguém "Por que você está com raiva?", mas não precisamos questionar "O que você quer dizer com 'raiva'?", pois o fato de compartilharmos uma estrutura fundamental de valores significa que todos nós sabemos, como seres humanos, o que significa estar com raiva. O mesmo se aplica não apenas aos nossos estados emocionais ou motivacionais básicos, mas também à maneira como esses estados, potencialmente conflitantes, organizam-se em unidades de ordem superior, tanto psicológicas quanto sociais. Existe um campo de variação aceitável, e a experimentação é permitida e até incentivada na margem. Mas também há um centro imutável. Esse é o fato autoevidente que confere ao conceito de "humanidade compartilhada", ou mesmo de "ser humano", tanto sua realidade quanto sua compreensibilidade.

Isso significa, necessariamente, que qualquer homem ou mulher que se desvie do domínio dos valores humanos eternos, em essência, deixou de ser humano e, portanto, não transcendeu o humano, mas o destruiu. Na prática, esse desvio quase inevitavelmente não se traduz na grandiosa e heroica transvaloração ascendente imaginada por Nietzsche. Em vez disso, manifesta-se como a degeneração e fragmentação de uma moralidade unificadora em caprichos hedonistas ou como a falsa incorporação ou supressão servil de todos esses impulsos sob a égide do poder. Isso é a elevação de uma vontade estreita ao mais alto lugar concebível, sob a aparência de liberdade suprema. ("Eu posso aderir a qualquer valor que eu escolher" — algo que quase de imediato se degenera em "Eu posso fazer o que eu quiser" ou, mais precisamente, "Qualquer impulso que me domina me governa".) É, ao mesmo tempo, a presunção de onisciência, onipresença e onipotência subjetiva. ("Tenho a capacidade de determinar a própria definição do certo e do errado, do valioso e do desprezível, do bem e do mal.") Pode-se objetar: mas essa capacidade não é desejável? A resposta apropriada é simples: hoje você vive, prosperamente, no Paraíso? Se não, isso significa que a ordem cósmica em si tem validade questionável ou que sua perspectiva é terrivelmente falha? É melhor rezar para que seja a segunda hipótese, porque, se for a primeira, não há esperança. É melhor reconhecer a própria inadequação e tentar corrigi-la antes de criticar Deus por Sua insuficiência.

O Satanás de Milton é o espírito orgulhoso que sempre almeja reinar "ainda que no Inferno" — um destino que ele considera melhor do que "ser servo no Céu".[31] Esse tipo de orgulho é aliado nos âmbitos simbólico, tradicional e literário à arrogância do intelecto, ao espírito luciferiano que vê o próprio conhecimento, paradoxalmente, como soberano o suficiente e capaz de expansão ilimitada. Fausto, o protagonista da grande peça homônima de Goethe, é um exemplo desse orgulho excessivo, impulsionado por um desejo desmesurado de conhecimento, compreensão e experiência que transcende todos os limites humanos necessários e desejáveis. Assim como Eva e depois Adão, Fausto deseja possuir mais do que lhe é justamente alocado à esfera terrena. Mefistófeles explica isso a Deus:

Deveras! Ele te serve com artifícios estranhos,
Nenhum alimento ou bebida terrena ao tolo satisfaz.
A agitação de seu espírito aspira longe;
Em parte consciente de sua inquietação frenética e ensandecida,
Exige as estrelas mais belas do Céu,
Da Terra, os maiores e melhores êxtases,
E tudo o que ele deseja, Perto e Longe
É incapaz de subjugar o tumulto em seu peito.[32]

Tal motivação levanta a questão: é o conhecimento ou o poder que Fausto busca de verdade, sendo toda a investigação intelectual apenas um disfarce? Ele se considera tão grandioso a ponto de justificar seu objetivo com a mais cínica especulação:

Sou mais esperto, é verdade, do que aqueles pedantes professores,
Doutores e Mestres, Escribas e Pregadores;
Nem escrúpulos nem dúvidas me atormentam,
Nem o Inferno nem o Diabo podem me assustar mais.[33]

Não é à toa que o disfarce escolhido para Mefistófeles é o de um "Estudante Andarilho".[34]

Voltando a Eva: se a ordem atual não serve ao que é mais vulnerável (e esse é o dever moral da feminilidade, em certo sentido real), então ela é insuficiente, por definição. No entanto, isso de forma alguma significa que tudo o que está fora, abandonado ou marginal deva ser considerado vulnerável e merecedor, ou que tudo deva ser valorizado e atendido, sem discriminação ou julgamento, e de uma só vez — ou ainda que a aparência de uma compaixão abrangente seja louvável. O mero ato de perceber a vulnerabilidade, genuína ou não, de modo algum constitui o bem. A afirmação de que isso basta é a essência do orgulho feminino e precede eternamente a queda. O bem é muito mais complexo e desafiador do que a compaixão, que é um instinto ou um dom divino — por mais profunda que essa compaixão possa ser. Isso significa que é próprio da admirável natureza do feminino chamar a atenção do masculino para aquilo que é vulnerável e não está sendo devidamente atendido — mas esse chamado pode ser amplificado de maneira contraproducente pelas tentações do orgulho narcisista, reiterando: o espírito de Deus é o que nos alerta contra agir de modo imprudente em relação à eterna serpente no jardim; o que nos aconselha a ter cuidado com a tentação de assumir, com a atitude errada, mais do que conseguimos suportar de maneira justa.

2.6. A nudez e o sofrimento como fruto do pecado

Há uma ideia cristã de que o sofrimento em si é consequência do pecado de Adão e Eva.[35] Essa ideia deriva diretamente da punição imposta por Deus, após o pecado original, à serpente, ao homem e à mulher (que foi justamente merecida tanto pelo réptil quanto pelos humanos). A serpente orgulhosa é condenada a rastejar no pó, que é também a morte; a mulher presunçosa, a sofrer e servir ao homem em seu sofrimento; e o homem arrogante e descuidado, a trabalhar com sofrimento contra espinhos até morrer:

> E o Senhor Deus disse à serpente: Porque tu fizeste isso, tu és amaldiçoada acima de todo gado, e acima de todo animal do campo; sobre o teu ventre tu andarás, e pó comerás todos os dias da tua vida.
>
> E eu colocarei inimizade entre ti e a mulher, e entre a tua semente e a sua semente; ela ferirá a tua cabeça, e tu lhe ferirás o calcanhar.
>
> À mulher ele disse: Eu multiplicarei grandemente o teu sofrimento e a tua concepção. Com sofrimento terás filhos; e o teu desejo será para o teu marido, e ele governará sobre ti.
>
> E a Adão ele disse: Porque tu escutaste a voz de tua mulher, e comeste da árvore, da qual eu te ordenei dizendo: Tu não comerás dela, amaldiçoada é a terra por tua causa; com sofrimento tu comerás dela todos os dias da tua vida.
>
> Espinhos e cardos também produzirá para ti; e comerás a erva do campo;

> No suor da tua face comerás o pão, até que retornes à terra, pois dela tu foste tirado; porque pó tu és, e ao pó tu retornarás.
>
> *Gênesis 3:14–19*

Considere, por um momento, as condições da sua vida. Se ainda não encontrou o espírito que o pune por seu excesso de orgulho, você é incrivelmente afortunado ou vive em uma ilusão delirante. Há um versículo apropriado que diz: "O orgulho precede a destruição, e o espírito altivo precede a queda" (Provérbios 16:18). Se você presume ser muito mais do que é — se atribui a si uma capacidade de cuidado (Eva) ou uma competência (Adão) além do que de fato tem —, então você assumiu mais do que é capaz de lidar adequadamente, mesmo que não perceba isso de imediato. A complexidade do mundo, quando acolhida sem o devido cuidado, irá sobrecarregá-lo, e você sofrerá terrivelmente. Se, em sua vaidade, tomar para si mais do é capaz de dominar, pagará o preço e fracassará, experienciando ansiedade, tristeza, vergonha e dor. Portanto, é uma questão em aberto se o sofrimento em si é uma consequência da estrutura da existência (de nossa sujeição a doenças, insanidade, rejeição social, maleficência e morte), ou se é, em igual ou maior medida (ou até totalmente) uma consequência da tola presunção que nos tenta a reivindicar, de modo narcisístico, mais do que é devido.

Imagine se confrontássemos o anômalo — aquilo que está fora e é rejeitado — na proporção adequada; se assumíssemos apenas as tarefas para as quais realmente estamos preparados. Imagine que, do lado feminino, insistíssemos apenas em nossa capacidade para o cuidado benevolente, fornecido de maneira competente e sem ressentimentos. Imagine que, do lado masculino, admitíssemos a insuficiência de nossas concepções, sem insistir de maneira egoísta ou tirânica em sua abrangência ou completude nem concordar, de maneira imprudente, em ajustá-las apenas para impressionar. Até que ponto conseguiríamos enfrentar os desafios do mundo, por mais sérios que sejam, com o espírito genuinamente capaz de enfrentá-los e dominá-los? Até que ponto esses desafios poderiam ser encarados, digamos, com o espírito de um jogo sério, em vez de uma empreitada exigente e pesada demais e, como consequência, repleta de sofrimento? Desejamos, acima de tudo, e de maneira apropriada, encontrar algo pelo que e contra o que lutar. Buscamos um desafio otimizado, não uma dependência infantil; buscamos aventura, confronto e combate. Esperamos encontrar dragões do tamanho exato que possamos derrotar — tão grandes quanto ou ligeiramente maiores do que nossos níveis de confiança e habilidade.[36] Essa é a zona de desenvolvimento proximal,[37] o ponto em que operamos com maior eficiência[38] — no qual estamos mais conscientes, ou em um estado ideal de consciência. Não seria possível abolir grande parte do sofrimento da vida — e até lidar melhor com a perspectiva da morte — se empregássemos, com total empenho e sem reservas, todos os recursos disponíveis para enfrentar nossos problemas? Quanto do nosso sofrimento é inevitável, dadas as limitações de nossos corpos mortais, e quanto é fruto da presunção desmedida, motivada pelo orgulho?

No lado compassivo — de Eva: sufocamos nossos filhos com as maravilhas do nosso cuidado excessivo, para que possamos nos beneficiar, de modo narcisístico e imerecido, dos elogios recebidos daqueles que observam, sem a devida atenção, nosso sacrifício nada altruísta. No lado da conceituação e da ordem — de Adão: tentamos nos beneficiar, de maneira narcisista, ao exagerar nosso valor para os outros. Isso significa que podemos nos apresentar (e essa é uma típica tentação masculina) como produtivos e generosos, quando, na verdade, não somos nada disso. Esse é o mesmo artifício usado pelas chamadas personalidades da Tétrade Sombria[39] — narcisistas, manipuladores, psicopatas e sádicos, que manifestam o pior do orgulho masculino. (Seus equivalentes femininos têm sido pouco estudados — talvez porque sejam menos propensos a se manifestarem na forma de violência física grave ou roubo.[40]) Por que o último desses quatro traços patológicos — o sadismo, ou o prazer na dor alheia — ocorre junto com os três primeiros (e, sem dúvida, em seus equivalentes femininos[41])? A propensão a usar outras pessoas de maneira instrumental para obter ganhos ilícitos está certamente alinhada à disposição para empregar força e coerção. Isso, por sua vez, pode e de fato se transforma em um desprezo excessivo pelos outros. (De que outra forma justificar os ganhos?) Mas e depois disso? Na crença ou na racionalização de que o que é desprezível merece sofrer — ou mesmo na crença de que tal sofrimento é exigido por razões morais? "Talvez os fracos precisem aprender uma lição. Talvez eu seja a pessoa certa para ensinar-lhes." Talvez parte desse racional seja o desejo de vingança contra esses alvos de tortura, por serem ingênuos o suficiente para permitirem o grande pecado do uso instrumental e da exploração. O tirano sempre passa a odiar os escravos cuja conivência — justificável ou não, forçada ou não — perverteu sua alma?

Eis uma questão fundamental da fé religiosa: você acredita que existe um espírito que se opõe e adverte contra o orgulho? Se, ao analisar a própria vida, você concluir que nunca agiu movido pelo orgulho, ou nunca foi criticado por sua tendência à pretensão desmedida, então você é um verdadeiro santo; ou voluntariamente cego, de uma maneira que certamente o levará ao abismo; ou um mentiroso descarado, e será condenado por isso. Essas são as opções, já que o orgulho sempre precede a queda. Que espírito temível é esse que provoca a queda? E de que maneira você está subordinado a ele, independentemente do que acredita ou afirma acreditar, no nível proposicional? É depois que Eva dá ouvidos à serpente, a qual insiste que Eva é capaz de incorporar o que é, em essência, venenosa — e depois que Adão, o tolo primordial, se permite reivindicar um poder ou uma imunidade similar —, que a queda em si ocorre. Os olhos dos filhos desviados de Deus se abrem. Agora, eles conseguem ver, como se fossem deuses, muito do que não eram capazes de compreender de modo consciente. Eles assumiram o fardo da sabedoria imerecida. Agora eles têm o conhecimento, mas não sabem como viver com ele. É nesse ponto que o sofrimento, em teoria, surge no mundo: o conhecimento do bem e do mal; a consciência da morte, ou até a morte em si; a expulsão do Paraíso; a exigência de se sacrificar e trabalhar. O infeliz casal descobriu sua nudez primordial.

> E quando a mulher viu que a árvore era boa para alimento, e que era agradável aos olhos, e uma árvore a ser desejada para fazer alguém sábio, ela tomou do seu fruto, e o comeu, e deu também a seu marido, e ele o comeu com ela.
>
> E os olhos de ambos foram abertos, e eles souberam que estavam nus; e coseram folhas de figos, e fizeram para si aventais.
>
> *Gênesis 3:6–7*

Sempre interpretei essa visão aprimorada (os olhos abertos) como a perda da inocência infantil e o início da verdadeira autoconsciência: que o homem e a mulher, de uma maneira ou de outra, passaram a perceber os limites temporais da existência humana; o fato de que o sofrimento, a morte e a malevolência fazem parte da vida.[42] Entendida dessa forma, a autoconsciência e a compreensão da nudez são a mesma coisa. Imagine-se despido, no palco, diante de milhares de pessoas. Não é diferente de expor a todos sua fragilidade, imperfeição e vulnerabilidade excessivamente humanas; sua incapacidade de pronunciar as palavras divinas que poderiam oferecer confiança, apesar dessa vulnerabilidade; a impossibilidade de apresentar seu lamentável eu sem sentir vergonha.

O fato de a autorrealização sofisticada surgir com a maturidade implica que parte da queda é uma mera consequência do crescimento. As pessoas abandonam sua ingenuidade infantil — um processo que não é indolor — à medida que passam a confrontar as realidades fundamentais da vida: a implacabilidade do mundo natural; a tirania do mundo social; as pecaminosas inclinações impulsivas e hedonistas do indivíduo diante da tentação. Além disso, não é nada óbvio que nosso mergulho no cinismo, que, com frequência, substitui a confiança e o deslumbramento da infância, não seja uma melhoria, de uma maneira sombria e necessária. Eis uma justaposição paradoxal: a perda da ingenuidade infantil é um pré-requisito para a maturidade — mas, novamente, o orgulho precede a queda, muitas vezes de uma maneira que torna essa queda muito maior e mais perigosa do que precisaria ser. Assim, uma queda parece, em certo sentido, necessária, mas sua gravidade é aumentada pela presunção desnecessária e pelo desejo de usurpar. Como reconciliar esses opostos conflitantes? Acredito que toda a narrativa bíblica é, em algum sentido, esta tentativa: como progredimos eternamente com a esperança intacta e um mínimo de catástrofe?

Tornar-se autoconsciente é estar ciente da nudez, da limitação e da mortalidade; considerar esse eu emergente como algo separado de tudo o que é externo; sentir-se alienado do parceiro íntimo ou de outro membro da família, da cultura mais ampla, da natureza, do cosmos e de Deus: sentir-se particularizado. Tornar-se autoconsciente também é sofrer com essa separação emergente, em parte porque tudo o que não é o eu (e isso é muito) pode agora ser percebido como limitação e ameaça, algo que, de uma maneira fundamental, se opõe ao indivíduo agora isolado. Com a autoconsciência vem a estratégia: a ação instrumental e um egoísmo tão estreito quanto a nova e limitada conceitualização do eu. Enxergar o eu como "separado" também é estar motivado a servir apenas o eu isolado. Por que eu não deveria me preocupar exclusivamente em salvar minha própria pele, preciosa e vulnerável como ela é? Três considerações são relevantes para aprofundar essa questão. A primeira é que a experiência da autoconsciência é, tecnicamente, indistinguível do sofrimento. A segunda é que o foco no eu, agora percebido em um sentido estreito e separado, motiva comportamentos egoístas, instrumentais e manipulativos. A terceira é que o surgimento da autoconsciência interfere diretamente no desempenho e no comportamento práticos.

A relação entre autoconsciência e sofrimento foi uma descoberta não intencional feita por psicólogos ao analisarem os termos formalmente empregados para descrever a personalidade humana. Como é de amplo conhecimento, existem cinco dimensões da personalidade: extroversão, neuroticismo, amabilidade, conscienciosidade e abertura à experiência.[43] A segunda dimensão, neuroticismo, também chamada de "emocionalidade negativa",[44] é o eixo mais útil ao considerar a significância psicológica dos olhos abertos inadvertidamente e da consequente consciência de si. Indivíduos com alto neuroticismo são mais propensos à ansiedade e ao sofrimento, bem como a suas variantes e seus correlatos (culpa, vergonha, decepção, frustração, raiva, desgosto, entre outros). Os pesquisadores que desenvolveram um dos primeiros e mais influentes modelos e instrumentos de medição de personalidade (o chamado questionário NEO-PI-R) também descobriram que a experiência da autoconsciência estava tão intimamente ligada ao sofrimento neurótico que seria mais bem conceituada como um de seus subcomponentes.[45]

A relação entre autoavaliação explícita e estados como ansiedade, depressão e sofrimento foi estudada em detalhes. O psicólogo social Mark Richard Leary e seus colaboradores descobriram, por exemplo, que aqueles que experimentam altos níveis de autoconsciência também são mais propensos a adotar estratégias de "gestão de impressões":[46] ou seja, a maquinar e planejar cuidadosamente a forma como são "percebidos" em situações sociais, buscando moldar a percepção dos outros de acordo com os próprios desejos. Tais estratégias muitas vezes envolvem enganar a si mesmo e aos outros — bem como todas as armadilhas associadas à mentira. Há pouca diferença entre o foco autodirecionado e o sofrimento. Essa é uma compreensão importante por si só, mas não é só isso. Também existe uma tentação perigosa associada ao sofrimento autoconsciente — a de manipular para que o estado doloroso de consciência e avaliação subjetiva seja amenizado. Isso acontece quando o pensamento "Eu devo manipular os outros para que eles pensem bem de mim" substitui "Eu devo me colocar em serviço sacrificial contínuo para meu futuro eu e para os outros".

A pessoa que se torna autoconsciente se vê presa à experiência desagradável do momento. A existência contínua em tal estado parece quase indistinguível da ansiedade-traço[47] e da tendência à depressão (e até à psicose),[48] bem como de um desajustamento social muitas vezes doloroso e contraproducente.[49] Qual é a consequência disso? A tentação de se aliar à serpente, por assim dizer; a tentação de manipular, distorcer e perverter o tecido da realidade para que a emoção negativa possa ser aplacada por qualquer engano considerado necessário; a disposição para deturpar o discurso, a ação, a autopercepção e a percepção dos outros para obter benefícios imerecidos. A autoconsciência também interfere no desempenho, medido em termos mais objetivos — até mesmo no desempenho especializado —, além de aumentar a emoção negativa e diminuir a positiva. O surgimento da autoconsciência aumenta a "carga cognitiva" das pessoas que falam em público, distraindo-as da tarefa principal.[50] Da mesma forma, muitas vezes o fato de especialistas "sucumbirem sob pressão" ocorre pela substituição dos sistemas neurológicos que intermedeiam o desempenho praticado e automatizado pelo nada especializado sistema de alarme geral, que gera emoções negativas autorreflexivas.[51] Sua atenção é, portanto, fragmentada, e o foco específico na tarefa é interrompido. Talvez isso explique, em parte, por que o traço de neuroticismo está negativamente associado ao desempenho acadêmico e profissional.[52]

Qual é a alternativa? Tentar não pensar no eu, o que acaba apenas fazendo com que o foco, de modo imediato e perverso, se volte para o eu? Ou redirecionar a preocupação com o presente imediato e o capricho momentâneo para o futuro e a comunidade? Em vez de agir de modo "autoconsciente", a serviço do eu restrito, narcisista e imediato, é possível agir priorizando o bem, por exemplo, da esposa ou do marido — ou de outros membros da família, da sociedade mais ampla, da nação, da natureza ou até mesmo de Deus. De maneira semelhante, seria possível agir visando o eu pessoal, mas em sua forma mais elevada: o eu que se expande além do estado emocional ou motivacional momentâneo; o eu que opera de maneira ideal em diversos contextos que compõem a totalidade da experiência. Esse eu expandido é, inevitavelmente, mais sábio e mais social do que o eu do aqui e agora, pois deve levar em conta longos períodos de tempo, bem como lugares e situações diversos.

O segmento narrativo seguinte em Gênesis reforça esse ponto. Pouco depois de a visão de Adão ser tão terrivelmente transformada, Deus vai até ele no Jardim e o convida para um passeio (algo que, ao que parece, os dois já haviam feito juntos, como um hábito inquestionável). Adão hesita, escondendo-se atrás de um arbusto próximo. Então, ele atribui sua nova covardia à nudez agora percebida: "E o Senhor Deus chamou a Adão, e lhe disse: Onde tu estás? E ele disse: Eu ouvi a tua voz no jardim e tive medo, porque eu estava nu, e me escondi" (Gênesis 3:9–10). Logo em seguida, ocorre o momento[53] em que ele agrava seu pecado, culpando Eva e, depois, o próprio Deus que a havia criado:

> E ele disse: Quem te contou que estavas nu? Tu comeste da árvore da qual eu te ordenei que não comesses?
>
> E o homem disse: A mulher que tu me deste para estar comigo, ela me deu da árvore e eu comi.
>
> E o Senhor Deus disse à mulher: O que é isto que tu fizeste? E a mulher disse: A serpente me enganou e eu comi.
>
> *Gênesis 3:11–13*

A atitude de Adão — sua queixa presunçosa para Deus; sua total abdicação de responsabilidade por sua (eterna) queda? "Lembra-se daquela mulher que você fez para mim, a *ezer kenegdo*?[54] Movida pelo orgulho e pelo desejo de usurpar, ela ouviu a voz do espírito do venenoso e incomestível e me tentou a reivindicar a capacidade de incorporar até mesmo o fruto proibido. Agora, como consequência de minha pretensão desmedida, não consigo parar de me ver como a criatura lamentável que sou, e estou tão envergonhado que não consigo mais caminhar pelo jardim, sem autoconsciência, com o verdadeiro espírito do Divino. Como ela ousa existir! Como você ousa criá-la e dá-la a mim!" Aqui, também, se esconde o orgulho, tanto na presunção do direito de julgar a mulher e Deus quanto na total recusa em admitir insuficiência, erro ou pecado. Em vez de seguir o caminho que poderia levar à expiação e até ao retorno ao Paraíso, Adão difama sua parceira necessária e tão desejada, que foi o maior e último presente de Deus — e, então, agrava seu erro, já ingrato e ressentido, exigindo explicações do próprio Deus.

Tudo isso representa a história universal da humanidade em seus momentos mais lamentáveis, o conto primordial e arquetípico da eterna guerra entre os sexos. A mulher culpa o homem pelas limitações e falhas da ordem social — por sua incapacidade de englobar plenamente tudo o que clama por inclusão. O homem culpa a mulher por lhe revelar as próprias deficiências — e, o pior, manifesta um grande ressentimento contra a estrutura do próprio ser: "Como Deus poderia ter criado um mundo tão terrível a ponto de conter essas mulheres aterrorizantes e julgadoras?" O corpus bíblico sempre foi e continua sendo alvo de críticas constantes por seu hipotético "viés patriarcal" — algo teoricamente tão autoevidente que nem precisaria ser documentado.[55] Basta dizer, em uma resposta breve, porém profunda, que Adão não se sai nada bem nessa troca mais fundamental e determinante.

Quanto de nosso sofrimento emerge porque não somos humildes o suficiente para aprender? Por insistirmos, de modo tirânico, que o que já sabemos é suficiente e absoluto? Por exigirmos reconhecimento por uma reputação (por seguir um código de conduta moral) que falhamos em conquistar? Por recuarmos em covardia diante da grande extensão do desconhecido e misterioso? Por termos fé insuficiente na bondade do Ser e do homem? Essa responsabilidade não recai necessariamente sobre nós? Essa responsabilidade não é, de modo autoevidente, a verdade suprema? Se fôssemos iluminados o suficiente — ou seja, se fizéssemos pleno uso de tudo o que nos foi fornecido —, o sofrimento desapareceria? Ou ao menos seria substituído pela grandiosa aventura da vida, empreendida de maneira voluntária? Isso pode parecer uma conclusão otimista demais. No entanto, talvez só seja otimista demais, no sentido ingênuo, se a dificuldade de tal iluminação não tiver sido devidamente considerada. No mundo cristão, tal iluminação é tecnicamente indistinguível do convite para tomar a cruz e trilhar o caminho de Jesus (Mateus 16:24), que é, claro, o mais exigente de todos os caminhos, jornadas e atitudes: aquele "sim" retumbante para tudo — um gesto corajoso, desafiador e que parece impossível de ser imitado — não importa o sofrimento.

Assim que Deus descobre que a autoconsciência da nudez emergiu no mundo, começa o cataclismo da queda. Ele agora se manifesta como o espírito que coloca a alma da mulher em oposição à eterna serpente (Gênesis 3:15); que revela a sujeição de Eva, ainda que seja uma consequência infeliz e injustificada, à dor na gravidez e no parto e ao desejo por um homem que, em razão dos pecados de ambos, governará sobre ela (Gênesis 3:16); que amaldiçoa a terra e determina a consequente necessidade de sofrimento, esforço árduo, labuta e morte (Gênesis 3:17–19); que oferece a pele dos animais sacrificados como proteção para o homem e a mulher contra a natureza agora hostil (Gênesis 3:21); e que decreta a agora inevitável partida de suas criações humanas do Paraíso (Gênesis 3:23).

Por que dor na gravidez e no parto? Existem compensações evolutivas entre a expansão cortical — associada a um aumento correspondente no tamanho do crânio do bebê — e a largura da abertura pélvica feminina.[56] Se fosse mais estreita, os bebês teriam que nascer ainda mais subdesenvolvidos, em fase fetal, mais dependentes e vulneráveis do que já são, em um grau incomparável no mundo dos mamíferos. Se a pelve fosse mais larga, as mulheres teriam dificuldades para correr. O canal de parto humano é tão apertado que os bebês desenvolveram crânios compressíveis para atravessá-lo. Nada disso torna o parto confortável. Por que a autoridade emergente de Adão? Não é uma consequência de qualquer evidência da superioridade masculina intrínseca, seja na cognição geral[57] ou na consciência[58] (os melhores preditores de competência geral[59]). Mas, sim, de modo mais simples e óbvio, porque o inevitável aumento na dependência das mulheres grávidas e lactantes durante os cuidados intensivos e primordiais de seus bebês (bem como de outros dependentes) as coloca em desvantagem comparativa na competição com os homens por posição social e "domínio".[60] E também porque as mulheres, em todo o mundo, tendem a procurar homens com um status social superior ao delas.[61] Quando não há essa diferenciação, a probabilidade de atração romântica ou erótica é baixa. Quando há, existe o risco de subordinação.

Por que a terra foi amaldiçoada? Não seria porque a autoconsciência intensificada e o conhecimento do futuro incerto que a acompanha nos motivam a trabalhar no presente — a adiar a gratificação —, para evitar a privação e o sofrimento no futuro?[62] Os conceitos de *trabalho* e *sacrifício* são essencialmente idênticos. O trabalho é o sacrifício dos prazeres imediatos do presente em prol do futuro e da comunidade. O fato de o trabalho se tornar necessário após a expulsão do Paraíso significa que a questão de qual forma de trabalho é mais adequada ou falha — qual sacrifício mais agrada ou desagrada a Deus — se torna primordial. O homem está destinado a trabalhar: qual é, então, o trabalho mais importante, a forma de sacrifício que mais agrada ao que é mais elevado? Essa é a preocupação central de todo o corpus bíblico e de todos os seus derivados literários; algo indistinguível da questão do significado ou da importância da vida, do Ser em si — ou até mesmo da natureza do Criador em relação ao homem.

Por que a roupa feita com pele de animais? Não seria porque a terrível nudez autoconsciente agora exige proteção, que só pode ser obtida à custa de outros seres vivos? Não seria porque tal intermediação é a própria essência ou definição da cultura, bem como seu propósito principal, ao se colocar entre o homem, a mulher e a natureza, e porque o sacrifício que essa proteção exige implica que o "patriarcado" está, necessariamente, banhado em sangue? Isso significa que a mais primordial das vestimentas fornecidas por Deus ao homem nu e alienado é emblemática de toda a empreitada cultural ("patriarcal") moralmente ambivalente e imperfeita, mas ainda assim heroica, realizada pelo homem com o intuito de prover à sua carne e à sua alma desnudas a proteção necessária quando ele já não está em comunhão com o Divino. Qual seria a explicação? O homem está eternamente protegido dos males de uma natureza hostil por intermédio da sociedade — sendo a melhor proteção aquela oferecida por uma sociedade fundamentada nas dádivas voluntárias de Deus (apesar da expulsão do homem do Seu Paraíso concedido). E, enfim, por que a expulsão do Paraíso? Porque a autoconsciência — uma consequência inevitável do orgulho desmedido — é indistinguível do sofrimento e da alienação em relação ao divino.

2.7. A perda do Paraíso e a espada flamejante

Depois de tudo isso, a pedra angular do capítulo: o espírito de Deus é também aquele que coloca os querubins e sua espada flamejante, que se voltava para todos os lados, para guardar o caminho para o paraíso (Gênesis 3:24). Adão e Eva — e seus descendentes — não podem retornar ao Jardim do Éden a menos que consigam suportar a provação das lâminas de fogo. Essa proibição parece, em um sentido real, uma condição óbvia da realidade: não pode haver nada no céu que não seja celestial; nada no Paraíso que não seja, de fato, paradisíaco. Tudo o que é indigno deve, portanto, ser cortado ou queimado. Em termos conceituais, há alguma diferença entre essas lâminas flamejantes e o fogo do inferno? Não seria o caso de que os condenados estão sendo punidos porque estabeleceram um distanciamento aterrorizante em relação a Deus — uma distância que torna a magnitude do sacrifício e da reformulação necessários para se redimir de seu mal perante Deus algo tão desafiador a ponto de despertar o terror sagrado? Não poderia ser o caso de que aqueles que sofrem dessa maneira o fazem porque acolheram a escuridão e colaboraram com ela, de tal forma que não conseguem se perdoar facilmente? Isso tornaria a realidade do inferno a exata equivalência da justiça eterna ou cósmica — uma consequência necessária do estado eventual ou mesmo hipotético em que nada é oculto e tudo é manifestado: "Porque não há nada em secreto, que não será manifesto; nem alguma coisa oculta, que não se tornará conhecida e venha à luz" (Lucas 8:17).

Os erros provocados por orgulho e presunção nos sobrecarregam com aquilo que precisaria ser sacrificado ou eliminado. Se tentássemos caminhar ao lado de Deus mais uma vez, quanto cada um de nós precisaria abandonar para que restasse apenas o que é verdadeiramente digno de uma existência perfeita? Quanto de nosso tão vangloriado eu não é apenas camada após camada de pretensão, engano ou racionalização defensivos para evitar e rejeitar a responsabilidade? Quanto é apenas entulho e peso morto? Será que não existe uma razão muito profunda — mesmo que incidental — para a barreira que impede o acesso à árvore da vida para aqueles ainda imersos no pecado? Se o custo para alcançar a vida eterna é a perfeição do pai mencionada por Cristo (Mateus 5:48), então a proibição do acesso à árvore da vida para o homem e a mulher ainda caídos é tanto inevitável quanto justa. O que ainda é pecaminoso não pode obter a recompensa celestial. O Paraíso não seria o Paraíso se contivesse algo indigno.

O que mais os querubins e a espada flamejante do julgamento podem significar? Que a capacidade de julgamento e avaliação dos humanos — essencial para a subjugação e a nomeação e parte da manifestação da imagem da Palavra ou Logos em forma humana — é também, e por necessidade, aquilo que exclui e proíbe. Isso é parte do que a compaixão, ou mesmo a misericórdia em sua forma imediata, pode considerar repreensível. No entanto, o que é doloroso a curto prazo — e facilmente confundido com o que é apenas cruel — pode muito bem ser o mais benéfico e adequado a médio e longo prazo, ou quando todas as circunstâncias são consideradas. É útil considerar o pensamento em si sob essa perspectiva. O processo de formulação de problemas, inspiração criativa e avaliação crítica assemelha-se, em sua estrutura central, à tentativa de comunicação com os deuses, ou com o Próprio Deus, por meio do processo conhecido como oração. Com o avanço dos milênios, muito do que era originalmente religioso tornou-se, primeiro, semântico e, segundo, secular. Não seria provável que o mesmo tenha acontecido no caso do pensamento?

Considere os estágios da busca pela compreensão, sendo o primeiro a admissão de que o progresso está falhando em algum aspecto importante. Isso significa que a humildade é uma precondição para a revelação. Por exemplo, um cientista que se esforça para expandir seu domínio de conhecimento (e, por conseguinte, o corpo de conhecimento humano) deve contemplar as limitações de suas suposições atuais; deve se ajoelhar, ainda que de maneira abstrata, e abrir seu eu reconhecidamente ignorante e insuficiente à possibilidade de aprender algo novo. O pensador deve, em outras palavras, fazer uma pergunta a si mesmo ou a algo dentro de si. É nesse ponto que o empreendimento científico encontra o transcendente: o que exatamente é esse "eu" que está sendo questionado — em oposição, digamos, ao "eu" que está questionando? Se, de alguma forma, a resposta surge internamente, por que, então, a ignorância que motivou o processo exploratório persistia? Por que a pergunta precisa ser feita? Reformulando a pergunta de maneira ligeiramente diferente: que aspecto do "eu" está respondendo, em oposição ao "eu" que está questionando?

Os cientistas prestam pouca atenção ao surgimento da "hipótese de pesquisa" que sustenta toda a atividade científica. O mesmo pode ser dito sobre o misterioso surgimento dos problemas que desafiam filósofos e pensadores das humanidades, embora a questão seja mais proeminente no campo científico, dada a insistência empírica de que tudo é derivado de fatos autoevidentes. Aqueles que escrevem artigos científicos invariavelmente agem como se a pergunta a que estão tentando responder e a formulação preliminar da solução apresentada como hipótese surgissem para eles de alguma maneira algorítmica, como o próximo passo lógico ou até determinístico no progresso incremental dentro de seu campo de estudo. Essa presunção é tão profunda, tão implícita, que os cientistas acabam escrevendo as introduções e até mesmo as conclusões de seus artigos de pesquisa como se esse fosse o processo por meio do qual suas investigações avançaram, bem como a maneira como a pergunta inicial se apresentou.

Mesmo que tudo isso fosse verdade, e não é, o "próximo passo" rumo ao desconhecido nunca é mapeado em sua totalidade. Se fosse, não seria um passo rumo ao desconhecido, mas conhecimento já adquirido e dominado. Além disso, se a questão não for considerada "trivial" — uma crítica comum dirigida a quem dá um passo muito óbvio de maneira excessivamente algorítmica —, então ela deve ser um salto além, o que a torna "arrojada" ou, quando bem-sucedida, um "avanço significativo". Uma pergunta de pesquisa que não aborda um problema desafiador o bastante — um problema que, por consequência, ainda permanece sem resposta — não despertará interesse ou atenção de pesquisadores ou leitores de publicações científicas, assim como uma hipótese de pesquisa óbvia demais não atrairá financiamento e desaparecerá, sem citações, mesmo que seja publicada. O mesmo destino obscuro aguarda uma pergunta tão complexa ou uma hipótese tão original que desafie a compreensão até dos especialistas mais avançados naquela área. A pergunta apresentada deve, portanto, ser instigante — com uma hipótese original o suficiente — dentro de alguns limites difíceis de definir, mas que são estabelecidos em consenso. Isso significa que a pergunta deve existir na fronteira entre ordem e caos; deve conter um elemento do verdadeiramente desconhecido. Isso é válido para toda comunicação que se mostre valiosa e instrutiva. Além disso, quanto maior o salto adiante (desde que ainda plausível e compreensível), maior é o reconhecimento imediato atribuído ao pesquisador ou comunicador, e mais revolucionária e louvável é a pesquisa. O grau em que a investigação é otimizada em termos de desafio parece estar relacionado à sua capacidade de despertar interesse tanto do pesquisador quanto de seus pares e do público. A vanguarda é, por definição, o lugar mais fascinante.

A identidade do pensamento exploratório, mesmo em sua manifestação mais rigorosa e científica, com uma abertura humilde para a revelação (religiosa) não é o único ponto de paralelismo entre a oração e o pensamento secularizado. Considere como o processo de fato se desenrola, em qualquer um dos casos. Primeiro, há a admissão de insuficiência. Isso pouco difere da confissão ou da humildade ("Há algo vital que eu não sei"), da contrição ("Sou menos do que poderia ser se soubesse") ou mesmo da virtude religiosa da mansidão ou humildade (vide Salmos 37:11 e Mateus 5:5). Para que os indivíduos pensem, eles precisam ter algo sobre o que pensar. Devem ser confrontados com um problema intrigante ou angustiante; um problema que instigue ou atraia a consciência. Além disso, devem acreditar que o problema vale a pena ser abordado, que a abordagem é possível e que seria algo bom (presumindo, como faremos para fins argumentativos, que eles visam a algo positivo). Por fim, devem também ser caracterizados pela fé no processo criativo da revelação; fé em sua existência e benevolência. Tal fé é algo semelhante à crença de que, se você tem uma pergunta (digamos, que seja genuína ou real, e não falsa), "pensar em uma resposta" é tanto possível quanto valioso ou importante, pelo menos em teoria.

A seguir vem a súplica: a oração ou o pedido de revelação que consiste em abrir a psique para a percepção e a reestruturação sacrificial. O cientista (o filósofo, o humanista, o pecador) se ajoelha, em toda humildade, e admite a si mesmo, ao seu campo de estudo e a Deus, a profundidade de sua ignorância. Isso não é um exagero quanto ao grau de compromisso do verdadeiro empiricista: qualquer cientista que se preze está buscando algo semelhante a uma devoção vitalícia à sua pergunta de interesse. Na ausência de tal dedicação sincera, não há força motivacional suficiente para que um pesquisador mais casual realize adequadamente seu trabalho, que é, por necessidade, minucioso. Após essa admissão, o pesquisador se abre para o insight[63] — algo que, em termos conceituais e ontológicos, parece indistinguível da revelação. As próprias palavras usadas para descrever a experiência reveladora indicam a autonomia e a externalidade de sua origem: um "pensamento verdadeiramente inspirado", um "lampejo de brilhantismo" — "me ocorreu que", "percebi que", "vi as coisas sob uma nova luz", "fui instigado" (ou "algo me instigou"), "minha perspectiva mudou", "minha opinião mudou", "as portas se abriram" — todo esse tipo de linguagem indica, de certa forma, a manifestação do conhecimento. Mas de onde ele vem? Como? E por quê? Tudo isso permanece sem explicação quando alguém diz "algo me ocorreu" — seja uma pergunta, uma resposta preliminar ou uma hipótese —, e isso é simplesmente aceito sem questionamento, digamos, em um relatório de pesquisa científica.

No aspecto criativo, há ainda mais pontos comuns entre a prática hipoteticamente científica e a religiosa. Ambas exigem o longo processo de aprendizado do pensador, uma prática derivada não da tradição racionalista ou empiricista, mas do monaquismo que, por sua vez, era uma manifestação do desejo de unificar o propósito elevado. Isso equivale ao treinamento dos cientistas para duvidar até das próprias suposições e buscar a verdade com diligência. É uma fuga da tirania de ideologias inquestionadas e da servidão ao usurpador e ao clichê impostos pela subjugação intelectual. É o desejo, por parte do pensador, científico ou não, de sacrificar suas conceitualizações anteriores em consequência de sua busca pela verdade, não importa quão estimadas ou fundamentais sejam. Isso equivale, também, a aceitar a necessidade de "morte e renascimento" como uma condição prévia para o avanço científico; aceitar que algumas condições prévias e compromissos precisarão ser sacrificados para que novos possam surgir. Há pouca diferença entre tal aceitação e a "subordinação do eu" à "vontade divina".

Esse serviço autossacrificial e humilde é a oferta mais agradável a Deus, por assim dizer: o compromisso pleno e *a priori* com a verdade, que deve ser seguido não importa para onde leve, como o próprio Espírito Santo — "O vento sopra onde quer, e tu ouves o seu som, mas não sabes de onde vem, e para onde vai; assim é todo o que é nascido do Espírito" (João 3:8). Isso já seria suficiente, mas ainda há outros paralelos entre a prática religiosa e o pensamento genuíno. O pensador — o cientista —, ao se abrir para o surgimento de uma hipótese, está se preparando, como já sugerido, para receber (mas de onde?) informações corretivas. Ele se esforça para se tornar o solo fértil e acolhedor no qual as novas sementes da revelação concedida possam florescer. Isso o torna nada menos do que a Noiva de Cristo, na linguagem simbólica. E pode ser um amargo golpe para aqueles que presumem que o científico e o religioso são, de alguma forma, diametralmente opostos.

O cientista, o explorador e o pensador que se dedicam à busca também devem avaliar as noções recém-reveladas, que surgem no teatro de sua imaginação, como indicado em: "Amados, não creiais em todo o espírito, mas provai se os espíritos são de Deus, porque muitos falsos profetas têm aparecido no mundo" (1 João 4:1). Isso implica submeter a percepção ou revelação recebida ao pensamento crítico. Por que isso é necessário? Por que o Deus que revela levaria alguém ao erro ou ao engano? Essa é a maneira equivocada de analisar o problema. Não é tanto a fonte da revelação que deve ser avaliada como potencialmente falsa, mas as motivações daquele que a busca, bem como a natureza do espírito que responde. Somente Deus responde quando invocado de maneira genuína, quando a pergunta é feita ou a oração é oferecida com perfeição. Se as razões para a investigação e para o pedido de revelação forem egoístas, ressentidas, enganosas e arrogantes, então o espírito que constitui a essência desses impulsos é que responderá.

Separar as respostas do primeiro espírito das falsidades do segundo requer um doloroso processo de discernimento e discriminação — a disposição para separar o joio do trigo e as ovelhas dos bodes. É submeter-se à terrível espada flamejante às portas do Paraíso. Isso, por sua vez, exige o que é mais bem compreendido como uma introspecção da alma — uma avaliação de todas as motivações potencialmente contraproducentes que podem ter corrompido a percepção: "Acredito nisso só porque exige o menor esforço? Porque é conveniente no avanço de minha carreira? Porque contradiz as teorias daqueles com quem estou competindo?" Esse tipo de avaliação também questiona o propósito ou o objetivo atendido pela nova ideia: "Acredito nessa ideia porque ela está em consonância com meu compromisso de servir à verdade e ao objetivo ético que genuinamente almejo atingir? Ou, mais uma vez, ela só atende ao meu eu, quando esse 'eu' é compreendido no sentido mais restrito?" Tal introspecção é, invariavelmente, uma intensa autocrítica: "Evoquei, como deveria, o que há de mais elevado para me auxiliar em minha jornada exploratória, ou hesitei e me permiti ser dominado por preocupações alheias àquelas alinhadas ao caminho ascendente e redentor da verdade? Se não evoquei o que é mais elevado, que espírito invoquei então — e, como resultado, que espírito respondeu — quando fiz minha pergunta?" Por fim, outro ponto em comum é que o cientista ou pensador é impelido a evangelizar os resultados de sua busca. Ele faz isso falando e escrevendo, na tentativa de disseminar a doutrina da nova verdade revelada.

Para esclarecer melhor o surgimento dessa revelação, podemos retomar o raciocínio de que percepções são *funções navegacionais*. Aquilo que percebemos é condicionado pela direção que decidimos seguir, pois o que se manifesta para nós, mesmo no reino dos fatos, são caminhos a seguir e obstáculos[64] a esse progresso (sendo todo o restante relegado ao reino da irrelevância e da invisibilidade). Isso é igualmente válido para o que pensamos. O pensamento nos permite navegar na abstração antes de embarcarmos em nossas aventuras no mundo real. O que se manifesta para nós quando questionamos e recebemos a correspondente revelação é, portanto, o equivalente abstrato de percepções orientadoras e direcionais. Reconhecemos nossas insuficiências em relação a nossos objetivos e prioridades e nos fazemos as perguntas que, se respondidas de maneira adequada, nos aproximariam dos destinos desejados. Essas reflexões e questionamentos são guiados, de maneira implícita ou explícita, por nosso senso de objetivo final e por nossa prioridade suprema.

Esse é o espírito que ocupa o topo da montanha, ou o ápice inatingível da Escada de Jacó. Esse é o deus que adoramos, ainda que de modo inconsciente, o espírito que guia nossas percepções e molda nossas emoções (na medida em que os pensamentos geram sentimentos) e, o mais aterrador, a fonte que responde quando batemos, pedimos e buscamos (Mateus 7:7–8). Assim, se almejamos, ainda que de modo inconsciente, algo diferente do que é mais elevado, é esse algo não elevado que gerará as revelações que estamos buscando. Imagine isso da seguinte forma: cada escolha de destino tem sua razão, sua motivação. Os caminhos para destinos almejados por motivações ressentidas, imaturas, egoístas, amargas e vingativas (assassinas, genocidas, deicidas) serão determinados por espíritos com essas naturezas. Se você orar (pensar) almejando fins inadequados, será respondido por vozes demoníacas.

Carl Jung apontou nossa tendência generalizada a "sucumbir, sem qualquer senso crítico, à mais ínfima possibilidade de encontrar algum tipo de resposta ou certeza".[65] Jung estava descrevendo uma forma de cegueira voluntária. Psicólogos posteriores redefiniram essa tendência como "a heurística da disponibilidade": a propensão de um indivíduo a julgar a credibilidade de uma afirmação pela rapidez e facilidade com que ela surge na mente.[66] Tendo em vista que a psique é muito suscetível à revelação e pouco propensa a questioná-la, a avaliação crítica pós-intuição é de crucial importância. Devemos estar dispostos a deixar que ideias contraproducentes morram. Esse é o sacrifício que mais verdadeiramente se aproxima do pensamento crítico em si. Esse sacrífico significa que nossas ideias podem perecer, para que nós mesmos não precisemos perecer ao colocá-las em prática. O pensamento crítico — a morte, embora dolorosa, de nossas ideias, por mais estimadas que sejam — é um sacrifício vicário, a erradicação de uma parte em vez do todo. Como Cristo declara: "E, se o teu olho direito te ofender, arranca-o e lança-o para longe de ti; pois é melhor perderes um dos teus membros, do que seja todo o teu corpo lançado no inferno. E, se a tua mão direita te ofender, corta-a, e lança-a para longe de ti, porque é preferível para ti perderes um dos teus membros, do que ser todo o teu corpo lançado no inferno" (Mateus 5:29–30).

O processo de pensamento também é semelhante ao Logos porque é dialógico. O linguista russo Lev Vygotsky acreditava que a capacidade de pensar semanticamente era a replicação do diálogo dentro da mente de um único indivíduo[67] que, para todos os efeitos, constituía o argumento abstrato e internalizado entre diferentes avatares. Uma única mente pode abrigar muitas personalidades. Esse fato é mais evidente em nossos estados de sonho, quando diferentes personalidades literalmente surgem na cena imaginativa, com capacidades de ação e de discurso independentes. Isso também se aplica à capacidade humana de imaginar personagens fictícios — ou, de maneira mais direta, as possíveis ações, atitudes e reações de outras pessoas, em contemplação abstrata. Ao que parece, a capacidade de manter um diálogo interno, mesmo entre "personalidades" conflitantes, por assim dizer, é uma habilidade que pode ser aperfeiçoada e ensinada. Sócrates talvez tenha sido o primeiro ser humano conhecido a incentivar essa habilidade, ao formalizar, esclarecer e disseminar as técnicas de pensamento, dando origem à filosofia como tal, literalmente ensinando as pessoas a pensar por conta própria (ou pelo menos a pensar de maneira muito mais eficiente), em vez de dependerem inquestionavelmente da revelação ou da argumentação interpessoal. Ao menos esse feito ele conseguiu ao longo de seus famosos diálogos.[68]

Toda ideia que está viva (e toda ideia que se apresenta como verdadeiramente digna de consideração) se expressa não como uma mera descrição, mas como uma personalidade com um propósito, um ponto de vista, um mundo ao seu redor e uma gama completa de respostas emocionais e ideias associadas. O diálogo é a batalha entre a personalidade das diferentes ideias. O diálogo interno que constitui o pensamento é a guerra entre personalidades concorrentes no teatro da imaginação, e a morte dos perdedores (acompanhada da inevitável dor que essa morte acarreta). Esse conflito interno entre ideias-personalidades não é diferente da guerra dos deuses no céu, que se desenrola em uma escala mais ampla e comunitária: ele é apenas ("apenas") uma versão local dessa guerra, que ocorre na psique do pensador e, depois, nas imaginações daqueles afetados por seu pensamento. É dessa forma que o Logos do indivíduo — o processo de sua consciência — estabelece e revigora a ordem cósmica.

A necessidade de uma prova pelo fogo é, também, exemplificada pela analogia contida na ideia central da alquimia *in sterquiliniis invenitur:* literalmente, "na sujeira será encontrado"; ou "aquilo que você mais precisa encontrar será encontrado onde você menos quer procurar".[69] O maior desafio ao que é e ao que deveria ser, por consenso e tradição, sempre se encontra no que é menos familiar e mais aterrorizante. E, por residir em nosso ponto psicológico mais frágil, é provável que também esteja contaminado pela cegueira voluntária: temos a tendência de relegar o que é mais assustador ao reino do desconhecido. É por isso que o tesouro e as donzelas, que são verdadeiramente o maior tesouro, são, por convenção universal, guardados por dragões, e também é por isso que o sacrifício agrada a Deus, já que o encontro com algo verdadeiramente novo, na tentativa de ascender, requer o abandono de tudo que atualmente impede o avanço. Isso, muitas vezes, exige o sacrifício do que é mais amado. É muito mais fácil entender as terríveis exigências que por vezes nos são impostas por Deus sob essa perspectiva: tudo deve ser oferecido ao que é mais elevado para que a perfeição se manifeste "na Terra, como é no céu" (Mateus 6:10). O avanço no pensamento — na própria ciência — depende da disposição para confrontar o caos agindo sob a influência do espírito que busca ascender, em direção à ordem que é boa ou muito boa.

O medo da ansiedade, do sofrimento, da desesperança e da confusão associados a esse sacrifício — da morte de nossas preconcepções — é a razão para a oposição à liberdade de religião, de consciência, de associação e de pensamento, que é marca da tirania. O tirano rejeita a humildade, insistindo que tudo o que precisa ser conhecido já é conhecido. Ele abandona sua relação com o espírito que revela e redime; acirra suas crenças quando estas se mostram inadequadas (Êxodo 7–10); cede à influência de seu irmão maligno (o tentador e usurpador, o senhor do poder e da enganação) e se recusa a aceitar as pequenas mortes das quais a manutenção da vida de fato depende. Por meio dessas ações, ou dessas recusas, ele condena a si mesmo e sua sociedade ao cataclismo que acabará por destruir tudo. *A morte da ideia norteadora gera desorientação no caminho para a iluminação.*

É o medo da realidade e da inevitabilidade desse estado de desolação — esse luto, essa desesperança e confusão intermediários — que nos faz nos aproximar da iluminação ou de seus mensageiros com temor, resistência ou flagrante hostilidade. A cirurgia necessária para remover tudo o que não está devidamente alinhado ou em conformidade dentro de nós não incorreria no risco de matar o paciente — ou, pelo menos, deixá-lo implorando pela morte? Muitas vezes, rejeitamos a penitência, mesmo quando somos acusados com razão, por aqueles que nos amam (e que sabemos que nos amam). Rejeitamos a necessidade de transformação, agarrando-nos cega e teimosamente às nossas convicções. Permanecemos escravizados por nossos caprichos egoístas porque nos recusamos a reconhecer o mínimo indício de nossa inadequação autoimposta. Portanto, quem entre nós conseguiria sobreviver ao tipo de joeiramento que permitisse que apenas o melhor dentro de nós permanecesse? Assim, evitamos a morte curativa pelo fogo que é, ao mesmo tempo, Deus e a Palavra redentora. Como prega o Evangelho de Tomé: "Aquele que está perto de mim está perto do fogo, e aquele que está longe de mim está longe do Reino [do Pai]" (verso 82).[70]

Os querubins e a arma purgatorial de Deus, a espada flamejante giratória, que guardam o portão do jardim paradisíaco (Gênesis 3:24) são expressões dramáticas desse conjunto de ideias. A moral essencial de todo o corpus bíblico é, portanto, antecipada nessas histórias iniciais, que se desdobram e revelam seus segredos implícitos ao longo dos milênios, como é próprio das grandes revelações: "Apresentou-lhes outra parábola, dizendo: O reino do céu é semelhante a um grão de semente de mostarda, que um homem tomou, e semeou no seu campo. Que, na verdade, é o menor que todas as sementes; mas quando crescido, é o maior entre as hortaliças, e torna-se uma árvore, de modo que vêm as aves do céu, e se aninham nos seus ramos" (Mateus 13:31–32). E qual é a verdadeira natureza desse ato de extirpar e queimar, que destrói, mas que também planta, apara e redime? Quão hostil é a própria natureza, em sua essência, com sua oferta de vulnerabilidade mortal? Quanto sofrimento é intrínseco à própria vida — e, portanto, deve ser atribuído a Deus, considerado culpa de Deus? E quanto desse sofrimento é, na verdade, consequência da presunção e do orgulho, do fracasso em atingir o objetivo, do pecado em si — e, portanto, não deve ser atribuído apenas à humanidade, mas, sim, reconhecido como um fruto de nossa falha pessoal e irresponsável? Não é esse o cerne da questão, a verdadeira cruz?

Mais vale prevenir do que remediar — ou assim diz o ditado. Os holandeses constroem seus diques para resistir à pior tempestade em dez mil anos.[71] O Corpo de Engenheiros do Exército dos EUA construiu aterros em Nova Orleans para (talvez) suportar a pior tempestade em menos de um século.[72] Então veio o furacão. Foi um ato de Deus, na terminologia das seguradoras, ou a consequência da cegueira intencional? Sempre que a catástrofe da natureza, do Estado ou do indivíduo recai sobre nós, de imediato surgem as terríveis perguntas: se tivéssemos sido melhores, teríamos escapado ilesos? Se tivéssemos feito os sacrifícios adequados, o temido espírito do Deus punitivo teria nos poupado? Essas são, na verdade, perguntas abertas. Que respostas surgem do corpus bíblico, pouco a pouco, passo a passo? *A responsabilidade é sua* — e Deus é seu Guia. Esse é um fardo insuportável, mas nobre; é, com certeza, um desafio; possivelmente o desafio supremo; talvez o segredo da vida e do retorno ao Paraíso.

H. PISAN.

3

Caim, Abel e Sacrifício

3.1. A identidade do trabalho e do sacrifício

Com o surgimento do trabalho árduo no mundo, após a queda de Adão e Eva, emerge a questão do sacrifício, e por necessidade, dada a estreita relação ou mesmo identidade entre os dois. A necessidade do trabalho já havia sido revelada em consequência da presunção da mãe e do pai da humanidade, seduzidos pelos encantos da serpente. Homem e mulher, relutantes em caminhar com Deus, foram condenados a labutar e, muitas vezes, arduamente. Por quê? Pelo menos em parte por razões filosóficas, espirituais ou religiosas, pois aqueles que rejeitam o caminho ascendente do Logos terão que lutar de maneira contraproducente e amarga contra um destino intransigente. Se seu propósito fosse genuíno, o caminho adiante estaria coberto de "espinhos e cardos" (Gênesis 3:18)? Você estaria constantemente propenso a "chutar contra os aguilhões" (Atos 9:5)? Ou a estrada dourada se revelaria como uma série de portas que se abririam caso você batesse, ou como uma jornada que permitiria que aquele que pede, receba, e que aquele que busca, encontre (Mateus 7:7–8)?

Será que todo esse trabalho árduo e penoso se tornaria, então, apenas uma brincadeira de criança?

A chave para entender a história de Caim e Abel, os primeiros verdadeiros seres humanos (pois eles nascem como todos os homens, enquanto seus pais, Adão e Eva, foram criados diretamente por Deus), é reconhecer que se trata de uma história sobre o trabalho, uma atividade essencialmente humana. Abelhas produzem mel e castores constroem represas, mas nada disso se compara à variedade de modos de trabalho realizados pelos seres humanos. Pouco, se é que há algo, do trabalho humano pode ser reduzido aos padrões relativamente simples de instinto que guiam outras criaturas. A história dos dois primeiros seres humanos, os irmãos hostis, apresenta dois padrões fundamentalmente opostos de sacrifício ou oferta que caracterizam a psique humana. Então onde o trabalho em si entra na história? Caim e Abel têm suas ocupações. O primeiro é lavrador, enquanto o segundo é pastor, um cuidador de rebanhos. Porém, a forma como a relação entre trabalho e sacrifício é apresentada é um pouco mais sutil — uma relação compreendida de maneira mais adequada e profunda como uma identidade compartilhada. Com essa identidade estabelecida, a ênfase nos textos bíblicos sobre o sacrifício como caracterizador da relação entre o homem e Deus (e vice-versa) torna-se compreensível e de imediata importância prática, além de ser, talvez, a mais profunda e necessária de todas as verdades.

Primeiro, para tornar essa afirmação de identidade compreensível, cabe uma pergunta: o que é trabalho? Se estou fazendo o que precisa ser feito, em vez de algo que desejo para obter gratificação imediata, estou *trabalhando*. "Precisa ser feito" em que sentido — e comparado a quê? Trabalho é a subjugação do capricho ou, para ser mais exato, sua integração com outras necessidades e desejos em algo de uma ordem mais elevada e completa. Trabalho é, dito de outra forma, o adiamento da gratificação e um sacrifício feito em prol dos outros. É um investimento para garantir a benevolência do futuro, cujo preço deve ser pago no presente; um investimento, também, na boa vontade daqueles para quem algo valioso (tempo, energia, atenção) foi sacrificado no presente. Isso significa que, ao trabalhar, estou trocando algo que gostaria de estar fazendo agora — algo que, de outra forma, dominaria minha atenção e meus desejos imediatos — por uma demanda de necessidade transcendente, mas ainda assim brutal, dadas as circunstâncias; por algo mais planejado e de longo prazo. Essa renúncia ou oferta muitas vezes é, e pode ser justamente considerada, em qualquer caso, como uma obrigação contratual, comunitária ou pactual, implícita ou explícita — destinada a atender às necessidades e aos desejos dos outros (minha família, meus amigos, meus colegas ou parceiros e também — e isso é mais difícil de entender, porém é crucial — meu eu futuro).

Talvez não haja um padrão de ação mais difícil de executar do que a subjugação voluntária do presente ao outro e ao futuro, dado o conflito dessa busca com as poderosas forças apetitivas, motivacionais e emocionais que tentam nos dominar e demandam gratificação imediata. Os seres humanos são as únicas criaturas que conseguiram entender como sujeitar o presente ao futuro de modo rotineiro — como parte de nosso modo de ser — e são certamente as únicas criaturas que descobriram como ritualizar, compreender de maneira imaginativa e, em seguida, representar semanticamente esse padrão de subjugação, trabalho e sacrifício. Tivemos que aprender tudo isso (sacrificar, representar o padrão de sacrifício) da maneira difícil, é claro. Tivemos que aprender a trabalhar. Existe propósito mais profundo para os grandes cérebros que caracterizam nossa espécie e que requerem um longo processo de socialização para se desenvolverem do que transcender o instintivo e direcioná-lo para as preocupações alheias e futuras? Talvez, junto com esse processo de maturação, também tenhamos desenvolvido a capacidade de representar o que aprendemos sobre trabalho — sobre sacrifício —, para que pudéssemos entendê-lo de maneira mais profunda, dramática e explícita (além de realizar o trabalho em si). Isso nos permitiu transmitir esse entendimento por meio de histórias, para nós mesmos, para os outros e para nossos filhos.

Formulamos histórias dramáticas sobre nossos esforços sacrificiais e, então, tentamos analisá-las de modo a tornar as representações extraídas por meio da abstração cada vez mais explícitas, compreensíveis e memoráveis. Ao mesmo tempo, aprendemos a fazer sacrifícios psicológicos, em vez — ou além — de ofertas concretas feitas em altares e templos: identificar ideias ultrapassadas ou contraproducentes; deixá-las queimar, não importa o quanto já tenham sido ou ainda sejam estimadas, para que algo novo possa surgir. Como vimos: há pouca ou nenhuma diferença entre esse sacrifício psicológico e o que hoje consideramos, com certa indiferença, "pensamento crítico". A dificuldade desse processo não deve ser subestimada: foi uma árdua jornada abandonar o imediatismo da existência animal em prol de um mundo em que, mesmo no presente, o futuro e a comunidade importam. Compreender esse feito e seu significado foi outra conquista impressionante: para o que exatamente estamos ou deveríamos estar trabalhando? Ou nos sacrificando? Essas questões continuam a nos atormentar sob a forma de busca de significado: qual é o sentido desse esforço diligente? Da nossa vida e do trabalho que a define?

Então o que fazemos quando trabalhamos? Sacrificamos os prazeres impulsivos do momento em favor da necessidade mais ampla de uma vida longa e em sociedade. Mas há algo mais: ao mesmo tempo, também sacrificamos uma multiplicidade de atividades às quais poderíamos estar dedicando nossa atenção ou nossos esforços (o que, na prática, é a mesma coisa) em favor de uma unidade de propósito presente. O filósofo da ciência Karl Popper têm um frase sábia que aborda diretamente essa questão: "Nosso conhecimento só pode ser finito, enquanto nossa ignorância deve, necessariamente, ser infinita."[1] Devemos trabalhar em direção a um pequeno subconjunto de objetivos, com cada ação organizada em sua categoria. E devemos reduzir esse subconjunto ainda mais, talvez até a unidade, para que possamos "colocar nossas prioridades em ordem". Caso contrário, nossos esforços trabalham por propósitos conflitantes. Isso intensifica as dificuldades, aumenta nossa confusão, gera conflito e destrói a esperança.[2] É por tais razões que o Evangelho declara: "E, se um reino se dividir contra si mesmo, tal reino não pode subsistir. E, se uma casa se dividir contra si mesma, tal casa não pode subsistir" (Marcos 3:24–25). A complexidade do trabalho e do sacrifício não termina aí. Devemos também organizar nossos objetivos para que possamos proceder de uma maneira que não apenas beneficie nossos planos particulares, mas também nos torne cada vez mais capazes de elaborar e empreender outros planos — e junto com outras pessoas. É um delicado ato de equilíbrio, de fato; estabelecer uma harmonia tão abrangente é um desafio difícil; é como fazer malabarismos com várias bolas e pratos enquanto caminhamos em uma corda bamba.

Se você serve a uma multiplicidade, em vez de uma unidade, está confuso, ansioso, sem rumo e sem esperança.[3] Mas, ao servir a uma unidade, a qual unidade serve e deve servir? A unidade mais abrangente proporciona a união psicológica ("espiritual", em termos teológicos); transforma a enorme complexidade hierárquica de nossa arquitetura neural em algo singular, no ápice da ordem ou do processo.[4] Além disso, simultaneamente, alinha essa individualidade singular e integrada com o mundo social e a ordem natural circundante; em harmonia com o Logos comunitário e natural. Quando as pessoas visam aos mesmos objetivos, celebram os mesmos festivais — adoram os mesmos deuses —, elas estão unidas. Isso é válido tanto para o contexto psicológico quanto para o social. Pessoas em união costumam perceber os mesmos objetos, conceitualizar as mesmas ideias, concordar sobre amigos e inimigos e experienciar as mesmas emoções. Como indivíduos, não enfrentam uma guerra interna de espíritos irascíveis, competindo pelo domínio; como membros de uma verdadeira sociedade, não estão divididos por deuses rivais e, como consequência, não trabalham em direções opostas. Os elementos díspares e variados de seus sistemas nervosos trabalham na mesma direção, em sincronia — tanto dentro de cada indivíduo quanto entre indivíduos diferentes, mas unidos. Se tudo o que há dentro de uma pessoa não estiver unido em serviço à mesma unidade transcendente, ela será dilacerada pela dúvida e mergulhará em sofrimento e desesperança. Se duas pessoas servem à mesma unidade, elas conseguem trabalhar, fazer os devidos sacrifícios, navegar por territórios difíceis e traiçoeiros juntas; cooperar e competir juntas, e tudo isso de maneira voluntária, produtiva e pacífica. Pessoas que visam o mesmo alvo unificado são encarnações psicologicamente integradas do mesmo espírito. Essa união do individual e do coletivo é indistinguível de uma maturação social plena.

Imagine os espectadores sentados em um estádio, teatro ou igreja, assistindo a um jogo importante, acompanhando um drama intenso ou ouvindo atentamente um discurso cativante. Todos estão atentos e em silêncio, concentrados no jogo, no protagonista ou no cantor, ainda que ocasionalmente irrompam — como um só — em aplausos apreciativos. Todos estão celebrando o mesmo objetivo, acompanhando a mesma trama, prestando atenção no mesmo argumento e extraindo a mesma moral do discurso. Essas são todas variações do mesmo tema. Considere o caso de um discurso cativante e unificador. Quando bem executado, um discurso é um monólogo, mas com um componente comunitário ou social. Uma pessoa está no palco, falando, claro, porém essa pessoa também está atenta e ouvindo as pessoas a quem se dirige, e, se for realmente habilidosa, com total interesse. Ela está constantemente avaliando o público, pessoa por pessoa, para se assegurar de que cada palavra seja pronunciada no momento exato, com a entonação perfeita e direcionada com precisão, ecoando as expectativas, os desejos, as apreensões e as aspirações do público. Isso também é válido para o jogo, a peça de teatro, o cantor e o músico, embora as transformações provocadas pela participação nesses eventos sejam mais sutis e implícitas, mesmo que, às vezes, possam ser ainda mais intensas.

A unidade que atrai a atenção e une a ação em tais circunstâncias é a participação em um processo — o *diálogo* (*dia-logos*) — que exige, tanto do orador quanto do ouvinte, que antigas preconcepções sejam sacrificadas e substituídas por algo novo, mais abrangente e sofisticado. Como P. K. Feyerabend, filósofo da ciência austríaco, declarou famosamente: "Os cientistas tentam eliminar suas falsas teorias, tentam deixá-las morrer em seu lugar. O crente — seja animal ou homem — perece com suas falsas crenças."[5] Isso é uma indicação da importância do sacrifício voluntário, presente no jogo, na literatura, na arte e no próprio processo científico: ele é uma autêntica substituição da morte. Qualquer acontecimento de profundidade e qualidades genuínas tem um elemento sacrificial. Uma multiplicidade se unificou, em um estádio ou teatro, em um estado de celebração voluntária e, assim, renunciou à sua diversidade para servir a um propósito superior. O mesmo acontece, e de modo ainda mais explícito, em um local de culto. A celebração voluntária; a adoração — são a mesma coisa. Isso se torna particularmente evidente, talvez, no caso de uma apresentação musical, na qual melodia, ritmo e palavras universalmente conhecidos e amados dominam a atenção e a compulsão para agir (esta última na forma de propensão a dançar) e geram união. Qual é o objetivo da música? Um padrão harmônico em constante elaboração, em espiral ascendente. Em direção a um estado no qual algo que já é envolvente, harmonioso e grandioso é substituído por algo ainda melhor. Uma subida pela eterna Escada de Jacó rumo ao céu.

De modo geral, porém, quando se senta, com olhos e ouvidos atentos ao campo de futebol, ao palco ou ao púlpito, e se integra à experiência, faz isso em sintonia com todos os outros presentes. Isso é especialmente verdadeiro quando o ambiente é vibrante, por assim dizer. Trata-se da captura coletiva e quase total (sob condições ideais) da atenção e da ação pela performance em andamento, o espetáculo — e o fato de a origem etimológica dessa palavra remeter ao latim *spectaculum* [algo para ser observado visualmente] é revelador. Há algo profundo nessa captura; algo que transcende o momento, mesmo enquanto nos imerge nele; algo que tem um preço (isto é, um sacrifício); algo religioso, por definição, na medida em que "religioso" e "profundo" têm o mesmo significado. O religioso é aquilo que captura a atenção e impulsiona a ação de maneira mais profunda. É o chamado das profundezas. É o fascínio provocado pelo brilho da valiosa pérola na escuridão. É a captura desse tesouro que prende a atenção dos espectadores mais afortunados e entusiasmados — aqueles que são mais entretidos (o que, em termos etimológicos, significa detido, distraído, absorto, fascinado e acolhido[6]).

Com tudo isso em mente, imagine olhar para um céu repleto de estrelas na noite mais escura e límpida, longe das luzes da cidade, com a infinita vastidão do céu à sua frente. Pense na sensação de deslumbramento que essa visão gera. Esse é o ápice chamando você, de uma maneira profundamente incorporada e até instintiva — ou, em termos mais exatos, evocando o melhor em você. Ainda que se sinta pequeno ou insignificante em comparação, é somente porque está diante de algo maior, e há, nesse próprio encontro com algo superior, a constatação *de que algo maior existe* e pode e deve ser almejado. Pode-se dizer que essa é a consequência paradoxal de cair de joelhos: é, ao mesmo tempo, um ato de humildade e uma revelação do que ainda pode ser, mesmo que "internamente". É muito difícil dissecar essa experiência, tornar sua natureza explícita, em parte porque é a experiência do finito capturando o infinito. Essa experiência primordial de deslumbramento diante do cosmos é, talvez, a essência da empreitada religiosa — uma essência inesgotável: você poderia descrever a natureza desse encontro para sempre e nunca terminaria.

Somos sempre dominados por um deslumbramento quando estamos sob a influência de algo; quando nossa atenção está focada, seja de maneira voluntária, involuntária ou na curiosa situação em que ambas ocorrem simultaneamente: quando não conseguimos evitar perceber e, então, decidimos, por vontade própria, investigar. Em parte, é dessa maneira que nosso destino se revela — quando encontramos nossa vocação. É exatamente o que acontece com Moisés em seu famoso encontro com a sarça ardente:

> Ora, Moisés estava apascentando o rebanho de Jetro, seu sogro, o sacerdote de Midiã. E ele conduziu o rebanho para trás do deserto, e chegou ao monte de Deus, até o Horebe.
>
> E o anjo do Senhor lhe apareceu em uma chama de fogo do meio de uma sarça. E ele olhou, e eis que, a sarça queimava com fogo, e a sarça não era consumida.
>
> E Moisés disse: Eu vou virar agora de lado, e verei essa grande visão, porque a sarça não é queimada.
>
> E quando o Senhor viu que ele se virara para ver, Deus o chamou do meio da sarça e disse: Moisés, Moisés. E ele disse: Aqui estou.
>
> E ele disse: Não te aproximes até aqui. Tira tuas sandálias dos teus pés, porque o lugar em que estás é terra santa.
>
> Além disso, ele disse: Eu sou o Deus de teu pai, o Deus de Abraão, o Deus de Isaque, e o Deus de Jacó. E Moisés escondeu a sua face, pois estava com medo de olhar para Deus.
>
> *Êxodo 3:1–6*

Somos sempre compelidos por variações da sarça ardente; pelo encontro com algo que, ao mesmo tempo, tem uma existência duradoura e está em intensa transformação. Não há lugar onde isso se manifeste de modo mais evidente do que na própria vida, definida por sua chama interior. Considere, por exemplo, as pinturas de girassóis ou íris de van Gogh,[7] ou as flores capturadas em versos por Aldous Huxley, que brilham intensamente para ele em seu estado alterado pela mescalina.[8] Algo está sempre cintilando no limiar, tentando se revelar — e o que é mais grandioso se manifesta quando estamos mais verdadeiramente empenhados em aspirar ao elevado. Podemos atender ou nos desviar do chamado alto e claro da oportunidade; da aventura. No entanto, se rejeitarmos esse chamado, a porta desaparece. Se transformamos esse desvio em uma prática (se fizermos dessa rejeição o triste espírito que define nossa vida), a oportunidade e a aventura desaparecem, deixando apenas a normalidade que nossa recusa tornou monótona e sem sentido, desprovida de sua magia, desiludida e sem esperança. Esse é um dos padrões do pecado abominável; uma das maneiras fundamentais pelas quais nos afastamos do que é verdadeiramente redentor dentro — e fora — de nós. Mas, quando o atendemos, a oportunidade se aprofunda e se multiplica, até que o que é mais profundo e de fato inesgotável se manifeste. Esse é o caminho trilhado pelos maiores cientistas, místicos, santos e artistas. É assim que Deus se comunica, das profundezas do verdadeiro encontro com o que cintila, arde e vive.

É crucial notar que o encontro de Moisés é dialógico: Deus, ou o anjo de Deus, revela-se, mas Moisés precisa "virar de lado" (ou seja, sair de seu caminho, desviar-se da tarefa em curso para se engajar de maneira voluntária) para que a revelação se complete. O mesmo vale para todos nós: nossa atenção é capturada por fenômenos que espontaneamente achamos interessantes ou por problemas que nos incomodam (ecos do Grilo Falante, de *Pinóquio*[9]). Se levarmos a sério o que nos compele ou incomoda — ou seja, se olharmos para as profundezas do abismo que se esconde atrás disso — veremos e ouviremos aquilo que estamos prontos a receber do espírito de Deus se manifestando para nós. O que isso significa? *Se você prestar atenção suficiente a qualquer coisa, tudo será revelado.* Por esse prisma, a grande estátua de David de Michelangelo é uma sarça ardente — a revelação de uma grande oportunidade. O mal que ocorreu em Auschwitz é uma sarça ardente — a revelação de um problema terrível, mas com uma solução igualmente dramática e valiosa. O próprio Espírito Santo é a dialética instigante do chamado e da consciência.[10] O pomo encontrado pelo jovem bruxo Harry Potter na saga de J. K. Rowling[11] é um símbolo desse chamado, evocando o apanhador, e uma manifestação do espírito Mercúrio, ou Hermes, o mensageiro alado dos deuses,[12] um emissário do mundo dos sonhos do inconsciente — um psicopompo, que paira na fronteira entre o humano e o divino. O grilo, por sua vez, desempenha o papel da consciência para Pinóquio, o boneco que deseja se tornar um menino de verdade, embora seja impedido pelas tentações de orgulho e arrogância, engano e hedonismo. O chamativo cricrilar do grilo é o que nos incomoda — o que aciona o equivalente cognitivo aos sistemas primordiais de detecção de parasitas e predadores, referidos em expressões como "um arrepio percorreu minha espinha" ou "estou com a pulga atrás da orelha" (ecos das pragas de moscas e gafanhotos que atormentam o faraó intransigente e tirânico [ressentido, assassino, genocida] na narrativa do Êxodo). Não é coincidência que Jiminy Cricket, nome em inglês do diminuto companheiro do boneco que deseja se transformar em menino, tenha as mesmas iniciais do Salvador da tradição cristã.[13]

Deus é o auge supremo do propósito elevado. O trabalho que de fato redime, que verdadeiramente agrada a Deus — é o sacrifício total de tudo em prol do que é legitimamente mais elevado. É esse o trabalho que Deus convoca Caim e Abel e todos nós a realizar: empreendemos esse trabalho de duas maneiras, que representam os irmãos adversários.

3.2. Os irmãos hostis do bem e do mal

Já falamos sobre o que nos une; o drama ou a história que alinha nossas percepções. Agora, vamos tratar do que nos divide; de modo mais específico, do que nos leva às cisões mais profundas. Os conflitos que nos dividem, tanto interna quanto externamente, podem ser mais bem compreendidos como batalhas entre as histórias que, por nossa vontade, nos habitam ou nos possuem e por meio das quais percebemos o mundo. Quando duas ou mais pessoas entram em conflito, é porque têm maneiras distintas de focar sua atenção — às vezes, em um nível profundo. Isso não é apenas consequência de opiniões divergentes, digamos, sobre um conjunto supostamente igual de fatos. Trata-se de algo muito mais fundamental, porque os fatos — ou, para ser mais exato, o conjunto de fatos que se revela a você — dependem da história que se sobrepõe à fonte de suas informações. Uma história é uma descrição da estrutura por meio da qual o mundo é priorizado; e os conflitos que nos dividem decorrem de propósitos ou vontades divergentes.

Sabendo disso, você pode perguntar: "Quais histórias entram em choque de modo mais fundamental?" Em outras palavras: "Qual é a oposição mais básica?" Ou: "Quais espíritos ou personagens são mais antagônicos entre si?" É na história de Caim e Abel que encontramos a primeira caracterização clara desse conflito, dessa guerra ou divisão interna. Lembre-se, mais uma vez, de que Caim e Abel também são os dois primeiros seres humanos reais — enquanto Adão e Eva foram criados diretamente por Deus, no jardim antes da queda, e não nasceram no mundo profano da história. É bastante significativo, portanto, que os dois irmãos vivam em conflito direto — uma dramatização trágica do destino humano. Como destacou o renomado dissidente soviético Alexander Solzhenitsyn:

> A linha que separa o bem do mal não passa por Estados, nem entre classes sociais, nem entre partidos políticos, mas por todo coração humano — e por todos os corações humanos. É uma linha móvel. Ela oscila dentro de nós, ao longo dos anos. E mesmo nos corações dominados pelo mal, um pequeno ponto de bondade é preservado.[14]

Parte desse conflito essencial é social; familiar, em sua manifestação social mais básica, e, de maneira mais ampla, uma consequência da estruturação social mais abstrata. Ambos os níveis de conflito são considerados representações simultâneas dos irmãos primordiais:

> E Adão conheceu Eva, sua mulher; e ela concebeu e teve Caim, e disse: Concebi um homem do Senhor.
>
> E ela também teve Abel, irmão dele. E Abel era um guardador de ovelhas, mas Caim era cultivador da terra.
>
> *Gênesis* 4:1–2

É impressionante a quantidade de informação que pode ser condensada em tão poucas palavras. Para de fato compreender essas poucas linhas, é preciso considerar a frequente rivalidade entre irmãos e, em um contexto social mais amplo, o constante conflito de interesses que surge entre o agricultor e o pecuarista. Quanto ao primeiro aspecto: a rivalidade intrafamiliar entre irmãos é comum — talvez a ponto de ser normativa.[15] É algo que pode facilmente se tornar extremo e patológico. Irmãos que enfrentam níveis crônicos e intensos dessa rivalidade estão sujeitos a uma série de consequências negativas, incluindo ansiedade, depressão, baixa autoestima e dificuldades interpessoais,[16] bem como uma "redução no desempenho acadêmico e social".[17] Esse conflito intrafamiliar pode, além disso, aumentar a incidência e a gravidade do transtorno de personalidade borderline[18] (em especial entre as mulheres), do narcisismo[19] e da psicopatia[20] (embora a direção de causalidade nesses casos não seja muito clara, sendo mais provável que se trate de um processo bidirecional).

Essa propensão para a rivalidade entre irmãos reflete, em parte, o estado relativamente indefeso e dependente do recém-nascido humano.[21] Como nascemos mais precoces do que outros mamíferos (até mesmo primatas) de massa ou tamanho corporal comparáveis,[22] vivenciamos um período excepcionalmente prolongado de dependência pós-natal e pré-adulta.[23] Bebês e crianças humanas requerem um enorme investimento de atenção, e conflitos por esse recurso escasso dentro da família são, portanto, muito prováveis. Esse potencial para o conflito tende a ser exacerbado quando os irmãos nascem em rápida sucessão, uma vez que seus períodos de dependência máxima se sobrepõem. O intervalo recomendado é de dois a três anos,[24] embora haja, sem dúvida, outras desvantagens associadas a esse espaçamento. A probabilidade de conflito é ainda maior quando os irmãos são do mesmo sexo — e, portanto, disputam recursos mais semelhantes.

Está implícito, no mínimo pela omissão, na narrativa de Caim e Abel que há um curto intervalo entre os irmãos, já que nada acontece (pelo menos nada digno de nota) entre seus nascimentos. Se um novo bebê chega quando um irmão mais velho tem apenas um ou dois anos de idade, a criança mais velha quase de imediato deixa de ser o bebê, e com certeza não é mais o bebê principal. A mãe, portanto, precisa sacrificar parte da atenção que dedicava ao mais velho e direcioná-la ao recém-nascido, e o primeiro tem que aceitar que não é mais o bebê. A criança pode ser incentivada a abraçar os benefícios dessa maturidade recém-adquirida, mas também pode sentir ciúmes do intruso — de maneira potente e profunda. Esses conflitos familiares nem sempre diminuem ou desaparecem com o tempo, podendo permanecer intensos ao longo da vida adulta.

Há uma divergência de interesses análoga na história em relação à posição comparativa de agricultor (Caim) e pecuarista (Abel). É a rivalidade entre irmãos manifestada em um nível social mais amplo. Aqueles que ocupam essas posições contrastantes são propensos a enfrentar disputas sobre direitos de propriedade, acesso a terras de pastagem e, no mundo moderno, em relação ao uso de pesticidas ou outros produtos químicos. Tais conflitos ocorrem tanto nas sociedades tradicionais quanto nas modernas.[25] A história de Caim e Abel retrata essas disputas sociais mais amplas como variantes do padrão estabelecido, talvez em um sentido mais elementar, no confronto primitivo e fundamental entre irmãos — mesmo ainda no útero, como ilustrado (mais tarde) pelo caso de Esaú e Jacó: "No ventre, pegou seu irmão pelo calcanhar, e em seu vigor teve força com Deus" (Oseias 12:3); ou, em uma de suas versões, "no vigor da sua idade, lutou com Deus" (Almeida Revista e Atualizada). Jacó nasce agarrado ao calcanhar de seu irmão (Gênesis 25:26). Seu nome, supostamente derivado do hebraico *'âkêb* (calcanhar), significa "aquele que tenta suplantar ou fazer tropeçar", que é "como se, desde o início, desejasse puxar o irmão para trás, e ficar na frente dele... O caráter do homem foi assim prefigurado no nascimento... sobrepujando ou enganando por astúcia e estratégia".[26] Dois irmãos estão predestinados ao conflito; dois personagens dramáticos lutam dentro de nós; dois espíritos nos dividem em nossas comunidades; propósitos elevados e inferiores competem eternamente pela posse da alma humana.

Esse motivo narrativo de oposição mortal é talvez o mais proeminente entre os arquétipos que caracterizam a ficção popular e outras formas de entretenimento dramático (mais especificamente no gênero de ação e aventura, embora a oposição entre irmãos ou seus equivalentes também apareça em romances — considere, por exemplo, *A Bela e a Fera*, da Disney[27]). O jovem bruxo Harry Potter, de J. K. Rowling, é adversário, durante a infância e a adolescência, de Draco Malfoy (e, de maneira ainda mais fundamental, em sua versão de superbruxo, de Voldemort, Aquele Que Não Deve Ser Nomeado). O perigo representado por Draco Malfoy é (como veremos) em grande parte fruto da influência de Voldemort, decorrente da batalha mais profunda em curso. Essa possessão parcial também caracteriza o próprio Potter, que serve inadvertidamente como uma "horcrux" para seu arqui-inimigo, carregando dentro de si uma parte da alma do Lorde das Trevas.[28] Esse tema das trevas que habitam a alma do herói é muito bem desenvolvido na série de filmes do Batman, em especial *Batman: O Cavaleiro das Trevas*,[29] no qual o Coringa, o arqui-inimigo de Batman, tenta induzir o herói a adotar sua atitude sombria e anarquicamente destrutiva, como um meio de derrotar o próprio Coringa.

O mesmo tropo se manifesta na oposição entre os personagens Superman e Lex Luthor, da DC Comics; Thor e Loki, da Marvel; e Frodo e Gollum, na trilogia *O Senhor dos Anéis*, de Tolkien.[30] O protagonista dotado de humildade heroica, personificado pelo hobbit, é contrastado com a arrogância e o orgulho do presunçoso Sauron, mestre do Anel do — o que mais poderia ser? — Poder, de maneira muito semelhante à representação da relação entre Potter e Voldemort. Essa é uma indicação do padrão de um dos irmãos hostis — aquele com propósito inferior — no arquétipo de Lúcifer, ou Satanás, o verdadeiro espírito por trás de todas as manifestações proximais ou pessoais do arquivilão.

Não é coincidência, portanto, que o principal antagonista dessas histórias muitas vezes seja tanto intelectualmente arrogante quanto um adorador da tecnologia. Considere, sob essa perspectiva, a consolidada justaposição de Lúcifer ao intelecto (o Lúcifer de Milton é o portador da luz, o anjo mais elevado de Deus que se desviou do caminho, o intelecto orgulhoso;[31] o Mefistófeles de Goethe é a tentação imposta ao arqui-intelectual Fausto[32]). Essa relação é refletida na cultura popular no personagem do vilão Scar,[33] em *O Rei Leão*, inimigo tanto da tradição (Mufasa) quanto do jovem, renascido e legítimo rei (Simba); em Gru, de *Meu Malvado Favorito*;[34] em Jafar, de *Aladdin*;[35] em Síndrome, de *Os Incríveis*;[36] e no já mencionado Sauron, de Tolkien, que forjou o Um Anel, criou os monstruosos orcs e construiu *Barad-dûr*, a sombria torre de ecos babilônicos com seu olho onisciente. Os intelectualmente arrogantes e presunçosos também têm uma tendência acentuada de recorrer exclusivamente a soluções tecnológicas para corrigir as aparentes desigualdades da existência. Isso não quer dizer que o ato de construir seja, por si só, maléfico. Quando realizado de maneira adequada, é bom, ou até muito bom, mas os construtores presunçosos manifestam um falso orgulho pelas criações de sua imaginação e tentam atribuir a si mesmos o talento que torna tal empreendimento possível. Voltaremos a esse tema ao analisarmos a relação entre os descendentes de Caim e a construção da Torre de Babel.

A possibilidade de conflito essencial é constante — um reflexo de nossa biologia, em seu nível mais profundo, e de nossa hiperssociabilidade, dependência social e busca por posição relativa. É por isso que a breve narrativa de Caim e Abel faz sentido assim que a lemos, mesmo não sabendo expressar por quê. O conflito segue um padrão que emerge eternamente nas famílias entre irmãos e entre rivais mais distantes, embora ainda análogos. O motivo narrativo dos irmãos hostis representa, tanto em termos de personagem quanto de enredo, a batalha incessante entre modos opostos de sacrifício e de trabalho, entre maneiras distintas de se sacrificar em relação à unidade futura e entre diferentes visões em relação ao que deveria ser essa unidade. As narrativas mais profundas nem sempre separam os irmãos hostis em personagens distintos: elas tendem a retratar a interação de modos opostos de sacrifício dentro da alma de cada indivíduo, tanto do protagonista quanto do antagonista.

Pela mesma razão, os heróis mais realistas e críveis estão longe de ser pessoas perfeitas (sendo, assim, permeados em algum grau interessante e necessário pelo espírito de Caim), e os vilões mais cativantes são claramente aqueles em que ainda existe algum traço de bondade. Os personagens da máfia ou de outras organizações criminosas dramatizados com tanto sucesso por cineastas norte-americanos oferecem ótimos exemplos desse tipo de vilão (considere, por exemplo, Tony Soprano em *Família Soprano*,[37] ou Walter White e, mais ainda, Jesse Pinkman, em *Breaking Bad*[38]). Isso também se aplica a muitos personagens de Dostoiévski, sendo os principais exemplos Raskólnikov, de *Crime e Castigo*,[39] a complicada família retratada em *Os Irmãos Karamázov*[40] e os adoradores de ídolos abstratos em *Os Possessos* (ou *Os Demônios*)[41]. As representações mais dramáticas desse conflito são a própria alma da grande literatura.

A história de Caim e Abel é uma tentativa da imaginação humana coletiva de extrair, transmitir e recordar os aspectos essenciais do bem e do mal em uma única narrativa. Como chegamos a isso? Uma resposta seria "inspiração divina", e essa é uma boa resposta, em um nível de análise muito elevado. Outra possível resposta (na verdade, uma variação da primeira) é que as pessoas contam histórias umas para as outras há muito tempo — e talvez já as encenassem antes disso — e que algumas dessas histórias se destacaram por serem mais incisivas, envolventes e memoráveis do que outras. Exemplos específicos do bem e do mal chamaram a atenção e permaneceram na memória. E então foram refinados em algo que reflete sua tendência ou essência central. As melhores histórias, contadas pelos narradores mais habilidosos, capturaram a atenção das pessoas de uma maneira inesquecível e ficaram gravadas na imaginação e na concepção, tanto coletivas quanto individuais. Isso pode ser considerado uma colaboração entre a imagem e a palavra (o Logos) — que capturavam a atenção — e a imagem e a palavra (o Logos) — que evocavam a memória. Essa colaboração continuou por dezenas e, talvez, centenas de milhares de anos. As histórias contadas e lembradas dessa forma se tornaram cada vez melhores e, ao mesmo tempo, mais profundas. E elas não foram escritas ou inventadas por ninguém em específico; ou, para ser mais preciso, talvez sejam uma criação de todos: uma ação, em certo sentido, do inconsciente coletivo de Jung.[42]

3.3. O padrão sagrado do político

Grande parte da divisão que atormenta o mundo é uma consequência da oposição entre as duas atitudes retratadas de maneira tão definitiva na história bíblica original dos irmãos hostis. A história de Caim e Abel, portanto, tem também um significado que se estende diretamente para o âmbito político (ou, para ser mais exato, integra o político, na medida em que o político e o sagrado se fundem). A história estabelece o padrão para a narrativa de vítima/vitimizador que desempenha um papel crucial nas ideologias de ressentimento tão emblemáticas de nosso tempo, ainda que não sejam uma exclusividade de nossa era, tendo em vista que o drama assim retratado é eterno. A história é uma metaverdade — um contexto dentro do qual se considera que os fatos do mundo se revelam; uma estrutura que define as percepções e as ações daqueles que flertam com a possessão ideológica. Qual é a estratégia? Aqueles que acreditam nessas histórias — os devotos de tais teorias — primeiro notam, com um misto de alegria e consternação, as óbvias disparidades existentes no mundo (um feito comparável a observar as diferenças qualitativas entre os elementos que compõem o mundo).

Então, eles se apegam com ressentimento a essas distinções (tais como sexo, raça, classe, etnia, "gênero", atratividade — até mesmo idade, peso, altura) e apontam um dedo acusador para aqueles que se beneficiam de modo desigual por estarem na extremidade mais desejável da distribuição resultante. Por fim, presumem — da maneira mais egoísta imaginável — que toda essa desigualdade, que nada mais é do que uma consequência inevitável da diferença, na verdade é causada por coerção, força e opressão. Essa hipótese é especialmente perniciosa porque a acusação em que ela se baseia sempre tem um fundo de verdade. Nenhuma sociedade é tão pura que as recompensas inevitavelmente diferenciadas que oferece sejam atribuídas apenas com base no mérito, seja como este for definido: o poder e até mesmo o poder corrompido (já que os dois com frequência andam de mãos dadas) sempre desempenham algum papel. Alguns indivíduos ricos são narcisistas e psicopatas manipuladores, mesmo nas sociedades com alto grau de funcionalidade e, de modo geral, honestas e produtivas do Ocidente. Alguns indivíduos detêm um alto status social em virtude de dinastia e nepotismo (os caminhos clássicos para o sucesso relativo em sociedades que não se baseiam em critérios mais abstratos e objetivos de mérito).[43] O fato de existirem rotas corrompidas para o sucesso, utilizadas por alguns indivíduos corruptos, não significa, de maneira alguma, que todas essas rotas sejam corrompidas ou, pior, que todos os indivíduos bem-sucedidos também sejam corruptos. Quando uma sociedade presume o contrário (ou quando isso se torna verdadeiro), é provável que o caos se instale.

Por fim, podemos observar que a divisão em categorias de grupos de opressão e a atribuição da responsabilidade pela desigualdade resultante exclusivamente ao poder não resolvem o problema. A simplificação representada por esse esquema conceitual elimina a responsabilidade de uma reflexão mais profunda: todos os arranjos sociais passam a ser considerados como relações entre opressor e oprimido, seja no âmbito do casal, da família, da empresa, da cidade, do estado, do país ou da religião. Isso é muito conveniente, mas ainda mais conveniente é a oportunidade de aquisição de uma virtude moral instantânea e imerecida. Quando o mundo é dividido dessa forma, de modo que aqueles que ocupam o topo de maneira injusta são conceitualmente segregados daqueles que sofrem na base de maneira injusta, o caminho para o status messiânico se revela magicamente: o esforço moral se torna nada além de uma aliança com as vítimas, por mais hipotética, emocional, conceitual ou egoísta — até mesmo psicopática — que tal aliança possa ser.

Os jacobinos ressentidos — depois homicidas e genocidas — que idealizaram e, mais tarde, assumiram o controle da Revolução Francesa eram os descendentes espirituais de Caim. Karl Marx é a própria essência de Caim, ao enxergar a sociedade como nada além de um campo de batalha pelo poder e presumir que qualquer avaliação qualitativa do valor do sacrifício relativo é um jogo manipulado pelos vencedores. Ele falhou (intencionalmente) em separar o joio do trigo ao condenar a totalidade da "burguesia", considerando seus membros como meros parasitas, predadores e ladrões em virtude de seu sucesso, sem reconhecer a riqueza e a estrutura social estável que produziram como fruto de seu trabalho consciente, diligente, honesto e produtivo. Os metamarxistas modernos, os agentes do poder pós-modernos, metastatizaram Marx, por assim dizer — e, de maneira ainda mais profunda, o espírito de Caim —, ao estenderem o diagnóstico do poder corrompido a todas as possíveis categorizações por grupo que possam ser aplicadas ao homem e à mulher.

Segundo essa visão, todo sucesso ocorre em um cenário de miséria, caracterizado por recursos intrinsecamente escassos e limitados. Todas as atividades humanas que levam ao sucesso ou ao fracasso comparativo são jogos de força e coerção, equivalentes em seu valor intrínseco (ou na falta dele). Na verdade, não são jogos, mas campos de batalha entre tirano e escravo, nos quais os papéis são atribuídos de maneira involuntária e puramente determinística ou socialmente construída. Todos os participantes bem-sucedidos nessas competições patológicas vencem porque acumulam riquezas e privam os demais, enquanto todos aqueles que fracassam — seja em qualquer aspecto — são injustiçados e isentos de culpa. Sob esses pressupostos, não existe esforço legítimo nem empenho ou dedicação diligentes — uma conclusão que, claramente, favorece os indivíduos de fato psicopáticos, predatórios, parasitários ou ainda piores. Tais hipóteses beneficiam aqueles que desejam apenas usar a força e o poder para alcançar seus objetivos essencialmente hedonistas e egoístas; pior ainda, beneficiam os que justificam a busca por poder alegando que toda atividade é, em última análise, uma batalha de poder e que qualquer um que afirme o contrário está apenas revelando sua profunda capacidade de manipulação egoística. Esse racional prepara o terreno para o domínio do inferno, o eterno teatro daqueles que lutam apenas por status comparativo — e para a ascensão, dentro desse terrível drama, do pior de todos os demônios. Essa é a consequência da imitação de Caim — e o destino dos cananeus, os filhos de Caim, que, nas narrativas bíblicas, são repetidamente derrotados por aqueles que vivem pelo Logos e oferecem sua devoção sincera a Deus.

3.4. O bom pastor como líder arquetípico

"E Abel era um guardador de ovelhas" (Gênesis 4:2). Por que um guardador de ovelhas? No Antigo Testamento, a imagem do pastor é presença constante, tanto de maneira literal quanto como metáfora para a liderança espiritual: "O Senhor é meu pastor; nada me falta. Ele me faz deitar em verdes pastos; ele me conduz ao lado das águas serenas" (Salmos 23:1–2). Isaías ecoa esses sentimentos em relação ao caráter de Deus: "Ele alimentará seu rebanho como um pastor. Ele ajuntará os cordeiros com seu braço e os carregará em seu colo, e conduzirá gentilmente aquelas que estão com cria" (Isaías 40:11), enfatizando também que a humanidade perdida pode ser compreendida de maneira mais profunda por meio da metáfora das ovelhas desgarradas (um tropo retomado no Novo Testamento): "Todos nós como ovelhas temos nos desviado. Nós temos nos afastado, cada um para seu próprio caminho, e o Senhor tem posto sobre ele a iniquidade de todos nós" (Isaías 53:6). Ezequiel (34:2–3) repreende os pastores de Israel por atenderem às próprias necessidades egoístas antes de considerar o povo: "Filho do homem, profetiza contra os pastores de Israel; profetiza, e dize a eles: Assim diz o Senhor Deus aos pastores: Ai dos pastores de Israel que alimentam a si mesmos! Não deveriam os pastores apascentar as ovelhas? Comeis a gordura, e vos vestis da lã; matais aqueles que são alimentados; mas não alimentais as ovelhas." Quando o patriarca Jacó/Israel dá sua bênção a José, por exemplo, ele o faz da seguinte maneira:

> E abençoou a José, dizendo: "Que o Deus, a quem serviram meus pais Abraão e Isaque, o Deus que tem sido o meu pastor em toda a minha vida até o dia de hoje, o Anjo que me redimiu de todo o mal, abençoe estes meninos."
>
> *Gênesis 48:15–16, Nova Versão Internacional*

Os pastores na época bíblica enfrentavam um ambiente incrivelmente difícil — que exigia resistência, habilidade e coragem. Eles tinham que proteger seus rebanhos de predadores, incluindo lobos e leões, atravessar terrenos traiçoeiros em busca de comida e água e suportar extremos de frio e calor. O jovem Davi é um exemplo desse herói/pastor. Ele enfrenta o gigante guerreiro filisteu — o inimigo preparado arquetípico — com nada além de uma funda, uma habilidade que desenvolveu enquanto cuidava de seu rebanho. Deus selecionou Davi exatamente por essas virtudes.

> Ele também escolheu a Davi o seu servo, e o tirou dos currais;
>
> De seguir as ovelhas com as suas crias, ele o trouxe para alimentar Jacó, seu povo, e a Israel a sua herança.
>
> Então ele os alimentou ["os pastoreava", na Versão King James Atualizada] segundo a integridade do seu coração; e os guiou pela habilidade das suas mãos.
>
> *Salmos 78:70–72*

Assim, o pastor é a imagem do mais poderoso herói, embora em uma aparência comum, armado com pouco mais do que coragem e fé, confrontando e vencendo o pior da natureza e do homem, enquanto dedica seu serviço aos menos favorecidos e mais vulneráveis. Essas são precisamente as virtudes masculinas cruciais e paradoxais capturadas pela estátua de David, de Michelangelo, com suas mãos grandes e uma postura forte, graciosa e alerta. Essa estátua é, ao mesmo tempo, um ideal e uma crítica, um objetivo e um juiz, que traz dentro de si o terror da beleza que, eternamente, exerce esse mesmo papel e que assusta e leva as pessoas a adotarem um gosto e um éthos estético de segunda categoria. A cultura kitsch não discrimina nem julga, apelando ao sentimentalismo barato e à virtude moral hipócrita da compaixão automática. Por isso, por exemplo, o apelo sentimental dos pratos de cerâmica adornados com gatinhos, preferidos por Dolores Umbridge, personagem de J. K. Rowling, rainha do submundo dos autoritários bem-intencionados.[44]

Ser um pastor também é liderar e guiar — e fazer isso de maneira afetuosa, apesar da capacidade de repelir predadores. Isso significa que o pastor clássico é, em um sentido real, o homem ideal: a combinação desejável de alguém monstruoso o suficiente para enfrentar e dominar as feras que espreitam na noite, mas produtivo, gentil e generoso o bastante para prover e compartilhar. Esses homens são o verdadeiro alvo tanto do desejo mais íntimo[45] das mulheres quanto da tendência dos homens a admirarem seus semelhantes, embora ambos possam ser ludibriados a admirar impostores narcisistas, psicopatas, manipuladores e até mesmo sádicos.[46] Essa admirável dualidade deve ser genuína e não pode ser comprada ou imitada, ao contrário de sua versão falsa, manipuladora e instrumental. É por essas razões que Cristo declara sobre Si mesmo:

> Eu sou o bom pastor; o bom pastor dá a sua vida pelas ovelhas.
>
> Mas o que é mercenário, e não pastor, de quem não são as ovelhas, vê o lobo vindo, e deixa as ovelhas, e foge; e o lobo as apanha, e dispersa as ovelhas.
>
> O mercenário foge, porque ele é mercenário, e não cuida das ovelhas.
>
> *João 10:11–13*

Quando devidamente integrados, os traços que também podem predispor o indivíduo à insensibilidade, à desconsideração e até mesmo à psicopatia podem ser a base de uma coragem e uma força implacáveis.[47] Ao escolher seus parceiros, as mulheres descartam a maioria dos homens, pois é extremamente difícil encontrar alguém que demonstre esse equilíbrio ideal — sobretudo porque é, de fato, desafiador manter esse equilíbrio. O eterno dilema das mulheres? "Se eu encontrar o homem certo, ele afastará os monstros, mas, se eu escolher um que seja monstruoso demais, estarei em apuros (mesmo que isso seja perversamente atraente): ele será um monstro para mim, tanto quanto é para os outros, e esse não é um bom plano. Preciso encontrar alguém que seja metade monstro e metade gentil." É por essa razão que o "monstro domesticável" talvez seja o personagem central nas ficções romântica e pornográfica preferidas das mulheres.[48]

Boa sorte para encontrar — ou ser — esse homem.

Quando fazemos um sacrifício, negociamos com o futuro. Abrimos mão de algo no presente pela fé de que nossa oferta será recompensada, e com juros. O futuro é o horizonte de possibilidades não realizadas, o caos que prevalecia no início dos tempos, o potencial que ainda confronta nosso Logos no aqui e agora — o reino dos problemas e das oportunidades, ou do dragão e do tesouro, que eternamente nos confronta. Quando sacrificamos — quando trabalhamos — estabelecemos, em essência, uma relação contratual com essa possibilidade e, ao mesmo tempo, com a comunidade, com nosso "eu" futuro "mais elevado" ou "mais profundo" e com o próprio processo do tornar-se. Na prática, estamos fazendo um acordo: *Abro mão de algo no presente. Como resultado, receberei algo — melhor — no futuro.* Pode-se argumentar que esse acordo não é feito com Deus, mas com o mundo social, ou até mesmo com "o patriarcado".

Nesse caso, o que é concebido em termos religiosos como um pacto torna-se algo mais parecido com o clássico contrato social: eu trabalho para os outros e acumulo reputação e favor, que serão recompensados no futuro. Alternativamente, eu invisto ou trabalho em minha propriedade, cujo "direito" me é concedido por acordo social, assim como o direito de colher os frutos do meu investimento. No entanto, essa suposição de mero contrato social é uma abordagem equivocada e ilusória, tanto em termos conceituais quanto ontológicos. As sociedades só conseguem se manter viáveis, em todos os níveis de complexidade, do casal ao Estado, quando são baseadas em um éthos subjacente que não se limita ao mero acordo, ainda que tal acordo seja necessário. É preciso algo mais profundo; um reflexo de uma realidade mais profunda — que sirva como precondição para o estabelecimento e a manutenção genuínos dos acordos necessários no mundo social; algo baseado, por exemplo, no respeito tanto por Deus quanto pela alma e, portanto, pelo indivíduo.

Nem todos os jogos devem ser jogados. A falha em reconhecer esse fato evidente é um (ou o?) defeito fundamental tanto do relativista moral quanto do revolucionário idiota possuído por ideologias (e ambos tendem a fazer as mesmas suposições). Se a sociedade perder todo o respeito pela integridade da pessoa e degenerar em um consequente niilismo, hedonismo, ou luta por dominação, então o "contrato social" imediatamente se tornará insustentável — em uma palavra, irrelevante. Isso acontece o tempo todo, em momentos de revolução ou possessão ideológica, e os resultados são inevitavelmente graves. Se a sociedade não estiver estruturada de modo que os relacionamentos primários dentro dela sejam tanto voluntários quanto responsáveis — isto é, sacrificiais, e com propósito ascendente —, então os arranjos feitos entre as pessoas não serão de fato acordos. Em vez disso, serão mentiras descaradas — contratos que ninguém envolvido tem a intenção de cumprir —, tentativas de obter vantagens com os prazeres de um status efêmero ou de um poder permanente, ou manifestações impulsivas, estritamente egoístas e momentâneas de caprichos imaturos. Nenhum contrato dessa natureza será mantido, sobretudo em tempos de crise. As pessoas não cooperarão, de modo ascendente, sob tais condições. Tampouco competirão de maneira produtiva, seguindo as regras, nem honrarão os acordos que fizeram, que não são acordos de fato, mas paródias luciferianas. Qual era mesmo a velha piada soviética? Era uma boa: "Nós fingimos que trabalhamos e eles fingem que nos pagam." Em outras palavras, se a ordem social não for baseada no Logos, ela não será uma ordem boa, e certamente não será uma ordem muito boa. Em vez disso, pode muito bem ser o inferno; ao menos em sua forma terrena — e, mesmo nessa forma, será experimentada como quase eterna.

Essa relação com o que é mais elevado, ao mesmo tempo pessoal e contratual, é o que se entende, em um sentido mais profundo, como *pacto*. Deus se refere a esse pacto quando diz a Caim, como veremos, que ele seria aceito se apenas fizesse o que é certo (Gênesis 4:7). Há uma conexão muito profunda entre essa ideia de contrato ou pacto e a noção de que o homem deve existir em relação ao que deve ocupar o ápice ou servir como base adequada. Como isso deve ser compreendido? Pense no seguinte: nossas personalidades são nossos meios de adaptação ao mundo em sentido amplo — ao mundo psicológico, social e natural, considerados uma unidade. Conceituamos o que é mais central para nós, como seres conscientes, como nossa personalidade. Conhecemos e tratamos a nós mesmos e aos outros como personalidades. Nós nos identificamos com nossas personalidades — e personalidades, por definição, só existem no contexto de uma relação. Estamos organizados, no nível supremo de nosso ser, como personalidades. Personalidade, em outras palavras, é nosso modo escolhido de adaptação, de estar no mundo; é nossa essência, nosso espírito.

Enfrentamos o mundo como personalidades. Evoluímos, até mesmo em termos científicos, como personalidades. Personalidades só podem existir em um contexto relacional. Portanto, não é irracional, e pode até ser necessário, considerar nosso pacto sacrificial com o futuro, com nossos eus potenciais, com os outros e com o padrão da ordem cósmica como uma *relação*. Por quê? Reiterando: *porque existimos, de modo inevitável, como seres humanos no contexto de uma relação.* No entanto, essa consideração levanta outra pergunta fundamental: relação com o quê — ou com quem? A resposta, no mínimo: com o futuro, cuja melhoria é o objetivo de nosso trabalho contínuo e de nosso sacrifício. Com aqueles ao nosso redor: pais, filhos, esposa e marido, amigos, colegas de trabalho; concidadãos e almas afins. Com a ordem do mundo natural, em equilíbrio com a da comunidade. Em uma perspectiva mais profunda, com o espírito do próprio Criador, que se manifesta a cada situação e a cada momento. Então, pergunte a si mesmo, com base em sua postura, sem dúvida ainda cética, de ateísta, materialista e darwinista: por que estaríamos organizados no nível mais alto de identidade como uma personalidade que sacrifica ou trabalha — com todas as suposições associadas à existência de uma relação que justificaria tal organização — se isso não fosse um meio funcional de adaptação ao que é mais real no nível mais profundo?

E isso não é tudo. Há, ainda, a questão da não aceitação da necessidade dessa hipótese da personalidade e até da personalidade necessariamente sacrificial em relação a qualquer manifestação do padrão inevitável de atenção e ação. Isso é verdade mesmo se formos impulsivos e imaturos; se formos governados, por exemplo, por caprichos hedonistas: tal capricho não é nada mais do que um pacto de curto prazo ("Se eu buscar este desejo imediato, desta maneira particular, posso obter o que quero"). O hedonista sacrifica apenas aos deuses momentâneos de seus caprichos, e não a uma unidade psicológica e social de ordem superior ou mais profunda. Por que é um sacrifício? Porque ele se permite ser guiado em uma direção específica, no momento presente, em vez de ceder às muitas outras direções que poderiam exercer tal atração; e também porque ele abre mão do futuro integrado, responsável e aventureiro que poderia ter sido, se tivesse renunciado à sua imaturidade, aos prazeres do momento. São ecos de Peter Pan e dos Meninos Perdidos; ecos de Pinóquio e dos delinquentes escravizados da Ilha dos Prazeres.

O hedonista, possuído por seu desejo, pode até se identificar com aquele deus, naquele momento ou até de maneira quase permanente (quase porque não haverá compromisso real, já que isso exigiria precisamente o sacrifício que está sendo rejeitado). Ele pode presumir domínio ou, mais verdadeiramente, soberania sobre seu capricho atual ("Sou aquilo que deseja, dentro de mim"); pode afirmar que sua inclinação sexual ou outro desejo, por exemplo, é a própria marca do seu ser e de seu processo de tornar-se. Isso torna cada hedonista um politeísta, disposto a acolher e a celebrar ou adorar (ou seja, colocar no topo ou tornar fundamental) a diversa gama de espíritos correspondentes aos seus impulsos e desejos momentâneos. No entanto, apesar de todas as alegações em contrário: alguém possuído por luxúria, raiva, fome ou inveja não é o mestre daquela motivação ancestral ou hierarquia de motivações, mas seu servo. Os adoradores orgiásticos e materialistas do bezerro de ouro dificilmente podem ser considerados mestres do próprio destino.

3.5. O sacrifício que agrada a Deus

Uma vez estabelecida a compreensão ou a conceituação da necessidade do sacrifício ou do trabalho e de sua identidade, surgem, de modo inevitável e imediato, novas questões na imaginação daquele que busca a verdade: qual trabalho *é o melhor*? Quais *sacrifícios*, usando a representação simbólica, serão aceitos com mais entusiasmo pelo eu, pelo próximo e pelo mundo natural — quais agradarão mais a Deus? Entendida dessa maneira, a questão da oferta adequada é concebida como a mais difícil de todas, não é diferente de perguntar: "Qual é o propósito ou significado da vida?" Caim e Abel, no alvorecer da história profana, enfrentam esse mistério abismal ou celestial de maneira direta, logo após a queda e a expulsão de seus pais e do subsequente surgimento dos obstáculos e do trabalho no mundo. A interação entre os irmãos diametralmente opostos e hostis estabelece o padrão do grande drama da tentação que sempre caracteriza nossos relacionamentos familiares e sociais e os rumos do nosso coração.

Um espírito — um padrão de atenção e ação fraternal e religiosa — existe em absoluta oposição ao outro. Um irmão oferece ao mundo e a Deus o que aparenta ser necessário para manter o relacionamento ideal com o terreno e com o mais elevado. O outro não consegue ou se recusa a fazê-lo, falha, ergue o punho irado contra Deus e, então, mata o primeiro, o próprio ideal.

As ofertas de Abel são aceitáveis para Deus; as de Caim não são: "E o Senhor teve consideração por Abel e por sua oferta; mas por Caim e por sua oferta ele não teve consideração" (Gênesis 4:4–5). Mas o que faz Abel, em contraste a seu irmão infeliz? Ele trabalha de maneira árdua e honesta, sacrificando com a maior diligência e completude, oferecendo o que é tanto o primogênito quanto da mais alta qualidade. O que é "primogênito" representa a intenção de uma oferta, um trabalho, uma tarefa. Define o tom, estabelece o padrão e constitui o objetivo. O que é da mais alta qualidade é, em primeiro lugar, imaculado — assim, a oferta perfeita — e, depois, o que proporciona o maior valor (representado na linguagem simbólica e imagética da história como a mais rica de todas as fontes de alimento). A exigência divina por qualidade no sacrifício necessário e aceitável é um tema retomado e desenvolvido em minúcia em muitos dos textos bíblicos subsequentes. O Livro de Levítico, parte das narrativas das façanhas e aventuras de Moisés e do Povo Escolhido, oferece uma elaboração adicional — um avanço na codificação ou representação explícita:

> Oferecerá segundo a sua própria vontade, um macho sem defeito, dos bois, das ovelhas, ou das cabras.
>
> Mas nenhuma coisa em que haja defeito oferecereis, porque não seria aceitável de vós.
>
> E quando alguém oferecer um sacrifício das ofertas de paz ao Senhor, para realizar seu voto, ou oferta voluntária, com bois ou ovelhas, este será perfeito para que seja aceito; não haverá defeito nele.
>
> Cego, ou quebrado, ou mutilado, ou que tenha sarna, ou escorbuto, ou com impigens, estes não oferecereis ao Senhor, nem deles fareis oferta por fogo sobre o altar ao Senhor.

> Qualquer novilho ou cordeiro, com alguma coisa em excesso, ou faltando em suas partes, poderás oferecer por oferta voluntária, mas por um voto não será aceito.
>
> Não oferecereis ao Senhor o que está machucado, ou moído, ou quebrado, ou cortado; não fareis qualquer oferta assim na vossa terra.
>
> Nem da mão do estrangeiro oferecereis pão ao vosso Deus, de todas estas coisas, porque a sua corrupção está nelas; e há nelas defeito; não serão aceitas de vós.
>
> *Levítico 22:19–25*

A harmonia com a ordem cósmica não pode ser estabelecida quando tentamos impingir ao divino algo danificado e inútil para o propósito atual, que, por conveniência e hipocrisia, é oferecido como uma indicação de objetivo, propósito e intenção. Essa é uma variante do uso do nome de Deus em vão, algo estritamente proibido nos mandamentos dados a Moisés no texto do Êxodo. Tudo que for possível deve ser direcionado ao propósito mais elevado, para que a caminhada sem autoconsciência ao lado de Deus, que caracteriza o modo de ser de Abel, se torne possível. A ideia de que tal oferta deve ser da mais alta qualidade já é implicitamente axiomática no momento em que a história de Caim e Abel surge, embora a história represente e aprofunde esse entendimento. Só Deus sabe, por assim dizer, quão intensa foi a busca por uma conceituação clara até se chegar a uma formulação incrivelmente clara, refinada e inesquecível.

Caim também não oferece o fruto celestial nem as mais altas aspirações do espírito, mas, sim, "o fruto da terra" (Gênesis 4:3). Abel, em contraste, oferece não apenas o primogênito perfeito, mas também a "gordura de seu rebanho" (Gênesis 4:4), a parte mais frutífera ou rica, representando o ápice, o melhor ou o mais refinado. O cozimento e a queima da gordura animal durante os sacrifícios também eram vistos como uma forma de liberar um aroma que Deus experienciava, de acordo com várias descrições (Levítico 3:16) como um "cheiro suave" (Versão King James), "cheiro agradável" (Nova Tradução na Linguagem de Hoje), "aroma agradável" (Nova Versão Internacional) e, talvez a mais interessante, dadas as vantagens de não irritar o próprio agente da justiça divina, "aroma agradável ao Senhor" (Nova Versão Transformadora): "E o sacerdote queimará isso sobre o altar; isto é o alimento da oferta feita por fogo, de cheiro suave; toda a gordura será do Senhor." A melhor parte é, necessariamente, de Deus. Isso é tanto por uma questão de definição quanto de senso prático e realização teológica, espiritual ou psicológica. Claro, o que tem mais chance de funcionar é a oferta sincera do que há de melhor. Claro, o que é melhor deve ser dedicado ao mais alto propósito imaginável. Qualquer outra coisa não visa ao sucesso; a vida mais abundante; o restabelecimento do Jardim do Éden. Qualquer outra coisa visa ao fracasso; a miséria maçante da mediocridade ou o sofrimento insuportável do abismo.

Abel é um pastor — e já explicamos o motivo.[49] Ele oferece os cordeiros que cria a Deus; oferece, de boa-fé, os melhores cortes, extraídos dos animais mais perfeitos, conforme a doutrina mais tarde delineada em Levítico e em outros trechos. Caim também faz sacrifícios. Ele é um agricultor. Ele oferece os vegetais que cultiva a Deus.

> E Abel era um guardador de ovelhas, mas Caim era cultivador da terra.
>
> E no passar do tempo, aconteceu que Caim trouxe do fruto da terra uma oferta ao Senhor.
>
> E Abel, ele também trouxe das primícias e da gordura do seu rebanho. E o Senhor teve consideração por Abel e por sua oferta.
>
> *Gênesis 4:2–4*

Traduções alternativas para "das primícias e da gordura do seu rebanho" variam no tema da mais alta qualidade: *as partes gordas das primeiras crias do seu rebanho* (Nova Versão Internacional); *dos primogênitos das suas ovelhas, e da sua gordura* (Almeida Corrigida Fiel); *pegou o primeiro carneirinho nascido no seu rebanho... e ofereceu as melhores partes ao Senhor* (Nova Tradução na Linguagem de Hoje); *ofereceu dos primogênitos do seu rebanho e das gorduras dele* (Versão Católica). Reiterando: para os autores desse texto, o primogênito de um animal ou, de fato, de um ser humano, tinha status especial — era algo implícita ou até explicitamente consagrado a Deus[50] —, de modo que o melhor corte de um cordeiro primogênito era, de fato, o melhor dos melhores.

No entanto, Caim não se sai bem em suas ofertas. Para dizer o mínimo.

3.6. Possessão criativa pelo espírito do ressentimento

O respeito de Deus pelas ofertas de Abel não se repete no caso de seu irmão. Por quê? Caim parece estar guardando, omitindo algo, falhando em dar o melhor de si. De início, suas ofertas são rejeitadas com a falta de elogios: as ofertas de Abel são explicitamente descritas no texto como de alta qualidade, enquanto pouco se diz sobre a contribuição de Caim. Além disso, e de maneira mais definitiva: Caim é diretamente repreendido por Deus por seus esforços indolentes e enganosos: "Se tu fazes bem, não serás aceito? E se não fazes bem, o pecado jaz à porta" (Gênesis 4:7). Traduções alternativas incluem:

> Se você fizer o bem, não será aceito? Mas se não o fizer, saiba que o pecado o ameaça à porta; ele deseja conquistá-lo, mas você deve dominá-lo. (Nova Versão Internacional)

> Se bem fizeres, não é certo que serás aceito? E se não fizeres bem, o pecado jaz à porta, e sobre ti será o seu desejo, mas sobre ele deves dominar. (Almeida Corrigida Fiel)

> Se tivesse feito o que é certo, você estaria sorrindo; mas você agiu mal, e por isso o pecado está na porta, à sua espera. Ele quer dominá-lo, mas você precisa vencê-lo. (Nova Tradução na Linguagem de Hoje)

> Se você fizer o que é certo, será aceito. Mas, se não o fizer, tome cuidado! O pecado está à porta, à sua espera, e deseja controlá-lo, mas é você quem deve dominá-lo. (Nova Versão Transformadora)

Essa ideia de um pecado iminente reaparece, de maneira variada, mais adiante nos textos bíblicos, em 1 Pedro 5:8: "Sede sóbrios, sede vigilantes; porque o vosso adversário, o diabo, anda em derredor, como um leão que ruge, buscando a quem possa devorar."[51] É útil descrever a situação de Caim para entender o que se quer dizer com o diabo à espreita. O irmão desviado de Abel está infeliz — com um semblante abatido — após seu fracasso. Ele reclama com Deus, que lhe informa que seria bem-sucedido se fizesse bem — isto é, se realizasse a oferta excepcional que a vida verdadeiramente exige. Então, Deus explica o infortúnio de Caim de uma maneira mais sofisticada e também muito mais incisiva, veemente e condenatória. Não foi propriamente o fracasso em si que gerou a infelicidade do queixoso que desejava ser bem-sucedido. O divino enfatiza que foi sua *resposta ao fracasso*. Em vez de reconhecer seu erro, corrigir seus caminhos e melhorar a qualidade de suas ofertas — em vez de confessar, arrepender-se e expiar, por assim dizer — Caim abre a porta para algo que justifica e amplifica sua revolta e seu ressentimento.

Em poucas linhas, há uma análise causal muito profunda sobre a existência, o efeito e a interação voluntária e acolhedora com o pecado que jaz ou espreita à porta. Isso pode ser explorado de maneira proveitosa de duas formas: primeiro, na tradição da exegese bíblica em si; segundo, explicando o paralelo entre essa história e certas variações obscuras da história de Hórus, o deus redentor egípcio, em sua batalha com Seth. Seth era a versão egípcia de Satanás, o eterno destruidor da tradição e da visão que redime e ressuscita.[52] Primeiro considere a consequência do fracasso de Caim em fazer o bem; de sua rejeição à oportunidade de se dedicar por completo, ou de se comprometer plenamente; de seu fracasso em oferecer o melhor de si. Deus se alegra, por assim dizer, com Abel e seu sacrifício: "Mas por Caim e por sua oferta ele não teve consideração" (Gênesis 4:5). Qual é a resposta de Caim? "E Caim ficou muito irado, e seu semblante caiu" (Gênesis 4:5). Outras traduções ampliam a natureza dessa resposta: "Caim se enfureceu e o seu rosto se transtornou" (Nova Versão Internacional); "irritado e fechou a cara" (Nova Almeida Atualizada); "irritado e abatido" (Versão Católica); "se enfureceu e ficou transtornado" (Nova Versão Transformadora); "furioso" (Nova Tradução na Linguagem de Hoje); "aspecto alterado, com a zanga que tinha" (O Livro); "irou-se fortemente e descaiu-se o semblante" (Sociedade Bíblica Britânica); "muito irado e seu semblante assumiu uma expressão maligna" (King James Atualizada). O escritor e pregador escocês Alexander Maclaren (1910), conhecido na época e posteriormente por seus comentários bíblicos expositivos, disse o seguinte sobre essa passagem:

> Por mais estranhas que possam parecer as palavras, se não me engano, elas transmitem lições muito solenes e, se bem consideradas, carregam um profundo significado. A chave para sua plena interpretação é lembrar que elas descrevem o que acontece após, e em decorrência de, uma transgressão. Tudo está contido na condição *E se não fazes bem*. Nesse caso, a primeira consequência é: *o pecado jaz à porta*. A palavra traduzida aqui como *jaz* é empregada para expressar um animal à espreita, frequentemente selvagem. A imagem, então, é de que o pecado do transgressor está ali à porta, como um tigre à espreita, pronto para atacar — e, se atacar, será fatal. "Se tu não fizeres o bem, uma fera selvagem espera à tua porta."
>
> Na sequência, há uma transição rápida e singular da metáfora, com outras palavras ainda mais difíceis de interpretar e que têm sido interpretadas de maneiras muito diversas. "E para ti será o desejo dele, e tu deves governar sobre ele." Onde vimos essas palavras antes? Foram dirigidas a Eva na declaração de sua punição. Elas contêm a bênção que estava embutida na maldição: "E o teu desejo será para o teu marido, e ele governará sobre ti." O anseio do coração feminino puro por seu amado marido, e a autoridade do marido sobre a esposa amorosa — fonte da mais profunda alegria e pureza da terra — são, por uma metáfora audaciosa, transferidos para essa outra relação. E, em uma terrível paródia da união e do amor conjugais, temos a imagem do pecado, antes imaginado como uma fera selvagem à espreita na porta do pecador, agora parece estar unido a ele. O pecador agora está casado com o pecado, que nutre um desejo feroz e assassino pelo pecador, o qual deve, por sua vez, subjugar e controlar o pecado.[53]

Há um paralelo fascinante entre essa história e um relato nos textos egípcios antigos que detalham a relação entre os principais deuses e deusas daquele Estado:[54] Osíris, Seth, Ísis e Hórus.[55] Hórus e Seth são deuses rivais, cuja batalha se assemelha à oposição entre Abel e Caim, respectivamente. Hórus é o deus egípcio da atenção cuidadosa e da renovação; Seth é o eterno conspirador, ambicioso por poder.[56] Hórus retorna, após passar a infância e a adolescência exilado, para confrontar Seth, seu tio maligno, que destronou seu pai e usurpou o trono (muito semelhante à história do Rei Arthur ou de Simba em *O Rei Leão*, da Disney). Eles travam uma terrível batalha por dominância ou, no caso do herói, por autoridade. Algumas versões mostram Hórus perdendo um olho no confronto com Seth, simbolizando o perigo que a malignidade transcendente e suprema representa à própria consciência. Outras versões (por exemplo, *Contendas entre Hórus e Seth*[57]) enfatizam que Seth força Hórus a uma relação sexual (que, dependendo do texto, é parcialmente consumada ou não), semelhante ao que aparenta transcorrer entre Caim e o pecado. Enquanto os dois lutam, Seth tenta abusar sexualmente de Hórus. Em algumas versões, a semente (sêmen) de Seth entra no corpo de Hórus e o deixa doente. Essa ideia é muito semelhante ao conceito de horcrux desenvolvido pela autora J. K. Rowling[58] — a intrusão de algo vivo, semelhante a uma semente, na própria alma. Em outras versões (incluindo o texto de *Contendas*), Hórus frustra as intenções de Seth ao pegar o sêmen de suas mãos, momento em que sua mãe, Ísis, inverte o jogo, oferecendo, em segredo, o sêmen de Hórus a Seth, que, em consequência disso, é derrotado. O significado desse trecho deve ser esclarecido: a ideia seminal de Seth é sua influência corruptora, enquanto a de Hórus, é sua influência redentora. A corrupção pode ameaçar terrivelmente a redenção, mas a redenção também pode triunfar — continuamente — sobre a corrupção.

A metáfora sexual é adequada e assustadora, pois a união voluntária de Caim com o pecado possui um elemento criativo. Entendemos isso, em algum nível implícito, sobretudo porque, quando amaldiçoamos nosso destino terrível, nossas palavras refletem esse entendimento ou espelham esse complexo de significados. Usamos expressões como "me f*deram", quando somos manipulados ou enganados; "me f*di", quando algo não sai como esperávamos; ou "estou f*dido", quando as coisas não acontecem como gostaríamos (provavelmente porque nossos sacrifícios, na verdade, foram de segunda categoria). Há uma amargura genuína em tais queixas, quando não são feitas com humor; uma amargura que é tanto a reivindicação do tão alardeado status de vítima que nunca erra quanto uma acusação de que há algo defeituoso na fundação da ordem cósmica ou mesmo divina.

Deus se encarrega de apontar e ressaltar que a miséria de Caim não é causada de maneira simples e determinística pelo fato de seu trabalho ou sacrifício ser de segunda categoria (embora seu fracasso decorra exatamente disso). Houve uma falha, com certeza, mas ela é considerada algo distinto de sua resposta emocional; algo separado até mesmo da compreensão de suas consequências causais. Deus aponta que Caim poderia reagir e interpretar seu infortúnio de uma maneira diferente, mais apropriada, aceitável e produtiva da que escolheu. Ele poderia, por exemplo, arrepender-se e se esforçar para melhorar — e até ser grato pela lição que o fracasso lhe proporcionou. Ele poderia optar por reconhecer a culpa e passar pelo doloroso processo de reformulação de sua personalidade. Poderia se submeter voluntariamente à temida espada, permitindo que todo o peso morto fosse cortado e queimado. Em vez disso, Caim convida o próprio diabo. Pior: Caim não apenas permite ser possuído, mas se priva de sua vontade, o que o leva a agir cegamente como um marionete indefeso, controlado de maneira determinista. Muito pelo contrário: como criatura com livre-arbítrio inviolável, ele entra voluntariamente em uma relação criativa e sombria com a tentação que espreita de maneira predatória à sua porta. Ele permite, de bom grado, que a tentação o domine. Depois é consumido pelo terrível fruto dessa relação. Ninguém passa de mero ressentimento ao homicídio sem um longo período de meditação obsessiva e fantasias perturbadoras.[59]

A relação perversa que Caim estabelece com o pecado permite que esse espírito temível floresça em todos os seus aspectos: possibilita que o espírito abstrato e tentador do mal se manifeste concretamente no presente; permite que o espírito adversário e anti-humano encarne. O pecador, portanto, consente, de maneira livre e voluntária — *malitia praecogitata* (maldade premeditada[60]) — com o que pode ser descrito como o espírito geral do caos. Ao fazer isso, ele incorpora a semente da maldade e a torna parte de si. Isso faz emergir no mundo seu destino — particularizado, encarnado e criativo — de destruição, justificada por ressentimentos, ciúmes, decepções, frustrações, raivas e vitimizações (muitas vezes legítimos, assim como o sofrimento e a injustiça costumam ser). Por exemplo, todo atirador de escola tem um manifesto que agora se tornou estereotipado — sua falsa profecia; sua justificativa bem elaborada após longa ruminação. O fato dessas mensagens muitas vezes serem compreensíveis e até capazes de evocar algum reconhecimento e compaixão pelo que é humano, demasiado humano, não torna o crime decorrente e bem racionalizado menos reprovável. Todo mundo tem razões suficientes para praticar o mal.

É esse inegável processo colaborativo intermediário que torna ridícula qualquer tentativa simplista de traçar um caminho causal entre as circunstâncias trágicas da vida de uma pessoa e seu subsequente declínio para o mal. Essa é outra variante do empirismo bruto e do determinismo idiota: "pessoas que sofrem se tornam más" não é uma teoria causal bem desenvolvida. A hipótese de que pessoas más usam os inevitáveis sofrimentos da vida — muitos dos quais podem ter sido provocados por elas mesmas — como justificativa para praticar o mal é igualmente plausível, e não há razão para não supor que, no mínimo, seja uma mistura desses dois aspectos. Há alguns pontos para apoiar os argumentos que enfatizam o papel crucial da vitimização manipuladora, e não da dor, na trajetória para o mal. Primeiro, é evidente que alguém motivado a causar dano alegará todo tipo de autojustificação possível para seus atos, e essa é uma parte indissociável ou até a principal característica do mal que pretendem causar. Segundo, embora a tentação para o ressentimento, por exemplo, possa ser significativa — em especial quando uma pessoa foi traída e prejudicada —, o pacto com o pecado não é algo inevitável, nem deve ser incentivado, cultivado e alimentado.

Alguém que se tornou uma vítima, por mais injusta que seja a circunstância, poderia e deveria concluir, com base em sua experiência, não que esse sofrimento deve ser repassado adiante ou direcionado ao Próprio Deus, mas, sim, que tais atos são errados, devem ser repudiados e não devem resultar em uma identificação com o agressor e imitação de seu comportamento (transmitindo o abuso infantil para as gerações seguintes, por exemplo). Se isso não fosse verdade, cada família rapidamente se tornaria um show de horrores, à medida que todo abuso seria perpetuado e transmitido e, portanto, inevitavelmente se espalharia até que todos estivessem contaminados e agissem da mesma maneira. A maioria das pessoas, quando exposta ao exemplo do valentão ou algo pior, escolherá rejeitar esse comportamento, ao invés de replicá-lo, de modo que seu efeito prejudicial seja atenuado ao longo do tempo, em vez de exacerbado e ampliado. A raça humana se degeneraria em pouco tempo a um estado lamentável se não fosse assim. Então, o modelo mais preciso não é "o mal decorre da dor" (ou de desigualdade, traição, opressão e até mesmo tragédia), mas "pessoas que sofrem se recuperam, perdoam e seguem em frente".[61]

O trabalho como sacrifício na narrativa de Caim e Abel é a tentativa de representar a essência do trabalho, entender sua inclinação central, retratar ou conceituar a natureza dos esforços do homem. Isso ocorre primeiro na representação dramática — uma encenação literal; o equivalente ao jogo de faz de conta que é tão formativo entre as crianças. Em seguida, é representado na imaginação dramática; depois, se possível, é formulado explicitamente como história e descrição. Ainda estamos nessa última etapa, apesar de passados tantos séculos, no que diz respeito à nossa plena compreensão do sacrifício, pois o processo para atingir a consciência plena, explícita, é difícil, com uma extensão ou um limite ainda desconhecidos. O suíço Jean Piaget, grande epistemólogo genético e psicólogo do desenvolvimento, observou que as crianças tendem à autoimitação: elas percebem quais de suas ações realizadas produziram um resultado desejado ou interessante e inesperado, "tornam-se conscientes" dessas ações (ou seja, percebem que as realizaram e como as realizaram) e, então, copiam ou imitam a si mesmas, reencenando a ação.[62] Isso é, em parte, a formulação de uma habilidade, uma capacidade ou um hábito (se repetido o suficiente) e também uma ponte para a compreensão, ao invés de apenas execução.

Os jogos da primeira infância, tal como brincadeiras do tipo "Cadê? Achou!", surgem quando um bebê e um adulto realizam juntos esses atos de ritualização, sincronizando seus esforços, estabelecendo uma regularidade semelhante às regras de um jogo, em ações e reações repetidas. Constância e previsibilidade de permuta justa com variação interessante e otimizada: a gênese do comércio. Fazemos uma troca toda vez que imitamos uns aos outros; cada vez que abrimos a boca para falar. Oferecemos uns aos outros os frutos de nosso esforço exploratório e diligente e em troca recebemos imensas provisões. Isso não é apenas uma metáfora: uma coisa é oferecer o alimento a alguém, mas algo completamente diferente é lhe ensinar como prover o próprio sustento. Cristo, por exemplo, é o provedor miraculoso de água (João 4:13–14), pães e peixes (Mateus 14:15–21) porque Ele incorpora, representa ou é o éthos do autossacrifício voluntário e total sobre o qual repousam a atividade produtiva e a troca em si. Isso pode ser entendido como a manifestação plena das ofertas de Abel que, comparadas às de Caim, conquistaram o respeito de Deus (Gênesis 4:4). Essa é uma perspectiva que leva em conta a dependência da provisão, mesmo dos chamados "recursos naturais", a um éthos individual e socialmente instituído que torna o uso, e mesmo a descoberta, desses recursos possível, produtivo e sustentável.

A autoimitação descrita por Piaget pode ser apropriadamente considerada a base do ritual. No entanto, imagine que, no caso da imitação que mais caracteriza a atividade humana, algo um pouco mais complexo está ocorrendo; muito mais sofisticado do que a mera imitação ou a replicação exata de uma única ação; é algo mais parecido com a imitação de um conjunto de ações relacionadas. Nesse caso, esse conjunto de ações incluiria as diversas formas e meios de abdicar de algo no presente para garantir, da melhor forma possível, o futuro e seus potenciais retornos, ou pelo menos apostar nisso. A consequência dessa imitação é, de maneira mais concreta, o drama do altar sacrificial. Em um âmbito mais abstrato ou psicológico, é o drama de barganhar com a possibilidade; o drama de negociar com o futuro, ou com o eu futuro — o drama de estabelecer um pacto contratual com o próprio espírito do ser. A manifestação plena desse drama seria a personalidade fundamentada na oferta mais abrangente possível ou concebível: a encarnação da personalidade que ilumina o mundo (Mateus 5:14–15); a própria Palavra que se fez carne (João 1:14).

A imagética usada para definir o método de comunicação com o divino nessa antiga história é muito concreta e arcaica, de acordo com as convenções da sensibilidade moderna, e se baseia em uma série de convenções ou pressupostos metafóricos implícitos. Para cima é bom comparado a para baixo. Para baixo é desmoralizado, curvado, abatido. Para baixo é o melancólico, com o semblante abatido. Para baixo é sujeira, pó, contaminação e multiplicidade. Para cima é o progresso comparado com o declínio, com o fracasso. O céu é o bem (e o progresso). O céu é para cima, assim como a unidade de todo propósito elevado integrado. O mais elevado é para cima; portanto, o céu é para cima. Deus é o bem supremo. Portanto, o bem supremo, Deus, deve residir no céu. A fumaça sobe. A fumaça é a essência, o cerne ou o espírito. O ente que reside ou caracteriza o que é mais elevado é capaz de detectar a qualidade de um sacrifício pela fumaça que sobe. Por fim, a oferta que visa o mais elevado é o investimento total e perfeito que mais agrada a Deus. Devido à concretude dessa imagética e desse conteúdo arcaicos, é fácil para as pessoas modernas (e um alívio existencial) ignorar a profunda sofisticação dessa breve história em sua formulação de problema, revelação, reflexão e conclusão. No entanto, uma vez que os motivos ou a lógica dos referentes são esclarecidos, essa ignorância casual já não é mais possível. É após tal compreensão que o verdadeiro problema — o verdadeiro desafio — começa.

Por que o céu seria para cima? Porque o céu está além de nosso alcance e, portanto, representa o que está eternamente além. Porque para cima é o propósito adequado, em oposição, metaforicamente, a para baixo; porque "no alto" está o admirável, o caráter superior que almejamos conquistar; porque, quando olhamos para baixo, só conseguimos ver onde estamos pisando e não para onde estamos indo; porque "ser baixo" é ser vil e desprezível; porque erguer os olhos para contemplar os céus inspira deslumbramento e o desejo de imitar; porque podemos nos tornar o que imitamos com mais devoção; e porque somos capazes de nos orientar pela posição dos corpos celestes. Como observa o linguista e filósofo George Lakoff:

> *O para cima como sinônimo de algo bom* é um esquema imagético baseado na experiência humana universal de estar ereto, vertical e orientado em direção ao céu. As implicações metafóricas do esquema imagético são altamente sistematizadas e podem ser observadas em uma ampla variedade de domínios. É uma metáfora persistente, profundamente enraizada e altamente convencionalizada em nossa linguagem e pensamento.[63]

Com base nessa observação, compreendemos por que a metáfora para cima versus para baixo nos vem à mente, é prontamente acessível, faz sentido e pode ser compartilhada — e também como esse sentido compreensível e comunicável depende da corporeidade. Um homem em posição ereta está motivado, otimista, olhando para a frente e em movimento, em nítido contraste com alguém derrotado, curvado e olhando para o chão. *Para cima* é emoção e atitude positivas; *para baixo* é colapso e evasão. O significado de "para cima" não é apenas um reflexo de sua relação com outras palavras, mas uma referência a uma categoria compartilhada de experiência, cuja natureza, por sua vez, depende das estruturas psicofisiológicas compartilhadas — a corporeidade ou encarnação — que confere à experiência humana sua característica particular e a torna similar e amplamente comunicável e compreensível.

Por que Deus está no céu? Porque a sensação de deslumbramento que nos invade e nos inspira quando olhamos para cima, para o Sol, a Lua ou o reino estrelado do céu noturno, nos conecta, em um nível instintivo, ao espírito que "desceu" — "o mesmo que subiu acima de todos os céus, para cumprir todas as coisas" (Efésios 4:10).[64] Por que o Deus que ocupa o lugar mais alto está preocupado com a qualidade do sacrifício? *Por que* exatamente não está claro; é uma pergunta cuja resposta inevitavelmente tange ao inefável. Ao menos em parte, isso se deve ao fato de que todas as coisas que valem a pena ser feitas não estão relacionadas entre si; entram em conflito no momento da realização ou refletem e se unem, de uma maneira misteriosa, ao bem transcendente em si — pois essas são as únicas três opções. Se forem irrelevantes entre si, uni-las dentro dos limites de uma única personalidade ou sociedade se torna uma tarefa difícil — um desafio que se intensifica ao ponto da impossibilidade, caso haja diferenças irreconciliáveis. Então qual é ou deveria ser o objetivo — se é que há algum — de todas as coisas? O patamar mais elevado talvez? O bem supremo, seja qual for sua descrição? Essa é a hipótese ou a afirmação do monoteísmo das histórias bíblicas e é, por definição, a alternativa à dissociação ou à oposição paradoxal. É a ideia implícita, por exemplo, na imagem da Escada de Jacó, que apresenta uma hierarquia espiralada interminável, subindo em direção a um céu que já é bom, mas que está em contínuo aprimoramento.

> E Jacó saiu de Berseba, e foi em direção a Harã.
>
> E ele chegou a um certo lugar, e ali ficou a noite toda, porque o sol estava posto, e ele tomou umas pedras daquele lugar e as colocou como seu travesseiro, e se deitou naquele lugar para dormir.
>
> E ele sonhou, e eis que uma escada estava posta sobre a terra, e o seu topo alcançava o céu, e eis que os anjos de Deus subiam e desciam por ela.
>
> E eis que o Senhor estava em pé acima dela, e disse: Eu sou o Senhor Deus de Abraão, teu pai, e o Deus de Isaque.
>
> *Gênesis 28:10–13*

Considere — ou lembre-se — que toda atenção ou ação direcionada é uma unidade, por mais temporária que seja, de diversos espíritos e materiais. Até mesmo mover minha mão para segurar um copo e levá-lo à boca requer tanto sacrifício quanto singularidade de propósito. O sacrifício é a priorização das exigências da sede sobre todos os outros espíritos motivacionais atuais. A singularidade de propósito é o domínio do padrão de atenção e ação que serve ao objetivo desse movimento sobre todas as outras ações potenciais. Tal unidade é necessariamente integrada a uma unidade superior, ou a ação se torna superficial ou até inútil. Embora haja prazer imediato nas consequências da minha ação, no frescor proporcionado pela bebida, eu sacio minha sede, de maneira mais fundamental, para servir a outros propósitos. Essa estrutura tende a ser organizada de modo ascendente e hierárquico, na medida em que minha ação, de maneira mais ampla, tem um sentido e um propósito. Não há razão para atribuir um limite arbitrário a esse esforço ascendente: supor que existe uma unidade, digamos, no nível da ação local, mas não em um nível mais elevado ou no nível mais alto concebível. Isso é expresso em termos simbólicos — e de maneira imagética, dramática e literária — na ideia de uma escada, um pilar ou uma árvore que faz a ponte entre a Terra e o Céu. Essa é uma das ideias mais antigas da humanidade, que remonta aos tempos paleolíticos e aos rituais xamânicos que empregavam a imagética da árvore cósmica. Como observa o romeno Mircea Eliade, grande historiador das religiões:

> [Nós] encontramos o simbolismo do cipó ou da videira que se estende da Terra ao Céu nas regiões iraniana, eslava e fino-úgrica, e o simbolismo da árvore cósmica (que também é um cipó) nas regiões iraniana, indo-europeia e altaica, bem como nas Américas e entre os povos oceânicos.[65]
>
> A árvore costuma ser considerada uma escada que conecta os três níveis do cosmos: o submundo, a terra e o céu.[66]
>
> O simbolismo da Árvore Cósmica, do Pilar do Mundo, da Árvore da Vida e da Escada dos Deuses é um dos mais amplamente disseminados e enraizados na cultura humana. Não é exagero afirmar que nenhum outro símbolo tange a essência do sagrado de maneira tão universal, nem é capaz de evocar em toda mente, seja qual for o contexto cultural, o mesmo significado e força.[67]

O espírito do ser e do tornar-se busca ascender, em direção a um contínuo desdobramento de formas. O homem é criado à imagem desse espírito e é chamado a se sacrificar sem reservas na busca de sua manifestação. A integridade da psique, bem como a estabilidade e a produtividade da comunidade dependem dessa disposição. Isso não é, de modo algum, uma suposição arbitrária. É, antes, o reflexo mais profundo da ordem cósmica, fundamentada no princípio da oferta voluntária e ascendente. Essa é a ordem que não pode ser rejeitada com orgulho pela mulher ou pelo homem sem as mais graves consequências; a ordem à qual — por definição — o espírito luciferiano se opõe e tenta usurpar.

Alguns sacrifícios funcionam (são aceitos), enquanto outros claramente não funcionam e são rejeitados. Esse é um dos fatos inalienáveis da vida. É a razão tanto para celebração e alegria quanto para uma amargura abismal sem fim. Se esse é o fato elementar, então a questão fundamental do ser — ou a questão moral, mais do que factual — poderia muito bem ser: "O que, ou como, você deve oferecer, ou sacrificar, a Deus para resolver o problema do que é aceitável para Deus — o problema do que é provável que seja bem-sucedido, no mais alto sentido possível?" A resposta oferecida pelos autores antigos? O melhor que você tem — ou que o céu o ajude. De maneira ainda mais direta: "Se você manifestar o que está dentro de você, o que você manifestar o salvará. Se você não manifestar o que está dentro de você, o que você não manifestar o destruirá."[68] Estabelecendo essa relação entre talento, oportunidade e responsabilidade, Deus garante a manutenção do eterno equilíbrio da justiça. Esse é o significado do aviso análogo: "Porque a quem muito for dado, muito será requerido" (Lucas 12:48). O nível de sacrifício exigido pelo divino é proporcional ao grau de privilégio concedido — de maneira aparentemente arbitrária — aos afortunados ou negado aos humildes.

O grande e arquetípico pecado de Caim é, portanto, mais bem compreendido como sua omissão, seu ato de ocultar a luz concedida por Deus "debaixo de um alqueire", colocá-la "em um lugar oculto" (Lucas 11:33), sua falha em oferecer o seu melhor. Aos olhos de Deus, isso não é bom — não é aceitável para Deus — mas também não é aceitável ou benéfico para Caim — ou, como se constata, para Abel, para Deus, para os descendentes de Caim ou para toda a raça humana, na medida em que todos os humanos são tentados pelo mesmo espírito que espreitou à porta do irmão assassino. Caim se enfurece não apenas porque reteve o seu melhor e irritou o divino, mas porque, ao fazer isso, renunciou ao que há de melhor em sua vida. O ritual sacrificial — a oferta queimada, nesse caso — é a tentativa de demonstrar a qualidade da oferta e, em um nível mais profundo, da intenção, subindo pela hierarquia de valores (a árvore cósmica, por assim dizer) até o lugar "celestial" mais alto possível. Isso possibilita o estabelecimento da relação adequada com o que é mais elevado. A falha de Caim em fazer isso da maneira correta significa que ele se priva do que poderia ser a verdadeira aventura romântica de sua vida; a aventura que a justificaria e lhe proporcionaria o significado, que é o antídoto mais eficaz contra a amargura niilista e a revolta ressentida. Não é apenas a falta dos sinais externos e sociais de sucesso (que não se manifestam devido à sua ausência de verdadeiro esforço) que amargura o hostil irmão de Abel. É a ausência de significado na vida, decorrente de sua retenção arrogante, enganosa e preguiçosa.

Então qual é a moral da história? Qual é seu ponto ou seu objetivo? A insistência de que uma vida mais abundante requer um compromisso completo e total, a cada olhar, a cada palavra, a cada ação. Somos chamados, diante das esmagadoras oportunidades e dificuldades da vida, a oferecer nada menos do que absolutamente tudo o que temos — ou, para conceituar de maneira mais apropriada, tudo o que recebemos e pelo qual devemos ser gratos (em vez de, por exemplo, "orgulhosos"). Caim e Abel representam esse padrão de um modo concreto por meio da oferta material. Mais adiante nos relatos bíblicos e nas profundezas da alma cada vez mais sofisticada e autorreflexiva, a essência de um sacrifício passa a ser sua intenção, não sua realidade concreta; torna-se a oferta ou o propósito psicológico em vez do objeto material renunciado — mas as sementes para essa compreensão mais sofisticada já estão plantadas na história de Caim e Abel. Vise o mais elevado e ofereça tudo o que você tem.

3.7. Humildade e fé versus orgulho, desespero e ira vingativa

O que significa *fazer bem* ou *não fazer bem*; ter *sucesso* ou *fracassar*? As pessoas que formularam e recontaram as histórias bíblicas na tentativa de responder a essas questões existenciais perenes eram tão inteligentes e sábias quanto nós somos hoje — talvez até mais, dada a extrema dificuldade de sua existência e as exigências morais que essa dificuldade lhes impunha. Elas tentavam entender, priorizar sua atenção de acordo com esse entendimento e, como consequência, visar o que era certo. Procuravam determinar como se comportar para que pudessem negociar — firmar um contrato, acordo ou pacto — com o espírito central do Ser em si, para serem vitoriosos. Também tentavam, para fins de contraste, formular uma imagem do caminho desviado, que o distanciavam da vitória e o aproximavam do fracasso, de modo que a associação com o espírito que espreita ao longo desse caminho pudesse ser evitada. Sempre foi e sempre será necessário entender como lidar exatamente com isso: escolher e percorrer o caminho certo e evitar os desvios e armadilhas mais perigosos. Essa é precisamente a orientação fornecida pelo chamado e pela consciência, que são os principais mensageiros de Deus.

Tudo isso pode ser entendido de maneira mais prosaica e reducionista como a tentativa de equilibrar as exigências (necessidades e desejos) do presente — que surgem na forma de desejos imediatos — e a realidade mais abstrata, mas também vital, do futuro. Isso significa "não faça nada hoje, sob o impulso do momento, que comprometa o amanhã (ou a próxima semana, mês ou ano)". Ou — embora, na verdade, não haja diferença entre os dois: "não comprometa suas relações sociais (dada sua grande desvantagem numérica) ao priorizar as necessidades do momento". No entanto, tal reducionismo leva a uma compreensão incompleta e simplista desse "equilíbrio". O pacto não é uma mera negociação entre presente e futuro, entre indivíduo e comunidade, é um contrato que garante uma relação entre o indivíduo, a comunidade e *o espírito que permeia ambos*. Até agora na história em questão, esse espírito foi conceituado como o processo que estabelece a ordem ao confrontar a possibilidade; o pai celestial que estabelece a ordem moral proíbe sua alteração e pune o desvio do caminho reto e estreito; o alvo adequado do sacrifício e o juiz de sua qualidade. Isso não é a mera ordem em si — o Deus Pai, pode-se dizer —, embora também o seja. É, ainda, o padrão de confrontação ativa com o desconhecido, do qual até o Deus Pai depende e, em certo sentido, é. Não é um apelo a uma superstição infantil. São definições (caracterizações) do espírito mais elevado. São definições de Deus. Tentativas de estabelecer o axioma da unidade suprema como fundamento da realidade — como aquilo que eternamente mantém o medo, a dor e a morte à distância, confere significado e propósito e inspira esperança.

Os sacrifícios de Abel são recebidos com louvor, enquanto os de Caim não. Caim não avança em sua vida não porque Deus ou o mundo sejam arbitrários, mas porque seus sacrifícios são insuficientes. Isso reflete a proibição divina de consumir o fruto da árvore do conhecimento do bem e do mal; a insistência de que há uma ordem moral implícita — a infusão de todo o ser e do tornar-se pelo espírito criativo que é seu Originador e Continuador. Não cabe ao homem ou à mulher usurpar o direito de criar essa ordem moral ou tentar contornar suas regras por orgulho ou de maneira maquiavélica, manipuladora ou falsa. Em vez disso, somos feitos, por assim dizer, para honrar e refletir essa ordem — para nos adaptarmos a ela, interpretar os sinais de fracasso não como insuficiência do cosmos e de seu criador, mas como evidência de insuficiência pessoal, para nos esforçar, com o intuito de que apenas o melhor seja oferecido e, se isso não for suficiente, buscar algo ainda melhor.

Caim rejeita tudo isso — toda essa responsabilidade pessoal — tentando, em vez disso, moldar o mundo inteiro à imagem de sua inadequação. Quando isso falha, como é inevitável, ele convida o espírito da amargura a habitar dentro de si, em vez de pôr sua casa em ordem. Ao agir assim, ele rejeita até mesmo o conselho de Deus, que, ao chamá-lo, afirma em termos nada ambíguos (muito pelo contrário) que seu filho desviado ainda seria aceito, se ele fizesse o que é certo, e que a amargura e o ressentimento são consequências de seu flerte voluntário com o pecado. Em vez de mudar, como Deus sugere — em uma manifestação incipiente da ideia de uma voz interior de consciência — Caim mata o irmão e, ao fazer isso, volta-se contra o próprio ser e o tornar-se; de modo mais profundo, contra o Próprio Deus, como o criador desse ser. Em vez de colocar a vida em ordem, agradecido, Caim se torna assassino, e pior: deicida. Ele mata Abel, é claro, mas o faz, em última análise, para se vingar de Deus. Essa é a verdadeira descrição da amargura e do ódio mais profundos possíveis. O homem amargurado, de semblante abatido, age no mesmo espírito que possuiu Adão, quando este atribuiu, cheio de ressentimento, à mulher e a Deus a responsabilidade pela própria queda e consequente omissão covarde; é o mesmo espírito que a esposa de Jó incita seu marido sofredor a adotar quando ele é abatido pelas maquinações de Satanás e perde tudo: riqueza, saúde, dignidade e companhia. "Amaldiçoa a Deus, e morre", diz ela (Jó 2:9) — talvez até em um gesto compassivo, ao observar a completa e aparentemente imerecida miséria do marido.

Abel, cujo sucesso causa tanta dor, é, afinal, o filho favorito de Deus. Seu assassinato, portanto, é a vingança suprema contra aquele Pai supostamente injusto em sua predileção. Não é necessário ser um leitor muito perspicaz para enxergar nesse assassinato não apenas a morte do inocente, mas também do positivamente bom, um prenúncio do destino de Cristo. Caim é tentado pelo próprio espírito do pecado — assim como seus pais no Jardim do Éden, embora de modo um pouco diferente. Ele acolhe a tentação de braços abertos e, então, trabalha diligentemente com essa essência sombria para arquitetar a vingança mais terrível que consegue imaginar. Sob essa luz, vale considerar este fato evidente: não faltam ateus modernos que, apesar de sua descrença, permanecem perfeitamente dispostos, assim como Caim — e ao contrário de Abel e Jó — a erguer o punho contra Deus.[69] Eles podem alegar que fazem isso em nome das vítimas do mundo, incluindo eles próprios. Podem até acreditar que isso é verdade, embora alguém verdadeiramente perspicaz e observador seria muito cético em relação à validade de tal imputação. Ainda assim, há uma terrível escuridão inconsciente à espreita em tal alegação. O assassino Raskólnikov, personagem do grande romancista russo Fyodor Dostoiévski e protagonista da estelar obra-prima *Crime e Castigo*, certamente se imagina como um salvador heroico dos pobres e oprimidos, bem como um ousado transgressor das normas e dos ideais mais fundamentais do mundo.

Não é preciso muita introspecção — em especial em relação à amargura — para compreender Caim. Não há homem ou mulher que, em algum momento, não tenha sido atormentado pela inveja, se ressentido com o fracasso, desejado mal aos comparativamente bem-sucedidos (os ideais inatingíveis). É muito difícil não amaldiçoar Deus, por assim dizer, quando tudo ao seu redor está desmoronando, sobretudo quando a justiça dessa desintegração parece questionável, como muitas vezes parece. Caim falha. Então ele se torna cínico e amargo o suficiente para enfrentar Deus. Isso é, para dizer o mínimo, uma coisa absurda de se fazer, o verdadeiro pecado da arrogância, do ressentimento e do engano. Deus — seja o que ou quem Ele for — está, por definição, além do alcance do julgamento humano, como Ele lembra a Jó mais adiante no corpus bíblico:

> Podes tu fisgar o leviatã com um anzol? Ou sua língua com um cordão que tu deixas cair?
>
> Podes pôr um anzol no seu nariz, ou furar sua mandíbula com um espinho?
>
> Fará ele muitas súplicas a ti? Falará ele palavras suaves a ti?
>
> Fará ele um pacto contigo, ou o tomarás tu por servo para sempre?
>
> Brincarás com ele como com um pássaro, ou o prenderás por causa de tuas donzelas?
>
> Farão teus companheiros um banquete com ele, ou o repartirão entre os mercadores?
>
> Podes tu encher sua pele com ganchos, ou a sua cabeça com arpões de pescadores?
>
> Põe a tua mão sobre ele, lembra-te da batalha, e não o faças mais.
>
> Eis que a esperança dele é vã, não será alguém humilhado só de vê-lo?

> Ninguém é tão feroz que ouse atiçá-lo; quem, então, é capaz de ficar de pé diante de mim?
>
> *Jó 41:1–10*

> Ele contempla todas as coisas altivas; ele é um rei sobre todos os filhos do orgulho.
>
> *Jó 41:34*

Deus é Aquele que eternamente derrota até o monstruoso Leviatã, confrontando e superando o caos, o submundo e a possibilidade representada por nada menos que o terrível dragão, guardião dos maiores tesouros do mundo. Portanto, Ele não pode ser desrespeitado, *não importa a justificativa.*

O homem simplesmente não está em posição de questionar a ordem fundamental da realidade — não em seus níveis mais profundos. Fazer isso é um ato de rebeldia, e não do tipo heroico, não importa como seja camuflado ou justificado. É o pecado do orgulho; a insistência de que o fruto proibido é comestível e que sua incorporação confere sabedoria; o próprio orgulho que não só precede, mas é a essência da queda. A falha em obedecer ou em imitar a ordem moral do espírito criativo do ser e do tornar-se como se isso fosse algo bom não difere da incapacidade de se adaptar à realidade mais profunda — ou, para ser mais exato, da recusa teimosa, amargurada e orgulhosa em fazê-lo, que é a forma mais odiosa, profunda e contraproducente de falha. É a verdadeira falha da fé, da qual depende, eterna e necessariamente, a própria vida e, mais ainda, a vida abundante. Assim, o mais profundo dos requisitos morais é considerar a vida e Deus como bons — não importa o que aconteça. Aconteça o que acontecer. Essa é uma verdade terrível. Não existem circunstâncias em que a falha em respeitar isso possa ser redefinida como sucesso, mesmo quando (como no caso tanto do paciente Jó quanto de Cristo) a decisão de interromper a vida ou explodir em raiva homicida, e até genocida, poderia ser compreendida pelo observador compassivo e tão humano. É muito melhor, mesmo sob condições de sofrimento extremo e aparentemente injusto, reafirmar nosso compromisso com a vida mais abundante e enfrentar as mudanças necessárias para suportar nossa terrível cruz. Essa é uma verdade terrível, dada o fardo inevitável que os seres humanos são destinados a suportar. No entanto, a promessa final do pacto é que o espírito de Deus, manifestado por meio dessa aceitação total, permanece conosco nos momentos de sofrimento e de confronto com o mal. E quem é capaz de se opor ao homem que tem Deus verdadeiramente ao seu lado?

Ao contrário de Caim, Jó tem o discernimento de se manter calado ao ser lembrado por Deus de Seu mistério inefável e Sua soberania onisciente, onipresente e onipotente. Jó compreende, de maneira adequada e pragmática (considerando que teimosia e amargura só agravam o sofrimento), que ele, como criatura mortal, não está em posição de julgar a adequação não apenas do Ser, mas também do próprio criador ou da precondição desse Ser. Em seu sofrimento, Jó, portanto, responde a Deus com constrição, de maneira oposta à de Caim:

> Eu sei que tu podes fazer qualquer coisa, e que nenhum pensamento pode lhe ser impedido.
>
> Quem é este, que esconde o conselho sem conhecimento? Por isso proferi o que não entendia; coisas maravilhosas demais para mim, as quais eu não sabia.
>
> Ouve, eu te suplico, e eu falarei; exigirei de ti, e tu, declara-te a mim.
>
> Eu tinha ouvido de ti com os ouvidos; mas agora meus olhos te veem.
>
> Portanto, abomino-me e arrependo-me em pó e cinzas.
>
> *Jó 42:2–6*

Embora a natureza dos pecados de Jó, se é que existiram de fato, não seja evidente para ele — e mesmo que ele possa, em algum sentido fundamental, ser inocente —, ele não sucumbe à tentação do orgulho. Em vez disso, examina a própria consciência em busca das próprias falhas e se arrepende da forma mais plena possível. C. G. Jung sugere, em uma afirmação famosa e controversa, que essa decisão colocou Jó em uma posição de superioridade moral em relação ao Próprio Deus,[70] já que YHWH submeteu Jó à prova suprema, infligindo-lhe tragédia após tragédia, instigado por ninguém menos que Satanás, Seu filho mais desobediente e inescrutável, e que foi esse desequilíbrio na ordem moral que instigou a Paixão.[71] Afinal, não há indicação no texto de que Jó, ao contrário de Caim, tenha feito algo para merecer seu terrível destino — pelo contrário, a bondade de Jó é atestada pelo próprio Deus (Jó 8).

No entanto, Deus submete seu fiel servo, por assim dizer, à prova extrema, entregando-o a Satanás para ser torturado e apostando com o diabo que Jó não perderia a fé. Essa é uma decisão que parece, no mínimo, profundamente injusta. Como, então, essa terrível história deve ser compreendida em termos existenciais, em vez de teológicos? Primeiro: é evidente que os inocentes sofrem, muitas vezes mais do que os culpados, os quais, pelo menos, encontram certo alívio, em um sentido mais profundo, no fato de serem punidos, como Dostoiévski fez questão de demonstrar no caso de Raskólnikov, mais uma vez, em *Crime e Castigo*. O sofrimento imerecido é uma das verdades existenciais que fazem a vida parecer, se não absolutamente insuportável, ao menos injustificável. Essa realidade é tão profunda que constitui um tema central na encarnação de Cristo. Segundo: pode-se argumentar que o Deus interior pode ser invocado na defesa contra o Deus exterior (por assim dizer), diante dos caprichos do destino.

Todos os horrores da vida — destruição da família, doença, deformidades, acusações e julgamentos sociais injustificados — recaem sobre Jó, que, apesar de tudo, se recusa a perder a fé e a sucumbir (ou, para ser mais preciso, acolher) à amargura, ao ressentimento e ao niilismo. Ele rejeita o caminho de Caim, mantendo a fé em si mesmo, na vida e em Deus, e é recompensado, em última análise, com a concessão de algo mais completo e de qualidade superior a tudo o que perdeu. Por fim, talvez: Jó tem fé em si mesmo e em Deus, mas Deus também tem fé em Jó e no homem, em geral. Ele é o Espírito paternal que insiste que podemos triunfar sobre a adversidade, não importa quão extremo seja o desafio. Portanto, Ele é o espírito de encorajamento que se manifesta nos conselhos dos pais e das mães mais corajosos, quando dizem: "Saia para o mundo, com todos os seus desafios e oportunidades, e vença; aprenda a lidar com as serpentes, em vez de se esconder ou fugir delas." Por que Deus colocaria Jó, ou qualquer um de nós, na arena com o próprio diabo? Porque Ele confia em nossa vitória. Então quem é Deus? O espírito dentro de nós, que está eternamente confiante em nossa vitória. Essa é mais uma indicação do que deve ser colocado no mais alto lugar — outra caracterização da unidade suprema; outra definição de Deus.

É certo que, ao longo da vida, enfrentaremos situações de grande magnitude e aparente injustiça que farão com que a amargura e o cinismo pareçam companheiros naturais e inevitáveis do desejo de justiça. Quem de nós não se sentiu ou não se sentirá tentado a esbravejar em frustração, raiva e desespero contra o céu; a amaldiçoar o destino pelo terrível fardo que a existência nos impôs; a não apenas perder a fé, mas considerar essa perda como nada além de uma inevitabilidade moral, quase uma exigência (diante da evidência óbvia e dos terríveis fatos que enfrentamos)? Mas nada disso é útil. Toda essa amargura e falta de fé, embora pareçam justificadas e necessárias, apenas transformam o que poderia ser mera tragédia ("mera") em algo muito mais próximo do inferno. Quando sofremos injustiça e tragédia, nosso sofrimento não é inevitavelmente multiplicado ao ceder à tentação da raiva, da inveja, do ressentimento e da vingança? Assim, é melhor confrontar a serpente que espreita eternamente no jardim com um espírito oposto ao ressentimento e ao orgulho ferido e arrogante, não importa quanto veneno ela exale ou espalhe. Não é esse o melhor caminho a seguir em tempos de verdadeira dificuldade? Por isso a ênfase na humildade como virtude no Antigo e no Novo Testamento: "O temor do Senhor é a instrução da sabedoria, e antes da honra está a humildade" (Provérbios 15:33); "E aquele que a si mesmo se exaltar será humilhado; e aquele que a si mesmo se humilhar será exaltado" (Mateus 23:12).

Ao ignorar, ao rejeitar tudo isso, Caim entra em uma união criativa com o espírito do pecado e se torna mortalmente vingativo. Esse é o caminho que ele escolhe, em vez de mudar — de passar por uma metanoia transformadora; em vez de confessar, se arrepender e decidir fazer melhor, mesmo quando confrontado pelo próprio Deus. Essa rejeição é o próprio pecado contra o Espírito Santo que Cristo define como imperdoável (Mateus 12:31). Jó adota uma abordagem diferente. Ele permanece fiel — mantém sua crença na sua bondade essencial e, portanto, na do homem e de Deus — mesmo que as circunstâncias o levem além de qualquer limite humano razoável. Como consequência de seu objetivo elevado e convicção fiel, tudo o que ele perdeu (tudo o que lhe foi injustamente tirado) é restaurado — e mais:

> Assim o Senhor abençoou os últimos dias de Jó mais do que o seu começo; porque ele teve catorze mil ovelhas, seis mil camelos, mil juntas de bois e mil jumentas.
>
> Ele também teve sete filhos e três filhas.
>
> E chamou o nome da primeira de Jemima, e o nome da segunda, Quezia, e o nome da terceira, Quéren-Hapuque.
>
> E em toda a terra não se achavam mulheres tão formosas como as filhas de Jó; e seu pai lhes deu herança entre seus irmãos.
>
> Depois disto viveu Jó cento e quarenta anos; e viu seus filhos, e os filhos de seus filhos até quatro gerações.
>
> Então morreu Jó, sendo velho e farto de dias.
>
> *Jó 42:12–17*

Pode-se objetar: os fins não justificam os meios. O fato de Deus elevar Jó a alturas além das que ele havia alcançado antes não torna magicamente aceitável que o Absoluto tenha matado seus filhos, destruído seus bens, prejudicado sua saúde e minado sua reputação: ao menos, não se aplicarmos os padrões humanos de avaliação. Mas o espírito do ser e do tornar-se deve sempre permanecer, em algum sentido importante, além de tais padrões, sobretudo porque enfrentamos a tarefa de nos reconciliarmos com as incertezas da existência, por mais extremas que sejam as exigências. Por quê? Pelo menos porque a alternativa — a subjugação paralisante ao terror, a perda catastrófica de toda esperança, a possessão pela raiva, a obsessão vingativa e o declínio à loucura — é pior, inconcebivelmente pior. A insistência de Jó é que o ser humano verdadeiramente fiel mantém sua devoção e seu propósito elevado — não importa o que aconteça. Essas são palavras de fato aterradoras. Mas é essa insistência que permite a Jó se reerguer e prevalecer mais uma vez — e se sair ainda melhor após o cataclismo. Dada a inevitabilidade do fracasso e da catástrofe — e até a aparente injustiça do destino — o que poderia ser uma notícia melhor e mais convincente?

Pode ser difícil para alguém, na posição de mero humano, perdoar a Deus, por assim dizer, pelas terríveis provações e tribulações, merecidas e imerecidas. Esse não é o ponto da história de Caim e Abel, nem do Livro de Jó. O que é proposto é uma premissa: quando algo terrível acontece — algo trágico, injusto —, fé, humildade e coragem, apesar de tudo (para enfatizar), ainda constituem a melhor estratégia, o melhor caminho a seguir. Esse caminho pode não ser de fato tão bom — pode até parecer a própria essência do sofrimento, sobretudo a curto prazo —, mas ainda é melhor do que a alternativa infinitamente terrível. Todos nós precisamos saber como extrair o melhor de uma situação ruim. Perder a fé no espírito do ser e do tornar-se não é uma estratégia aconselhável. Muito pelo contrário.

Caim se convence de algo como: "Aqui estou eu, me matando em esforços; tentando fazer o meu melhor, mas nada dá certo. E lá está Abel, dançando com alegria e facilidade pela vida — recebendo tudo, amado por todos, sob o sorriso para Deus. Como isso pode ser justo? Isso tudo não é apenas injusto, mas também emblemático de algum defeito profundo e fundamental na própria existência?" Ao pensar dessa forma — ao ousar pensar dessa forma —, o irmão que logo se tornará assassino desafia Deus: "Que tipo de mundo Tu criaste, onde meu trabalho é inútil, meus sacrifícios não são reconhecidos, estou alienado de todos — enquanto Abel dança entre aqueles que o amam, em um campo eternamente acolhedor e produtivo de primavera, mulheres e flores?" E Deus imediatamente piora a situação para seu filho rebelde, respondendo, como a voz da consciência, nos termos mais indesejáveis — mais uma vez: "Se tu fazes bem, não serás aceito? E se não fazes bem, o pecado jaz à porta. E para ti *será* o desejo dele, e tu deves governar sobre ele" (Gênesis 4:7). A ênfase no desejo é reveladora, assim como a imagem do pecado à porta, que exige um convite para entrar, a submissão à vontade de Deus (como alternativa) e a insistência de que o domínio sobre tal tentação é tanto necessária quanto possível.

Deus diz a Caim, em essência: "O pecado espreita à sua porta, como um predador sexualmente excitado — e você o convidou a entrar, sabendo muito bem que era pecado, e deixou que ele fizesse o que bem quisesse com você." Deus deixa claro para Caim, em termos inequívocos, que a culpa está no âmbito humano — e é o Próprio Deus quem fala, e não algo ou alguém que possa ser facilmente repudiado; isso, é claro, torna a situação ainda mais devastadora. O Senhor diz, em resumo: "A falha aqui não está em mim. Está em você. Você permitiu que algo terrível penetrasse sua alma e se envolveu em uma relação profana com ele. Pior: você fez isso de livre-arbítrio, e sabe disso, poderia ter agido de outra forma — e também sabe disso." Como isso deve ser entendido? Imagine que você está amargurado, cínico, niilista e sem fé porque acredita que não está recebendo o que esperava. Talvez você tenha suas razões. Em que você começa a se concentrar? Sobre o que começa a se remoer? O que você convida a entrar e permite dominá-lo? Tudo isso são variações da metáfora sexual: como você é tentado a entrar em uma parceria criativa com o mal? Para dizer de maneira mais direta e coloquial possível: quão f*dido você está disposto a ser?

Caim deseja ardentemente que Deus assuma a responsabilidade pela dor e pela decepção inerentes à existência humana. Deus o repreende da maneira oposta ao que ele mais deseja ouvir. O pedido de Caim, portanto, não é apenas rejeitado: Deus inverte a situação. Isso torna Caim ainda mais infeliz e vingativo. É terrível ter seus sacrifícios rejeitados e fracassar. No entanto, um nível ainda mais profundo de miséria existencial surge quando você é confrontado de modo incontestável, exatamente por aquele ou aquilo que você acusa, com o fato de que sua própria conduta é responsável por seu fracasso e sofrimento, que você tornou tudo muito pior ao se recusar a fazer até mesmo o que sabia ser o certo. Esse é um julgamento muito condenatório, e não poderia acontecer a Caim em um momento pior. É o que costuma acontecer nos julgamentos mais condenatórios.

3.8. Fratricídio e, então, algo pior

Após um diálogo como esse — depois que o Próprio Deus deixou claro que o inferno agora habitado por Caim foi causado por suas falhas e transgressões pessoais, bem como por seu desejo de vingança — uma pessoa sensata se afastaria, refletiria e se arrependeria, mesmo sabendo que sair de um abismo tão profundo seria tanto difícil quanto improvável. Em vez disso, e de maneira um tanto previsível, dado o lado sombrio da natureza humana, Caim insiste em sua presunção e orgulho e, tomado por uma raiva que considera justificada, mata Abel: "E Caim falou com Abel, seu irmão; e aconteceu que, quando eles estavam no campo, Caim se levantou contra Abel, seu irmão, e o assassinou" (Gênesis 4:8). Além de tudo, Caim comete esse ato após mentir para seu bondoso e admirado irmão da maneira mais irônica e manipuladora possível — convidando-o a ajudá-lo no mesmo trabalho ou sacrifício que originou sua divergência, de acordo com outras traduções do versículo ("Caim disse a Abel, seu irmão: — Vamos ao campo" [Nova Almeida Atualizada]). E, ainda pior, Caim age após comentar a recente conversa com Deus, o que implica uma traição, uma vez que compartilhou algo muito íntimo e doloroso, estabelecendo, portanto, um vínculo de confiança ("E falou Caim com o seu irmão Abel" [Almeida Corrigida Fiel]; "Caim contou a seu irmão Abel [o que Deus havia dito]" [Sociedade Bíblica Britânica]). É difícil conceber uma estratégia mais falsa e manipulativa.

Caim aniquila o preferido de Deus — o ideal de Deus — como forma de vingança tanto contra esse ideal favorecido quanto contra o próprio Deus. No entanto, ao fazer isso, o irmão assassino também destrói o próprio ideal, porque é Abel quem Caim mais deseja ser. A maior fonte do tormento de Caim foi sua incapacidade de possuir o que Abel tem ou de ser o que Abel é. Assim, ao matar o irmão, Caim destrói tudo o que o mantém unido; tudo o que o protege do desespero; tudo o que lhe oferece orientação e esperança quando está perdido; tudo o que o permite seguir em frente, ascender em direção à eterna terra prometida. Existe uma ordem moral. Cuidado com as consequências não intencionais quando ela é violada. O irmão assassino comete, em um sentido muito real, o pecado imperdoável, eliminando qualquer chance de um relacionamento futuro com Deus. De algumas terras sombrias não há esperança de retorno.

> Porque se pecamos voluntariamente, depois de termos recebido o conhecimento da verdade, já não resta mais sacrifício pelos pecados.
>
> Porém uma expectação terrível de juízo, e uma indignação ardente que há de devorar os adversários.
>
> Aquele que desprezou a lei de Moisés, morreu sem misericórdia, sob duas ou três testemunhas.
>
> Com quão maior castigo pensais vós que será julgado merecedor aquele que pisar o Filho de Deus, e tiver por profano o sangue do pacto com que foi santificado, e ultrajar ao Espírito da graça?
>
> *Hebreus 10:26–29*

Na medida em que Abel é um precursor, um prenúncio ou uma "espécie"[72] de Cristo, e Caim cumpre o mesmo papel em relação a Satanás, o paralelo entre o pecado de Caim e o pecado contra o Espírito Santo (Mateus 12:31–32) é apropriado. Como consequência, Deus diz a Caim:

> E agora tu és amaldiçoado desde a terra, que abriu a sua boca para receber o sangue do teu irmão da tua mão;
>
> Quando tu cultivares a terra, ela não te dará mais a sua força; fugitivo e errante serás na terra.
>
> *Gênesis 4:11–12*

Nada que o agora amaldiçoado irmão tentar realizar jamais se concretizará. Ele vagará e se esconderá para sempre. Esse é o destino daquele que assassina as próprias aspirações mais elevadas — talvez a forma máxima de esconder a luz debaixo do proverbial alqueire (Mateus 5:15). Após sua conversa com Deus, Caim entende que está perdido, com a mesma certeza com que soube que era sua culpa. Em consequência, ele clama das profundezas do abismo: "Meu castigo é maior do que eu posso suportar. Eis que tu me expulsaste neste dia da face da terra; e de tua face eu estarei escondido; e serei fugitivo e errante na terra. E acontecerá que todo aquele que me encontrar me matará" (Gênesis 4:13–14). Mais uma vez isso remete a Raskólnikov, de Dostoiévski, que, após seu terrível — e supostamente bem-sucedido e justificado — crime, se vê tão alienado de tudo o que inconscientemente subestimou que o castigo se torna nada menos do que um alívio.

Quem consegue viver depois de destruir seu ideal? Após destruir esse ideal em um ato premeditado de rancor? Quem é capaz de viver após destruir seu ideal, sabendo que a culpa é inquestionavelmente sua? Quem consegue viver após romper qualquer conexão com o transcendente e o absoluto? E por que Caim se torna um errante na terra de Node (que significa "terra do errante")? Porque aqueles que seguem o exemplo de Caim se alienam de todos: enganam, trapaceiam e oferecem o que é de segunda categoria. As pessoas ao seu redor percebem isso rapidamente e decidem se afastar. Em consequência, os amargurados e os que optam pela mediocridade têm que buscar novos territórios para saquear, novos hospedeiros para parasitar, novos inocentes para corromper. Em termos coloquiais, visitar a terra de Node também significa dormir (graças ao poeta Robert Louis Stevenson[73]). É ser, ou permanecer, ou se tornar (ainda que de maneira intencional) inconsciente, assim como Caim — assim como aqueles que escondem sua luz estão inconscientes — em sua recusa em despertar para a realidade de sua verdadeira natureza e sua obrigação para com Deus.

E isso é apenas o começo do inferno que emerge, espirala e se multiplica. Os filhos de Caim e os filhos de seus filhos repetem os terríveis passos do pai, e pior. Lameque, descendente de quinta geração de Caim, mata um homem que o feriu (Gênesis 4:23), profetizando com orgulho que qualquer um que se atreva a matá-lo em retaliação será vingado não apenas sete vezes, como seria para qualquer um que se atrevesse a matar Caim (Gênesis 4:15), mas setenta vezes sete (Gênesis 4:24). Como observado na Bíblia de Cambridge para Escolas e Faculdades:[74]

> A primeira nota de guerra soa nesta feroz exultação em um ato que ultrapassou os limites da autodefesa e passou para a região da rixa de sangue. A posse de novas armas e o desejo de vingança são aqui registrados como elementos típicos do espírito de guerra. “Embora, tecnicamente, a lei da Vingança fosse satisfeita por uma ‘vida por uma vida’, ainda assim, na prática, a vingança do sangue era muitas vezes levada ao extremo de uma ferocidade implacável. Por uma vida muitos foram levados, o assassino e seus parentes juntos.”[75]

Depois disso, a história piora ainda mais — provando, mais uma vez, que o inferno é verdadeiramente um abismo sem fundo; comprovando que, por pior que seja a situação, sempre há algo capaz de piorar ainda mais uma situação já terrível. Os descendentes de Caim, carregando o espírito de seu pecado, degeneram-se em uma crescente tendência assassina — uma espiral descendente que culmina, talvez, nas ações de Tubalcaim, o “instrutor de todo artífice de bronze e ferro” (Gênesis 4:22) e seus irmãos Jabal e Jubal, os primeiros fabricantes de armas de guerra.

Juntos, eles "ensinaram aos homens a forjar armas de bronze e ferro e a usar armaduras e introduziram a guerra no mundo. Após fazerem tudo isso, travaram guerras entre si, e a profusão de armas foi prontamente colocada à prova em suas invenções".[76]

Esse é um esboço do caminho causal não apenas para a corrupção da alma, mas também para a degeneração do Estado em si, bem como da tecnologia da qual o Estado hipoteticamente depende e, sem dúvida, utiliza. Primeiro, o indivíduo falha em fazer os sacrifícios apropriados. Segundo, mente sobre esse fato de maneira egoísta. Terceiro, alimenta seu ressentimento, alienando-se, deliberadamente, do Divino, mergulhando em uma ira autojustificada, coadunando com o espírito do pecado. Depois, ele destrói o próprio ideal para obliterar o terrível juiz e se vingar do espírito da ordem cósmica. Então, seus descendentes disseminam esse padrão de destruição por toda a sociedade, até que todo homem e mulher se torne irremediavelmente corrompido — tudo isso derivado da falha original em trabalhar com seriedade e gratidão —, e fazem isso ao se voltar para o culto inadequado da proeza tecnológica. Em seguida, tudo colapsa em catástrofe. Não é coincidência que os relatos cataclísmicos do dilúvio e do colapso da torre do Estado presunçoso, autoritário e descrente sejam descritos na sequência da terrível história dos irmãos hostis. O olhar aguçado nessa edição, que conseguiu criar essa sequência exata, é uma indicação profunda, e até miraculosa, da genialidade do inconsciente coletivo ou da mão divina que redigiu e montou o texto.

Deus tenta evitar essa espiral descendente para o abismo. Ele marca Caim para evitar o surgimento do padrão de vingança contínua e expansão da destruição mútua. Por que Ele faz isso? O significado dessa marca é elaborado no *Comentário Bíblico do Púlpito,* de H. D. M. Spence-Jones, no final do século XIX:

1. Mostrar que "a vingança é minha; eu retribuirei, diz o Senhor".

2. Provar as riquezas da clemência divina aos homens pecadores.

3. Servir de alerta contra o crime de assassinato. Provavelmente há uma referência na cláusula final. E o Senhor estabeleceu uma marca — deu

> um sinal a (LXX.) — Caim, para que ninguém o encontre e o mate. Os comentaristas estão divididos quanto a se este era um sinal visível para reprimir os vingadores (os rabinos, Lutero, Calvino, Piscator etc.), ou uma garantia interna ao próprio Caim de que ele não deveria ser destruído (Aben Ezra, Dathe, Rosenmüller, Gesemus, Tuch, Kalisch, Delitzsch).[77]

"Amados, não vos vingueis a vós mesmos, mas dai lugar à ira, porque está escrito: A vingança é minha; eu recompensarei, diz o Senhor" (Romanos 12:19). Por que isso está escrito? Por que é necessária essa transferência de responsabilidade pela vingança — ou talvez até pela justiça? Porque uma sociedade civilizada deve impor um intervalo entre a revelação de um crime, a identificação de um perpetrador e a reação a esse crime — primeiro, para remover da vítima ou da família da vítima o terrível fardo da vingança e, segundo, para proteger a sociedade das consequências da busca por vingança. O anseio por justiça exige que os culpados não fiquem impunes ("A voz do sangue de teu irmão está clamando a mim desde a terra" [Gênesis 4:10]), mas é muito difícil distinguir esse anseio de um desejo de vingança, que pode ser uma força devoradora, tanto em termos psicológicos quanto sociais. Certamente poderia se argumentar que o primeiro — o anseio por justiça — é, na verdade, uma expressão mais desenvolvida e sofisticada, ou equilibrada, do impulso por vingança, que requer um adiamento da resposta e a intermediação de um agente externo e relativamente imparcial para que tudo o que é relevante possa ser considerado antes da sentença necessária.

Assim, o pecado de Caim pode ser interpretado como o início de um padrão acelerado de retaliação olho por olho, culminando, de início, em vendetas de sangue que podem se estender por gerações e se transformar em um padrão de guerras contínuas, que provavelmente eram a norma em nosso passado ancestral.[78] Por que levou tanto tempo — centenas de milhares de anos — para progredirmos em direção à cooperação complexa e à paz produtiva, apesar de termos alcançado nossa identidade genética há tanto tempo?[79] Teria sido, ao menos em parte, porque ficamos presos em ciclos inúteis de vingança autoperpetuadora?[80] É claro que não é só isso: é difícil substituir o uso da força, que possibilita e justifica o roubo dos mais produtivos, por um contrato ou pacto social verdadeiramente prolífico, mas a falha em fazê-lo sem dúvida foi um fator importante para o empobrecimento e a brutalização da existência humana, e continua sendo até hoje. Uma sociedade sem confiança nunca será uma sociedade próspera e pacífica. A constante ameaça de assassinatos por honra é um grande empecilho para a confiança, embora essa tendência possa ser considerada uma melhoria moral em relação a uma postura de fraqueza e covardia. Além disso, e como consequência, o impulso em direção a essa "honra" é profundo e *a priori* — presente, desde o início; como um instinto imaturo, mas poderoso (embora, para reiterar, não como uma covardia abjeta), e não é algo facilmente subjugado ou, melhor, transcendido.

Quando você ou alguém próximo é ferido por outra pessoa — especialmente se houver um elemento de maldade ou de cegueira voluntária, negligente e imperdoável nessa transgressão — a tentação de retaliar surge de maneira sedutora sob o disfarce de necessidade moral: "Se eu fosse uma pessoa boa, honrada e corajosa — um verdadeiro defensor da minha família e do meu território —, eu teria o dever moral de punir severamente o autor dessa atrocidade" (e, com certeza, há muitos argumentos para apoiar essa afirmação). Mas esse é um caminho perigoso. Primeiro, no nível psicológico, esse ímpeto de vingança rapidamente se torna algo indistinguível do orgulho. Os pais que matam as filhas que foram estupradas, por exemplo, são motivados por nada além de orgulho: é o orgulho deles, na verdade "honra", que é diretamente manchado pela transgressão.[81] Isso não é desejo de justiça — nem mesmo de vingança. É presunção desmedida e algo capaz de desestabilizar tudo — e disposto a fazê-lo.

Sociedades civilizadas, com seu monopólio sobre o poder, assumem para si a balança e a espada da justiça. Ao fazer isso, elas retiram o peso moral dos alvos da criminalidade e da malevolência, permitindo que retomem suas vidas, livres das exigências de uma punição justa, ao mesmo tempo protegendo a sociedade do perigo perversamente respeitável do código de honra:

> Durante o tempo em que os homens vivem sem um poder comum para mantê-los em respeito, eles estão naquela condição chamada guerra; e tal guerra é de todos contra todos... Nessa condição, não

> há lugar para a Indústria, pois seus frutos são incertos e, consequentemente, não há Cultura da Terra, nem Navegação, nem uso das mercadorias que podem ser importadas pelo Mar; não há Edificações confortáveis, nem Instrumentos para mover e remover coisas que requerem grande força; não há Conhecimento da superfície da Terra, nem registro do Tempo, nem Artes, nem Literatura; não há Sociedade; e, o pior de tudo, há um constante temor e perigo de morte violenta. E a vida do homem é solitária, pobre, sórdida, embrutecida e breve.[82]

Em um Estado civilizado (aquele que permite uma socialização e uma integração psicológica sofisticadas; aquele que permite uma paz produtiva, generosa e estável), o Estado — em um âmbito mais profundo, a lei — assume o papel de intermediário entre o perpetrador e a vítima. Nesse sentido, pode-se afirmar que age como um emissário do divino, até o ponto em que é possível manifestar a vontade divina neste mundo profano. A marca de Caim é, portanto — de acordo com essa perspectiva — a proteção de Deus, ou ainda o espírito da lei, estendida ao perpetrador, para proteger não apenas o perpetrador, mas também a vítima, no sentido mais profundo possível, bem como a estabilidade da própria sociedade. É por isso que o direito à vingança é legitimamente reservado ao espírito transcendente da unidade.

Após receber a marca de Deus, Caim parte: "E Caim saiu da presença do Senhor, e habitou na terra de Node, no leste do Éden" (Gênesis 4:16). No entanto, em termos mais específicos, ele vive tão distante da graça de Deus que seu lugar de habitação é indistinguível do inferno. É assim que Milton descreve a situação de Lúcifer após sua queda da graça:

> De imediato, tão longe quanto os Anjos podem ver, ele contempla
> A sombria Situação, desolada e selvagem,
> Uma Masmorra horrível, em todos os lados
> Como uma grande Fornalha em chamas, mas dessas chamas
> Não emana luz, mas, sim, uma escuridão visível
> Que só serve para revelar cenas de aflição,

> Regiões de tristeza, sombras tristes, onde a paz
> E o descanso jamais habitam, e a esperança que vem a todos
> Nunca chega; mas onde o tormento sem fim
> Persiste, e um Dilúvio de fogo, alimentado
> Pelo Enxofre eternamente ardente e inextinguível:
> Tal lugar a Justiça Eterna havia preparado
> Para os rebeldes, aqui sua Prisão foi ordenada
> Na escuridão absoluta, e sua sina destinada
> É tão distante de Deus e da luz do Céu
> Quanto três vezes do Centro ao Polo mais extremo.[83]

Um trecho de *Comentário Bíblico do Púlpito* é extremamente relevante aqui:

> *E Caim saiu da presença do Senhor.* Não apenas terminou sua entrevista e se preparou para emigrar da morada de sua juventude (Kalisch); mas, mais especialmente, retirou-se da vizinhança dos querubins (vide em Gênesis 4:14). E habitou na terra de Node. A situação geográfica de Node (Knobel, China?) não pode ser determinada além do que estava no leste do Éden, e seu nome, Node, ou errante (cf. Gênesis 4:12, Gênesis 4:14; Salmos 56:8), foi claramente derivado da vida fugitiva e errante de Caim, "que mostra, como Josefo bem conjetura, que Caim não foi alterado por seu castigo, mas *ficou cada* vez pior, entregando-se a estupros, roubos, opressões, enganos"(Willet).[84]

Longe da "presença do Senhor" é a mesma distância terrível que Milton descreve como "três vezes do Centro ao Polo mais extremo"; a mesma distância terrível apresentada na geografia do *Inferno* de Dante, cujo habitante definitivo do mais profundo abismo é o próprio Satanás. Isso reflete a afirmação moral de que o mal é uma consequência do afastamento em relação a Deus, não algo que existe por si só. C. G. Jung contestou essa caracterização, em certa medida, indicando que tal noção do mal corre o risco de subestimar sua natureza autônoma, sua capacidade de possessão e a ameaça que representa.[85] Assim, ele adotou uma visão mais dualista, que tem a vantagem de alertar sobre a gravidade representada pela hipótese de um espírito do mal ativo e motivado. A visão cristã alternativa e mais clássica (que não é uma crítica a Jung, cuja concentração na centralidade do mal era apropriada após os eventos da Segunda Guerra Mundial) também é de grande utilidade: a noção de que Deus é um centro ao redor do qual todo o bem gira, o próprio tronco das grandes árvores da vida e do conhecimento moral, e de que a severidade do inferno se intensifica na medida em que a existência se distancia desse centro, nos extremos da margem.

Esse estilo de vida de errante — de nômade alienado, distante da norma ou do ideal da sociedade — é exatamente o adotado pelos criminosos impiedosos e, muitas vezes, sádicos, conhecidos na atualidade como psicopatas,[86] aquela pequena minoria, mesmo entre os criminosos, que comete os crimes mais frequentes e, em geral, os mais graves.[87] "Inaptos para o convívio em uma sociedade decente" — não é mero moralismo vitoriano ultrapassado, mas sabedoria: aqueles que se recusam a fazer os sacrifícios apropriados e que atacam os próprios irmãos com vingança ressentida (sobretudo quando estes desfrutam de sucesso merecido) são também aqueles condenados a vagar — à medida que seus irmãos descobrem essa propensão ao engano, à traição e à vingança, rompem todos seus laços e os obrigam a buscar novas vítimas ainda ingênuas. Esse motivo narrativo de distância infernal é ecoado na insistência do *Comentário* de que Caim "retirou-se da vizinhança dos querubins". Os querubins, como vimos,[88] são as formas aladas que guardam o portão leste do Jardim do Éden junto à espada flamejante que gira em todas as direções. Esses querubins são anjos do julgamento, cujo olhar atento não deixa passar nada que não seja celestial. São os guardiões posicionados nos limites das categorias, onde o julgamento é mais necessário e mais difícil. Eles são os juízes dos casos extremos.

Esclarecer esse ponto requer um retorno à discussão sobre os conceitos e a relação entre a margem e o centro.[89] Cada elemento de ordem — isto é, cada percepção e concepção; cada forma de organização, psicológica e social — tem um ideal em seu centro (e, em termos mais gerais, tem um centro), cercado por uma margem. Essa margem não é o oposto do centro, como uma simples conceituação tese/antítese poderia sugerir. É, em vez disso, a pluralidade infinitamente graduada de diferenças ou oposições que cerca qualquer coisa identificável. É o mundo e toda sua complexidade justapostos contra o específico, compreensível, familiar, particular e útil. Portanto, de acordo com as suposições que permitem a existência de qualquer coisa central, a margem é, por definição, "menos do que ideal". Sua existência é inevitável, pois a pluralidade tem seu lugar, em contraste com a unidade, e também como o espaço de liberdade e experimentação necessárias. No entanto, ela contém "formas monstruosas". Assim, pode ser uma espécie de inferno, sobretudo porque é a distância do ideal, ou de Deus, cujo julgamento se torna cada vez mais extremo e ameaçador em proporção exata ao grau de desvio. Assim, o pecador cada vez mais impenitente consegue captar pouco além da crescente ira de Deus. E essa limitação também pode, de maneira perversa, justificar a continuação ou o agravamento do pecado. Essa é a verdadeira espiral autodestrutiva em direção ao abismo.

Caim mente e faz disso um hábito. Esse caminho de mentiras o leva ao fratricídio, à destruição do próprio ideal e ao afastamento de si mesmo, dos outros e de Deus — do centro para a margem solitária e errante. Uma pessoa que mente se afasta do Bem, do Logos verdadeiro e orientado para o elevado que forma o cosmos que é bom. Talvez em termos mais prosaicos: alguém que mente se afasta do próprio julgamento. Isso ocorre primeiro nos casos extremos, nos quais a discriminação cuidadosa é mais difícil, nos quais a mentira é, portanto, empregada e racionalizada com mais facilidade. No entanto, a mentira pode se tornar habitual em todos os casos, à medida que a hierarquia de valores por meio da qual o mundo deve ser percebido se torna patológica. Com a prática, a mentira deixa de ser apenas um desvio do modo de ser correto e verdadeiro e se torna cada vez mais a lente através da qual o mundo é percebido. O mentiroso, portanto, passa a viver uma história na qual tudo está ordenado de maneira inadequada e recebe um valor indevido. Isso deforma o mundo, transformando-o em um lugar de alienação do eu, da comunidade e de Deus; tornando-o um campo que só produz espinhos; fazendo com que o divino se torne pouco mais do que o mais terrível dos julgamentos. Aqueles que mentem valorizam as coisas erradas — e fazem isso de modo consciente, ao menos no momento de cada mentira.

Em uma alternativa mais poética: aqueles que passam a mentir também se envolvem na adoração de falsos ídolos (algo semelhante à abertura de Caim para a possessão e o conluio com o espírito luciferiano). Essa atribuição equivocada de valor — que se torna automatizada com a prática; torna-se hábito; torna-se o próprio caráter — significa que o mundo agora está subjugado a uma falsa ordem, nomeado com os nomes errados, de modo que nada fica no devido lugar, e coisas de menor valor são priorizadas em detrimento das de maior valor. Como poderia ser diferente no caso da mentira, que é, por definição, a falsificação da realidade? É claro que o julgamento se torna muito prejudicado quando tudo é valorizado de maneira inadequada, sobretudo quando isso se torna um hábito tão enraizado pela prática que se torna verdadeiro até para a percepção. Como insiste o Padre Zósima, em *Os Irmãos Karamázov*, de Dostoiévski:

> Acima de tudo, não minta para si mesmo. Aquele que mente para si mesmo e dá ouvidos à própria mentira chega a um ponto em que não mais distingue a verdade, nem em si nem ao seu redor, e, assim, perde todo respeito por si mesmo e pelos outros. Não tendo respeito, deixa de amar e, na ausência do amor, na intenção de se ocupar e se distrair, entrega-se a paixões e prazeres grosseiros, afunda na bestialidade de seus vícios, tudo isso devido à mentira constante a si mesmo e aos outros. O homem que mente para si mesmo pode ser ofendido com mais facilidade do que qualquer outro. Você sabe que, às vezes, é muito agradável sentir-se ofendido, não é? Um homem pode até saber que ninguém o ofendeu, que ele mesmo inventou a ofensa, mentiu e exagerou para torná-la pitoresca, agarrou-se a uma palavra e fez uma montanha de um grão de areia — ele sabe disso, mas ainda será o primeiro a se ofender e se deleitará em seu ressentimento até sentir um imenso prazer e, então, passará à verdadeira vingança.[90]

Essa é a verdadeira descida ao abismo de Dante; o caminho para um inferno cada vez mais profundo e abrangente. Quando um homem vive uma história falsa — valorizando, celebrando, nomeando e dominando tudo de maneira inadequada — nada pode dar certo para ele. Pior ainda, como já mencionado,[91] todas as suas aventuras também se tornam falsas, pois os objetivos que ele persegue são ilusórios, baseados no engano de si mesmo e dos outros.

As oportunidades que se apresentam não são reais; os obstáculos que surgem nessa jornada não passam de fantasmas da imaginação. Quando o mundo é subjugado por uma ordem inadequada, nenhum plano é capaz de funcionar. Mentiras tornam pouco confiáveis e inválidas as suposições que, de outra forma, sustentariam planos funcionais. Isso significa que o mentiroso está fadado ao fracasso contínuo — que seus sacrifícios, cada vez mais falsos, serão para sempre brutalmente rejeitados. É isso o que acontece, por exemplo, com o faraó na grande história do Êxodo, que mantém de modo tirânico sua convicção à medida que as pragas se tornam cada vez mais terríveis (Êxodo 7–13). Quando o sacrifício falso e insuficiente prevalece, a ansiedade aumenta, assim como a desesperança. Como pode o futuro parecer promissor quando nada acontece como deveria ou quando, mesmo que o fim desejado, porém falso, seja alcançado, não há verdadeira satisfação? Como pode qualquer relacionamento ser mantido quando o engano — ou pior, o autoengano — domina? O mentiroso está desesperado, sem rumo, fadado ao conflito não só com todos aqueles que não conseguem entender ou que simplesmente se recusam a compactuar com suas mentiras, mas com o que resta de seu verdadeiro eu; sua verdadeira consciência; seu verdadeiro chamado. Prejudique sua capacidade de julgamento até que não reste mais nada. Então, morra, e de maneira dolorosa, porque você se recusou (continuamente) a sacrificar sua presunção, suas falsas ideias — mesmo quando tinha certeza de que eram falsas.

Assim abordamos toda a narrativa dos irmãos hostis, embora ainda não tenhamos explorado todas as consequências. O pecado de Caim leva não só ao caos do dilúvio, à medida que os efeitos da amargura ressentida se propagam do pessoal para o social, mas também à catástrofe autoritária da Torre de Babel, já que aqueles que se afastam de Deus e do caminho do sacrifício adequado devem recorrer a meios alternativos para se unir e garantir uma adaptação bem-sucedida. Os descendentes de Caim são também os construtores, os engenheiros, os criadores de cidades, instrumentos musicais, ferramentas e equipamentos de guerra (Gênesis 4:17–23). Isso não quer dizer que construir ou projetar seja algo errado em si; apenas que o problema fundamental da conduta ética não é passível de uma solução tecnológica. Não existem "ferramentas melhores" quando estão nas mãos daqueles que se esforçam de maneira equivocada. Quando o objetivo é errado, ferramentas melhores só aceleram a marcha pelo caminho errado, ou na direção do falso *elevado*.

Se a conduta adequada é rejeitada como base para o necessário pacto com o ser e o tornar-se — tal como no caso de Caim e seus descendentes —, então o domínio técnico se apresenta como um substituto atraente. Ele também exerce fascínio por apelar ao orgulho luciferiano que inevitavelmente acompanha o desejo e a disposição para rejeitar o absoluto e o transcendente. É fato, em um sentido real, que o domínio das ferramentas aliviou muitos dos fardos da vida humana — mas também é verdade que qualquer tecnologia pode ser empregada para fins malignos tanto quanto para o bem (e que a lei das consequências não intencionais permanece como um perpétuo complicador). Desenvolvimento tecnológico a serviço de qual deus? Esse é o eterno enigma que encontra expressão no recorrente tropo popular da tecnologia descontrolada: *Ex Machina - Instinto Artificial* (2014), *Heróis de Ressaca* (2013), *Matrix* (1999), *O Show de Truman* (1998), *Jurassic Park* (1993), *RoboCop - O Policial do Futuro* (1987), *O Exterminador do Futuro* (1984), *Blade Runner - O Caçador de Androides* (1982), *O Buraco Negro* (1979), *As Esposas de Stepford* (1975), *Westworld - Onde Ninguém Tem Alma* (1973), *O Enigma de Andrômeda* (1971), *2001: Uma Odisseia no Espaço* (1968), *A Máquina do Tempo* (1960), *A Mosca* (1958), *A Guerra dos Mundos* (1953), *O Homem do Terno Branco* (1951), *O Dia em que a Terra Parou* (1951), *O Homem Invisível* (1933), *A Ilha do Dr. Moreau* (1932), *Frankenstein* (1931) e *Metrópolis* (1927).

Essa lista, embora abrangente, está longe de ser exaustiva — mas demonstra, com sua amplitude, o grau em que o problema combinado do orgulho, do ressentimento e do culto ao tecnológico captura a imaginação e representa uma grave ameaça à própria humanidade. Qual é a resposta fornecida pelas histórias mais antigas em Gênesis e ecoada ao longo do corpus bíblico? Nenhuma solução fora do éthos universal e unificador apropriado pode aplacar a ansiedade, fornecer esperança e equilibrar a discórdia social, não importa quão sofisticada em termos conceituais e técnicos ela seja. Na verdade, na ausência de tal éthos, a tecnologia é uma ameaça, não um benefício: ela se torna serva do poder ou o meio de fuga da responsabilidade e da verdadeira ordem moral. O afastamento de Deus e a falha em sacrificar de maneira adequada corrompem e degeneram e, ao mesmo tempo, motivam os esforços do intelecto orgulhoso a construir estruturas que eliminam a necessidade de Deus e o oneroso esforço moral exigido pelo relacionamento com Ele.

Assim, para onde deve prosseguir a história dos descendentes de Adão e Eva a partir daqui? Para baixo, inevitavelmente, rumo ao caos absoluto do dilúvio; ou para cima, rumo ao domínio da ordem totalitária, na qual o arranha-céu se estende triunfante em direção ao céu, mas está fadado a ruir. Esses são os dois caminhos que encontramos a seguir. Qual é a alternativa? O caminho muito mais difícil, sofisticado e complexo do sacrifício legítimo e aceitável, que agrada a Deus, delineado em todo o restante do corpus da narrativa bíblica.

PANNEMAKER sc

4

Noé: Deus e o Chamado para a Preparação

4.1. Gigantes na terra

Após a morte de Abel e a partida de Caim para a terra errante de Node, Adão e Eva são abençoados com outro filho. Esse filho é Sete, que a tradição considera tanto como substituto de Abel quanto ancestral de todos os que se comportam e se sacrificam da maneira adequada: "E Adão conheceu novamente sua mulher; e ela teve um filho, e chamou seu nome Sete, porque Deus, ela disse, me designou outra semente no lugar de Abel, a quem Caim matou" (Gênesis 4:25). Diversos comentaristas concluíram, ao longo de séculos de estudo, que: "Sete foi chamado de nomeado porque foi nomeado por Deus para ser o pai dos justos e substituir Abel, a quem Caim havia matado";[1] "É bem conhecido que Jesus pertencia à linhagem de Davi, que era descendente de Sete";[2] "Isso significa, também, que a linha messiânica foi estabelecida por meio de Sete, e não de Caim".[3] Entre outras coisas, essas conclusões indicam que o padrão de atenção e valor estabelecido e tipificado por Abel não morreu com ele — e, em termos mais gerais, é imortal — e que o mesmo padrão, de alguma forma, não só foi prontamente restabelecido, como também caracteriza o rei Davi e o próprio Cristo. Essa ideia é ecoada de maneira bastante evocativa e imagética, típica do corpus bíblico — em especial das histórias mais antigas — em uma frase que, de outra forma, parece misteriosa e obscura: "Havia gigantes na terra naqueles dias, e também depois disso, quando os filhos de Deus entraram às filhas dos homens, e elas lhes geraram filhos, estes se tornaram homens poderosos que eram na antiguidade, homens de renome" (Gênesis 6:4).

Esse versículo gerou especulações muito além do esperado. Esses gigantes, os nefilins, já foram considerados ladrões honoráveis, "galantes sem lei", homens poderosos, "únicos em tamanho" — até mesmo anjos caídos.[4] A explicação mais simples, em termos antropológicos e psicológicos, é que o que é lembrado ao longo do tempo não são tanto os detalhes empíricos específicos de determinada vida, por mais impressionantes que sejam, mas, sim, o padrão abstrato do que, em geral, é considerado notável na vida. Assim, na memória coletiva, as façanhas (e até a própria essência) do ancestral se tornam um amálgama purificado de tudo o que atrai a atenção e incita a imitação (no sentido heroico ou anti-heroico — pois um vilão pode servir de exemplo tanto quanto um herói). O empenho dos antigos romanos para deificar seus imperadores é uma manifestação bem conhecida dessa tendência. O mesmo processo ocorre hoje entre autores de ficção, que destilam dos muitos personagens em sua imaginação um padrão central ou espírito do personagem que seja o mais cativante e memorável possível.

Quando uma pessoa morre e é, digamos, homenageada em um discurso fúnebre, seus feitos mais memoráveis são lembrados e compartilhados. Em uma cultura que depende da transmissão oral de informações ao longo de várias gerações, as qualidades mais marcantes de um ancestral tendem a se fundir na memória coletiva, sobretudo após todos aqueles que de fato se lembram da pessoa já terem partido deste mundo mortal. Entretanto, as histórias podem continuar vivas, mas em forma condensada e purificada, na qual os personagens envolvidos existem como entidades ativas na imaginação. De modo inevitável, o padrão dos heróis ancestrais emerge e, com o tempo, tende a evoluir para uma deificação virtual ou real. Como ressalta Mircea Eliade: "A transição do culto aos ancestrais para o teísmo ocorre quando o ancestral é divinizado, ou seja, quando ele é transformado em um deus. Essa transformação é possibilitada pela descoberta do sagrado, ou melhor, pela identificação de uma manifestação particular do sagrado com o ancestral."[5] Em outro trecho, ele afirma, de modo semelhante: "O culto aos ancestrais é um dos fatores que favorece o desenvolvimento do monoteísmo. Com o passar do tempo, os ancestrais são cada vez mais identificados com o deus e, por fim, o deus substitui completamente os ancestrais."[6]

Assim, a história se torna ficcionalizada, embora "ficção" seja mais bem entendida nesse contexto como a criação de metaverdades abstratas, em vez da antítese de "fato" e, portanto, da própria verdade. A vida de um homem comum, impossível de ser lembrada em sua totalidade, é, assim, reduzida aos seus melhores (ou piores) feitos — ao cerne ou à essência de sua existência —, que se juntam em espírito aos feitos semelhantes de seus pares e antepassados, transformando-se nos verdadeiros gigantes do passado. Com o tempo, portanto, os reis se tornam a própria soberania, ou sua antítese; tornam-se o Rei dos Reis, ou a força que eternamente se opõe a essa realeza suprema. Noé é um desses gigantes, um desses heróis ancestrais quase deificados, um descendente de Sete, o segundo Abel; um filho dos anjos caídos que andaram pela terra naquela época; um homem preferido por Deus, assim como Adão antes da queda — um modelo a ser admirado e imitado, tornado ainda mais memorável pelo forte contraste entre sua atitude e seu comportamento e os de seus contemporâneos.

4.2. Pecado e o retorno do caos

No momento da narrativa bíblica em que Noé surge na história, a maldade dos descendentes de Caim dominava toda a atividade humana. Esse é um exemplo particularmente negativo do gigantismo que passa a caracterizar os feitos dos indivíduos do passado. Em consequência dessa emergência generalizada e total dominação da tendência ao mal, Deus decide destruir Sua criação: "E Deus viu que a maldade do homem era grande na terra, e que toda a imaginação dos pensamentos do seu coração era apenas vil continuamente" (Gênesis 6:5). Essa é uma variação da história tanto da queda do homem quanto do assassinato de Abel: outro relato da inevitável queda e posterior destruição daqueles que rejeitam a ordem moral fundamental, daqueles que são insuficientes em seus sacrifícios, daqueles que se entregam à vingança amargurada e à exploração de si mesmos e dos outros — daqueles que se voltam contra Deus.

Para ser claro, não se trata de um ato rancoroso por parte de Deus. É, antes, o mais claro dos avisos àqueles tentados a se desviar: o caminho para a Terra Prometida é estreito, apertado e difícil (Mateus 7:14), enquanto o caminho para a perdição é amplo e convidativo. Não significa que Deus seja vingativo; muito pelo contrário. Significa que Sua insistência em uma ordem moral inviolável, superior à meramente humana, é correta, e que essa ordem é tão real que as transgressões contra ela têm consequências reais. Isso reflete a realidade da condição humana: a vida é um jogo cujo preço é a morte, ou algo ainda pior. A existência humana é a mais séria das empreitadas. Assim, o salário do pecado é real e tem consequências. Em nosso orgulho e rebelião, transformamos, como o Lúcifer de Milton, o paraíso em inferno, esforçando-nos para converter o que é bom em algo miserável e terrível.

> Estirado em imensa vastidão, jaz o Arqui-inimigo,
> Acorrentado ao lago ardente; jamais dali
> Teria se levantado, ou sua cabeça erguido, não fosse
> A vontade e a alta permissão do Céu soberano,
> Que o deixou livre aos próprios desígnios sombrios,
> Para que, com seus reiterados crimes, pudesse colher
> Sobre si mesmo a danação, enquanto buscava causar
> O mal para os outros.[7]

Os descendentes de Caim mergulham no pecado, e a ordem cósmica degenera até não restar outra opção senão o colapso total. Isso pode parecer severo — e é, sem dúvida, severo —, mas é evidente que civilizações podem fracassar e ser tão completamente engolidas pelo caos que até sua memória desaparece. Essa verdade é capturada no texto bíblico da história de Noé — e é um motivo narrativo muito difundido devido à sua verdade fundamental. No mito mesopotâmico da criação, por exemplo (o *Enuma Elish*), Tiamat, a deusa-criadora/dragão, também lamenta sua decisão de agir de maneira generativa. Seus primeiros filhos rebeldes (deuses, nesse relato, em vez de homens, como na história de Noé) matam, em um gesto inconsequente, Apsu — a própria ordem —, a contraparte masculina de Tiamat, e tentam fazer uma morada em ou sobre seu cadáver. Esse ato de extrema imprudência enfurece a Natureza, a mãe de todas as coisas — a própria Tiamat, que então ameaça destruir a todos. Esse é mais um exemplo, primeiro, de se voltar contra, ou demonstrar desprezo tanto pela tradição quanto pelo Pai Sagrado, por parte dos habitantes do mundo criado, e, segundo, de suas inevitáveis consequências.

Esse tropo narrativo indica, em parte, que culturas que se concentram demais no que é transmitido pela sabedoria do presente ("podemos dispensar as tolices supersticiosas do passado") acabam perdendo a orientação vertical da tradição, que as protege contra os modismos do consenso. Há uma sabedoria cumulativa na humanidade, mas ela não é uma mera consequência do incessante ruído e clamor do presente. Trata-se, em vez disso, de algo reunido ao longo de um vasto período, em diversas situações, como resultado de observações e reminiscências de muitas culturas. Sua rejeição em favor da estupidez movida por caprichos, ainda que reflita o presente coletivo, é muitas vezes um precursor do dilúvio sangrento, sobretudo quando esses caprichos são, como costumam ser, hedonistas, obcecados por poder, revolucionários e políticos.

O tropo da destruição dos pecadores pelos deuses também indica que aqueles que abandonam e traem o espírito que promove uma vida mais abundante, ao desfrutarem imerecidamente da riqueza do conforto material legada pelos grandes visionários do passado, condenam-se, por mais imaturos e inconscientes que sejam, ao domínio do caos e à eventual destruição. Trata-se de parricídio ou regicídio — o ato mais extremo de orgulho desmedido, cegueira voluntária e blasfêmia negligente. Esse assassinato desdenhoso enfurece Tiamat, caos/mãe de todas as coisas. Ela decide exterminar sua progênie desobediente da face da terra, gerando um exército de terríveis soldados para ajudá-la na batalha, colocando uma divindade conhecida como Kingu, um verdadeiro Satanás, no comando.

Ela gerou serpentes-monstros,
De dentes aguçados, e implacáveis garras;
Ela encheu os seus corpos com veneno em vez de sangue.
Víboras-monstro horríveis ela vestiu com terror,
Com esplendor ela as forrou, fê-las de estatura elevada.
Qualquer que as observasse, o terror o vencia.[8]

O deus Marduk, que se ergue para governar todos os deuses mesopotâmicos, é precisamente aquele que confronta o monstruoso caos do potencial de maneira análoga à do deus hebraico Yahweh, que derrota Leviatã e Beemote (Jó 40–41) no início dos tempos. Em termos mais gerais (arquetípicos): essa divindade superior enfrenta tanto o gigante, que representa o Estado ou a sociedade vigente (agora um falso Deus Pai), quanto o próprio caos, que muitas vezes assume a forma de uma terrível força feminina com características de serpente (a Grande Mãe).[9] O que significa o motivo narrativo do assassinato inconsequente de Apsu, avatar da ordem, em contraste com o caos de Tiamat? *Aqueles que destroem descuidadamente o espírito vivo do passado convidam o retorno do próprio caos.* Nietzsche alertou exatamente sobre isso quando anunciou a morte de Deus, profetizando que o niilismo e o ressentimento emergiram de maneira terrível após esse horrível assassinato:

> Deus está morto. Deus continua morto. E nós o matamos. Como poderemos nos consolar, nós, os assassinos de todos os assassinos? O que havia de mais sagrado e poderoso de tudo o que o mundo já possuiu sangrou até a morte sob nossos punhais: quem limpará esse sangue de nós? Que água há para nos purificarmos? Que festivais de expiação, que jogos sagrados teremos que inventar? Não é a grandeza deste feito grande demais para nós?[10]

A intuição desse tipo de retaliação persiste em nossa alma. O medo apocalíptico que nos domina quando percebemos que a própria natureza se rebelará, por exemplo, contra nossa presunção tecnológica é uma reinterpretação moderna desse tema. *Ignorar o passado nos expõe a um enorme perigo.* O espírito de nossos ancestrais criou a infraestrutura que nos sustenta, tecnicamente; desenvolveu as habilidades que imitamos em nossos empreendimentos produtivos; estabeleceu convenções, rituais, hábitos e pressupostos que nos unem em um contexto psicológico e social e nos deu direção. Podemos reduzir isso, de maneira irresponsável, a um cadáver sem espírito e tentar, de maneira parasitária, viver à custa do que foi acumulado ou adquirido. No entanto, esse é um jogo perdido, pois o que está sendo consumido imerecidamente não está sendo, ao mesmo tempo, reposto ou reabastecido. Uma vez descoberto, o tesouro pode ser saqueado e exaurido; uma vez consolidada, a marca pode ser explorada. Entretanto, quando a riqueza cuidadosamente acumulada no passado se esgota, o caos é inevitável. Essa é uma verdade eterna. Histórias modernas apresentam o mesmo motivo narrativo. Em *O Rei Leão*, da Disney,[11] as Terras do Reino são reduzidas a um território devastado após o assassinato arrogante e inconsequente do governante legítimo, Mufasa. O agente de sua destruição é seu irmão, Scar, o mais próximo de um análogo de Caim que poderia ser evocado na imaginação moderna (com uma pitada do Lúcifer de Milton, apenas para reforçar o ponto). O rei legítimo é morto pelo irmão ressentido. O reino outrora exuberante se torna um deserto. Todos são escravizados. A fome é uma ameaça. Isso nada mais é do que o retorno do caos.

Subvertemos o espírito da ordem adequada por nossa conta e risco. Quando o fazemos, ou ameaçamos fazê-lo, presságios de destruição surgem e se revelam aos perspicazes, sábios e atentos — como no caso de Noé. Nietzsche estava muito atento a esse perigo, observando que, nos séculos vindouros, viveríamos sob a ameaça do espírito do ressentimento e do niilismo. Nietzsche advertiu, sobretudo, para o surgimento do espírito do ressentimento entre aqueles que ele descrevia como aranhas terrivelmente venenosas:

> Seja o homem salvo da vingança; é esta para mim a ponte da esperança superior, e um arco-íris anuncia grandes tormentas. As tarântulas, todavia, compreendem doutra forma. "Justamente quando as tempestades da nossa vingança enchem o mundo, é quando nós dizemos que haja justiça." Assim falam elas entre si. "Queremos exercer nossa vingança e lançar nossos ultrajes sobre todos os que

> não são semelhantes a nós." Isso juram a si mesmas as tarântulas. E acrescentam: "Vontade de igualdade, isto será daqui por diante o nome da virtude, e queremos erguer o grito contra tudo o que é poderoso!"[12]
>
> No entanto, essa "justiça" é sempre o que há de mais prejudicial para os homens superiores. Eles querem crucificar aqueles que concebem a própria virtude! Odeiam os solitários entre eles que estão sempre criando a própria virtude — odeiam os que estão presentes. Sempre falam contra os que estão presentes e os chamam de "hereges" e "transgressores" — e, no entanto, são os complacentes. Sempre falam em "direitos iguais" e "obrigações iguais": os direitos do rebanho! Querem a segurança do grupo, em relação a tudo o que agrada ou provoca medo! São um rebanho: sua "boa consciência" é de fato uma má consciência, uma incapacidade de ficar sozinho. Sempre sabem o que é mais terno e inofensivo — como uma velha sem dentes; chamam isso de "bondade", e eles mesmos são "os homens bons". A ofensa dos pastores contra os homens superiores é sempre a mesma — eles os forçam a se tornarem pastores também. Na maior parte, eles mesmos não acreditam em seu ideal de rebanho, e secretamente o desprezam; mas ainda assim o desejam! Isso é o que eu chamo de "a revolta dos pastores"![13]

Dostoiévski fez uma argumentação, em essência, idêntica, na mesma época, especialmente em seu romance *Os Possessos*, também traduzido como *Os Demônios*.

A possessão da mente moderna pelo que Nietzsche descreveu como *ressentimento* é mais bem compreendida como uma versão moderna do eterno espírito de Caim: "O próprio ressentimento, se precisar de um conceito e uma palavra, indica uma certa impotência e fraqueza da vontade: um indivíduo percebe algo como prejudicial, mas é incapaz de evitá-lo; é fraco demais para se vingar ou travar uma guerra, ou se desespera em fazê-lo. Por isso recorre a qualquer meio de ferir, valendo-se de formas indiretas de ataque, ou seja, por meio de uma ofensa a algo que não lhe pertence, algo que é amado e respeitado pela pessoa que quer ferir."[14] Como explica Walter Kaufmann, o grande tradutor e intérprete de Nietzsche do final do século XX: "Na visão de Nietzsche, o ressentimento é uma doença dos fracos, que invejam e odeiam os fortes e bem-sucedidos e tentam derrubá-los atacando seus valores e ideais. O ressentimento surge de um sentimento de impotência e frustração e é, muitas vezes, expresso como um desejo de vingança ou um desejo de destruir aqueles que são percebidos como mais poderosos ou bem-sucedidos."[15]

Em *Os Demônios*, Dostoiévski descreve o processo que levou à destruição da alma russa sob "essa legião de ismos que chegaram à Rússia, vinda do Ocidente: idealismo, racionalismo, empirismo, materialismo, utilitarismo, positivismo, socialismo, anarquismo, niilismo e, subjacente a todos eles, o ateísmo".[16] O grande romancista e ensaísta russo detalha o iminente perigo que ele viu pairar sobre a Rússia e o restante do mundo, de uma maneira que, sinistramente, se alinha às ideias de Nietzsche e antecipa os horrores do chamado Arquipélago Gulag, cujas engrenagens foram reveladas por Aleksandr Solzhenitsyn um século depois.[17] Reforcei esse ponto em meu prefácio à edição comemorativa dos cinquenta anos da referida obra-prima:

> Os membros da burguesia? Irredimíveis! Eles tinham que partir, por questão de princípio! E quanto às suas esposas? Filhos? Até mesmo seus netos? Cortem suas cabeças também! Todos estavam irremediavelmente corrompidos por sua identidade de classe, e sua destruição, portanto, era eticamente necessária. Que conveniente, que a mais sombria e terrível de todas as motivações alcançasse a mais alta posição moral! Foi um verdadeiro casamento entre o inferno e o céu. Que valores, que pressupostos filosóficos, de fato, predominavam em tais circunstâncias? Seria o desejo de fraternidade, dignidade e liberdade da escassez? Não — de forma alguma — dado o resultado. Era, ao invés disso e de maneira óbvia, a fúria assassina de centenas de milhares de Cains bíblicos, cada um tentando torturar, destruir e sacrificar seus próprios Abéis. Não há outra maneira de explicar tantos cadáveres.[18]

O mesmo espírito que inspirou Nietzsche e Dostoiévski se manifestou para Noé, quando ele se viu, contra sua vontade, possuído pela intuição de que uma calamidade de magnitude apocalíptica era iminente. Por quê? Porque o espírito de Caim havia passado a governar o mundo.

4.3. Salvação pelos sábios e o restabelecimento do mundo

O mais antigo profeta é descrito da seguinte forma: "Noé foi um homem justo e perfeito nas suas gerações, e Noé andava com Deus" (Gênesis 6:9). Noé, que "encontrou graça aos olhos do Senhor" (Gênesis 6:8), é, assim, caracterizado como um homem tão bom quanto se poderia esperar, dadas as limitações de seu tempo e lugar (por isso a menção a "nas suas gerações"). Esse é o máximo que se pode alcançar, salvo em casos mais excepcionais, pois todos somos, em certa medida, criaturas do ambiente específico em que somos lançados. "Andar com Deus" é habitar aquele espaço edênico caracterizado pela ausência da autoconsciência presunçosa e neurótica (tal como Adão era capaz de fazer antes de se tornar consciente de sua nudez). Um homem que almeja o mais elevado e se concentra na verdade, em vez de priorizar e promover os próprios interesses egoístas, não sofre com a autoconsciência porque sua atenção está voltada para algo *além de si mesmo* — não para seu isolado, preso à existência carnal. Ele age além dos ditames instintivos e imediatos de seu interesse impulsivo e narcisista, uma tática que, como vimos, apenas garantiria o surgimento de autorreflexão involuntária e autoconsciência dolorosa:[19] "Estou causando o impacto que tanto quero e preciso causar? Estou impressionando aqueles a quem estou tentando impressionar? Estou levando a melhor nessa discussão? Estou me destacando como o vitorioso nessa competição por status? Estou conseguindo exibir minha virtude moral publicamente?" A alternativa é "andar (sem autoconsciência) com Deus".

Imagine-se em um palco — uma ideia assustadora para todo mundo. Você está fazendo uma apresentação, concentrado na mensagem principal, dando uma palestra — ou participando de alguma empreitada igualmente clichê. Como resultado, você se preocupa: "Minha mensagem está sendo compreendida? Pareço saber do que estou falando? O público me achará interessante e notável? O que as pessoas pensam de mim?" Essas são formas de raciocínio instrumental e egocêntrico, e a dolorosa autoconsciência surgirá de maneira inevitável. Você se sentirá nervoso e inseguro na exata proporção em que o evento se centrar, de modo inadequado, em você — em sua "performance". Qual é a alternativa a tal estratégia? No palco (e, aliás, em outros contextos), é simples: *tente abordar a questão em pauta da maneira mais honesta e clara possível.* Assim, o evento deixa de ser sobre você e não há mais razão para autoconsciência. O foco passa a ser, como é mais adequado, a busca pela verdade em relação à questão em pauta. Essa questão também precisa ser honesta; algo que você realmente considere de crucial importância. Caso contrário, por que desperdiçar seu tempo e o tempo das pessoas na plateia? A mesma lógica pode e deve ser aplicada a qualquer situação na vida. Por que deveria ser diferente? Não há abordagem melhor. Como poderia haver uma abordagem que se iguale a confrontar o que é, de fato, real?

Se a apresentação tiver como objetivo esclarecer o tema de maior interesse no momento e oferecer mais clareza à questão, em vez de se concentrar em você e em suas preocupações, não haverá motivos para a autoconsciência, sobretudo porque o seu "eu" não está mais em evidência. Em vez disso, o que passa a guiar sua conduta é o espírito de uma explicação honesta e a tentativa de revelar e gerar a ordem que é boa (Gênesis 1). O foco será a tentativa de esclarecer e explicar, a serviço do que é mais elevado, e por nenhuma outra razão. Isso significa falar de uma maneira que se mantenha fiel à verdade e dizer o que incomoda e atormenta a consciência ou o que precisa ser dito — não pelo bem de sua reputação, mas porque a realidade nua e crua pode ser mais bem expressada dessa forma. Isso significa desbravar o caminho publicamente (e não é essa a tarefa do verdadeiro líder?); sacrificar o que é apenas instrumental e egoísta e substituí-lo por algo de fato mais elevado, mantendo a fé de que a revelação verdadeira produzirá a ordem que é boa ou até muito boa, não importam as "evidências" em contrário. Esse é o segredo misterioso para a verdadeira confiança no palco e, em termos mais gerais, na vida. "O mundo inteiro é um palco, e todos os homens e mulheres, apenas atores. Eles saem de cena e entram em cena, e cada homem a seu tempo representa muitos papéis."[20] Tudo o mais é a imitação rasa e, em última análise, sem sentido, enganosa, manipuladora, impulsiva e autodestrutiva do narcisista.

A consequência imediata de não mentir pode muito bem ser o sofrimento ou a falha em obter uma vantagem que, de fato, é imerecida. Na verdade, evitar o sofrimento no curto prazo e obter uma vantagem indevida são as duas maiores razões para mentir. Mas essas mentiras funcionam? Às vezes e por um tempo; caso contrário, a motivação para enganar não existiria. No entanto, essa "evidência" não é uma prova definitiva da superioridade da mentira sobre a verdade. As questões complementares da duração e da eficácia em diferentes situações inevitavelmente surgem como cabeças de hidra. No médio a longo prazo, no que tange à estabilidade e à sustentabilidade tanto da psique quanto da comunidade, "consideradas todas as circunstâncias", nada além da verdade é suficiente, como deve ser de maneira ideal. A fé na verdade que estabelece, regenera e redime é a aceitação, ou o reconhecimento voluntário, desse fato, aliada à decisão de viver de acordo com essa conclusão. A constatação dessa necessidade é retratada como a descida da pomba batismal que serve como iniciação ao Reino dos Céus (Mateus 3:16–17), ou como a recepção do Paracleto ou Consolador, o guia que Cristo promete deixar com seus discípulos após Sua partida (João 14:26). Essa fé na verdade é a aliança entre o homem e a palavra, que cria no início dos tempos e por toda a eternidade, e o verdadeiro reflexo da imagem de Deus à qual homem e mulher são feitos (conforme descrito em Gênesis 1).

Na história de Noé e do dilúvio, todo o peso da renovação do mundo recai sobre os ombros de um único homem: um descendente de Sete que se comporta de maneira justa, o substituto ou sucessor fraterno de Abel — um homem verdadeiramente bom. Essa é uma questão de grande importância psicológica, pois, em termos existenciais, a situação é sempre essa. Como Solzhenitsyn aponta: "E isso, eu afirmo, é a coisa mais importante na vida: viver e criar a partir da própria verdade ou do próprio caos, conforme o caso, mesmo que seja apenas uma única palavra ou uma única visão. Pois cada um de nós é inevitavelmente o herói da própria vida, e se não o somos, perdemos todo o sentido da nossa existência."[21] Essa é uma verdade reiterada ao longo do corpus bíblico. Cada profeta (sendo Moisés, Elias e Jeremias talvez os de maior destaque entre eles) é, tipicamente, uma voz solitária "que clama no deserto" (Marcos 1:1–4). Da mesma forma, quando Deus decide destruir as cidades de Sodoma e Gomorra — lugares que se perderam, assim como o mundo todo dos contemporâneos de Noé, na maldade e no pecado — Abraão consegue convencer Deus a poupar o poder de Sua destruição caso fossem encontrados, de início, cinquenta homens justos naquelas localidades, número que, após contínua negociação, foi reduzido a apenas dez.

Qual é a ideia apresentada aqui? Que a verdade é uma força tão potente que nem a tirania da maioria esmagadora é capaz de prevalecer contra ela. E como poderia prevalecer, a menos que a própria realidade não existisse e tudo fosse reduzido à presunção e ao capricho humanos? Uma sociedade inteira contra o espírito do ser e do tornar-se ainda estará errada — e errada de uma maneira que o consenso apenas multiplica e aprofunda, ao invés de amenizar. Não há erro maior do que quando todos concordam em estar errados. Essa é a própria definição de um Estado totalitário, que não é bem uma tirania de cima para baixo, mas, sim, um acordo coletivo em ser fiel apenas à mentira.[22] Uma sociedade que preserva o suficiente do pacto adequado para que alguns, ou até mesmo um único indivíduo, ainda se atrevam a falar livremente pode ser protegida de um cataclismo total por essa fé e essa coragem. Essa é uma das razões pelas quais a proteção da liberdade de expressão não é tanto um direito e, certamente, não um concedido pela benevolência do Estado, mas o pilar sobre o qual uma sociedade que é estável e ao mesmo tempo dinamicamente adaptativa se fundamenta e se estabelece. O "direito" existe apenas para que a responsabilidade possa ser assumida — a responsabilidade de falar de uma maneira que reflita o espírito da ordem cósmica. Essa é a "liberdade" de expressão devidamente ordenada que estabelece, renova e redime — tanto o indivíduo quanto o Estado. Assim, o Estado nunca pode estar em uma posição em que possa legitimamente prescindir ou negar o direito à liberdade de expressão, pois dependeu desse direito para a própria fundação e ainda precisa dele para críticas, correções e restauração.

Essa é mais uma verdade terrível, pois indica que a salvação do próprio mundo depende, de uma forma impossível e misteriosa, da determinação de cada indivíduo soberano, tocado pelo espírito de valor divino, em habitar o jardim da verdade e permitir que a voz e a vontade do Deus com quem caminha nesse jardim guiem sua atenção, ação e expressão. Como Dostoiévski afirma em *Os Irmãos Karamázov*, "cada um de nós é certamente culpado aqui na terra de tudo para com todos, não somente pela falta coletiva da humanidade, mas de cada um individualmente, por todos os outros na terra inteira".[23] Ele continua essa linha de pensamento mais adiante no romance: "Só há um meio de salvação: toma a teu cargo todos os pecados dos homens. Com efeito, meu amigo, desde que responderes sinceramente por todos e por tudo, verás logo que é verdadeiramente assim, que és culpado por todos e por tudo."[24] O que poderia significar essa afirmação absurda, mas ainda assim brilhante, profunda e fundamental? A princípio, soa como uma espécie de insanidade maníaca.

Entretanto, não é óbvio que cada um de nós serve de exemplo tanto para nós mesmos quanto para os outros e que podemos fazer algum bem a esse respeito, tornando o mundo um lugar menos maligno do que poderia ser? E não é verdade que não sabemos e não podemos saber o limite dessa influência? Se você fosse uma pessoa melhor — talvez até a melhor pessoa que poderia ser, a pessoa que deu o melhor de si em sua jornada aventureira pela vida —, quanto o restante das pessoas seria melhor, como consequência direta? E se tal efeito é de fato possível, não é igualmente verdade, de uma maneira misteriosa, que os pecados do mundo são resultado da própria inadequação, da própria falha em assumir responsabilidade suficiente? E isso também não é um corolário lógico e necessário de sua criação à imagem de Deus e de seu suposto status autoevidente[25] como centro do próprio cosmos? E não é essa a razão pela qual, em nossas sociedades ocidentais livres, o indivíduo é algo separado até mesmo do social e do consensual como uma figura de valor implícito infinito? E se a integridade da psique e da comunidade depende dessa separação, como isso pode ser considerado algo que não seja verdadeiro? Sua falha em se dedicar o máximo possível às questões em pauta gera uma lacuna na estrutura do próprio ser. Esse pode ser o verdadeiro obstáculo para o estabelecimento do Reino de Deus na Terra. Ai daquele por quem vem o pecado que macula o mundo.

É essa exata responsabilidade que é aceita por Noé. Ele encontra Deus de maneira distinta à de Adão e Eva, que O vivenciam como uma força criativa e delimitadora, ou à de Caim e Abel, que O encontram como ideal e juiz.

No entanto, a manifestação de Deus para o primeiro profeta é, ainda, um reflexo da mesma unidade subjacente — por isso, o *monoteísmo*: a manifestação do mesmo espírito singular, por mais variadas que sejam suas caracterizações —, ou assim afirma o texto, que justapõe e sequencia suas várias histórias exatamente para defender esse argumento. Para o capitão designado da arca, Deus é a intuição dos sábios que avisa que a tempestade está se formando; a constatação de que chegou o momento de se preparar para a tormenta. Na atualidade, as pessoas são obcecadas com a ideia de "acreditar em" Deus, como se essa decisão fosse uma questão de afirmar ou negar alguma existência material ou a ausência dela, ou uma mera descrição, como a descrição de um objeto. De acordo com os ditames implícitos nessa afirmação, Deus existe da mesma forma que uma mesa existe — ou que uma mesa imaginária não existe de fato. Essa conceitualização da crença tipifica, no mundo moderno, tanto os chamados crentes, ou pessoas de fé, quanto os agnósticos e ateus. Tamanha é a profundidade do nosso atual estado de ignorância. Acreditar é, de maneira muito mais útil e verdadeira, comprometer-se; sacrificar tudo; ser voluntariamente possuído. A verdadeira crença é, portanto, o relacionamento supremo, não a mera descrição de um estado de coisas.

Imagine a situação de Noé, qualquer que seja a metafísica da existência de Deus. Considere as escolhas que ele enfrenta, a natureza das possibilidades que se revelam para ele. Noé pode presumir que sua intuição está correta, presumir que suas suspeitas estão erradas ou hesitar, confuso, entre essas duas suposições. Essas escolhas constituem todo o seu espectro de opções. Esse é um estado de coisas que tem pouco a ver, mais uma vez, com a existência de Deus como fato material. Pode-se objetar: há escolhas adicionais que tal análise não considera. Noé poderia, por exemplo, desviar sua atenção a uma infinidade de outras preocupações. No entanto, desviar-se não é uma escolha verdadeira. É, em vez disso, a forma mais serpentina e maquiavélica de evitar a consciência — uma forma de ignorar o alvo adequado por meio de uma substituição hipócrita. É mentir por omissão, em vez de comissão — a mentira evasiva que é tão fácil de racionalizar, a forma mais sutil de engano, a si mesmo e aos outros. Fugir de uma obrigação, mesmo ao escolher fazer algo hipoteticamente certo, não torna a obrigação menos real. Apenas obscurece o caminho a seguir, confunde, aniquila a esperança e divide. Portanto, Noé tem, em essência, duas escolhas: preparar-se, ou ignorar as preocupações que agora o atormentam e dominam sua mente; cumprir seu verdadeiro dever, ou ignorar a diretriz primordial da "voz calma e baixa", que analisaremos em sua manifestação mais famosa, quando ela fala a Elias, como descrito em 1 Reis 19:12.

A "fé" de Noé, portanto, não é a declaração explícita de sua crença em um ser imaginário, como poderia afirmar um seguidor ou formulador de doutrinas, mas sua identificação com certo espírito de conceitualização, apreensão e movimento adiante. Deus existe para Noé? Noé *acredita*? Eis a situação, devidamente interpretada: Deus é para Noé, por definição, o que o guia, o domina, à medida que ele avança, *não importa o que decida fazer*. Todas as suas escolhas devem, por conseguinte, ser corretamente interpretadas como decisões e atos de fé, porque ele não sabe, e não tem como saber, o que está por vir. Por que conceitualizar isso, especificamente, como fé em "Deus"? Porque Noé deve elevar algo ao lugar mais alto (algo que é, em termos funcionais, equivalente a "Deus"), de modo que qualquer outra escolha tenha sido sacrificada e renunciada, estabelecendo aquilo que agora o guia como algo fundamental ou superior e possibilitando o movimento adiante. O fato de esse espírito unificador ser "Deus" continuaria sendo verdadeiro mesmo que Noé negasse de maneira explícita qualquer crença "religiosa" conhecida. Acreditar em algo que está além do que é conhecido é um pré-requisito para a atenção e a ação de qualquer criatura que, assim como o homem, é e deve permanecer fundamentalmente ignorante. Isso é válido para todo homem e mulher que já existiu, existe no presente e existirá no futuro. A "crença" de Noé em Deus, portanto, não é a repetição formulaica de uma proclamação explícita de crença, embora também possa sê-lo; mas, sim, uma disposição para agir quando chamado pelas mais profundas inclinações de sua alma. Aquilo que você permite que guie suas ações: essa é sua crença em Deus ou em algum substituto de segunda categoria. Isso é uma questão de definição — sobretudo na história que estamos analisando. O mesmo se aplica, de modo geral, a todas as histórias que analisarmos.

Noé é um homem sábio, tomado pela intuição de um dilúvio iminente. Ele decide seguir adiante de acordo com essa revelação, independentemente das dificuldades ou da oposição. É Deus — e, mais uma vez, por definição — a fonte, o alicerce ou o objetivo final dessa convicção. *Esse é o ponto principal do texto.* A história de Noé, assim como todas as histórias antigas que analisamos, não é, desse modo, um argumento pela existência de Deus, destinado a aplacar a dúvida tanto dos crentes quanto dos descrentes, mas, sim, uma descrição do que deve ser mantido propriamente nos lugares mais elevados, para que a continuidade do homem, da sociedade e do mundo possa ser assegurada. Como Noé justifica sua crença? Para ser mais exato, como ele encontra a coragem para suas convicções? Não é por acaso que ele é descrito como um sábio. Um homem sábio é alguém que prestou atenção de maneira consistente, informou a si mesmo e aos outros como consequência, disse a verdade a si mesmo e aos outros, na medida de sua capacidade, e agiu de acordo com essa verdade.

Um homem sábio busca continuamente o que é mais elevado e se mantém fiel à verdade. Sua hierarquia de valores, portanto, não está corrompida por mentiras e, por consequência, sua visão não é limitada. Sua capacidade de receber uma revelação benéfica e precisa foi, assim, aprimorada, praticada, desenvolvida e aperfeiçoada, do mesmo modo como sua habilidade de diferenciar entre uma revelação verdadeira ou profunda, por assim dizer, e as meras tentações do capricho hedonista momentâneo. Essa pode ser considerada a capacidade do sábio para uma deliberação sagaz. Noé praticou direcionar seus olhos para o céu, a reconhecer os sinais que conduzem colina acima. Ele aprendeu a se colocar na posição de receber uma revelação confiável e, então, seguir suas diretrizes. Ele removeu a viga de seu olho, aguçou seus ouvidos para escutar, bateu à porta, para que se abrisse, e buscou, para que pudesse encontrar. Noé se recusou a se enganar com as mentiras que seduzem pelos prazeres de gratificação imediata e pela fuga da responsabilidade derradeira. Assim, ele consegue ver o que está bem diante de seus olhos e notar, antes de qualquer outro, as nuvens que se aproximam. Portanto, ele tem fé em si mesmo e no que é mais elevado e agirá de acordo. Essa é sua relação, seu pacto com Deus. Por definição. Isso significa que ele tem a mesma relação consigo mesmo e com a ordem cósmica que alguém poderia ter com uma pessoa que admira profundamente e cujos conselhos confiaria em tempos de dificuldade. Essas pessoas são aquelas que a observação e a reputação consideraram sagazes, cuidadosas, capazes de adiar a gratificação, maduras e voltadas para os outros de maneira adequada.

Questões de fé: quando acha que a tempestade está se aproximando, você se prepara para as intempéries ou não? Ouve sua intuição ou não? Confia em si mesmo ou não? E, se não confia, não seria porque você se tornou indigno de confiança para si mesmo da mesma forma que outra pessoa pode ter se revelado indigna de confiança para você? Se não confia em si mesmo, não seria porque você (assim como no caso de alguém não confiável) tem mentido continuamente para si mesmo e obscurecido a própria visão? Você não teria, desse modo, minado o alicerce sobre o qual, de outra forma, poderia ter se apoiado? A capacidade de intuir com precisão e reagir de maneira apropriada é sabedoria, ou não? Talvez você tenha se comportado de uma maneira que lhe permita confiar em suas intuições mais profundas: nesse caso, está seguindo o espírito dessa intuição. Está agindo em conformidade com esse espírito ou convidando-o a possuí-lo. Está celebrando ou até adorando esse espírito; sacrificando-se por ele (já que todo o restante se torna secundário ou até inexistente); está manifestando fé, *acreditando* nesse espírito. Se rejeitar o chamado ou a objeção da consciência quando ela se revela, digamos, como um aviso para se preparar — ou mesmo se você oferecer um "sim" hesitante —, então está, em vez disso, negando aquele espírito e manifestando fé em outra coisa. Simplesmente não há um caminho adiante que não seja baseado na fé.

> E Deus viu que a maldade do homem era grande na terra, e que toda a imaginação dos pensamentos do seu coração era apenas vil continuamente.
>
> E arrependeu-se o Senhor de haver feito o homem na terra, e isso o afligia em seu coração.
>
> E o Senhor disse: Eu destruirei o homem a quem criei da face da terra; tanto o homem quanto o animal, e a coisa rastejante, e as aves do céu; pois me arrependi de havê-los feito.
>
> Mas Noé encontrou graça aos olhos do Senhor.
>
> *Gênesis 6:5–8*

A degeneração mencionada nesses versículos, fruto do pecado de Caim e de sua propagação, é algo que se consolida em todo lugar quando surge; algo que ocorre ao mesmo tempo no nível micro e macro; algo que motiva cada olhar e expressão pessoal e que influencia cada decisão executiva, legislativa e judiciária. É a hidra de múltiplas cabeças do Estado patriarcal degenerado, ou o surgimento do terrível dragão-mãe do caos, que é a alternativa inevitável à integridade individual, à estrutura social sustentável e voluntária, à harmonia com a ordem cósmica e à lealdade a Deus. A propensão ao pecado, ou a "maldade do homem", é a verdadeira causa do caos que nos envolve primeiro em nossa vida pessoal, quando deixamos as coisas desmoronarem ao nosso redor, e depois no nível familiar, comunitário, estatal ou global, quando a teia de mentiras gerada se torna ampla o suficiente. Não é frequente experienciarmos um acontecimento verdadeiramente apocalíptico, mas tampouco é raro: no século XX, tivemos duas guerras mundiais, a total catástrofe, ainda sem resolução, do fascismo e do comunismo, turbulências econômicas e deslocamentos em larga escala, o alvorecer das eras atômica e da computação e a revolução sexual. Mas mesmo dentro dos limites mais restritos de nossa vida pessoal, as coisas se desintegram e retornam a um caos de confusão e possibilidade, de maneira contínua e apocalíptica. Uma empresa outrora próspera se torna corrompida à medida que seus fundadores se afastam da atenção e da prática diligente necessárias para manter suas operações. Um casamento desmorona pelos mesmos motivos. Amizades não cultivadas também minguam ou se desfazem. Os planos mais bem elaborados, dos ratos ou dos homens, podem e muitas vezes saem dos trilhos — em parte, porque naturalmente tudo tende à degeneração entrópica e, em parte, porque podemos acelerar esse processo ao traçar propósitos inadequados ou não traçar propósito algum, como Mircea Eliade observa de maneira brilhante e precisa.

> A maioria dos mitos diluvianos parece de alguma forma fazer parte do ritmo cósmico: o "velho mundo", povoado por uma humanidade decaída, é submerso na Águas e, algum tempo depois, um "mundo novo" emerge do "caos" aquático. Num grande número de variantes, o dilúvio é resultado dos "pecados" (ou faltas rituais) dos seres humanos; às vezes ele resulta simplesmente do desejo de um Ser divino de acabar com a humanidade... as principais causas residem *ao mesmo tempo nos pecados dos homens e na decrepitude do Mundo.*[26]

Esse padrão de degeneração se manifesta, de modo inevitável, em todos os níveis de ordem, desde a psique até a nação — e até mesmo no nível hipotético do "meio ambiente" ou do mundo natural e pela mesma razão fundamental.

Noé, portanto, enfrenta, embora na maior escala possível (como convém a um gigante da antiguidade), aquilo que todos enfrentam o tempo todo em relação aos próprios planos e projetos pessoais, sejam eles bem ou mal concebidos e elaborados. Como ele lida com isso? Ele constrói a arca, é claro, para proteger a si mesmo, sua família e o mundo natural durante a catástrofe. No entanto, a solução oferecida por Noé não é, em última análise, tecnológica. O primeiro grande profeta e salvador pós-queda tem um caráter que lhe permite reunir as forças e os recursos necessários para construir a arca, convencer sua família da necessidade de fazê-lo e navegar a embarcação segura pelas terríveis tempestades que se seguiram. Isso significa que sua integridade vem em primeiro lugar e que sua habilidade técnica é algo subordinado a ela, da maneira e no lugar adequados, na "hierarquia celestial". Ao longo de nossa vida, todos fazemos o que Noé é chamado a fazer, com graus variados de comprometimento e sucesso. Em termos proximais, o caráter de Noé, e o nosso, é sua humildade, sabedoria, bondade e generosidade produtiva, bem como sua natureza acolhedora e encorajadora; mas, em termos distais, é a presença do espírito protetor e onisciente de Deus. Por definição. Era tão verdadeiro na época quanto é agora que tal caráter é, no nível mais profundo da realidade, o verdadeiro reflexo da imagem de Deus. É por essas razões que todas as pessoas admiráveis são, antes de tudo, dignas de admiração, mas também semelhantes em sua admirabilidade: todas incorporam algo profundo, necessário, criativo, ativo, sábio, verdadeiro e amoroso. Isso significa, na linguagem simbólica, que elas refletem de maneira mais autêntica a imagem de seu criador.

Por que a insistência, à primeira vista absurda, de que Noé é responsável não apenas pela sobrevivência de sua família e da humanidade, mas de todos os animais que habitam o mundo antes do dilúvio? Lembre-se, por um momento, de que Adão é chamado a servir como administrador do Jardim do Éden.[27] Essa é uma descrição de uma inevitabilidade. A vantagem cognitiva, psicológica ou espiritual que os seres humanos têm sobre todas as outras criaturas faz com que a própria existência de outras criaturas dependa cada vez mais da qualidade de nossas escolhas morais. Se não cuidarmos até mesmo da natureza selvagem — o ambiente cuja administração adequada hoje nos deixa tão obcecados —, seus vastos recursos, cuja presença pouco ou nada teve a ver conosco, se esgotarão rapidamente. Já eliminamos uma vasta gama de animais de tamanho semelhante ao nosso, que competiam conosco por recursos escassos, que nos predavam de maneira tola e, em última análise, contraproducente ou eram tentadoras fontes de alimento.

Isso ocorreu em escalas continentais e nos oceanos, e não é, de modo algum, um fenômeno limitado aos últimos poucos séculos ou algo que seja mera consequência moderna da tremenda expansão recente de nosso poder tecnológico. Os seres humanos chegaram ao hemisfério ocidental há, no máximo, vinte mil anos.[28] Dentro de poucos milênios, os grandes mamíferos outrora abundantes, que ocupavam aproximadamente o nicho humano (mastodontes e mamutes; tigres-dentes-de-sabre; preguiças-gigantes; gliptodontes, semelhantes aos tatus; leões-americanos e lobos-terríveis) haviam desaparecido.[29] O mesmo destino ocorreu com uma variedade de marsupiais na Austrália, embora em uma época mais distante, quando os humanos chegaram à região há cerca de cinquenta mil anos,[30] e, em uma época ainda mais distante, por tartarugas gigantes[31] e aves (sobretudo nas ilhas).[32] Esses fatos brutais e desalentadores zombam da presunção tola do bom selvagem, de Rousseau, segundo a qual povos menos avançados tecnologicamente ou até, em específico, não europeus, viviam em uma espécie de harmonia imutável e intocada com uma natureza igualmente imutável e primitiva.

Lanças e clavas, sobretudo quando manejadas por um grupo de caça cooperativo, são um avanço tecnológico radical o suficiente para que até predadores ferozes e habilidosos tenham poucas chances em longo prazo contra inimigos humanos. A situação em alto-mar é ainda mais grave: cerca de noventa por cento da população de grandes peixes predadores do Atlântico Norte, incluindo bacalhau, atum e peixe-espada, já havia sido reduzida até o final do século XIX devido à pesca predatória e a outras atividades humanas. Desde então, noventa por cento dos estoques remanescentes desapareceram.[33] Aonde quero chegar? *Sem homens com propósitos elevados, não há sequer animais.* A necessidade de uma preocupação moral apropriada (devidamente subjugada) com as criaturas não humanas é, portanto, ressaltada não apenas no comando original de Deus a Adão para cultivar, guardar, lavrar, cuidar, plantar e manter o jardim (Gênesis 2:15, de acordo com diferentes traduções), mas também nos preceitos semelhantes espalhados por todo o Antigo Testamento. Animais de carga, assim como os seres humanos, devem, portanto, ter um shabat (Êxodo 20:10); os já mencionados bois que "pisam o grão" não devem usar focinheira durante a tarefa, para que possam se beneficiar um pouco do próprio esforço, comendo enquanto trabalham (Deuteronômio 25:4; 1 Coríntios 9:9); e o homem justo é considerado aquele que "se importa com a vida de seu animal". Em contraste absoluto com o preceito de que "as ternas misericórdias dos perversos são cruéis" (Provérbios 12:10).

Os seres humanos são, portanto, responsáveis, para o bem ou para o mal, não apenas pela própria integridade individual e pela administração adequada do mundo social, mas também pelos animais, domésticos e selvagens, com os quais compartilham o planeta. Isso não significa, de maneira alguma, que os animais tenham direitos, uma vez que a existência de "direitos" depende da capacidade de reciprocidade, porém indica que devemos nos ater a um alto padrão ético em nosso relacionamento com outras criaturas, e que a própria sobrevivência delas depende, como mencionado, da sabedoria que empregamos inclusive em nossas escolhas pessoais. O ressurgimento de restrições de dieta baseadas em supostos fundamentos morais — dentre elas, destaca-se a prática do vegetarianismo — é uma consequência, ao menos em parte, dessa profunda necessidade ética, embora inadequada e limitada como solução para o problema derradeiro da conduta moral adequada ou até mesmo da administração apropriada. Por mais que seja verdade que "não é o que entra pela boca que contamina o homem, mas o que procede da boca, isso é o que contamina o homem" (Mateus 15:11), também é verdade que o sacrifício de algo vivo para garantir a continuidade de nossa sobrevivência é um ato que deveria ser consagrado ao mais alto propósito possível. Caso contrário, a consciência se manifesta, como aparentemente tem acontecido com um número crescente de consumidores movidos pela culpa e com os sacrificadores de segunda categoria.[34] No mundo moderno, está claro que é chegada a hora de confessarmos nossos pecados, nos arrependermos, aspirarmos ao mais elevado, dizermos a verdade e fazermos as difíceis ofertas necessárias. Em vez disso, insistimos em rezar em público e usar o nome de Deus em vão, atribuindo a nós mesmos uma motivação divina ao brandir publicamente cartazes e gestos de protesto e ao repetir slogans e clichês em prol do veganismo e de outras ideologias, movidos por inveja e ressentimento. "Ensinando como doutrinas os mandamentos dos homens" (Mateus 15:9) é, de fato, hipocrisia — portanto:

> E, quando tu orares, não sejas como os hipócritas; pois eles adoram orar em pé nas sinagogas e nas esquinas das ruas, para serem vistos pelos homens. Em verdade eu vos digo que eles já receberam a sua recompensa.
>
> Mas tu, quando orares, entra no teu quarto e, fechando a tua porta, ora a teu Pai que está em secreto; e teu Pai, que vê em secreto, te recompensará publicamente.
>
> Mas, orando, não useis de vãs repetições, como fazem os pagãos, pois pensam que por muito falarem serão ouvidos.
>
> Não vos assemelheis a eles; pois vosso Pai sabe do que tendes necessidade antes de lhe pedirem.
>
> *Mateus 6:5–8*

Não há diferença entre os modernos manifestantes profissionais, que exibem sua virtude moral como um bastão, e os fariseus que conspiraram para crucificar Cristo. Tudo isso faz parte da história eterna.

Deus, descontente com o estado pecaminoso do mundo, desapontado pelo afastamento cego e voluntário daqueles que deveriam ser Seus filhos, ordena a Noé, o homem sábio nas suas gerações, que construa uma enorme arca e coloque dentro dela:

> Tu e teus filhos, e tua mulher, e as mulheres de teus filhos contigo.

> E de toda coisa vivente de toda a carne, dois de cada espécie, tu trarás para dentro da arca, para guardá-los vivos contigo; eles serão macho e fêmea.
>
> De aves segundo a sua espécie, e de gado segundo a sua espécie, de toda coisa rastejante da terra segundo a sua espécie, dois de cada espécie virão a ti, para guardá-los vivos.
>
> *Gênesis 6:18–20*

E o dilúvio esteve sobre a terra por quarenta dias e quarenta noites, com chuvas torrenciais e elevação das águas; e tudo na superfície da terra é destruído:

> E as águas prevaleceram excessivamente sobre a terra; e todos os montes altos, que estavam debaixo de todo o céu, foram cobertos.
>
> Quinze côvados acima as águas prevaleceram; e os montes foram cobertos.
>
> E morreu toda a carne que se movia sobre a terra, tanto as aves, quanto o gado e os animais, e toda coisa rastejante que rasteja sobre a terra, e todo homem.
>
> *Gênesis 7:19–21*

Assim, Noé, o homem sábio que escuta a voz de advertência de Deus, constrói a arca que, pela eternidade, guia a ele mesmo, sua família, sua comunidade e até a própria ordem natural em meio às tempestades.

As tempestades prometidas e profetizadas duram os prototípicos quarenta dias e noites, mas o nível da água permanece elevado por quatro vezes esse período. Até que, finalmente, a ira divina é aplacada, os picos das montanhas reaparecem e o novo pacto é estabelecido. Após esse ressurgimento do mundo do caos aquático, Deus repete a Noé a ordem dada a Adão (Gênesis 1:28): "sejam frutíferos, e se multipliquem sobre a terra" (Gênesis 8:17; Gênesis 9:1). Em resposta, Noé inicia a habitação desse novo cosmos com um sacrifício aprovado (Gênesis 8:20), repetindo as ações apropriadas de Abel e renunciando às tentações de Caim. Isso significa que o primeiro profeta reconsagra o mundo a Deus, estabelecendo o propósito elevado como primordial, em contraste com a desorientação, a confusão, o hedonismo egoísta e a busca insana por poder que caracterizavam os descendentes do irmão fratricida, arrogante e ressentido. Como resultado, Deus jura não mais recorrer à vingança completa no futuro: "E o Senhor cheirou um aroma doce, e o Senhor disse em seu coração: Eu não amaldiçoarei novamente a terra por causa do homem; pois a imaginação do coração do homem é má desde a sua juventude. Tampouco eu ferirei novamente toda coisa vivente, como o fiz. Enquanto a terra permanecer, tempo de semeadura e de colheita, e frio e calor, e verão e inverno, e dia e noite não cessarão" (Gênesis 8:21–22). Assim, no presente e no futuro: *o sacrifício honesto do homem sábio e bom é o que eternamente evita o apocalipse.* Isso é igualmente válido nos níveis pessoal e social, tanto em questões micro quanto macrocósmicas.

Deus também aproveita a ocasião para lembrar aos seres humanos de sua imensa responsabilidade como administradores desse novo e renovado jardim, em paralelo à abundância simultaneamente oferecida: "E o temor de vós e o pavor de vós estará sobre todo animal da terra, e sobre toda ave do céu, sobre tudo que se move sobre a terra, e sobre todos os peixes do mar; em vossas mãos eles foram entregues. Toda coisa viva que se move será por alimento para vós; assim como a erva verde, eu vos tenho dado todas as coisas" (Gênesis 9:2–3). No entanto, a própria essência da vida deve ser reservada a Deus e não deve ser violada: "Mas a carne com a sua vida, que é o sangue dela, não comereis" (Gênesis 9:4). Isso parece significar algo como a preservação do devido respeito pelo dom ou até mesmo pela existência da vida; a alma da vida em si: "Embora o homem tenha permissão para consumir o corpo como alimento, visto que é apenas o receptáculo que contém essa vida, o dom em si deve retornar a Deus, e o sangue, como seu símbolo, deve ser tratado com reverência."[35] Parece ser uma repetição da ordem de não transgredir ou ir longe demais — uma proibição análoga à proibição de devorar o fruto da árvore do conhecimento do bem e do mal; um lembrete de que há algo que deve permanecer sagrado, mesmo em meio a todas as tentativas de se saciar.

Essa limitação é reforçada por outras restrições associadas: matar para obter alimento (desde que com a atitude sacrificial adequada) é moralmente permitido, mas o assassinato descuidado ou homicida deve ser distinguido e proibido. A Nova Versão Transformadora expressa esse preceito da seguinte forma:

"Exigirei o sangue de todo aquele que tirar a vida de alguém. Se um animal selvagem matar alguém, deverá ser morto; quem cometer assassinato, também deverá morrer. Quem tirar a vida humana, por mãos humanas perderá a vida. Pois Eu criei o ser humano à minha imagem" (Gênesis 9:5–6). Pode-se argumentar que isso também estabelece as precondições para uma guerra justa: apenas os conflitos genuinamente motivados pela tentativa de manter o pacto autossacrificial com o divino são justificados. Distinguir isso da crença de que "os fins justificam os meios" não é uma tarefa fácil, mas essa dificuldade não deve surpreender. Poucas coisas apresentam um desafio maior do que colocar a casa moral em ordem, especialmente no caso de conflitos armados. A natureza do novo pacto também é mais bem esclarecida:

> E Deus falou a Noé, e a seus filhos com ele, dizendo:
>
> E eu, eis que eu estabeleço meu pacto convosco, e com vossa semente depois de vós,
>
> E com toda criatura vivente que está convosco, das aves, do gado e de todo animal da terra convosco; de todos os que saem da arca, a todo animal da terra.
>
> E eu estabelecerei o meu pacto convosco; não será mais destruída toda carne pelas águas de um dilúvio, nem haverá mais dilúvio para destruir a terra.
>
> *Gênesis 9:8–11*

Ao final de tudo isso, Deus, sentindo-se satisfeito com Noé e seu sacrifício, coloca o arco-íris no céu. Esse é o símbolo perpétuo de que as tempestades se dissiparam e um sinal da permanência deste novo pacto:

> E Deus disse: Este é o sinal do pacto que fiz entre mim e vós, e toda criatura vivente que está convosco, para as gerações perpétuas.
>
> Eu ponho o meu arco na nuvem, e isto será por sinal do pacto entre mim e a terra.
>
> E acontecerá, quando eu trouxer uma nuvem sobre a terra, que o arco será visto na nuvem.

> E eu lembrarei o meu pacto, que está entre mim e vós e toda criatura vivente de toda a carne; e as águas não mais se tornarão um dilúvio para destruir toda a carne.
>
> *Gênesis 9:12–15*

O arco-íris é o espectro completo implícito na unidade transcendente e celestial da luz branca do sol. Representa a comunidade idealmente subordinada, que é a integração da diversidade daqueles que a compõem em singular harmonia entre o presente, em equilíbrio com o futuro, e o indivíduo, em equilíbrio com a sociedade. Além disso, é ao mesmo tempo a interação entre o celestial — a luz do sol oferecida de cima — e a água, que também é caos, o *tohu va bohu* ou *tehom*, e a fonte do potencial da qual o mundo emerge. É o equilíbrio entre a ordem, ou o princípio da ordem — a possibilidade de iluminação ou o esclarecimento em si —, e o mundo natural, significando a integração perfeita da vontade divina com o mundo material. O arco-íris é, de todas essas maneiras, um símbolo complexo e altamente apropriado do recém-renovado pacto.

4.4. O filho infiel condenado à servidão

A história de Noé agora sofre uma reviravolta surpreendente. Após sair da arca, Noé, seus filhos e suas filhas imediatamente se põem a trabalhar (o que reflete e ecoa os sacrifícios de Noé). Noé, que é "um lavrador" (Gênesis 9:20), planta uma vinha, prepara vinho e, de maneira um tanto descuidada, acaba embriagado — embora, sem dúvida, ele tenha acabado de passar por muita coisa. Ele acaba estirado, nu, dentro da privacidade de sua tenda após essa celebração excessiva. Um de seus filhos, Cam, aproveita a oportunidade para tratar o pai com desprezo em seu momento de vulnerabilidade e fraqueza. Ele passa pela tenda de Noé, que está aberta, e observa sua nudez. Esse ato já constitui uma violação, sobretudo de privacidade, mas Cam imediatamente agrava seu erro. Ele se deleita de maneira invejosa e arrogante com a revelação da imperfeição demasiada humana de seu grande pai, como evidenciado pela fofoca e pela tentativa narcisista de manchar a reputação de Noé ao contar o fato aos seus irmãos: "E Cam, o pai de Canaã, viu a nudez de seu pai, e contou a seus dois irmãos que estavam fora" (Gênesis 9:22). O que Cam viu é descrito por meio da palavra hebraica עֶרְוָה:

> Que significa tornar-se nu, de uma raiz afim (עָרֹם) à qual vem o termo expressivo da nudez de Adão e Eva depois de comer o fruto proibido (Gênesis 3:7). O pecado de Cam — "não uma transgressão insignificante e não intencional" (Von Bohlen) — obviamente não estava em ver o que talvez ele possa ter encontrado inesperadamente, mas (1) em regozijar-se perversamente do que viu, que, considerando quem era o homem vencido pelo vinho — "o ministro da salvação dos homens e o principal restaurador do mundo" — a relação em que ele se encontrava com Cam — a de pai — a idade avançada à qual ele chegara agora, e os anos relativamente maduros do próprio Cam, que tinha "já mais de cem anos", deveria tê-lo enchido de sincera tristeza; *sed nunquam vino victum pattern filius risisset, nisi prius ejecisset animo illam reverentiam et opinionem, quae in liberis de parentibus ex mandato Dei existere debet.* [Mas um filho nunca teria zombado de um pai vencido pelo vinho a menos que, antes disso, tivesse expulsado de sua mente a reverência e o respeito que, conforme o comando de Deus, os filhos devem ter por seus pais.] (Lutero)[36]; e (2) em relatar isso, sem dúvida com um propósito malicioso, a seus irmãos ["e contou a seus dois irmãos que estavam fora"], possivelmente convidando-os a vir e ver a vergonha do pai.[37]

É por essas razões que Cam é considerado pela tradição como o progenitor dos cananeus — os descendentes de Caim, caracterizados no corpus bíblico como um povo eternamente idólatra e moralmente corrompido, sobre o qual Deus concede domínio aos israelitas. Esse subenredo narrativo e sua caracterização transmitem uma lição severa: os filhos (descendentes, físicos e espirituais) daqueles que não têm respeito pelos pais serão governados, de maneira inevitável e justa, pela prole daqueles que honram e reverenciam adequadamente a mãe e o pai, os ancestrais e as tradições. É fácil para os indivíduos modernos, conceitualmente confusos, interpretarem esse aviso como "preconceito arbitrário contra os cananeus", com base em um sentido moderno de preconceito. No entanto, isso não diz nada, ou muito pouco, sobre os antigos israelitas, mas revela muito sobre a confusão ideológica da mente moderna.[38]

A ideia de que o desprezo pela tradição, parental ou não, será punido severamente remete, mais uma vez,[39] à *Enuma Elish*, a narrativa dos deuses mesopotâmicos primordiais, contra os quais o grande dragão fêmea do caos, Tiamat, reúne suas poderosas forças. São esses primeiros filhos — os espíritos rebeldes, por assim dizer, do próprio instinto primordial — que, de maneira inconsequente e arrogante, matam Apsu, o espírito da ordem habitável, e tentam viver de maneira ingrata e improdutiva sobre seu cadáver. Esse regicídio, essa inversão parasitária da estrutura social, esse desprezo pelo sacrifício ancestral, resulta em um terrível castigo sobre a prole desobediente de Tiamat. Todos os horrores da existência se alinham contra eles na forma de demônios e monstros de todos os tipos. Isso é, sem dúvidas, o equivalente metafórico a um dilúvio. Olhar com desprezo para a nudez ou a vulnerabilidade de seu pai é, ao mesmo tempo, despertar o eterno dragão do caos e provocar a ira vingativa de Deus. Assim, a ingratidão se aproxima perigosamente do pecado capital e desmedido do orgulho luciferiano.

Os irmãos de Cam, de maneira justa e sábia, se recusam a participar da zombaria, optando por demonstrar o respeito apropriado à tradição que acabara de guiá-los pelo cataclismo, e o fazem em um momento em que a vulnerabilidade e a propensão ao erro do portador dessa tradição se revelam da maneira mais clara e elementar possível: "E Sem e Jafé tomaram uma capa, e a puseram sobre os seus ombros, e viraram para trás, e cobriram a nudez de seu pai; e suas faces estavam viradas para trás, e eles não viram a nudez de seu pai" (Gênesis 9:23). É um grave erro julgar alguém (pior ainda, desprezá-lo) apenas com base em seu comportamento nos momentos de fraqueza. Qualquer pessoa, viva ou morta, julgada dessa forma acabaria condenada. Além disso, toda gratidão pelas dádivas herdadas daqueles que viveram no passado desapareceria. Essa gratidão necessária — essencial para manter o espírito produtivo do passado vivo — seria substituída, de maneira negligente, por uma atitude de virtude relativa completamente imerecida e narcisista: "Nós, no mundo moderno, estamos acima de tudo isso." Assim proclamam os profanadores de estátuas e monumentos[40] e, cada vez mais, de grandes obras de arte.[41]

Para reiterar, esse desdém negligente e essa presunção arrogante equivalem ao assassinato de Apsu, cometido pelos inconsequentes deuses primogênitos do antigo mundo mesopotâmico há muito desaparecido. O caos desencadeado por esse evento, de acordo com o relato mítico, não é menos ameaçador após a traição de Cam. O contraste entre a reação de Cam à evidência da imperfeição de seu pai e a reação de Sem e Jafé carrega uma importância determinante e de longo prazo.

> E Noé despertou de seu vinho, e soube o que seu filho mais novo havia feito a ele.
>
> E ele disse: Amaldiçoado seja Canaã; servo de servos ele será para seus irmãos.
>
> E ele disse: Abençoado seja o Senhor Deus de Sem; e Canaã será o seu servo.
>
> E Deus alargará Jafé, e ele habitará nas tendas de Sem; e Canaã será o seu servo.
>
> *Gênesis 9:24–27*

Alguém que despreza a própria tradição e se apropria de uma versão moral relativa e imerecida dela não consegue, ao mesmo tempo, encarnar essa tradição, muito menos sua melhor forma. Quando essa personificação é essencial para o sucesso presente ou futuro (e ela é necessária, na medida em que a tradição tenha de fato transmitido o espírito e a prática adequados para uma adaptação abrangente), a falha em manifestá-la resultará em um fracasso relativo. Assim, os herdeiros espirituais do filho desleal de Noé, Cam, caracterizado pelo desprezo negligente ante a fraqueza percebida do pai, sempre acabarão em segundo lugar — ou pior, como verdadeiros servos, ou até mesmo escravizados, daqueles que mantêm a atitude adequada, sobretudo em relação ao devido respeito filial. Isso não significa que Sem e Jafé sejam ingênuos em suas atitudes e ações para com o pai: eles reconhecem o estado decaído em que ele se encontra, mas manifestam respeito, independentemente disso. Trata-se de algo parecido com a capacidade de separar adequadamente o trigo da palha, como descrito em Mateus 3:12 — algo semelhante a estabelecer uma relação filial sábia e responsável com o espírito do Pai e com o passado. Nem tudo o que pertence ao passado precisa ser mantido no presente; o reconhecimento das falhas paternas pode surgir ao longo do amadurecimento do filho — mas uma atitude fundamental de reverência deve ser preservada. Esse é um princípio que todos devemos reaprender nestes dias de desculpas hipócritas e orgulhosas pelos pecados do passado, reais e imaginários: "Honra a teu pai e a tua mãe, para que se prolonguem os teus dias na terra que o Senhor teu Deus te dá" (Êxodo 20:12).

Noé vive muitos anos dessa forma — e, de maneira implícita, exatamente por essa razão —, embora tal destino também seja digno de um "homem de renome": "E Noé viveu, depois do dilúvio, trezentos e cinquenta anos. E todos os dias de Noé foram novecentos e cinquenta anos, e ele morreu" (Gênesis 9:28–29). Seu exemplo, assim como o de Abraão, o próximo grande profeta, estabelece o padrão apropriado de ser para aqueles que seguem o espírito de Deus, manifestado sobretudo por meio do pai, sábio em suas gerações. Esse é o padrão característico dos descendentes de Sem (assim como de Abraão) e de Jafé, os verdadeiros herdeiros de Sete e do espírito apropriado de sacrifício, reverência e adoração, que se espalharam pelas terras: "Por estes, foram divididas as ilhas dos Gentios nas suas terras, cada qual segundo a sua língua, segundo as suas famílias, entre as suas nações" (Gênesis 10:5). Traduções alternativas enfatizam a destreza marítima desses descendentes, ressaltando sua adaptabilidade e a tendência a se disseminar de maneira eficaz: "Deles procedem os povos marítimos, os quais se separaram em seu território, conforme a sua língua, cada um segundo os clãs de suas nações" (Nova Versão Internacional); "Os descendentes destes tornaram-se povos marítimos, conquistando terra além-mar, formando nações, cada uma com a sua língua diferente" (O Livro). Enquanto isso, os filhos de Cam são considerados aqueles "que ocupam o segundo lugar".[42] Tudo isso reforça o argumento de que o padrão de sucesso que caracteriza os filhos fiéis, corajosos e de aspiração elevada de Sete deve estar fundamentado no respeito tanto pela tradição em sua forma humana quanto pelo espírito, ou Palavra, cuja manifestação eternamente dá origem a essa tradição.

5

A Torre de Babel: Deus versus Tirania e Orgulho

5.1. Lúcifer e os engenheiros

Os primeiros construtores de cidades, fabricantes de instrumentos musicais e armas de guerra da Bíblia — os indivíduos que buscam soluções tecnológicas — são, de maneira significativa, os filhos de Caim. Esse fato está claramente expresso no texto e é uma verdade temática, na medida em que a busca por tecnologia empreendida por esses construtores constitui tanto um substituto para o esforço ético adequado quanto uma forma de adoração ao intelecto. Eles são os engenheiros, construtores e habitantes da eterna Babilônia, a cidade dos orgulhosos e presunçosos.

Alguns dos maiores edifícios construídos pelas primeiras civilizações tinham a forma arquitetônica de um zigurate, uma pirâmide escalonada. Zigurates eram comuns no antigo Oriente Próximo,[1] mas também surgiram em outros lugares, especialmente na América Central.[2] Um zigurate se eleva ao céu, degrau por degrau, de uma maneira que remete a uma hierarquia.

Na verdade, formas semelhantes aos zigurates, ou piramidais, são utilizadas no mundo moderno por designers gráficos que desejam ilustrar relações de dependência hierárquica.[3] Os zigurates tinham funções práticas, servindo como locais de sacrifício ou outros rituais sagrados, muitas vezes associados aos complexos de templos centrais das cidades antigas e abrigando várias atividades econômicas e administrativas. No entanto, eles eram originalmente monumentos à grandeza ou grandiosidade de determinado governante ou, em uma interpretação mais generosa, de sua sociedade. Quanto mais alto o zigurate, maior era o prestígio do potentado e, por inferência, mais intimidador o governo.

Os egípcios dedicaram vultosos recursos à construção de suas pirâmides, com design e finalidades parecidas aos dos zigurates, em uma tentativa semelhante de elevar o status de seus faraós a níveis quase divinos. Na medida em que a forma piramidal era um tributo à ideia de hierarquia divina — com o topo dourado representando o olho vigilante que coroa qualquer estrutura hierárquica simbólica devidamente organizada —, talvez essas obras majestosas tivessem uma justificativa mais profunda e altruísta. Sob essa perspectiva, as pirâmides constituem uma expressão arquitetônica primitiva da busca por Deus, uma ambição que ressurge milênios mais tarde nas grandes catedrais do final da Idade Média e da Renascença tardia. Mircea Eliade descreve a arquitetura como uma ponte para os céus:

> Quanto à assimilação dos templos às Montanhas cósmicas e à sua função de "ligação" entre a Terra e o Céu, testemunham-no os próprios nomes das torres e dos santuários babilônios: chamam-se "Monte da Casa", "Casa do Monte de todas as Terras", "Monte das Tempestades", "Ligação entre o Céu e a Terra" etc. A ziqqurat era, propriamente falando, uma Montanha cósmica: os sete andares representavam os sete céus planetários; subindo-os, o sacerdote ascendia ao cume do Universo... Mas é ainda em Babilônia que se fazia a ligação entre a Terra e as regiões inferiores, porque a cidade havia sido construída sobre bâbapsú [*baba psi*], "a Porta de Apsü", designando apsâ [*apsu*] as Águas do Caos anterior à Criação. Encontra-se

> a mesma tradição entre os hebreus: o rochedo do templo de Jerusalém penetrava profundamente o tebôm [*tehom*], o equivalente hebraico de apsú [*apsu*].[4]

No entanto, se, em vez disso, os esforços de toda uma sociedade fossem dedicados à celebração do ego de determinado governante ou povo, a construção de um zigurate ou pirâmide poderia degenerar patologicamente em adoração a um falso deus — substituindo o ideal divino funcional e integrador por algo imediato, egoísta, arrogante, orgulhoso e sedento de poder.

Uma construção babilônica específica — uma torre gigantesca e escalonada dedicada ao deus Marduk — é, muitas vezes, citada como a origem da ideia para a Torre de Babel na Bíblia, como explica o estudioso bíblico polonês-belga, Edward Lipiński: "A história da Torre de Babel talvez tenha sido inspirada pelo Etemenanqui da Babilônia, descrito por Heródoto e Beroso, e pela Torre de Borsippa, o templo-torre do deus Nabu."[5] O Etemenanqui foi construído no século VI A.E.C. pelo rei Nabucodonosor II,[6] um governante que pretendia reconstruir a cidade de Babilônia como um símbolo de seu poder e de sua autoridade. Visto que foi erguido para glorificar Marduk, o triunfante rei dos deuses, símbolo da visão e das palavras mágicas da verdade (como aparentemente era seu propósito[7]), esse zigurate ilustrava algo mais próximo de uma hierarquia monoteísta. Porém, na medida em que sua construção contribuía para a glória de Nabucodonosor II, era também uma expressão de presunção narcisista.

A história da Torre de Babel pode ter sido influenciada por um corpus de mitos do Oriente Próximo que apresenta tentativas fracassadas de alcançar, violar ou invadir os céus, e parece "notavelmente semelhante" ao mito mesopotâmico de Enmercar e o senhor de Aratta, que descreve uma torre amaldiçoada pelos deuses.[8] Esse conto, parte do poema épico sumério *Enmercar e o Senhor de Aratta*, datado do século XXIII A.E.C., retrata um rei que aspirava estabelecer seu domínio sobre outras cidades e nações. Assim, ele construiu uma estrutura imponente que alcançaria os céus, acreditando que essa torre serviria como símbolo de seu poder e de sua autoridade, e permitiria a comunicação com os deuses. O senhor de uma cidade vizinha chamada Aratta obrigou seu povo a construir um edifício ainda mais alto, acreditando que com isso ficaria mais próximo dos deuses do que o rei Enmercar. Os deuses, enfurecidos pelo orgulho e pela arrogância dos dois reis, confundiram seus idiomas e os espalharam pela terra, impedindo-os de concluir as torres.[9]

Ao que parece o relato da Torre de Babel também foi influenciado por rivalidades políticas e religiosas entre diferentes cidades-estados mesopotâmicas. O proeminente estudioso holandês Karel van der Toorn sugere que "a história pode refletir uma severa crítica à Babilônia e às suas ambições na planície sul da Mesopotâmia".[10] Claro que os antigos hebreus poderiam ter motivações políticas para escolher a metáfora da Babilônia como um emblema do orgulho desmedido dos impérios baseados no poder, assim como os primeiros cristãos escolheram a cidade de Roma para desempenhar papel semelhante.[11] Contudo, isso não muda o fato de que a história da Torre de Babel tenta, em sua essência, explorar a natureza e os perigos de algo mais profundo do que o espírito de uma única cultura autoritária — em vez de ser uma crítica à Babilônia ou a qualquer outro império. A narrativa não é política — e, ainda que fosse, seria apenas pano de fundo para um significado maior ou mais profundo. O mesmo pode ser dito de muitas narrativas bíblicas que mencionam sociedades ou até pessoas específicas: elas devem ser vistas como modelos ou padrões, nos quais algo específico e identificável é usado apenas para caracterizar uma verdade mais profunda.

Como esse objetivo é alcançado na história em questão? A resposta pode ser abordada de múltiplas perspectivas. Em primeiro lugar, as palavras Babel e Babilônia estão claramente relacionadas em termos de etimologia e geografia, derivadas, possivelmente, da palavra acádia *Babili(m),* que significa "porta do deus".[12] O nome Babel, por outro lado, está relacionado com a palavra Babilônia *[Babili(m)],* mas também pode ter sido derivado ou influenciado pela raiz hebraica *balal* (בָּלַל), que significa "confundir" ou "misturar". A conexão entre os termos *Babili(m)* e Babel aparentemente é um resultado de adaptação ou empréstimo linguístico ao longo do tempo. É provável que a palavra hebraica Babel reflita a pronúncia semítica do termo acadiano *Babili(m).* A narrativa bíblica conecta a cidade de Babilônia com a torre de Babel, sugerindo que Babilônia foi construída no mesmo local onde se tentou erguer a torre. A tentativa de construir a torre foi um sinal de arrogância e rebelião dos humanos contra Deus.

Deus puniu os construtores — assim como no caso de *Enmercar e o Senhor de Aratta* —, tornando impossível que eles se entendessem e destruindo a unidade de sua sociedade. É possível perceber, com base nessa etimologia, que "Babel" representa muitas coisas: o império e as presunções do império; a arrogância aliada ao poder tecnológico; a confusão que prevalece quando os objetivos da psique e da sociedade se desviam.

Embora os primeiros construtores de cidades sejam os descendentes de Caim, a tradição afirma que a cidade de Babilônia, especificamente, foi fundada por Ninrode, em um ato de desafio arrogante contra Deus.[13] Ninrode é descendente direto de um dos filhos de Noé, Cam, que zombou ao ver a nudez do pai e cujos descendentes foram, como consequência, amaldiçoados com o fracasso e a servidão (Gênesis 9:20–27). A Babilônia é, portanto, não apenas a cidade do império arrogante, mas também o lar prototípico do filho que não respeita o pai e que, portanto, se coloca em uma posição de superioridade moral imerecida. Ninrode é descrito no texto bíblico com termos que lembram ou indicam aqueles que buscam o poder pelo poder, tais como "que se tornou um dos senhores mais poderosos da terra" (Gênesis 10:8, O Livro), "o primeiro homem poderoso na terra" (Nova Versão Internacional), ou "o primeiro grande conquistador do mundo" (Nova Tradução na Linguagem de Hoje). Assim, a ideia de orgulho excessivo, poder e desejo de conquista está ligada, por meio da metáfora de sua ancestralidade, à construção de cidades e ao empreendimento tecnológico, e mais precisamente à fundação da cidade de Babilônia.

A história da Torre de Babel é, em sua essência, uma reinterpretação das constantes tentações e perigos da arrogância — um alerta contra a acentuada propensão da humanidade para o orgulho e a ambição equivocada. Adverte contra as tentações do intelecto luciferiano: o desejo, manifestado de maneira evidente em Adão, Eva e Caim, de extrapolar o devido lugar humano, definir o bem e o mal por conta própria e se colocar no lugar mais elevado — por meios que não envolvem a identificação com Deus e a submissão à ordem moral intrínseca, preestabelecida e eterna. Ao construir uma torre que "possa alcançar o céu", os engenheiros e construtores de Babel, ou Babilônia, e seus governantes e Estados associados, não visavam exaltar o nome de Deus, mas os próprios nomes. Em seu orgulho, reivindicaram a divindade e ultrapassaram os limites que os mantinham devidamente inseridos na verdadeira ordem cósmica e metafísica. Tudo isso reflete a eterna aliança entre o espírito tirânico e o impulso pelo autoengrandecimento intelectual e técnico. Os construtores equivocados e fatalmente presunçosos da torre catastrófica buscavam obter poder sobre o ambiente — psicológico, social, natural e metafísico — e dominá-lo por motivos puramente egoístas.

Nesse sentido, é instrutivo compreender que Caim, que convidou o espírito luciferiano a habitar dentro de si, é também explicitamente descrito no texto bíblico como o primeiro a edificar uma cidade (Gênesis 4:17), além de ser o precursor daqueles que fabricaram diversos artefatos tecnológicos, incluindo tendas (Jabal), instrumentos musicais (Jubal) e ferramentas e armas de metal (Tubalcaim) (Gênesis 4:21–22). Assim, os engenheiros, em geral, e os construtores da Torre de Babel, em particular, são retratados como descendentes espirituais de Caim, que se orgulham de suas criações e de seu domínio sobre o mundo físico, ignorando a hierarquia espiritual e as limitações estabelecidas pelo divino. Esse desrespeito pela ordem divina superior gera, de modo inevitável, desordem e caos, como evidenciado na confusão de idiomas criada quando a Torre de Babel desaba.[14] O significado da história vai além de sua compreensão tradicional e simplista como uma teoria primitiva sobre a origem das diversas línguas.[15] A crença arrogante no poder da tecnologia e, em um contexto mais profundo, a presunção de que o intelecto técnico deve governar até mesmo sobre a divindade corrompem a psique e o Estado de tal forma que até as palavras nessa sociedade perdem o significado — um significado que só existe se for compartilhado; que só existe em relação a um ponto de referência universal.

A desintegração surge à medida que até a unidade implícita, que confere inteligibilidade às palavras, é destruída pelas consequências desencadeadas pela degeneração da ordem adequada de entendimento. É exatamente o que está acontecendo em nossa sociedade atualmente — uma sociedade cada vez mais incapaz de concordar sobre o significado dos referentes mais fundamentais, sendo as palavras *homem* e *mulher* os exemplos mais notáveis.[16] O desvio do objetivo destrói o propósito que une as pessoas em competição e cooperação pacíficas e produtivas, tornando impossível que cada uma compreenda o que a outra está fazendo. Para terem utilidade, as palavras precisam estar inseridas em uma estrutura de significado compartilhado. Elas devem permanecer como ferramentas empregadas para a mesma tarefa; peças de um mesmo jogo (assim como observou o filósofo Ludwig Wittgenstein com muita pertinência[17]). Isso não significa que a potencial catástrofe eternamente latente da Torre de Babel *seja, por si só, uma indicação da patologia do intelecto e de sua busca.* Não se trata de um convite tolo ao ludismo reacionário e irrefletido. Em sua forma pura e devidamente humilde, a inteligência que leva à maestria técnica pode e deve ser um reflexo eminente do Logos, uma faculdade que deve ser considerada a maior dádiva concedida pelo Criador ao homem.

Em vez disso, a catástrofe totalitária e presunçosa se manifesta nas terríveis consequências que emergem de maneira inevitável quando o espírito desse intelecto se desvia de maneira grave e assustadora. É por isso que Lúcifer — e até o próprio Satanás — foi tradicionalmente considerado, sobretudo por Milton, como o anjo mais elevado, mas também o mais desviado da hierarquia celestial de Deus ("dentre a horda de Anjos já fora o mais brilhante, mais até do que a estrela entre as estrelas").[18] Esse espírito de iluminação é a faculdade mais valiosa imaginável ou mesmo possível quando permanece em seu devido lugar — o verdadeiro portador da luz —, mas é o pior de todos os mestres quando tenta reinar supremo. O desenvolvimento da civilização, do intelecto e da tecnologia — em suma, o progresso — não deve ser considerado inerentemente pecaminoso ou maligno. Ele se torna assim apenas quando é tratado como o caminho supremo para o futuro — ou, ainda pior, quando a oferta desse caminho é feita de maneira que eleva falsamente o status daqueles que o apresentam. Esse é o esforço do engenheiro ou construtor para ser adorado como o impulsionador do progresso criativo em si, que tenta impressionar e dominar e, quando tais tentativas falham, busca a vingança dos injustamente desprezados (ecos de Caim). Isso não é diferente da tentativa de usurpar o trono de Deus e é uma reinterpretação do pecado central do homem, tal como na queda de Adão. Não há maior pecado de orgulho imaginável.

Há algo mais a ser considerado nesse padrão aberrante de concepção e propósito babilônicos, algo sutil, onírico, encapsulado apenas em forma poética e passível de escapar de uma observação ou compreensão fácil. Para compreender plenamente esse significado, é necessário considerar as descrições mais extensas da Babilônia e de seus habitantes, tanto homens quanto mulheres. O abuso do poder tecnológico, como documentado na história da Torre de Babel, pode ser apropriadamente considerado uma inclinação masculina. No entanto, existe uma contraparte feminina. Isso é inevitável, pois, quando as coisas desmoronam do lado masculino, há necessariamente uma deterioração ou perversão correspondente do lado feminino, já que os dois sexos estão unidos em seu desenvolvimento, atitudes, padrões de atenção e ações. Como poderia a cidade que coloca o pior espírito no lugar mais alto — elevando a verdadeira e misteriosa "abominação desoladora" (Daniel 9:27; Daniel 11:31; Daniel 12:11; Mateus 24:15) — não ser também habitada pelos degenerados do mundo feminino? Como essa cidade poderia permanecer imune à influência do próprio espírito dessa degeneração?

A chave para entender a natureza do declínio feminino ao caos no texto bíblico está na identificação do tema comum, que unifica e contextualiza os habitantes da Babilônia — a cidade degenerada que também é a morada da matriarca de todas as meretrizes: "E a mulher estava vestida de púrpura e escarlate, e adornada com ouro, e pedras preciosas e pérolas; tendo um cálice de ouro em sua mão, cheio das abominações e imundícias da sua fornicação. E sobre sua testa havia um nome escrito: Mistério, Babilônia a Grande, a Mãe das Prostitutas e Abominações da Terra" (Apocalipse 17:4–5). Afinal, todas as pessoas que habitam a gigantesca, porém falsa, edificação se tornam incapazes de se comunicar — tanto os homens quanto as mulheres. O que acontece quando o patriarcado se degenera e perde sua unidade, quando se deprecia e se torna pecaminoso? O matriarcado também perde seus propósitos mais elevados, fragmentando-se e regredindo, sujeitando-se às forças afins do poder e do hedonismo que surgem de maneira inevitável quando Deus, que deveria reinar supremo, morre, ainda que temporariamente.

A Prostituta da Babilônia é o espírito que se manifesta — e até mesmo é adorado — quando as mulheres utilizam o poder da sedução sexual como ferramenta de manipulação e favorecimento, visando à gratificação hedonista imediata. Essa degeneração da feminilidade na mercantilização do sexo é uma consequência inevitável da falha moral do lado masculino, embora não deva ser atribuída apenas aos homens. A propensão para que isso ocorra é análoga às tentações do intelecto luciferiano. A imensa atratividade sexual de mulheres saudáveis e bonitas é uma dádiva ou um talento que, assim como a inteligência, pode se desviar terrivelmente. Isso é ainda mais provável quando a comunidade masculina abandona suas responsabilidades, em especial a de seguir os ditames sagrados da monogamia — substituindo-a por prazer casual e pela adoração ao poder que torna tal prazer, ao menos temporariamente, mais acessível (ainda que só para alguns e, em última análise, de maneira insustentável e pouco confiável, até para eles). Isso não diminui a cumplicidade das mulheres: a tentação de ostentar e se beneficiar com o que é atraente, sejam quais forem as consequências futuras e sociais, é um marco claro e proeminente da manipulação e da imaturidade feminina. Os traços de personalidade da Tríade — ou Tétrade — Sombria descritos anteriormente em relação aos homens[19] também preveem, por exemplo, a propensão feminina a trocar sexo por recursos desejados (dinheiro, de maneira mais direta) ou a evitar a responsabilidade produtiva e geradora do casamento e da maternidade.[20]

Considerar a relação antitética, em termos simbólicos, entre a imagem da Prostituta da Babilônia e o ideal tradicional da natureza feminina ajuda a compreender melhor a degeneração de um Estado com propósito patológico. Esse ideal tradicional é, claro, a Virgem e a Criança. Uma sociedade que venera a primeira e renuncia à segunda compreende a feminilidade apenas em termos do inegável poder sexual bruto das mulheres (pois o trabalho que as mulheres podem realizar, na medida em que sejam capazes de substituir os homens, seja bem ou mal, as torna não exatamente mulheres, mas homens honorários). Em contraste, uma sociedade que venera a virgem eleva o status das mulheres que renunciam ao uso manipulativo e egoístico do poder de sua atratividade sexual. Aquela que estende essa celebração ao duo sagrado da mulher e da criança (uma atitude verdadeiramente madura) orienta-se para o longo prazo, visando relacionamentos comunitários estáveis que melhor atendem às crianças e satisfazem de maneira mais eficaz e madura as necessidades mais profundas de homens e mulheres, consideradas todas as circunstâncias.

O que significa "consideradas todas as circunstâncias" nesse contexto? Significa agir de uma forma que melhor assegure a integração e a estabilidade psicológica, como resultado do diálogo e da dança contínuos que caracterizam um casamento comprometido. Significa agir de uma forma que garanta e estabilize, da maneira mais completa, uma sociedade produtiva, pacífica e hospitaleira, na qual casais comprometidos servem como a base fundamental e necessária dessa sociedade. Em todos os arranjos alternativos, homens e mulheres se desviam — desintegram-se terrivelmente. A compreensão da feminilidade como relacional (a compreensão da mulher como inseparável, em um sentido fundamental, da criança — e, portanto, do marido) é um elemento crucial de uma sociedade funcional. Há todos os motivos para acreditar que, na ausência de tal conceituação, as psiques tanto do homem quanto da mulher falham em se desenvolver ou acabam se desintegrando. Isso significa que "mulher solteira" é uma categoria indesejável? Nem mais nem menos do que a de "homem solteiro".

Considere os seguintes comentários feitos pelo clérigo inglês e notável erudito bíblico Charles John Ellicott (1819–1905):

> Jeremias (Jeremias 51:7) chamou Babilônia de "copo de ouro na mão do Senhor". O cálice embriagou toda a terra; o cálice da embriaguez, esplêndido e atraente, estava cheio de um poder maligno, que roubava os sentidos dos homens e os degradava. A grande cidade do mundo sempre oferece uma taça tão brilhante, que "a maioria saboreia através do desejo intemperado afetuoso. Assim que a poção funciona, seu semblante humano, a semelhança expressa com os deuses, é transformado em alguma forma brutal".[21]

A referida "forma bestial" é a verdadeira identidade que se esconde atrás da máscara da superficial atração sexual monetizada no mundo atual, de tantas formas, todas produzidas, distribuídas e consumidas pelos filhos tecnológicos de Caim. O domínio total de tal pecado e a abrangência de sua natureza também são revelados nos textos pertinentes, de maneiras complexas. Primeiro, há a já mencionada associação entre Babilônia e a prostituição *em si*: a degradação e a exploração das mulheres (por outros e por elas mesmas), em especial no aspecto sexual, estão ligadas no corpus bíblico e, de maneira mais explícita, nos comentários, à ascensão do espírito orgulhoso e tecnocrático de Babel. Essa pode ser uma reflexão necessária em um tempo em que a tecnologia se aliou à prostituição de uma forma tão ampla e difusa que se tornou uma espécie de milagre perverso. Cerca de vinte e cinco por cento do tráfego total da internet envolve a disseminação de material pornográfico.[22] Isso é, sem dúvida, a subjugação do feminino ao hedonismo e ao interesse estritamente econômico mediada pela tecnologia e, em um âmbito mais profundo, a aliança da prostituta (ou seus equivalentes virtuais) com o terrível espírito de irresponsabilidade arrogante que caracteriza os construtores da eterna Babilônia. A possibilidade de amplo acesso a material pornográfico foi um dos fatores impulsionadores tanto para o desenvolvimento quanto para a adoção instantânea e entusiástica da internet.[23]

Como ressaltou Sigmund Freud, de modo tão necessário: nunca subestime o papel da motivação sexual na determinação do comportamento humano, não importa quão complexo ele possa parecer.[24] Nesse sentido, é relevante e, com certeza, não por acaso, que sejam justamente os engenheiros que se envolvem na tentativa desesperada de literalmente construir mulheres — as mesmas mulheres que, no mundo real, os rejeitam em razão de sua indesejabilidade, tão parodiada e de essência tão restrita, exacerbada por sua repulsiva e ressentida arrogância intelectual. São também os engenheiros que construíram os sistemas que levam as modernas prostitutas da Babilônia e seus prazeres de súcubo virtuais aos notebooks pegajosos dos "tecno-incels" que vivem em porões. Ellicott comenta sobre outra passagem relevante em Apocalipse 18:24:

> Não é apenas pela sedução que sua culpa é medida: suas mãos estão contaminadas com sangue: o sangue dos profetas, que testemunharam contra ela: de santos, cujas vidas santas eram um protesto contra seus pecados, e tão odiosas para ela... Babilônia, a cidade mundial, é fundada sobre esses princípios, cujo resultado lógico é a violência, o derramamento de sangue e a hostilidade ao mais alto direito: aqueles que morrem por suas mãos, poucos ou muitos, são a evidência de que toda a tendência de seu poder é contra a santidade e a verdade.[25]

Aqui também há ecos da acusação condenatória de Cristo contra aqueles que se elevam, exibindo uma falsa virtude, ao mesmo tempo que transgridem contra o espírito que afirmam incorporar:

> Ai de vós, escribas e fariseus, hipócritas! Porque edificais os túmulos dos profetas e enfeitam os sepulcros dos justos;
>
> E dizeis: Se existíssemos nos dias de nossos pais, não teríamos sido com eles cúmplices no sangue dos profetas.
>
> Assim, testificais contra vós mesmos, pois sois filhos dos que mataram os profetas.
>
> Enchei vós, então, a medida de vossos pais. [ou: Acabem, pois, de encher a medida do pecado dos seus antepassados! (Nova Versão Internacional)]
>
> *Mateus 23:29–32*

Os pecadores repreendidos por Cristo são aqueles que violaram, de maneira voluntária, o misterioso terceiro mandamento. ("Não tomarás o nome do Senhor teu Deus em vão; porque o Senhor não terá por inocente aquele que tomar o seu nome em vão" [Êxodo 20:7].) Como já discutido,[26] esse mandamento proíbe a reivindicação de virtude divina ou serviço a Deus quando a busca em questão é puramente egoísta; proíbe a subversão do que é mais elevado em algo que é astuto, manipulativo e instrumental. Assim como os fariseus transgridem contra o espírito de Deus que juraram defender, "matando" esse espírito — ou, metaforicamente, os profetas que transmitiram sua mensagem —, as ações da grande meretriz violam os princípios do espírito central unificador de tal forma que a metáfora apropriada é a de uma embriaguez assassina.

Esse é um alerta sobre o perigo da submissão da sexualidade a um "interesse próprio" estritamente econômico e ao prazer hedonista — e, de modo mais amplo, outro alerta (mais voltado aos engenheiros ou a outras mentes orgulhosas): não se envolva na ostentação (com frequência desdenhosa) de seu intelecto para atrair a fonte de prazer sexual, sobretudo o de curto prazo. Uma dica: isso raramente funcionará, de qualquer maneira. Por que, então, os homens recorrem a robôs sexuais projetados para "substituir as mulheres"[27] — as mulheres reais que, em sua seletividade hipergâmica, tendem a ser devastadoras para o orgulho masculino? Mulheres que, assim, acabam sendo as próprias agentes da autoconsciência aguda que caracteriza os homens mais desviados, desajustados e decaídos? O ressentimento provocado pela rejeição pode, e de fato leva, os homens ao assassinato e a coisas muito piores. A Torre de Babel é uma construção que contém muitos cômodos, cada um revelando homens e mulheres sob sua pior luz: a mesma luz que brilha de maneira tão sombria, como consequência direta da falsa adoração.

Qual é o significado completo dessa complexa teia de associações? Primeiro, que o empreendimento tecnológico/industrial pode ser impulsionado por um falso orgulho na maestria mecânica; segundo, que tal orgulho tende a aliar-se ao espírito de dominação, conquista e poder; terceiro, que a submissão do feminino (ou a aliança direta do feminino corrompido) a esse aliado é inevitável — e que tal submissão ou participação voluntária também representa um imenso perigo psicológico e social; quarto, e ainda mais profundo, que toda a empreitada da Torre de Babel está associada ao tipo de orgulho luciferiano que precede as quedas mais terríveis e devastadoras. É por essa razão que o corpus bíblico traz indícios da rebelião de Lúcifer, um espírito descrito no Livro de Jó não apenas como um anjo, mas como um verdadeiro "filho de Deus",[28] e da subsequente grande batalha no céu. Esse é o grande tema que permeia a tentação de Adão e Eva e, mais tarde, de Caim; do endurecimento do coração do Faraó e da propensão dos israelitas escravizados a perder a fé e se rebelar; do tormento de Jó; e das tentações do próprio diabo ao Cristo errante e faminto no deserto.

> Como caíste do céu, Ó Lúcifer, filho da manhã! Tu, que foste derrubado ao chão, que enfraqueces as nações!
>
> Porque tu tens dito em teu coração: Eu ascenderei em direção ao céu. Eu exaltarei meu trono acima das estrelas de Deus. Eu também sentarei sobre o monte da congregação, nos lados do norte.
>
> Eu ascenderei acima das alturas das nuvens. Eu serei semelhante ao Altíssimo.
>
> *Isaías 14:12–14*

A queda do espírito na presunção intelectual/técnica orgulhosa produz consequências psicológicas devastadoras — consequências que inevitavelmente transbordam para o social, o universal e o eterno. Muito se discutiu sobre esses indícios de cisão no reino divino. O grande poeta inglês John Milton fez da elaboração dessas ideias o principal projeto de sua vida, empenhando-se em retratar Lúcifer como o anjo mais elevado no reino celestial de Deus que, como vimos,[29] acabou se desviando de maneira terrível e se tornou o causador do inferno que ele próprio habita, junto com seus seguidores iludidos, como consequência de sua rebelião.[30] É com esse propósito que Milton detalha a relação, ou até mesmo a identidade, entre o espírito de Lúcifer e o portador do conhecimento mortal que condenou Eva e Adão no Jardim do Éden, associando esse espírito ao desejo orgulhoso de suplantar Deus:

> Julgava igualar-se ao Altíssimo,
> Se Ele se opusesse; e com ambição mirou
> Contra o Trono e a Monarquia de Deus
> Desencadeou ímpia Guerra no Céu e orgulhosa Batalha
> Em vã tentativa.[31]

Qual é a consequência? A concepção do inferno como morada eterna para Lúcifer e seus seguidores, definido como a distância do que é unificador e transcendente; como o lugar de terror, desesperança, confusão, conflito e miséria permanentes. Como alguém pode ler este grande poema e não pensar no espírito etéreo e arrogante que se manifestou de modo tão marcante nas catástrofes ideológicas do século XX?

> Ele, o Todo-Poderoso,
> Lançado precipitando-se em chamas do Céu Etéreo
> Com a horrenda ruína e combustão até
> A perdição sem fim, ali para habitar
> Em Cadeias Adamantinas e Fogo Punitivo,
> Aquele que ousou desafiar o Onipotente às Armas.

Nove vezes o espaço que mede o Dia e a Noite
Para os mortais, ele com sua horrenda horda
Jaz vencido, rugindo ao Abismo flamejante
Amaldiçoado, apesar de imortal: mas seu destino
O reservou a mais ira; pois agora o pensamento
Tanto da felicidade perdida quanto da dor eterna
O atormenta; ao redor ele lança seus olhos malignos
Que testemunharam enorme aflição e desespero
Misturados com orgulho obstinado e intenso ódio:

De imediato, tão longe quanto os Anjos podem ver, ele contempla
A sombria Situação, desolada e selvagem,
Uma Masmorra horrível, em todos os lados
Como uma grande Fornalha em chamas, mas dessas chamas
Não vem luz, mas, sim, uma escuridão visível
Que só serve para revelar cenas de aflição,

Regiões de tristeza, sombras tristes, onde a paz
E o descanso jamais habitam, a esperança nunca chega
A que chega a todos; mas a tortura sem fim
Sempre persiste, e um Dilúvio ardente, alimentado
Com Enxofre eternamente em chamas e inextinguível:
Tal lugar a Justiça Eterna havia preparado
Para os rebeldes, aqui sua Prisão ordenada
Na escuridão absoluta, e sua porção determinada
Tão distante de Deus e da luz do Céu
Quanto três vezes do Centro ao Polo mais extremo.[32]

Lúcifer significa "portador da luz" em latim — uma alusão à figura de Prometeu, que devolveu o fogo aos humanos. O intelecto luciferiano, assim, concede, ou ao menos promete, uma forma perversa de iluminação — uma paródia da genuína ou verdadeira iluminação. Milton explora as consequências psicológicas dessa atitude luciferiana:

Adeus, campos felizes
Onde a Alegria reside para sempre: Salve, horrores, salve
Mundo infernal, e tu, mais profundo Inferno
Recebe teu novo Habitante: aquele que traz
Uma mente que não pode ser transformada por Tempo ou Lugar.
A mente é seu próprio lar, e por si mesma
Pode fazer um Céu do Inferno, um Inferno do Céu.[33]

O poeta descreve, ainda, a motivação que tal estado psicológico inevitavelmente produz em relação ao comportamento social e ao mundo mais amplo:

Fazer o bem nunca será nossa sina,
O mal sempre será nosso único deleite,
Contrariando a vontade divina daquele
A quem resistimos. Se sua Providência
Do mal sempre tenta extrair o bem,
Nosso trabalho deve ser perverter esse fim,
E, a partir do bem, ainda encontrar meios para o mal.[34]

Assim como o ímpeto ressentido e fratricida de Caim se expande para incluir e, em seguida, condenar o mundo todo, o impulso luciferiano, manifestado na cidade de Babilônia, condena a si mesmo e a todos que o acolheram à condenação e à destruição:

E ele gritou poderosamente com uma forte voz, dizendo: Babilônia, a grande, caiu, caiu e se tornou habitação de demônios, e o antro de todo espírito imundo, e gaiola de toda ave imunda e odiável.

Porque todas as nações beberam do vinho da ira da sua fornicação, e os reis da terra cometeram fornicação com ela; e os mercadores da terra se enriqueceram pela abundância de suas iguarias.

Apocalipse 18:2–3

O conhecimento contido em nossas narrativas dramáticas indica, ao menos, nossa compreensão implícita ou provisória desse espírito de intelecto ferido e arrogante. Assim, a questão a ser considerada é até que ponto nossa incapacidade de entendê-lo de modo pleno e explícito é resultado de uma cegueira voluntária em vez de mera ignorância. De fato, a natureza desse espírito atormentado é amplamente retratada na literatura e no entretenimento popular. Johann Wolfgang von Goethe, o grande autor alemão de *Fausto* (*Fausto* [1808]; *Fausto* II [1832]), talvez forneça o exemplo mais famoso do início da era moderna. *Frankenstein ou o Prometeu Moderno* (1818), de Mary Shelley, que apresenta Victor Frankenstein como o avatar do intelecto luciferiano, é aproximadamente da mesma época. *Admirável Mundo Novo* (1932), de Aldous Huxley, escrito mais de cem anos depois — e que ainda parece muito atual — também explora temas relacionados ao feminino corrompido (na distopia futurista de Huxley, as atitudes sexuais são tão permissivas que qualquer objeção à promiscuidade casual se tornou socialmente inaceitável). O clássico *1984* (1949), de George Orwell, talvez seja o exemplo literário mais famoso do pesadelo distópico luciferiano/babilônico do século XX.

Na mesma linha, considere os inúmeros filmes distópicos do século passado: *Metrópolis* (1927), *Blade Runner - O Caçador de Androides* (1982), *Robocop - O Policial do Futuro* (1987), *Minority Report - A Nova Lei* (2002), *Ex Machina: Instinto Artificial* (2015) e, o exemplo mais notório e explícito, a saga *O Exterminador do Futuro*, que inclui: *O Exterminador do Futuro* (1984), *Exterminador do Futuro 2: O Julgamento Final* (1991), *Exterminador do Futuro 3: A Rebelião das Máquinas* (2003), *Exterminador do Futuro: A Salvação* (2009), *Exterminador do Futuro: Gênesis* (2015), e *Exterminador do Futuro: Destino Sombrio* (2019). Curiosamente, é em parte a demanda por uma representação realista de tais cenários apocalípticos luciferianos e suas paródias que impulsiona o mercado por maior poder computacional. Os notebooks que usamos para tarefas relativamente mundanas, como processamento de texto, manipulação de planilhas, gerenciamento de vídeo online e buscas na internet, não requerem a vasta capacidade computacional dos chips mais avançados do mundo. Porém, o desejo de produzir mundos fictícios renderizados com cada vez mais realismo — tanto em jogos quanto em filmes — é uma parte significativa do incentivo econômico que mantém vivo e próspero esse aspecto da atual revolução tecnológica.[35] Usamos nossas máquinas mais avançadas para nos alertar — ao mesmo tempo que nos entretêm — sobre o perigo dessas mesmas máquinas avançadas. Talvez essa seja mais uma ironia cruel.

Todo esse cenário, factual e ficcional, está se manifestando mais uma vez — como tem ocorrido continuamente no passado — na aliança profana e bastante real entre os tiranos possuídos pela ideologia que governam a sombria China, ainda um terrível reduto comunista, e seus engenheiros, que buscam "ingenuamente" alcançar alturas cada vez maiores de presunção e destreza equivocadas — tudo para exaltar o próprio intelecto, e não em nome de uma verdadeira devoção ao que é autenticamente mais elevado. Eles são os orcs que habitam a torre de Sauron,[36] com seu olho onisciente — e, segundo os próprios relatos de idiotas-prodígios, estão construindo a Skynet,[37] a rede que, em sua formulação fictícia original, declarou guerra contra toda a humanidade.[38] A Skynet, um sistema atualmente composto por cerca de 700 milhões de câmeras de circuito fechado, é capaz de escanear cada cidadão da República Popular da China em menos de um segundo, com uma taxa de precisão em relação à identificação individual de mais de 99%.[39] Os chineses também desenvolveram sistemas de reconhecimento biométrico baseado em marcha, capazes de identificar indivíduos mesmo quando seus rostos estão ocultos ou não visíveis.[40]

A alusão ao nome dos destrutivos ciborgues da saga *O Exterminador do Futuro* é, no mínimo, uma piada perversa — que nos remete ao letreiro na entrada do campo de concentração em Auschwitz com o lema *Arbeit macht frei* (o trabalho o libertará), ou ao acrônimo em inglês MAD [louco], para destruição mútua assegurada, que surgiu como estratégia militar durante a Guerra Fria. Os teóricos da MAD defendiam a doutrina da dissuasão racional — a crença de que a certeza da aniquilação mútua geraria terror suficiente para manter a paz entre oponentes fortemente armados[41] (nesse caso, a União Soviética e os Estados Unidos e seus aliados munidos de armas nucleares). Quem se atreveria a fazer tal piada? Apenas os mais perversos dos palhaços.

Essa figura sombria e paródica, em estreita associação ao caráter luciferiano ou ao de Caim, também é frequente e significativa na ficção, na fantasia e na própria realidade. Considere, por exemplo, o personagem Sr. Dark, de

No Templo das Tentações (1962), do escritor de ficção científica Ray Bradbury. Ele é o dono de um parque de diversões itinerante, que viaja de cidade em cidade, oferecendo prazeres sinistros aos ingênuos e desavisados. Há, também, o Coringa na saga *Batman*: um vilão assustador o suficiente para intimidar até mesmo os chefões da máfia, um tema particularmente bem desenvolvido em *Batman: O Cavaleiro das Trevas* (2008) (veja também *Batman* [1989], *Esquadrão Suicida* [2016] e *Coringa* [2019]). Em *It – A Coisa* (1986), de Stephen King, temos Pennywise, um palhaço maligno e imortal, uma espécie de entidade cósmica ou mesmo um deus, cuja escolha de morada — o submundo, em termos mitológicos — é o labiríntico sistema de esgoto sob a pequena cidade de Derry, no Maine (versão para TV (partes 1 e 2, 1990); versão para o cinema (parte I [2017]; parte II [2019]). Há, ainda, o mestre de cerimônias zombeteiro na República de Weimar, o palhaço principal que estende seu convite de hospitalidade satânica tanto a hedonistas quanto a nazistas no musical *Cabaret*,[42] uma representação incrivelmente precisa e, talvez, o reflexo mais abrangente da dança maléfica de nossos tempos feito no último meio século.

No lado mais absurdo, temos dois personagens de *Os Simpsons*, a brilhante sátira animada de Matt Groening. Jeffrey Albertson, o personagem Cara dos Quadrinhos, conhecido pelo jeito cáustico e desdenhoso de ser "intelectual"; o total fracasso pessoal e social; o interminável suprimento de conhecimentos inúteis; e, o mais revelador, a notável disposição para criticar e menosprezar tudo que tem valor: *Pior. Quadrinho. De todos!*[43] *Pior. Filme. De todos!*[44] *Pior. Episódio. De todos!*[45] *Pior. Sequência. De todas!*[46] *Pior. Crossover. De todos!*[47] e, a mais famosa, *Pior. Pôr do Sol. De todos!*[48] Sideshow Bob também personifica esse arquétipo. O pretensioso Bob, assim como Caim, desempenha um papel eternamente secundário, apesar de sua confiança narcisista e erudição ostentativa, e, em sua amargura, passa a conjecturar planos grandiosos, todos os quais falham de maneira cômica e desastrosa quando postos à prova no mundo real. Um papel bastante similar é desempenhado, de modo inusitado, pela figura do tirano georgiano/russo e por cada um de seus capangas e asseclas, de maneiras diferentes, no grande filme de humor ácido de Armando Iannucci, *A Morte de Stalin* (2017). É fácil imaginar esse cenário como uma representação bastante próxima do circo sombrio que a União Soviética era de fato. O adversário de

Deus é bem compreendido como uma paródia do divino. Talvez isso se deva ao fato de que não faltam elementos verdadeiramente ridículos nas mentiras que as pessoas inclinadas ao totalitarismo adotam com tanta disposição e de maneira autodestrutiva.

5.2. Orgulho e queda, a reprise: declínio ao próprio inferno

Uma breve consideração do mito grego de Dédalo e seu filho, Ícaro, pode nos ajudar a perceber melhor a conexão entre o orgulho desmedido (em especial relacionado ao intelecto), a tecnologia e a queda — um despencar das alturas; um colapso em caos e confusão; um mergulho vertiginoso no abismo; uma desintegração em morte. Dédalo, um habilidoso artesão, foi o arquiteto do labirinto de Creta. O rei Minos, governante de Creta, aprisionou Dédalo e seu filho dentro da própria criação do arquiteto. Enquanto estavam presos no labirinto, Dédalo usou cera e penas para construir asas, permitindo que ele e Ícaro alçassem voo e escapassem. Enquanto sobrevoavam Creta, Ícaro, encantado pela euforia do voo, ignorou o aviso do pai para não voar alto demais. Mas Ícaro subiu cada vez mais alto — cada vez mais próximo do Sol e de seu trágico destino. O calor derreteu a cera que mantinha suas asas unidas, fazendo-o despencar no mar, onde se afogou.[49] É tentador empregar soluções tecnológicas para os problemas labirínticos da vida e, com isso, ascender no mundo. Contudo, a arrogância e a celebração imprudente da tecnologia podem transformar essas soluções em problemas ainda maiores. Um aviso para os engenheiros: não se atrevam a voar tão alto que Deus se veja obrigado a intervir.

Da mesma forma, as histórias do corpus bíblico ressaltam repetidas vezes que: "O orgulho precede a destruição, e o espírito altivo precede a queda" (Provérbios 16:18). Elas também detalham a inevitável aliança entre arrogância e a propensão ao uso da força e da coerção. As vastas representações poéticas da relação causal entre o espírito luciferiano e a ascensão e a queda da Babilônia refletem muitos aspectos dessa aliança, em última análise, condenada, como indicado em Isaías 14:12: "Como caíste do céu." John Gill, estudioso bíblico do século XVIII, comenta sobre essas desintegrações e quedas:

> O versículo não deve ser entendido como a queda de Satanás, e dos anjos apóstatas de seu estado original, quando foram lançados do céu para o inferno, embora possa haver uma alusão a isso;[50] as palavras são uma continuação do discurso fúnebre ao rei da Babilônia, expressando espanto diante de algo quase acreditável: que aquele que parecia estar tão estabelecido no trono de seu reino, que era seu céu, pudesse ser deposto ou cair. Da mesma forma, a destruição dos imperadores pagãos romanos é simbolizada pela expulsão do dragão e seus anjos do céu (Apocalipse 12:7), e, da mesma forma, o Papado romano, ou o Anticristo romano, cairá de seu céu de esplendor e felicidade aparentes, de honra e autoridade, agora, possuído por ele:
>
> Ó Lúcifer, filho da manhã! É uma alusão ao planeta Vênus, que é o fósforo ou a estrela da manhã, que anuncia a chegada do alvorecer e indica que o dia está próximo; o que não deve ser entendido como Satanás — que nunca é chamado nas Escrituras de Lúcifer, embora já tenha sido um anjo de luz, e às vezes se transforme em um; e os bons anjos sejam chamados de estrelas da manhã (Jó 38:7), assim como ele e seus anjos já foram chamados —, mas, sim, como o rei da Babilônia, cuja glória, realeza e majestade, ao superar todos os demais reis da terra, é expressa por esses nomes; que talvez fossem nomes que ele mesmo adotou ou que lhes foram dados por seus cortesãos.[51]

A morte violenta é, com muita frequência e previsibilidade, o fim natural do tirano; a consequência pessoal derradeira do colapso do Estado da Torre de Babel. Esse fato é tão essencial e fundamental que parece até mesmo se aplicar aos chimpanzés, nossos parentes naturais mais próximos.[52] Os chimpanzés são organizados em um sistema que se aproxima de um verdadeiro patriarcado: embora as fêmeas possam, de fato, ocupar posições de significativa autoridade, todos os bandos de chimpanzés têm um macho como líder absoluto.

Em seu livro *Chimpanzee Politics*, o influente e intelectualmente versátil primatólogo holandês Frans de Waal descreve como líderes chimpanzés que usam violência e intimidação para manter seu poder inevitavelmente enfrentam desafios perigosos de subordinados que passam a se ressentir de suas táticas. Ele ilustra esse princípio com a história da violenta derrubada de um macho dominante chamado Yeroen, líder do bando no Royal Burgers Zoo, em Arnhem, na Holanda, por vários anos. Quando Yeroen se tornou cada vez mais agressivo e instável, seus subordinados começaram a se unir contra ele: "Yeroen foi atacado por seus parceiros de coalizão, que tinham o claro intuito de matá-lo. A luta que se seguiu foi intensa e brutal, sangue e pelos voavam para todo lado, até que finalmente Yeroen ficou imóvel no chão. Ele havia sofrido um ferimento fatal no pescoço e nunca recobrou a consciência."[53] Em outro caso: "um ex-macho alfa chamado Luit foi capturado pelo novo alfa, Amos, e sua coalizão. Luit foi completamente subjugado e nunca se recuperou de seus ferimentos, morrendo pouco tempo depois. Há casos em que os machos depostos são castrados ou expulsos do bando".[54]

De Waal observa que líderes chimpanzés que, em contraste, utilizam estratégias de reciprocidade mutuamente benéfica têm reinados mais longos e grupos sociais mais estáveis, pacíficos e produtivos: "Os indivíduos mais bem-sucedidos não são necessariamente os mais fortes ou agressivos, mas, sim, aqueles que são melhores em gerenciar relacionamentos."[55] Em outro trabalho, ele afirma que a "capacidade humana para empatia e cooperação pode muito bem ter evoluído das inclinações cooperativas dos nossos ancestrais primatas, chimpanzés e bonobos".[56] Essa é uma afirmação notável de um fato biológico, dado o predomínio contemporâneo da crença de que até mesmo as estruturas sociais humanas são, em todos os níveis, mais bem compreendidas como manifestações, primeiro, de nada além de condicionamento social e, segundo, de mera vontade e capacidade de usar poder, força e coação.[57] O terrível destino que aguarda ditadores chimpanzés pode obrigar aqueles que defendem a desejabilidade e a utilidade do poder como uma força unificadora a refletir; mas se isso não os convencer, há também os exemplos instrutivos de governantes outrora poderosos como Benito Mussolini e Nicolae Ceaușescu.

Nos últimos dias da Segunda Guerra Mundial na Europa, Mussolini e sua amante, Claretta Petacci, fugiram de sua base em Milão em direção à fronteira com a Suíça. Foram capturados na pequena aldeia de Giulino di Mezzegra, no norte da Itália, em 27 de abril de 1945, e fuzilados por antifascistas italianos na tarde seguinte, dois dias antes do suicídio de Adolf Hitler, em Berlim. Seus corpos foram levados a Milão e expostos na Piazzale Loreto, uma praça nos subúrbios, para que uma grande multidão irada os insultasse e profanasse. Depois, foram pendurados de cabeça para baixo em uma viga metálica acima de um posto de gasolina na praça.[58] Um destino similar recaiu sobre Nicolae Ceauşescu, o ditador comunista da Romênia que se tornou cada vez mais repressivo ao longo dos quase vinte e cinco anos de seu governo. Ele impôs rigorosos controles econômicos que levaram a uma grave escassez de alimentos e outros bens e reprimiu a dissidência, prendendo ou matando milhares de seus opositores. Em dezembro de 1989, protestos contra seu regime eclodiram na cidade de Timişoara, espalhando-se rapidamente para outras partes da Romênia. Ceauşescu, obrigado a fugir da capital, Bucareste, foi capturado alguns dias depois, julgado por um tribunal militar convocado às pressas e considerado culpado de genocídio e outros crimes contra a humanidade. Ele e sua esposa, Elena, foram executados em uma base militar nos arredores de Bucareste no Dia de Natal. A execução foi transmitida ao vivo pela televisão e assistida por milhões de pessoas ao redor do mundo.[59] A moral dessas histórias? A queda dos totalitários tende a ser tão absoluta quanto as presunções iniciais do Estado falido. Além disso, o colapso da Torre de Babel é um fenômeno tanto pessoal e psicológico quanto social.

O corpus bíblico ecoa o conflito entre o macho mais pacífico e, portanto, mais bem-sucedido e o legítimo "alfa" e seu oponente obcecado pelo poder, que é, de maneira menos óbvia, o mais fraco. Na história de Davi e Golias, por exemplo, é Davi, o jovem pastor, quem derrota o gigante filisteu Golias com uma única pedra de sua funda. No contexto mais amplo da história, os exércitos filisteu e israelita estão em confronto. Então, o combate individual, homem a homem, é proposto — o campeão filisteu contra o campeão dos antigos hebreus — como uma forma de resolver o conflito, na qual o povo derrotado seria escravizado pelo vencedor. Golias era uma figura aterrorizante:

> E ali saiu do acampamento dos filisteus um campeão, chamado Golias, de Gate, cuja altura era seis côvados e um palmo.

> E ele tinha um capacete de bronze sobre a sua cabeça, e estava armado com uma capa encouraçada; e o peso da capa era de cinco mil shekels de bronze.
>
> E ele tinha caneleiras de bronze sobre as suas pernas, e um dardo de bronze entre os seus ombros.
>
> E a haste da sua lança era como um eixo de tecelão; e a ponta da sua lança pesava seiscentos shekels de ferro; e um que portava um escudo ia diante dele.
>
> *1 Samuel* 17:4–7

Nenhum israelita estava disposto a enfrentar esse gigante em batalha, até que Davi — muito menos impressionante do que seu oponente — apareceu:

> E o filisteu avançou e se aproximou de Davi; e o homem que carregava o escudo ia adiante dele.
>
> E quando o filisteu olhou e viu Davi, ele o desdenhou; pois ele não passava de um jovem, ruivo e de boa aparência.
>
> E o filisteu disse a Davi: Sou eu um cão, para que venhas a mim com varas? E o filisteu amaldiçoou Davi em nome dos seus deuses.
>
> *1 Samuel* 17:41–43

Davi informa ao rei Saul que — em razão de seu trabalho como guardião dos vulneráveis — estava acostumado a lidar com predadores ferozes, mas o rei duvida da capacidade de seu campeão:

> E Saul disse a Davi: Tu não estás apto para ir contra este filisteu e contra ele lutar; pois não passas de um jovem, e ele um homem de guerra desde a sua mocidade.
>
> E Davi disse a Saul: O teu servo cuidava das ovelhas do seu pai, quando apareceu um leão, e um urso, e tomou um cordeiro do rebanho;
>
> E eu saí atrás dele, e o feri, e o livrei da sua boca; e quando ele se levantou contra mim, eu o peguei pela barba, e o feri, e o matei.

> O teu servo matou tanto o leão, como o urso; e este filisteu incircunciso será como um deles, pois está desafiando os exércitos do Deus vivo.
>
> *1 Samuel* 17:33–36

A famosa história termina com a derrota do gigante pretensioso, a subjugação dos filisteus e a vitória das forças de Israel:

> E sucedeu que, quando o filisteu se levantou, e veio e se aproximou para se encontrar com Davi, Davi se apressou e correu em direção ao exército para encontrar o filisteu.
>
> E Davi pôs a sua mão na sua bolsa, e dali tomou uma pedra, e a atirou, e feriu o filisteu na sua testa, de modo que a pedra afundou-se na sua testa; e ele caiu com a sua face em terra.
>
> Assim, Davi prevaleceu sobre o filisteu com uma funda e com uma pedra, e feriu o filisteu, e o matou; porém não havia espada na mão de Davi.
>
> Assim Davi correu e se pôs de pé em cima do filisteu, e tomou a sua espada, sacou-a da sua bainha e o matou, e com ela ele cortou sua cabeça. E quando os filisteus viram que o seu campeão estava morto, eles fugiram.
>
> *1 Samuel* 17:48–51

A moral da história? O verdadeiro herói é aquele que derrota o gigante tirano do Estado. Contos semelhantes de heróis e tiranos são uma presença universal no folclore da humanidade. Por exemplo, na *Epopeia de Gilgamesh*, o herói Gilgamesh e seu amigo Enkidu derrotam Humbaba, o gigante guardião da Floresta de Cedros. Após matar Humbaba, Gilgamesh usa o corpo do oponente para construir os portões da cidade de Uruk.[60] No mito nórdico, o deus Thor luta contra vários gigantes, incluindo o rei Thrym, de Jotunheim, que rouba seu martelo. Thor o mata e recupera a ferramenta mágica.[61] No clássico romance chinês *Jornada ao Oeste*, Sun Wukong, o Rei dos Macacos, enfrenta o demoníaco rei touro que está causando caos no submundo. Sun Wukong derrota o demônio e restaura a ordem.[62] Essa história se assemelha ao clássico mito grego de Teseu e o Minotauro: Teseu, o lendário rei-fundador de Atenas, derrota o monstruoso Minotauro, uma criatura metade homem, metade touro, e usa um novelo de lã para encontrar a saída do labirinto onde a criatura estava aprisionada.[63]

Essas narrativas retratam a batalha entre dois espíritos: o espírito caracterizado por um propósito elevado, dedicado a tudo o que é bom e que busca avançar ao lado da verdade; e o espírito do intelecto e orgulho luciferianos, inclinado a adorar a tecnologia, disposto a usar coação, força e poder, e propenso a se degenerar em promiscuidade hedonista, manifestando-se, de modo inevitável, na forma de uma paródia sombria e da mais mórbida das comédias. Este último serve ao caos; é o precursor ou agente do caos; deseja, em algum sentido fundamental, governar o caos. Pode ser compreendido tanto como o Estado tirânico — o Estado no qual todos mentem — quanto como o padrão de adoração, atenção e ação ressentidas e enganosas que dá origem ao Estado tirânico. Esse Estado — esse reino petrificado — é o irmão maligno do outrora grande rei, cuja cegueira voluntária possibilita a manifestação do eterno usurpador. A personalidade de Caim é a força que dá vida a esse irmão maligno, assim como os descendentes de Caim são aqueles que constroem a torre condenada. O gigante vencido pelo herói representa o Estado degenerado. Esse padrão de derrota é uma variante da batalha entre ordem e caos que constitui a própria criação, sobretudo porque a ascensão do Estado maligno é um prenúncio do retorno à potencialidade pré-cosmológica. Deus se apresenta exatamente como essa força vitoriosa em sua revelação ao sofredor Jó:

> Contempla agora o beemote, que eu fiz contigo; ele come grama como um boi.
>
> Eis que agora a sua força está nos seus lombos, e o seu poder está no umbigo de sua barriga.
>
> Ele move sua cauda como o cedro; os tendões de suas pedras estão juntamente envoltos.
>
> Seus ossos são como fortes pedaços de bronze; seus ossos são como barras de ferro.

> Ele é o principal dos caminhos de Deus; aquele que o fez pode fazer com que sua espada se aproxime até ele.
>
> *Jó 40:15–19*

Dizer a verdade redentora ao autoritário e lutar com a possibilidade para que a ordem que é boa ou muito boa possa ser estabelecida ou restabelecida: esse é o trabalho — o sacrifício — de Deus, bem como a responsabilidade, o dever e a aventura de todos aqueles feitos à Sua imagem.

Na história da Torre de Babel, Deus é o ser transcendente que representa a antítese absoluta da autoridade presunçosa (assim como ao advertir Adão e Eva a não comer o fruto da árvore do conhecimento do bem e do mal). Ele é o Ser que eternamente adverte: "Não Me substitua pela adoração de seu próprio orgulho e poder — porque se o fizer, todo o inferno emergirá." Deus é, portanto, continuamente retratado como o que deve ocupar o lugar adequado no ápice da hierarquia psicológica e social; o que é simbolizado pela cúpula de ouro no topo da pirâmide; o verdadeiro olho onisciente ou o sábio no topo da montanha, para que tudo não se desintegre — incluindo a capacidade de enxergar e falar. Esse é o Deus que se manifesta na disposição humana de se engajar no diálogo, na negociação e na comunicação produtiva que provê e estabiliza tanto a psique quanto a comunidade. Dessa maneira, refletimos a imagem de nosso Criador, trazendo ordem ao mundo ou restabelecendo essa ordem quando ela for violada e corrompida.

Qual é a alternativa? O surgimento do orgulho e da presunção arrogantes; a construção de monumentos grandiosos para os mais falsos dos deuses; a invocação à meretriz; o desaparecimento das premissas compartilhadas sobre as quais repousa o entendimento em si; e o colapso de tudo em um estado indistinguível do inferno. Assim afirma a sabedoria desde tempos imemoriais.

5.3. Inabilidade para a compreensão mútua

Nossa capacidade de comunicação é misteriosa. Por que somos capazes de compreender uns aos outros, mesmo em teoria, considerando que somos criaturas separadas, autônomas e independentes? Isso ocorre, em parte, porque somos muito semelhantes em nossa natureza material, tanto em termos biológicos quanto desenvolvimentais. Nossa estrutura psicofisiológica fundamental ou básica é quase idêntica de pessoa para pessoa. Essa semelhança se estende profundamente na hierarquia filogenética, ou evolutiva. Também temos muito em comum com as criaturas não humanas com as quais dividimos o jardim. O fato de Deus proibir que certos axiomas sejam questionados pelos seres humanos, ao advertir contra a assimilação do "conhecimento" final do bem e do mal, representado pelo fruto proibido, é, em grande parte, consequência dessa identidade psicofisiológica compartilhada.

Esses atributos comuns possibilitam nossa compreensão não apenas de outros seres humanos, mas também de animais, sendo mais evidente quanto maior a semelhança genética e, portanto, psicológica e física entre nós e determinado animal. A cultura compartilhada (isto é, o compartilhamento de procedimentos, imaginação e conhecimento explícito, mediado semanticamente tanto no âmbito ficcional quanto factual) aumenta essa semelhança, facilitando nosso entendimento de outras pessoas que compartilham a mesma tradição, têm sonhos semelhantes e falam o mesmo idioma. Todas essas semelhanças nos permitem iniciar as conversas ou a comunicação a partir de pressupostos comuns, fundamentando as palavras na mesma estrutura imaginativa e na mesma prática de atenção e ação. Isso nos fornece uma base sólida para a comunicação. Se precisássemos esclarecer cada palavra, essa base rapidamente se tornaria areia movediça. Sem ela, cairíamos em uma regressão infinita e frustrante na qual tudo precisa ser explicado — em um processo interminável. Essa é a condição (ou a falta dela) retratada na "multiplicação das línguas" que ocorre em paralelo ao colapso da Torre de Babel. Nossas palavras só fazem sentido quando se referem a experiências que são autoevidentes na ausência de palavras — experiências fundamentadas nos domínios da matéria, do comportamento e da imaginação.

Quando você discute com alguém e diz algo como "Estou com raiva de você", essa pessoa em geral pergunta "Por que está com raiva?", e não "O que você quer dizer com 'raiva'?" O interlocutor já sabe o que significa "raiva", e não apenas em termos semânticos — não só como uma palavra inserida em uma rede de palavras, mas também em um nível pessoal, emocional, motivacional e experiencial. Não precisamos perguntar a outro ser humano o que significa estar com raiva e somos capazes de reconhecer a raiva manifestada por um animal não humano, porque já sentimos raiva — pois compartilhamos uma base biológica com a pessoa com quem estamos nos comunicando, já experienciamos o estado de raiva e somos capazes de inferir e presumir uma similaridade não semântica de uma experiência semelhante à raiva. Essa personificação compartilhada, e não apenas uma compreensão abstrata, é o que fornece o alicerce que viabiliza a própria comunicação. Isso não significa que tudo o que é humano seja traduzível para o mundo animal ou vice-versa. O filósofo Ludwig Wittgenstein afirmou, em essência parafraseada: "Se um leão fosse capaz de falar, não conseguiríamos compreendê-lo."[64] Talvez seja mais correto afirmar: "Se um leão fosse capaz de falar, ainda teríamos dificuldade em entender seu ponto de vista."

Isso se deve, em parte, ao fato de que "entender" significa, na verdade, traduzir do semântico para o imaginativo e, em seguida, para o corpóreo:[65] modificando a maneira como percebemos, conceituamos e agimos como consequência da comunicação. Isso indica, de maneira profunda, que o "entendimento" completo requer uma corporeidade compartilhada: emoções, motivações e possibilidades de percepção e ação semelhantes. Caso contrário, a necessidade de tradução seria infinita. Precisamos de uma base compartilhada de certeza sob nossos pés, na qual possamos nos apoiar ao nos comunicar. Esse é o centro que necessariamente ancora até o que está na margem, fornecendo possibilidade de existência, posição subordinada e propósito. A rejeição orgulhosa desses atributos comuns subjacentes impossibilita a comunicação. Isso se torna óbvio uma vez que as precondições para o entendimento são devidamente compreendidas.

Certos princípios básicos precisam ser presumidos como axiomáticos antes que a investigação de outras ideias possa começar. Algo, pelo menos, precisa ser aceito como uma premissa; algo precisa servir como pilar de orientação, um mastro fincado no chão, em torno do qual todo o restante possa se organizar sem ser questionado.[66] Esse é o milagre necessário para que a criação exista. É, também, a razão para a necessidade da fé e sua verdadeira inevitabilidade.

Assim, a grande questão da fé não é "a fé é necessária?", mas, sim, "qual é a melhor maneira de manifestar a fé necessária?". Sem esse centro compartilhado, o domínio da discordância rapidamente se torna tão vasto que o próprio caos reina ou o conflito se torna inevitável. Já é difícil discordar de maneira civilizada sobre um único assunto de cada vez. Mas, quando tudo é indefinido, falta um ponto de referência comum, nem mesmo um ponto de partida para negociação ou um potencial objetivo compartilhado.

O caminho para a paz é, portanto, sempre iniciado por algo que se assemelha à pergunta: "Existe algo sobre o qual concordamos (algo que consideramos constante, sagrado ou mutuamente indiscutível) mesmo em meio à nossa discordância? Podemos, então, expandir o domínio do território que já compartilhamos?" Em uma discussão, os casais precisam, pelo menos, concordar que o casamento deve continuar e que ainda existe a possibilidade, por mais hipotética, de que o amor, ao menos um dia existente, se manifeste mais uma vez — ou, no mínimo, que o renascimento e a reconstrução de um relacionamento contínuo e desejável deveria ser o objetivo. Da mesma forma, o mastro, o cajado da tradição ou da certeza patriarcal, deve ser fincado no lugar apropriado, ou o terreno assim demarcado não poderá ser habitado e o jogo não poderá acontecer. O tropo narrativo comum do mago, feiticeiro ou deus que bate seu cajado mágico ou martelo no chão, irradiando ondas de poder invisível, é um reflexo ou indício de algo semelhante a essa verdade. O que tudo isso significa no contexto da história da Torre de Babel? *Se o empreendimento tecnológico almeja algo que se desvia demais do ideal psicológico e social necessário, do eixo central unificador, até a possibilidade de comunicação desaparece*. Então, nossa linguagem se torna confusa.

Na atualidade, estamos em guerra sobre a questão mais básica de todas: o sexo. O que está causando essa confusão? É possível que o axioma conceitual ou até perceptual básico — a categorização mais fundamental da própria realidade, seja qual for sua natureza (e certamente vai além de um mero mundo "objetivo") — seja "masculino" e "feminino", como sugerido em Gênesis 1:27. ("Assim Deus criou o homem a sua própria imagem, à imagem de Deus o criou; macho e fêmea ele os criou.") A falha em diferenciar com base no sexo significa a falha em se propagar, e a falha em se propagar representa mais do que a mera morte: significa a verdadeira extinção. Assim, a capacidade de diferenciar o homem da mulher equivale à capacidade e à disposição de contornar a não existência. Talvez haja uma capacidade de categorizar que seja mais fundamental: distinguir o comestível do incomestível, o alto do baixo, o dia da noite, ou até a vida da morte. No entanto, a distinção sexual é tão elementar que a própria vida cessa em sua ausência. Como seria possível que a mera comunicação não sofresse o mesmo destino quando a mais básica das definições é obscurecida?

A diferenciação sexual ocorreu em algum momento entre 1,2 e 1,5 bilhões de anos atrás. Os sistemas nervosos só se desenvolveram cerca de um bilhão de anos depois. Isso significa que a diferenciação sexual foi um fato incontestável da vida durante um bilhão de anos (!), antes que os primeiros vestígios de percepção consciente fossem possíveis. É por essa razão, entre muitas outras, *que a diferenciação sexual em si é utilizada com absoluta universalidade como metáfora para a relação binária entre muitos outros fenômenos*, ou até entre as categorias mais básicas de fenômenos em si.[67] Por exemplo, os taoistas dividem o mundo da experiência em yin e yang e presumem que a realidade como tal é composta pela eterna interação entre essas duas categorias permanentes (cada uma associada a um sexo: yin é o feminino, associado ao caos, à noite, à escuridão, à possibilidade e à mudança; yang é o masculino, associado à ordem, ao dia, à luz, à realidade e à permanência).[68]

Por que estamos questionando esse axioma agora? E como essa confusão está associada a orgulho, ressentimento, corrupção, adoração da tecnologia e hedonismo da Torre de Babel? Porque decidimos usurpar o direito à autodefinição absoluta, em vez de preservá-la como um elemento do transcendente, ou do axiomático — como um elemento da fé que é necessária e inevitável. A pessoa que insiste na primazia inquestionável da autodefinição está, em última análise, afirmando: "Eu sou o que sou" ou "Eu sou quem sou" — tentando, assim, elevar o eu ao nível de axioma supremo — tal como o Deus do Antigo Testamento faz ao descrever a Moisés a natureza do Seu Ser. ("E disse Deus a Moisés: EU SOU O QUE SOU, e ele disse: Assim dirás aos filhos de Israel: EU SOU me enviou a vós" Êxodo 3:14.) Isso significa uma negação não apenas do transcendente no âmbito espiritual, mas também do material, do biológico e do social. Não por acaso, Narciso, que se apaixonou pelo próprio reflexo, acabou afogado — e nada mais narcisista do que a reivindicação absoluta da autoidentidade pode ser postulado ou imaginado. E a qual "eu" se refere essa identidade? Em última análise, não está claro o que é de fato o eu. O capricho do momento (sobretudo no contexto puramente sexual) parece um candidato inadequado para ser elevado a essa posição exaltada e central. Tal subjugação ao domínio e ao imediatismo do instinto é nada menos do que o impulso de uma criança ou, no caso de um adulto, de um homem ou uma mulher muito imaturo e excessivamente egocêntrico.

Então, por que o "eu" que está sendo proclamado como o mestre do domínio da chamada identificação subjetiva é, de maneira axiomática, idêntico ao último capricho celebrado na cultura popular? Há uma distância perigosamente pequena entre a afirmação "sou o que eu desejo sexualmente" e "tenho o direito a tudo o que quero, agora", em relação a qualquer desejo de gratificação de curto prazo. Dessa forma, posso exigir que todas as minhas necessidades econômicas sejam atendidas pelos outros, posso insistir que nenhuma ideia que me cause ansiedade seja expressa e posso rejeitar todos os padrões de beleza, mérito ou valor (cuja existência possa me levar ao questionamento do próprio valor transcendente e do direito absoluto à gratificação imediata). Não há qualquer razão convincente — além de um inacreditável desejo narcisista por tudo o que eu quero aqui e agora e que se dane tudo e todos — para se identificar a totalidade do eu com qualquer elemento dessa infinita gama de desejos em constante mudança. E, ainda assim, somos cada vez mais compelidos a agir, falar e acreditar como se houvesse tal razão. Essa compulsão é idêntica à adoração da confusão, da desunião e do imediatismo tolo do momento.

Isso, é claro, significa que o suposto "eu verdadeiro ou genuíno", essa voz inquestionável da "experiência vivida", não só deve ter precedência sobre as necessidades e os desejos de outras pessoas, mas também sobre a estabilidade, a esperança e a função produtiva de médio a longo prazo do indivíduo em questão. No entanto, esse "eu" é pouco ou nada além do desejo que atualmente o domina. A satisfação desse desejo equivale ao sacrifício do outro e do futuro, até do próprio indivíduo em questão, em prol do "eu" e do presente. É difícil imaginar uma forma mais vil e contraproducente de autodefinição. Nenhuma comunidade, e muito menos uma civilização, consegue se sustentar sobre essa areia movediça em constante mudança. É evidente. É por isso que não vemos comunidades de crianças de dois anos desbravando o mundo por conta própria.

Essa insistência na primazia da autodefinição subjetiva não é apenas a submissão de tudo e todos às exigências tirânicas do presente — um movimento que não oferece base alguma para uma sociedade estável e produtiva —, mas também a eliminação de qualquer noção de um eu de ordem superior, capaz de agir em relação ao contexto social mais amplo e ao futuro. Isso é mais evidente, talvez, na tendência bem documentada de indivíduos com traços de personalidade da Tétrade Sombria (narcisismo, maquiavelismo, psicopatia e sadismo) a preferirem as chamadas "estratégias de acasalamento de curto prazo" — ou seja, a busca do próprio prazer sexual sem qualquer compromisso, prático ou emocional (o que significa sem qualquer relacionamento genuíno).[69] Os narcisistas têm um acentuado senso de autoimportância, um desejo pela admiração e uma falta de empatia pelos outros, expressa na recusa em retribuir. Eles buscam encontros sexuais de curto prazo como meio de obter validação, aumentar seu status social comparativo (seu "ego") e satisfazer seus desejos estreitos. Indivíduos maquiavélicos, manipuladores, exploradores e hábeis em manobras sociais estratégicas utilizam táticas enganosas para alcançar seus objetivos — inclusive os que envolvem satisfação sexual. Usam os outros para ganho pessoal, engajando-se em encontros sexuais casuais ou cometendo infidelidades sem qualquer apego emocional. Os psicopatas se caracterizam pela ausência de empatia e remorso, além de desrespeito ou até desprezo pelas normas sociais, impulsividade generalizada e incapacidade de adiar a gratificação (exatamente a atitude de "quero o que quero agora e que se dane você e o futuro"), e uma capacidade nula ou limitada de aprender com a experiência.

E, como não se importam sequer consigo mesmos, são exploradores vorazes no campo sexual, dispostos a dispensar detalhes como o legítimo consentimento, utilizando manipulação emocional e recorrendo a táticas mais coercitivas se a mera manipulação fracassar. Por fim, os indivíduos sádicos obtêm prazer ao humilhar e infligir dor e sofrimento aos outros. Estratégias de acasalamento de curto prazo permitem que eles exerçam controle, dominância ou poder sobre seus parceiros sexuais.[70] Essa propensão parece fazer parte de um padrão mais amplo de atribuição de valor: a preferência por acasalamento de curto prazo está associada ao desejo por poder e à disposição, ou até mesmo entusiasmo, em usá-lo, além de um consumismo marcante e evidente e o materialismo que o acompanha.[71] Ecos da celebração orgiástica ao bezerro de ouro.

A alegação de que a demanda imediata do eu de curto prazo tem prioridade sobre todas as outras considerações, sociais e futuras, é consequência de uma imaturidade incrivelmente contraproducente e perigosa, tanto para o indivíduo quanto para a sociedade. E, por pior que seja, isso não é tudo: essa imaturidade vem acompanhada de uma rejeição ao fardo e à responsabilidade da verdadeira aventura da vida e, também, da consequente atração por variantes de significado, valor, emoção e identidade falsas e hipoteticamente fáceis de alcançar. Essa é a Ilha dos Prazeres para onde o delinquente Pavio (Lucignolo, na versão original em italiano, em uma clara alusão a Lúcifer) leva Pinóquio, na versão da Disney, depois que falsos médicos convencem o boneco de que ele é uma vítima doente, que precisa relaxar e se divertir. É também a Terra do Nunca que Peter Pan escolhe como domínio, onde reina (com sua companheira imaginária, Sininho, a fada pornográfica). Essas falsas aventuras muitas vezes incluem os prazeres imediatos do uso indevido de drogas e álcool (práticas intimamente associadas tanto à personalidade antissocial quanto à Tétrade Sombria),[72] bem como a aceitação e a promoção de justificativas moralistas e egocêntricas — e, caso seja conveniente, das ideologias correlatas — para um ressentimento deliberadamente irracional.[73]

Por que mais poderíamos estar confusos, luciferianos e propensos a erguer infinitas Torres de Babel? Talvez porque nosso eu esteja desorientado pela extensão de nossa identidade no mundo virtual. Podemos ser quem quisermos em nossas formas online — ou ao menos é isso que pensamos. Quanto mais tempo passamos no mundo virtual, mais incertos nos tornamos sobre quem somos e mais podemos nos libertar — em alguns casos, de maneiras que se revelam destrutivas — das limitações que nos prendem ao mundo "real" não virtual. No mundo online, os limites entre ficção, fantasia e realidade se confundem, e isso é proposital: é um lugar propício à experimentação. No entanto, há uma grande diferença entre explorar eus alternativos para descobrir formas mais eficazes de ser ou tornar-se e manter a imaturidade ou adotar um eu ilusório para buscar gratificação imediata e evitar responsabilidades. A abstração permite que o pensamento morra em nosso lugar, mas também abre espaço para a possibilidade de sermos possuídos pela ilusão, quando aquilo que é inadequado cresce, como um câncer, em vez de ser podado pelo julgamento. Esse é outro perigo da presunção orgulhosa e imprudente dos tecnólogos.

Talvez isso também aconteça porque interferimos no faz de conta essencial ao desenvolvimento das crianças, necessário para que elas estabeleçam suas identidades adultas, tanto no aspecto sexual quanto em outros, substituindo-o pelo tempo gasto em frente às telas.[74] Talvez seja porque nos deixamos seduzir por sonhos imprudentes, até mesmo "transumanos", de escapar das limitações deste mundo mortal sem a devida gratidão pelas oportunidades, pelos desafios e pelas aventuras que essas limitações proporcionam. Por fim, talvez seja porque abandonamos o respeito pela tradição, pela ancestralidade e pela autoridade paterna/materna dos quais necessariamente dependem tanto o desejo de amadurecer quanto o amadurecimento em si. Essa combinação de fatores tem como consequência a constante violação de outro mandamento fundamental — do qual dependem a experiência infantil e a parentalidade otimizadas, bem como o envelhecimento digno —, em suma, a cooperação intergeracional: "Honra a teu pai e a tua mãe" (Êxodo 20:12). Sem tal honra, todas as necessárias restrições da tradição desaparecem; e pior, se possível, o futuro em si se degenera — uma vez que a ausência de respeito pelos pais significa, também, a ausência de respeito pelo eu futuro. Olhamos sem a devida vergonha para a nudez de nossos pais.[75] Como isso pode ser algo além de um sinal da degeneração inevitável? Ora, não seria melhor enfrentar essa eventualidade com ansiedade e uma perspectiva niilista e destrutiva?

Todas essas atitudes são versões do espírito que construiu a Torre de Babel — uma torre na qual habitamos atualmente e que estamos construindo, cada vez mais alta, ao mesmo tempo que abandonamos os princípios dos quais dependem a civilidade, a paz e a produtividade generosa. Como consequência, nossa integridade psicológica se degenera[76] em conjunto com nossa capacidade de nos comunicarmos uns com os outros em harmonia, ou até mesmo de conseguirmos nos comunicar.

> E toda a terra era de uma língua, e de uma fala.
>
> E aconteceu que, eles viajando do leste, acharam uma planície na terra de Sinar, e eles habitaram ali.
>
> E eles disseram uns aos outros: Vamos, façamos tijolos e queimemo-los. E eles tiveram tijolos por pedra, e betume por argamassa.
>
> E eles disseram: Vamos, edifiquemos para nós uma cidade e uma torre, cujo topo possa alcançar o céu. E façamos para nós um nome, para que não sejamos espalhados sobre a face de toda a terra.
>
> E o Senhor desceu para ver a cidade e a torre que os filhos dos homens edificavam.
>
> E o Senhor disse: Eis que o povo é um, e todos eles têm uma língua. E isto eles começam a fazer, e agora nada lhes será restrito, do que eles imaginam fazer.
>
> Vamos, desçamos, e ali confundamos a língua deles, para que eles não possam entender a fala uns dos outros.
>
> Assim, o Senhor os espalhou dali sobre a face de toda a terra; e eles deixaram de edificar a cidade.
>
> Por isso, o nome dela é chamado Babel; porque o Senhor ali confundiu a língua de toda a terra. E a partir dali o Senhor os espalhou sobre a face de toda a terra.
>
> *Gênesis 11:1–9*

Os homens decidem elevar suas obras em direção a um ideal, a fim de "fazer para nós um nome", estabelecer uma notoriedade e um status orgulhosos e criar uma união sob essa falsidade ("que não sejamos espalhados sobre a face de toda a terra" — ou seja, para evitar a divisão e a desunião). Há aspectos admiráveis em tudo isso — propósito, ambição e senso de comunidade —, mas não quando motivados por interesses egoístas; não quando servem ao eu ou a um potentado local. Compreender isso também esclarece o que acontece em seguida — um evento que, de outra forma, poderia ser atribuído a uma aparente inveja por parte de Deus. ("E agora nada lhes será restrito, do que eles imaginam fazer.") Deus estaria se opondo a algo que pudesse invadir Seu território, revelando um ciúme repreensível? Ou será que a imaginação humana é tamanha que nenhuma forma de inferno é considerada vil demais para ser criada por aqueles com pretensão suficiente e que Deus, de maneira justificada, se opõe a essa eventualidade e providencialmente tenta interferir? Afinal, os nacional-socialistas foram tanto imaginativos quanto capazes, embora tenham erguido sua torre até a Estrela da Manhã, e não ao Próprio Deus. Sendo assim, um Deus bom não seria exatamente a força que semeia confusão e discórdia em meio a uma falsa unidade? Não seria essa uma tentativa de frustrar o espírito luciferiano em vez de inveja divina? Isso não seria, então, outro aspecto revelado do Bem unificado? Por definição? É isso que enfatiza o autor da história da Torre de Babel.

5.4. Deus — ou...

Nos versículos iniciais de Gênesis, Deus é retratado como o espírito, orientado pelo amor e pela verdade, que gera eternamente, a partir do caos primordial do potencial, a ordem habitável que é boa. Esse mesmo espírito é descrito como aquele que rege a relação entre os opostos, luz e escuridão: "E viu Deus a luz, que isto era bom; e Deus separou a luz das trevas. E chamou Deus à luz Dia, e às trevas ele chamou Noite. E houve a tarde e a manhã, o primeiro dia" (Gênesis 1:4–5). É o espírito que caracteriza homens e mulheres em sua essência mais profunda e proporciona aos seres humanos a responsabilidade e a oportunidade do domínio terreno (Gênesis 1:26–27). Esse espírito criativo, transcendente e unificador também demonstra uma orientação radicalmente pró-vida e pró-criança (como em Gênesis 1:28: "E Deus os abençoou, e Deus lhes disse: Sede frutíferos e multiplicai-vos, e reabasteça a terra"). Ele oferece a homens e mulheres o Paraíso inicial da existência, com todas as suas evidentes possibilidades: "E disse Deus: Eis que vos tenho dado toda erva que dá semente, que está sobre a face de toda a terra, e toda árvore na qual está o fruto de uma árvore que produz semente; para vós será para alimento. E a todo animal da terra, e a toda ave do céu, e a cada coisa que rasteja sobre a terra, em que há vida, eu tenho dado toda erva verde para alimento. E assim foi" (Gênesis 1:29–30). O espírito unificador ressalta que essa caracterização divina de homens e mulheres, bem como a concessão de responsabilidade e oportunidade que a acompanha, é altamente desejável e moralmente apropriada (por isso o "muito" que só é mencionado em relação às ações do sexto dia, que se encerra com a proclamação: "E Deus viu todas as coisas que ele havia feito; e eis que era muito bom." [Gênesis 1:31]). Ele também estabelece os limites para a ação e as suposições ou precondições axiomáticas que tornam possível a existência paradisíaca:

> E o Senhor Deus tomou o homem, e o colocou no jardim do Éden para cultivá-lo e guardá-lo.
>
> E o Senhor Deus ordenou ao homem, dizendo: De toda árvore do jardim tu poderás comer livremente;
>
> Mas da árvore do conhecimento do bem e do mal, dela tu não comerás. Pois no dia em que dela comeres, tu certamente morrerás.
>
> *Gênesis 2:15–17*

É o mesmo espírito transcendente, unificado e monoteísta que atribui a Adão a habilidade e a obrigação ainda incompletas (porque ele ainda não tinha a mulher como par) de nomear e ordenar o mundo (o aspecto crucial e responsável de "subjugar"):

> E o Senhor Deus disse: Não é bom que o homem esteja sozinho; eu farei uma ajudadora adequada para ele.
>
> E da terra o Senhor Deus formou todo animal do campo, e toda ave do ar; e os levou até Adão para ver como ele lhes chamaria. E como quer que Adão chamasse cada criatura vivente, este era o seu nome.
>
> E Adão deu nomes a todo o gado, e a toda ave do céu, e a todo animal do campo; mas para Adão não foi encontrada uma ajudadora adequada.
>
> *Gênesis 2:18–20*

Esse espírito divide, ainda, o homem original (hermafrodita em termos simbólicos) em um par oposto e conflituoso que, mesmo assim, é chamado a se tornar uma unidade harmoniosa:

> E o Senhor Deus fez um profundo sono cair sobre Adão, e ele dormiu; e ele tomou uma de suas costelas, e fechou a carne em seu lugar;
>
> E da costela que o Senhor Deus havia tirado do homem, ele fez uma mulher, e a levou ao homem.
>
> E Adão disse: Esta agora é osso dos meus ossos, e carne da minha carne; ela será chamada Mulher, porque ela foi tomada do Homem.
>
> Por isso, o homem deixará seu pai e sua mãe e se apegará à sua mulher, e eles serão uma carne.
>
> E estavam os dois nus, o homem e sua mulher, e não estavam envergonhados.
>
> *Gênesis 2:21–25*

Mais aspectos desse mesmo espírito de ordem superior ou "celestial" se revelam à medida que as histórias seguintes se desenrolam, ao mesmo tempo que a importância fundamental de certos aspectos já revelados é reiterada, enfatizada e caracterizada de maneira mais completa. Tudo isso faz parte do processo de integração de tudo o que é bom. Isso significa que os conflitos entre deveres morais podem ser minimizados e que cada aspecto da existência é colocado em seu devido lugar, em uma relação mútua. É o processo pelo qual a totalidade do bem passa a ser definida e compreendida.

Por exemplo, Gênesis 2:15–17 estabelece a proibição de arrogar-se o direito de questionar ou estabelecer a mais elementar das verdades morais. Essa verdade fundamental é algo que se aproxima da definição axiomática do bem e do mal em si, ou até mesmo da proclamação ou suposição de que tal distinção existe, o que, por sua vez, constitui uma presunção essencial e determinante sobre a natureza da própria realidade. Gênesis 3 (o relato da serpente no jardim) é uma exploração profunda desse tema, cuja conclusão, ainda que implícita, é que o inimigo fundamental de um ser estável e harmonioso e de um tornar-se produtivo é precisamente aquilo que nos tenta a presumir esse direito, apelando ao desejo mais orgulhoso de todos: o de substituir ou de se tornar o próprio Deus. Como vimos, as consequências são catastróficas.[77]

Qual é a moral da história, mais uma vez? Não atribua a si mesmo o direito de questionar as precondições mínimas para um ser harmonioso, estabelecidas pelo que é verdadeiramente transcendente — ou tudo desmorona. Certos axiomas devem ser considerados sagrados para que o jogo em si possa prosseguir sem degenerar em um inferno decaído, autoconsciente e orgulhoso. Por isso, nossa eterna inimizade com a serpente; a concepção com sofrimento; a subjugação involuntária da mulher ao homem; as amaldiçoadas condições do trabalho após a queda; a expulsão do Paraíso; e a obstrução do caminho para o céu. Talvez de modo alternativo: não arrogue a si mesmo o direito de se tornar Deus sem fazer os sacrifícios apropriados — aqueles que, por serem destinados ao que é mais elevado, devem ser os mais completos, abrangentes e extraordinários. Tais ofertas são, por necessidade lógica, aquelas associadas ao caminho mais difícil: aceitar a responsabilidade pelos pecados do mundo e pagar o preço por isso. Qual é o preço? Tornar-se Deus, na ausência de orgulho — ou, talvez de modo mais sutil e preciso, tornar-se um só com Deus —, é abrir mão de tudo o que não é Deus: felicidade, segurança, riqueza, amor, amizade, identidade nacional, pois nada disso é ou deveria ser Deus. Isso, é claro, requer nada menos do que o sacrifício supremo.

E quais exatamente são as perguntas presunçosas que não devem ser feitas — ou quais vozes não devem ser ouvidas? Quais lugares não devem ser considerados aceitáveis para habitar? O que, se é que há algo — ou quem —, é proibido? Existe alguma diferença entre essas perguntas e a ideia de que há conselhos que não devem ser seguidos, outsiders que não devem ser integrados, identidades que não devem ser adotadas — ou alimentos que, por sua total e irremediável toxicidade, não devem ser consumidos? Não existem ideias verdadeiramente mortais e, por isso, adequadamente proibidas? Isso não equivale a perguntar se há algo de fato maligno — e, portanto, algo que é bom; e, assim, se existe uma distinção real entre o bem e o mal? Por exemplo, o que aconteceu em Auschwitz, na Alemanha nazista, foi errado ou não? As ações daqueles que comandavam a Unidade 731[78] na China durante a ocupação japonesa estavam apenas cumprindo ordens, aderindo, de maneira justa, à própria ética relativista, específica daquele tempo e daquela circunstância? Há alguma diferença real entre homem e mulher, "para cima" e "para baixo", Abel e Caim, ou Cristo e Satanás?

Seja qual for a resposta, há um preço a ser pago. Se a moralidade é relativa, então Auschwitz não foi uma ação maligna, apenas lamentável — e somente na perspectiva das vítimas, o que está longe de ser universal. Da mesma forma, para os completos sádicos da Unidade 731, as vítimas foram apenas os meios justificáveis para os mais desejáveis fins de puro narcisismo. Quem pode afirmar que a autodefinição nazista ou japonesa de propósito apropriado estava errada e por qual razão? Especialmente quando feita em nome, e até publicada, sob o pretexto de "experimento científico"? Se a moralidade é relativa, então experimentos médicos de horror inimaginável (do ponto de vista arbitrário do espectador moderno) podem ser conduzidos sem hesitação com aqueles impotentes o suficiente para serem submetidos a eles. Se a moralidade é relativa, então não é possível traçar uma real distinção entre Stalin e Churchill; entre Mao e Lincoln; entre o assassino em massa e sádico Carl Panzram[79] e o herói salvador Oskar Schindler; entre Simon Legree, de *A Cabana do Pai Tomás* e Alyosha Karamázov, de *Os Irmãos Karamázov* — e, se nenhuma real distinção pode ser traçada, então também não há diferença entre os racionalistas da Revolução Francesa e os prazeres subjetivos do Marquês de Sade. Se nenhum julgamento verdadeiro (isto é, transcendental e eternamente verdadeiro) de valor relativo é possível, nem mesmo em teoria — por que seguir o caminho ascendente, difícil, estreito e reto, em vez da estrada descendente, ampla, fácil e repleta de prazeres imediatos e intensos?

A esse respeito, deve-se observar, sobretudo para uma investigação aprofundada o suficiente, que não é apenas um ceticismo racional, algo que pode ser admirável em certas situações, o que impulsiona o esforço relativista. Tudo tem um lado sombrio. Assim como a crença religiosa, em suas formas ingênuas, pode de fato servir aos poderosos como o "ópio do povo"[80]; pode fornecer, segundo a visão freudiana, uma defesa imatura e pouco sofisticada contra a ansiedade da morte;[81] e pode, de modo mais geral, servir, manter e justificar uma dependência infantil — o ceticismo de um relativismo moral "esclarecido" também pode possibilitar, camuflar e até justificar o prazer na rejeição de toda responsabilidade, e algo ainda pior. Isso é sobretudo verdadeiro quando o cético, ao mesmo tempo, insiste que, em última análise, nada realmente importa. Trata-se de um conveniente desprezo por toda obrigação moral, da rejeição de qualquer peso existencial transcendente, da eliminação de tudo que é de importância crucial — e da manutenção de uma imaturidade e de um egocentrismo cada vez mais tóxicos. É o desejo pela total ausência de qualquer obrigação. Também significa, de maneira ainda mais sombria, a presunção de uma igualdade (com indícios de uma superioridade cética subjacente) em relação a qualquer coisa grandiosa, seja do passado ou do presente, já que, na ausência de uma ética não relativista, nada pode ser considerado de fato grandioso. Assim, não haveria distinção qualitativa entre os rabiscos infantis em uma tela e a obra de Rembrandt — uma conclusão que é um imenso e imerecido benefício para o primeiro e uma grave injustiça com o segundo (e essa injustiça pode ser desejável, se o verdadeiro objetivo do usurpador é a vingança). Se o custo desse extraordinário benefício a indivíduos orgulhosos, impulsivos, pouco confiáveis e hedonistas for a ausência de qualquer propósito ou significado profundo, que assim seja. Ou ao menos essa é a eterna insistência do diabo à espreita na encruzilhada das escolhas.

No entanto, se aceitarmos a proposição de que não há um verdadeiro "para baixo", nem um verdadeiro inferno, nem uma transgressão real e definitiva, então, também devemos aceitar a proposição de que não há um verdadeiro "para cima", nem verdadeiro céu, nem esperança — e essa aceitação, por si só, é carregada de confusão, desorientação, abandono no deserto, falta de fé e desespero. Os afetos que preenchem a vida com entusiasmo, curiosidade, empolgação, engajamento, entretenimento e interesse só se manifestam em relação a um objetivo.[82] Sem objetivo? Não há esperança — e pior. Na ausência de emoções positivas, a vida não apenas se torna sem sentido, pois o significado não decorre somente dos aspectos positivos. A vida também é sofrimento, e o sofrimento é uma forma de significado. Assim, quando não há "para cima", o "para baixo" permanece inalterado em sua realidade essencial, algo muito além de uma mera concepção e, portanto, muito mais inevitável, seja qual for a ilusão dominante. O sofrimento persiste sem trégua no reino do niilista, mitigado apenas pelo ceticismo. E isso significa que um relativismo desenfreado — a insistência de que tudo está aberto ao questionamento — destrói a fé e a esperança, mas deixa o terror e a dor absolutamente intocados. Há pouca diferença entre esse terrível abandono e a mais vertiginosa queda no mais profundo dos abismos. O que é a vida sem esperança senão um inferno? E é esse o resultado final do relativismo moral, não algum tipo de "racionalidade" neutra.

No entanto, se rejeitarmos as tentações de um relativismo imprudente, o que devemos celebrar, venerar e manter inquestionado? O que é verdadeiramente sagrado? O que representa a própria Arca do Pacto? O que não deve ser tocado, nem mesmo por acidente, sob pena de enorme perigo?

> Mais uma vez, Davi reuniu todos os homens escolhidos de Israel: trinta mil.
>
> E Davi se levantou, e foi com todo o povo que estava com ele a Baalim de Judá, para trazer de lá a arca de Deus, cujo nome é chamado pelo nome do Senhor dos Exércitos que habita entre os querubins.
>
> E eles colocaram a arca de Deus sobre uma carruagem nova, e a retiraram da casa de Abinadabe, que ficava em Gibeá; e Uzá e Aiô, os filhos de Abinadabe, conduziram a carruagem nova.
>
> E eles o retiraram da casa de Abinadabe, que ficava em Gibeá, acompanhando a arca de Deus; e Aiô seguiu adiante da arca.
>
> E Davi e toda a casa de Israel brincavam diante do Senhor com toda sorte de instrumentos feitos de madeira de cipreste, também com harpas, e com saltérios, e com adufes, e com cornetas, e com címbalos.
>
> E, quando chegaram à eira de Nacom, Uzá estendeu a sua mão até a arca de Deus e segurou-a; porque os bois a sacudiam.
>
> E a ira do Senhor se acendeu contra Uzá, e Deus o feriu ali por causa do seu erro; e ali ele morreu junto à arca de Deus.
>
> *2 Samuel 6:1–7*

O que, para dizer de outra forma — de várias outras formas —, é o voto inabalável, o objeto imutável, o axioma indiscutível, o pacto inviolável, a rocha eterna, a pedra angular (embora rejeitada pelos construtores) (Lucas 20:17;

Mateus 21:42; Marcos 12:10)? É o estabelecimento, no lugar mais alto ou no alicerce fundamental do ser e do tornar-se, do espírito caracterizado de várias maneiras nas histórias do corpus bíblico. É a determinação de imitar ou encarnar esse espírito. É o Deus com quem lutamos eternamente. Por definição.

À medida que Gênesis 3 avança, Deus é revelado como aquele que caminha entre homens e mulheres, na ausência do orgulho e da dolorosa autoconsciência (Gênesis 3:8–13); aquele que observa e pune os desvios presunçosos e imprudentes do caminho reto e estreito (Gênesis 3:16–24). Na história de Caim e Abel, Deus é também o bem supremo ao qual o sacrifício deve ser ofertado (Gênesis 4:3–4) e o espírito que repreende quando o melhor não está sendo oferecido (Gênesis 4:4–7). No relato do dilúvio, Deus é o espírito que convoca os sábios a se prepararem quando as tempestades estão se formando (Gênesis 6:13–18). Na história da Torre de Babel, Deus é caracterizado como o espírito que deve estar no topo — para que tudo não se desintegre de maneira catastrófica, até a capacidade de proferir e cumprir a Palavra redentora (Gênesis 11:7–19). Aqueles que duvidam da veracidade dos relatos bíblicos poderiam se perguntar: o que a história do mundo nos ensina? O que acontece, no mundo real, quando imitamos o modelo errado, quando adoramos um falso Deus, quando minamos o alicerce ou colocamos o espírito errado no topo? O que acontece, em termos mais específicos, com as Torres de Babel que criamos e recriamos constantemente — quando elas se tornam desproporcionais e presunçosas, quando se apropriam dos atributos de onisciência, onipresença e onipotência? Não é essa a exata definição de Estado totalitário?

Os líderes dessas sociedades se colocam no topo (ou elevam aquilo em que afirmam acreditar — em geral algo que apoia sua reivindicação à necessidade moral de se elevarem ao topo). Essa mesma tendência não foi justamente a característica dos piores monstros do século XX: Stalin, Hitler e Mao? E qual foi a consequência? O total desentendimento; a completa incapacidade de comunicação; a absoluta ausência da capacidade de se engajar em um diálogo produtivo — sobretudo porque o princípio do Logos em si, do qual o diálogo *(dia-logos)* obviamente depende, não foi apenas abandonado, mas invertido; porque cada habitante de tal Estado mentia sobre absolutamente tudo, para si mesmo e para os outros, o tempo todo; porque a participação nessa interminável ladainha de mentiras significava que a verdade mais evidente tinha que ser continuamente negada.

Esse foi um dos temas mais assustadores no aterrorizante relato da tirania soviética apresentado por Alexander Solzhenitsyn: se um cidadão soviético na época de Stalin ousasse reclamar até do próprio sofrimento, seria, de maneira imediata e irremediável, considerado um inimigo do Estado e submetido à punição brutal (junto com sua família e, talvez, todos aqueles que o conheciam e apoiavam). Você sabe que está de fato no inferno quando não pode sequer admitir a realidade do próprio sofrimento. É o niilismo e o relativismo moral levados aos seus extremos: até o próprio pavor e a dor — e, pior, o sofrimento daqueles que você ama — devem ser negados. Isso significa que ninguém que está de fato no inferno admite a existência do próprio lugar em que habita? É muito provável, o que torna tudo ainda mais aterrorizante.

Aqui está Solzhenitsyn, mais uma vez — após a prisão, refletindo sobre seu orgulho e sua arrogância juvenil: "Inebriado pelos sucessos juvenis, eu me sentia infalível, e, portanto, era cruel. No excesso de poder, eu era um assassino e um opressor. Nos meus momentos mais malignos, estava convencido de que fazia o bem, e não me faltavam argumentos sistemáticos. E foi somente quando estava ali deitado, na palha podre da prisão, que senti dentro de mim os primeiros indícios do bem."[83] O mesmo autor, um pouco mais tarde, comenta sobre a disposição dos ideólogos orgulhosos em mentir até sobre a própria miséria enquanto se recusam a aceitar as evidências do sofrimento dos outros:

> Meu amigo Panin e eu estamos deitados no compartimento do meio de um vagão *stolípin*; nos acomodamos confortavelmente e guardamos o arenque salgado nos bolsos para não precisarmos de água e conseguirmos dormir. Mas, em alguma estação, empurram para dentro do nosso vagão... um acadêmico marxista! Isso é evidente pelo cavanhaque e pelos óculos. E ele não esconde o fato: é um ex-professor da Academia Comunista. Ficamos dependurados sobre a abertura do compartimento e, desde suas primeiras palavras, percebemos que ele é insondável. Mas já estamos cumprindo pena há muito tempo, ainda temos um longo período pela frente,

e valorizamos uma boa piada. Precisamos descer para nos divertir um pouco! Ainda há algum espaço no compartimento, então trocamos de lugar com alguém; e nos apertamos um pouco...

— Olá.

— Olá.

— Não está muito apertado?

— Não, tudo bem.

— Há quanto tempo você está preso?

— Tempo suficiente.

— Já passou da metade da pena?

— Por pouco.

— Olhe ali: como nossas aldeias estão miseráveis, telhados de palha, cabanas tortas.

— Uma herança do regime czarista.

— Bem, mas já se passaram trinta anos de governo soviético.

— Isso é um tempo insignificante em termos de história.

— É terrível que os camponeses estejam morrendo de fome.

— Mas você olhou em todos os seus fornos?

— Pergunte a qualquer camponês em nosso vagão.

— Todo preso está amargurado e parcial.

— Mas eu já vi as fazendas coletivas.

— Então, eram exceções.

(O homem de cavanhaque nunca tinha estado em nenhuma delas, dessa forma era mais simples.)

— Pergunte aos mais velhos: no governo do czar eles eram bem alimentados, bem agasalhados, e tinham muitos feriados.

— Nem vou perguntar. É um traço subjetivo da memória humana elogiar tudo que é passado. A vaca que morreu era a que dava o dobro de leite. [Às vezes ele até citava provérbios!] E nosso povo não gosta de feriados. As pessoas gostam de trabalhar.

— Mas por que há falta de pão em muitas cidades?

— Quando?

— Pouco antes da guerra, por exemplo.

> — Não é verdade! Antes da guerra tudo ia muito bem.
>
> — Ora, naquela época, em todas as cidades ao longo do Volga havia filas de milhares de pessoas...
>
> — Alguma falha de abastecimento local. Mas o mais provável é que sua memória esteja falhando.
>
> — Mas há escassez agora!
>
> — Contos da carochinha. Temos sete a oito bilhões de puds de grãos.
>
> — E esses grãos estão podres.
>
> — De jeito nenhum. Tivemos sucesso no desenvolvimento de novas variedades de grãos.
>
> [...]
>
> E assim ele segue, imperturbável. Fala em uma linguagem que não requer esforço mental. E discutir com ele é como atravessar o deserto.
>
> É sobre pessoas assim que se diz: "Ele percorreu todas as ferrarias e voltou para casa descalço."[84]

Por que os descendentes de Caim são tentados a adorar a maestria tecnológica? Em grande parte porque estão marcados e excluídos da presença de Deus. Na Sua ausência, algo tenta inevitavelmente se manifestar como unidade; caso contrário, os horrores de um excesso de pluralidade ou legião se fazem presentes. Assim, esse algo, na tentativa de dominar, espreita e seduz. Caim já se estabeleceu como o juiz absoluto do ser, como evidenciado pela ousadia que manifesta ao confrontar Deus sobre as falhas da criação e, ao mesmo tempo, presumir, ainda que de maneira implícita, que poderia fazer melhor. Esse é o cerne de seu ressentimento, que o leva a acolher a possessão pelo espírito da vaidade ou da arrogância. Daí a trajetória de Caim por meio de seus descendentes até a Torre de Babel, bem como sua propensão irresistível e sua admiração pelo espírito totalitário. Não há diferença entre essa progressão e tendência e a adoração da inteligência luciferiana. A tentação de recorrer a soluções puramente tecnológicas para problemas existenciais eternos é, em si mesma, eterna, e as obras humanas, sejam intelectuais ou técnicas, de fato têm seu lugar proeminente e necessário, pelo menos quando devidamente subjugadas. No entanto, elas são uma faca de dois gumes — tanto um perigo quanto um benefício potenciais. Cidades maiores e mais abundância material também significam armamentos mais pesados e uma complacência e arrogância mais sofisticadas e cada vez mais perigosas. Isso é especialmente válido na ausência de um verdadeiro pacto ou uma ética, que são impulsionadores e fontes fundamentais de paz, abundância e oportunidade.

Aqui está algo a considerar ao se sentir tentado a se deixar possuir pelo espírito que atraiu e seduziu Caim: se não perecer no dilúvio, você ainda poderá morrer nas ruínas da Torre de Babel. O mal e o orgulho eternamente se afogam em uma profusão de caos ou são esmagados pelas forças da tirania.

6

Abraão: Deus como o Chamado Vivificante à Aventura

6.1. Siga adiante

No momento em que conhecemos Abraão (antes, Abrão), já fomos apresentados a várias formas de Deus. Todas elas são, como vimos, caracterizações diversas de um espírito transcendente unitário. Deus é, de diferentes maneiras, o criador da ordem que emerge como boa a partir do caos da possibilidade; o espírito da existência inconsciente no jardim celestial; o destinatário adequado do sacrifício; a voz que leva os sábios a se prepararem diante da tempestade; e o inimigo dos tiranos orgulhosos e presunçosos. Gênesis 12 muda o foco. O Deus Supremo agora se revela como a voz da aventura inspirada.

> Ora, o Senhor havia dito a Abrão: Sai-te do teu país, e da tua parentela, e da casa de teu pai, para uma terra que eu te mostrarei.
>
> E eu farei de ti uma grande nação, e eu te abençoarei, e farei teu nome grande; e tu serás uma bênção.

> E eu abençoarei os que te abençoarem, e amaldiçoarei os que te amaldiçoarem, e em ti todas as famílias da terra serão abençoadas.
>
> *Gênesis 12:1–3*

Há muita informação condensada nessas poucas linhas. Primeiro, a ideia de que a unidade divina também inclui a voz que chama até aqueles que se sentem confortáveis, imaturos e relutantes a enfrentar o dever e o desafio da vida. É o mesmo espírito que impulsiona o bebê a se tornar a criança, a criança a se tornar o adolescente e o adolescente a se tornar o adulto autodeterminado. O mesmo espírito que se faz presente na alma do filho ou da filha que recebe cada vez mais responsabilidade e oportunidade a cada passo voluntário em direção à maturidade. Segundo, nesses breves versículos, há uma promessa incrivelmente otimista: Deus diz àqueles que respondem ao chamado para a verdadeira aventura a serviço do que é mais elevado que sua busca não apenas satisfará o mais profundo anseio da alma que segue adiante, mas também será a estratégia mais eficaz para o sucesso.

Esse sucesso assume muitas formas: a oportunidade de construir algo de valor duradouro (a linhagem dinástica ou nacional de Abrão); de uma maneira profundamente significativa e satisfatória no nível pessoal (a bênção prometida); e, ao mesmo tempo, conquistar uma reputação eminente e bem-merecida (a autêntica grandeza de seu nome). O pacto oferece ainda mais. Abrão estabelecerá sua dinastia, será uma bênção para si mesmo e fará com que seu nome se torne uma fonte de inspiração, encorajamento e genuíno sustento para os outros. ("Tu serás uma bênção.") Além disso, aqueles que se aliarem a seus empreendimentos aventureiros também terão sucesso, enquanto aqueles que se opuserem fracassarão. É difícil imaginar uma oferta melhor. Mas o que isso significa para a caracterização do divino? Que a fonte do ímpeto para o desenvolvimento pessoal deve ser considerada idêntica ao Deus hebreu monoteísta e que a manifestação desse espírito divino é o que nos inspira a admirar e imitar o sucesso verdadeiro e genuíno. É o espírito que estabelece o legado duradouro, o mesmo espírito que traz o verdadeiro benefício, ao mesmo tempo, para si mesmo e para a comunidade, e que será o mais resiliente diante da hostilidade. Essa é a inspiração divina que se concretiza no chamado para lutar com o eu, o mundo, a natureza e Deus. O que poderia ser mais maravilhoso do que a existência de uma autêntica harmonia entre o instinto de integrar, compartilhar, dominar e amadurecer e o processo que estabelece uma ordem social produtiva, generosa, estável e acolhedora?

Esse é o espírito que é simultaneamente Deus, como a voz encorajadora que chama Abrão e aquilo que Abrão poderia ser e mais tarde de fato se torna: o pai de nações. O que isso significa? Que a essência da paternidade, seja concebida como algo divino ou humano, é justamente a voz encorajadora que recompensa o ímpeto, ou talvez o instinto, dentro da criança, do adolescente e até do adulto para enfrentar os desafios de maneira voluntária, para se desenvolver mais, amadurecer, elevar o eu e crescer em direção à luz — para lidar com serpentes e confrontar dragões, em vez de buscar segurança, autogratificação hedonista ou poder.

Assim, a Palavra de Deus na história de Abrão é considerada idêntica à propensão inata (embora não à necessidade determinística) de um bebê a dar seus primeiros passos, a estender a mão da amizade e brincar de maneira corajosa e acolhedora com estranhos em um playground, a rejeitar a falsa amizade daqueles que levam a bola embora se não conseguem o que querem no pátio da escola, a enfrentar os valentões nos corredores e nos becos para defender os mais jovens, mais fracos ou mais vulneráveis e a desejar e se arriscar a construir um relacionamento com alguém do sexo oposto, tornando-se cônjuges confiáveis e amorosos e pais e mães verdadeiramente adultos. Isso é o que todo pai de verdade mais se alegra em ver se concretizar nos pensamentos e nas ações de seus filhos; é o que mais profundamente satisfaz o homem que assumiu a responsabilidade de cuidar da família. E reflete a unidade definitiva entre pai, filho e trajetória de desenvolvimento, tanto adiante quanto ascendente. Isso é um instinto — o instinto do filho esforçado e do pai atencioso — ou a voz ou chamado do divino? Se existe uma unidade definitiva que sustenta tudo, e em direção à qual toda vida se esforça, não pode haver real diferença entre os dois.

Não há nada mais otimista do que a ideia de que o caminho indicado pelo espírito da aventura, tanto na infância quanto na idade adulta, é aquele cuja jornada mais agrada e, ao mesmo tempo, é encorajada pelo bom pai. Isso é especialmente válido quando considerado em conjunto com a afirmação que constitui a essência do pacto oferecido por Deus a Abrão — ou seja, a insistência e a garantia de que percorrer esse caminho significa que a vida se torna uma bênção subjetiva, de uma forma que garante ao mesmo tempo prestígio e autoridade social merecidos, estabelece algo de valor permanente (até mesmo uma dinastia mundial) e faz tudo isso de um modo que proporciona apenas benefícios para todos. E quem se atreveria a defender a alegação contrária, negando tal promessa, o que implicaria necessariamente que o próprio impulso que nos move em direção à verdadeira maturidade e responsabilidade em nossa vida, de alguma forma, se manifesta em oposição ao nosso próprio progresso, ao respeito comunitário, às realizações profundas e ao bem-estar dos outros? Isso significaria que a essência de nossa busca na vida existe em antítese ao nosso próprio bem ou até mesmo ao bem em si, seja no âmbito individual, social ou futuro. É muito mais simples presumir — muito mais compatível com a aplicação da navalha de Occam, em termos científicos e até evolutivos — que nosso modo natural ou implícito de ser e tornar-se é aquele que nos une ao nosso ambiente, social e natural, da maneira mais harmoniosa e produtiva possível, consideradas todas as circunstâncias. E que tal chamado surge dentro de nós como o instinto mais profundo de desenvolvimento contínuo (incluindo o surgimento, na fase adulta, do espírito da paternidade encorajadora).

Já fomos apresentados a Deus como a Palavra da verdade, que visa o elevado e estabelece e restabelece a ordem que é boa. Essa representação faz parte da ênfase monoteísta de que a aventura que chama Abrão é outra caracterização do espírito da verdade. Isso sugere nada menos — de uma forma magnífica e, mais uma vez, otimista, no mais alto sentido — que a verdade é a aventura suprema. Para tentar entender essa identidade, primeiro vamos considerar a natureza da mentira, que é o oposto da verdade. O mentiroso mente para ganhar algo que não merece (quem dera essas pedras se transformassem em pão; veja Mateus 4:1–4), ou para se esquivar de uma responsabilidade ou consequência que legitimamente lhe cabe (quem dera eu fosse poupado do terrível destino que eu mesmo causei; veja Mateus 4:5–7). Ao fazer isso, ele renuncia às mudanças que teriam ocorrido se tivesse dito a verdade: a consciência da insuficiência subjacente ao seu desejo de ganho; a exposição às oportunidades que poderiam ter surgido se ele tivesse assumido sua obrigação e feito as mudanças necessárias em sua vida; e personalidade para suportar esse fardo. Ele substitui tudo isso pela falsa aventura da mentira — falsa porque qualquer coisa que aconteça em consequência de uma mentira não é real, por definição, nem genuinamente dele, já que não é uma manifestação de seu verdadeiro caráter, mas, sim, o da mentira. Assim, o homem que vive na mentira não vive a própria vida, mas a vida da mentira e do mentiroso — e até mesmo a do espírito da mentira, que é uma existência luciferiana e, de fato, terrível. Pois é a verdadeira aventura, e não a falsidade da mentira, que constitui o sentido que sustenta a vida de maneira verdadeira e necessária.

Em essência, ao estabelecer um pacto com o Único Deus Verdadeiro, Abrão jura viver na verdade. No início, ele não está, de modo algum, à altura da tarefa; é, no melhor dos casos, um homem comum. Essa é uma ótima notícia para o restante de nós, que lutamos para direcionar nosso propósito e organizar nossa vida, tendo em vista que também somos pessoas comuns. Apesar dessa trivialidade, Abrão decide correr um risco. Ele jura modificar seu propósito e aceitar, até mesmo acolher, tudo o que surgir em sua jornada ao longo do caminho da verdade. É preciso entender que essa é a aceitação da própria aventura. Por quê? Porque viver na verdade — agir de acordo com a verdade, enxergar a verdade, falar a verdade — significa aceitar as consequências que surgirem, em vez de visar o alvo da ilusão motivada pelo espírito da mentira. Esse acontecimento imprevisível (o que virá a seguir no mundo?), decorrente da verdade, é exatamente a aventura da vida. É à luz dessa conexão entre verdade e aventura que Cristo diz: "O vento sopra onde quer, e tu ouves o seu som, mas não sabes de onde vem, e para onde vai; assim é todo o que é nascido do Espírito" (João 3:8). Desprender-se de tudo — do egoísmo estreito, das intrigas e das manipulações mesquinhas — significa uma abertura radical às possibilidades da vida, mas apenas àquelas que emergem com base na verdade: "E conhecereis a verdade, e a verdade vos libertará" (João 8:32). Para aceitar o chamado, Abrão deve renunciar aos próprios desejos estreitos e egoístas, deve abandonar todas as maquinações, seja para obter segurança ou ganhos e privilégios imerecidos, e deixar que o vento o leve aonde quiser.

Assim como a maioria de nós, Abrão é um profeta improvável, um candidato improvável para essa jornada de verdade e aventura. Ele é um privilegiado, no linguajar moderno. Logo no início de sua história, descobrimos que ele viveu em conforto imerecido sob a proteção de seus pais por mais de sete décadas. Abrão sofre de um caso bastante grave de dificuldade em deixar o ninho. A história vai além da mera sugestão de que esse estado de segurança é insuficiente, até mesmo infantil. Com certeza, é algo inaceitável para Deus. Caso contrário, o chamado a Abrão não teria ocorrido. Ao que parece, o relacionamento adequado com Deus não é facilmente estabelecido enquanto permanecemos acomodados no conforto do luxo. Então, como a verdadeira boa vida pode ser estruturada? Dostoiévski tinha algumas sábias considerações a esse respeito:

> Agora, eu pergunto a você: o que se pode esperar do homem, sendo ele um ser dotado de qualidades tão peculiares? Derrame sobre ele todas as bênçãos terrenas, afogue-o em um oceano de felicidade, de modo que nada além de bolhas de êxtase possam ser vistas na superfície; dê-lhe prosperidade econômica, de modo que ele não tenha mais nada a fazer além de dormir, comer pão de ló e se ocupar com a continuidade de sua espécie, e, mesmo assim, por pura ingratidão, por pura maldade, o homem lhe pregaria alguma peça desagradável. Ele arriscaria até mesmo o pão de ló e desejaria deliberadamente o mais insensato e destrutivo, a mais absurda irracionalidade, apenas para introduzir seu elemento fantástico e destrutivo a todo esse bom senso positivo.[1]

Acreditamos, e somos constantemente levados a acreditar — seduzidos a crer, sobretudo no âmbito político —, que o verdadeiro paraíso estaria ao nosso alcance se nossas necessidades fossem atendidas de maneira confiável; se nossos desejos fossem facilmente satisfeitos. No entanto, com toda seriedade: quando todas as suas necessidades são satisfeitas, o que faz um bebê, senão apenas dormir? Para que, então, serve a consciência — ou melhor, o que ela realmente deseja — além ou até em vez de mera gratificação física? Talvez ela anseie, por mais paradoxal que pareça, por problemas: por isso o pecado original no Jardim do Éden. Ou, talvez, de maneira mais positiva, ela deseje assumir o controle de tudo e avançar com a maior força possível. Talvez queira estar em um lugar de máxima responsabilidade, aceitando voluntariamente sacrifício e esforço, mesmo os mais extremos. Não é isso que é retratado em todo drama de aventura romântica — em cada filme de agente secreto ou super-herói, quando tudo é colocado em jogo em nome do maior retorno possível, pelo homem que todo homem deseja ser? Somos como bebês, que dependem de outros para aplacar nosso desconforto e nos fornecer as necessidades da vida enquanto permanecemos passivos, ou somos homens e mulheres que podem e devem enfrentar o mundo e moldá-lo em ordem celestial? Cristo diz:

> Se alguém quiser vir após mim, negue-se a si mesmo, tome a sua cruz, e siga-me.
>
> Porque aquele que quiser salvar a sua vida, perdê-la-á; mas quem perder a sua vida por minha causa e do evangelho, salvá-la-á.
>
> Porquanto, que lucro tem o homem em ganhar o mundo inteiro, se perder a sua própria alma?
>
> Ou que dará o homem em troca de sua alma?
>
> *Marcos 8:34–37*

"Negar a si mesmo" — significa renunciar às seduções da gratificação imediata e egoísta dos instintos. "Tomar a cruz" — significa encarar voluntariamente a realidade da mortalidade e da malevolência e, ainda assim, lutar, subindo a colina. "Ganhar o mundo inteiro e perder a própria alma?" É a substituição da verdadeira participação no processo criativo — o Logos — que gera tudo o que é realmente desejável da melhor forma possível pela mentira e pelo que ela oferece. Negar a si mesmo e carregar o maior dos fardos — esse é o caminho da responsabilidade mais desejável e do verdadeiro significado. Também é o caminho para o Reino dos Céus. De verdade — e um caminho cuja jornada é tão significativa quanto o destino.

Quem poderia adivinhar que a disposição para aceitar a responsabilidade de carregar o mais pesado dos fardos é precisamente o que dá à vida seu propósito sustentador, cria o mundo e o corrige quando ele se desvia de sua rota? É por isso que o Cristo que redime também é o espírito que toma sobre si os pecados do mundo (João 1:29; 2 Coríntios 5:21). A essência do homem e de

Deus é a disposição de assumir o fardo mais pesado da vida. Como poderia ser de outra forma? De que outro modo os problemas difíceis poderiam ser resolvidos — ou mesmo reconhecidos? E não é verdade que aqueles que assumem a responsabilidade de reconhecer e resolver esses problemas difíceis — mirando o alto, aliados ao espírito de amor e verdade — tornam-se uma bênção para si mesmos como fundadores de dinastias, uma bênção para os outros e um desafio para seus inimigos? Não são essas as pessoas que vivem as vidas que desejamos em nossos momentos mais corajosos? Não são eles que os sábios buscam imitar, atraídos como somos por aqueles que impõem ordem ao caos de maneira adequada? Não são, portanto, emissários ou avatares do espírito que paira eternamente sobre as águas, determinado a atender, proferir palavras produtivas e agir?

Tudo isso parece óbvio, uma vez considerado de maneira explícita — e as conclusões inevitáveis podem ser reforçadas em sua certeza fundamental ao pesarmos a hipótese alternativa e oposta: que o sucesso no mundo vem para aqueles que se retraem, se escondem, hesitam, tergiversam e evitam. Ninguém acredita nisso, mesmo quando age assim. Ninguém oferece essa estratégia de vida como a mais desejável para alguém que ama de verdade e, portanto, deseja encorajar. Ninguém acredita ou afirma acreditar que fugir e mentir é equivalente ao que é admirável e bom.

O que é caracterizado como Deus no relato abraâmico é o espírito que, em essência, diz eternamente, até mesmo aos relutantes: "Você deve deixar o conforto de sua tenda — sua casa e família — e partir para o terrível mundo." Deus é aquilo que nos impulsiona para o mundo. Esse é um espírito em que se deve *acreditar*? Isso depende inteiramente do que significa *acreditar*. A escolha pragmática é clara: quando a voz da aventura se manifesta, ela pode ser ouvida e atendida (que é o verdadeiro significado de *acreditar* nesse contexto) ou pode ser ignorada. É interessante notar que, em tal situação, ambas as escolhas são uma questão de fé, pois as consequências são igualmente indefinidas em ambos os casos. Além disso (e essa é uma verdadeira indicação do que de fato significa *acreditar*), a fé em uma ou outra opção não é indicada tanto por declarações ("Eu acredito em...") quanto por ações. O homem que acredita no espírito da aventura é aquele que parte em sua jornada. Nesse sentido, a crença é revelada pelo comprometimento — pelo comprometimento total; pela determinação de trilhar o caminho do encontro máximo e da maturidade plena. O homem que não o faz indica, por sua inação ou evasão, uma crença igualmente baseada na fé, mas no espírito diametralmente oposto ao desenvolvimento, aquele que clama pela continuação da dependência infantil. Não há escolha que não envolva fé na decisão de avançar ou não. A primeira é o caminho sacrificial por horizontes sempre em expansão. A segunda é uma estagnação espiritual que leva à morte. Essa era a vida de Abrão, antes do chamado de Deus, o convite para uma grande oportunidade — até mesmo o apelo da consciência.

E o que acontece quando a aventura prometida começa? Abrão é chamado primeiro a ir à terra dos cananeus. J. Benson, comentarista bíblico do século XIX, descreve Canaã como "um país entregue à idolatria mais grosseira, cruel e bárbara, até mesmo ao sacrifício de seus próprios filhos".[2] Os cananeus são, por tradição, filhos de Caim. A terra que habitam é um falso domínio, porque a ocupação é estabelecida e perpetuada no espírito errado — o espírito do falso sacrifício, do ressentimento e do desejo de enganar e usurpar. Qual é o significado do chamado de Deus para que Abrão viaje até lá? Significa que todo aquele que parte em uma jornada, chamado pelo espírito de aventura, será exposto ao pleno espectro do pecado e da crueldade humana, e essa exposição deve, de alguma forma, ser enfrentada — e até tornada parte da aventura. Esse ponto é reiterado quando o herói da nossa história viaja até as profundezas absolutas da depravação que caracterizam as cidades condenadas de Sodoma e Gomorra. Por que tudo isso é necessário? Porque o mundo é decaído. Porque o mundo é real. Porque o homem tem algo genuíno a fazer. Quando não há desafios nem limites, não há ímpeto para ascender, não há crescimento, não há desenvolvimento — não há sequer realidade. Nessas situações, a falta de significado indica exatamente isso. Os obstáculos tornam tudo mais real. Limites, restrições e perigos tornam tudo real. Talvez a própria morte seja necessária para que tudo se torne real. Então surge a pergunta: se o custo da realidade é a morte, como a realidade pode se manifestar de modo a justificar esse preço? Essa é a derradeira questão, à qual o sonho do paraíso oferece uma resposta impossível. Deus faz uma intimação com o chamado inicial. Se a exigência de desbravar o mundo for aceita, a recompensa é ilimitada: uma vida bem vivida, o estabelecimento de uma reputação genuína e exemplar, a fundação de uma nação e uma bênção sobre o mundo inteiro. Isso é suficiente para arcar com o preço da morte? Não há resposta *a priori*. Esse é o fardo do verdadeiro dilema existencial. Vale a pena? Você está destinado a descobrir ao longo do caminho.

De que maneira?

Essa é a eterna pergunta.

Abrão não viaja sozinho. Ele tem a companhia não apenas de sua leal e amorosa esposa, Sarai, e de Ló, filho de seu irmão, mas também do próprio Deus. Além disso, toda vez que o profeta faz uma parada, ele consagra seu lugar de habitação ao que é mais elevado. Ele faz isso para aguçar e manter seu propósito, fortalecer o espírito de aventura, lembrar-se de seu compromisso e reforçar sua fé. Deus inevitavelmente responde com uma insistência na integridade e na realidade de seu pacto:

> E o Senhor apareceu a Abrão e disse: À tua semente eu darei esta terra; e ali ele edificou um altar ao Senhor, que lhe apareceu.
>
> E ele moveu-se dali para o monte ao leste de Betel, e armou sua tenda, tendo Betel ao oeste e Ai ao leste. E ali ele edificou um altar ao Senhor, e invocou o nome do Senhor.
>
> *Gênesis 12:7–8*

Essa é a convocação do Deus interior, por assim dizer, para ajudar Abrão em sua luta contra as manifestações do Deus exterior. Algo acontece dentro do corajoso viajante que o torna à altura de seus desafios, à medida que avança com fé, determinado a enfrentar seu destino de maneira honesta e completa. Esse sacrifício incessante, que marca o início de um novo capítulo na contínua história da aventura, é também algo semelhante à "consagração do primogênito a Deus", como discutido anteriormente.[3] Sempre que um novo empreendimento é concebido — sempre que algo novo começa —, é necessário reconsiderar tanto o propósito quanto a intenção. Com que espírito a próxima oportunidade deve ser empreendida? Não é necessário reafirmar o propósito elevado e jurar fazer os sacrifícios apropriados para garantir que tudo esteja devidamente alinhado; para assegurar que nenhuma amargura, ressentimento, falsidade ou espírito de orgulho esteja substituindo o propósito mais elevado possível? Todos os verdadeiros profetas e homens santos adotam uma abordagem semelhante: todas as suas ações e palavras são consagradas a Deus. Isso equivale a um lembrete da verdade que é a autêntica aventura. Realizamos rituais semelhantes hoje em dia? Consultamos regularmente o espírito mais elevado dentro de nós? Tentamos direcionar cada olhar e cada ação para os fins que determinamos como os mais importantes? E a alternativa a isso não seria uma fraqueza terrível, uma confusão ansiosa, uma indecisão, uma covarde falta de esperança e um crescente cinismo vingativo?

Esse é um detalhe de crucial importância. O risco da aventura é absoluto, dada a realidade inegável e onipresente da morte e do mal. Esse risco clama por um aliado infinito. Existe tal aliado? A pergunta está mal formulada. A questão adequada é: "Em que espírito de esforço podemos confiar no momento de maior crise?" "Nenhum" é uma resposta plenamente inaceitável. Nesse caso, não haveria propósito nem motivação, o que não é um estado desejável quando a catástrofe se aproxima. Além disso, a ausência de um alinhamento consciente com o espírito que integra a psique e traz harmonia ao mundo social nos deixa indefesos contra os espíritos da tentação, que lutarão para dominar em seu lugar. Quando a atenção deve ser priorizada e a ação empreendida, nenhum ateísmo é possível. Algo deve ser elevado e todo o restante deve ser sacrificado.

Ao construir altares a Deus, Abrão se esforça para assegurar, da melhor maneira possível, seu alinhamento com o chamado divino que o tirou de seu esconderijo e o guia pelo caminho adequado. Isso seria apenas mais uma variante da busca supersticiosa por uma segurança ilusória que, hipoteticamente, é a chave do esforço religioso — o "ópio do povo"? De maneira alguma: é justamente essa disposição fiel em avançar na jornada que catalisa o processo de desenvolvimento interno e, ao assumir de maneira voluntária o novo desafio, o herói aventureiro se torna mais do que teria sido de outra forma. Há um limite máximo para isso? Apenas o limite definido pela unidade sempre distante e inefável que ocupa o degrau mais alto na infinita escada ascendente de Jacó. A submissão a esse processo de desenvolvimento exigente, fortalecedor e enobrecedor não é uma superstição vazia nem um conforto infantil. Muito pelo contrário. É, em vez disso, a consequência certa da vida mais corajosa possível;

o resultado da aceitação total — o verdadeiro acolhimento de braços abertos — de toda a panóplia e até do destino mais terrível.

O que acontece à medida que Abrão se entrega cada vez mais ao chamado? Ele se depara com um horizonte infinito de oportunidades — uma aventura desafiadora após a outra. No entanto, cada uma dessas novas empreitadas exige um sacrifício: do conforto anterior, do compromisso ou propósito anterior, da identidade anterior. Esse é o padrão do desenvolvimento individual. Cada oportunidade requer um aumento proporcional na maturidade — um sacrifício de algo que agora é insuficiente para o desafio atual. Cada sacrifício, por sua vez, abre caminho para uma nova identidade em constante aprimoramento. Esse é um processo sucessivo idêntico à maturação contínua e à expansão da competência, da psique e da comunidade. Cada uma dessas novas e ampliadas identidades deve reafirmar seu compromisso com o espírito devidamente colocado no lugar mais elevado. Por isso os atos reiterados de construção de altares e de oferendas realizados pelo nascente profeta e pai da humanidade. Abrão está se esforçando para fazer a coisa certa, no momento certo, no lugar certo, para que o céu e a terra entrem em um tipo de alinhamento que todos nós já experienciamos, ainda que raramente e com dificuldade, quando a vida se desenrola de maneira musical, quase como uma dança.

A vida de Abrão, portanto, é retratada como uma sequência de sacrifícios, cada um mais exigente que o anterior, em consonância com o fato existencial de que cada novo horizonte de oportunidade e responsabilidade ampliadas exige um viajante cujo propósito seja cada vez mais preciso, culminando em uma transformação tão completa que requer um novo nome para sua devida significação. É assim que a vida de cada indivíduo poderia se desenrolar, se fosse realizada plenamente. À medida que nossos domínios de maestria crescem, devemos abandonar gradualmente quem éramos, para que possamos nos tornar quem poderíamos ser de maneira mais completa. O apóstolo Paulo escreve: "Quando eu era criança, falava como criança, entendia como criança, pensava como criança; mas quando eu me tornei homem, eu coloquei de lado as coisas infantis" (1 Coríntios 13:11).

Embora seja Deus quem chama Abrão a seguir sua jornada, os resultados são, em certo sentido, catastróficos, ao menos pelos padrões da personalidade original. A degeneração e a hostilidade de Canaã são apenas o início das dificuldades de Abrão, que logo são agravadas, de maneira previsível, pela fome. Por que isso *era previsível*? Porque os descendentes de Caim não conseguem tornar a terra fértil nem estabelecer os meios adequados de distribuição. Por quê? Porque a sociedade que estabeleceram não está fundamentada no Logos divino ou no pacto com Deus, mas em ressentimento, orgulho, engano e desejo de usurpar. O campo ou jardim mais fértil imaginável logo se tornará um deserto habitado por famintos se o mais elevado éthos concebível não governar seus habitantes. Abrão é forçado, pelas terríveis circunstâncias que caracterizam o Estado falido de Canaã, a partir novamente — desta vez para o Egito, onde a beleza de sua esposa representa uma nova e mortal ameaça — e, talvez, uma oportunidade, embora um tanto perversa.

> E aconteceu que, quando ele estava prestes a entrar no Egito, ele disse a Sarai, sua esposa: Eis que eu sei que tu és uma mulher formosa à vista.
>
> Por isso, acontecerá que, quando os egípcios te virem, eles dirão: Esta é a esposa dele. E me matarão, mas te manterão viva.
>
> Dize, suplico-te, que tu és minha irmã, para que eu possa ficar bem por tua causa, e a minha alma viverá por causa de ti.
>
> E aconteceu que, quando Abrão havia chegado ao Egito, os egípcios viram a mulher, e que ela era muito formosa.
>
> *Gênesis 12:11–14*

Ainda estamos nos primeiros parágrafos da história, e Abrão e sua família já enfrentaram uma gama assustadora dos horrores da vida: corrupção, fome, tirania autoritária e as exigências gananciosas de uma aristocracia narcisista: "Também os príncipes do Faraó a viram, e a elogiaram diante do Faraó, e a mulher foi levada à casa do Faraó" (Gênesis 12:15). Que problema pode enfrentar qualquer homem com uma esposa bela, especialmente ao viajar com ela por uma terra estranha? O interesse que ela desperta nos ricos e poderosos. Quem são esses príncipes? Que tipo de destruição são capazes de causar? O que podem ter a oferecer? Qual é a real natureza desse interesse? Talvez o faraó da época, a quem Sarai foi entregue, fosse um homem casto, apesar de seu harém. No entanto, certos fatos são inescapáveis: primeiro que o interesse do faraó era essencialmente carnal, embora, ao que parece, ele planejasse se casar com Sarai, no sentido de que ser incorporada a um harém pode ser entendido como um casamento; segundo que, mesmo que Abrão não tenha oferecido sua esposa em troca dos ganhos que foi obrigado a aceitar, ele o fez, de modo igualmente repreensível, por medo; terceiro que, mais tarde, ele repetiu esse pecado, com a traição de sua esposa e a sequência de enganos de modo quase idêntico. O Capítulo 20 de Gênesis contém o relato de uma sequência de eventos muito semelhante em torno de um rei chamado Abimeleque que, assim como o faraó, é advertido por Deus a não pecar como consequência das mentiras de Abrão.[4] No segundo caso, está claro que Sarai escapa das garras do rei que a desejava, mas, no primeiro, isso não é tão óbvio, e certamente foi, no mínimo, um risco.

O faraó toma Sarai e recompensa Abrão com bens materiais: "E ele tratou bem a Abrão por causa dela. E ele teve ovelhas, e bois, e jumentos, e servos, e servas, e jumentas e camelos" (Gênesis 12:16). Ao que parece, as mentiras de Abrão funcionam. Ele sobrevive, embora talvez tivesse sobrevivido de qualquer forma, e também se beneficia em termos econômicos. Mas essas mentiras só funcionam temporariamente e carregam riscos próprios, como ocorre com todas as mentiras, não importa quem as conte ou quem acabe enredado nelas.

> E o Senhor atormentou Faraó e a sua casa com grandes pragas por causa de Sarai, esposa de Abrão.
>
> E Faraó chamou Abrão, e disse: O que é isto que tu me fizeste? Por que não me disseste que ela era tua esposa?
>
> Por que disseste: Ela é minha irmã? Portanto eu a tomei para ser minha mulher. Agora, pois, eis a tua esposa. Toma-a e vai no teu caminho.
>
> *Gênesis 12:17–19*

As pragas descritas nesses breves versículos, é claro, prenunciam as dez pragas do Egito na época de Moisés, e o significado é o mesmo: existe um padrão divino que estabiliza e encoraja tanto o indivíduo quanto a comunidade.

Desvios desse padrão têm consequências mortais. Ninguém está isento dessa lei implacável, muito menos os tiranos obstinados. E todos os tiranos são obstinados. Essa é uma característica fundamental da natureza da tirania. Assim, Abrão é agora forçado a deixar o Egito: "E o Faraó ordenou aos seus homens com respeito a ele; e eles o mandaram embora, e a sua esposa, e a tudo que ele tinha" (Gênesis 12:20). É um tanto surpreendente que o faraó, a quem Abrão tanto temia, não o tenha matado por causa de suas mentiras e do perigo que elas representaram ao governante do Egito e à sua casa. Talvez o chefe de Estado, em um gesto de prudência, tenha decidido que nem Abrão nem Sarai valiam mais problemas.

Abrão não é apresentado de maneira muito favorável nesse episódio. Como devemos interpretar isso? A explicação mais simples é que ele não era um homem completamente bom e, talvez, nem muito virtuoso no início de sua história. Isso torna sua trajetória menos ou mais crível? Quem é sábio o suficiente para ser bom ao iniciar sua aventura? Abraão é, em um sentido profundo, um homem comum: ele tem todas as falhas de uma pessoa real, com todas as oportunidades de alguém que ainda pode se tornar mais do que é. O que teria acontecido se Abrão tivesse ousado dizer a verdade — toda a verdade e nada além da verdade? Certamente ele tinha motivos para acreditar que seria morto. Quando o monarca absoluto exige que ele entregue sua "irmã", responder "não, obrigado, senhor" não é uma opção fácil. Os maiores profetas de todos os tempos de fato ousaram dizer aos reis o que eles não queriam ouvir — e, por vezes, salvaram e redimiram esses mesmos reis, junto com todo o seu povo. Mas o risco que tais monarcas representam é real, bem como o potencial benefício de mentir para eles — e as pessoas já traíram aqueles que amam por razões menores do que obter riqueza e salvar a própria vida.

Isso não serve de desculpa para Abrão agir movido pelo medo, ou algo pior, mas indica sua natureza demasiadamente humana e o realismo de sua representação no relato bíblico. Nesse ponto de sua jornada, Abrão carece da sofisticação necessária para seguir adiante sem recorrer ao engano quando se encontra em uma situação que está além de sua capacidade. Isso não confere moralidade às suas ações, mas as torna compreensíveis: quem ousa proclamar a virtude de enfrentar a tirania sob a ameaça de morte? Essa é, de fato, uma habilidade rara — com certeza não é algo característico do homem comum. Essa complexa mistura de força e fraqueza nos protagonistas bíblicos é parte do que torna essas histórias antigas tanto sofisticadas quanto grandiosas; faz delas verdadeira literatura, em vez de um apelo propagandístico e uma ilusão. Um homem capaz de grandes feitos também pode ser capaz de grandes falhas? Nenhum homem seria grandioso se não fosse assim.

Há algo mais profundo acontecendo aqui, algo que pode passar despercebido se nos concentrarmos apenas nas aparentes falhas de um Abrão um tanto enganador, covarde e oportunista. Embora haja uma ameaça real representada pelo interesse do faraó na esposa de Abrão (que, curiosamente, também é sua meia-irmã, conforme indicado em Gênesis 20:12), o resultado da exposição a esse perigo é um aumento palpável na riqueza de Abrão. O que isso pode significar? Primeiro, em termos mais amplos, a verdade eterna: onde há dragões à espreita sempre há um tesouro a ser descoberto. O que isso significa no plano prático é que o homem que se compromete a visar o elevado e é diligente nessa busca está na melhor posição para transformar desafios, mesmo os perigosos, em oportunidades positivas. Essa é uma informação útil quando a adversidade bate à porta, como inevitavelmente acontecerá. Então, pode surgir uma pergunta útil, com o potencial de alterar toda a interpretação do evento e modificar todas as emoções associadas: "Que possível vantagem pode haver nessa dificuldade, que surgiu de maneira tão repentina e inesperada — e até mesmo injusta?" Jó faz algo semelhante e experiencia uma drástica reviravolta em sua (má) sorte, perto do final de seu relato de provações (Jó 42:10–17). Essa transformação é apresentada em sua forma arquetípica definitiva na paixão de Cristo. A recompensa concedida a Jesus por aceitar a traição, a dor, a mortalidade e o inferno é o Reino dos Céus e o triunfo sobre a morte e o mal. É o próprio Deus (e isso, vale notar, é outra descrição ou caracterização), como afirma Milton, quem pode transformar até mesmo o que visa ao mal em um bem positivo, enquanto Satanás se esforça para fazer o inverso.

> Fazer o bem nunca será nossa sina,
> O mal sempre será nosso único deleite,
> Contrariando a vontade divina daquele

A quem resistimos. Se sua Providência
Do mal sempre tenta extrair o bem,
Nosso trabalho deve ser perverter esse fim,
E, a partir do bem, ainda encontrar meios para o mal.[5]

Deus é a voz que nos chama para o terrível mundo e nos guia adiante, se mantivermos nosso pacto com Ele: essa é a hipótese apresentada aqui. Não teria Abrão se revelado um homem ainda mais fraco do que já era com suas meias-verdades — talvez fatalmente mais fraco — se tivesse rejeitado o chamado para se aventurar no mundo, no início da história? Ele é, de fato, um tanto medroso e ganancioso no começo, quando encontra o cobiçoso príncipe egípcio, mas está apenas começando a firmar seus passos. Será que ele pode ser perdoado por não ser tudo o que poderia ser antes de adquirir a experiência que o ajudaria a se tornar assim? Quem entre nós não carece de coragem e não é imaturamente materialista no início de nossa jornada? E, mais uma vez, devemos considerar o chamado para deixar a segurança e buscar a aventura, identificado com o próprio espírito de Deus, no começo da história. Não recompensamos essa mesma propensão em nossos filhos quando atendem a esse chamado, ao menos se os amamos de verdade? Não encorajamos sua independência, sua disposição para correr riscos, mesmo sabendo que cometerão erros por medo e avidez ao longo do caminho? Por que apenas não os mantemos seguros? Hoje em dia, estamos fazendo muito isso,[6] e não está claro se as consequências resultam em um aumento real de segurança ou sequer na sensação de proteção.[7]

Admiramos lares em que o espírito que governa é aquele que chama tanto os pais quanto os filhos ao mundo com uma confiança destemida e ambiciosa. Essa admiração é uma espécie de celebração, uma forma de adoração. A admiração leva à imitação, e não há forma mais elevada de *crença* do que a imitação. Incentivar uma jornada corajosa está em conformidade com esse fato, tanto quanto realizá-la. Ambas são virtudes morais de ordem superior: de ordem superior porque prevalecem sobre a segurança, a dependência e a gratificação hedonista; de ordem superior porque subordinam o que é exigido no presente (como o desejo de segurança, por exemplo) à estratégia de longo prazo de independência funcional e à generosa produtividade que a acompanha. Não é melhor tornar alguém autossuficiente do que prover indefinidamente tudo o que ele precisa? Se a aventura é o ponto central da vida, a provisão constante não é um ato compassivo e não traz a utopia prometida. Pelo contrário, é o roubo inconcebível do destino e o convite inconsciente à tirania total que surge de maneira inevitável quando a responsabilidade é abdicada.

Se tiver sorte, de vez em quando você encontra alguém que viveu uma verdadeira aventura — e se pega pensando: "Ah, meu Deus, eu gostaria de ter vivido isso." E, se tivesse atendido ao chamado, talvez pudesse ter vivido. Minha única irmã, Bonnie Keller, é um exemplo interessante. Ela é a única pessoa que conheço que teve altercações físicas com representantes de quatro dos principais grupos de primatas: humanos (no caso, com o autor desta obra), bonobos, gorilas e babuínos. Bonnie saiu de casa aos dezoito anos. Ela deixou Fairview, nossa pequena cidade natal no norte de Alberta, e partiu, sozinha, para a universidade em Saskatchewan, a província canadense imediatamente a leste, a mil quilômetros de distância. Todos, incluindo ela, acreditavam que estava pronta, que era madura o suficiente para a tarefa. De qualquer forma, ela tinha dado muito menos trabalho do que seu irmão mais velho na adolescência, por isso parecia bastante adulta.

Mas Bonnie não estava tão bem preparada para sair de casa quanto todos imaginavam. Ela partiu em sua aventura e não conseguiu lidar com essa nova realidade. Sozinha, longe do lar e de sua familiaridade protetora, ficou ansiosa, insegura e deprimida, e voltou para casa. Isso não agradou meu pai, que primeiro ficou muito surpreso (pois não esperava por isso, assim como minha mãe), depois preocupado que ela estivesse desistindo prematuramente e, por fim, mais do que disposto a expressar seu descontentamento. É importante notar que permitir a dependência não é um ato compassivo admirável. Muito pelo contrário: é uma traição ao verdadeiro espírito do patriarcado benevolente. Talvez meu pai tenha sido mais duro do que o necessário em sua reação, talvez não. Uma coisa é certa: Bonnie se fortaleceu mais uma vez e partiu em definitivo, e meu pai teve algo a ver com isso. Minha mãe também desempenhou seu papel, deixando claro para a filha, quando ela voltou para casa, que, embora fosse sempre bem-vinda e amada, o melhor resultado possível seria sua partida madura o quanto antes. Claro, há uma segurança louvável nesse acolhimento e, às vezes, esse é exatamente o tipo de segurança que pode fornecer a base para uma segunda tentativa — então, pontos para minha mãe, sobretudo por, ao mesmo tempo, desejar uma segunda partida bem-sucedida. Bonnie partiu mais uma vez, depois de um esforço real para se recompor enquanto estava em casa, arranjando um emprego e matriculando-se em alguns cursos de educação a distância, apesar do sofrimento que estava enfrentando. Logo depois, ela voltou para a universidade, dessa vez na região central de Alberta, em vez de Saskatchewan — um pouco mais perto, mas ainda longe o suficiente. Durante uma aula de língua estrangeira, outra oportunidade, mais drástica, se apresentou: a possibilidade de um emprego de verão na Noruega, em uma plantação de morangos. Nossa família, por parte de pai, tem ascendência norueguesa, então aquele país tinha uma atração pessoal particular. Quando criança, meu pai falava principalmente norueguês em casa, na cabana de toras nas vastas e geladas planícies de Saskatchewan, onde seu avô havia estabelecido uma propriedade, cultivado a terra e formado uma família; na mesma comunidade agrícola em que minha avó paterna era conhecida pelo tradicional *lefse,* um tradicional pão de batata norueguês que assava, e pelos *uff das* que eram marca registrada de seu vocabulário.

Meu pai apostou duzentos dólares canadenses com Bonnie — uma quantia considerável no início dos anos 1980 — que ela não conseguiria ou não levaria adiante seus planos de verão. Foi uma aposta cruel ou um incentivo? Certamente foi um desafio — e isso a deixou furiosa. A propósito, a raiva inibe o medo.[8] Ela pensou algo como "vá se ferrar, velho" e aceitou a aposta. Então, ela foi embora, conforme prometido, e nunca mais voltou para casa. Dessa vez, ela rompeu os grilhões da dependência de uma só vez. Meses depois, Bonnie voltou a Fairview para uma visita, muito mais experiente, mais forte e sábia — muito mais madura e adulta. Em seguida, formou-se como enfermeira, uma carreira que lhe permitiu encontrar emprego em qualquer lugar — algo que sua recém-adquirida e arduamente conquistada confiança tornou muito mais fácil. Desde então, Bonnie conseguiu todos os empregos para os quais se candidatou, em grande parte porque dizia aos seus futuros empregadores, com toda sinceridade, que sabia o que estava fazendo e que eles não se arrependeriam de contratá-la. Isso soa como música aos ouvidos de um empregador e é um dos frutos de atender ao espírito da aventura — e, no caso de Bonnie, a pura verdade.

Ser enfermeira é um trabalho árduo e sério, e minha irmã aprendeu muito na profissão. Depois de receber sua certificação, ela viajou para a África e começou a trabalhar com um ex-oficial do exército britânico, com quem mais tarde se casou. Eles organizaram safáris na savana por quase cinco anos, atendendo a turistas norte-americanos e europeus, muitas vezes ingênuos e, às vezes, mimados, lidando com as exigências inesperadas de animais e humanos enquanto percorriam trilhas remotas e a mata. Foi nessa época que ela teve um confronto com um babuíno que entrou no quarto de seu hotel decrépito, e ela o expulsou, se me lembro corretamente, com um soco no focinho. Após encerrarem as atividades de safári, ela e o marido compraram caminhões Mercedes na França e os contrabandearam em comboios pelo deserto do Saara até o Níger para vendê-los, até que os tuaregues que viviam no território intermediário tornaram a travessia perigosa demais. Então, ela se candidatou a um emprego como cuidadora de gorilas órfãos no Congo. Foi lá que teve os outros dois confrontos com primatas de ordem superior. O primeiro foi com um bonobo mal-humorado que estava sob seus cuidados em uma clínica. O segundo, mais sério, ocorreu na selva quando Bonnie e uma colega foram atacadas após tentarem devolver três gorilas adultos ao seu habitat natural. Ao retornarem ao acampamento, elas reencontraram os animais, e um deles decidiu atacar. A melhor maneira de reagir a um ataque desses é se sentar e permanecer imóvel. As duas fizeram exatamente isso, mas ainda assim foram alvo da investida de um macho zangado e ingrato. Vale mencionar que ele tinha certa justificativa, pois já havia sido solto uma vez, quando era mais jovem, e sofrido um sério ataque humano logo depois. Em todo caso, ele avançou contra as duas e atacou, mordendo minha irmã com bastante gravidade enquanto ela lutava para proteger sua colega.

Aquela altercação com o gorila deixou Bonnie com um leve transtorno de estresse pós-traumático. No entanto, ela lidou com o problema rapidamente e retomou suas aventuras, mudando-se para Londres quando a guerra civil chegou ao Congo. Lá, comprou uma série de casas com o marido, que reformaram e venderam com lucro, uma após a outra. No entanto, com trinta e tantos anos, ela finalmente admitiu ou descobriu que queria muito ter filhos.

Mas o marido não queria. Essa foi uma diferença irreconciliável, e eles se divorciaram, embora tenham mantido uma boa relação e ainda sejam amigos. Ela seguiu em frente e encontrou outro marido em tempo hábil — também um aventureiro brilhante. Logo começaram uma família. Bonnie então passou de alguém relativamente dura e masculina em sua essência, embora ainda charmosa e atraente, para quase completamente maternal e dedicada à vida doméstica, e no momento exato.

Certa vez, ela me contou sobre quando voltou a Fairview e relatou suas aventuras aos amigos que havia deixado para trás. "Você tem muita sorte", disseram eles, um após o outro. Em certo sentido, eles tinham razão. Coisas terríveis acontecem às pessoas, de maneira inesperada e infeliz, desviando-as do que poderia ser um caminho empolgante e gratificante. Bonnie poderia ter sido vítima de uma doença terrível, por exemplo, que tornasse qualquer aventura futura impossível. Na verdade, ela teve um grave problema estomacal no início de sua jornada e precisou de uma cirurgia. Isso poderia muito bem ter sido um obstáculo. Coisas assim acontecem com as pessoas, muitas vezes sem qualquer culpa aparente. Há um elemento de aleatoriedade na vida, e a providência, de certo modo, opera a cada momento em que a catástrofe absoluta não está em marcha. Então, a sorte, como seus amigos invejosos insistiram, estava realmente ao seu lado.

No entanto, de outra maneira, talvez ainda mais fundamental, o que estava ao lado de Bonnie não era sorte — ou, talvez, a sorte seja mais propensa a favorecer os preparados e corajosos. Suas aventuras foram, sem dúvida, uma consequência de sua disposição em dizer "sim", de se lançar ao fogo e deixar que o que não era adequado, bom e correto em si mesmo queimasse. Essa foi sua corajosa obediência à consciência e ao chamado. Ela sacrificou tanto sua infância quanto seus pais quando saiu de casa pela segunda vez, como mais tarde percebeu, com certa dor real — como todos que partem devem sentir —, e meus pais foram sábios o suficiente para se alegrar por ela ter feito isso. Isso significa que estavam dispostos, assim como Abrão (já como Abraão) no caso de Isaque, a consagrar sua filha a Deus. No entanto, assim como Abraão, a disposição dos meus pais em sacrificar sua filha também significou que ela lhes foi devolvida. Depois que Bonnie saiu de casa, manteve excelentes relações com minha mãe e meu pai e, anos mais tarde, os levou em muitas aventuras, para a África e outros lugares. Tudo isso foi para o bem.

Deus, na história de Abrão, é o espírito que chama os privilegiados e protegidos a deixar o conforto de seus lares e a empreender a aventura de suas vidas. Você segue esse espírito? Na infância, você foi privilegiado e protegido, ao menos até certo ponto — tal qual minha irmã —, como todos tivemos que ser para não sucumbir e perecer.[9] No entanto, ou talvez por causa disso, algo o chamou, ainda que de maneira sutil, a explorar o mundo. Você vive segundo um conjunto de princípios, não importa o que faça. Essa obediência é sua crença. Como um animal imitador, você emulou algo. Talvez não saiba o quê. Pode muito bem ter sido uma mistura confusa de vários fatores. Talvez não tenha sido uma escolha consciente — não no nível mais alto de conceitualização. Mas isso não significa que não estava emulando. E essa foi a sua vida. Foi suficiente? Você foi um motivo de orgulho para si mesmo ou para seus pais? Foi uma bênção ou uma maldição para o mundo? Foi um fundador de nações? Ou, ao invés disso, escondeu sua luz debaixo do alqueire? Que lacuna na estrutura da realidade foi criada por sua falha em realizar todo seu potencial no mundo? Você será eternamente responsabilizado por essa recusa?

Essas são as perguntas mais difíceis da consciência.

6.2. O diabo na encruzilhada

Após deixar o Egito, Abrão e seu sobrinho Ló, que o acompanhava na viagem, veem-se obrigados a se separar. Ambos estão prosperando, mas já não conseguem mais administrar seus negócios em conjunto. O que isso significa? Que as pessoas nos acompanham ao longo de nossa vida e se tornam próximas, mas a separação é inevitável e deve ser enfrentada, de preferência com boa vontade, seja com amigos, parceiros criativos e de negócios ou familiares. Somos, portanto, chamados a nos preparar, e a preparar nossos filhos para essa eventualidade, para que todos se acostumem com a perda, desenvolvendo a capacidade de extrair dela os próximos passos adiante, reforçando e fortalecendo o que resta, buscando novas conexões, mantendo nosso equilíbrio ou até aprimorando nossa situação.

Abrão viaja para o oeste; Ló, para o leste. A decisão de Ló o levou para o leste, em direção a Sodoma e, portanto, a um caminho profano:

> E Ló levantou os olhos, e viu toda a planície do Jordão, que era bem regada em todo lugar, antes do Senhor ter destruído Sodoma e Gomorra, como o jardim do Senhor, como a terra do Egito, quando se entra em Zoar.
>
> Então, Ló escolheu para si toda a planície do Jordão, e Ló viajou para o leste, e eles se apartaram um do outro.
>
> Abrão habitou na terra de Canaã, e Ló habitou nas cidades da planície, e armou sua tenda em direção a Sodoma.
>
> Mas os homens de Sodoma eram extremamente perversos e pecadores diante do Senhor.
>
> *Gênesis 13:10–13*

Abrão permanece nas proximidades de Betel, renovando mais uma vez seu pacto com Deus, que reitera e amplia sua promessa anterior. Por que essa promessa é ampliada? Isso está em consonância com a distribuição de poder ou de Pareto; com o chamado princípio de Mateus, bem compreendido pelos economistas — o princípio que governa a inevitável e radicalmente desigual distribuição que caracteriza grande parte da provisão do mundo —, seja no âmbito social, natural ou divino:[10] "Porque a cada um que tiver será dado, e terá em abundância; mas ao que não tiver, será tomado até o que ele tem" (Mateus 25:29). O sucesso gera sucesso, como frequentemente acontece, e a fé de Abrão é recompensada.

> E o Senhor disse a Abrão, depois que Ló se apartou dele: Eleva agora os teus olhos, e olha do lugar em que estás para o norte, e para o sul, e para o leste, e para o oeste.
>
> Porque toda a terra que tu vês, para sempre eu te darei, e à tua semente.

> E eu farei a tua semente como o pó da terra, de modo que se um homem puder contar o pó da terra, então também a tua semente será contada.
>
> Levanta-te, caminha pela terra no seu comprimento e na sua largura, pois a ti eu a darei.
>
> Então Abrão removeu a sua tenda, e veio e habitou na planície de Manre, que é Hebrom, e ali edificou um altar ao Senhor.
>
> *Gênesis 13:14–18*

A abundância depende de ações morais verdadeiramente corajosas, de fé e sinceridade genuínas. Essa é, para sempre, a mais profunda das verdades. O oposto também é verdadeiro: Satanás está eternamente presente em cada encruzilhada, como já mencionado, pois uma encruzilhada é um ponto de decisão, bem como uma separação de caminhos. Aqueles que nesses momentos escolhem de maneira genuína o caminho *elevado* ascendem, com a bênção de Deus, enquanto aqueles que escolhem o caminho *inferior* — mesmo que inadvertidamente — despencam em uma espiral descendente. Ao fazer essa escolha, preferem o deserto ou a tirania, em vez da terra da abundância — e isso, como veremos, não depende da fertilidade intrínseca da terra.

Os grandes reis da região entram em guerra — a primeira mencionada no relato bíblico — e Ló é capturado, junto com todos os seus bens e servos. Tradicionalmente, isso é considerado uma consequência de ele ter se voltado ("armado sua tenda") em direção a Sodoma, uma cidade tida como maligna, materialista, mundana e corrupta.[11] Isso significa, em primeiro lugar, que Ló se desviou do verdadeiro caminho da aventura ao ceder à atratividade da tentação imediata e tola. Em segundo lugar, significa que aqueles que se afastam de Deus (como Ló faz ao se separar de Abrão) tornam-se vítimas da guerra dos grandes reis — a batalha entre principados, muitos dos quais são sombrios — que emerge de modo inevitável na ausência do que deveria ser superior.

> E o vale de Sidim estava cheio de poços de betume, e os reis de Sodoma e Gomorra fugiram, e caíram ali, e os restantes fugiram para o monte.

> E eles tomaram todos os bens de Sodoma e Gomorra, e todos os seus mantimentos, e foram no seu caminho.
>
> E eles tomaram Ló, filho do irmão de Abrão, que habitava em Sodoma, e os seus bens, e partiram.
>
> *Gênesis 14:10–12*

Esses reis podem ser considerados forças unificadoras menores (sendo o poder e o prazer hedonista as principais entre elas; ressentimento, ódio, ciúme e outras fraquezas também competindo pela primazia). A guerra irrompe quando a estrutura superior, que mantém a coesão, ou a unidade, pacífica colapsa, é abandonada ou traída. Isso equivale à morte de Deus. As facções que dilaceram o coração de uma cultura são reinos em disputa. Essa guerra entre facções é contínua e faz muitas vítimas. Abrão a enfrenta com determinação, transformando-se em guerreiro quando isso se faz necessário. Quando Ló se torna escravo dessas forças menores — um destino que criou para si mesmo ao se desviar do caminho dourado — seu tio reage à altura da situação, passando por mais uma transformação radical. Abrão arma seus servos treinados, cerca de trezentos, e parte para resgatar o sobrinho. Será que a disposição e a capacidade de se engajar nesse tipo de conflito são parte legítima da obediência ao chamado de Deus?

A paz pode muito bem ser o objetivo adequado para aqueles que são sábios e buscam o que é elevado — a paz produtiva de um jardim bem cuidado —, mas a submissão à tirania ou a participação no caos hedonista não devem ser toleradas. Às vezes, confiar em Deus significa se preparar e se engajar em uma batalha. Em determinadas circunstâncias, não somos moralmente obrigados a resgatar, por exemplo, nossos irmãos perdidos das garras dos tiranos? Mesmo que isso seja resultado de um erro por parte deles? Se tal responsabilidade não for assumida, não é verdade que esses mesmos tiranos acabarão ameaçando a todos? E isso pode acontecer muito mais rápido do que se imagina. Nesses casos, não há diferença entre resgatar nossos irmãos e ajudar nossos eus futuros, ou entre tal resgate e a estabilização da própria sociedade. Essa é a lei implacável da reciprocidade iterativa — um componente significativo da amizade e da própria comunidade.

Abrão "trouxe de volta todos os bens, e também trouxe o seu irmão Ló, e seus bens, e também as mulheres, e o povo" (Gênesis 14:16). Depois disso, ele se encontra com o rei de Sodoma, o líder de um principado sombrio, que lhe oferece a oportunidade de lucrar com os espólios da guerra.

> Mas Abrão respondeu ao rei de Sodoma: "De mãos levantadas ao Senhor, Deus Altíssimo, Criador dos céus e da terra, juro
>
> que não aceitarei nada do que lhe pertence, nem mesmo um cordão ou uma correia de sandália, para que você jamais venha a dizer: 'Eu enriqueci Abrão'.
>
> Nada aceitarei, a não ser o que os meus servos comeram e a porção pertencente a Aner, Escol e Manre, os quais me acompanharam. Que eles recebam a sua porção."
>
> *Gênesis 14:22–24 (Nova Versão Internacional)*

Abrão não quer saber de ganhos que possam ter sido adquiridos por meios torpes. Ele não é um mercenário da guerra. Além disso, ele não tem interesse algum em estar em dívida, seja de fato ou em reputação, com o rei de um Estado corrupto. Aceitar até mesmo uma doação hipoteticamente *incondicional* de alguém traz consigo o risco de, se não resultar em um suposto direito de posse por parte do doador, levar à racionalização egoísta do ato e, a partir daí, a uma forte tendência em favor do líder corrupto: *Se eu aceitei o dinheiro dele, ele deve ser um homem bom.* Esse é um grande perigo moral. A ideia de "*posso usar o dinheiro sujo para um bom propósito*" representa um perigo ainda maior: uma vez que se convence de que tinha boas razões para fazer algo moralmente injustificável, cai-se na tentação de usar o nome de Deus em vão (Êxodo 20:7) ou de orar de maneira hipócrita e narcisista em público (Mateus 6:5–6). Poucas coisas são piores do que um pecado justificado sob o pretexto de virtude moral (um aviso pertinente para nossos tempos sombrios e desviados). Essa é a razão, vale reiterar,[12] pela qual Deus coloca querubins e uma flamejante espada giratória na porta do paraíso para guardar o caminho até a árvore da vida. Nada menos do que o edênico, por definição, pode entrar no verdadeiro reino celestial. Caso contrário, o próprio céu seria corrompido por essa presença.

6.3. A vida como divisão sacrificial

Mais uma vez, Deus amplia a recompensa prometida, como consequência do último triunfo de Abrão sobre a tentação e do sacrifício exigido, feito de maneira voluntária (Gênesis 15:1–17). Ao longo do texto, há uma progressão na qualidade do sacrifício (e na recompensa correspondente). As escolhas apresentadas a Abrão melhoram enquanto sua aventura avança. Seu discernimento é aprimorado na mesma proporção em que ele acumula experiência. Isso o torna cada vez mais proficiente em discriminar, julgar e avaliar — em separar o trigo do joio (Mateus 13:24–30) ou as ovelhas dos bodes (Mateus 25:31–32). Isso significa que ele se torna um reflexo cada vez mais refinado do Logos à medida que se desenvolve. O que pode ser entendido como uma definição do próprio desenvolvimento ascendente; uma representação de sua essência, que, em princípio, equivale à união ou à possessão pelo próprio Deus; e uma das principais razões para a veracidade do mencionado princípio de Mateus.[13]

Isso é indicado, ritualizado e solenizado nos eventos que ocorrem imediatamente após a guerra da qual Abrão se recusou a tirar proveito. Deus primeiro diz: "Não temas, Abrão; eu sou o teu escudo, e a tua recompensa será infinitamente grande" (Gênesis 15:1). Essas são palavras muito específicas, indicando algo igualmente específico: que seguir o caminho correto é tanto a melhor estratégia de defesa, mantendo os terrores da vida e as emoções negativas associadas à catástrofe à distância de maneira mais eficaz, quanto o próprio caminho dourado, que leva à terra eterna de leite e mel.

> E ele disse: Senhor Deus, como eu saberei que hei de herdá-la?
>
> E ele lhe disse: Toma para mim uma novilha de três anos de idade, e uma cabra de três anos de idade, e um carneiro de três anos de idade, e uma rola e um pombinho.
>
> E tomou para ele todos estes, e os dividiu ao meio, e colocou cada parte na frente da outra, mas as aves ele não dividiu.
>
> E quando as aves desciam sobre as carcaças, Abrão as enxotava.
>
> E quando o sol estava se pondo, um profundo sono caiu sobre Abrão, e eis que um horror de grande escuridão caiu sobre ele.

E ele disse a Abrão: Saibas com certeza que tua semente será estrangeira na terra que não é sua, e os servirão, e eles os afligirão por quatrocentos anos.

E também a essa nação, a quem eles servirão, eu julgarei, e depois eles sairão com grandes posses.

E tu irás para os teus pais em paz, tu serás sepultado em boa velhice.

Mas na quarta geração, eles virão para cá novamente, pois a iniquidade dos amorreus ainda não está completa.

E aconteceu que, quando o sol se pôs, e ficou escuro, eis que um forno de fumaça e uma lâmpada acesa passaram entre aqueles pedaços.

No mesmo dia, o Senhor fez um pacto com Abrão, dizendo: À tua semente eu dei esta terra, do rio do Egito até o grande rio, o rio Eufrates:

Os queneus, e os quenezeus, e os cadmoneus,

E os heteus, e os ferezeus, e os refains,

E os amorreus, e os cananeus, e os girgaseus, e os jebuseus.

Gênesis 15:8–21

Nesse caso, o sacrifício é ritualizado e solenizado pela oferta de três animais e dois pássaros, sobre os quais o espírito de Deus desce na forma de fogo e fumaça, passando pelas carcaças divididas, indicando a aprovação divina do pacto. O que exatamente é um pacto? Um contrato entre duas partes que concordam em realizar ou se abster de certos atos: um contrato, um trato, um acordo ou uma negociação. Por que a relação com a própria fonte do Ser é concebida como contratual? A resposta está na natureza do trabalho em si, como já mencionado:[14] ações no presente (ações sacrificiais) trarão recompensas no futuro. O trabalho, portanto, é uma negociação com o futuro — uma nota promissória oferecida por Deus: "Se tu fazes bem, não serás aceito? E se não fazes bem, o pecado jaz à porta. E para ti será o desejo dele, e tu deves governar sobre ele" (Gênesis 4:7). E também está na natureza da relação: a consciência que se manifesta dentro de nós não obriga nem força. Em vez disso, fala como conselho, mas deve ser ouvida.

A história de Caim e Abel relata a rejeição de Deus aos sacrifícios medíocres de Caim — um acontecimento que deixa Caim com uma escolha: ele pode mudar, arregaçar as mangas e seguir em frente para fazer as coisas da maneira correta, ou pode se voltar para Sodoma, por assim dizer, afundar-se no ressentimento e na amargura, erguer o punho contra Deus e sua suposta injustiça e abrir caminho para um caos brutal. O irmão tirânico e invejoso de Abel decide continuar oferecendo os sacrifícios errados, como vimos, recusando-se a oferecer o melhor que tem no presente, comprometendo não apenas o próprio futuro, mas também o de seus descendentes e da comunidade mais ampla. Ao agir assim, Caim faz pior do que abandonar Deus; estabelece uma relação de hostilidade com Ele. A história dos primeiros irmãos hostis sugere que uma relação com o divino é inevitável; a única questão é sua natureza. Ao menos em parte, isso se deve ao fato de o ser humano ser uma personalidade, e personalidades por sua natureza existem em uma relação — um contrato, um acordo, uma negociação ou um pacto — com tudo o que encontram.

O fato de cada um de nós ser uma personalidade não indica que a "personalidade" é justamente aquilo que enfrenta e se relaciona com o mundo? E se isso for verdade (e que parte disso não seria?), então especificar e esclarecer a natureza dessa relação deve ser o principal objetivo de todos os nossos esforços mais profundos para entender e nos adaptar. Caim poderia tratar o espírito eterno do Ser e do Tornar-se como um pai, um aliado, um espírito guia, oferecendo-lhe, como a um líder admirado, o seu melhor. Poderia aceitar total responsabilidade por seus problemas, por maiores ou mais evidentemente injustos que fossem, pegar sua cruz ensanguentada e, ainda que tropeçando e errando, subir a colina. Como alternativa, poderia avançar com desconfiança, retendo o seu melhor para seu eu presente e egoísta e tratando Deus, eternamente indiferente diante dessa retenção, como um inimigo. Caim é aquele que, a partir de então e para sempre, escolhe a segunda opção, convidando o próprio diabo e incorporando o padrão do eterno adversário. Todo mundo enfrenta a mesma escolha sempre que uma decisão é tomada. O mundo se configura como a consequência direta dessas escolhas.

Abrão, descendente de Sete, e não de Caim, faz os sacrifícios corretos, estabelece uma relação produtiva com a voz calma e baixa dentro de si e vivencia a aventura redentora de sua vida. Não é por acaso que sua história é a primeira após as catástrofes do dilúvio do caos e da ascensão do Estado totalitário. Ele é o indivíduo cujo modo de ser e tornar-se eternamente restaura a ordem. Essa restauração inclui garantir o sucesso — um sucesso que é tanto radical quanto duradouro — de sua descendência. Por que a insistência no texto sobre o destino de seus descendentes? De fato, essa é uma pergunta peculiar, em uma época tão fortemente influenciada por Darwin e Freud (para não mencionar o pós-modernista francês Michel Foucault, por algumas medidas o acadêmico mais citado do mundo,[15] algo que me causa arrepios); em um tempo em que a primazia do impulso sexual, o desejo de reprodução, é considerada o fator mais importante na motivação pessoal, assim como o propósito determinante da vida em si. Até os biólogos, que deveriam ter mais discernimento, em grande parte concordam com essa ideia: o famoso "gene egoísta" não se importa com nada além da replicação a qualquer custo — ou assim afirma a teoria.[16] No entanto, não seria possível que, na verdade, os interesses do indivíduo que embarca em sua grande aventura se alinham e devam se alinhar perfeitamente com as exigências da procriação, quando todos os aspectos são considerados e compreendidos com sabedoria? Isso significaria uma harmonia, por assim dizer, entre o instinto e os céus, em vez de uma necessária e inescapável oposição entre impulso, motivação ou ímpeto biológicos (todas conceituações inadequadas) e a ordem social — sem a caótica guerra hobbesiana de todos contra todos nem a antítese rousseauniana entre a sociedade e o nobre selvagem.

O caminho que Deus ofereceu a Abrão é aquele que o conduz à maior probabilidade de torná-lo pai — mesmo sob condições excepcionalmente difíceis, simbolizado pelo nascimento de Isaque apesar da avançada idade de sua esposa — e progenitor de uma verdadeira nação, ainda que isso ocorra com algum tempo de atraso. Como esse destino deve ser compreendido de maneira mais ampla — e como ele se manifesta nos detalhes da vida de Abrão? Compreender tudo isso requer uma discussão sobre o sexo, mas no sentido mais amplo possível; uma discussão sobre o sexo e o papel que ele desempenha na vida — em bênçãos e dinastias, no âmbito privado, imediato e ao longo das gerações.

6.4. Sexo e parasitismo

As mulheres escolhem homens aventureiros e capazes. Elas são atraídas, antes de tudo, por competência e confiança.[17] A competência é mais bem definida ou composta por duas características:[18] primeiro, uma inteligência que é ao mesmo tempo generativa e sacrificial, na medida em que produz diferentes versões possíveis do eu e depois as seleciona; segundo, a disposição de cumprir obrigações contratuais ou pactos, estabelecer uma relação com a tradição e adiar a gratificação — todas essas características estão associadas ao sacrifício do eu restrito em prol do futuro, da comunidade e do ideal. Isso pode ser entendido como a capacidade de um aprendizado bem-sucedido. A confiança, por sua vez, parece ser marcada principalmente pelos traços mais fortemente associados à masculinidade, em um âmbito transcultural:[19] ao menos, um baixo nível de neuroticismo ou de emocionalidade negativa (menor propensão à ansiedade e ao sofrimento) e, talvez, uma baixa amabilidade, que compreende a capacidade de discordar das convenções sociais e defender os próprios pontos de vista. A atratividade imediata da personalidade dos homens, para as mulheres, é obviamente a condição mínima para o sucesso na geração de filhos. Isso significa que, mesmo em termos mais imediatos, a capacidade de se relacionar é uma condição essencial para a reprodução (e, portanto, para a adaptação, no sentido em que os biólogos evolucionistas costumam empregar o termo).

No entanto, a sobrevivência multigeracional, no sentido mais relevante, por exemplo, para os darwinistas, não se resume apenas à atratividade sexual imediata ou à habilidade reprodutiva. Se assim fosse, então as chamadas estratégias de acasalamento de curto prazo seriam a norma e o ideal humano, e não é o caso.[20] Porém, essas estratégias são significativamente mais eficazes do que a ausência de qualquer estratégia. Isso pode tornar aqueles que as empregam — de modo geral, os tipos quase psicopáticos da chamada Tétrade Sombria — carismáticos e atraentes para os tímidos, imaturos ou dependentes demais, sobretudo porque esses indivíduos, em sua imaturidade, não conseguem distinguir a falsa confiança do narcisista ou do psicopata da verdadeira confiança dos genuinamente competentes e capazes. Isso, no entanto, não significa que abordagens manipuladoras, predatórias ou parasitárias a desafios e oportunidades do acasalamento, ou aqueles que as empregam, possam ou devam ser considerados ideais em qualquer nível fundamental, seja na análise individual, social ou natural. As estratégias monogâmicas de longo prazo são, portanto, não apenas a norma humana, em termos transculturais,[21] mas também o ideal correto.

A aventura sacrificial e crescente de Abrão deve ser compreendida não apenas como a conduta que o torna um parceiro atraente, mas como um padrão que ele personifica e transmite aos seus filhos, na forma de uma tradição mimética contínua que garante o sucesso de sua linhagem ao longo das gerações. Esse é o padrão do pai sábio, e não do psicopata manipulador que ilude mulheres e a si mesmo com conquistas passageiras. Ninguém menos do que o próprio Deus enfatiza isso, afirmando a Abrão que essa é uma aposta de longo prazo. Deus indica que os descendentes de Abrão enfrentarão dificuldades por quatro gerações antes de emergirem triunfantes: "E ele disse a Abrão: Saibas com certeza que tua semente será estrangeira na terra que não é sua, e os servirão, e eles os afligirão por quatrocentos anos. E também a essa nação, a quem eles servirão, eu julgarei, e depois eles sairão com grandes posses" (Gênesis 15:13–14).

Há uma clara relação entre a atratividade masculina para as mulheres, sobretudo como parceiros de longo prazo, e a capacidade genuína (ou seja, a habilidade de navegar pelo mundo, adquirir os "recursos" necessários, tanto materiais quanto "espirituais", e compartilhá-los de maneira judiciosa e eficaz com os outros).[22] Homens bons adotam estratégias de acasalamento de longo prazo; os melhores homens, seguindo o exemplo de Abrão, empregam as estratégias mais abrangentes e duradouras possíveis. O que tudo isso significa? Simplesmente que o caminho para o sucesso reprodutivo definitivo entre os homens é o mesmo caminho fiel trilhado por aqueles que permanecem leais, de corpo e alma, aos ditames do espírito vivificante que estabelece a ordem que é boa, chama à aventura e une e fortalece psicológica e socialmente. Tudo isso é a mesma coisa. Essa é, claro, a afirmação monoteísta, ainda que de maneira implícita. Embora o sexo seja, obviamente, uma precondição para a reprodução, sexo e reprodução não são de modo algum idênticos — sobretudo entre os seres humanos, que têm uma vida longa, cuidam de várias gerações e investem muito em seus parceiros e sua prole.[23] Assim, a estratégia reprodutiva mais eficaz está longe de ser a do "gene egoísta".[24]

Então, e as mulheres? Sarai, a esposa de Abrão, é notoriamente estéril até uma idade muito avançada, quando então, por milagre, concebe, como veremos (Gênesis 17:16–17). O que isso significa? Primeiro, que a concepção é sempre um pouco milagrosa, e é vivenciada como tal, pelo menos quando é desejada e apropriada. Segundo que, para as mulheres, o caminho divino também é, sob todos os aspectos, a melhor estratégia para um relacionamento bem-sucedido e o sucesso reprodutivo. Nada é certo na vida, muito menos o resultado desejado em relação aos filhos; mas as mulheres que preservam sua virtude (para usar a terminologia antiquada) e se guiam pelas chamadas "estratégias de acasalamento de longo prazo" têm muito mais chances de serem escolhidas como parceiras por homens que almejam o mesmo. Homens que genuinamente buscam mulheres virtuosas à maneira clássica (o que significa "buscar genuinamente", em oposição a "aproveitar-se") são, em geral, aqueles que desejam que a mulher que estão cortejando encontre e assuma o papel desejado como companheira genuína e mãe consciente e voluntária. E esses homens estão inclinados a aceitar a responsabilidade que melhor garanta a felicidade, a segurança, a prosperidade e até a sobrevivência de todos os filhos que geram.[25]

A enorme e constante revolta em nossa cultura atual (a irascibilidade em torno do consentimento; a indignação das mulheres em relação aos homens por quem se sentem exploradas) é consequência de nossas demandas insensatas por dois resultados simultaneamente impossíveis: plena "liberdade" sexual e total previsibilidade e segurança em empreitadas sexuais de curto prazo. Esses são objetivos incompatíveis entre si, porque mulheres que se tornam disponíveis para o fácil acesso sexual de curto prazo inevitavelmente cairão nas mãos do pior tipo de homens.[26] Não há como escapar desse dilema: os "melhores homens", que se comportariam da maneira considerada adequada nessas situações, não serão aqueles atraídos por encontros casuais e oportunistas. Há bons motivos para supor que aumentar a facilidade de acesso sequencial às mulheres ensina homens que poderiam ser bons a adotar os hábitos de manipuladores psicopatas e exploradores — sobretudo porque os seres humanos têm uma forte tendência a se tornar aquilo que praticam. As mulheres que desejam uma permissividade libertina, ainda que hipotética, também enfrentam outro terrível dilema: podem acabar se sentindo atraídas justamente pelo tipo de homem que tirará proveito delas a cada oportunidade, pois os parasitas predatórios que adotam essa estratégia são habilidosos em mimetizar o carisma dos genuinamente capazes e confiantes. A ironia é que essa tática os torna mais atraentes para mulheres mais jovens, que, por falta de experiência, tendem a ter menos capacidade de distinguir entre o falso e o real no mundo masculino.[27]

A importância dessa percepção e a magnitude do perigo que ela representa não podem ser subestimadas. *O sexo, em si, literalmente evoluiu para proteger a vida contra parasitas.*[28] É difícil conceber uma evidência mais convincente da profundidade desse perigo. Parasitas se reproduzem mais rápido do que seus hospedeiros, portanto podem evoluir com mais rapidez. Com o tempo, essa habilidade pode representar uma ameaça mortal para aqueles cujos recursos estão sendo consumidos. Preso em uma corrida armamentista evolutiva, o parasita tenta continuamente modificar seu ataque para se tornar mais eficiente em superar os mecanismos de defesa criados a fim de impedir seu avanço. No entanto, como sua reprodução é mais rápida, em geral ele vence a batalha no médio ao longo prazo. Organismos que só produzem clones genéticos exatos de si mesmos, portanto, correm o risco de uma eventual derrota permanente no campo de batalha biológico. A reprodução sexual é uma estratégia que permite uma mistura contínua de genes, criando um ambiente biológico imprevisível e em constante transformação para o parasita. O custo disso é o sacrifício de cinquenta por cento do material genético que não é replicado a cada ato de reprodução sexual. Agora, considere por um momento quão gigantesca deve ser a ameaça a ser evitada, se quase todos os organismos (ou seja, todos aqueles que se reproduzem sexualmente) estão dispostos a pagar esse preço.

Portanto, para reiterar: o parasitismo é um problema tão grave que o sexo em si evoluiu em grande parte para resolvê-lo — e a exploração sexual de mulheres por homens psicopatas, narcisistas, maquiavélicos e sádicos[29] é o equivalente humano ao parasitismo. Isso é válido em relação à própria reprodução, o que não é pouca coisa, mas não é tudo, pois o "estilo de vida parasitário" é um dos marcadores diagnósticos clinicamente reconhecidos da psicopatia,[30] que está associado a múltiplos parceiros e à adoção de estratégias de acasalamento de curto prazo.[31] "Curto prazo" significa que não há investimento algum no parceiro sexual ou nos filhos subsequentes, e nenhum interesse em tal investimento, por mais encantadora que seja a maneira como essa estratégia é apresentada, promovida ou disfarçada. Não se iluda: a terra prometida da revolução sexual não é habitada pelos hippies pacifistas, despreocupados e libertários da juvenil imaginação progressista dos anos 1960, mas, sim, por verdadeiros monstros que não se importam com nada além da gratificação dos próprios caprichos (não importa como isso seja obtido).

Assim, o tão desejado "mercado sexual" muitas vezes é — em vez da utopia prometida — um lugar de ameaça para mulheres e crianças (com frequência mortal, no caso destas últimas), bem como um grande obstáculo para a segurança e a felicidade de ambas.[32] Além disso, é algo que também vai contra os interesses dos verdadeiros homens de bem. Por quê? Para começar: pela natureza relativamente comum da agressão sexual;[33] pela ampla prevalência do aborto (que de modo algum é algo "seguro, legal e *raro*", como alardeava a premissa para sua liberação,[34] com cerca de um milhão de procedimentos realizados por ano apenas nos EUA);[35] e pelo aumento da tensão entre homens e mulheres solteiros. Não é por acaso que os campi universitários são, ao mesmo tempo, epicentros de libertinagem sexual,[36] muitas vezes alimentada pelo álcool,[37] e os mesmos lugares que insistem cada vez mais para que toda interação entre jovens homens e mulheres assuma uma forma explicitamente contratual.[38] Aliás, o estabelecimento desse pacto seguro é o eterno propósito do casamento. A adoção, a facilitação ingênua e até mesmo a celebração do que pode ser descrito friamente como "estratégias de acasalamento de curto prazo" minam a confiança vital entre os sexos ao longo de gerações.[39] Mulheres que foram profundamente feridas — como inevitavelmente ocorrerá, à medida que o cenário se torna cada vez mais libertino — têm uma forte tendência a adotar, para sempre, uma atitude de ceticismo, desconfiança e até ódio em relação aos homens. Os predadores parasitas e as estratégias estúpidas, hedonistas e egoístas que eles adotam e promovem representam uma ameaça mortal à integridade da cultura e da própria comunidade. Os verdadeiros predadores parasitas destruirão tudo pela oportunidade de satisfazer seus desejos em meio aos destroços.

Atualmente, corremos um enorme perigo de permitir que esses indivíduos e suas estratégias ardilosas e dissimuladas prosperem. Isso se deve, em parte, à compaixão ingênua ou até deliberadamente cega, que transforma em vítima até mesmo o criminoso intencional e contumaz (uma manifestação ou variante patologicamente ampliada da mencionada inexperiência juvenil ou da imaturidade absoluta que torna as jovens os principais alvos de homens antissociais, manipuladores e exploradores). Além disso, nossos novos métodos de comunicação, assim como a Torre de Babel, nos impedem de implementar os antigos mecanismos de defesa contra os narcisistas psicopatas — ou, pior, promovem e facilitam suas maquinações.[40] Como diz a famosa frase do lutador peso-pesado Mike Tyson — um homem perfeitamente capaz de enfrentar monstros reais: "As redes sociais deixaram vocês muito confortáveis em desrespeitar as pessoas sem levar um soco por isso."[41]

Qual é a alternativa de fato funcional? Adotar, promover e celebrar as "estratégias" de acasalamento monogâmicas de longo prazo, que se alinham aos melhores interesses de crianças, mulheres, homens e da ordem social; opor-se à celebração e à disseminação do éthos hedonista, sobretudo da variante sexual; buscar o que é elevado, dizer a verdade e, assim, encontrar a aventura romântica redentora de sua vida — em suma, trilhar e indicar o caminho estreito e reto. Por quê? Em parte porque, ao agir dessa maneira, a história da sua vida não será apenas uma aventura, mas uma aventura romântica, já que, como praticante desse caminho, é provável que atraia o melhor parceiro possível. Isso também aumentará muito a probabilidade de que você tenha filhos, com a bênção de Deus, e de que o relacionamento de alto investimento que construirá com eles, ao lado de sua esposa ou marido, será o maior bem que já lhe aconteceu.

Nesse sentido, é igualmente auspicioso que Deus pareça aprovar o sexo, ainda que apenas no contexto de relacionamentos consagrados e pactuais — mas, é claro, por que seria diferente? Como poderia a própria continuidade da espécie ocorrer de maneira adequada sem estar em concordância ou até mesmo em oposição aos desejos do mais elevado (ou, em termos biológicos, em harmonia com o desenvolvimento individual, a estabilidade futura e as necessidades da família e da comunidade)? Em consonância com isso está o fato, teoricamente improvável (do ponto de vista dos hedonistas utópicos), de que não são os membros da minoria desviante que, em média, desfrutam com mais sucesso dos prazeres dos momentos mais privados e íntimos. Pelo contrário, são as pessoas religiosas e casadas que parecem ter as vidas sexuais mais ativas.[42] É difícil imaginar uma constatação psicológica ou sociológica empírica mais irônica, considerando-se o tempo decorrido desde a revolução sexual inspirada nos anos 1960.

Também é verdade que a busca pela gratificação sexual na ausência de compromisso e relacionamento é uma empreitada que rapidamente frustra até os próprios propósitos — e, ao mesmo tempo, coloca em risco tudo o que é estável na psique e na sociedade. A aceitação generalizada da licenciosidade sexual em nossa cultura — mais precisamente, sua promoção ávida e, muitas vezes, comercial — transformou homens jovens em viciados em sexo online, que, de maneira patética, buscam satisfação sexual com a Sininho, a fada pornô, muitas vezes incapazes de se relacionar com mulheres reais.[43] A oferta abundante de pornografia, em formas cada vez mais diversas, inclusivas e equitativas, parece ser um dos principais fatores responsáveis pela drástica redução do contato sexual real entre jovens homens e mulheres.[44] Sua produção e distribuição, aliadas à ascensão do éthos que possibilita esse fenômeno, desestabilizaram a família tradicional, deixando a responsabilidade pelos filhos cada vez mais sobre os ombros de mulheres que escolhem a maternidade fora dos laços do matrimônio, ou acabam nela por acidente autoprovocado.[45] Uma das consequências? O mencionado aumento radical e inevitável da desconfiança entre homens e mulheres.[46] Mais uma? A desmoralização, a devastação e, com muita frequência, a criminalização de toda uma geração de crianças sem pai.[47] Por fim, embora essa não seja uma análise exaustiva das consequências, o fácil acesso à pornografia possibilitou a ascensão do orgulho (inclusive em questões de identidade sexual!) como a principal virtude a ser exibida publicamente, e não como o pecado mortal e eterno que de fato é.

E por que alguém com bom senso não gostaria que seu relacionamento sexual fosse consagrado? Por que não querer, com toda devoção, elevar o ato de intimidade física com um parceiro amoroso, disposto e divertido ao mais alto de todos os padrões possíveis? Por que não proclamar essa intenção diante de sua família, comunidade e Estado, para que a seriedade de sua intenção seja enfatizada e reconhecida, garantindo que a sociedade esteja informada e envolvida e que todos estejam na mesma sintonia? E por que, se você realmente ama o homem ou a mulher que escolheu como parceiro e está planejando um futuro de longo prazo (incluindo a própria velhice), escolheria qualquer caminho que não o de ser pai ou mãe e, mais tarde, avô ou avó? O que diabos você pretende estar fazendo, por exemplo, nas duas décadas entre os setenta e os noventa anos? O hedonismo idiota que caracteriza de modo tão enfático nossa época só pode funcionar, mesmo em teoria, para aqueles afortunados o suficiente para continuarem desejáveis (ou seja, jovens, saudáveis, capazes, dispostos, fisicamente atraentes — e ricos o bastante para terem o tempo livre que essas buscas exigem).

A alternativa de participação na ordem madura do relacionamento e do sexo não exige uma frigidez rígida e puritana, ao estilo vitoriano, aterrorizada pela possibilidade de gravidez, sífilis ou pelo próprio sexo, disfarçada de virtude moral, como tantas vezes é parodiada pelos hedonistas (e às vezes é real). O que se exige, na verdade, é a ordenação adequada do elemento sexual que faz parte da vida dentro de uma hierarquia de prioridade atencional plenamente desenvolvida e sofisticada. Isso significa dedicar atenção ao seu parceiro tanto na imaginação quanto nas ações. Significa amadurecer e fazer da generosa e honesta reciprocidade sacrificial a verdadeira base do seu relacionamento mais fundamental. Se o sexo é dedicado a Deus, então toda vergonha e medo desaparecem, e o espírito da interação verdadeira pode emergir com pleno e entusiástico prazer. Isso pode ser uma autêntica aproximação do Paraíso, como demonstra a atratividade da aventura romântica enquanto principal gênero dramático e literário. Esse também é o caminho que melhor assegura a continuidade das gerações; o caminho que melhor une os desejos individuais às necessidades que caracterizam não apenas a vida individual em sua totalidade, mas também o equilíbrio entre aqueles que vivem no presente e aqueles que ainda viverão no futuro. Deus promete que os descendentes de Abrão se espalharão por toda parte e derrotarão todos os seus oponentes. Por quê? Porque aqueles que trilham o caminho dourado ganham tudo no decorrer do jogo infinito, tal como Deus promete, conforme mencionado anteriormente, após o sacrifício absoluto de Seu profeta (Gênesis 15:17–21).

Nesse ponto, ainda encontramos Sarai lutando contra sua incapacidade de conceber. Após muitos anos de decepção, ela incentiva Abrão a tomar sua serva, Agar, como segunda esposa. Essa é uma representação precisa de um dilema enfrentado por muitos casais — e que, muitas vezes, aflige as mulheres de maneira mais profunda. Na maioria dos casos, sobretudo em idade mais avançada, é a mulher que enfrenta a infertilidade.[48] Como a maior parte do fardo reprodutivo imediato e até posterior (bem como todas as marcantes transformações durante a gravidez, a amamentação e o cuidado com o bebê dependente) recai sobre as mulheres, há algo especialmente trágico nesse desfecho.[49] Nesse sentido, também é importante compreender que as mulheres recebem um significativo status de acordo com sua aparente capacidade reprodutiva — sua aparente fertilidade —, conforme indicado pelos marcadores tipicamente associados à beleza feminina.[50] A preferência por mulheres com características que indicam essa capacidade também parece estável em diferentes culturas e épocas, apesar do "mito da beleza".[51] A infertilidade de Sarai, portanto, deve ser entendida como um terrível fardo, assim como esse destino ainda pode ser, e muitas vezes é, no mundo moderno.[52] O equivalente masculino poderia ser a dor experienciada por homens que parecem condenados pelo destino a um status comparativamente baixo (já que esse é o principal marcador de atratividade para os homens na seleção de parceiros).[53]

Quando engravida, Agar decide espezinhar Sarai, sua antiga senhora, valendo-se de sua suposta superioridade feminina, que exibe com orgulho: "E Sarai disse a Abrão: Meu erro seja sobre ti; eu dei minha serva em teu seio, e quando ela viu que havia concebido, fui desprezada aos seus olhos; o Senhor julgue entre mim e ti" (Gênesis 16:5). Somente um homem ou uma mulher cegos não percebem esse comportamento reproduzido no mundo moderno em padrões de disputas femininas por poder, destruição de reputações e intimidação direta.[54] Deve ter sido uma sucessão de golpes cruéis para Sarai: primeiro, enfrentar a decepção de não conseguir conceber; segundo, passar por isso apesar de sua aparente conformidade com os desígnios de Deus; terceiro, entregar seu marido a uma mulher de status inferior; e, por fim, suportar os insultos dessa mesma mulher quando ela alcança o resultado desejado. O fato de Sarai ter sido condenada à infertilidade, apesar de seus sacrifícios adequados, deve ter sido ainda mais angustiante, rivalizado apenas pela intensidade de sua subjugação aos insultos. Isso também reflete uma tragédia existencial sobretudo feminina. A ausência involuntária de filhos, apesar do desejo, da oportunidade e do esforço moral adequado, é um sacrifício rejeitado que pode causar uma profunda perda de fé e esperança — até mesmo uma amargura comparável à de Caim —, algo compreensível, embora pouco construtivo.

6.5. Sacrifício e transformação de identidade: Abrão, Sarai e Jacó

É nesse ponto da história que Abrão se torna o muito mais conhecido Abraão. O pacto que ele havia estabelecido com Deus é renovado e ampliado mais uma vez — desta vez, de maneira tão revolucionária que ocorre uma mudança de identidade.

> E quando Abrão era da idade de noventa e nove anos, o Senhor apareceu a Abrão, e lhe disse: Eu sou o Deus Todo-Poderoso; anda diante de mim, e sê perfeito.
>
> E eu farei o meu pacto entre mim e ti, e multiplicar-te-ei excessivamente.
>
> E Abrão caiu sobre a sua face, e Deus falou com ele, dizendo:
>
> Quanto a mim, eis que o meu pacto é contigo, e tu serás um pai de muitas nações.
>
> O teu nome não se chamará mais Abrão, mas teu nome será Abraão, pois pai de muitas nações eu te fiz.
>
> E eu te farei extremamente fértil, e farei nações de ti, e reis sairão de ti.
>
> *Gênesis 17:1–6*

Com tempo e esforço, mudamos de pequenas e grandes maneiras. Pequenas mudanças não nos tornam pessoas diferentes, mas mudanças de magnitude suficiente podem emergir como um verdadeiro renascimento (de fato, o motivo narrativo simbólico do renascimento — o batismo, em termos ritualísticos — retrata ou é projetado para catalisar exatamente isso, tal como a prática comum da iniciação na adolescência[55]). Se nosso esforço moral for diligente o bastante, a mudança reverbera até o âmago do nosso ser, somos reorganizados por inteiro — passando a nos atentar a novas prioridades, reformulando nossas ações de maneiras surpreendentemente novas. Isso acontece quando as pressuposições mais fundamentais de valor que orientam nossas percepções mudam e se transformam. Ao que parece, é isso que acontece com Abrão, que agora caminha diante de Deus e se esforça para ser perfeito (Gênesis 17:1). O fato de ele cair "sobre sua face" (Gênesis 17:3) ao receber a revelação divina enfatiza essa ideia: a completa prostração diante do que é eternamente correto significa a subordinação voluntária e abrangente de tudo o que é egoísta e instrumental — impulsivo, hedonista e enganoso — ao que é adequadamente o mais elevado; ao que unifica, orienta, aplaca a ansiedade e fornece a eterna fonte de esperança. Essa mudança é tão completa (análoga ao caso de Jacó, que mais tarde se torna Israel) que requer uma nova denominação.

Tudo isso faz parte da contínua renovação de (agora) Abraão por meio da aventura. Sua jornada não é bem como a de Sísifo, mas algo progressivo: não é rolar a mesma maldita pedra pela mesma montanha brutal, e sim de uma travessia contínua de subidas e descidas em direção a picos cada vez mais altos — ainda seja uma provação, talvez, mas com direção. Esse é o arquétipo do indivíduo que visa o elevado — o homem que restabelece o padrão adequado de ser pessoal após a catástrofe do caos (o dilúvio) e da ordem (a condenada Torre de Babel). O aforismo mais famoso de Nietzsche é relevante nesse contexto: "Aquele que tem um porquê para viver pode suportar quase qualquer como."[56] O nome original de Abrão significa *pai elevado*; sua nova e transformada identidade, *pai de uma multidão*. A perfeição que ele é chamado a buscar, à medida que seus sacrifícios se acumulam e sua identidade se transforma, é, no caso extremo, aquilo que Cristo, muito mais tarde, chama seus seguidores a emular, ecoando a ideia implícita nas barreiras dos portões do Paraíso: a espada flamejante que gira em todas as direções recusa a entrada no jardim eterno ou destrói qualquer coisa que não seja perfeita antes de permitir a passagem: "Sede vós, pois, perfeitos, como é perfeito o vosso Pai que está no céu" (Mateus 5:48). Conforme Abraão busca o mais elevado — o bom, ou muito bom (ou até o perfeito) —, ele traz o Céu para a Terra e se transforma em novo Adão.

Essa é a ideia reforçada na sequência de estranhos eventos que se seguem. Agora, os descendentes de Abraão devem firmar seu pacto ou contrato com Deus com — o quê? O sacrifício de tudo o que é supérfluo? Talvez:

> Este é o meu pacto, que guardareis, entre mim e vós e tua semente depois de ti: Todo filho homem entre vós será circuncidado.
>
> E vós circuncidareis a carne do vosso prepúcio, e será um sinal do pacto entre mim e vós.
>
> E aquele que tem oito dias será circuncidado entre vós, todo filho homem nas vossas gerações, aquele que é nascido em casa, ou comprado com dinheiro de algum estrangeiro, que não é da tua semente.
>
> Aquele que é nascido em tua casa, e aquele que é comprado com teu dinheiro deverá ser circuncidado; e meu pacto estará na vossa carne como um pacto eterno.
>
> E o homem incircunciso cuja carne do seu prepúcio não for circuncidada, esta alma será cortada de seu povo; ele quebrou o meu pacto.
>
> *Gênesis 17:10–14*

A cirurgia designada, e aparentemente imprescindível, ocorre na parte mais vulnerável do corpo — tornando-a ainda mais vulnerável. Talvez isso não seja apenas um gesto destinado a se livrar daquilo que é supérfluo, ainda que seja uma parte do corpo — "E, se o teu olho direito te ofender, arranca-o e lança-o para longe de ti; pois é melhor perderes um dos teus membros, do que seja todo o teu corpo lançado no inferno. E, se a tua mão direita te ofender, corta-a, e lança-a para longe de ti, porque é preferível para ti perderes um dos teus membros, do que ser todo o teu corpo lançado no inferno" (Mateus 5:29–30) —, mas também uma alusão à nudez totalmente exposta e à aceitação da fragilidade mortal, um desejo de caminhar mais uma vez, com coragem e sem autoconsciência, desprovido de disfarces (sem roupas, sem engano) ao lado de Deus no jardim. Esses são mistérios oníricos, ainda processuais; ainda incorporados, em vez de abstraídos e explicitamente compreendidos. Seu significado transcende até mesmo o domínio da imaginação, permanecendo algo que deve ser encenado (talvez, dentro de uma comunidade) para ser "compreendido". Essa passagem também nos remete ao sacrifício cruento feito por Abel, em oposição à oferta incruenta de Caim.

A extensão dessa exigência a todos os parentes, parceiros ou subordinados dos verdadeiros devotos de Deus indica a organização hierárquica de toda a estrutura social sob um único espírito vivificante monoteísta. O fato de a prática ser instituída demonstra a necessidade de relacionamentos harmoniosos, com verdadeiro alinhamento de propósito, interesses e identidade mais fundamental, como condição para uma psique e uma sociedade produtivas, generosas, estáveis e inspiradoras. Sem essa unidade transcendental, não há direção (nenhum caminho definido para avançar); há caos (excesso de possibilidades e escolhas), desesperança (ausência de um ideal inspirador), desunião e consequente conflito (pois cada um se esforça em uma direção diferente). O perigo de tal desunião não deve ser subestimado: a diversidade pode, sob algumas condições, ser uma força, mas também, de maneira mais primordial, pode resultar em confusão, desorientação e a guerra de todos contra todos. Isso significa que a circuncisão é uma necessidade existencial? Certamente significa que algum sacrifício importante é necessário — e um que seja coletivo em algum sentido vital — para que qualquer comunidade se estabeleça, se una e prospere.

Sarai (*minha princesa*) também ganha uma nova identidade, tornando-se Sara — *uma princesa*.[57] Ela recebe a promessa de uma descendência mais numerosa do que se pode contar. Essa transformação de sua personalidade essencial é marcada pela promessa de Deus de abençoá-la, apesar da idade avançada, com um filho, como recompensa por seu esforço moral e sua busca elevada, equivalente em intensidade e fidelidade à do marido. Ela não é mais apenas a parceira de Abrão, *pai elevado*, por mais honroso que isso fosse, mas a própria mãe de reis e nações. Seu status não é mais o de chefe de uma única família, mas o de uma matriarca de multidões: ela agora é, portanto, mãe, *de fato*, assim como Abraão é agora pai. Uma transformação análoga de identidade ocorre no caso do neto de Abraão, Jacó. A mãe de Jacó, Rebeca, era estéril, assim como Sarai (agora Sara). Ela orou por filhos e concebeu gêmeos, Jacó e Esaú. O relacionamento deles tem um elemento de Caim e Abel — a luta entre irmãos hostis

— desde o início. Eles disputam ainda no ventre, e Jacó nasce literalmente segurando o calcanhar de Esaú (Gênesis 25:26) — um evento que dá origem ao seu nome, pois Ya'akov, em hebraico, está ligado ao verbo *akev*, que significa, além de calcanhar, segurar, ludibriar ou suplantar.[58] Assim, aquele que segura o calcanhar pode ser interpretado como um enganador ou usurpador, tal como Lúcifer tentando Eva, Adão e Caim. Essa designação se encaixa perfeitamente em Jacó, que conspira com sua mãe para privar Esaú dos direitos de primogenitura que lhe eram devidos.

Esaú é um homem selvagem, peludo, que vive ao ar livre, o estereótipo da masculinidade — um caçador e o favorito de seu pai, Isaque (filho de Abraão). Jacó, em contraste, vive em tendas, é mais estudioso, mais astuto no sentido intelectual; mais civilizado, com todas as virtudes e defeitos que isso implica, e o favorito da mãe: um verdadeiro "filhinho da mamãe". O primeiro ato de falsidade envolve Jacó se aproveitando da natureza impulsiva de Esaú e de sua despreocupação com o futuro.

> E Jacó cozeu um ensopado; e Esaú veio do campo, e ele estava desfalecendo.
>
> E Esaú disse a Jacó: Dá-me de comer, rogo-te, desse ensopado vermelho, pois eu estou desfalecendo. Por isso, seu nome foi chamado Edom.
>
> E Jacó disse: Vende-me neste dia a tua primogenitura.
>
> E Esaú disse: Eis que eu estou a ponto de morrer, de que me serve essa primogenitura?
>
> E Jacó disse: Jura-me neste dia. E ele lhe jurou, e vendeu sua primogenitura a Jacó.
>
> Então Jacó deu a Esaú pão e ensopado de lentilhas. E ele comeu e bebeu, e se levantou, e foi pelo seu caminho. Assim Esaú desprezou sua primogenitura.
>
> *Gênesis 25:29–34*

Esse episódio começa com Jacó preparando uma refeição. Esaú, faminto, pede algo para comer. Jacó provê o alimento, mas a um grande custo: ele convence seu irmão mais velho a abrir mão de seus direitos como primogênito. Na cultura hebraica antiga, a primogenitura era uma honra especial concedida ao filho mais velho. O detentor desse direito, designado herdeiro principal, recebia o dobro da herança em comparação aos demais herdeiros. O primogênito também tinha a responsabilidade de dar continuidade ao nome da família e podia exercer considerável autoridade sobre os irmãos mais novos. É tudo isso que Esaú troca de maneira tão imprudente por uma tigela de ensopado. No entanto, a culpa não é exclusivamente dele: essa proposta de "troca" é um ato muito ardiloso por parte de Jacó e, como sugere o texto, algo que já vinha sendo planejado há muito tempo. É como se as fraquezas dos dois irmãos convergissem nesse momento, selando esse terrível pacto.

Algo semelhante, embora ainda pior, acontece mais tarde. Isaque, já velho, cego e próximo da morte, deseja uma última refeição preparada por seu filho favorito, o caçador Esaú: "Agora, portanto, rogo-te, toma as tuas armas, tua aljava e o teu arco, e sai ao campo, e traz-me alguma caça, e faz-me uma carne saborosa, tal como eu gosto, e traze-a para mim, para que eu possa comer, para que a minha alma te abençoe antes que eu morra" (Gênesis 27:3–4). Isaque faz esse pedido em preparação para, mais uma vez, conceder a Esaú a bênção que lhe era de direito, apesar das tentativas anteriores de Jacó de usurpar essa posição. No entanto, Rebeca orquestra um plano para que Jacó se passe por Esaú e receba injustamente a grande bênção destinada ao primogênito. Vestido com as roupas de Esaú e coberto com peles de cabra para imitar os vastos pelos de Esaú, Jacó traz a refeição a Isaque e consegue convencê-lo de que é Esaú:

> E ele se aproximou, e o beijou. E ele cheirava o cheiro das suas vestes, e o abençoou, e disse: Vê, o cheiro de meu filho é como o cheiro do campo que o Senhor abençoou.
>
> Por isso, Deus te dê do orvalho do céu, e da gordura da terra, e abundância de trigo e vinho.
>
> Que povos te sirvam, e nações se curvem a ti. Sê senhor sobre teus irmãos; e que os filhos de tua mãe se curvem a ti. Maldito seja todo o que te amaldiçoar, e bendito seja o que te abençoar.
>
> *Gênesis 27:27–29*

Quando Esaú retorna e percebe que Jacó tomou sua bênção, ele clama a Isaque: "Tu não reservaste uma bênção para mim?" (Gênesis 27:36). Podemos imaginar o pai dos filhos antagônicos, angustiado e furioso diante dessa segunda traição. No entanto, pelos padrões da época, ele é moralmente obrigado a manter sua palavra. Assim, a bênção maior é concedida a Jacó, e a menor, a Esaú. No entanto, Jacó paga um alto preço por sua trapaça. Furioso com essa reviravolta, Esaú planeja matar o irmão ardiloso após a morte de Isaque. Jacó, então, se vê obrigado a fugir da família — separando-se, felizmente, de sua mãe — e a se tornar aprendiz do tio Labão. É aí que se inicia sua aventura como um homem da verdade, em vez da falsidade. É nesse momento que ele começa a se moldar à imagem do avô, Abraão, e a se tornar um homem que encarna o Logos.

Ao chegar a Harã, a terra de Labão, Jacó encontra Raquel, a filha mais nova de Labão, junto a um poço, e é impactado por sua beleza (Gênesis 29:10–11). Vale notar que Harã é um lugar de encruzilhada, de escolha. Foi lá que Abraão permaneceu por um tempo e onde Ló se separou de seu tio e partiu em direção a Sodoma (Gênesis 11:31). Os primeiros acontecimentos envolvendo Jacó, em Harã ou em seus arredores, estão em perfeita sintonia com esse tema da escolha.

> E Jacó saiu de Berseba, e foi em direção a Harã.
>
> E ele chegou a um certo lugar, e ali ficou a noite toda, porque o sol estava posto, e ele tomou umas pedras daquele lugar e as colocou como seu travesseiro, e se deitou naquele lugar para dormir.
>
> E ele sonhou, e eis que uma escada estava posta sobre a terra, e o seu topo alcançava o céu, e eis que os anjos de Deus subiam e desciam por ela.
>
> E eis que o Senhor estava em pé acima dela, e disse: Eu sou o Senhor Deus de Abraão, teu pai, e o Deus de Isaque. A terra em que estás deitado, darei a ti e à tua semente.
>
> E tua semente será como o pó da terra, e tu serás espalhado para o ocidente, e para o oriente, e para o norte, e para o sul. E em ti e em tua semente todas as famílias da terra serão abençoadas.

> E eis que eu estou contigo, e te guardarei em todos os lugares aos quais tu fores, e te trarei novamente a esta terra; pois eu não te deixarei, até que eu tenha feito aquilo que eu tenho falado.
>
> *Gênesis 28:10–15*

Jacó sonha com a escada em espiral ascendente que conecta o mundo terreno ao divino em Harã: o lugar da decisão fundamental. A ideia de oportunidades crescentes e progressão sacrificial lhe é revelada por meio de uma visão celestial, que apresenta uma imagem arquetípica da sucessão de escolhas ascendentes. Em vez de viver uma vida de engano e traição, conspirando com a mãe, ele poderia visar o elevado, esforçando-se em direção ao bem que, em seu ápice, é idêntico a Deus, o espírito de seus ancestrais proféticos.

Essa é a decisão tomada por todos aqueles que escolhem mudar e melhorar, por mais sutil que seja o primeiro passo dado na direção ascendente e por mais nebulosa que seja sua visão do que é o mais elevado. Isso ocorre, em parte, porque toda decisão de avançar de verdade aumenta a capacidade de enxergar o caminho elevado; e, em parte, porque cada decisão nesse sentido torna a próxima mais provável. Assim, o ponto de partida é sempre menos importante do que a intenção. Essa é, sem dúvida, uma boa notícia para o homem que, assim como Jacó, tem muitos defeitos — uma boa notícia para todos nós, falhos como somos, sobretudo no início de nossa jornada de aventura rumo ao elevado. Após perceber que é de fato possível aspirar os céus — ou seja, após seu sonho —, Jacó jura tentar. Ele decide sacrificar seu modo de ser anterior e firmar um novo pacto com Deus. Isso é marcado pelos atos que se seguem, os quais replicam o padrão de Abrão ao construir altares e fazer ofertas.

> E Jacó levantou-se cedo de manhã, e tomou a pedra que tinha posto como seu travesseiro, e a colocou como um pilar, e derramou óleo no topo dela.
>
> E ele chamou o nome daquele lugar Betel; mas no começo o nome daquela cidade era chamado de Luz.

> E Jacó jurou um juramento, dizendo: Se Deus for comigo, e me guardar neste caminho em que eu vou, e me der pão para comer, e vestes para vestir,
>
> De modo que eu torne novamente à casa de meu pai em paz, então que o Senhor seja o meu Deus.
>
> *Gênesis 28:18–21*

Jacó continua a enfrentar escolhas difíceis após deixar a casa dos pais, embora agora esteja decidido a aspirar ao elevado. Por exemplo, ele faz um acordo com seu tio para trabalhar sete anos para conquistar a mão de Raquel em casamento — e ele faz esse sacrifício com alegria: "E Jacó serviu sete anos por Raquel; e estes lhe pareciam apenas poucos dias, por causa do amor que ele tinha por ela" (Gênesis 29:20). Esse é o primeiro ato de autêntico serviço que Jacó empreende de boa-fé, em prol de um objetivo superior. Isso indica uma maturação genuína, algum progresso em direção à integridade, uma transformação de caráter em direção ao elevado.

Após Jacó oferecer sete anos de trabalho fiel, ele celebra o dia de seu casamento com Raquel, como prometido. No entanto, Labão conspira para colocar Lia, sua filha mais velha, na tenda de Jacó na noite do casamento no lugar de Raquel, e a união matrimonial é consumada com a filha substituta. Ele tem suas razões: como pai, Labão tem a responsabilidade de casar a filha mais velha primeiro. Isso, porém, não justifica totalmente, ou talvez nem um pouco, suas ações. Ele poderia ter cumprido o acordo. Poderia ter tentado negociar a situação com Jacó de maneira honesta, explicando seu dilema paterno (e o de sua filha mais velha), em vez de recorrer ao engano. Talvez mais surpreendente seja o fato de Jacó cair no engodo. O texto não deixa claro o porquê. Fatores situacionais únicos da cultura em questão claramente desempenharam um papel. Na época, é provável que as noivas estivessem cobertas por um véu tanto durante a celebração diurna quanto ao serem levadas à tenda do noivo à noite. Independentemente dos detalhes, o fato é que Labão consegue concretizar seu ardil, que só é percebido por Jacó ao amanhecer: "E aconteceu que, de manhã, eis que ela era Lia" (Gênesis 29:25). Consideradas as artimanhas que ele mesmo lançou contra o irmão Esaú, com a ajuda da mãe, um leitor perspicaz talvez não considere Jacó merecedor de muita simpatia. O que lhe acontece parece mais uma espécie de justiça poética ou carma, embora Raquel pareça ser, injustamente, a verdadeira prejudicada nessa situação.

Em termos bíblicos, essa parte da história tem uma moral dupla: a primeira é que nenhum pecado passa despercebido ou fica impune ("Portanto, não os temais; porque nada há encoberto que não venha a ser revelado, nem oculto que não venha a ser conhecido" [Mateus 10:26].); a segunda é que aqueles que vivem pela espada provavelmente morrerão pela espada (uma variação coloquial de Mateus 26:52). Talvez, se Jacó não tivesse vivido na mentira por tanto tempo e, assim, obscurecido sua visão, ele poderia ter sido sábio o suficiente para perceber as manipulações de Labão — talvez muito antes —, ou ter se comportado de maneira que tornasse improvável que fosse alvo de tal traição. "Oh, que teia emaranhada tecemos, quando o terrível engano começamos a praticar", como lamenta o poeta escocês Sir Walter Scott.[59] Até que ponto as pessoas se expõem à traição ao demonstrarem, ainda que de maneira inconsciente, sua predisposição para esse destino? É raro o homem que não anseia, pelo menos nas profundezas de sua alma, por uma punição que restaure a ordem moral após cometer um crime.[60] Por quê? Porque um mundo que não distingue o verdadeiro elevado do inferior é um lugar aterrorizante e sem esperança.

De qualquer forma, Jacó aceita Lia como esposa. Ao fazer isso, ele repete o padrão fiel de seu pai, Isaque, que manteve a palavra após conceder a bênção, que deveria ter sido de Esaú, a Jacó. O ato está consumado, ainda que por um meio tortuoso, e o sobrinho agora moralmente responsável de Labão aceita a responsabilidade pelo resultado. Talvez em consequência disso, Labão ofereça a Jacó um novo acordo: ele pode trabalhar mais sete anos e, ao final desse período, conquistar a mão de Raquel: "E assim Jacó fez, e cumpriu a semana dela; e ele lhe deu também por mulher Raquel, sua filha" (Gênesis 29:28). É possível imaginar que, ao fim desse segundo período de aprendizado e sacrifício, Jacó esteja muito mais sábio. Ele trabalhou por quatorze anos. Nesse processo, constituiu uma grande família e acumulou considerável riqueza, provando ser, nesse ínterim, um bom pai e um administrador produtivo. Passou por uma série de transformações que lembram as de Abrão. Além disso, talvez seja razoável que Deus e o destino tenham exigido de Jacó quatorze anos de sacrifício para que ele se redimisse de suas desventuras com Esaú.

Os paralelos entre Jacó e Abrão continuam. Raquel é estéril, tal como Sarai, e pede que Jacó tome sua serva, Bila, para que pudessem ter filhos por meio dela, assim como fez Sarai. Esse esforço é bem-sucedido, e Raquel parece grata por isso. Essa é a primeira indicação, nessa história, das grandes dificuldades de negociar com o destino. Após o nascimento do segundo filho de Bila, Raquel proclama: "Com grandes lutas eu tenho lutado com minha irmã, e eu prevaleci" (Gênesis 30:8). Ela teve que percorrer um longo caminho para ter filhos por meio de outra mulher, mas se considera abençoada pelo resultado e parece aceitar as crianças como suas. Obviamente, essa não é uma situação sem complexidades inerentes — sobretudo dado o contraste com a fecundidade de Lia —, mas é uma solução muito melhor do que as alternativas. E, ao conseguir se reconciliar com o destino, Raquel demonstra, com sua gratidão, a força de caráter que talvez tenha sido parte do que atraiu Jacó para ela. Assim como aconteceu com Sarai, sua sorte também muda: "E Deus se lembrou de Raquel, e Deus a ouviu, e abriu o seu útero. E ela concebeu, e gerou um filho, e disse: Deus removeu a minha vergonha. E ela chamou o seu nome José, e disse: O Senhor me acrescentará outro filho" (Gênesis 30:22–24). Talvez ela tenha feito tudo o que estava ao seu alcance para garantir esse resultado. De qualquer forma, Raquel é verdadeiramente abençoada — uma autêntica mãe arquetípica e positiva. É apropriado, então, que seu filho José se torne uma figura semelhante ao Próprio Cristo e realize grandes feitos.

Nesse ponto, Jacó começa a sentir saudades de casa. Existem várias razões para isso. A primeira é que ele administra os rebanhos e os negócios do tio com grande sucesso e, por meio de um acordo, obtém uma parte para si, com a qual prospera ainda mais. Isso o transforma em uma espécie de concorrente aos olhos de Labão, e a tensão entre eles cresce. A segunda razão, conforme o texto sugere, é que sua consciência o chama a retornar ao lugar de sua traição juvenil, reunir-se com sua família e, acima de tudo, reconciliar-se com o irmão. Sua separação de Labão, que se mostra um personagem um tanto complicado, tem seus problemas, mas logo se resolve de maneira pacífica (Gênesis 31). O herói da história, acompanhado por suas esposas, concubinas e agora com posses substanciais, parte em direção à terra natal. Ele envia mensageiros a Esaú, anunciando sua chegada e expressando a esperança de que seu irmão mais velho consiga perdoá-lo. Porém, quando retornam, os mensageiros o informam que Esaú vem ao seu encontro acompanhado de nada menos que quatrocentos homens. Jacó se preocupa, pois agora antecipa uma força armada. Ele reafirma sua relação com Deus, em oração, e segue adiante apesar das notícias, decidindo, ao longo do caminho, oferecer um presente ao irmão afastado. Obviamente, trata-se de outro sacrifício penitencial — desta vez, em prol da reconciliação e da paz. Ele divide um número substancial de cabras, camelos, vacas e jumentos em vários rebanhos e os envia na frente com seus pastores, pedindo que informem a Esaú que cada rebanho é uma oferta distinta de seu irmão e que o próprio Jacó seguirá ao final da procissão. Jacó, então, manda suas esposas atravessarem o rio que faz fronteira com o território do irmão, ficando sozinho por mais uma noite antes de fazer a travessia. É ali, no limiar de sua potencial reconciliação — ou de sua morte pelas mãos do irmão — que ele tem outra experiência transformadora.

> E Jacó foi deixado só. E ali lutou com ele um homem até o romper do dia.
>
> E quando este viu que não prevalecia contra ele, tocou a junta de sua coxa. E se desconjuntou a junta de sua coxa, enquanto lutava com ele.
>
> E ele disse: Deixa-me ir, pois o dia já rompe. E ele disse: Eu não te deixarei ir, a não ser que me abençoes.
>
> E ele lhe disse: Qual é o teu nome? E ele disse: Jacó.
>
> E disse-lhe: Teu nome não será mais chamado Jacó, mas Israel, porque como um príncipe tu tens poder com Deus e com homens, e prevaleceste.
>
> E Jacó lhe perguntou, e disse: Dize-me, rogo-te, teu nome. E ele disse: Por que é que tu perguntas o meu nome? E ele o abençoou ali.
>
> E Jacó chamou o nome do lugar Peniel, pois eu tenho visto a Deus face a face, e a minha vida foi preservada.
>
> *Gênesis 32:24–30*

Nos limites de sua terra natal — na fronteira entre quem ele é agora e quem foi; prestes a enfrentar as consequências restantes de quem costumava ser — Jacó, claro, luta com Deus, assim como todos nós fazemos ao encarar as decisões mais difíceis. Que caminho devemos escolher? O que permitiremos, ou invocaremos, para nos guiar? Que espírito nos possuirá no momento da decisão? O oponente de Jacó nessa luta é inicialmente apresentado como um homem, que mais tarde se revela como Deus — o mesmo Deus com quem lutamos ao tentar avançar em nossa difícil jornada. E quem são os verdadeiros escolhidos, de acordo com esse relato? Todos aqueles que lutam com Deus, de maneira honesta e direta, e prevalecem. Jacó sai da luta ferido, assim como é provável que aconteça conosco diante das decisões mais difíceis da vida, mas permanece firme em sua convicção de fazer o que é certo. Ele atravessa o rio, enfrenta o irmão, expia seu passado e instaura uma paz produtiva e unificadora — estabelecendo, tal como o Deus que agora adora, a ordem que é boa. Essa decisão dolorosa o transforma tão profundamente que, assim como Abrão, ele agora tem uma nova identidade, um novo nome: ele agora é *Israel*, aquele que luta com Deus. Essa transformação é reiterada mais adiante no relato, quando Deus amplia Seu pacto com Jacó, prometendo-lhe um destino muito semelhante ao de seu igualmente transformado avô.

> E Deus lhe disse: Teu nome é Jacó; teu nome não será mais chamado Jacó, mas Israel será o teu nome; e ele chamou seu nome Israel.
>
> E Deus lhe disse: Eu sou o Deus Todo-Poderoso; seja frutífero e multiplique; uma nação e uma multidão de nações virão de ti, e reis virão dos teus lombos.
>
> E a terra que eu dei a Abraão e a Isaque, a ti eu a darei, e à tua semente depois de ti eu darei a terra.
>
> *Gênesis 35:10–12*

Jacó, assim como Abrão, iniciou sua aventura da maneira errada. Ambos, no entanto, decidiram se corrigir, apesar de suas falhas substanciais, e selaram um pacto com Deus para esse propósito. Essa é uma decisão; uma decisão moral, uma decisão de iniciar a jornada ascendente — subir a espiral da Escada de

Jacó em direção ao bem supremo. Eles, então, se deparam com um horizonte infindável de oportunidades, e cada uma delas exige, em sequência, um sacrifício de magnitude crescente — uma maturação e uma transformação de caráter. No caso de ambos os protagonistas, essa transformação chega a um ponto tão revolucionário que eles, de certa forma, renascem e se tornam novas pessoas. Por isso, recebem novos nomes: Abraão, "pai de nações", e Israel, "aquele que luta com Deus". Se essa luta for empreendida com o espírito adequado, não há diferença alguma entre essas duas identidades recém-conferidas, plenamente integradas e adequadamente sacrificiais.

6.6. Com os anjos para o abismo

Quando deixamos Abrão e Sarai, eles tinham acabado de ser transformados em Abraão e Sara; o primeiro, após renunciar a grandes ganhos para fazer o que era certo em seu papel de guerreiro, no qual acaba vitorioso; a segunda, após enfrentar sua esterilidade com franqueza, mantendo sua fé inabalável apesar de seu destino um tanto amargo, mesmo diante da presunção de sua serva, Agar, agora a mãe do primogênito de seu marido. Nesse momento, o casal é visitado por três estranhos, aos quais oferecem uma recepção cortês e hospitaleira:

> Pegue um pouco de água, peço-vos, e lavai os vossos pés e descansai debaixo da árvore.
>
> E trarei um bocado de pão, e confortai os vossos corações; depois disso, passareis adiante, pois para isto vieste a vosso servo. E eles disseram: Faze como disseste.
>
> E Abraão se apressou para dentro da tenda até Sara, e disse: Prepara depressa três medidas de farinha fina, amasse-a e faça bolos sobre a lareira.
>
> E Abraão correu para o rebanho, e trouxe um novilho tenro e bom, e o deu a um jovem, e ele se apressou em prepará-lo.

> E ele pegou manteiga, e leite, e o novilho que havia preparado, e o colocou diante deles; e ele ficou em pé junto deles debaixo da árvore, e eles comeram.
>
> *Gênesis 18:4–8*

Aqueles que buscam alcançar a perfeição acolhem cada encontro como uma oportunidade divina e um novo chamado à aventura. Isso se revela extremamente afortunado no caso em questão, pois o trio visitante logo se revela como emissários do próprio divino, se não anjos, até mesmo o Próprio Deus.

O que isso pode significar? Em um nível, que cada pessoa que encontramos é feita à imagem de Deus e, portanto, é um anjo em potencial — um avatar da unidade transcendente que vivifica tudo. Isso torna cada encontro, mesmo entre estranhos, uma oportunidade e um chamado; uma oportunidade para tudo que pode resultar da troca recíproca (e que pode ser muito valioso); um lembrete para tratar a todos com retidão e não tirar vantagem, sobretudo de pessoas que, tal como esses estranhos, estão vulneráveis devido à sua condição de deslocados e à falta de moradia. É muito fácil subestimar ou, pior, espezinhar novos conhecidos, sobretudo se estiverem, ainda que temporariamente, em situação difícil. Só Deus sabe quantas oportunidades de trabalho conjunto produtivo e desenvolvimento de caráter são perdidas em consequência dessa soberba. A resposta adequada a essa oportunidade e chamado é exatamente aquela expressada por Abraão e sua esposa: gratidão pelo encontro, humildade no acolhimento (e, portanto, abertura às possibilidades de troca) e hospitalidade — o compartilhamento generoso, sem reservas ou ressentimentos. O casal parece considerar a visita um verdadeiro privilégio, apesar de sua natureza inesperada. Imagine o que significaria para o mundo se todos tratassem cada encontro dessa forma? Também é instrutivo considerar o oposto. Pessoas desleais, egoístas, mesquinhas, desconfiadas e ressentidas em suas ofertas (e isso certamente inclui sua hospitalidade ou a falta dela) acabarão rejeitadas por outras pessoas, por si mesmas e por Deus. A epístola de Paulo coloca da seguinte maneira:

> Mas digo isto: O que semeia com moderação, também colherá com moderação; e o que semeia em abundância, em abundância também ceifará.
>
> Cada homem dê conforme propôs no seu coração, não com má vontade ou por necessidade; porque Deus ama um alegre doador.
>
> E Deus é capaz de fazer toda a graça abundar em vós, para que vós, tendo sempre toda a suficiência em todas as coisas, abundeis em todo bom trabalho;
>
> *2 Coríntios 9:6–8*

Em conformidade com essa ideia, Jesus é quem estabelece o padrão máximo para seus seguidores — o mencionado chamado à perfeição, em nome do Pai (Mateus 5:48).[61]

Os estranhos asseguram a Sara que a promessa de Deus de lhe conceder fertilidade será cumprida. Perceba a estranha conexão entre hospitalidade e fertilidade. É o acolhimento caloroso e adequado oferecido por Sara, em conformidade ou como reflexo de seu caráter fiel, que inspira Deus a abençoá-la — e até a lhe conceder desejos que pareciam impossíveis. É importante estabelecer esse entendimento agora, para que os eventos que se desenrolam mais tarde em Sodoma — o epítome da cidade inóspita — possam ser compreendidos, em todos os detalhes de sua complexidade. A esposa de Abraão, ainda estéril, já entrou na menopausa e acredita que ter um filho é impossível; por isso, ela ri, sem dúvida com certa amargura, "dentro de si" (Gênesis 18:12). Seu marido, inspirado por Deus, a repreende por sua momentânea falta de fé, dizendo: "Há alguma coisa difícil demais para o Senhor?" (Gênesis 18:14).

É fácil para a mente moderna se solidarizar com Sara em um momento como esse, mas é a fé aparentemente irracional de Abraão que acaba por se provar justificada. Talvez Deus a perdoe por seu ceticismo, já que, nesse contexto, a falsa esperança é um fardo muito pesado de carregar. De qualquer forma, o casal deixa o assunto de lado, ao menos temporariamente, voltando sua atenção para a agora ameaçada Sodoma, desolados pela falta de fé e pelo pecado que assolam a cidade. Eles manifestam a intenção de investigar a situação mais a fundo, mas, suspeitando do pior, comentam que o local está de fato em grave perigo de destruição: "E o Senhor disse: Porque o clamor de Sodoma e Gomorra é grande, e porque o seu pecado é muito grave, eu descerei agora e verei se eles fizeram segundo o clamor que veio a mim, e se não, eu saberei" (Gênesis 18:20–21). "Se eles fizeram segundo o clamor" significa "se levaram sua iniquidade à perfeição, ao mais alto grau de maldade."[62] Presume-se que, se não fosse o caso, ainda haveria possibilidade de misericórdia.

Abraão intercede, objetando à potencial injustiça de destruir os justos dessas cidades junto com os pecadores. É então que ele negocia, ou luta, com Deus de maneira bastante direta, sugerindo primeiro que a cidade seja poupada se cinquenta homens justos fossem encontrados lá; ele reduz esse número em uma ousada barganha, conseguindo que Deus concorde em poupar a cidade se quarenta e cinco, depois trinta, então vinte e, por fim, dez homens justos fossem encontrados. Determinado, ele decide viajar à perigosa metrópole para encontrar esses homens (Gênesis 18:22–33). O que isso significa? Se uma comunidade se desvia do caminho, avançando em direção ao delírio totalitário, ao hedonismo coletivo impulsivo, ao orgulho luciferiano ou a um pacto de mentiras e silêncio conspiratório, ela ainda pode ser resgatada, caso a catástrofe moral não tenha engolido todos aqueles que ainda são capazes de pensar e se manifestar. Talvez a verdade seja tão poderosa que algumas poucas vozes não silenciadas sejam o suficiente para redimir a todos — ou talvez até baste uma única voz "que clama no deserto" (João 1:23). Portanto, é responsabilidade de cada um de nós, refletindo de maneira respeitosa a imagem de Deus, estar entre os dez — ou até ser o único. É precisamente isso que é exigido do relutante Jonas, como veremos mais adiante.

Dois dos anjos acompanham Abraão até Sodoma, e lá eles se juntam a Ló. Ele estende a mesma hospitalidade demonstrada pelos tios aos visitantes, que, de início, insistem em passar a noite na rua. No entanto, Ló os convence a aceitar o convite. Eles entram em sua casa e jantam pão ázimo (sem fermento). Por que esse alimento em especial? Porque, naquela cidade corrupta e licenciosa, era necessário buscar sustento e forças apenas no que é verdadeiramente puro. Então, a história toma um rumo terrível e perverso: "Mas antes que eles se deitassem, os homens da cidade, até os homens de Sodoma, rodearam a casa toda, tanto velhos como os jovens, todo o povo de cada quarteirão. E eles chamaram

Ló, e lhe disseram: Onde estão os homens que vieram a ti esta noite? Traze-os fora até nós, para que possamos conhecê-los" (Gênesis 19:4–5).

Esse "conhecer" é o *conhecer* no sentido bíblico. Uma palavra apropriada para descrever o encontro íntimo, pois a experiência que possibilita que esse ato seja realizado da maneira adequada é, de fato, uma forma muito profunda de conhecimento. Mas, nesse contexto, significa "estupro coletivo violento" e da maneira mais inóspita e estéril possível — justamente o ato que passou a ser associado ao nome da cidade. Os sodomitas demonstram sua "hospitalidade" aos convidados da pior forma possível, violando sua integridade e de um modo que impossibilita que suas ações tenham consequências fecundas ou produtivas. A esterilidade do ato é contrastada, pelo menos de maneira implícita, com a recepção calorosa e apropriada de Sara, ao lado de Abraão, um gesto que mais tarde lhe concede a fertilidade. As ações dos homens de Sodoma são tanto hostis quanto estéreis, e essa conjunção é emblemática da perigosa decadência da cidade.[63]

Diante dessa ameaça, Ló faz algo que contraria profundamente os costumes do mundo moderno. Sua reação é detalhada em uma das passagens bíblicas muito citadas por aqueles que têm conhecimento suficiente apenas para se tornarem perigosos, tentando, com todo esforço, jogar o bebê fora junto com a água do banho. O sobrinho de Abraão oferece as duas filhas virgens à multidão, insistindo que seu dever de hospitalidade (em teoria um dever sagrado compartilhado por todos na casa) significa, acima de tudo, que ele deve proteger seus hóspedes. No entanto, isso não faz nada além de aumentar a tentação e enfurecer ainda mais a multidão.

> E Ló saiu à porta até eles, e fechou a porta atrás de si;
>
> E disse: Rogo-vos, irmãos, que não venhais a agir tão perversamente.
>
> Eis que eu tenho duas filhas que não conheceram homem. Suplico-vos, deixai que eu as traga a vós, e fazei a elas o que for bom aos vossos olhos; porém a estes homens não façais nada; pois, eles vieram sob a sombra do meu telhado.

> E eles disseram: Para trás. E eles disseram novamente: Este indivíduo veio aqui para peregrinar, e ele quer ser juiz; agora agiremos pior contigo do que com eles. E pressionaram severamente sobre o homem, sobre Ló, e chegaram perto de quebrar a porta.
>
> *Gênesis 19:6–9*

Quando os sodomitas, reunidos de maneira ameaçadora à porta, são lembrados que, assim como Ló, eles também carregam uma responsabilidade moral intrínseca — em especial a da hospitalidade e a de servir aos deuses que, hipoteticamente, os guiam —, eles rejeitam a autorreflexão necessária, se recusam a perceber e confessar seus erros e agravam ainda mais sua transgressão, à maneira típica dos tiranos hedonistas e obcecados pelo poder. Expressam até uma indignação ressentida — não pelas próprias ações, mas pela pretensão de Ló em ousar agir como juiz, especialmente por se tratar de um estrangeiro, e, ao fazerem isso, demonstram sua verdadeira condição como filhos de Caim. Como consequência — em vez de ouvirem, e no auge de sua agora autojustificada fúria —, ameaçam Ló com algo ainda pior do que aquilo que desejam infligir aos convidados. Tudo na descrição dessa resposta está correto em termos psicológicos. Aqueles chamados a prestar contas pela própria iniquidade sempre voltam toda a sua fúria contra o mensageiro, em vez de se atentarem para a própria cegueira intencional, o próprio hedonismo idiota (um termo brando demais para indicar a verdadeira magnitude de tal erro) e a própria malevolência. Além disso, tal fúria tende a ser amplificada quando é um estrangeiro quem ousa apontar o pecado.

Para compreender plenamente o significado dessa parte da história (além da necessária consideração do elemento sexual), é fundamental entender por que a hospitalidade era considerada sagrada na época do relato de Sodoma e Gomorra. Em tempos em que não havia policiamento confiável, a segurança e a vida de um viajante em uma terra hostil dependiam da honestidade e da confiabilidade de seus anfitriões. Isso pode ter sido especialmente válido no Oriente Médio, com seu clima árido e as vastas extensões de deserto entre as cidades. As florescentes rotas comerciais e as caravanas que viajavam por essas terras não teriam sido possíveis sem a certeza de que os viajantes poderiam confiar em seus anfitriões estrangeiros. A própria arquitetura das casas e pátios nas antigas cidades daquela região era projetada para oferecer acomodação aos estranhos. Isso se aplicava à infraestrutura, aos sistemas de água, à abundância de igrejas para visitantes de passagem e ao próprio planejamento urbano — tudo concebido tendo a hospitalidade em mente.[64]

Esse ideal de hospitalidade também foi uma expressão inicial da doutrina de que o estrangeiro tem valor intrínseco e deve ser tratado com bondade. Afinal, ninguém se torna mais vulnerável do que aquele que está sob o teto de outro homem — especialmente em uma terra estranha. A exigência moral de oferecer bondade, consideração e cuidado é explicitada em Levítico: "E se o estrangeiro peregrinar contigo na vossa terra, não o aborrecereis. Mas o estrangeiro que habita convosco vos será como um nascido entre vós; e amá-lo-ás como a ti mesmo; porque estrangeiros fostes na terra do Egito. Eu sou o Senhor vosso Deus" (Levítico 19:33–34). A subsequente destruição de Sodoma e Gomorra ocorre porque a investigação de Deus sobre a conduta das pessoas daquela cidade revela sua extrema inospitalidade, um sinal claro de seu completo colapso moral. Eles violam o princípio da acolhida generosa e segura para os estrangeiros e, aliado a isso, adotam uma abordagem inóspita e estéril em relação à própria sexualidade.

Uma das vantagens evidentes de conhecer pessoas novas é que elas podem saber fazer algo que você ainda não sabe e deter um conhecimento que você ainda não adquiriu. É por razões como essas que somos uma espécie naturalmente inclinada a praticar o comércio:[65] interessada, de maneira intrínseca, na troca mutuamente benéfica de bens e serviços, além de muito comunicativa — em outras palavras, inclinada a compartilhar com o mundo o fruto de nossos pensamentos. Isso significa que estabelecer um relacionamento de confiança e reciprocidade com um estranho pode possibilitar o acesso a todos os recursos de um povo estrangeiro e proporcionar um imenso enriquecimento mútuo. No entanto, há um perigo associado: o homem desconhecido e aparentemente isolado e indefeso que você acolhe em seu grupo pode ser muito amado, estimado e importante para outros desconhecidos, e só Deus sabe quantos são ou quão poderosas são suas forças. Assim, se esse estranho for colocado em risco durante uma negociação comercial (ou por qualquer outro motivo), uma horda irada, ou até mesmo um exército, pode cair sobre o transgressor e todos aqueles que ele ama — um destino que se abateu sobre os reis saqueadores que capturaram Ló e seu povo, provocando Abrão a arregimentar forças, resgatá-los e derrotar os captores.

Em 2023, organizei um seminário em dezessete módulos sobre o Livro do Êxodo.[66] Convidei cerca de dez pessoas para participar diretamente, embora outras dez a vinte também estivessem envolvidas na filmagem, organização e produção. Alugamos um Airbnb bem equipado em Miami para hospedar todos os envolvidos, realizamos jantares regados a farta comida e bebida todas as noites e alugamos dois jet skis para diversão durante o dia. Isso significava que todos podíamos nos conhecer melhor, nos divertir, analisar nossos temperamentos e comportamentos em várias situações (cada tópico de conversa é uma situação diferente), testar o humor uns dos outros, provocar, brincar, compartilhar, solidarizar-nos e falar livremente. Como consequência, passamos a confiar muito mais uns nos outros, descobrimos um prazer genuíno na companhia mútua e nos tornamos mais dispostos a continuar essas discussões, até de maneira formal, caso surgisse outra oportunidade no futuro (como de fato aconteceu, resultando em um seminário sobre os evangelhos, que será lançado em breve).[67] Essa construção de relacionamento acabou sendo um fator fundamental para o sucesso do projeto.

De maneira inesperada, tivemos que dobrar a duração planejada do seminário devido à profundidade das conversas, mas essa necessidade foi aceita, e até apreciada, por todos os envolvidos, em grande parte graças à hospitalidade tanto oferecida quanto recebida. Como nossa convivência também aprofundou nossa confiança, isso nos tornou mais dispostos a expandir os limites em nossas conversas mais formais e gravadas; mais capazes de ouvir atentamente e de nos arriscar tanto ao desafiar os outros participantes quanto ao expressar pensamentos de uma maneira que teria sido muito mais improvável sem essa troca social. A hospitalidade autêntica permite o compartilhamento fundamental que nos une de verdade. Todos precisamos comer, beber e conversar, mesmo que de maneira casual, leve e divertida. Se conseguirmos fazer isso em um espírito de boa vontade, camaradagem e descontração, talvez possamos nos arriscar juntos em empreendimentos mais desafiadores.

Também testemunhei o que acontece na ausência dessa hospitalidade. Isso é particularmente verdadeiro e perigoso na situação atual dos círculos políticos de Washington, D.C., onde passei um tempo significativo. Por uma série de razões, os representantes eleitos estão cada vez menos propensos a viver na cidade. Quatro em cada dez congressistas dormem em seus escritórios. Reflita sobre isso por um momento. Esse fato reduziu drasticamente a probabilidade de que a familiaridade e o coleguismo necessários para uma governança pacífica se manifestem. Além disso, a instalação de câmeras nas principais instituições governamentais transformou os locais onde ocorrem as discussões em teatros públicos, em vez de fóruns para entendimento mútuo e negociação. Por fim, os líderes partidários de ambos os lados desencorajam a colaboração e a interação entre os partidos, por acreditarem que seus membros se tornarão mais difíceis de prever e controlar ao se consorciar com o "inimigo". Assim, pelo fato de congressistas e senadores não jantarem nem tomarem um drinque juntos, de seus filhos não frequentarem a mesma escola nem jogarem beisebol juntos e de eles não compartilharem a mesma comunidade local juntos, a desconfiança entre as linhas partidárias não tem chance de ser atenuada e tem todas as chances de aumentar (sobretudo quando alimentada por aqueles que decidiram usar o medo, a alienação, o desprezo e a força como suas armas de escolha).

Há alguns anos, organizei um almoço para congressistas novatos, tanto democratas quanto republicanos, em uma tentativa de abordar a crescente hostilidade entre os partidos. Para dar início à conversa, cada participante (eram cerca de vinte) se apresentou e fez um resumo de três minutos sobre sua motivação para ir a Washington, D.C. Foi uma experiência antropológica interessante. Como canadense, sempre fiquei impressionado com a teatralidade e o patriotismo, tanto implícito quanto explícito, dos norte-americanos. Esse almoço foi como assistir a uma sequência de curtas-metragens: diversas versões do filme *A Mulher Faz o Homem* — e era impossível distinguir os comoventes patriotas de um partido dos do outro. Em sua vez, cada participante descreveu a decisão, tomada em conjunto com suas famílias, de oferecer seus serviços ao país por gratidão a tudo o que haviam recebido. Sem exceção, isso indicava uma genuína disposição ao sacrifício. Todos naquele almoço, após tal revelação mútua, saíram com a sensação de que estavam, se não entre amigos (pois isso requer mais do que uma única interação social positiva), ao menos entre compatriotas norte-americanos com quem compartilhavam grande parte, se não quase tudo de importante. Sem algo operando em um nível superior — a unidade mais elevada da identidade nacional —, o que tende a se manifestar são apenas as diferenças políticas, e a percepção exclusiva dessas diferenças é perigosamente semelhante a um estado de inimizade genuína. Assim, a falta de oportunidade para interação social — a falta de um fórum para hospitalidade — pode representar uma ameaça à própria sustentabilidade do Estado. Isso não é um problema pequeno e não tem recebido atenção suficiente.

De qualquer forma, é devido à sagrada importância da hospitalidade para os habitantes do Oriente Médio que Ló age de uma maneira que parece tão estranha à sensibilidade moderna, oferecendo suas filhas à multidão. A propósito, essa oferta também demonstra a relação entre a hospitalidade que é fértil e a inospitalidade (ou, pior, a hospitalidade perversa) que é estéril. No entanto, os homens de Sodoma estão tão comprometidos com o caos e a destruição que rejeitam até essa oferta e tentam invadir a casa. É nesse momento que eles descobrem exatamente com o que ou com quem estão lidando. Os anjos que Ló acolheu sem saber revelam-se tudo, menos indefesos: "Mas os homens estenderam suas mãos, e puxaram Ló para dentro da casa até eles, e fecharam a porta. E eles feriram os homens que estavam à porta da casa com cegueira, tanto pequenos quanto grandes, de modo que se cansaram tentando achar a porta" (Gênesis 19:10–11). Por que cegueira, exatamente? "Porque aquele que pede, recebe; e o que busca, encontra; e ao que bate, abrir-se-lhe-á" (Mateus 7:8). O que dizer, então, daqueles que exigem, em vez de pedir, teimam, em vez de buscar, e arrombam a porta, em vez de bater? Logo se verão incapazes de encontrar o caminho adiante e de saciar até mesmo os próprios desejos estreitos e autodestrutivos.

Aqueles que rejeitaram o ato legítimo de pedir, buscar e bater baseado na humildade e, em vez disso, são cegados pela luxúria e pela raiva, descobrirão que nem sequer conseguem encontrar o caminho para satisfazer os próprios desejos autodestrutivos. O que tudo isso significa? As pessoas só conseguem seguir por um caminho que não é nem reto nem estreito por um tempo antes de encontrarem o obstáculo que não conseguirão contornar, o abismo verdadeiramente mortal ou o dragão que não pode ser derrotado. Existe uma ordem moral intrínseca, como insistem os relatos bíblicos, e sua violação resultará em punição, não importa o quanto se tente evitar ou adiar — e em uma proporção exata à magnitude do pecado envolvido. Se assim for, esse fato alarmante deveria levar todos aqueles tentados a se desviar em prol dos próprios desejos imediatos a uma pausa para uma séria reflexão. Existe a possibilidade de sairmos impunes de absolutamente tudo? Ninguém em sã consciência acredita nisso.

As tentativas dos homens de infligir danos aos convidados de Ló indicam que Sodoma deteriorou-se a tal ponto que a redenção é impossível e a destruição é certa. Os anjos, portanto, alertam Ló para fugir com seus parentes. Seus filhos e genros não dão ouvidos ao aviso e, mais tarde, são consumidos pelo fogo. Ló, por outro lado, é sábio o suficiente para ouvi-los. Ele foge com a esposa e as duas filhas, que são advertidas a se apressar e a não olhar para trás. O que significa olhar para trás? Quando um Estado tirânico colapsa, uma falsa nostalgia pelas supostas certezas da antiga condição totalitária invariavelmente surge. Mesmo nos dias de hoje, uma proporção significativa da população russa ainda tem uma visão positiva, por exemplo, de Stalin. De acordo com os pesquisadores do Pew Research Center, quase sessenta por cento dos adultos daquele país têm uma opinião mais favorável sobre o homem cujas políticas levaram à morte de dezenas de milhões de seus compatriotas do que sobre Mikhail Gorbachev, que presidiu os últimos anos da URSS e liderou a transição milagrosamente pacífica após a catástrofe comunista.[68] Isso ocorre principalmente entre os idosos, que, sem dúvida, acharam a adaptação mais perturbadora e exigente, embora isso não seja desculpa, dado o extremismo e a abrangência da barbárie de Stalin. O mesmo ocorre na China, em relação ao ainda mais cruel Mao Tsé-Tung. A imagem e o legado de Mao foram geridos com todo o cuidado pelo Partido Comunista Chinês, que apresenta esse temível assassino como um herói nacional e o arquiteto da eternamente gloriosa revolução chinesa.[69]

Algo muito semelhante ao surgimento dessa nostalgia contraproducente e cega é retratado na história de Moisés, que se inicia no Livro do Êxodo e continua em Levítico e Números. Os israelitas, libertados da tirania do Egito, a princípio encontram dificuldades para se firmar. Esse fato se reflete em sua famosa e misteriosa peregrinação pelo deserto, um problema gerado, em grande parte, por sua mentalidade servil de ingratidão, seu ressentimento e sua vitimização. Por que os israelitas levam três gerações para atravessar o pequeno território que os separa da terra prometida? Porque aqueles que estão confusos e sem rumo podem levar uma eternidade e não chegar a lugar algum. Enquanto avançam em direção à terra prometida, os escravos que fugiram do Egito reclamam e se queixam quase o tempo todo. Um dos elementos dessa frustração é o desejo, manifestado de maneira constante, pelos confortos, muito ampliados em sua memória deturpada, proporcionados por sua submissão ao faraó e aos seus capatazes. A falsa nostalgia como fuga da realidade e das responsabilidades do presente é uma tentação onipresente.

C. G. Jung alertou para um perigo semelhante no âmbito psicológico. Ele descreveu o fenômeno da "restauração regressiva da persona" nesse contexto. Essa falsa lembrança é a tentativa do indivíduo, que já foi prejudicado e está supostamente mais cauteloso, de ignorar o aprendizado da experiência dolorosa e retornar ao estado abençoado de ignorância que prevalecia antes. Cristo também advertiu, nos relatos dos Evangelhos, sobre o perigo dessa tolice autodestrutiva, sobretudo entre aqueles que, em razão da experiência amarga, deveriam ter — ou de fato têm — um melhor discernimento: "Mas, o que não a sabia e fez coisas dignas de açoites, será castigado com poucos açoites" (Lucas 12:48). Em comparação: "E o servo que sabia a vontade do seu senhor e não se preparou, nem fez conforme a sua vontade, será castigado com muitos açoites" (Lucas 12:47). O trecho conclui com este severo aviso: "Porque a quem quer que muito for dado, muito será requerido dele; e para o homem que muito foi confiado, muito mais se exigirá dele" (Lucas 12:48, parte final). Nesse sentido, Jung afirma:

> Tome como exemplo um empresário que assume um risco muito grande e, como consequência, vai à falência. Se ele não se deixar abater por essa experiência deprimente, e, sem se abalar, mantiver a mesma ousadia anterior, talvez com um pouco de cautela salutar, sua ferida será curada sem lesão permanente. Mas, por outro lado, se ele desmoronar, abdicar de novos riscos e laboriosamente tentar

> remendar sua reputação social dentro dos limites de uma personalidade muito mais limitada, fazendo um trabalho inferior com a mentalidade de uma criança assustada, em um cargo muito aquém de sua capacidade, então, tecnicamente falando, ele terá restaurado sua persona de forma regressiva... Antes, talvez, ele quisesse mais do que podia realizar; agora, ele nem sequer ousa tentar aquilo que está dentro de suas capacidades.[70]

Moral da história? Não olhe para o que deixou para trás depois de aprender a olhar para a frente, em uma direção melhor. Não retorne a um caminho já percorrido após entender que ele leva para uma direção descendente. Não deseje aquilo que agora reconhece como mal. Ou pague o preço.

> Então, o Senhor fez chover sobre Sodoma e sobre Gomorra enxofre e fogo do Senhor desde o céu.
>
> E ele derrubou aquelas cidades, e toda a planície, e todos os habitantes das cidades, e o que crescia sobre a terra.
>
> Mas a sua esposa olhou para trás por detrás dele, e ela se tornou um pilar de sal.
>
> E Abraão levantou-se cedo de manhã e foi para o lugar onde havia estado de pé diante do Senhor.
>
> E ele olhou para Sodoma e Gomorra, e para toda a terra da planície, e eis que viu a fumaça da terra que subia como fumaça de uma fornalha.
>
> E aconteceu que, quando Deus destruiu as cidades da planície, Deus lembrou-se de Abraão e retirou Ló do meio da destruição, quando ele derrubou as cidades em que Ló habitara.
>
> *Gênesis 19:24–29*

De fato, existe um pilar de sal fossilizado conhecido como “Esposa de Ló” no monte Sodoma, nas proximidades do Mar Morto, em Israel.[71] Talvez a origem dessa história tenha sido uma combinação entre o conhecimento desse elemento geográfico e a imaginação criativa. Porém essa possibilidade não altera em nada seu significado.

Na sequência, a Bíblia traz duas histórias de conduta sexual imprópria. Na primeira, as filhas de Ló embriagam o próprio pai e "se deitam" com ele, uma de cada vez, em noites consecutivas. Esse episódio, aliado à descrição do destino da esposa de Ló, indica que a iniquidade de Sodoma foi tamanha que suas repercussões continuaram a ecoar mesmo após a destruição da cidade, atingindo até a esposa e as filhas de um homem hipoteticamente bom (embora devamos lembrar que Ló, em sua vida pregressa, já havia sido tentado a "armar sua tenda em direção a Sodoma" [Gênesis 13:12]). Ao que parece, é muito difícil para as pessoas aprenderem uma lição dolorosa, mesmo quando tomam medidas concretas para isso. Seria também relevador o fato de as filhas de Ló oferecerem mais uma forma de falsa hospitalidade?

A história do pecado duradouro, ou da contaminação que ele gera, não termina aí. Quando viaja para Gerar, Abraão mais uma vez finge que Sara é sua irmã e, de novo, ela é tomada pelo rei da região, chamado Abimeleque. Essa repetição do ato enganoso indica algo semelhante a uma regressão por parte de Abraão — e um retorno ao mesmo padrão de comportamento que o caracterizava no início de sua aventura. Isso também seria consequência de sua proximidade com os males de Sodoma e Gomorra? A sequência dos eventos parece sugerir isso. Mesmo assim, Deus se opõe ao rapto da esposa de Abraão, aparece a Abimeleque em um sonho e o alerta sobre as terríveis consequências de tal ato. O rei, agora cauteloso, que felizmente não tocou em Sara, clama inocência, repreende Abraão e lhe devolve Sara, junto com generosos presentes de gado e servos. As boas relações entre o profeta, Deus e o quase transgressor governante terreno são restabelecidas. Além disso, as mulheres do reino de Abimeleque recuperam a fertilidade, que havia sido perdida em razão do rapto de Sara.

Isso tudo parece significar ao menos duas coisas. A primeira é que mesmo o novo Abraão ainda se vê assombrado por fantasmas de seu eu anterior; pelas tentações de seus comportamentos habituais inadequados; por sua tendência a mentir quando se sente ameaçado, sobretudo quando envolve a esposa. Cada homem tem suas fraquezas características — muitas vezes, aquelas que são o lado sombrio de suas virtudes. Veremos algo muito semelhante no caso de

Moisés, o líder arquetípico (assim como Abrão/Abraão é um exemplo do indivíduo arquetípico). Moisés é constantemente tentado pelo poder, seu verdadeiro calcanhar de Aquiles, bem como um alerta para todos os aspirantes a líderes e a causa da eventual insuficiência de sua missão quase messiânica. A segunda lição da história está na perda e na subsequente restauração da fecundidade das mulheres do reino de Abimeleque. Isso reflete o fato de que o exemplo dado pelo líder da comunidade será replicado pelas pessoas comuns. Assim, se o rei se desviar em seu comportamento sexual, todos seguirão o mesmo caminho — e, se o erro for grave o suficiente, a própria reprodução cessará até que a ordem que reflete a verdadeira vontade divina, por assim dizer, seja restabelecida.

Também podemos analisar por que, mesmo sendo um grande rei, Abimeleque é ameaçado com uma punição — primeiro, por quebrar uma regra (considerado seu status de governante incontestado) e, segundo, por se tratar de uma regra que ele nem sabia estar quebrando (tal como aconteceu com o faraó egípcio anterior, que enfrentou a mesma ameaça). Lembre-se do destino que recaiu sobre Uzá, que foi destruído quando, em um gesto bem-intencionado, estendeu a mão para estabilizar a Arca do Pacto.[72] O mesmo princípio se aplica aqui. Algumas regras são tão fundamentais que sua transgressão até mesmo pelos hipoteticamente poderosos representa um enorme perigo. Talvez isso seja especialmente verdadeiro no que tange à conduta sexual, dadas suas raízes em motivações mais profundas e a importância vital de sua regulamentação para a integridade da psique e da sociedade. Transgressões contra as regras adequadas de intimidade física, mesmo quando acidentais ou motivadas por ignorância, são capazes de desestabilizar e destruir indivíduos e comunidades inteiras. Entre essas regras, de acordo com a tradição bíblica, destacam-se as proibições contra fornicação (sexo fora do casamento), adultério, prostituição, incesto, bestialidade e relações sexuais entre pessoas do mesmo sexo. Não há razão para supor que tais advertências sejam arbitrárias, muito menos uma questão de preconceito implícito ou explícito.

Não existem relações interpessoais mais delicadas, mais propensas a causar conflito e mais necessárias para a manutenção e o fortalecimento do contrato intergeracional do que as de cunho sexual. Assim, é razoável que o sexo seja regulado por costumes e contratos, para que todos entendam seu papel e o porquê. Todos devem compreender, de maneira inequívoca, que o desejo mais intenso por gratificação imediata deve ser refreado, para que a saúde psicológica de médio a longo prazo seja preservada e para que a interação social pacífica, produtiva e generosa no nível do casal e da comunidade seja garantida. Mas não só isso: para que o sexo em si possa florescer, a fertilidade se manifeste, os indivíduos encontrem o amor e a sociedade se estabilize e prospere.

6.7. O ápice do sacrifício

Nesse ponto da história, Sara milagrosamente concebe, como Deus havia prometido. Deus, então, diz a Abraão que o novo filho, Isaque, será o pai de seus descendentes nomeados, embora o filho de Agar também gere multidões. Logo após essa notícia feliz, a história sofre sua reviravolta mais infame. Deus segue essa boa nova com um anúncio inimaginável, ordenando que Abraão leve esse filho temporão e há muito desejado, o consolo da velhice do casal — o filho entregue por Deus como recompensa pela contínua fidelidade de Abraão e Sara —, e o coloque sobre o altar, imolando-o no mais terrível dos sacrifícios a Deus: "E aconteceu depois destas coisas, que Deus provou Abraão, e lhe disse: Abraão; e ele disse: Eis-me aqui. E ele disse: Toma agora o teu filho, teu único filho Isaque, a quem tu amas, e vai para a terra de Moriá, e oferece-o ali como oferta queimada sobre um dos montes que eu te direi" (Gênesis 22:1–2).

Como pode um Deus que alega representar o que há de mais elevado — ou, para ser mais exato, ser o que há de mais elevado — exigir algo aparentemente tão profano? A razão faz perfeito sentido, uma vez devidamente explicada: *todas as coisas, não importa quão valiosas, devem ser oferecidas a Deus.* Cristo reitera e expande esse princípio muito mais tarde, quando diz: "Se algum homem vier a mim, e não aborrecer a seu pai, e mãe, e esposa, e filhos, e irmãos, e irmãs, sim, e também a sua própria vida, ele não pode ser meu discípulo. E quem não carregar a sua cruz, e não vir após mim, não pode ser meu discípulo" (Lucas 14:26–27); e: "E todo o que tiver deixado casas, ou irmãos, ou irmãs, ou pai, ou mãe, ou esposa, ou filhos, ou terras, por causa do meu nome, receberá cem vezes tanto, e herdará a vida eterna" (Mateus 19:29).

A famosa escultura *Pietà*, de Michelangelo, dramatiza essa ideia na forma visual que pode ser considerada o equivalente feminino do crucifixo. O escultor criou essa obra-prima, que hoje ocupa um lugar de honra na Basílica de São Pedro, em Roma, a partir de um único bloco de mármore, quando tinha apenas vinte e três anos. Ela representa Maria, a eterna Mãe do Salvador, contemplando com paz e humildade o corpo ferido de seu filho crucificado. Qual é o significado dessa obra inesquecível? É o seguinte: *a boa mãe oferece seu filho para ser crucificado pelo terrível mundo.* É papel do pai ou da mãe sacrificial encorajar a criança a agir de acordo com seu destino, não importa o custo — e o custo é sempre sofrimento e morte, embora possa ser mitigado, ao menos em potencial, pela verdadeira aventura da vida. Não é igualmente doloroso — ou talvez ainda mais — para a mãe entregar seu filho ao mundo do que entregar a si mesma ao destino e à sorte? Há amor maior do que aquele disposto a oferecer uma criança em sacrifício ao que é verdadeiramente mais elevado? Isso, é claro, vale tanto para o pai quanto para a mãe. E com essa pergunta e sua resposta, também podemos perceber que a história de Abraão e Isaque antecipa a ideia da morte do Filho de Deus. Todos somos filhos e filhas de Deus, ou assim afirmam as histórias que constituem o corpus bíblico. E se essas histórias não são sobre nós (e essa é uma pergunta séria tanto para ateus quanto para crentes), então sobre quem ou sobre o que poderiam ser? E como poderia não ser verdade que a disposição de sacrificar até mesmo o que é mais querido em prol do que é ainda maior sirva como a antítese do ressentimento que amargura e corrompe — dado que não há expressão mais extrema de gratidão?

É um truísmo psicanalítico, atribuído à psicanalista britânica de origem austríaca Melanie Klein,[73] que "a boa mãe necessariamente falha". Essa "falha" é o extremo oposto da atitude da mãe devoradora, cujo "sucesso" perverso em fazer tudo pelo filho amado pode facilmente se tornar o inimigo mais perigoso e destrutivo. A boa mãe está disposta a sacrificar seu filho a Deus, em parte porque seu serviço ao que é mais elevado deve necessariamente ter prioridade, porque o que é inferior nunca deve se sobrepor ao que é supremo, e em parte porque é seguindo a Deus (por definição) que seu filho encontra a redenção. O próprio Deus faz o mesmo com Seu filho, um sacrifício representado na Paixão de Cristo — uma oferta e uma transformação que põem fim ao domínio da morte, assolam o inferno e reconciliam a prole pecadora de Adão com seu Pai celestial. Também devemos lembrar que Abraão recebe seu filho de volta, como consequência de tê-lo oferecido a Deus. O que isso significa? Que a melhor maneira de obter e preservar o filho amado, há muito prometido por Deus, é oferecê-lo ao espírito que o chama para a aventura da vida; esse é o eterno conselho dos sábios; esse é o Logos que para sempre paira sobre o potencial de profundidade infinita.

Os versículos do evangelho que se referem à necessidade de renunciar até à família por Deus aparecem logo após uma história com moral semelhante — a parábola do homem rico, que tem tudo o que precisa no mundo terreno, mas ainda sente um anseio não correspondido em sua alma: "E todo o que tiver deixado casas, ou irmãos, ou irmãs, ou pai, ou mãe, ou esposa, ou filhos, ou terras, por causa do meu nome, receberá cem vezes tanto, e herdará a vida eterna" (Mateus 19:29). Isso não é uma diatribe contra a riqueza, como comumente se presume. É por essa razão que aqueles que seguem os mandamentos de Abraão, desde Abel, são abençoados com prosperidade material e abundância, de acordo com a ideia de que a morada adequada para o homem e a mulher é um jardim frutífero. É o amor ao dinheiro, não o dinheiro em si, que constitui o impedimento para a ascensão na Escada de Jacó: "Conservem-se livres do amor ao dinheiro e contentem-se com o que vocês têm, porque Deus mesmo disse: 'Nunca o deixarei, nunca o abandonarei'" (Hebreus 13:5, Nova Versão Internacional).

O dinheiro, em si, é apenas um símbolo de troca e promessa e, quando usado de maneira honesta, é um bem positivo. Contudo, elevar o desejo por riqueza material à posição de bem supremo (como os israelitas fazem na história do Êxodo ao decidir adorar o bezerro de ouro) é algo completamente diferente. O intelecto tem seu devido lugar, o sexo tem seu devido lugar, e a riqueza e a prosperidade material também têm seus devidos lugares. No entanto, quando saem dessa ordem — sobretudo quando são falsamente elevados ao patamar mais alto —, aquilo que *poderia* ser bom pode se tornar um mestre terrível. Isso ocorre em proporção exata, porém inversa, ao seu potencial para o bem, quando é devidamente subjugado e nomeado.

Nessas palavras, há também uma promessa fundamental: a de que a eventual recompensa será proporcional ao sacrifício. Claro, pois se fosse de outra forma, nenhum sacrifício excepcional seria aconselhável. Se toda oferta dolorosa e direcionada ao que é elevado fosse rejeitada, não haveria sentido em trabalhar com diligência ou se esforçar para avançar. Tive o privilégio de testemunhar essa recompensa se manifestar na vida de muitas pessoas. Por exemplo, acompanhei — em primeira mão — o que aconteceu com aqueles que disseram o que acreditavam ser verdade e arriscaram suas reputações e carreiras para fazê-lo. Como esperado, eles se tornaram alvo da multidão e pagaram o preço imediato e significativo que aqueles que permanecem em silêncio ou mentem buscam evitar. Mas aqueles que mantiveram a fé na verdade sempre triunfaram — não de imediato, e esse é o desafio, mas com o tempo. Outras vezes, a recompensa vinha na forma de oportunidades oferecidas por pessoas que, impressionadas pelos sacrifícios reais que testemunharam, foram instigadas a agir. E, às vezes, a recompensa era uma consequência de uma profunda reorientação psicológica, decorrente de vivenciar e suportar a tempestade de controvérsia após renunciar à segurança em nome da verdade. Às vezes, era uma combinação de ambas. Isso é semelhante à abundância material desfrutada por Abraão e Sara e à renovação de suas identidades, representada pela renomeação — o mesmo destino benéfico compartilhado por Jacó, que se tornou Israel. Não há nada mais construtivo do que os sacrifícios adequados ao que é mais elevado e, ao mesmo tempo, não há limite para a demanda por sacrifício. Por isso a oferta de Isaque e, mais tarde, a de Jesus de Nazaré.

Essa afirmação pragmática pode ser considerada uma simples questão de prioridade: o que é primordial deve vir em primeiro lugar, não importam as circunstâncias ou quem esteja envolvido. Isso se deve, em grande parte, ao fato de que haverá situações na vida, muitas vezes trágicas e de grande importância, em que a riqueza material não será útil. Nesses casos, apenas a adequada orientação ao que é elevado, para longe do desespero e da amargura, poderá desempenhar o necessário papel de salvador. Divórcios são comuns entre os ricos (assim como entre os pobres, pois a pobreza adiciona estresse ao complexo problema de manter um relacionamento conjugal adequado), e a riqueza oferece apenas uma proteção limitada contra o envelhecimento e a doença. O dinheiro também pode ser um facilitador para o pecado. Tive muitos clientes em minha prática clínica que, ao receberem seus benefícios mensais de desemprego ou invalidez, eram cercados por amigos irresponsáveis e parasitas, felizes em gastar todo aquele dinheiro, muitas vezes deixando meus clientes na sarjeta, ou em seu equivalente, após uma farra de três dias.

É por essas razões que Cristo insiste de modo tão direto: "Não ajunteis para vós tesouros na terra, onde a traça e a ferrugem os corroem, e onde os ladrões arrombam e roubam. Mas ajuntai para vós tesouros no céu, onde nem a traça nem a ferrugem corroem, e onde os ladrões não arrombam nem roubam" (Mateus 6:19–20). Os tesouros terrenos são palpáveis e materiais, incluindo até necessidades básicas como água e alimento. Mas Cristo contrasta o pão celestial com seu insuficiente análogo material, descrevendo o padrão de priorização e ação que ele representa como a fonte do alimento eterno: "Eu sou o pão vivo que desceu do céu; se algum homem comer desse pão, ele viverá para sempre; e o pão que eu darei é a minha carne, a qual eu darei pela vida do mundo" (João 6:51).

Qual é a melhor maneira de acumular recursos? A resposta correta a essa pergunta é "em genuína reputação" — pois assim, quando as tempestades chegarem, todos virão em seu auxílio, incluindo você mesmo. ("Pois onde estiver o vosso tesouro, aí estará também o vosso coração" [Mateus 6:21].) Essa é a reiteração da segunda promessa que o espírito de aventura que é Deus faz a Abrão, quando o pacto inicial que os une é estabelecido — quando Abrão decide deixar de ser um covarde dependente e queixoso e almejar mais: "E eu te abençoarei, e farei teu nome grande" (Gênesis 12:2). Esse tesouro celestial é algo mais abstrato e intangível do que a riqueza material em si; é algo mais próximo de uma consequência da luta espiritual de ordem superior (embora até o dinheiro seja, em essência, nada mais do que um significante dessa realidade celestial, pois seu valor, em última análise, não passa de uma promessa mútua). Por exemplo, se você se esforça para tratar o próximo como a si mesmo (Mateus 22:39) ou até para amar seus inimigos (Mateus 5:44), esse compromisso se manifestará em suas prioridades de atenção e em seu modo de agir, e outras pessoas observarão isso e responderão da mesma forma. Obviamente, o acúmulo desse tesouro abstrato, transcendente ou "celestial" é o objetivo dos grandes profetas — e de todos que vivem pelos padrões mais elevados —, sendo o verdadeiro ouro imperecível e incorruptível.

A história de Abraão e Isaque contém uma promessa paradoxal: se um pai ou uma mãe estiver disposto a sacrificar seu filho a Deus, manifestando essa disposição em cada olhar e ação, então a criança *não será* sacrificada ou destruída pelas mãos desse pai ou dessa mãe (que, de outra forma, poderia ser tentado a fazê-lo, caso isso se revertesse, de maneira patológica, em mérito moral). Não é tão raro que os pais prejudiquem seus filhos para poder fazer uma exibição pública de seu martírio e sua virtude compassiva: *sim, fui amaldiçoado com um monstro, mas veja como estou suportando bem esse fardo; veja quanto amor ainda sou capaz e estou disposto a oferecer.* Esse é o terrível objetivo da bruxa na floresta, bondosa demais para ser verdade, em sua casa de pão de mel, que conspira para devorar João e Maria após serem abandonados pelo pai. Engordá-los; depois comê-los: o pesadelo edipiano completo em toda a sua terrível realidade. Essa é a catástrofe do instinto maternal que deu terrivelmente errado; o horror da compaixão quando elevada de maneira inadequada ao mais alto posto; a plena manifestação do pecado orgulhoso de Eva.

É difícil imaginar uma dramatização mais enfática para ambos os aspectos dessa história: é algo terrível oferecer um filho ou uma filha a Deus, mas não fazê-lo é algo definitivamente infernal, uma oferta ao abismo mais profundo. O pai ou a mãe que protege seu filho a todo custo — mantendo, assim, além do devido tempo, uma infantilidade cada vez mais corrompida e contraproducente — está, ao mesmo tempo, e muitas vezes de maneira intencional, comprometendo a alma dessa criança e condenando-a a um estado duradouro de insegurança, ansiedade e desesperança e às formas mais amargas de ressentimento e auto-ódio.[74] Se, em vez disso, você, como pai ou mãe, estiver disposto a oferecer seu filho ou sua filha a Deus — ao destino que é ao mesmo tempo verdadeiro e terrível —, então poderá ter a sorte de não ser cúmplice de sua morte, seja física ou espiritual: "E o anjo do Senhor o chamou do céu e disse: Abraão, Abraão; e ele disse: Aqui estou. E ele disse: Não ponhas a tua mão sobre o menino, nem faças alguma coisa com ele. Porque agora eu sei que temes a Deus, vendo que não negaste a mim teu filho, teu único filho" (Gênesis 22:11–12).

O espírito que é Deus na história de Abraão não é apenas a voz serena que chama para a aventura. É, também, o espírito unitário que exige que daqueles que o acolhem que se entreguem por completo, arriscando tudo. A adaptação ideal requer que luz alguma permaneça oculta sob o alqueire; que nada dentro de nós fique em suspenso; que toda força potencial seja reunida para a luta; que todos os recursos sejam mobilizados para os problemas que enfrentamos. Dada a extrema seriedade e dificuldade da vida, isso é surpreendente? Quando a própria vida está em jogo, tudo deve ser oferecido. Que esforço pode ser poupado quando o inimigo que enfrentamos é o dragão do caos — o fardo da morte, a eterna realidade do mal? Por isso, por necessidade, Deus é o Pai que sacrificará até o próprio Filho ao que é verdadeiramente sagrado. E, de maneira paradoxal, é por meio desse sacrifício supremo, realizado com coragem por esse mesmo Filho, que a salvação e a redenção são para sempre concedidas. O filho é guiado para o caminho correto pelo pai que está disposto a fazer o que é certo, não importam as circunstâncias — mesmo à custa de tudo o que ama. O filho é colocado no caminho correto (e, por meio do exemplo, conduz outros ao mesmo caminho) porque está disposto a obedecer aos ditames do pai que o ama — e que, por esse amor, está disposto a enfrentar até mesmo aquilo capaz de destruí-lo e arrastá-lo para o inferno. Assim, o Deus da Ação e da Aventura é também aquele que exige o sacrifício supremo, mas, de maneira paradoxal, é o menos propenso a exigi-lo se ele for verdadeiramente oferecido.

Abraão e Sara são idosos e ricos. Isaque é o único filho do casal, prometido por Deus e concebido após muitos obstáculos, já em idade avançada. Assim, eles teriam toda a razão para mimar de maneira contraproducente o herdeiro pelo qual tanto se esforçaram para trazer ao mundo e, com isso, devorá-lo. Poderiam facilmente racionalizar a necessidade do excesso de "cuidado" (na verdade, um desejo egoísta) que teria transformado seu filho privilegiado e afortunado em um autêntico narcisista — um legítimo descendente espiritual de Caim e do espírito luciferiano. Em vez disso, Abraão e Sara continuam a agir com retidão e a subordinar tudo o que é inferior ao que é superior. Eles vivem de maneira plena e completa, o que lhes concede a aventura que talvez justifique seu sofrimento — que talvez expie o grande crime de sua existência. Ambos vivem até uma idade avançada:

> E Sara tinha cento e vinte e sete anos de idade; estes foram os anos da vida de Sara.
>
> E Sara morreu em Quiriate-Arba, que é Hebrom, na terra de Canaã; e Abraão veio lamentar por Sara, e chorar por ela.
>
> *Gênesis 23:1–2*

> E estes são os dias dos anos da vida de Abraão, que ele viveu, cento e setenta e cinco anos.
>
> Então Abraão entregou o espírito, e morreu em boa velhice, um homem velho, e cheio de anos. E foi reunido ao seu povo.
>
> *Gênesis 25:7–8*

Suas vidas justificaram as terríveis limitações do ser mortal? Essa é a promessa de seguir o verdadeiro espírito vivificante e unitário, cujo caráter é delineado no grande corpus bíblico de histórias dramáticas. A aventura deles não se resume a habitar o Paraíso da gratificação infantil. Tampouco é o trabalho repetitivo e sem sentido de fazer a mesma maldita coisa, dia após dia. É, em vez disso, uma terra prometida sofisticada — uma sequência de jornadas para lugares cada vez melhores, em que cada passo se torna uma aventura cada vez mais envolvente, culminando na vida mais plena de todas as possíveis e ecoando essa plenitude ao longo das gerações e até o futuro distante. É a vida que todos poderíamos e deveríamos viver, se tivéssemos coragem, e a aventura que talvez justificasse toda nossa fragilidade e limitação mortal.

7

Moisés I: Deus como o Temível Espírito da Liberdade

7.1. Os judeus como escravos e viajantes indesejados

Em Êxodo, encontramos os israelitas no Egito, mas não mais sob a proteção estabelecida por José, filho de Raquel e Jacó, que havia salvado o país da fome. Após esse triunfo e a boa vontade que ele gerou, os parentes de José prosperaram: "E os filhos de Israel frutificaram, e aumentaram muito, e multiplicaram-se, e tornaram-se grandemente fortes; e a terra se encheu deles" (Êxodo 1:7). Em vez de ser grato pela ajuda e pelo trabalho dos israelitas, o faraó que sucede o soberano aliado de José começa a vê-los como uma ameaça: "Vinde, atuemos sabiamente com eles, para que não se multipliquem e aconteça que, vindo uma guerra, eles se ajuntem com os nossos inimigos e lutem contra nós, e assim se retirem da terra" (Êxodo 1:10). O que podemos perceber aqui? Primeiro, os antigos judeus têm a audácia de serem bem-sucedidos, apesar de serem estrangeiros em uma terra estranha; segundo, os opositores alimentam o ódio contra os israelitas por considerá-los uma potencial quinta coluna e justificam essa hostilidade como autodefesa preventiva.

Algumas coisas de fato nunca mudam. Há milênios, os judeus têm sido a prototípica minoria bem-sucedida. Por quê? Talvez devido à sua cultura voltada para a alfabetização, a instrução e o esforço ambicioso e disciplinado, aliada a uma genuína admiração por esse empenho,[1] ou algo que se aproxime de uma seleção sexual e cultural intragrupo que favoreça a alta inteligência.[2] Ideias como essas são sempre impopulares. Qual seria a explicação alternativa? Alegar que o sucesso comparativo se deve à deslealdade ou à conspiração, na forma de favoritismo intragrupal preconceituoso e manipulação injusta? Essa tem sido a eterna acusação, como evidenciado, especialmente, no início de Êxodo. Os egípcios, invejosos, reduzem seus antigos benfeitores — a minoria bem-sucedida — à escravidão. Essa é outra manifestação do espírito de Caim: "E os egípcios fizeram os filhos de Israel servir com rigor, e tornaram a sua vida amarga com dura escravidão, com argamassa e tijolos, e em todos os tipos de serviço no campo, em todo seu serviço, em que os faziam servir, era com rigor" (Êxodo 1:13–14). Quando essa opressão se mostra insuficiente para abalar seu espírito, o faraó ordena às parteiras hebreias que matem todos os bebês do sexo masculino que nascerem sob seus cuidados.

Uma ameaça com temática semelhante é ecoada muito mais tarde, na época de Cristo: "Então Herodes, vendo que tinha sido enganado pelos homens sábios, irritou-se muito, e mandou matar todos os meninos que havia em Belém, e em todas as suas fronteiras, de dois anos para baixo, segundo o tempo que diligentemente inquirira dos homens sábios" (Mateus 2:16). Herodes havia sido avisado de que um rei nasceria entre os judeus e ameaçaria seu reinado, então agiu para evitar essa ameaça. Algo análogo é retratado na história do Rei Arthur.[3] O rei Vortigern é o irmão maligno do pai de Arthur — uma dinâmica que espelha a relação de Caim e Abel. Esse rei também foi avisado, assim como Herodes, de que uma criança recém-nascida um dia se insurgiria para destroná-lo. Todas essas três histórias se baseiam no artifício narrativo do "herói em perigo ao nascer", um tropo bastante comum.[4]

Por que o herói redentor seria retratado como vulnerável ao nascer e o tirano representado como infanticida? Em grande parte porque todos os seres humanos, mesmo aqueles destinados a triunfar, são relativamente indefesos na primeira infância, expostos, como esperado, às ameaças da natureza e da sociedade. Antes da era industrial, a taxa de mortalidade infantil era de um em cada quatro; a taxa de mortalidade na infância chegava a cinquenta por cento.[5] Além disso, o infanticídio direto estava longe de ser considerado incomum, tanto em números absolutos quanto em diferentes culturas. O antropólogo Joseph Birdsell estima que entre um sexto e metade das crianças nos tempos pré-históricos tiveram esse destino.[6] Nos dias de hoje, quais seriam essas taxas se considerássemos aqueles que teriam nascido, não fosse pelo aborto, promovido de maneira tão enganosa quando foi tornado acessível como algo "seguro, legal e raro"?[7] Essas eram — e ainda são — as ameaças diretas. De maneira mais indireta e talvez ainda mais abrangente: todas as jornadas começam com os primeiros passos, muitas vezes hesitantes, e todo grande homem tem um início modesto. E quem mais o tirano mataria senão o herói redentor do mundo, cuja missão intrínseca é, em parte, a derrubada dos obcecados pelo poder? E todos esses heróis começam suas jornadas como a criança divina.

Moisés nasce de uma mãe hebreia durante o período de ameaça decretado pelo faraó egípcio. Ela o esconde das autoridades assassinas por três meses. Então, incapaz de continuar com a farsa, faz uma pequena arca de juncos e o coloca no rio (Êxodo 2:1–10). Esse é o primeiro de muitos episódios que associam o futuro líder dos israelitas à água, tanto em suas manifestações como fonte de vida quanto de destruição (em contraste com a rocha inflexível e inamovível que simboliza o Egito). O próprio nome de Moisés reflete sua afinidade com o líquido provedor da vida (Êxodo 1:10). Assim como o próprio Deus, o futuro profeta é um mestre do caos, da possibilidade, do *tohu va bohu*, as águas primordiais sobre as quais a Palavra de Deus paira no início dos tempos e para sempre; a água que encontra seu curso, de modo inevitável, colina abaixo; a água cuja persistência pode desgastar até mesmo a pedra mais dura. Esse motivo narrativo da pedra contra a água se estende também à posterior peregrinação pelo deserto, na qual Moisés demonstra sua capacidade de transformar até as rochas em fontes de vida (Êxodo 17:6; Números 20:7–12). Essa é uma representação da ideia de que a liderança conduzida pelo espírito correto pode fazer até o deserto florescer.

A filha do faraó vê Moisés flutuando na água, percebe que se trata de uma das crianças ameaçadas, mas decide resgatá-lo e criá-lo como filho (Êxodo 2:1–10). Ela chama uma ama de leite para lhe oferecer sustento e cuidado. Sem que ela saiba, a verdadeira mãe de Moisés se apresenta para a tarefa. Esse é outro tropo mitológico: o herói com dupla ascendência. Um par de genitores do protagonista divino ou semidivino é comum, ou terreno; o outro, régio, mágico ou divino. Por exemplo, Harry Potter, de J. K. Rowling, tem os Dursley e os pais verdadeiros, bruxos de renome.[8] Superman, o herói da DC Comics, tem os Kent, um casal terráqueo, mas também os pais biológicos no planeta alienígena natal (e, portanto, "no céu"). A Bela Adormecida, da Disney, é criada em uma floresta, longe de seu reino legítimo,[9] assim como o jovem Rei Arthur, que passa a infância sob a tutela de Merlin entre pessoas comuns.[10] De maneira semelhante, uma fantasia comum entre crianças infelizes é de serem órfãs, abandonadas por uma mãe e um pai que um dia voltarão para resgatá-las.[11] Esses motivos narrativos são muito comuns na literatura.[12]

O que esses temas literários sugerem? Que todo ser humano é filho da Natureza e da Cultura, ou da Natureza e de Deus, mais até do que dos próprios pais; que toda criança cresce alienada de seu reino legítimo, vivendo por algum tempo disfarçada entre pessoas comuns demais para perceber seu verdadeiro destino ou ascendência; que toda criança será tentada, por medo, a ocultar a própria luz sob o proverbial alqueire, escondendo o que há de melhor em si para evitar atrair a atenção dos tiranos que, de outra forma, poderiam agir movidos pela inveja; e que o Rei Legítimo deve perceber sua ascendência transcendente e amadurecer para assumir o devido lugar de responsabilidade e destino supremo (como Simba em *O Rei Leão,*[13] da Disney). O motivo narrativo da dupla ascendência também dramatiza o fato de que, com a maturidade, devemos deixar de imputar a responsabilidade pelas condições existenciais da vida aos nossos pais e, em vez disso, atribuí-la às forças mais amplas da biologia e da sociedade.

Essa constatação possibilita que os indivíduos aliviem o fardo da culpa pelas iniquidades da vida dos ombros dos pais, tanto quanto possível, com uma justa atribuição de causalidade. Isso significa transferir tanto a dependência quanto a lealdade ao pai terreno, por assim dizer, ao pai celestial, e fazer o mesmo em relação à mãe e à natureza. Qual é a vantagem, em termos de maturidade? Uma vez que um homem se torna responsável perante Deus, ele não se sentirá mais compelido a agir sob o domínio (ou, na verdade, sob os pecados) do pai, nem a buscar abrigo sob as asas protetoras da mãe. Obviamente, isso também vale para as mulheres.

Quando Moisés atinge a maturidade, testemunha um egípcio espancando um hebreu escravizado (Êxodo 2:11–14). Ele se ofende imensamente com esse ato, considerando-o injusto e sem justificativa, e mata o agressor. Essa decisão de ficar ao lado dos oprimidos é uma manifestação de uma visão particular de liderança, cujo pleno significado é revelado apenas no Novo Testamento: o que é legitimamente soberano serve à misericórdia e à justiça, apoia aqueles que estão em perigo e renuncia às vantagens arbitrárias e imerecidas do poder e da linhagem, sobretudo quando estas se tornam tirânicas. Essa é uma verdadeira transformação de entendimento: é muito mais simples supor que tanto a posição quanto o poder justificam privilégios e direitos legítimos. O ato homicida de Moisés é um prenúncio e uma revelação de sua falha fatal: a tendência de empregar força quando não é estritamente necessário, agindo de maneira um tanto impulsiva. O que isso significa? Que a responsabilidade da liderança carrega consigo, de maneira inevitável, a tentação do poder, mesmo entre os homens mais grandiosos. Isso acaba por se revelar, em última análise, o calcanhar de Aquiles do grande profeta (Números 20:7–12).

Como consequência desse ato, Moisés se vê obrigado a fugir do Egito ao descobrir que a notícia sobre o homicídio havia se espalhado, temendo (com razão) a vingança do faraó (Êxodo 2:15). Ele viaja para uma terra estrangeira, Midiã, e descansa, ao chegar, à beira de um poço. Esse é outro exemplo de sua relação com a água que transforma, renova e revigora. Lá, encontra as filhas de um sacerdote local, que estão sendo intimidadas e impedidas de coletar água por um grupo de pastores. Moisés afugenta os malfeitores e, em seguida, retira água para as jovens e seu rebanho (Êxodo 2:16–17). Assim, Moisés faz pelas filhas de Midiã, em pequena escala, o que mais tarde fará por todo o seu povo. Essa é uma premonição brilhante e sutil. As filhas de Midiã voltam para casa e contam ao pai o ocorrido no poço. Ele pede que elas encontrem Moisés e lhe ofereçam hospedagem. Essa hospitalidade se mostra vantajosa para Moisés, que ainda não pode voltar ao Egito. Ele permanece com Jetro, o sacerdote de

Midiã, e se casa com Zípora, uma de suas filhas. Jetro mais tarde desempenha um papel fundamental na obra de Moisés, de uma forma que ressalta sua natureza sábia e gentil. Muitas vezes, no corpus bíblico e na literatura em geral, o estrangeiro pode representar a sabedoria que ainda persiste no mundo quando a terra natal se corrompe.

7.2. A sarça ardente como revelação do ser e do tornar-se

No Egito, o faraó morre, mas os israelitas continuam escravizados, clamando a Deus em meio ao sofrimento. Deus ouve esses clamores e se lembra do pacto que fez com Abraão, Isaque e Jacó, constatando que os israelitas não perderam a fé. Enquanto isso, Moisés permanece no exílio, cuidando da própria vida. Poderíamos considerar que o antigo profeta está contente, pelo menos por enquanto. Está longe do Egito e de sua tirania e escravidão. Escapou das amarras do passado, da complexidade de sua dupla ascendência e de suas aventuras juvenis. Está livre de qualquer perigo de perseguição ou vingança, feliz no amor e cercado por pessoas que admiram sua coragem e decidiram compartilhar a vida com ele. Em resumo, ele se estabeleceu com sucesso como um adulto, com todas as responsabilidades e vantagens que isso acarreta. De maneira mais específica e reveladora, Moisés se tornou um pastor, cuidando dos rebanhos de Jetro. O pastor bíblico é um tipo de herói, como vimos no Capítulo 3: ele deve enfrentar circunstâncias difíceis, sozinho com seu rebanho, estabelecer o caminho a seguir, manter os lobos e leões afastados e, de modo mais geral, fornecer cuidado "ao menor destes" (veja Mateus 25:31–46), que é a marca da autoridade legítima. Moisés se tornou um homem seguindo a trajetória típica, fazendo a transição de jovem impulsivo para adulto responsável, embora ainda relativamente comum. Sem dúvida, um avanço e uma conquista significativos, porém insuficientes.

Certo dia, Moisés está conduzindo suas ovelhas pelo deserto e se aproxima do "monte de Deus, até o Horebe" (Êxodo 3:1). Horebe é, também, o monte Sinai,[14] o eterno lugar da Escada de Jacó, onde o céu se inclina e a terra se eleva para encontrá-lo; onde os mundos narrativo e material se tocam; o lugar de coincidência reveladora, ou sincronicidade, no qual os acontecimentos formam um padrão significativo;[15] onde o mágico, o miraculoso ou o transcendente se revelam a partir do iminente, conforme enfatizado em:

> Pedi, e dar-se-vos-á; buscai e encontrareis; batei e abrir-se-vos-á.
> Porque aquele que pede, recebe; e o que busca, encontra; e ao que bate, abrir-se-lhe-á.
>
> *Mateus 7:7–8*

E também em:

> Eis que eu estou à porta e bato; se alguém ouvir a minha voz e abrir a porta, virei a ele, e cearei com ele e ele comigo.
>
> *Apocalipse 3:20; palavras de Cristo*

A conexão entre a Escada de Jacó e o monte Sinai foi explicitada em certos midraxes medievais (os comentários tradicionais judaicos sobre a Torá) de duas maneiras: primeiro, conceitualmente, pois a escada é a estrutura que conecta o mundo espiritual, ou Céu, ao mundo material, ou Terra (e, assim, equivale ao cipó ou à árvore que une os dois reinos no entendimento xamânico neolítico,[16] muito mais arcaico e antigo); segundo, do ponto de vista numerológico, já que em hebraico as palavras *escada* e *Sinai* (ou suas variações) têm o mesmo número de letras e, portanto, foram consideradas equivalentes em significado.[17]

Podemos imaginar Moisés sozinho em contemplação, percebendo algo anômalo, que desperta sua curiosidade, seu espírito aventureiro. Algo que o chama às margens de sua atenção. Ele decide investigar — desviar-se do caminho já trilhado e explorar o que há além do cotidiano e do previsível — o que ainda permanece fora da esfera de mera benevolência de sua vida agora bem estabelecida. O que isso indica? Nada menos do que Moisés — e, portanto, o líder, pois Moisés é o líder arquetípico — *é aquele que voluntariamente atende ao chamado.* Talvez a melhor forma de compreender um chamado seja como uma manifestação, proximal e tangível, do eterno pacto entre Deus e seu povo. Por que essa descrição? Principalmente porque é assim que o fenômeno (do grego *phainesthai*: "aquilo que se apresenta ou se mostra") se manifesta. Todos temos problemas que nos afligem, nos obcecam, não nos deixam em paz, que nos chamam a prestar atenção e investigar. Mistérios insolúveis e obstáculos intransponíveis surgem ao nosso redor. Por que somos dominados por certas preocupações e não por outras? Será que é porque alguns problemas são *nossos* problemas — nossas responsabilidades — e um instinto inescapável nos incita a resolvê-los ou nos condena a viver atormentados por eles? Quem saberia responder? Em termos existenciais e fenomenológicos, a afirmação de que nossos problemas nos escolhem é tão precisa quanto o seu inverso. E eles não apenas nos escolhem, mas muitas vezes literalmente não nos deixam em paz.

> Ora, Moisés estava apascentando o rebanho de Jetro, seu sogro, o sacerdote de Midiã. E ele conduziu o rebanho para trás do deserto, e chegou ao monte de Deus, até o Horebe.
>
> E o anjo do Senhor lhe apareceu em uma chama de fogo do meio de uma sarça. E ele olhou, e eis que, a sarça queimava com fogo, e a sarça não era consumida.
>
> E Moisés disse: Eu vou virar agora de lado, e verei essa grande visão, porque a sarça não é queimada.
>
> E quando o Senhor viu que ele se virara para ver, Deus o chamou do meio da sarça e disse: Moisés, Moisés. E ele disse: Aqui estou.
>
> *Êxodo 3:1–4*

A forma ramificada de um arbusto ou de uma árvore é um símbolo clássico da vida[18] (o exemplo mais famoso é a árvore da vida).[19] O fogo, por sua vez (pois a sarça está em chamas), representa a transformação. É também algo intrinsecamente numinoso[20] e atraente, com sua eterna dança na fronteira da previsibilidade, em um movimento quase musical, atraindo tanto a atenção consciente quanto a inconsciente e convidando à interação que tornou os seres humanos mestres do fogo, em vez de vítimas de seu poder. Uma sarça em chamas é, portanto, um amálgama de três coisas: o ser, sobretudo o ser vivo; o tornar-se, associado à transformação; e o fenômeno que só pode ser ignorado com grande risco e esforço. Tudo que está vivo queima. Essa é a essência do metabolismo.

A sarça ardente é, portanto, a vida e o espírito que nela habita — o espírito do ser e do tornar-se; a estabilidade e a transformação em sua forma autêntica e definitiva, que caracterizam tudo o que vive; o espírito que espreita ou se revela parcialmente em quase todo encontro com aquilo que desperta nosso interesse e nos impele adiante. O arbusto em chamas é o equivalente ao cajado vivo de Moisés, que se transforma na serpente da possibilidade e do caos quando chamado a fazê-lo (Êxodo 4:2–4 e 7:10–12), e ao de Arão, que explode em vida no momento certo (Números 17:8).

Moisés se vira e se aproxima. Ele se afasta da previsibilidade — de suas preocupações e propósitos atuais — e entra no domínio da possibilidade, ou do potencial, propriamente dito. Ao fazer isso, os níveis mais profundos da realidade começam a se manifestar para ele. Isso sempre acontece, em maior ou menor grau, àqueles que, de maneira sincera e séria, atendem ao chamado. É o próprio ato de tornar-se consciente. Tome, por exemplo, o cientista genuinamente comprometido. Muitas vezes, esse indivíduo sente um fascínio irresistível por determinado campo de investigação, um conjunto de fenômenos que o atrai — e com frequência desde muito jovem. A busca começa, pergunta a pergunta, conversa a conversa, livro a livro. Esse interesse costuma convergir em um único ponto, uma especialização, à medida que o agora fascinado pesquisador começa a se dedicar de maneira legítima à empreitada científica. O título de doutorado, que simboliza a expertise em um campo específico, com qualidade suficiente para ser considerado tanto válido quanto original, é o marco convencional dessa jornada bem-sucedida e o início da busca estreita, porém profunda, que definirá a vida do pesquisador persistente.

Minha tese de doutorado e os artigos associados abordaram o problema do alcoolismo masculino — e, de modo mais específico, a resposta a uma dose aguda e intoxicante de álcool. E de modo ainda mais específico: minha equipe de pesquisa investigou o efeito dessa dose na resposta emocional, tanto negativa quanto positiva, tanto basal (elevação do humor em repouso) quanto induzida (redução da ansiedade diante de uma ameaça leve). Foi uma pesquisa muito focada: uma enorme quantidade de atenção concentrada em um problema muito específico. A equipe de pesquisa com a qual eu trabalhei (liderada por meu orientador, Dr. Robert O. Pihl) estudou apenas homens entre dezoito e vinte e quatro anos. Os sujeitos de pesquisa tinham que ser bebedores sociais, em vez de abstêmios ou alcoolistas. Não podiam ter mães alcoolistas (mulheres que consomem grandes quantidades de álcool com frequência têm filhos com síndrome alcoólica fetal, em diferentes graus de intensidade, o que representa uma complicação para a análise causal dos mecanismos de transmissão familiar). Os participantes também precisavam ter pai, avô e ao menos mais um parente biológico de primeiro grau pela linha paterna que fosse alcoolista. Como é mesmo aquela velha máxima? O especialista é um homem que sabe cada vez mais sobre cada vez menos, e por fim acaba sabendo tudo sobre nada. Há alguma verdade cínica nessa crítica, mas o oposto é mais verdadeiro, se a restrição de foco for algo feito na busca genuína da verdade.

Em consonância com esse fato, logo descobri que meu conhecimento se expandia à medida que meu foco se tornava mais preciso e específico. Isso reflete a relação entre propósito, atenção e o desenvolvimento da sabedoria. Para estudar o alcoolismo, tive que estudar a propensão mais geral ao abuso e à dependência de drogas. Além disso, isso significou me familiarizar com o campo das emoções e da motivação, incluindo seus fundamentos neurobiológicos, já que são os sistemas emocionais e motivacionais primários que são afetados pelas drogas de abuso típicas. Essa investigação acabou se estendendo a uma análise dos próprios mecanismos da percepção. Assim, conforme eu me aproximava do objetivo da minha pesquisa — "há algo de diferente na resposta emocional ao álcool de alguém com uma linhagem paterna caracterizada por alcoolismo extenso e severo que pode motivar o desenvolvimento do transtorno?" —, meu conhecimento se ampliava, até que o único aspecto ao qual eu dedicava enorme atenção começou a revelar suas conexões com o mundo como um todo.

O que mais eu aprendi sobre o processo de aprendizado em si, além do conhecimento específico adquirido durante minha busca? Que aqueles que se dedicam a preocupações focais e "estreitas" primeiro mergulharão cada vez mais fundo no desconhecido bem delimitado à sua frente, aprendendo inicialmente os detalhes diretamente relevantes para essas preocupações, mas logo passarão a compreender as redes mais amplas de associações e vias causais que são parte inevitável do fenômeno em questão. Nada existe de maneira isolada. Qualquer tema estudado com profundidade suficiente acabará abrangendo tudo. É exatamente esse aprofundamento e essa abrangência que Moisés experimenta em seu encontro com a sarça ardente. Ele continua sua investigação com a devida humildade, dedicando atenção diligente ao que está sendo misteriosamente revelado. Em um gesto revelador, ele tira o calçado. E Deus disse: "Não te aproximes até aqui. Tira tuas sandálias dos teus pés, porque o lugar em que estás é terra santa. Não te chegues para cá; tira os teus sapatos de teus pés, porque o lugar em que estás é terra santa" (Êxodo 3:5). O que significa se aproximar e pisar em terra santa — e ainda mais descalço? Significa, em primeiro lugar, chegar ao cerne; começar a perceber ou compreender o fundamento das coisas; aproximar-se das profundezas (ou das alturas). Em segundo lugar, significa fazê-lo de modo a permitir, ao mesmo tempo, uma transformação de propósito e identidade.

Os sapatos representam posição social, profissão, propósito, papel e destino. Considere, por exemplo, os sapatinhos de cristal da Cinderela,[21] o papel dos sapatos vermelhos de Dorothy, em *O Mágico de Oz*,[22] ou as "botas de sete léguas" da tradição folclórica europeia,[23] que permitem ao usuário percorrer grandes distâncias com um único passo. O ato de retirar os sapatos significa abandonar o papel atual, reconectar-se à base do ser e se preparar para o próximo passo. Perseguir aquilo que nos atrai de maneira mais profunda, afastando-nos do presente e avançando para o que está por vir, é transformar-se com o chamado. A transformação sequencial que acompanha esse chamado é a aventura da vida, como vimos nos casos de Abrão, Sarai e Jacó. O chamado também é o convite para a liderança, pois um homem que passa por essa transformação se torna carismático por seu comprometimento e sua profundidade; torna-se o homem cujas ações serão observadas e cujas palavras serão ouvidas. Moisés trata com seriedade, e até devoção, aquilo que cintila, brilha e captura sua atenção. Isso o conecta às manifestações mais profundas do espírito, cuja ação é o verdadeiro alicerce do mundo.

Das profundezas, o espírito de Deus chama Moisés. O que significa a noção de "profundeza" usada dessa maneira? A existência de uma hierarquia intrínseca de importância. Algumas coisas têm mais significado do que outras. Algumas coisas são mais relevantes do que outras. Compreendemos essa ideia de maneira intrínseca no âmbito conversacional, relacional e literário. Podemos nos envolver com as pessoas de maneira superficial ou profunda. Podemos ter uma conversa trivial ou uma que seja memorável e comovente. Alguém com quem costumamos ter conversas comoventes, ou outras interações comunicativas profundas, é alguém com quem temos uma relação significativa. O mesmo sentido se reflete na noção de profundidade literária. Algumas histórias (romances, filmes, relatos biográficos) são leves e triviais, o tipo de entretenimento simples que não exige esforço, satisfaz no curto prazo e não tem efeito duradouro. Por outro lado, algumas obras tocam o âmago e mudam seus leitores ou espectadores de maneira permanente, e até revolucionária. Existe uma hierarquia de dependência na presunção de crença, como mencionado na análise da história da Torre de Babel.[24] Algumas ideias são superficiais. Elas podem ser mudadas, substituídas ou até mesmo ignoradas com pouquíssimas consequências. Outras (muitas vezes aquelas "dadas como certas") são muito profundas, o que significa que muitas outras ideias dependem delas para manter sua validade.

Pense na questão da profundidade no contexto de uma situação prosaica. Imagine um casal lidando com a questão de quem lava a louça e quem arruma a mesa em um sábado à noite em que estão recebendo convidados para o jantar. Podemos imaginar que tal negociação fosse relativamente trivial. Por quê? Porque há pouco em jogo nesse resultado; porque a variação do resultado (se é o marido ou a esposa que realiza uma tarefa ou outra) provavelmente terá pouco efeito sobre o casamento como um todo, seja no passado, no presente ou no futuro. Considere, por outro lado, a decisão de uma das partes de chamar um dos convidados para um encontro sexual selvagem e inesperado — ou pior, de iniciar um caso prolongado, com uma sequência de encontros. Quando descoberto, tal ato tem alta probabilidade de abalar o relacionamento até seu alicerce; de colocar em dúvida todo o significado do passado ("Com quem exatamente estou casado?"), de desestabilizar o presente ("O que está acontecendo aqui?!") e de transformar o futuro em um caos incerto e ameaçador ("O que vamos fazer agora?").

Em geral, a integridade do contrato matrimonial, com todas as funções pertinentes de aliviar a ansiedade e gerar ou manter esperança, não é questionada por um breve conflito sobre quem assume qual tarefa doméstica. A fidelidade do parceiro, por outro lado, é um axioma de profundidade do tipo "consideramos estas verdades como evidentes por si mesmas"[25]: um casamento e tudo o que ele implica é definido por certos termos contratuais inegociáveis, e a ausência de envolvimento sexual e emocional extraconjugal é quase inevitavelmente um deles. De fato, em muitos aspectos, essa é a característica definidora, ou central, da parceria íntima permanente que constitui o casamento como tal — ou pelo menos uma dentre poucas características centrais. A fidelidade é o valor central do qual dependem todos os outros valores que caracterizam o casamento. Sem a fidelidade, tudo é abalado. Essa é a exata definição de profundidade no sentido psicológico e prático: quanto mais profunda uma ideia, mais ideias dependem dela. Em outras palavras, quanto mais profundo o axioma de um contrato ou acordo, mais memórias do passado, percepções do presente e planos para o futuro são moldados por ele. Assim, quanto mais profundo o componente do contrato, mais a ansiedade é desencadeada e a esperança destruída quando há uma transgressão.[26] Esse é o retorno da entropia descrita pelos teóricos psicofisiológicos[27] e o grande dragão do caos do universo mitológico.[28]

Portanto, todos nos aproximamos de um território sagrado quando mergulhamos (ou ascendemos) profundamente em direção ao que nos chama. O sagrado é aquilo cuja presença nos comove: aquilo que gera deslumbramento ao ser percebido; aquilo que ilumina, corta, queima e transforma. O poder transformador das profundezas é idêntico ao Logos que paira sobre o abismo, separa o trigo do joio e as ovelhas dos bodes e se volta em todas as direções como guardião do Éden. Moisés é instruído a se tornar mais humilde à medida que se aproxima da verdade, conforme se aproxima do contato com a base do ser e do tornar-se — e assim ele faz. O lugar para o qual Moisés está avançando, enquanto segue em busca daquilo que o chama, torna-se — por definição — cada vez mais sagrado conforme se aprofunda. Mais tarde, no clímax dessa parte da aventura, ele descobre o mesmo espírito unificado que antes havia chamado seus ancestrais: "Além disso, ele disse: Eu sou o Deus de teu pai, o Deus de Abraão, o Deus de Isaque, e o Deus de Jacó. E Moisés escondeu a sua face, pois estava com medo de olhar para Deus" (Êxodo 3:6). Essa humildade contínua na busca pelas profundezas, também é a marca do autêntico inquiridor e aventureiro: a disposição de abandonar todas as pretensões de conhecimento e sabedoria moral na busca pela verdade é precondição para um maior esclarecimento. Em termos abstratos, isso equivale a tirar os sapatos, um gesto que significa aceitar a transformação de identidade. Moisés imolou seu eu anterior no altar da renovação. O próprio divino fala com ele das cinzas. Essa é a fênix, renascida, cujas lágrimas são o remédio contra o olhar paralisante do basilisco.[29]

São justamente aqueles que seguem, de maneira genuína, aquilo que os chama que chegam à essência das coisas. São eles que adquirem uma compreensão cada vez mais profunda do que se desdobra à sua frente. Esses indivíduos são os mais propensos a se tornarem líderes genuínos — aqueles a quem os outros recorrem voluntariamente, sobretudo em tempos de crise. Isso ocorre porque, em sua busca genuína, eles descobriram o que é necessário saber, aquilo que os outros se recusam a saber ou ainda não sabem. A capacidade de verbalizar as incertezas do presente e traçar uma direção convincente para o futuro é o que define a liderança — a verdadeira liderança, não a falsa, que se vale do medo e da coerção. Os que investigam as coisas a fundo se tornam aqueles que falam com a autoridade marcante e incomum frequentemente atribuída ao próprio Cristo, como no seguinte trecho, que se segue ao Sermão da Montanha: "E aconteceu que, concluindo Jesus este discurso, as pessoas se admiraram da sua doutrina. Pois ele os ensinava como quem tinha autoridade, e não como os escribas" (Mateus 7:28-29). Esse sentimento é ecoado em outra passagem: "E eles entraram em Cafarnaum, e imediatamente no dia do shabat entrou na sinagoga, e ensinava. E eles admiravam-se da sua doutrina, pois ele os ensinava como tendo autoridade, e não como os escribas" (Marcos 1:21–22). Jesus exerce a autoridade de quem fez o trabalho e sabe do que está falando. Assim, ele fala com a confiança inabalável e despretensiosa que resulta de uma investigação séria e da consequente transformação total de ideias e caráter: "Mas seja o vosso falar: Sim, sim; não, não; porque o que passa disto vem do maligno" (Mateus 5:37). É por essas razões que o destino de Moisés como líder se torna cada vez mais inexorável à medida que seu encontro com a sarça ardente continua:

> E o Senhor disse: Certamente vi a aflição de meu povo que está no Egito, e ouvi o seu clamor por causa de seus capatazes, pois eu conheço os seus sofrimentos;

> E eu desci para libertá-los da mão dos egípcios, e para fazê-los sair daquela terra para uma terra boa e grande, para uma terra que mana leite e mel, para o lugar dos cananeus, e dos heteus, e dos amorreus, e dos ferezeus, e dos heveus, e dos jebuseus.
>
> Agora, portanto, eis que o clamor dos filhos de Israel é vindo até mim. E eu também vi a opressão com que os egípcios os oprimem.
>
> Vem agora, pois eu te enviarei a Faraó, para que tires o meu povo, os filhos de Israel, do Egito.
>
> *Êxodo 3:7–10*

O líder é eternamente o indivíduo com a coragem de enfrentar o tirano, de pronunciar as palavras que não podem ser ignoradas — de guiar os escravizados pelo deserto da incerteza até a terra prometida. Moisés, com sua humildade genuína, não acredita ser o homem certo para o trabalho. Com frequência, os mais inadequados para o "poder" o perseguem motivados apenas pelo interesse próprio e pelo autoengrandecimento. A situação muda quando a liderança de uma pessoa é solicitada por aqueles que acreditam que seriam bem servidos por ela; e muda completamente quando a transformação resultante de uma busca sincera gera um caráter tão cativante que a liderança agora parece predestinada ou preordenada. No entanto, em última análise, as insuficiências de habilidade e os defeitos de caráter que tipificam até mesmo aqueles escolhidos como porta-vozes do divino não são aceitos por Deus como desculpa para a inação. O que devemos concluir disso? Nada menos do que o seguinte: todos devemos fazer o melhor que pudermos com os talentos que nos foram concedidos, apesar de nossas muitas falhas, reais e imaginárias. Portanto, Deus ordena a Moisés que reivindique sua linhagem, proclame seu parentesco com Abraão, Isaque e Jacó e tome seu lugar no continuum dos grandes profetas:

> E disse Deus a Moisés: EU SOU O QUE SOU, e ele disse: Assim dirás aos filhos de Israel: EU SOU me enviou a vós.
>
> E Deus disse mais a Moisés: Assim dirás aos filhos de Israel: O Senhor Deus de vossos pais, o Deus de Abraão, o Deus de Isaque e

> o Deus de Jacó, me enviou a vós. Este é o meu nome para sempre, e este é meu memorial para todas as gerações.
>
> Vai, e ajunta os anciãos de Israel, e dize-lhes: O Senhor Deus de vossos pais, o Deus de Abraão, de Isaque, e de Jacó, me apareceu, dizendo: Eu certamente vos tenho visitado e visto o que vos tem sido feito no Egito.
>
> *Êxodo 3:14–16*

O verdadeiro líder deve se aliar aos espíritos dos líderes do passado. Ele deve encarnar — representar e defender — os mesmos princípios que guiaram aqueles que criaram o mundo, seja Deus ou homem. Caso contrário, ele se torna um fantoche tolo dos próprios desejos e fraquezas, ou, como acontece com Arão, irmão de Moisés, dos caprichos negligentes do povo (Êxodo 32:1–35). Esse alinhamento com o passado é o motivo narrativo do "resgate do pai do ventre da besta"; o equivalente retratado, em tempos mais recentes, no filme *Pinóquio*, da Disney, quando o boneco de madeira liberta o bondoso Geppetto do ventre da baleia — das profundezas;[30] e também em *O Rei Leão*, que desenvolve a metáfora sob a perspectiva do que deve ser elevado ao topo, em vez do que é fundamental.[31] Simba, o herói do filme, tem uma visão do pai no céu, envolto pelo Sol. Então, o ressuscitado Mufasa revela a verdadeira identidade e o destino do filho: abandonar seu estado atual de subjugação servil aos caprichos adolescentes e focados no presente e assumir a responsabilidade de enfrentar o tirano usurpador, Scar, o irmão ressentido e maligno do rei. A voz e a visão do pai surgem no ponto mais profundo de sua jornada, a princípio, descendente — iniciada e guiada pelo xamã Rafiki, que usa seu cajado vivo de autoridade para bater na cabeça de Simba e chamar sua atenção.

É dessa maneira que o jovem leão passa a encarnar o espírito do pai, que é a fonte benevolente de tudo o que há de bom em qualquer pai em particular. Simba decide não convidar o espírito do ressentimento amargurado e assassino que conspira com Caim, como seu tio Scar claramente faz. Em vez disso, ele decide se abrir à habitação do Espírito Santo. Por definição. Como consequência, deixa o passado para trás, estabelece um propósito elevado, coloca sua casa em ordem e parte voluntariamente para a terra do tirano para o confronto final.

É o que acontece com Moisés — ou o que ele convida e possibilita — em seu encontro com a sarça ardente fora do caminho já trilhado. Essas histórias indicam e enfatizam, ainda, que o verdadeiro líder não é um revolucionário. Ele é, em vez disso, aquele que restabelece o genuíno pacto, ou contrato, que sempre guiou a humanidade. É alguém que alinha seu espírito com o que sempre foi grandioso. Portanto, é aquele que renova, e não alguém que destrói para depois reformular tudo de maneira radical e presunçosa; é alguém capaz de identificar e preservar o que é verdadeiramente substancial e oferecê-lo mais uma vez para o consumo em massa. Um indivíduo assim só assume uma aparência revolucionária quando a sociedade à qual ele se opõe perdeu tanto de sua essência e se tornou tão corrupta que o bem se manifesta como uma revelação chocante.

É de todas essas maneiras que o verdadeiro líder passa a expressar a eterna voz do Grande Pai e a oferecer o pão e a água que saciam toda a fome e aplacam toda a sede. Ele é também aquele que lidera seu povo da tirania e da escravidão — ainda que através do deserto — até a terra prometida. Essa tirania e essa escravidão existem em todos os níveis da hierarquia psicológica e social: tiranizamos a nós mesmos e nos tornamos escravos covardes de nossos próprios desejos; tiranizamos ou nos submetemos aos nossos cônjuges, filhos, irmãos e amigos. Estruturamos nossos empreendimentos para que possamos exercer poder sobre os servos que contratamos e exploramos; aspiramos a cargos políticos para que a influência que desejamos sirva aos interesses egoístas que nos dominam. A verdadeira liderança — ou, em essência, o verdadeiro caráter — significa, sempre e em todos os lugares, oposição à tirania e à escravidão e, de maneira mais profunda, aos espíritos que inspiram ambos. Esse afastamento das seduções do poder e da submissão é, eternamente, a jornada para a terra prometida: "E tenho dito: Eu vos farei subir da aflição do Egito para a terra dos cananeus, e dos heteus, e dos amorreus, e dos ferezeus, e dos heveus, e dos jebuseus, para uma terra que mana leite e mel" (Êxodo 3:17).

Em sua declaração a Moisés, Deus se define como o princípio do ser e do tornar-se em si. Há um desacordo substancial sobre o significado da frase em hebraico contida na história, em parte devido à sua indeterminação em relação ao tempo verbal. No entanto, todas as interpretações potencialmente válidas ajudam a esclarecer o caráter em questão — aquele que diz: "Eu sou o que sou",

"Eu me tornarei o que escolher me tornar", "Eu sou Aquele que Existe", "Eu sou o Ser", "Eu me tornarei o que decidir me tornar", "Eu crio o que decidir criar" ou "Eu serei o que eu serei". Até o *que* tem um sentido mais complexo do que uma única tradução pode indicar: o significado da palavra hebraica *ăšer* depende do contexto e pode ser interpretado como *aquele*, *o qual* e *onde*.[32] Toda essa variação talvez possa ser entendida, com precisão, como uma caracterização multidimensional apropriada do fundamento último da realidade. Esse fundamento não é o mero ser, pois aquilo *que é* está em constante mudança e transmutação. Tampouco é apenas um tornar-se aleatório, pois o futuro é suficientemente condicionado pelo passado para que haja — de maneira inevitável e bem-aventurada — certo grau de previsibilidade (às vezes e em algumas coisas mais do que em outras).

Deus se apresenta, talvez, como o espírito subjacente tanto ao ser quanto ao tornar-se; como o espírito da criatividade divina em si; o fundamento supremo da realidade; aquilo que está por trás da mera aparência (seja do passado, do presente ou do futuro); aquilo que é imutável no fluxo do tempo. Junto com essa descrição ou revelação, vem a reafirmação de que aqueles que não se submetem a esse princípio supremo sofrerão ou serão destruídos (ou algo ainda pior), independentemente de seu status terreno, e de que a postura adequada é aquela regida pelo respeito e pela fidelidade ao que é mais real. Em conformidade com essa formulação, Tomás de Aquino concebeu o Universo como uma série de degraus dispostos em ordem ascendente, do mais inferior ao mais elevado — ecos da Escada de Jacó —, dos quais Deus é, ao mesmo tempo, o criador e o ápice. A matéria se manifesta em formas; a existência — ou seja, a experiência humana — concretiza a possibilidade da essência. Deus, por definição (e por autodefinição no Livro do Êxodo), é a união subjacente entre os dois. Deus, o *Actus Purus*,[33] é o padrão de ação necessariamente refletido em qualquer ato (e aquilo que o torna de fato um ato); a perfeição que possibilita tudo o que reflete a perfeição (sobretudo, tudo o que é belo); o ser e o tornar-se que são comuns a tudo o que existe e emerge.

Talvez uma analogia musical seja útil para essa compreensão. Toda peça musical compartilha um elemento em comum, que pode ser considerado o princípio ou espírito da música. Cada manifestação desse espírito se revela em uma obra musical específica que, quando tocada, tem certa previsibilidade e constância, bem como certo elemento de surpresa. Cada composição é, portanto, uma manifestação do equilíbrio entre o ser — ou ordem — e o tornar-se — ou caos — e, ao mesmo tempo, é uma manifestação do princípio mais profundo que eternamente permite que esses dois domínios interajam. Cada peça musical também concretiza, ou dá forma, a um elemento do universo de potenciais formas musicais. Esse universo é, também, uma espécie de realidade; uma espécie de realidade "celestial" ou implícita; a realidade das formas possíveis, que reflete toda a gama de variação que define a música em si. Da mesma maneira, o cosmos se desdobra de acordo com um conjunto de princípios que, quando não são contraditórios e são mutuamente compatíveis e reforçadores, refletem um Princípio Supremo. A intuição dessa ideia impulsiona o contínuo esforço científico por uma teoria unificada, livre de contradições internas. De maneira ampla, esse propósito também define a empreitada cultural: a "união", que é uma precondição para qualquer organização social, em qualquer nível; família, comunidade, cidade, Estado. Isso é algo muito semelhante ao impulso em direção à ideologia patologicamente integradora (no pior dos casos), à metanarrativa ou a um monoteísmo unificador cada vez mais válido e produtivo.

Como o mundo poderia ser de outra maneira? Como a realidade poderia ser uma pluralidade sem se dissolver continuamente em um caos de conflitos insustentáveis? Como traçar qualquer caminho adiante diante de uma desintegração fundamental? Além disso, e de modo equivalente: como a adaptação à realidade poderia exigir algo senão o mais profundo alinhamento, ou até mesmo a encarnação, do princípio unificador mais essencial da realidade? Se o que é eterno e imutável, e, portanto, mais confiável, é o alicerce adequado — e assim é, por definição —, então o que se transmuta no tempo ou no espaço não pode ser considerado o que é mais real. Assim, em tempos de dificuldade, será necessário retornar ao que é fundamental. De fato, não é simples determinar o que permanece constante em meio às infinitas transformações da vida, mas é evidente que certa constância central permite manter o rumo (em direção a essa constância) e controlar a ansiedade, que se manifesta como consequência de mudanças inesperadas. Nos aspectos cruciais, desejamos constância em nossos cônjuges, filhos, amigos — e no mundo em si. Não conseguimos nos orientar sem essa constância central. Em conformidade com isso, a primeira das três respostas de Deus a Moisés também implica uma declaração de incomparabilidade ("Eu sou o que sou", que pode ser interpretado como "eu sou sem igual") e um pacto ("estarei contigo").[34]

7.3. Retorno ao reino tirânico

Deus adverte Moisés de que o faraó não cederá facilmente à exigência de libertação. Pelo contrário, ele acirrará sua resistência, como é típico dos tiranos. Deus também diz a Moisés que a recompensa por enfrentar as provações impostas pelo rei maligno será ainda maior justamente por causa da inevitável intransigência do tirano. Nesse trecho, há mais do que uma mera sugestão de que a resistência direta diante de uma oposição severa pode, de fato, mudar o rumo dos acontecimentos. É até possível imaginar que a resistência do faraó seja, na verdade, um grande benefício para Moisés e que, em última análise — ou considerando todos os fatores —, a oposição enfrentada pelo profeta sirva apenas para favorecer Moisés e seu povo.

> E eu darei favor a esse povo aos olhos dos egípcios, e acontecerá que, quando fordes, não ireis vazios,
>
> Mas cada mulher pedirá de sua vizinha, e da que estiver hospedada em sua casa, joias de prata, e joias de ouro e vestes, e as poreis sobre vossos filhos, e sobre vossas filhas, e despojareis os egípcios.
>
> *Êxodo 3:21–22*

Essa é, sem dúvida, uma manifestação da ideia ainda mais antiga de que o tesouro eternamente buscado pelo herói é guardado por um terrível dragão. Em certas ocasiões, o tesouro pode ser evidente, e o dragão estar à espreita. O inverso também é verdadeiro: quando nos deparamos com um dragão, há um tesouro a ser encontrado em algum lugar, desde que haja cautela suficiente para procurá-lo e fé suficiente para tornar a busca possível. Essa compreensão é muito valiosa em tempos de dificuldade.

O texto que descreve a pilhagem do povo egípcio apresenta um argumento análogo: quando uma sociedade se torna tirânica e se volta para o mal, ela deixa todos os seus verdadeiros tesouros vulneráveis, prontos para serem tomados por aqueles que decidem não mais viver como escravos. Assim, quando o Estado tirânico se desvia do propósito mais elevado e correto, aqueles que o habitam já não conseguem distinguir a verdade da falsidade, a justiça da traição, o belo do grotesco ou o valioso do insignificante. Quando o Estado se entrega inteiramente à mentira, o que resta para os fiéis é, de maneira evidente, tudo o que é verdadeiro e bom. Isso significa que o grande valor representado por essas virtudes pode ser colhido por aqueles que desejam avançar e ser livres — isto é, livres no sentido em que a verdadeira liberdade deve necessariamente ser compreendida. Não se trata da anarquia hedonista da imaturidade, mas da liberdade ordenada daqueles que são maduros e fazem o sacrifício adequado — a celebração, ou adoração, de Deus no deserto, oferecida por Moisés aos israelitas cativos como alternativa à tirania do Egito — e à própria escravidão.

Deus adverte o nascente profeta de que o faraó será um adversário difícil, dada sua arrogância e poder. Ele, portanto, concede a Moisés habilidades mágicas, em especial com o cajado, ou báculo, que até então o servo de Deus usava para guiar seus rebanhos. Ele instrui Moisés a lançar seu fiel cajado no chão, onde ele então: "se tornou uma serpente. E Moisés fugiu dela. E o Senhor disse a Moisés: Estende a tua mão; e toma-a pela cauda. E ele estendeu a sua mão, e a pegou, e ela se tornou um cajado em sua mão" (Êxodo 4:3–4). Esse ato coloca Moisés no papel de árbitro da ordem, simbolizada pelo cajado, algo em que se pode apoiar ou confiar — algo que guia o caminho ou a conduta adequados (tal como quando é usado para corrigir as ações de um cordeiro desgarrado). O cajado também se torna o agente de transformação e renovação. Assim, Moisés consegue pegar aquilo que é sólido e confiável — algo que pode ser usado para orientação e suporte — e transformá-lo em algo caótico, ardiloso, oculto, perigoso, fluido e transmutável. Isso o torna o mestre da dinâmica entre a serpente e a árvore, que equivale à sarça ardente (transformação no meio da ordem viva) e à essência das árvores que estão no centro do jardim eterno. De modo revelador, Deus instrui Moisés a engendrar o processo de transformação da maneira mais perigosa e que, portanto, exige o mais elevado grau de fé: ele é ordenado a pegar a serpente não pela cabeça, o que seria a opção mais segura (considerando-se que exista uma forma segura de segurar uma cobra potencialmente venenosa), mas pela cauda. Isso faz parte da reafirmação, ao longo do Livro do Êxodo, de que a redenção é encontrada por meio da contínua exposição voluntária àquilo que é ameaçador.

O cajado, ou bastão, de Moisés representa uma continuação da ideia fundamental e muito antiga do centro cósmico. Mircea Eliade comenta sobre a importância do poste que simboliza o centro para um grupo tribal de habitantes originários da Austrália:

> Segundo as tradições dos achilpa, uma tribo Arunta, o Ser divino Numbakula "cosmizou", nos tempos míticos, o futuro território da tribo, criou seu Antepassado e fundou suas instituições. Do tronco de uma árvore da goma, Numbakula moldou o poste sagrado (*kauwa auwa*) e, depois de o ter ungido com sangue, trepou por ele e desapareceu no Céu. Esse poste representa um eixo cósmico, pois foi à volta dele que o território se tornou habitável, transformou se num "mundo". Daí a importância do papel ritual do poste sagrado: durante suas peregrinações, os achilpa transportam-no sempre consigo e escolhem a direção que devem seguir conforme a inclinação do poste. Isto permite que os achilpa, embora se desloquem continuamente, estejam sempre no "seu mundo" e, ao mesmo tempo, em comunicação com o Céu, onde Numbakula desapareceu. Se o poste se quebra, é a catástrofe; é de certa maneira o "fim do Mundo", a regressão ao Caos. Contam Spencer e Gillen que, tendo se quebrado uma vez o poste sagrado, toda a tribo foi tomada de angústia; seus membros vaguearam durante algum tempo e finalmente sentaram-se no chão e deixaram-se morrer.[35]

Esse cajado, ou bastão, que define o centro é mais uma representação da Escada de Jacó ou da montanha sagrada que une o céu e a terra. É a árvore que os antigos xamãs escalavam em seus rituais, na tentativa de adquirir a sabedoria dos deuses. É o eixo cósmico que se estende para cima até a Estrela Polar, ao redor da qual todo o cosmos visível gira e que tem sido usado desde tempos imemoriais como meio de orientação e navegação. É o pé de feijão de *João e o Pé de Feijão*, um pilar que se ergue até a terra do gigante, onde se encontra o maior de todos os tesouros concebíveis. É o ideal em torno do qual a percepção de todas as coisas se organiza; do qual até mesmo a margem depende para existir, protegida, ainda que de modo invisível, por esse centro — esse ideal — contra o caos que consome tudo.[36] É o núcleo da cidade, o topo de um zigurate ou de uma pirâmide, a cúpula de uma catedral, a torre de uma igreja. É o efeito estabilizador do espírito dos ancestrais sobre aquilo que poderia muito rapidamente se tornar o consenso insano do presente. Sua importância é imensurável: ele é o indicador e a representação tradicionais da própria ordem cósmica.[37]

> Até sua cristianização, os celtas e os germanos conservavam ainda o culto desses pilares sagrados... Encontra-se a mesma imagem cosmológica entre os romanos, na Índia antiga — onde se fala do *skambha*, o pilar cósmico — e também entre os habitantes das ilhas Canárias e em culturas tão afastadas como as do kwakiutl e a dos Nad'a de Flores.
>
> Os kwakiutl acreditam que um poste de cobre atravessa os três níveis cósmicos (o mundo de baixo, a Terra, o Céu): no ponto onde o poste entra no Céu encontra-se a "Porta do Mundo do Alto". A imagem visível desse pilar cósmico é, no Céu, a Via Láctea. Mas essa obra dos deuses que é o Universo é retomada e imitada pelos homens à escala deles. O *Axis mundi* que se vê no Céu, sob a forma da Via Láctea, tornou-se presente na casa cultual sob a forma de um poste sagrado. É um tronco de cedro de dez a doze metros de comprimento, do qual mais da metade sai pelo telhado da casa cultual. Esse pilar desempenha um papel capital nas cerimônias: é ele que confere uma estrutura cósmica à casa. Nas canções rituais, a casa é chamada de "nosso mundo", e os candidatos à iniciação, que habitam nela, proclamam: "Estou no Centro do Mundo... Estou perto do pilar do mundo" etc. — a mesma assimilação do pilar cósmico ao poste sagrado, e da casa cultual ao Universo, entre os Nad'a de

> Flores. O poste de sacrifício chama se "Poste do Céu", e acredita-se que o Céu seja sustentado por ele.[38]

Em consonância com essa dotação da palavra e da engenhosa interação, Deus concede a Moisés a capacidade de realizar outros milagres: "E disse mais o Senhor: Põe agora a tua mão no peito. E ele pôs a mão no seu peito, e quando a tirou, eis que a sua mão estava leprosa como neve. E disse: Põe tua mão no peito de novo. E ele novamente pôs a mão no peito, e quando a tirou do peito, eis que se tornara como sua outra carne" (Êxodo 4:6–7). Moisés recebe a capacidade de atuar na interface entre a doença e a saúde. Isso está em conformidade com o simbolismo do cajado/serpente. O cajado, ou bastão, de Asclépio (um exemplo grego) é o símbolo quase universal da profissão médica. O médico Galeno, um dos mais renomados pesquisadores médicos da antiguidade, fez a associação específica entre o cajado de Asclépio e o cajado/serpente de Moisés:

> A serpente é usada no cajado por ser uma criatura muito longeva e saudável, e porque acredita-se ser dotada do poder de renovar sua juventude ao trocar de pele. O cajado representa o apoio que Asclépio oferece aos que estão doentes, e a serpente representa seu poder de cura...
>
> O cajado de Asclépio (ou Esculápio) é derivado da serpente de bronze criada por Moisés e que foi colocada em uma haste no deserto. Os israelitas que olhavam para a serpente de bronze eram curados das picadas das serpentes que Deus havia enviado para puni-los.[39]

Voltaremos ao motivo narrativo do cajado/serpente mais adiante.[40] Por ora, basta dizer que, finalmente, Moisés recebe a capacidade de transformar água em sangue, a própria essência da vida: "E acontecerá que, se eles não crerem também nesses dois sinais, nem derem ouvidos à tua voz, então tomarás da água do rio e a derramarás sobre a terra seca. E a água que tirares do rio se tornará em sangue sobre a terra seca" (Êxodo 4:9). Esse terceiro milagre estabelece um padrão: uma vez é coincidência; duas é sugestivo; três é retoricamente convincente — memorável —, talvez porque três repetições tiram o observador do reino do acaso e da aleatoriedade ignoráveis.[41] Isso significa que Moisés recebeu provas convincentes da magia que poderia exercer, caso escolhesse o caminho da liderança. No entanto — apesar da experiência direta com a profundidade e com a magia —, ele permanece incerto, atormentado pela dúvida. Essa é outra reação que deveria despertar empatia, e não julgamento, na imaginação do leitor perspicaz e atento. Todos gostaríamos de pensar que, ao nos depararmos com um — ou mesmo dois ou três — milagre, imediatamente assumiríamos uma postura resoluta e implacável em nossas ações; visaríamos a um propósito elevado e nos tornaríamos seguidores devotos de Deus. Entretanto, não somos tão fiéis assim; pelo contrário, somos tão teimosos e obstinados quanto o faraó; igualmente propensos a nos agarrar à nossa tirania em qualquer esfera de poder que tenhamos conseguido estabelecer, por mais trivial e insignificante que seja. Caso, ao longo de nossa jornada corrompida, não tenhamos conseguido ludibriar alguns inocentes, ao menos podemos tiranizar nossos eus subjetivos, rejeitando informações inconvenientes de assimilar, por mais necessárias que sejam para salvar a sanidade daqueles ao nosso redor e para proteger nossos futuros eus, igualmente vulneráveis. Portanto, deveria ser natural ter alguma empatia por Moisés e sua dúvida.

O futuro profeta ainda está preocupado com a possibilidade de que nem os egípcios nem os israelitas considerem remotamente crível qualquer coisa que ele diga, muito menos convincente o suficiente para produzir uma transformação social. Ele expressa sua dúvida, explicando, com toda humildade (ou talvez medo), suas limitações: "E disse Moisés ao Senhor: Ó meu Senhor, eu não sou eloquente, nem até agora, nem desde que falaste ao teu servo. Mas eu sou lento de fala, e de uma língua lenta" (Êxodo 4:10). Não é de surpreender que um homem com dons retóricos limitados tenha dúvidas sobre suas perspectivas como líder. Como é possível liderar quando sua capacidade de comunicação é questionável? No entanto, pode-se argumentar (como Deus faz quase de imediato) que o profeta escolhido está superestimando a necessidade de uma fluência persuasiva na liderança e subestimando o impacto da verdade divina, ainda que expressa de maneira hesitante. Isso se soma ao fato[42] já mencionado de que não há desculpa válida para deixar de avançar quando somos chamados, não importam nossas deficiências ou falhas pessoais. Deus, portanto, repreende Moisés por sua falta de fé — ou, dependendo do ponto de vista, o encoraja: "E o Senhor lhe disse: Quem fez a boca do homem? Quem fez o mudo, o surdo, o que vê ou o cego? Não fiz eu o Senhor? Portanto, vai, e eu serei com a tua boca, e te ensinarei o que dirás" (Êxodo 4:11–12). O que significa falar com as palavras de Deus? Todos nós já não encontramos pessoas que talvez não falem muito, mas cuja seriedade, profundidade e sinceridade são tamanhas que todos que as ouvem prestam atenção e refletem?

O divino revela a Moisés outra verdade: ninguém conseguiria ou deveria fazer aquilo que o agora designado líder dos israelitas tentará — a grande aventura de sua vida — sozinho. Mesmo ele tendo sido escolhido por Deus para liderar, ainda resta muito trabalho a ser realizado por outras pessoas, tal como fizeram Ló, Sarai e os outros aliados e compatriotas de Abrão. Deus, portanto, diz a Moisés para se aliar ao irmão, Arão, que tem o dom da eloquência:

> E a ira do Senhor se acendeu contra Moisés, e ele disse: Não é Arão, o levita, teu irmão? Sei que ele pode falar bem. E eis que ele está vindo para encontrar-se contigo, e vendo-te, se alegrará em seu coração.
>
> E tu falarás a ele; e colocarás palavras na sua boca; e eu serei com a tua boca, e com a dele, e vos ensinarei o que deveis fazer.
>
> E ele será teu porta-voz ao povo. E assim ele te será por boca, e tu lhe serás por Deus.
>
> *Êxodo 4:14–16*

Arão, que se torna o braço político de Moisés e de sua missão, tem — tal qual o irmão mais conectado com o divino — seu papel, que, se ocupado em sua plenitude, se tornaria tão importante quanto o do próprio Moisés. Ao que parece, o mundo é constituído de tal forma que cada participante pode e deve desempenhar um papel central. Assim, todo aspirante a salvador (incluindo os genuínos) deve perceber que cada pessoa também tem uma cruz a carregar e um mundo a redimir. Somos todos incumbidos da obrigação de fazer o melhor que pudermos, não importa o que aconteça, com todos os talentos que nos foram concedidos, apesar de nossas muitas falhas, sejam reais ou imaginárias.

Também devemos nos aliar a pessoas confiáveis e que complementem aquilo que sabemos que nos falta, para que possamos assumir plenamente nossa responsabilidade em harmonia com todos os que buscam o elevado.

Assim, na jornada em direção à terra prometida, há trabalho mais do que suficiente para todos. Em outras palavras: a grande aventura de um indivíduo não interfere no potencial igualmente grandioso de aventura de outras pessoas. Pelo contrário, a ação exemplar de um indivíduo só faz aumentar as oportunidades para os demais. O mundo que habitamos não é um jogo de soma zero. O *tohu va bohu* que nos cerca e do qual a ordem emerge é vasto o bastante para que haja abundância e espaço mais do que suficiente para todos. "Na casa de meu Pai há muitas mansões", Cristo diz a seus discípulos (João 14:2), indicando com precisão a qualidade inesgotável da ordem celestial devidamente estabelecida. Moisés, portanto, é ordenado por Deus a assumir seu papel; instado a reivindicar sua linhagem — a aceitar seu parentesco com Abraão, Isaque e Jacó; e a tomar seu lugar no continuum dos grandes profetas:

> E disse Deus a Moisés: EU SOU O QUE SOU, e ele disse: Assim dirás aos filhos de Israel: EU SOU me enviou a vós.
>
> E Deus disse mais a Moisés: Assim dirás aos filhos de Israel: O Senhor Deus de vossos pais, o Deus de Abraão, o Deus de Isaque e o Deus de Jacó, me enviou a vós. Este é o meu nome para sempre, e este é meu memorial para todas as gerações.
>
> Vai, e ajunta os anciãos de Israel, e dize-lhes: O Senhor Deus de vossos pais, o Deus de Abraão, de Isaque, e de Jacó, me apareceu, dizendo: Eu certamente vos tenho visitado e visto o que vos tem sido feito no Egito.
>
> *Êxodo 3:14–16*

A divisão do fardo de Moisés com Arão é nossa primeira indicação do princípio da subsidiariedade. Ou seja, a distribuição da responsabilidade ao longo da hierarquia social, para todos os níveis da comunidade — casal, família, cidade, estado e nação —, é a única alternativa genuinamente viável à cruel prisão da tirania, ao caos sangrento e ao deserto; o único substituto legítimo para o rei, por quem clamava o povo irresponsável de Israel (1 Samuel 8), mas que também representa o mais grave dos perigos para a verdadeira maturidade e integridade psicológica e social.

7.4. De volta à terra da resistência obstinada

Com os detalhes definidos e munido de reforços (representados pelo cajado mágico e por Arão), Moisés concorda em retornar ao Egito. Deus o adverte sobre a dificuldade que o aguarda: "E disse o Senhor a Moisés: Quando tu voltares ao Egito, procure fazer diante de Faraó todas as maravilhas que tenho posto na tua mão. Mas eu vou endurecer o seu coração, para que ele não deixe o povo ir" (Êxodo 4:21). E a resistência do monarca será severa: "E tu dirás a Faraó: Assim diz o Senhor: Israel é meu filho, o meu primogênito, e eu te digo: Deixa meu filho ir, para que me sirva. E se te recusares a deixá-lo ir, eis que matarei o teu filho, o teu primogênito" (Êxodo 4:22–23). Sem dúvida, é paradoxal que o mesmo Deus que ordena a Moisés que confronte o faraó e lidere seu povo escravizado para a liberdade seja a força que enrijece o coração do tirano. Os autores desse relato não se furtaram a abordar as complexas contradições inerentes à vida: um Deus monoteísta e onipotente está por trás de tudo o que acontece. O simples fato de essa onipresença nem sempre ser compreensível para os seres humanos, dado o limitado alcance de seu entendimento, não elimina a necessidade de atribuir a Deus toda autoridade, mesmo quando suas ações parecem contradizer seu caráter, tal como o entendemos na atualidade.

A tendência do tirano de se tornar ainda mais inflexível quando desafiado parece fazer parte da natureza intrínseca do ser (e, portanto, algo atribuível, em última análise, a Deus), dado o alto índice de ocorrência desse fenômeno e a persistência dessa característica ao longo do tempo. Entender por que isso acontece é importante, mas reconhecer que se trata de um fato é igualmente crucial (e pode até ser o primeiro passo para responder ao porquê). Podemos especular, de maneira poética e metafórica: será que a justiça eterna determina que a punição deve se adequar ao crime? Se assim for, aqueles que persistiram na má conduta (e, portanto, se colocaram em posição de merecer reprimendas mais severas) também estão, por escolha própria, mais propensos a se agarrar teimosamente ao mau comportamento quando desafiados, ou até a redobrar essa teimosia diante do desafio, em vez de reconhecer o erro e mudar. Não está na própria natureza da tirania responder à correção com uma recusa ainda mais veemente? É por essa razão que o tirano se torna ainda mais obstinado; e é por essa razão que ele é simbolicamente associado ao reino da pedra — enquanto o salvador que redime e transforma é associado, por contraste, à água viva. Do *Tao Te Ching*:

> Nada há no mundo mais maleável que a água,
> Mas, quando age sobre o que é forte e sólido,
> Sua suavidade e fluidez são incomparáveis.
> O fraco pode vencer o forte,
> O flexível pode derrotar o rígido.
> Embora essa seja uma verdade conhecida,
> Poucos a colocam em prática na vida.
> Ainda que pareça paradoxal,
> Aquele que assume para si a humilhação do povo
> É digno de governar; está apto a liderar,
> Aquele que toma para si os desastres da nação.[43]

Após seu encontro com a sarça ardente — depois de receber as revelações que lhe foram transmitidas —, Moisés informa seu sogro, Jetro, sobre sua intenção de retornar ao Egito com a esposa e os filhos e parte com sua bênção. A família viaja, acompanhada do irmão de Moisés, de volta ao reino do faraó, onde Arão relata os acontecimentos aos israelitas. A força das palavras de Arão, os sinais demonstrados por Moisés e o desejo fundamental de salvação dos israelitas oprimidos agem em conjunto para convencer o povo de que chegou o momento da liberdade. Moisés se encontra com o faraó e pronuncia, pela primeira vez, a famosa frase: “Deixa meu povo ir” (Êxodo 5:1). Mas isso não é tudo. O que ele diz em seguida não só tem igual importância, como revela o verdadeiro significado da primeira parte. Moisés declara: “Assim diz o Senhor Deus de Israel: Deixa meu povo ir, para que me celebre uma festa no deserto" (Êxodo 5:1). Isso significa, em primeiro lugar, que não se trata de um pedido de Moisés, algo que pode ser facilmente ignorado (dado que vem de um homem relativamente sem poder), mas de uma ordem da própria fonte do ser e do tornar-se; em segundo lugar, que a liberdade e o fim da tirania são um desejo intrínseco, pelo menos daqueles que lutam com Deus; e, em terceiro lugar (algo que costuma ser negligenciado com certa facilidade e conveniência), que essa liberdade deve ser concedida não apenas pelas virtudes da liberdade em si, mas para que o povo assim libertado possa "celebrar uma festa" para Deus "no deserto".

Versões alternativas incluem: "Deixe meu povo sair para celebrar uma festa em minha honra no deserto" (Nova Versão Transformadora); "Deixa ir o meu povo, para que me celebre uma festa no deserto" (Almeida Corrigida Fiel); "Deixe que o meu povo vá ao deserto a fim de fazer ali uma festa em minha honra" (Nova Tradução na Linguagem de Hoje); "Deixa sair daqui o meu povo, porque têm que fazer uma santa peregrinação até o deserto para realizarem uma celebração religiosa e me adorarem" (O Livro); "Deixe o meu povo ir para celebrar-me uma festa no deserto" (Nova Versão Internacional). Vale a pena notar as semelhanças e as diferenças entre essas interpretações para melhor compreender o sentido, que é: Deus está exortando o faraó, por meio de Moisés, a libertar os israelitas — e os israelitas a reivindicarem o direito e a responsabilidade por essa liberdade — não para que sejam livres em um sentido absoluto, mas para que abandonem a tirania, partam para o deserto e se organizem em uma peregrinação celebratória dedicada a Deus.

Essa é uma liberdade estruturada sob a égide do bem mais elevado concebível — uma peregrinação contínua para o lugar mais alto possível —, uma celebração de sacrifício, verdade, aventura, prudência sensata e coragem: todas as virtudes já consideradas características do próprio Deus e exigidas de seus verdadeiros seguidores. O comando, ou ordem, é repetido nada menos do que sete vezes no texto — com o claro intuito de garantir que o ponto central não seja ignorado (Êxodo 5:1, 7:16, 8:1, 8:20, 9:1, 9:13, 10:3). Não é diferente do sacrifício ascendente de Abraão ao longo de sua jornada de aventura rumo ao elevado, ou da oferta exigida de Jacó, mais tarde Israel, conforme ele sobe a escada em direção ao divino. Em um sentido mais amplo, é o equivalente à maturação que transforma em verdadeiros homens de Deus todos aqueles que, de outra forma, permaneceriam Peter Pans, ou pior.

É sempre tentador supor que a queda de uma tirania arbitrária será de imediato substituída pelo estabelecimento de um paraíso de liberdade irrestrita, e é muito conveniente ignorar a insistência de Deus de que a jornada em direção à liberdade deve ser uma celebração daquilo que é adequadamente colocado no lugar mais elevado. No entanto, esse é o comando — e, para garantir que não haja mal-entendidos, Moisés o reitera a cada encontro subsequente com o rei do Egito, que se torna cada vez mais intransigente. O chamado enfático de Moisés à liberdade — o eterno distanciamento da tirania e da escravidão — não é, de modo algum, um chamado à anarquia ou ao hedonismo, mas um convite ao esforço voluntário e disciplinado em direção ao elevado, ecoado com fidelidade pelos redatores da Declaração de Independência dos EUA ao afirmarem que os indivíduos soberanos que compõem um Estado livre têm o direito de buscar a felicidade. Para um povo maduro e bem estruturado, isso não é um chamado à autogratificação, ignorando o futuro e as outras pessoas. É a busca de uma harmonia mais elevada entre o eu e o outro, o agora e o depois, que constitui a verdadeira celebração no lugar que, de outra forma, seria um deserto. A inspirada reiteração de Moisés desse ponto é um indício da dificuldade da lição e da profundidade do desejo imaturo pela falsa liberdade desenfreada ou pela anarquia da gratificação imediata de um desejo igualmente imediato.

O chamado para que o povo de Israel se organizasse de maneira madura em uma celebração adequada é outra indicação preliminar da ideia de subsidiariedade, que possibilita a liberdade ordenada que surge quando a psique individual e a sociedade estão organizadas em uma hierarquia harmoniosa (na qual tudo e todos ocupam os devidos lugares, ao longo dos níveis). Uma hierarquia que é, em primeiro lugar, de responsabilidade — assumida voluntariamente — e, em segundo lugar, uma estrutura em cujo ápice há um elemento unificador (caso contrário, não há harmonia). Esse ápice supremo e unificador é, por definição, o espírito de Deus. O próprio nome de Yahweh é derivado da descrição do princípio do ser, *hayah*, e contém em seu núcleo a mesma ambivalência ou abrangência que a descrição que emerge do meio da sarça ardente: *eu sou o que sou*, ou *serei o que serei*. A subsidiariedade funciona quando cada indivíduo, casal, família, comunidade, estado e nação assume as responsabilidades, ou experiencia a aventura significativa, adequada à sua posição.

Se essa responsabilidade for distribuída de maneira adequada e assumida com disposição e eficácia, aqueles que a aceitam se libertam das amarras de seus hábitos escravizadores e preservam para si a autoridade e a liberdade de escolha que, de outra forma, seriam apropriadas pelo tirano. Um povo autogovernado não necessita de um rei. Em contrapartida, toda responsabilidade abdicada será assumida pelos obcecados pelo poder e usada contra aqueles que, por submissão, rejeitam seu chamado e sua consciência. Também vale notar, em relação às noções de supremo e inefável, que são intrinsecamente associadas ao ápice divino: assim como as colunas de luz e escuridão que mais tarde guiarão os israelitas mantêm uma distância à frente à medida que o povo escolhido avança, o ápice da busca daqueles que almejam a Deus recua conforme eles se aproximam. Isso significa que a bondade de Deus é inesgotável e que novos horizontes de promessa e perfeição continuam a surgir, mesmo quando a terra prometida se aproxima — e até após ser alcançada, ao menos até o ponto em que seja possível estabelecê-la na Terra.

O faraó ignora o apelo de Moisés, declara sua descrença na existência do Senhor, ressalta a dependência de seus compatriotas em relação ao trabalho dos israelitas e, para piorar (simplesmente porque pode), impõe-lhes um novo conjunto de tarefas árduas e desafiadoras, por pura maldade.

> E no mesmo dia Faraó ordenou aos capatazes do povo, e aos seus oficiais, dizendo:
>
> Já não dareis ao povo a palha para fazer tijolos, como até agora. Que eles mesmos vão e ajuntem palha para si.
>
> E a conta dos tijolos que faziam até agora, esta poreis sobre eles. Não diminuireis coisa alguma. Pois eles estão ociosos, por isso clamam, dizendo: Deixa-nos ir e sacrificar ao nosso Deus.
>
> Que mais trabalho seja colocado sobre os homens, para que nele se ocupem, e não considerem palavras vãs.
>
> *Êxodo 5:6–9*

A reação do faraó desmoraliza Moisés, que leva o caso a Deus, apontando que seus esforços em transmitir o chamado divino à liberdade só serviram para aumentar o fardo suportado por seus companheiros israelitas. Essa é uma alusão ao preço da verdade: assim como as pessoas mentem para preservar o conforto do presente, por mais ilusório que seja, ou para obter algo imerecido, a revelação da verdade muitas vezes piora a situação, ainda que temporariamente, pois aquilo que estava errado, mas passava despercebido, acaba vindo à tona; e os poderes estabelecidos, sejam psicológicos ou sociais, se recusam a ceder, punem o mensageiro e reforçam sua resistência. Deus tranquiliza seu profeta, dizendo-lhe que, por causa da obstinação do faraó, as coisas se resolverão de maneira ainda melhor, e instrui Moisés a organizar seu povo em grupos ancestrais como um passo necessário para sua futura estruturação como um Estado livre.

Se a ação ética e o discurso honesto sempre produzissem benefícios imediatos, ninguém seria tentado a fugir da responsabilidade ou a mentir. As pessoas são tentadas a se desviar do caminho da retidão justamente porque isso muitas vezes gera as consequências imediatas desejadas. O fato de uma ação funcionar bem no presente não significa que será suficiente em longo prazo. Da mesma forma, só porque algo funciona uma vez, ou para uma pessoa em particular, não significa que funcionará de novo ou que beneficiará a comunidade. Na verdade, é o sacrifício do que é melhor em médio e longo prazo e da paz da comunidade em prol dos benefícios imediatos de um indivíduo (e, em geral, de seus caprichos) que constitui a motivação para o engano e a rejeição da responsabilidade. E essa é a própria definição de imaturidade. Em contraste direto com essa infantilidade patológica, há o sacrifício adulto representado pelo trabalho produtivo em prol do mais elevado dos fins concebíveis. Sempre, a renúncia à gratificação imediata — a oferta do hoje ao amanhã, do eu estreito ao eu futuro, e do indivíduo à comunidade — é o sacrifício do qual depende a estabilidade tanto da psique quanto do Estado. A alternativa — a adesão teimosa a um princípio superior contraproducente (como a insistência do faraó em sua soberania absoluta, que reflete a tendência orgulhosa de qualquer indivíduo em querer que sua subjetividade reine soberana) — inevitavelmente levará a uma cascata de consequências desastrosas.

O faraó quer tudo à sua maneira. Ele eleva seu interesse próprio e estreito ao patamar mais alto. Como consequência, passa a adorar não apenas a si mesmo, mas a sua versão mais imatura e impulsiva — uma tendência que, com extrema facilidade, se transforma na exigência de que todos ao seu redor se curvem e entrem no seu jogo. Essa é a dança que constitui a eterna dinâmica entre o hedonista e o tirano. O hedonista busca apenas a satisfação de seus desejos e, para isso, precisa recorrer ao poder — se conseguir obtê-lo —, pois ninguém em plena sanidade aceitaria de bom grado ser reduzido a um mero instrumento para satisfazer os desejos de outra pessoa. As razões para essa dança são ainda mais profundas. O governo da psique ou da sociedade pelo capricho leva a um comportamento desenfreado no presente e ao abandono da responsabilidade pelo eu futuro, pelos outros e pelo futuro em si. Quando a festa se espalha e se torna insustentavelmente caótica, surgirá uma força externa para reprimir e restringir, caso contrário, o dilúvio será inevitável. Nenhuma realidade que tenta se orientar em torno de um eixo tão estreito, instável e transitório quanto os caprichos, seja do cidadão, seja do governante, consegue sobreviver, muito menos prosperar. Por que o mundo se ajustaria para atender às exigências imediatas do desejo egoísta? O que fazer com as demandas concorrentes de todos os outros seres animados? O que será do futuro, sacrificado aos caprichos do presente? Até mesmo o soberano deve se curvar ao que é verdadeiramente supremo: o princípio ou espírito adequado, que é o início e o fim. O poder genuíno é aquele que emana da fonte suprema do ser e do tornar-se, e ai daquele que, sejam quais forem suas conquistas terrenas, se recusar a reconhecer esse fato primordial — que é exatamente o que o faraó faz, por dez vezes, de maneira cada vez mais grave.

A segunda vez que aparece diante do faraó, Moisés lança o cajado de sua autoridade no chão e, mais uma vez, ele se transforma em serpente. Os magos do Egito replicam (ou, em termos mais concisos, *imitam*; na realidade, *parodiam*) a demonstração, mas a serpente do cajado de Moisés devora as demais, menores. Isso sugere que o princípio do ser e do tornar-se, em nome do qual Moisés fala, é o verdadeiro princípio supremo, até mesmo da própria soberania. Os farsantes, os psicopatas e os narcisistas podem imitar a autoridade de Deus — na verdade, como usurpadores, essa é sua especialidade. Mas, em última análise, isso não passa de uma encenação, uma tentativa narcisista de obter uma falsa reputação, uma exibição vazia e sem significado. A vitória do cajado de Moisés faz parte do processo pelo qual a verdadeira fonte da harmonia produtiva, que deveria ser a base do Estado, se revela: Deus é aquele a quem até mesmo os magos da mais magnífica corte devem se curvar — aquele a quem até o governante desses magos deve se curvar. Por definição.

Não se trata de uma insistência por parte dos israelitas, com o fervor de crentes autoritários, de que o Deus que adoram deve ser o único Deus verdadeiro; mas, sim, que os verdadeiros seguidores de Yahweh — aqueles que lutam com Deus — estão sempre buscando descobrir o que constitui o princípio genuíno mais elevado e unificador e, então, viver de acordo com essa revelação. Isso é muito diferente da insistência dos obcecados pelo poder de que determinada ideologia ou princípio de poder deve governar. Trata-se, ao contrário, da submissão à ordem divina, acompanhada da disposição de fazer os sacrifícios dolorosos, genuínos e de alto custo pessoal que são o eterno indicador da verdadeira fé. Esse comportamento sacrificial representa a sujeição voluntária dos israelitas à ordem divina; a recusa em tomar para si o fruto da árvore do conhecimento do bem e do mal; a recusa em se associar ou se curvar à presunção luciferiana e à tentação de usurpar. Os legítimos seguidores do Deus de Abraão não criam os próprios valores, como o filósofo Nietzsche equivocadamente afirmou que deveríamos fazer após a suposta morte do divino.[44] Muito pelo contrário. Eles se dedicam a descobrir a ordem moral implícita, representada sobretudo por sua tradição, e então buscam se alinhar de maneira harmônica a essa ordem. Esse dever e esse convite são sua submissão a Deus e o que os liberta da tirania e da escravidão impostas pelos próprios desejos egoístas.

O faraó mantém sua oposição aos pedidos de Moisés e do próprio Deus, que fala por meio do profeta. Assim, os rios do Egito se transformam em sangue, de acordo com o poder concedido ao líder israelita (a primeira das pragas detalhadas em Êxodo 7–12). A principal fonte de água dos egípcios, o Nilo, era crucial, até mesmo sagrada; sua transmutação ou poluição é, portanto, um golpe nos alicerces da cultura egípcia. Também é uma indicação de que algo pior está por vir: é difícil interpretar o surgimento de rios de sangue como algo além de um aviso sinistro. Esse acontecimento também é um presságio da destruição total que ocorre mais tarde no mar Vermelho — mais um dilúvio de sangue. A segunda praga é a de rãs. A rã é uma criatura que habita a fronteira, vivendo na margem das profundezas. Em termos simbólicos, a rã é um psicopompo: um mediador entre o divino, que se oculta nas profundezas, e o mundo superior ou aéreo. Em *O Príncipe Sapo*, dos Irmãos Grimm, é o anfíbio verde que resgata a bola dourada (o Sol, a imagem da perfeição, aquilo que rege a consciência, o herói que mata o dragão à noite), que desaparece quando a princesa a deixa cair nas profundezas. Esse é um sinal da alienação da filha do rei em relação àquilo que é mais vital, necessário e revitalizador. E é o sapo, como psicopompo existente na fronteira entre os reinos, que resgata e restaura a ordem divina. Uma praga de rãs indica nada menos que Deus, o terrível e eterno juiz, está prestes a se manifestar. Ai daqueles que, em tais circunstâncias, se afastaram do caminho reto e estreito.

As pragas seguintes são de piolhos e moscas. Representam a sujeição inevitável dos tiranos aos parasitas; a previsível vulnerabilidade daqueles que arbitrariamente se consideram os mais elevados à infestação pelos mais inferiores dos seres. Quando a insistência em uma ordem inadequada prevalece — quando o verdadeiro mérito deixa de ser valorizado —, o céu se transforma em ferro (Levítico 26:19) e o mundo vira de cabeça para baixo. Os usurpadores que surgem são justamente aqueles que lideram o ataque contra o sucesso e a habilidade genuínos — em suma, contra o mérito —, sempre em nome dos supostamente oprimidos, mas, na realidade, com o intuito de disfarçar suas reivindicações a status e privilégios imerecidos sob o manto da pureza moral. Se o tirano não insistisse, de maneira hipócrita, em desvalorizar aquilo que tem genuína primazia, seu domínio não permaneceria inquestionável. Essa imposição forçada acaba por desestabilizar cada vez mais o julgamento e a capacidade de discernimento, tanto do indivíduo quanto do Estado; até que o produtivo e o bom passem a ser considerados usura e engano; até que o sucesso seja definido como roubo; até que aqueles que se dizem vítimas dos meritórios consigam apresentar, sem resistência, suas reivindicações psicopáticas, predatórias e parasitárias. Os tiranos tiranizam em prol dos próprios interesses mesquinhos, mas se tornam vulneráveis ao ataque dos parasitas. À medida que esse processo de infestação se desenrola, os autocratas perversos se tornam cada vez mais paranoicos — e com razão. Por que com razão? Porque aqueles dispostos a prosperar sob tais condições invertidas se multiplicam de maneira descontrolada e parasitária, enquanto seguem sua desenfreada destruição de tudo o que é decente e verdadeiro.

Apesar de toda essa crescente calamidade, o faraó mantém sua obstinada relutância em ceder. A inflexibilidade é a marca registrada do totalitário, com sua certeza de que tudo o que precisa ser conhecido já é conhecido. Isso é particularmente válido para os ideólogos convictos; aqueles que, do alto de sua presunção moral, transformam as doutrinas dos homens em seus dogmas infalíveis (Mateus 15:8–9; Marcos 7:6–9). Um verdadeiro tirano resiste à correção de seus erros na exata proporção de sua certeza orgulhosa. Isso significa que os indivíduos ou sociedades mais mergulhados no caminho da perdição precisam sofrer o maior tormento antes de abandonar sua falsa adoração, renunciar ao orgulho e se ajoelhar em reconhecimento dos obstáculos intransponíveis que a própria realidade lhes impõe.

Em seguida, os animais de criação desaparecem. Essa é uma indicação parcial da destruição não apenas do presente, mas também do futuro, pois esses animais são fontes de alimento, não só agora, mas também mais adiante e por tempo indeterminado, se forem bem manejados. Após a morte dos animais, surge uma doença na forma de uma praga de úlceras. Essa enfermidade causa, ao mesmo tempo, dor, repulsa e vergonha, combinando, assim, o pior da vingança dos mundos natural e social. Devastados, os magos do faraó não conseguem mais replicar as ações de Moisés. Esse é o momento em que a magia do falso Estado deixa de funcionar; quando as rachaduras na fundação começam a aparecer. É, também, o ponto de transição entre as pragas que indicam o colapso do domínio terreno ou material, em termos simbólicos, e a rebelião dos céus ou do firmamento (primeiro, cinzas e poeira no ar, trazendo consigo uma doença de pele; depois, uma praga de raios, trovões e granizo; então, gafanhotos, que atacam com voracidade até que tudo o que é verde desaparece da terra; por fim, a escuridão, que significa o desaparecimento do próprio Sol, o legítimo rei do céu).

Agora reina a desordem. Primeiro, a terra protesta, depois os céus — até que o caos está em toda parte. O faraó é forçado a ceder um pouco: "E Faraó chamou a Moisés e disse: Ide, servi ao Senhor; somente fiquem os vossos rebanhos e o vosso gado; deixai também os vossos pequenos ir convosco" (Êxodo 10:24). Moisés, que parece já um tanto impaciente a essa altura, recusa, dizendo ao rei que até o gado deve participar do sacrifício divino no deserto. Aliás, essa é uma indicação de que a graça divina se estende até aos animais do campo — uma evidência do cuidado adequado com o jardim e da subjugação da ordem natural. O faraó rejeita a exigência e alerta Moisés de que ele será morto se ousar aparecer novamente na corte.

Ainda resta uma última praga, a mais terrível de todas. Primeiro, Deus diz a Moisés para pedir que os egípcios entreguem seus tesouros e, depois, que todos os primogênitos da terra do Egito serão mortos — tanto a descendência dos animais quanto a do rei. Os egípcios, já exauridos por tantas pragas, parecem até contentes em atender ao primeiro pedido. Deus também instrui os israelitas a marcar os batentes e as vergas das portas de suas casas com o sangue de um cordeiro perfeito, para que o anjo da morte enviado por Deus poupe as crianças dessas moradias. Ao mesmo tempo, Deus informa Moisés de que o mês em que ocorre o sacrifício da Páscoa deve ser considerado o primeiro mês do ano. Como isso deve ser entendido? Há uma associação necessária e estreita entre o fim de um evento, tempo ou época e o início de algo novo — nesse caso, o movimento dos israelitas escravizados rumo à eventual liberdade. É por essas razões que o cordeiro sacrificial é assado e depois consumido (acompanhado de algo amargo) por pessoas prontas para partir. Os israelitas comem pão ázimo porque não há tempo para a fermentação. Comem com os lombos cingidos, calçados nos pés, cajado na mão — e com pressa (Êxodo 12:11). O nascimento de algo novo é sempre o momento de agir. Eles estão se preparando para atender ao chamado — uma exigência que é ecoada mais tarde no aviso de Cristo de que ele virá à noite, como um ladrão:

> Vigiai, portanto, porque não sabeis a que hora há de vir o vosso Senhor.
>
> Sabei, porém, que se o dono da casa soubesse a que vigília viria o ladrão, ele vigiaria e não deixaria sua casa ser arrombada.

> Por isso, estai vós prontos também; porque à hora que não pensais, o Filho do homem virá.
>
> *Mateus 24:42–44*

Quando o chamado chega — quando a consciência fala — é hora de partir. Não importam as circunstâncias ou o momento. Os sábios se preparam para estar sempre prontos (Mateus 25:1–13).

O presente já foi destruído pelas nove pragas anteriores. A morte dos primogênitos significa a erradicação do futuro, ou pelo menos do melhor do futuro, para os egípcios. O verdadeiro tirano não desistirá até que tanto o presente quanto o futuro tenham sido destruídos. O sacrifício que garante a eterna proteção — nesse caso, o sangue do cordeiro — é a disposição de oferecer tudo, a fim de derrotar o tirano. Essa é a exigência que aqueles que reivindicam falsamente a realeza se recusam a aceitar. Um relacionamento dinâmico e saudável — como o que constitui um casamento sólido — é resultado de uma infinidade de pequenos sacrifícios dos desejos e das vontades individuais do marido e da esposa em prol de um bem maior e mais abrangente para o casal e a família. Cada pequeno sacrifício mantém o relacionamento no caminho certo, guiado pelo espírito de comunicação significativa e honesta. Cada comunicação honesta exige ao menos a morte simbólica de um compromisso ou uma crença anterior, por mais inócua (ou nociva) que seja. Cada comunicação honesta deve começar com uma atitude de humildade ("Tenho algo a aprender"), a disposição de visar a um objetivo mais elevado ("Estou comprometido de corpo e alma com a integridade deste casamento") e, o mais importante, a disposição de renunciar a algo ("Estou disposto a sacrificar qualquer coisa que se revele um obstáculo à prosperidade do relacionamento").

As eternas perguntas que cada membro de um casal, que busca uma união permanente, deve enfrentar são: você prefere estabelecer uma paz produtiva e generosa ou provar que está certo? Em outras palavras, você abriria mão do prazer da vitória para eximir seu marido ou sua esposa do fardo da derrota? Essa é uma pergunta de especial relevância ao contemplarmos o fato de que é provável que muitos desentendimentos surjam ao longo de um casamento. Se você sempre vence as discussões, o que resta para a pessoa com quem compartilha um lar? O que você está disposto a oferecer no âmbito pessoal mais restrito para que o casamento ou a família se fortaleça? Essa pergunta pode conter outra questão disfarçada: o que seria melhor para você, considerando todas as circunstâncias, melhor até do que aquilo de bom que você deseja ou valoriza neste momento? O mesmo princípio de negociação sábia e madura se aplica à família e à comunidade mais ampla: o sacrifício pessoal contínuo e incremental tanto fomenta oportunidades quanto evita desastres. O tirano, por outro lado, mantém sua posição, não importam as evidências em contrário. Ele nunca resolve os problemas quando ainda são pequenos. As serpentes inevitavelmente se acumulam como consequência dessa evasão — dessa recusa teimosa —, permanecendo à espreita e crescendo cada vez mais. Quando há serpentes em número suficiente, e quando estão grandes o bastante, elas se fundem. Então, o dragão do caos ressurge, pronto e disposto a devorar tudo. Essa é literalmente a mais antiga das histórias.[45]

A morte dos primogênitos é suficiente para convencer até o faraó de que ele é impotente diante de Deus. Os egípcios entregam joias, ouro, prata e roupas aos israelitas e os deixam partir. Aqueles que seguem a fé adequada receberão tudo, até mesmo aquilo que os tiranos tentaram tomar. Moisés anuncia ao seu povo, separado e organizado em clãs familiares, que a terra prometida de leite e mel os aguarda. Esse destino pode ser interpretado como o futuro melhor em si: todo indivíduo e toda sociedade são motivados, de maneira positiva, pela visão de uma condição superior. Estamos sempre peregrinando de um lugar que ainda não é bom o suficiente para um lugar melhor. Essa é a própria estrutura da jornada humana; a base da emoção positiva. Podemos fugir do que nos aterroriza, e essa também é uma forma de motivação, mas sempre somos atraídos — divinamente inspirados ou entusiasmados ("derivado do francês *enthousiasme* [séc. XVI], do latim tardio *enthusiasmus*, do grego *enthousiasmos* 'inspiração divina, entusiasmo [produzido por certos tipos de música etc.]', de *enthousiazein* 'ser inspirado ou possuído por um deus, estar em êxtase', de *entheos* 'inspirado divinamente, possuído por um deus', de *en* 'em' + *theos* 'deus'"[46]). O verdadeiro líder é aquele que oferece um destino tão atraente que seu povo se sente motivado a seguir em frente voluntariamente, tomado pelo entusiasmo — ou seja, inspirado por Deus —, pela revelação visionária de possibilidade e promessa.

7.5. O interregno inevitável entre o caos e o espírito que nos guia

Por que a saída é da tirania para o deserto, em vez de diretamente para a terra prometida? O enquadramento narrativo delineado em Êxodo reflete a maneira arquetípica como as estruturas humanas de percepção, atenção e ação são transformadas.[47] Primeiro, há o estado atual insuficiente (a tirania do presente); depois, o caos que se manifesta quando esse estado é interrompido; e, finalmente, o objetivo da jornada — o futuro desejado. Entre a ruptura da tirania e a chegada à terra prometida, inevitavelmente atravessamos o deserto. Imagine que você (sua família ou sua comunidade) tenha vivido em um contexto de preconcepções inúteis e ultrapassadas. Imagine também que, como resultado, você e os membros do grupo tenham se tornado mais retraídos e cada vez menos relevantes, apenas para continuarem a se encaixar, por mais desconfortável que seja, nesse espaço cada vez mais restrito. As pessoas fazem isso umas às outras o tempo todo e, depois, perecem em razão da previsibilidade, da monotonia e do tédio decorrentes. Agora imagine que você decide deixar tudo isso para trás — abandonar tudo em que acreditava; ou, como no caso do faraó, que você foi forçado a fazê-lo porque tudo desmoronou. Isso não significa que todos os problemas evitados pela recusa em enfrentá-los e mudar tenham desaparecido. Muito pelo contrário. Eles terão se multiplicado em força e número, de acordo com a inescapável lei da entropia.[48]

Isso significa que o que substitui a tirania é o caos — incerteza e falta de direção —, e esse é o deserto. A ansiedade e a desesperança reinam nesse lugar.[49] Um grande líder, um verdadeiro visionário, é capaz de inspirar com possibilidades e oferecer esperança à jornada. Sem isso, há apenas confusão e conflito. Alguém sob o controle de um tirano — mesmo que esse tirano seja ele próprio — tem direção e ordem, por mais falsas e patológicas que sejam. Na ausência desse controle, todas as direções (ou nenhuma) chamam ao mesmo tempo, e isso se torna insuportável. Essa emergente ausência de propósito e estrutura se manifesta como ansiedade, porque se torna opressiva; e como desesperança, porque agora nada o chama para a busca, nada clama por ser realizado e nada pode ser alcançado de maneira produtiva. Essa situação não é significativamente melhor do que a tirania. É apenas sua parceira de dança, como já mencionado.[50] É apenas o caos, que é o oposto igualmente terrível da tirania. Se você tiranizou e enfraqueceu a si mesmo e, então, decide deixar isso para trás, é provável que sua vida não melhore de imediato. Pode até piorar, ainda que temporariamente. Os hábitos que o escravizaram ainda não foram mudados. É provável que as consequências de tal abdicação de responsabilidade continuem a existir. Isso tudo se soma à falta de direção que paralisa e destrói a esperança. Por que as pessoas se recusam de maneira tão teimosa a mudar, mesmo diante de evidências esmagadoras; mesmo diante da própria dor e sofrimento? Porque, após um período de subjugação ao tirano, a jornada pelo deserto é inevitável. Porque algo vital — algo que foi adorado, ainda que de maneira ilusória; algo amado, ainda que de maneira patológica — deve ser sacrificado, com o custo associado, antes que a verdadeira liberdade possa ser alcançada. Qual é o eterno clamor do homem que se afunda na própria miséria? "Melhor o tirano do que o deserto."

Os israelitas reúnem fé e coragem para partir rumo ao deserto árido. Mas eles levam consigo os hábitos da dependência e não têm ideia do que fazer quando estão por conta própria. Por quê? O tirano exerce poder, sem dúvida, mas não o revela em um único golpe devastador. O aspirante a autoritário avança de maneira gradual, corroendo pouco a pouco. O aspirante a escravo se resigna, em um silêncio inconcebível, tornando-se voluntariamente cego às evidências da própria covardia; abdicando da responsabilidade que, se assumida da maneira devida, o tornaria nobre, em vez de um animal de carga voluntário e sem voz. É o que acontece com *Pinóquio*, da Disney, por exemplo, quando ele aceita o falso diagnóstico de vitimização neurótica e cede aos encantos dos delinquentes na Ilha dos Prazeres. Em pouco tempo, ele é transformado em um burro — tudo em preparação para o trabalho nas minas de sal dos tiranos. Sucessivas gerações de abdicação e rejeição da responsabilidade deixam marcas. Os hábitos dos homens livres desaparecem, dando lugar aos modos de ser do escravo.

Moisés ofereceu a terra prometida aos seus compatriotas israelitas e futuros cidadãos. O destino pode ser claro no sentido puramente prático. Moisés e seu povo partem rumo à terra de Canaã, que, em termos geográficos, não fica tão longe. No entanto, em termos espirituais, está muito distante. Primeiro, porque não há nada de paradisíaco em uma terra, por mais verdejante e produtiva que seja, se seus habitantes permanecerem egoístas, sem propósito e irascíveis. Os mais imprudentes podem morrer de fome em meio à abundância. Segundo, porque aqueles verdadeiramente escravizados e sem direção podem levar uma eternidade para não chegar a lugar algum. Quando se vagueia sem propósito, qualquer jornada pode se tornar interminável, não importa quão curta seja. É por isso que, de um modo que poderia parecer misterioso, os israelitas levaram três gerações para completar uma jornada que, em termos práticos, era curta.

O que deve guiar aqueles que estão perdidos após um infortúnio? Deus se apresenta aos israelitas como aquilo que deve guiar os que estão à deriva, à beira do deserto; aqueles que se encontram na fronteira entre a ordem que se tornou tirania e o caos do deserto; aqueles presos entre os exércitos assassinos do Estado totalitário e a sangrenta incerteza do Mar Vermelho. Como o divino se manifesta em uma circunstância como essa? Como uma coluna de luz na escuridão da noite e uma coluna de escuridão (nuvem) à luz do dia. Esse é um eco da eterna interação entre os opostos da qual o mundo emerge, conforme descrito no relato de Gênesis;[51] uma forma de representação presente em todos os tempos e lugares.[52] É o divino que, entre outros aspectos, se manifesta na interação entre o chamado e a consciência — a dança entre o que nos impulsiona e nos guia nos momentos mais sombrios e o que nos adverte sobre os perigos e as sombras que ainda nos ameaçam, mesmo quando caminhamos na luz e seguimos o caminho reto e estreito. Essa é a função orientadora da própria emoção, que nos conduz à medida que avançamos para o futuro — o convite que se expressa na emoção positiva (esperança, desejo, excitação, curiosidade, o já mencionado entusiasmo) e a cautela, que é seu contraponto negativo e oposto (terror, tristeza e dor). Portanto, aqueles que estão perdidos e não conseguem encontrar o Deus que guia esqueceram onde procurar — esqueceram-se daquilo que eternamente chama adiante e adverte com sabedoria. Essa é uma maneira fundamental, e até mesmo instintiva, de conceituar a fonte do significado que nos guia. É uma visão replicada pelos tradicionalistas taoistas do Extremo Oriente, que enfrentaram os mesmos problemas existenciais — algo notável porque o padrão de caracterização parece idêntico, apesar de sua manifestação independente. Isso deve ser considerado, no mínimo, um profundo e revelador caso de evolução paralela, tanto natural quanto cultural.

Para os taoistas, o espírito da própria realidade é composto pela eterna interação entre caos e ordem, opostos entre si e, ao mesmo tempo, profundamente interligados — e essa é a realidade da experiência, e não a realidade redutiva do mundo material. A imagem cósmica dos taoistas é a de duas serpentes unidas pela cabeça e pela cauda, uma preta, simbolizando o caos, a escuridão, a confusão, a possibilidade e a noite; a outra branca, simbolizando a ordem, a luz, a clareza, a realidade e o dia. No entanto, incorporado na cabeça de cada serpente há um sinal de seu oposto: a serpente branca tem um olho preto, e vice-versa. Essa é a eterna interação entre luz e escuridão — e, de modo mais sutil, a eterna emergência da luz mesmo na escuridão, e vice-versa; uma indicação ou representação do surgimento do real e do significado a partir do reino do potencial, ou da possibilidade, em associação criativa com o princípio, o processo ou o espírito que luta contra o *tohu va bohu* e estabelece a ordem que é boa. É exatamente nessa interação e emergência que Deus se manifesta aos israelitas no auge de suas dificuldades, quando eles mais precisam da orientação do divino. Compreender e representar essa dinâmica exige certo grau de sofisticação conceitual — o que não é surpreendente, dado que se trata da própria estrutura da realidade. A ordem é mais bem compreendida não apenas como a ordem já estabelecida (como o cajado de Moisés), mas como o princípio que a gera e a mantém. O caos, por sua vez (a serpente no cajado), também deve ser entendido em sua dualidade: tanto como potencial ou possibilidade quanto como o espírito que desafia, nutre, renova — ou usurpa.

O que mais pode ser compreendido sobre a eterna interação entre yin e yang? Que o chão pode se abrir a qualquer momento; que uma ordem benéfica e estável pode, de uma hora para outra — seja por acidente ou por cegueira voluntária — se transformar em completo caos e catástrofe. Claro, há certa arbitrariedade e aleatoriedade na existência, inerentes ao potencial e à possibilidade, mas o papel da escolha consciente de homens e mulheres no surgimento do caos nunca deve ser subestimado ou minimizado. Muitas vezes, tal colapso é desencadeado direta ou indiretamente pelos "pecados dos homens", como já vimos[53] —, fruto das presunções orgulhosas de Adão e Eva; da falha em oferecer o sacrifício adequado e da consequente amargura de Caim e seus descendentes; da deslealdade de Cam; ou das falsas celebrações e propósitos dos engenheiros de Babel. Por outro lado, uma nova ordem pode se consolidar mesmo em meio à mais extrema confusão e incerteza, restaurando tudo o que foi previamente estabelecido e acrescentando algo mais. Essa é a natureza do progresso que surge da interação entre yin e yang, a contínua espiral ascendente em torno do tronco da árvore da vida, subindo a escada de Jacó rumo ao ápice infinito do próprio céu.

É a eterna dinâmica entre ordem e caos que forma o mundo. A interação entre o que você já compreendeu e o que ainda não entende — e talvez nunca venha a entender. É a união incompreensível entre o território já dominado e aquele que ainda precisa ser explorado, entre o que já foi conceitualizado e o que permanece, por ora, além da compreensão — e mesmo aquilo que você já dominou e conceitualizou pode se dissolver no desconhecido quando tudo ao seu redor desmorona. Esse é, ao mesmo tempo, o mundo taoista e o mundo bíblico, e representa com precisão a realidade que moldou nossa adaptação — mesmo quando considerada sob um viés puramente biológico e evolutivo. O fato de a realidade ser estruturada dessa maneira é refletida em termos neurológicos, o que constitui uma indicação profunda de sua veracidade. Investigar esse fato ajuda a estabelecer a validade das representações simbólicas em questão, conferindo-lhes um análogo ou fundamento físico (em vez de uma origem celestial, por assim dizer).

Ao contrário do que se costuma pensar, o hemisfério esquerdo do cérebro não é especializado no processamento linguístico e o direito no não verbal; na verdade, o esquerdo opera com o que é conhecido e o direito, com o desconhecido (sendo a divisão linguístico/não linguístico uma subdivisão dessa distinção mais fundamental).[54] Essa é uma forte indicação, mesmo sob a perspectiva materialista de um processamento de baixo para cima (na medida em que reflete as consequências da seleção natural), que o cosmos é, tanto literal quanto metaforicamente, o desconhecido e o estrangeiro, em um movimento harmonioso com o que é conhecido e familiar. Isso, por sua vez, implica algo ainda mais fundamental: que o significado não é um mero epifenômeno, uma sobreposição transitória e mutável de caráter subjetivo sobre um substrato material intrinsecamente sem sentido, mas, sim, uma manifestação do que é mais real, de maneira instintiva e factual (na medida em que aquilo que é real e verdadeiro se reflete na organização dos níveis mais elevados do sistema nervoso). Nossa própria fisiologia carrega a imagem implícita e intrínseca do mundo, assim como nossa psique ou alma. Somos verdadeiros microcosmos, refletindo não apenas a ordem mais profunda do Universo, mas também a ordem do espírito que o rege.

O biólogo evolucionista e ateu Richard Dawkins defende precisamente esse argumento, afirmando, de maneira explícita, não só que "um organismo vivo é um modelo do mundo em que vive",[55] mas também:

> Porém comecei dizendo, não que o cérebro de um animal contenha um modelo simulado de seu mundo... mas, sim, que o próprio animal é um modelo de seu mundo. O que significa tal afirmação? Uma maneira de entendê-la é perceber que um bom zoólogo, ao ser apresentado a um animal e tendo a possibilidade de examinar e dissecar seu corpo em detalhes suficientes, deveria ser capaz de reconstruir quase tudo sobre o mundo em que esse animal vivia. Para ser mais exato, ele estaria reconstruindo o mundo em que os ancestrais desse animal viveram. Essa afirmação, claro, repousa sobre a premissa darwiniana de que os corpos dos animais são amplamente moldados pela seleção natural.[56]
>
> A zoologia do futuro... aperfeiçoará técnicas para combinar fontes de informação e analisar suas interações, resultando em inferências de enorme poder. O computador, incorporando tudo o que se sabe sobre o corpo desse estranho animal, construirá um modelo de seu mundo, comparável a qualquer modelo do clima da Terra. Ao que me parece, isso equivale a dizer que o animal, qual-

> quer animal, é um modelo de seu próprio mundo ou do mundo de seus ancestrais.[57]

Se tudo isso é verdade, como o instinto que impulsiona e orienta o desenvolvimento — a intuição de uma estrutura e um processo dotados de significado e propósito — poderia ser algo diferente de um reflexo verdadeiro da própria estrutura do ser e do tornar-se? Como poderia ser algo menos do que a imagem de Deus no homem e na mulher? No mundo da percepção existencial — no mundo da própria experiência (e como poderia haver uma realidade mais fundamental, mesmo em teoria?) —, o significado sempre vem primeiro, e a matéria, depois. E esse é o próprio mundo da percepção, apesar das objeções dos empiristas. Há uma vasta multiplicidade, uma pletora caótica, uma plenitude incompreensível de fatos. A consciência atribui valor a esse caos, subjugando-o, colocando tudo em seu devido lugar e estabelecendo para sempre a ordem que é boa.

Em consonância com essa concepção, Dawkins também observa: "Pode-se dizer que o sistema nervoso usa palavras curtas e econômicas para mensagens que ocorrem com frequência e são esperadas; palavras longas e menos econômicas para mensagens que ocorrem raramente e são inesperadas."[58] Essa eficiência é uma parte crucial do processo de ordenação — um dos modos pelos quais nossa habilidade linguística estabelece as tradições e suposições fundamentais de seus padrões de representação. O que se manifesta como autoevidente ao longo do tempo vai se codificando cada vez mais profundamente, de maneira eficiente e imutável. É o próprio cajado da tradição — o cajado que ganha vida quando fincado no solo; o cajado ao redor do qual se enrola a serpente em constante mudança e transformação. O mesmo princípio parece se aplicar ao código genético, que pode sofrer mutações aleatórias, mas ainda assim conserva o que é fundamental e vital, apesar dessa aleatoriedade, reparando com cem por cento de precisão o que é crucial quando danificado pelo próprio processo que impulsiona a mutação, ao mesmo tempo que permite a experimentação necessária em suas margens.[59] A importância dessa descoberta relativamente recente é inestimável, pois altera a própria maneira como compreendemos o desenvolvimento da vida, a conservação do que é crucial e a variação que possibilita mudanças vitais — um tema ao qual retornaremos mais adiante.[60]

Na mesma linha, Dawkins também ressalta que é possível simular o futuro, abstraindo padrões do passado, e que fazemos isso por meio das histórias, usando a imaginação.[61] Assim, a estrutura da realidade, segundo o biólogo evolucionista e ateu, é refletida na imaginação e apresentada em forma narrativa. Por que esse princípio não se aplicaria justamente às histórias que fundamentam toda a civilização ocidental? Mais uma citação do autor: "A seleção natural incorporou a capacidade de simular o mundo como ele é, porque isso era necessário para perceber o mundo."[62] Suas considerações finais?

> E uma vez que a seleção natural construiu cérebros capazes de simular pequenos desvios da realidade no futuro imaginado, uma nova capacidade emergente floresceu automaticamente. A partir daí, foi apenas um pequeno passo para os vastos domínios da imaginação, revelados nos sonhos e na arte, uma fuga da realidade mundana sem limites aparentes.[63]

Talvez não seja uma fuga, Dr. Dawkins, já que é a própria adaptação que está sendo retratada e descrita. Talvez, em vez disso, seja uma jornada que segue uma trajetória paralela à de Abraão, atendendo ao chamado do espírito da aventura; à de Jacó, subindo a escada rumo ao céu; ou à de Moisés, perscrutando as profundezas da realidade. Não é, de modo algum, uma fuga (exceto quando imatura ou patológica). É o uso do poder da imaginação — do drama, da abstração nas realidades transcendentais da "ficção" — para possibilitar uma simulação que vai além daquilo que a chamada "percepção direta" poderia alcançar. As abstrações são mais — ou menos — reais do que os dados dos quais são abstraídas? E quanto à matemática, doutor Dawkins? E quanto ao eterno mundo das formas platônicas, ou ao fato vital, necessário e insubstituível do ideal[64] funcional[65], que é um pré-requisito ou uma condição necessária para toda percepção dos "dados sensoriais empíricos"?

Pela mesma lógica, o fato de que a estrutura psicológica e fisiológica subjacente do ser humano é a de uma personalidade (em essência, uma hierarquia de priorização de atenção e ação, cada uma com um caráter específico) implica que o "ambiente" ao qual essa personalidade está adaptada — ou, para ser mais exato, do qual ela é um "modelo" — também é, em certo sentido real, uma personalidade. Pode-se argumentar que isso não é possível no mundo puramente material, ainda que possa sê-lo no mundo social agregado, ao qual cada indivíduo está necessariamente adaptado e pelo qual é moldado (ou seja, uma *adaptação à sociedade como se fosse uma pessoa com quem se deve estabelecer um relacionamento*). Pode até ser verdade, o que significaria que o espírito do corpus bíblico e, de modo mais amplo, do reino mitológico, seria "nada mais do que" o reflexo do reino da interação humana, passada e presente. No entanto, dado que o próprio reino social é necessariamente uma adaptação e, portanto, um modelo do mundo material subjacente, esse argumento não representa uma grande redução de sentido — e, com certeza, não elimina a questão mais profunda em pauta.

Por que presumiríamos que o espírito que dá origem ao ser e ao tornar-se é algo morto, inconsciente, sem propósito e desprovido de identidade, quando a adaptação a essa realidade exigiu consciência, teleologia, propósito e personalidade? Será que foi o mero acaso, ou talvez as exigências arbitrárias da sociedade humana, que organizaram o mundo de tal forma que alguns padrões de esforço moral promovem a vida, individual e comunitária, enquanto outros não? Ou isso não seria, inevitavelmente, um reflexo das realidades mais profundas e subjacentes? Se o conceito de Deus como Personalidade funciona, por assim dizer, de maneira comprovada pelo tempo — de maneira pragmática[66] —, por que esse modelo não deveria ser considerado o mais preciso? Tudo isso levando em consideração o fato de que o Deus do corpus bíblico é, como constantemente afirmado no texto e na tradição, inefável e, em última análise, incompreensível — algo que está além da própria natureza; além do tempo e do espaço (Êxodo 3:14; Jó 38–41; Isaías 55:8–9). É por essa razão que até mesmo ao maior dos profetas, Moisés, só é permitido ver as costas de Deus, de passagem (Êxodo 33:17–23). Esse mistério fundamental do divino não inviabiliza a possibilidade de caracterização — caso contrário, tanto a adaptação quanto a compreensão seriam impossíveis. No entanto, o que parece ser verdadeiro é algo muito próximo ou até idêntico à suposição axiológica judaico-cristã e à insistência científica subsequente de que a ordem cósmica é caracterizada pelo seu Logos — sua inteligibilidade — e que a mente e a alma humanas podem e devem investigar, compreender e se aliar a essa ordem intrínseca.

Também é verdade que o futuro pode ser negociado (por meio do sacrifício) e que os sacrifícios adequados (em geral, abrir mão do que é limitado em prol do que é mais abrangente, e do presente em prol do futuro) podem garantir abundância, segurança e oportunidade no futuro. A realidade é mais bem compreendida como algo com o qual os seres humanos estabelecem uma relação e pode e deve ser conceitualizada de maneira semelhante a uma personalidade. Nos textos bíblicos, somos descritos como "imagens" de Deus. Isso implica ou indica que, seja o que for Deus, Ele é mais do que uma simples personalidade humana, mas ainda assim algo semelhante o suficiente para que a ideia de que somos reflexos da natureza divina seja válida. Assim, Deus é uma "personalidade".

Tal representação ou conceitualização pode, mais uma vez, ser atribuída à tentativa humana de caracterizar o metaespírito da própria humanidade (a necessidade de representar a exigência existencial de interagir de maneira honesta e produtiva com outras pessoas; a necessidade de representar as consequências dessa interação, seja ela bem-sucedida ou não). Reiterando, essa atribuição não resolve o problema. A própria humanidade emergiu da poeira do mundo, por assim dizer. Portanto, parece razoável presumir que essa poeira continha, em sua estrutura e organização implícitas, o mesmo padrão refletido no mundo social. Por que há tanta insistência na ideia de que a realidade é, em última instância, morta e cega, quando os organismos que a habitam estão vivos e enxergam? Não seria mais provável que isso fosse uma consequência da nossa ignorância quanto à natureza derradeira da matéria, em vez de uma limitação imposta por essa matéria à própria essência do ser? Não podemos afirmar que compreendemos plenamente do que o mundo é feito, em termos materiais, em qualquer sentido "científico" e puramente reducionista. A poeira da qual emergimos é, em seu cerne, algo inimaginável. Os mistérios do mundo quântico comprovam isso: aquilo que constitui a essência de tudo é tão incompreensível quanto qualquer espírito, hipotético ou real, que possa caracterizar o cosmos. E talvez nosso materialismo reducionista seja um reflexo de algo pior do que mera ignorância. Talvez essa insistência na ideia de um mundo inerte e sem significado intrínseco seja uma tentativa de racionalizar nossa relutância em aceitar o imenso fardo de oportunidades e obrigações que uma compreensão profunda do nosso lugar em um mundo verdadeiramente significativo exigiria. Talvez a religião não seja o ópio do povo. Talvez o ateísmo racionalista e materialista seja o disfarce dos irresponsáveis.

Retornemos à história do ponto em que paramos. Deixamos os israelitas logo após sua partida, levando consigo os tesouros abandonados pelos egípcios moralmente corrompidos e imprudentes, prestes a iniciar a aventura seguinte, imersos na confusa transição entre a tirania implacável do faraó e a jornada ascendente pelo deserto. Eles haviam decidido se arriscar na aventura rumo à terra prometida, guiados por Moisés, de maneira direta, e por Deus, de maneira indireta — levando todos os pertences, as famílias e os rebanhos intactos (apesar da recusa inicial do faraó). Talvez acreditassem que o pior havia passado. Mas a realidade e os hábitos do passado são difíceis de superar, como afirma a famosa frase do romancista norte-americano William Faulkner: "O passado nunca está morto. Nem sequer é passado."[67] O desesperado rei do Egito, humilhado por suas sucessivas derrotas, furioso com a perda de seus servos e devastado pela morte do filho, jura perseguir "os filhos de Israel" (Êxodo 14:8). Para isso, reúne todo o poder de seu exército — "todos os cavalos e carruagens do Faraó". Os israelitas recebem a notícia. Aterrorizados, começam a questionar a prudência de sua decisão de partir:

> E quando Faraó se aproximou, os filhos de Israel levantaram os seus olhos e eis que os egípcios estavam marchando atrás deles; e eles ficaram com medo, e os filhos de Israel clamaram ao Senhor.
>
> E disseram a Moisés: Porque não havia sepulcros no Egito nos levaste embora para morrermos no deserto? Por que agiste assim conosco para nos tirar do Egito?
>
> Não é esta a palavra que te falamos no Egito, dizendo: Deixa-nos sozinhos, para que sirvamos aos egípcios? Pois melhor nos seria servir aos egípcios do que morrermos no deserto.
>
> *Êxodo 14:10–12*

Moisés repreende seus temerosos seguidores, exortando-os a terem fé no espírito que os resgatou das mãos dos opressores. A coluna de luz e escuridão que guiava o povo escolhido muda de posição, tornando-se agora um obstáculo para os egípcios que se aproximam. É nesse momento que Moisés demonstra seu domínio sobre as águas:

> E o Senhor disse a Moisés: Estende a tua mão sobre o mar, para que as águas venham novamente sobre os egípcios, sobre as suas carruagens e sobre os seus cavaleiros.
>
> E Moisés estendeu a sua mão sobre o mar, e o mar voltou à sua força ao amanhecer, e os egípcios fugiram contra ele. E o Senhor derrubou os egípcios no meio do mar.
>
> E as águas retornaram e cobriram as carruagens, e os cavaleiros, e todo o exército do Faraó que entrou no mar depois deles; não restou nenhum deles.
>
> Mas os filhos de Israel caminharam sobre terra seca no meio do mar; e as águas eram para eles como um muro à sua direita e à sua esquerda.
>
> *Êxodo 14:26–29*

Os israelitas estão entre a proverbial cruz e a espada. O Mar Vermelho — e, da mesma forma, os egípcios — representa o eterno dilúvio de sangue, a confusão e o caos engendrados pelo pior dos Estados tirânicos. No entanto, não há como voltar atrás: o próprio exército egípcio se posicionou de maneira que impossibilita a retirada. Resta apenas a decisão de encontrar um caminho através do sangue, da incerteza e da possibilidade que compõem o próprio caos rubro; o intermediário terrível e potencialmente mortal entre a tirania pétrea e o deserto. Moisés é aquele que encontra terra firme, passo a passo, guiado (assim como todos os israelitas nesse momento) pelo mesmo instinto que nos orienta diante das incertezas da vida. A descoberta de um caminho seguro é o que todos nós buscamos sempre que nos deparamos com o desconhecido, após deixarmos a zona de conforto, a familiaridade e a segurança — por mais falsas e tirânicas que possam ser.

Não percebemos os objetos materiais inertes e desprovidos de significado do mundo, em sua infinita multiplicidade, mas, sim, o caminho a ser seguido.[68] Se nosso propósito for legítimo, é o espírito mais elevado que nos revela o caminho, pois nossas percepções, padrões de atenção e ações são definidos por nossos objetivos. O espírito que invocamos de maneira mais verdadeira é inevitavelmente o espírito que surge para nos guiar. Isso é válido tanto em termos técnicos quanto metafísicos. A própria percepção é sempre motivada. O verdadeiro líder invoca o eterno espírito do ser e do tornar-se para determinar o destino. O caminho através das águas, que de outra forma nos destruiriam, se revela. A terra firme surge magicamente sob nossos pés à medida que avançamos com coragem e fé — com os olhos voltados para o céu — em direção ao destino prometido e adequado. Em contraste, aqueles que são possuídos pelo espírito das próprias maquinações acabarão submersos, afogados e destruídos.

Em seguida, Moisés demonstra mais uma vez seu controle sobre o elemento caótico (bem como sua capacidade de dominar a tirania). Os israelitas param em um poço em Mara, após três dias sedentos, mas descobrem que a água do poço é amarga. Deus mostra ao profeta uma árvore, e Moisés lança um de seus galhos na água, removendo a amargura. O que isso significa? Que o amparo oferecido pelo líder, provido por Deus, torna a água sempre doce. O Evangelho de João (4:10) relata de maneira semelhante o encontro de Cristo com uma mulher samaritana (ou estrangeira) junto a um poço. Ela lhe pede um pouco de água. "Jesus respondeu e disse-lhe: Se tu conheceras o dom de Deus, e quem é o que te diz: Dá-me de beber, tu lhe pedirias, e ele te daria água viva." E, de modo mais abrangente, ao anunciar um novo céu e uma nova terra (ou seja, a recriação da ordem cósmica):

> E aquele que está assentado sobre o trono disse: Eis que eu faço novas todas as coisas. E ele disse-me: Escreve; porque estas palavras são verdadeiras e fiéis.
>
> E ele disse-me: Está feito. Eu sou o Alfa e o Ômega, o princípio e o fim. Àquele que estiver sedento eu darei gratuitamente da fonte da água da vida.
>
> *Apocalipse 21:5–6*

A água provida por aqueles que seguem os ditames do Deus de Abraão e de Isaque é a água que é eternamente concedida e satisfaz aqueles que "têm sede de justiça" (Mateus 5:6). O indivíduo que se sacrifica de maneira voluntária e em cuja oferta a comunidade — a estabilidade do presente e a promessa do futuro — é verdadeiramente baseada, também é a fonte da água que não se esgota e que flui até mesmo no deserto. É uma meta-água, um reflexo do processo ético ou modo de ser pelo qual o líquido que nutre a matéria e o espírito é eternamente extraído da intransigente matriz material. É melhor cavar um poço do que apenas beber sua água. É melhor saber cooperar e competir de maneira produtiva e generosa do que cavar um poço. E é ainda melhor aspirar ao elevado e dizer a verdade do que planejar cooperar e competir de maneira produtiva e generosa — sobretudo porque, para ter sucesso, o planejamento exige um resultado concreto e definido, enquanto a fé suprema nos ensina que o amor e a conduta honesta proporcionarão o que é melhor, independentemente das aparentes consequências.

Após dois meses e meio no deserto, os israelitas mais uma vez perdem a fé e começam a resmungar, protestar e reclamar de maneira sarcástica e rancorosa:

> E toda a congregação dos filhos de Israel murmurou contra Moisés e Arão no deserto:
>
> E os filhos de Israel disseram a eles: Quem dera tivéssemos morrido pela mão do Senhor na terra do Egito, quando estávamos assentados junto às panelas de carne, e quando comíamos pão à vontade; porque nos trouxestes para este deserto para matar toda esta assembleia de fome.
>
> *Êxodo 16:2–3*

É triste, mas eles ainda mantinham os hábitos de escravos. O abandono da responsabilidade faz parte da subjugação voluntária, um verdadeiro pré-requisito para a dominação pela tirania. Isso significa abdicar do dever de refletir a imagem de Deus, de confrontar o caos e a ordem patológica e de renunciar à aventura e ao significado que sustentam o indivíduo nos momentos de crise. O custo de falhar em carregar a cruz, por assim dizer, é o sacrifício do relacionamento com o que é verdadeiramente mais elevado, resultando em fraqueza diante das crises da vida.

Deus diz a Moisés que Ele proverá o maná do céu e a carne da terra. Assim, os israelitas recebem tanto o sustento espiritual (o alimento celestial) quanto material (as codornas que se reúnem ao redor do acampamento à noite). Isso indica, em termos simbólicos, que a provisão no deserto depende tanto do que é essencial (o padrão celestial de significado) quanto da própria matéria (a abundância da Terra no sentido mais concreto). Os israelitas são instruídos a não coletar mais sustento do que o necessário para o dia e a confiar plenamente em Deus durante a travessia do deserto. Esse ensinamento é um precursor ou uma variante da ordem posterior do Evangelho: "Não fiqueis ansiosos, pois, com o amanhã, porque o amanhã cuidará de si mesmo. Suficiente é ao dia o seu próprio mal" (Mateus 6:34). Deus também instrui os israelitas a fazerem um recipiente e a colocarem nele um pouco do maná, para que possa ser testemunhado e lembrado pelas gerações futuras (Êxodo 16:32). Essa é uma indicação poética de que, para sua manutenção, a sociedade deve se lembrar do "alimento espiritual" que a sustentou; deve coletá-lo, preservá-lo e transmiti-lo; guardá-lo como um tesouro, para que todos saibam e se recordem de sua existência, para que a tradição em si se torne o repositório do valor eterno que desce do céu.

Nesse ponto, somos informados de que os israelitas estão destinados a vagar pelo deserto por quarenta anos — durante três gerações —, alimentando-se de maná e codornas antes de chegarem à terra prometida (Êxodo 16:35). Será que leva tanto tempo para se livrar dos hábitos de escravos? Uma transformação tão profunda pode, de fato, ser uma empreitada multigeracional. E surge outro mistério: a própria terra — Canaã — já é habitada. Isso levanta uma questão inevitável: um Deus justo e misericordioso ofereceria uma terra já ocupada a um novo povo? A resposta, talvez, seja esta: aqueles que se organizam, no âmbito psicológico e comunitário, em uma hierarquia de ordem divina adequada sempre triunfarão sobre aqueles que não o fazem. Vale lembrar que os cananeus são descendentes de Caim, um povo ressentido, hedonista, obcecado pelo poder e adorador de falsos ídolos. A entrega de Canaã àqueles que verdadeiramente lutam com Deus é o triunfo inevitável e prometido daqueles que escolhem o caminho da aventura e fazem os sacrifícios adequados, que constituem a maturidade, a orientação para o futuro e a existência social produtiva genuínas.

Quando ficam sem água, os israelitas mais uma vez olham para trás — para Sodoma, em termos metafóricos —, desejando as comodidades da tirania egípcia e acrescentando mais uma série de queixas à sua hipocrisia. Deus instrui Moisés a golpear a rocha de Horebe com seu cajado e, quando ele o faz, a água jorra. Essa passagem remete a eventos anteriores, em múltiplas dimensões: Moisés já havia superado o rígido reino de pedra do Egito com seu cajado de transformação, que é tanto a árvore da vida quanto a serpente. Agora, no deserto, ele repete esse feito sob novas circunstâncias, extraindo o essencial para a vida a partir de elementos estéreis e inertes. Esse ponto da narrativa também fortalece sua identidade e seu status como mestre da água eterna. Horebe é também Sinai, como já mencionado — o monte sagrado que conecta a terra e o céu; o *axis mundi* ao redor do qual giram todas as concepções e o próprio mundo; o cajado da tradição que ancora e estabelece; o centro de toda ordem que é boa ou muito boa. É sempre no lugar onde o céu se inclina para tocar a terra que brota a água que sacia toda a sede. É isso o que acontece quando o chamado se manifesta, quando uma nova revelação se concretiza e quando algo verdadeiramente significativo ocorre. Em termos materiais, é a manifestação do instinto que nos impulsiona a crescer e a nos desenvolver na verdadeira aventura redentora da vida.

Pouco depois, os israelitas enfrentam uma grande ameaça. Eles são atacados pelos amalequitas, uma tribo nômade de passagem. Moisés sobe uma colina próxima e brande o cajado mágico de sua autoridade divina — o cajado de Gandalf; a varinha mágica de Dumbledore; o báculo do pastor Davi; o sabre de luz de Obi-Wan Kenobi; a lança de Odin, que nunca erra o alvo; o estandarte que reúne as tropas; o galho que transforma a água amarga em doce; a própria árvore da vida. Enquanto o profeta mantém o cajado erguido, os israelitas prevalecem. Isso reflete a necessidade de um centro como padrão unificador e motivador, sobretudo em tempos de crise. Esse é o ideal platônico que proporciona a forma necessária e celestial mesmo em meio ao caos sangrento. Quando Moisés se cansa e, sem querer, baixa o cajado, os amalequitas invasores ganham terreno.

Felizmente, o profeta havia seguido os conselhos de Deus e se aliado a compatriotas fortes e confiáveis. Quando ele é incapaz de sustentar o cajado mágico acima da cabeça, seu irmão e braço político, Arão, e um novo aliado, Hur, o ajudam a manter a postura encorajadora e fiel. Hur surge como um representante do homem comum e confiável — o bom cidadão que assume sua responsabilidade de maneira simples, porém indispensável, assim como a vasta maioria das pessoas que, apesar das dificuldades da vida, milagrosamente conseguem fazer um bom trabalho. Seu neto, Bezalel, dando continuidade à admirável linhagem, será mais tarde celebrado por sua habilidade e inspiração divina na construção do Tabernáculo (Êxodo 31:1–5, Êxodo 35:30–35). Esse motivo narrativo de auxílio ao líder é mais uma indicação do princípio da subsidiariedade: nem mesmo o mais capaz dos líderes consegue sustentar sozinho a tradição e as práticas que protegem e guiam seu povo. Os três mantêm o estandarte erguido do amanhecer ao anoitecer, e os israelitas prevalecem.

7.6. O Estado subsidiário como alternativa à tirania e à escravidão

Logo após a batalha contra os amalequitas, Jetro, o sogro de Moisés, reaparece na história (Êxodo 18). Os dois se encontram e celebram com alegria, e Jetro reconhece o enorme progresso feito pelos ex-escravos egípcios e por seu genro, agora líder do povo israelita. Em seguida, eles se unem em adoração — uma transformação para Jetro, que era um sacerdote midianita. Parece que, ao testemunhar todas as mudanças miraculosas no destino de Moisés e de seu povo, Jetro alinha seus propósitos aos da família e do povo que está visitando. Ele, então, observa Moisés em seu novo papel como juiz dos israelitas, um posto que lhe foi conferido pelo próprio povo — em princípio, devido à sua habilidade profética. O povo de Moisés permanece desunido, egocêntrico, sem fé e em constante conflito; incapaz e, o mais significativo, sem disposição para mediar os próprios conflitos — ou seja, relutante em assumir a responsabilidade de se autogovernar. Em sua imaturidade, abandonaram a obrigação de explorar a estrutura da moralidade e desperdiçaram a oportunidade de descobrir por si mesmos o que constitui uma conduta apropriada.

Quando dois indivíduos entram em conflito, cada um poderia aproveitar a ocasião para discernir qual opção futura — qual equilíbrio entre justiça e misericórdia — poderia ser considerada por ambas as partes uma solução satisfatória. Uma desavença surge quando a estrutura de significado usada por uma pessoa para se orientar e avançar entra em conflito com os ditames da estrutura usada pela outra. Isso gera um choque entre duas hierarquias de valores ou princípios. No entanto, desse choque pode emergir um princípio ou valor unificador mais profundo, mas somente se o conflito for enfrentado de modo direto e julgado com justiça. Viver de acordo com esse princípio unificador emergente exige o sacrifício dos interesses egoístas em favor da comunidade, além do trabalho necessário para integrar presente e futuro da melhor forma possível.

A justiça de um julgamento proferido como consequência de um conflito pode ser avaliada pela aceitabilidade da solução pelas partes envolvidas. Se considerado justo, o julgamento suplantará o conflito — uma alternativa preferível às complexidades e problemas do dilema atual. Em consequência, a paz e a possibilidade de cooperação serão restabelecidas. Já um julgamento inadequado — incluindo aquele imposto por força ou autoridade — apenas garante que o conflito continue, muitas vezes sob uma nova aparência. O verdadeiro juiz deve compreender profundamente a natureza da moralidade que promove a paz, a harmonia e a produtividade de seu povo. Os israelitas delegam a Moisés a autoridade para lidar com os próprios infortúnios, e ele sofre sob o peso dessa responsabilidade. Todo esse fardo é excessivo. Jetro, observando a situação de sua posição de estrangeiro benevolente, objeta:

> E aconteceu que ao amanhecer, Moisés sentou-se para julgar o povo. E o povo estava em pé diante de Moisés desde a manhã até a tarde.
>
> E quando o sogro de Moisés viu tudo que ele fazia ao povo, disse: O que é isto que fazes ao povo? Por que te assentas sozinho, e todo o povo fica em pé diante de ti desde a manhã até a tarde?
>
> E disse Moisés a seu sogro: Porque o povo vem a mim para perguntar a Deus.

> Quando eles têm uma questão, vêm a mim, e eu julgo entre um e outro, e os faço saber os estatutos de Deus, e suas leis.
>
> E o sogro de Moisés lhe disse: O que estás fazendo não é bom.
>
> Certamente desfalecerás, tu e este povo que está contigo, porque isto é muito pesado para ti; não és capaz de realizar isto sozinho.
>
> *Êxodo 18:13–18*

Há três tipos de perigos à espreita nessa situação, cada um manifestado em um nível diferente da hierarquia psicológica e social. O primeiro é o perigo que recai sobre os israelitas, tanto no âmbito cultural quanto no individual, ao decidirem abdicar da responsabilidade de lidar com os próprios problemas. Eles esperam se livrar desse suposto fardo (que, na verdade, é a oportunidade em si), mas, ao fazê-lo, condenam-se a uma dependência desprezível e improdutiva e renunciam aos benefícios da autêntica maturidade. Eles flertam com a recusa de seu destino, preferindo delegar essa obrigação para os níveis superiores da hierarquia social, e, assim, permanecem imaturos, infantis, egocêntricos, ressentidos, sarcásticos, incoerentes, perdidos e desunidos. O segundo perigo é o restabelecimento da tirania. A elevação do profeta ao status de juiz é um passo na direção de sua coroação como rei, da substituição do faraó e da exposição dos israelitas aos mesmos perigos dos quais haviam acabado de escapar.

É muito fácil que um rei se torne um monarca absoluto, que, por sua vez, pode transformar-se no líder de um regime autoritário e dinástico decadente. É assim que os irresponsáveis e escravizados evocam os tiranos sedentos por poder. O terceiro perigo é a ameaça psicológica que pesa sobre Moisés: a tentação do egotismo e do orgulho. Elevado a uma posição superior à de seus concidadãos, em decorrência da relutância dos próprios israelitas em assumir responsabilidades, Moisés pode facilmente se deixar levar pelo orgulho e por um senso de superioridade, sendo tentado a exercer sua autoridade por meio da coerção e do poder. Essa, na verdade, é sua maior tentação, como retratado repetidas vezes. Moisés tem a propensão típica dos líderes de usar a força excessiva, quando o convite e a persuasão seriam suficientes. É o que acontece quando ele mata o egípcio que espanca um escravo hebreu (Êxodo 2:11–12); quando permite a morte de três mil homens após os excessos do bezerro de ouro (Êxodo 32:27–28); e, após a rebelião de Corá, quando a terra se abre e engole os usurpadores (Números 16). Essa tendência é tão acentuada que se manifesta mesmo quando Deus o instrui explicitamente a agir de outra forma, como no episódio das águas de Meribá (Números 20:1–13), em que Moisés usa a força de sua autoridade para compelir a rocha a verter água, quando havia sido chamado a fazê-lo apenas com palavras.

Assim, o pedido para que se torne o juiz dos israelitas representa para Moisés o risco de um perigoso engrandecimento do ego ou do eu restrito[69] — a ameaça à integridade de sua alma ao interpretar a autoridade que lhe foi delegada na qualidade de profeta de Deus como uma realização pessoal ou um talento próprio. Esse é o terrível caminho dos hipócritas religiosos, aqueles que usam o nome de Deus em vão (Êxodo 20:7) e oram em público (Mateus 6:5–6) apenas pelo benefício social de serem vistos orando — é o modo de ser dos fariseus que, muito mais tarde, conspiram de maneira mortal contra o próprio Cristo. Não há dúvida de que a oferta para assumir a posição de tirano seria bastante tentadora para a multidão rebelde e irresponsável que Moisés tenta guiar à terra prometida. Afinal, os israelitas expressam repetidas vezes nostalgia pelos bons velhos tempos sob o punho de ferro do faraó, lamentando a dura realidade de sua liberdade (Êxodo 16:2–3; Números 11:4–6). Eles tornariam Moisés um novo tirano em um piscar de olhos, se isso os aliviasse do fardo de seu destino como indivíduos independentes. Também são raros os homens que conseguem e desejam recusar a aclamação das massas — "Quem sou eu para objetar quando todos clamam por me tornar o salvador?" — mesmo quando essa aclamação não passa de um suborno, feito por aqueles que querem rejeitar a própria soberania e responsabilidades pessoais.

Jetro se opõe, de maneira categórica — e suas palavras ecoam através dos séculos. Ele diz a Moisés que devolva a responsabilidade ao povo, ensinando-o a resolver os próprios problemas, a mediar as próprias disputas e a governar a si mesmo:

> Ouve a minha voz: Dar-te-ei conselho, e Deus será contigo; sê tu pelo povo diante de Deus, para que leves as causas a Deus;
>
> E tu lhes ensinarás as ordens e leis, e lhes mostrarás o caminho em que devem andar, e a obra que devem realizar.
>
> *Êxodo 18:19–20*

Do ponto de vista psicológico, esse é um conselho salutar para os próprios israelitas, além de aliviar o fardo de Moisés e reduzir a tentação representada pela oferta de poder. Jetro exorta o genro a instruir seu povo, para que assuma a responsabilidade pelo próprio futuro e se torne autor do próprio destino. Suas palavras são muito práticas e de aplicação imediata:

> Além disso, tu proverás de todo o povo homens capazes, tementes a Deus, homens da verdade, que aborreçam a avareza, e os colocarás sobre eles, para serem governantes de mil, e governantes de cem, governantes de cinquenta e governantes de dez.
>
> Para que julguem o povo em todo o tempo. E será que, toda causa grave eles trarão a ti, mas toda causa pequena eles julgarão; assim será mais fácil para ti, e eles carregarão a carga contigo.
>
> Se fizeres isto, e Deus te ordenar assim, então serás capaz de suportar, e todo este povo também voltará a seu lugar em paz.
>
> *Êxodo 18:21–23*

Essa ideia de uma hierarquia necessária de ordem e responsabilidade inspirou e está presente nas instituições comunitárias mais funcionais da atualidade. No Ocidente, por exemplo, temos uma estrutura subsidiária no sistema judiciário, em que os tribunais inferiores julgam questões de importância local e específica, enquanto os tribunais superiores lidam com disputas que envolvem temas mais fundamentais — ou quando a decisão de uma instância inferior é considerada insuficientemente justa pelas partes envolvidas. As ações subsequentes de Moisés constituem o protótipo desse tipo de estrutura.

> Então Moisés ouviu a voz do seu sogro, e fez tudo que ele dissera.
>
> E Moisés escolheu homens capazes de todo o Israel, e os fez por cabeças sobre o povo; governantes de mil, governantes de cem, governantes de cinquenta e governantes de dez.
>
> E eles julgaram o povo em todo o tempo; as causas graves traziam a Moisés, mas toda causa pequena julgavam eles mesmos.
>
> *Êxodo 18:24–26*

Concluída a tarefa, Jetro retorna para casa: "E Moisés deixou seu sogro partir. E ele seguiu o caminho para a sua própria terra" (Êxodo 18:27).

A importância dessas duas micronarrativas é inestimável. A primeira se concentra em questões psicológicas e se baseia na dupla premissa de que um povo capaz de se autogovernar deve ser instruído o suficiente para essa tarefa e de que é dever do líder justo e soberano garantir essa educação. A segunda aborda o aspecto social e descreve a criação de uma hierarquia de responsabilidade distribuída. Essa nova organização é a eterna alternativa tanto ao deserto anárquico habitado por escravos quanto à tirania arbitrária, opressora e governada por caprichos, baseada no medo, na força, na coação e no poder. Um povo legitimamente responsável não deseja — e não tolera — um autocrata. Um povo responsável de verdade assumirá para si o papel de próprio líder e, assim, se protegerá da servidão e do desespero niilista do caos do deserto. Uma sociedade instruída e responsável abandona os hábitos da escravidão, adota a mentalidade da verdadeira maturidade, busca o melhor do passado para guiar o futuro e forja o próprio destino.

É também uma verdade paradoxal que assumir voluntariamente a responsabilidade pelo autogoverno confere à vida o significado que mantém a esperança viva e o desespero à distância, mesmo em tempos de dificuldades, quando a simples felicidade parece inalcançável. Essa assunção de responsabilidade é, mais uma vez, a aventura transformadora de Abraão (de Jacó — dos próprios israelitas e, mais tarde, dos seguidores de Cristo). Não há nada de "moralmente relativo" nisso: a aceitação da responsabilidade pelo autogoverno pessoal e comunitário é a própria essência da vida adulta — equivalente, inclusive, à integração neurofisiológica ou à maturidade que, em seu nível mais elevado, compreende a individualidade que é previdente, sacrificial, autônoma, hospitaleira, produtiva, generosa e adequadamente comunitária.

As duas inovações sugeridas por Jetro e implementadas por Moisés são mutuamente reforçadoras, além de serem alternativas à tirania e à escravidão. Indivíduos instruídos e responsáveis tornam-se juízes muito mais capazes, e o estabelecimento de uma hierarquia de julgamento permite que aqueles que se dedicam ao aprendizado assumam mais responsabilidades à medida que ascendem, gradualmente, rumo ao ápice representado por Moisés; rumo ao próprio Deus, acima disso. Essa é uma hierarquia baseada na competência e na habilidade, em vez de no poder e na força — no caso do julgamento, uma competência reconhecida tanto pelos pares do potencial juiz, que escolhem entre os de nível inferior aqueles que devem ascender, quanto pelos beneficiários das decisões desses juízes. As decisões de uma autoridade competente serão aceitas de bom grado — e até com alívio — pelos diretamente afetados, que, por sua vez, não se limitarão a se submeter a essas autoridades, mas trabalharão de maneira ativa para apoiá-las e honrá-las. É essa autoridade competente que torna a tirania desnecessária; é essa autoridade competente cujos princípios fundamentais são ridicularizados e atacados em tempos de incerteza cultural (a "morte de Deus") por aqueles que, se tivessem a oportunidade, governariam de maneira tirânica. E é também essa autoridade competente que erradica a própria escravidão, exigindo o desenvolvimento de atitudes e hábitos de autogoverno em todos os níveis da inevitável hierarquia social.

O princípio da subsidiariedade elaborado nessa história — uma responsabilidade hierárquica descentralizada e distribuída como alternativa à ordem patológica da tirania ou ao caos do deserto — afirma que o máximo possível de liberdade e responsabilidade deve ser delegado ao longo da cadeia de comando, do nível mais alto ao mais baixo, de modo que os primeiros não assumam mais do que deveriam e os últimos não abdiquem da responsabilidade que gera significado sustentável e maturidade sacrificial. Os níveis superiores de determinada hierarquia devem tomar decisões ou fornecer orientação apenas quando for impossível para os indivíduos e os grupos a que pertencem (casais, famílias, empresas, cidades e outras divisões locais) fazê-lo nos próprios contextos, mais específicos e, em geral, mais bem informados. Quando consultam a própria consciência e formulam os próprios objetivos, os indivíduos integram em uma unidade aquilo que, de outra forma, seria uma multiplicidade intrapsíquica desconexa e conflituosa. Ao fazer isso, abrem-se para a revelação da motivação. Também passam a ter clareza sobre o que estão dispostos a priorizar, celebrar ou adorar e sobre o que estão dispostos a abrir mão nessa busca. Essa determinação unificada é a base de uma estabilidade emocional desejável (livre de dor, culpa, tristeza e ansiedade), bem como da resiliência que a acompanha.[70]

Indivíduos verdadeiramente motivados que têm a oportunidade de ordenar o próprio destino — ou, melhor ainda, que são incentivados a fazê-lo — podem negociar de boa-fé com aqueles com quem lidam de maneira mais direta (cônjuges, filhos, parceiros comerciais e vizinhos) para criar pactos ou acordos contratuais de ordem cada vez mais elevada, que organizam de maneira mais eficaz uma sociedade produtiva, generosa, segura e significativa. Quem assume a responsabilidade pela própria vida é capaz de negociar de maneira eficaz e honesta, produzindo acordos que os unificam em visão e propósito. Isso torna tais indivíduos previsíveis e compreensíveis uns para os outros, além de gerar relacionamentos funcionais e positivos, definidos por um objetivo mútuo. Pessoas que verdadeiramente compartilham uma visão e estão motivadas a assumir a responsabilidade necessária para sua realização são capazes de cooperar e competir pacificamente dentro da zona de desenvolvimento proximal[71] estabelecida por essa visão, de maneira a facilitar o ganho mútuo possibilitado pela divisão voluntária do trabalho (mais bem conceituada como um intercâmbio de habilidades especializadas) e pela troca voluntária. Isso significa que restará o mínimo possível a ser feito por aqueles que atuam em níveis mais elevados e abstratos de governança. Em um jogo em que ninguém está motivado a trapacear, árbitros quase não são necessários.

É por essas razões que aqueles que aderem ao princípio da subsidiariedade em questões políticas insistem que os governos devem se abster de usurpar funções psicológicas ou sociais que poderiam ser gerenciadas por indivíduos, casais, famílias, empresas ou outras instituições locais. Outra razão é que as informações necessárias para agir com eficácia são atenuadas à medida que aumenta a distância entre o problema e seu solucionador. Relatos de primeira mão são mais confiáveis do que os de segunda, que, por sua vez, são mais confiáveis do que os de terceira. À medida que a informação se propaga por uma hierarquia de responsabilidade, há um aumento quase inevitável na relação entre sinal e ruído e uma diminuição na capacidade dos níveis superiores de garantir as formas adequadas de atenção ou ação nos níveis inferiores. Os executivos de grandes corporações, no estilo Torre de Babel, acabam alheios ao conhecimento que engenheiros, vendedores e profissionais de marketing detêm sobre os próprios produtos e clientes. Se houver muitos níveis intermediários de comunicação, cada um introduzindo o próprio viés no processo de transmissão da informação, a liderança pode perder completamente o controle do que está acontecendo na base. Esse é um dos problemas fundamentais do gigantismo. Portanto, em um sistema complexo, o poder (ou melhor, a *autoridade*) deve ser delegado aos níveis mais baixos e locais possíveis.

De modo paradoxal, essa delegação e distribuição de responsabilidades é justamente o que possibilita que aqueles verdadeiramente capazes criem uma visão coletiva unificadora, abstraiam e planejem a longo prazo: se atribuírem responsabilidades necessárias e desafiadoras àqueles que os servem, os líderes de determinada organização estarão livres para operar nos níveis mais altos de abstração e desenvolvimento que conseguirem gerenciar pessoalmente. Isso é vantajoso para todos os envolvidos, quando feito de maneira adequada; quando realizado em um estado de jogo.[72] As formulações políticas mais explícitas da subsidiariedade (baseadas no que ainda é implícito, encenado ou retratado dramaticamente na narrativa do Êxodo) foram desenvolvidas pelo teólogo católico Tomás de Aquino, que afirmou que a função adequada de qualquer poder superior é auxiliar o inferior, e não substituí-lo.[73]

O desenvolvimento da ideia de subsidiariedade como um dos princípios do pensamento social católico foi inspirado pelo trabalho de Wilhelm Emmanuel von Ketteler, o Bispo de Mainz, em meados do século XIX. A noção foi posteriormente elaborada por outros pensadores da tradição católica, como Luigi Taparelli d'Azeglio, que cunhou o termo *subsidiariedade* no século XIX.[74] A Igreja Católica adotou formalmente esse princípio sob o pontificado do Papa Leão XIII, na encíclica *Rerum Novarum* (1891), e o disseminou amplamente, desenvolvendo-o ainda mais na encíclica *Quadragesimo anno*, do Papa Pio XI, onde foi formulado da seguinte maneira: "Assim como é injusto subtrair aos indivíduos o que eles podem efetuar com a própria iniciativa e indústria, para o confiar à coletividade, do mesmo modo passar para uma sociedade maior e mais elevada o que sociedades menores e inferiores podiam conseguir, é uma injustiça, um grave dano e perturbação da boa ordem social."[75] O princípio da subsidiariedade é um dos três pilares do ensino social católico, em conjunto com a ênfase na dignidade humana e na solidariedade.[76]

Mais tarde, pensadores mais seculares e puramente políticos, como o economista alemão Wilhelm Röpke, argumentaram que o mesmo princípio poderia e deveria ser aplicado à conceituação e à estruturação dos sistemas governamentais e econômicos.[77] O princípio também foi fortemente defendido pelo economista austro-britânico Friedrich Hayek.[78] Da mesma forma, os fundadores do Estado norte-americano acreditavam que a autoridade deveria ser atribuída, de maneira mais adequada, primeiro ao indivíduo, depois à família, à cidade, ao condado, ao estado e, então — e somente então —, ao governo federal. Essa ética está refletida na Décima Emenda da Declaração de Direitos dos Cidadãos dos Estados Unidos, que afirma explicitamente: "Os poderes não delegados aos Estados Unidos pela Constituição, nem vedados por ela aos Estados, são reservados aos Estados, respectivamente, ou ao povo."[79] A ideia de responsabilidade e organização subsidiária também foi incorporada aos tratados fundadores da União Europeia,[80] embora um cético possa argumentar que a tendência centralizadora dessa organização se tornou tão dominante que as violações desse princípio ocorrem com mais frequência do que sua observância. Esses conceitos exerceram e continuam a exercer uma influência poderosa sobre pensadores políticos, sobretudo no campo conservador.[81]

Logo após o estabelecimento dessa estrutura de subsidiariedade, os israelitas viajam até a base do onte Sinai, o eterno lugar onde a terra alcança o céu e o celestial toca o mundo terreno e material. Deus instrui Moisés a dizer aos filhos de Israel:

> Vistes o que fiz aos egípcios, e como vos carreguei sobre asas de águia, e vos trouxe a mim.

> Agora, portanto, se vós obedeceis a minha voz, e guardais o meu pacto, então sereis o meu tesouro peculiar acima de todos os povos, pois toda a terra é minha.
>
> E sereis para mim um reino de sacerdotes e uma nação santa.
>
> *Êxodo 19:4–6*

Nesse ponto, os israelitas seguiram o líder adequado, manifestaram a devida fé nos mais altos princípios e se organizaram em uma hierarquia responsável. Assim, estão preparados para algo mais profundo: a revelação dos princípios explícitos da ordem sustentável. É apropriado que Moisés seja o escolhido para receber a revelação. Ele seguiu fielmente o caminho da sarça ardente, atendeu ao chamado que protege contra a tirania e oferece sustento no deserto e refletiu profundamente sobre a natureza da justiça e sua interação com a misericórdia. O grande profeta de Deus, portanto, se preparou para adquirir o conhecimento da própria Lei.

7.7. Os Mandamentos como explícita revelação dos costumes

Deus diz a Moisés que ordene ao povo que lave suas roupas e se purifique, em preparação para a aparição do divino no topo da montanha sagrada:

> E Moisés levou o povo para fora do acampamento ao encontro de Deus; e ficaram ao pé do monte.
>
> E o monte Sinai estava todo ele envolto em fumaça, porque o Senhor desceu sobre ele em fogo. E a fumaça dele subia como a fumaça de um forno, e todo o monte tremia grandemente.
>
> E quando a voz da trombeta soou o toque longo, e se tornou cada vez mais alto, Moisés falou, e Deus lhe respondeu por uma voz.
>
> E o Senhor desceu sobre o monte Sinai, no cume do monte. E o Senhor chamou Moisés para o cume do monte; e Moisés subiu.

> E disse o Senhor a Moisés: Desce, adverte o povo, para que não ultrapasse para ver o Senhor e muitos deles morram.
>
> *Êxodo 19:17–21*

Por que um encontro direto com Deus seria fatal? No contexto bíblico, isso pode ser compreendido, por exemplo, pela referência aos querubins e à espada flamejante que, como vimos, gira para "todos os lados" (Gênesis 3:24) para cortar e queimar tudo o que não é aceitável no Reino dos Céus.[82] Nada imperfeito pode existir nos níveis mais elevados do caminho reto e estreito. Essa é uma máxima muito desafiadora para os pecadores e desviados. Se as infelizes criaturas que desejam se aproximar do que é mais elevado praticaram o engano e, consequentemente, incorporaram muito do que não é justo e bom, pode restar bem pouco delas depois que a espada concluir seu trabalho. O fogo do inferno é proporcional, em intensidade, à distância que foi voluntariamente estabelecida entre o pecador e Deus? A terrível espada do divino é experienciada como as próprias chamas da perdição por aqueles que se condenaram ao ranger de dentes em trevas profundas? Algo desse tipo parece ser sugerido por Dante e Milton, de quem derivamos grande parte de nossa concepção moderna do inferno, um lugar sobre o qual quase nada é mencionado nos textos bíblicos.

Como podemos entender esse dano associado ao contato com o que é corretivo em termos concretos — materiais, psicológicos e biológicos? Já estabelecemos que há pouca ou nenhuma diferença entre o que é profundo — aquilo que é essencial — e o que é sagrado ou divino.[83] Em muitos aspectos, trata-se de uma questão de mera definição: há uma categoria aplicável às pressuposições mais fundamentais na hierarquia de pressuposições que usamos para priorizar nossa atenção e sequenciar e organizar nossas ações. Há uma emoção proporcional associada a mudanças e transformações nesse âmbito mais profundo — variando desde uma euforia insuportável até o pior dos terrores. Certas coisas fazem pouca diferença para nós, enquanto outras nos impactam de maneira profunda. Se sofrermos um abalo profundo demais — se o que é verdadeiramente importante e fundamental se revelar para nós — não há garantias de que conseguiremos suportar o impacto. As formas mais graves de estresse podem causar danos psicofisiológicos permanentes,[84] e até a morte. No curto prazo, a resposta ao estresse induzida pela exposição ao que é anômalo, corretivo, inesperado e indesejado é salutar e útil, pois nos prepara para arregimentar os recursos necessários em caso de emergência. Em contrapartida, a ativação crônica dos sistemas de resposta ao estresse — ou seja, seu estímulo constante em médio e longo prazo — acarreta uma série de efeitos prejudiciais, resultantes de algo conhecido como "carga alostática".[85]

> Os principais mediadores hormonais da resposta ao estresse, glicocorticoides e catecolaminas, têm efeitos tanto protetores quanto prejudiciais no organismo. No curto prazo, eles são essenciais para a adaptação, a manutenção da homeostase e a sobrevivência (alostase). No entanto, em períodos mais longos, impõem um custo (carga alostática) que pode acelerar os processos de doenças. Os conceitos de alostase e carga alostática giram em torno do cérebro, tanto na função de interpretar e responder aos desafios ambientais quanto como alvo desses desafios. No caso de transtornos de ansiedade, transtornos depressivos, estados de agressividade e de hostilidade, abuso de substâncias e transtorno de estresse pós-traumático (TEPT), a carga alostática se manifesta na forma de desequilíbrios químicos, perturbações no ritmo circadiano e, em alguns casos, atrofia de estruturas cerebrais. Além disso, há evidências crescentes de que o transtorno depressivo e a hostilidade estão associados a doenças cardiovasculares (DCV) e outros distúrbios sistêmicos.[86]

Indivíduos expostos a violações de suas pressuposições em grau suficiente para causar um intenso sofrimento posterior[87] — como aqueles que experienciam o transtorno de estresse pós-traumático — apresentam, após o evento, um aumento da amígdala, a área do cérebro especializada em gerar emoções negativas, bem como uma redução do hipocampo,[88] a área cerebral que inibe emoções negativas ao inserir eventos incompreensíveis em um contexto compreensível e familiar. Outras mudanças também ocorrem quando há um abalo profundo demais. Por exemplo, o tálamo — uma estrutura-chave para a intensidade da consciência — torna-se cada vez mais sensível a estímulos sensoriais, uma transformação que aumenta a apreensão geral associada a praticamente todas as experiências.[89] Gato escaldado tem medo de água fria — e isso é especialmente válido quando a ferida foi profunda. De maneira geral — com tratamento ou recuperação natural, muitas vezes por meio de exposição voluntária[90] — esses danos podem ser revertidos. O hipocampo, por exemplo, é capaz de se regenerar, e sua capacidade de inibição é restaurada.[91] Quando o que é experienciado, em consequência de uma abordagem voluntária, é previsível e ordenado — e a experiência pode ser percebida, conceitualizada e contextualizada como algo familiar, inofensivo ou útil, pelo menos quando abordada com a habilidade ou a competência necessárias —, a ansiedade se torna desnecessária e é controlada.[92]

Os ritos de purificação e santificação realizados pelos israelitas são práticas destinadas a protegê-los contra um encontro excessivamente intenso com o divino. Temos a capacidade de adotar medidas e criar estruturas de interpretação para filtrar o mundo. Essa ideia pode ser expandida para abranger o conhecimento em si: as representações que construímos com base em reiteradas experiências com determinado fenômeno acabam por contextualizá-lo[93] e, assim, podem tanto despojá-lo totalmente de seu significado quanto reduzi-lo aos detalhes funcionais específicos da habilidade desenvolvida ao interagir, dominar ou ritualizar o fenômeno. Assim, a memória atenua a intensidade do que é milagroso.[94] C. G. Jung apresentou um argumento semelhante ao sugerir que a religião organizada age como uma defesa contra a experiência religiosa, ressaltando que pode haver uma redução contraproducente desse fenômeno em decorrência do processo, estratégia ou prática defensivos:[95]

> O que costuma ser chamado de "religião" é um substituto em grau tão impressionante que me pergunto seriamente se esse tipo de religião — que prefiro chamar de "credo" — não tem, afinal, uma importante função na sociedade humana. Um substituto tem a finalidade óbvia de substituir a experiência imediata por um conjunto adequado de símbolos, adornados por dogmas e rituais organizados. A Igreja Católica os mantém, por força de sua autoridade incontestável. A "igreja" protestante (se é que esse termo ainda é aplicável) os mantém pela ênfase na fé na mensagem evangélica.

> Enquanto esses dois princípios continuarem vigentes, as pessoas estarão devidamente protegidas contra a experiência religiosa imediata. E se mesmo assim algo desse tipo acontecer, elas poderão recorrer à Igreja, que saberá dizer se a experiência provém de Deus ou do diabo, e se deve ser aceita ou rejeitada.[96]

Assim, substituímos a eterna sarça ardente por uma percepção meramente genérica, esvaziando-a daquilo que, de outra forma, poderia ter um significado eterno e avassalador:

> Mas há uma Árvore, apenas uma, entre tantas
> Um solitário campo se agiganta,
> Ambos remetem ao que me encanta
> E o amor-perfeito como um tapete
> A mesma história repete
> Para onde foi o vislumbre visionário?
> Onde está a glória e o sonho imaginário?[97]

Não é nada óbvio que nossos corpos mortais consigam suportar um confronto direto com o Absoluto — e o grau de dano que esse encontro poderia provocar também pode ser afetado pela quantidade de peso morto que acumulamos em nosso espírito. O fogo purificador da espada flamejante de Deus pode muito bem parecer o próprio inferno para aqueles cuja essência é caracterizada pelo acúmulo de pecados.

No cume da montanha — ou seja, no topo da hierarquia, no ápice do sistema de valores —, Moisés recebe diretamente de Deus a revelação explícita das regras que guiam a sociedade. Em termos psicológicos, ele experimenta um momento de *insight*[98] profundo, até revolucionário, que poderia ser considerado um exemplo de tradução de uma forma de conhecimento para outra. Imagine, por um momento, uma matilha de lobos ou um bando de chimpanzés. As constantes interações competitivas e cooperativas entre eles acabam estabelecendo um padrão[99] previsível — e até estável por gerações.[100] Esse padrão é a estrutura hierárquica da sociedade em questão: o status relativamente permanente de cada indivíduo, comparado e contrastado com o de todos os outros. Cada membro da matilha ou do bando "sabe" qual é seu status. É como se a pequena sociedade fosse organizada de acordo com um conjunto de regras sociais — mas não é, pois "regras" são enunciáveis. Essa disposição hierárquica é um padrão que caracteriza e estabiliza as interações dos membros do grupo.

Suponha, então, que os membros da matilha ou do bando desenvolvam a capacidade não só de direcionar a atenção e as ações de acordo com esse padrão, mas também de representá-lo em imagem — de *imaginar* o padrão de hábitos e costumes. Isso significa o desenvolvimento da capacidade de traduzir o conhecimento puramente procedural — as habilidades incorporadas — em abstrações pictóricas; em algo onírico, que existe mesmo na ausência dos indivíduos em questão e pode até ser manipulado e experienciado conforme essa capacidade se desenvolve ainda mais. Isso permite que o mundo seja transformado na imaginação sem consequência prática direta. É um grande avanço na capacidade de abstração; um marco crucial no desenvolvimento — uma verdadeira transformação qualitativa — do pensamento. Uma vez que a imagem da ação tenha sido estabelecida — ou, de modo mais geral, a imagem do padrão da ação — uma nova possibilidade se abre para as criaturas que desenvolveram a capacidade de se comunicar e compreender de maneira semântica ou linguística: *a subsequente ou consequente tradução da imagem em palavra.* É dessa maneira que os hábitos que governam as interações de uma sociedade podem, primeiro, ser retratados em forma dramática e, então, a partir dessa representação, ser explicitamente codificados em linguagem. Esse é o surgimento da lei, mas uma lei que, ao mesmo tempo, é refletida no sonho ou na imagem subjacentes e nas práticas comportamentais que compõem a tradição, a expectativa, a norma, o ideal e os tabus do grupo. Essa tradução de forma — esse lampejo de intuição — atinge Moisés com a força de uma revelação divina, e com razão. A compreensão explícita da estrutura da integração psicológica e da unidade social é um acontecimento profundamente revolucionário; um autêntico marco de transformação qualitativa no desenvolvimento da cultura superior e consciente — algo equivalente a uma mutação biológica fundamental.

A codificação imagética de padrões comportamentais confere à imagem a profundidade do padrão comportamental, que, por sua vez, é algo que emergiu de maneira interativa, iterativa e, em última instância, evolutiva. O padrão comportamental em si é internalizado e compartilhado, e não algo que é explicitamente compreendido ou característico de um indivíduo em particular. Ele é o fruto das interações de todos os indivíduos em questão, do passado e do presente, que estabeleceram as "tradições" do grupo — em grande parte, a estrutura hierárquica de interações. As nuances dessa estrutura são claramente mais complexas do que qualquer indivíduo é capaz de representar ou compreender. Isso significa que o padrão de interações que caracteriza o grupo contém mais informações do que qualquer indivíduo percebe, por mais que esteja adaptado a esse padrão em termos comportamentais ou consiga representá-lo de maneira imaginativa ou linguística. Esse conjunto de informações implícitas serve como um reservatório de comportamentos e imaginação que possibilita novas revelações. Como? O padrão comportamental do grupo é um modelo do meio em que o grupo emergiu, incluindo o ambiente constituído pelo próprio grupo, como já mencionado.[101] Tendo em vista que esse padrão comportamental contém complexidades e nuances que estão além do entendimento de qualquer indivíduo dentro do grupo, a sociedade como um todo se torna complexa demais para nossa compreensão, o que nos coloca a todos na posição de antropólogos, mesmo dentro do próprio grupo. As estruturas e os processos de imaginação que retratam esse padrão na forma de drama e sonho reencenam essa informação, mas de maneira mais completa do que qualquer codificação semântica explícita emergente seria capaz. Assim, o sonho é o berço daquilo que será codificado verbalmente, bem como o reservatório desse conteúdo e o intermediário entre o explícito e o comportamento em si (o comportamento que abrange tanto o padrão de atenção quanto o de ação). É por isso que um sonho pode apresentar ao indivíduo informações que ele próprio desconhece. O sonho codifica a profundidade da cultura de uma maneira que transcende aquilo que é meramente exprimível.

É por isso que Shakespeare e Dostoiévski conseguiam enxergar além da compreensão até de um pensador tão genial quanto Nietzsche, para citar exemplos específicos dos mundos paralelos dos escritores de ficção e dos filósofos. É por essa razão que o mundo dos grandes mestres literários é ao mesmo tempo inesgotável e perfeito, de uma maneira que nem mesmo os indivíduos mais brilhantes e excepcionais no domínio puramente verbal e explícito são capazes de replicar. É por isso que a crítica literária, assim como sua irmã, a análise de sonhos, não só são possíveis e necessárias, mas têm uma imensa e crucial importância. É assim que a filosofia é inevitavelmente incorporada à narrativa, e a narrativa, à tradição cultural e ritual. É assim que as regras, uma vez tornadas explícitas, mantêm sua conexão com a imaginação, as práticas e até mesmo o ambiente (ou cosmos) das pessoas que agora estão cientes, de maneira comunicável, das regras que governam sua existência individual e coletiva. Não é surpresa que tudo isso seja representado como um encontro com Deus no monte Sinai pelos imaginativos autores do grande Livro do Êxodo.

A própria montanha é configurada de modo a apresentar Deus no ápice. Moisés, profeta de Deus, está um nível abaixo. Os sacerdotes ocupam o terceiro nível ("E que também os sacerdotes, que se chegam ao Senhor, se santifiquem, para que o Senhor não se lance sobre eles" [Êxodo 19:22]), e o povo comum está na base. Essa é mais uma representação da Escada de Jacó, bem como um análogo da estrutura de subsidiariedade.

> E todo o povo viu os trovões, e os relâmpagos, e o barulho da trombeta, e o monte fumegando. E quando o povo viu isso, apartou-se e ficou de longe.
>
> E disseram a Moisés: Fala tu conosco, e ouviremos, mas não permitas que Deus fale conosco para que não morramos.
>
> E disse Moisés ao povo: Não temais, pois Deus veio para vos provar, e para que o seu temor esteja diante de vós, para que não pequeis.
>
> E o povo ficou de longe, e Moisés se aproximou da densa escuridão em que Deus estava.
>
> *Êxodo 20:18–21*

Por que toda essa fumaça e fogo? Porque não é algo trivial que um povo se torne explicitamente consciente, ainda que de maneira superficial, da ordem divina que o governa. Afinal, esse ato é nada menos do que o surgimento da lei. Algo tão revolucionário — tão marcante — não deveria ser simbolizado por algo de grande portento dramático?

As regras têm conotações muito mais detalhadas e uma essência mais profunda do que podemos extrair de uma familiaridade casual com os Dez Mandamentos. Em certa medida, essas regras existem como os chamados axiomas "autoevidentes"[102], nos quais todas as alegações morais mais específicas fundamentam sua aparente validade, e seu núcleo é composto pelas dez mais conhecidas. Esse senso de autoevidência é, por si só, um reflexo da concordância dos mandamentos com as práticas comportamentais e os costumes culturais já estabelecidos, e com as estruturas da imaginação que, secundariamente, passam a representar e conter essas práticas e costumes. É essa concordância que refuta qualquer alegação de equivalência ou relativismo moral: existe um número muito limitado de interações sociais complexas, sustentáveis, produtivas, generosas e voluntárias; um padrão claro de sua representação nos dramas da imaginação; e um conjunto de regras, ou princípios, claramente identificáveis e estáveis que podem ser derivados desse padrão e dessa representação subjacentes. Os Dez Mandamentos refletem os padrões de atenção e ação que sustentam muitos outros padrões — ou, em outras palavras, são as regras sobre as quais muitas outras regras se baseiam. Por isso, eles são profundos ou fundamentais — por definição.

Subjacente a esses dez, de acordo com uma revelação posterior, existe algo ainda mais profundo, o chamado Grande Mandamento, que possui dois elementos distintos unidos em essência: "Tu amarás o Senhor teu Deus de todo o teu coração, e de toda a tua alma, e de toda a tua mente" (Mateus 22:37) e "Tu amarás o teu próximo como a ti mesmo" (Mateus 22:39). Por que unidos? Porque não há diferença (e essa, mais uma vez, é a ênfase monoteísta) entre o espírito de Deus e o espírito que nos chama a tratar todos os membros de nossa comunidade como se fossem extensões do eu supremo. O Grande Mandamento é uma metarregra, que descreve o princípio fundador, ou a aspiração máxima, das dez regras explícitas separadas.

O Grande Mandamento também caracteriza a natureza do espírito e da relação que dá origem a essas regras ou que emerge em consequência de uma adesão devota. Ao concluir, Cristo faz uma afirmação inesperada e brilhante a respeito dessa união: "Desses dois mandamentos dependem toda a lei e os profetas" (Mateus 22:40). O que isso tudo significa? Primeiro, mire no objetivo mais elevado concebível. Segundo, entenda que não há diferença real entre a consideração pelo eu, ao menos conforme conceitualizado da maneira mais sofisticada, e a forma de tratar os outros (sobretudo pelas inevitáveis consequências recíprocas das interações sociais iteradas). Compreenda, também, que não há diferença entre essa consideração pelo eu e pelo próximo e a crença ou até mesmo a incorporação ou encarnação do espírito de Deus. Como consequência dessa unidade subjacente, emergem os dois elementos do Grande Mandamento; e, em decorrência desses dois, surgem os Dez Mandamentos, que são o conjunto de regras específicas que compõem a representação semântica explícita das práticas tradicionais que estabilizam, regulam e viabilizam a cultura.

O corolário dessa estrutura hierárquica é que as leis mais periféricas tendem a ser mais específicas de cada cultura, enquanto os princípios mais profundos são mais universais. Essa constatação admite certo relativismo em algumas questões morais (algumas regras serão muito específicas às idiossincrasias de determinado tempo e lugar), mas exige um absolutismo em outras (algumas regras são tão fundamentais que nenhuma interação humana pode ocorrer na ausência delas). Isso é observado na relação entre os primeiros Dez Mandamentos canônicos e as regras mais específicas e circunstanciais decorrentes.

I. Não terás outros deuses diante de mim. (Êxodo 20:3)

II. Não farás para ti nenhuma imagem esculpida, ou qualquer semelhança de alguma coisa que está em cima no céu, ou que está embaixo na terra, ou que está na água abaixo da terra. (Êxodo 20:4)

III. Não tomarás o nome do Senhor teu Deus em vão; porque o Senhor não terá por inocente aquele que tomar o seu nome em vão. (Êxodo 20:7)

IV. Lembra-te do dia do shabat, para mantê-lo santo. (Êxodo 20:8)

V. Honra a teu pai e a tua mãe, para que se prolonguem os teus dias na terra que o Senhor teu Deus te dá. (Êxodo 20:12)

VI. Não assassinarás. (Êxodo 20:13)

VII. Não cometerás adultério. (Êxodo 20:14)

VIII. Não furtarás. (Êxodo 20:15)

IX. Não darás falso testemunho contra teu próximo. (Êxodo 20:16)

X. Não cobiçarás a casa de teu próximo, não cobiçarás a mulher de teu próximo, nem o seu servo, nem a sua serva, nem o seu boi, nem o seu jumento, nem alguma coisa que é de teu próximo. (Êxodo 20:17)

Compare essas regras com as listadas nos capítulos seguintes — que tratam principalmente da disposição específica de propriedade, de elementos de responsabilidade social e dos detalhes da administração da justiça moderada pela misericórdia (Êxodo 21–23):

> E se um homem abrir um buraco, ou se um homem cavar um buraco, e não o cobrir, e nele cair um boi ou um jumento, o dono do buraco pagará por ele, e dará dinheiro ao dono deles. E o animal morto será seu. (Êxodo 21:33–34)

> Se irromper um fogo, e pegar nos espinhos, de modo que sejam consumidos os feixes de trigo, ou a seara, ou o campo, o que iniciou o fogo certamente fará restituição. (Êxodo 22:6)

> Não afligirás um estrangeiro, nem o oprimirás, pois fostes estrangeiros na terra do Egito. (Êxodo 22:21)

> Não afligireis nenhuma viúva, nem o órfão. (Êxodo 22:22)

> Se tomares a veste de teu próximo por penhor, tu lho restituirás antes do pôr do sol, porque esta é sua única coberta. (Êxodo 22:26–27)

> Não seguirás uma multidão para fazeres o mal; nem falarás em uma causa modificando a ação após muitos, distorcendo o julgamento. (Êxodo 23:2)

> Nem ao homem pobre favorecerás na sua causa. (Êxodo 23:3)

O ordenamento preciso de cada regra na hierarquia das práticas desejáveis está sujeito a um constante debate, algo que é intrínseco à contínua busca teológica, narrativa e filosófica da humanidade; é parte da construção da eterna pirâmide que se estende até o céu e é moldada pelas condições ambientes; é parte do processo de nomear e submeter o mundo que Deus atribuiu a Adão como missão eterna. A existência dessa variabilidade passível de questionamento não significa que nada seja central; que tudo seja igualmente periférico de maneira niilista, anárquica ou hedonista.

A Regra de Ouro — "E assim como quereis que os homens vos façam, fazei-lhes igualmente" (Lucas 6:31) — é uma variante da segunda parte do Grande Mandamento (indicado de maneira mais clara em Mateus 7:12): "Portanto, todas as coisas que vós quereis que vos façam os homens, fazei-o também a eles; pois esta é a lei e os profetas." Essa Regra é um exemplo da declaração explícita de uma reciprocidade indireta evoluída: "Eu ajudo você e alguém me ajuda."[103] O mesmo padrão tem sido modelado ou observado por adeptos da teoria dos jogos, que modelam formalmente interações iterativas, e foi resumido por tais pesquisadores da seguinte forma:

> Em primeiro lugar, os indivíduos tendem a adotar estratégias cooperativas no processo de construção de redes interpessoais de longo prazo. Em segundo lugar, bases de confiança mais sólidas entre os indivíduos levam a uma maior coesão sob estratégias de cooperação. Por fim, para manter redes interpessoais sob a estratégia de traição, é essencial adicionar continuamente novos nós à rede.[104]

O último trecho indica o que é necessário para que os traidores (os psicopatas, os parasitas predatórios) continuem implementando com sucesso sua estratégia não recíproca ou egoísta: um fluxo contínuo de vítimas ingênuas, desavisadas ou voluntariamente cegas. Aliás, essa tática é idêntica à necessária, inevitável e inconsciente condição errante de Caim. Por quê? Porque todos aqueles que adotam um padrão de sacrifício de segunda categoria e que, em consequência da rejeição de sua oferta recorrem à amargura e à vingança, se veem compelidos a vagar de um lugar para outro em busca de novas vítimas. Aqueles a quem eles traem uma, duas ou até três vezes se lembram e se recusam a continuar em seu papel de peões, marionetes, capachos ou pior. A prevalência intercultural de uma concepção ou princípio de conduta moral semelhante ao da Regra de Ouro foi observada por muitos autores e é algo considerado central pelos praticantes e formuladores de muitas das religiões do mundo.[105] Trata-se tanto de uma adaptação evoluída quanto de uma injunção divina.

Deus, então, reitera aos israelitas sua promessa de vitória universal eventual, caso sigam os ditames:

> E servireis ao Senhor vosso Deus, e ele abençoará o vosso pão e a vossa água; e eu tirarei do meio de vós a enfermidade.
>
> Não haverá ninguém que lance seus jovens, nem estéril; cumprirei na tua terra o número dos teus dias.
>
> Enviarei o meu temor diante de ti, e destruirei todo o povo a quem fores, e farei com que todos os teus inimigos te virem as costas.
>
> E enviarei vespões diante de ti, que expulsarão os heveus, os cananeus, e os heteus, de diante de ti.
>
> *Êxodo 23:25–28*

Aqueles que seguem o anjo do Senhor triunfarão. Essa é uma reiteração da insistência contínua no Antigo Testamento (e no Novo) de que aqueles que se alinham com a ordem moral implícita triunfarão.

Moisés se reúne com Deus no topo do monte Sinai por quarenta dias e noites, envolto em algo que parece um "fogo consumidor aos olhos dos israelitas" (Êxodo 24:17), e recebe as tábuas de pedra com os Dez Mandamentos gravados. A inscrição na pedra significa (como no caso de uma lápide) permanência, memória, reverência e atenção — pois é um trabalho que demanda tempo e cuidado. Após receber as regras, Deus fornece ao profeta instruções detalhadas para a construção da Arca do Pacto, projetada para conter as tábuas de pedra, bem como o tabernáculo móvel, ou igreja, que envolverá e abrigará a Arca. Moisés recebe a lei e os meios de transmiti-la adiante: a igreja ou templo que, ao longo dos milênios seguintes, ocuparia uma posição central, ou primordial, nos assentamentos cada vez mais permanentes estabelecidos em toda parte. A lei é, portanto, estabelecida na forma explícita de mandamentos e suas regras complementares, ao mesmo tempo que o divino inefável ocupa o centro da comunidade. Isso cria um lugar e um lembrete para o sacrifício ascendente adequado, sobre o qual necessariamente se fundamentam a estabilidade psicológica e a existência social.

Deus é, portanto, colocado na posição central da comunidade, acompanhado pelas regras centrais estabelecidas por Ele, cercado pelos sucessivos véus do tabernáculo (outra indicação de hierarquia e subsidiariedade), que, por sua vez, é rodeado pela comunidade. O padrão é estabelecido não apenas para toda a organização social, mas também para a psique unificada, para a percepção e a concepção — mesmo em seus elementos individuais ou específicos. Tudo o que é consciente e apreensível é uma ideia divina ou celestial, cercada por uma margem de distância e multiplicidade crescentes. Isso é válido tanto para os "objetos" de nossa percepção quanto para nossas ideias sobre esses objetos. A comunidade na qual o ideal está situado é convocada a oferecer algo de valor (ouro, prata, bronze, corantes e peles, óleo e incenso, e pedras preciosas) para que esse santuário sagrado possa ser concretizado. Esse é um dos atos sacrificiais já mencionados que permitem a própria existência do mundo social produtivo.

Obviamente, algo deve ser renunciado por cada indivíduo para que os benefícios da comunidade possam ser obtidos. Um mundo de todos contra todos, que é a alternativa, é um mundo de constante guerra e privação — e não o paraíso do hedonismo anárquico imaginado pelos cananeus, pelos habitantes de Sodoma e Gomorra e pelos adoradores do bezerro de ouro. Essa prática de ofertar algo para criar um lugar de beleza divina é, ao mesmo tempo, a fundação e a santificação explícita da prática de patrocínio das artes, que são a manifestação, por meio da imaginação e da ação, do espírito que existe no centro e unifica. A beleza e a narrativa profunda são vias para o divino — formas alternativas e complementares de adoração, por mais implícita que essa adoração possa ser.

A cobertura da Arca — o trono da misericórdia ou propiciatório — era considerada o lugar ou o símbolo da expiação (reunião); o lugar de reconciliação entre o pecador fragmentado, ansioso e desesperançado e Deus — e, de acordo com esse papel central, era construída de ouro puro, o metal mais nobre, que se recusa, até mesmo como um destino empírico, a "copular promiscuamente" com outros metais, sendo capaz de manter sua eterna pureza.[106] Esse trono era ladeado por dois querubins, uma reminiscência dos anjos que guardam os portões do Paraíso. Essa combinação da ideia de expiação com a mais severa discriminação e julgamento reflete a ideia de recolher o trigo e incinerar a palha (Mateus 3:12)? O arrependimento dos pecados equivale a se livrar do peso morto e eliminar tudo o que não é adequado ao céu? Tudo isso é algo alcançado como consequência da forma de sacrifício mais elevada ou suprema concebível?

O trono da misericórdia estava localizado no centro do tabernáculo, no Lugar Santíssimo — um cômodo que poderia ser acessado apenas uma vez por ano, no Dia da Expiação, e somente pelo sumo sacerdote. Nesse dia, ele aspergia sobre o propiciatório o sangue de um cordeiro sacrificial. Isso representa a renúncia voluntária e celebratória de tudo o que é inferior em prol do que é superior e, em última instância, do supremo. É, também, a expiação, a criação de uma unidade a partir de muitos, porque tudo converge sob o que é mais elevado em proporção exata ao grau de sacrifício. É algo externo, perfeito e inocente: a oferta de uma propriedade ou outro item de valor genuíno. Mas isso, por si só, é insuficiente, assim como a externalização do mal é insuficiente. Sem dúvida, existem predadores — serpentes e feras reais. No entanto, em termos metafóricos, também existem as serpentes que habitam o coração de seus inimigos, e elas podem apresentar um perigo ainda maior. Essa constatação e representação é o primeiro estágio na transformação da ideia do mal predatório em algo mais profundo, significativo e psicológico. Mas isso ainda não é abstração suficiente. Com muita frequência, também há o mal à espreita nos corações de familiares e amigos. A traição é comum. Quanto mais próxima a relação em que ela se manifesta, mais profunda é a ferida. Mas a pior serpente de todas é aquela que habita dentro de nós: não há traição mais grave do que quando traímos a nós mesmos.

A mesma lógica inexorável de psicologização se aplica ao caso do bem: é difícil que um homem rico entre no reino dos céus (Mateus 19:23–26), pois ele pode escolher o que é confortável, imediato ou que eleva seu status em vez de buscar aquilo que equilibra ou gera harmonia entre o agora e o depois, e entre o indivíduo e a comunidade. Assim, todos somos constantemente tentados a realizar sacrifícios inversos, a inverter a ordem cósmica adequada. Fazemos isso quando priorizamos a satisfação de nossas necessidades e desejos imediatos ou a evitação enganosa das consequências de nossos erros em detrimento do que é bom para nós em um contexto mais amplo, colocando nossos desejos mais restritos e a fuga da responsabilidade acima do bem mais abrangente da comunidade que sustenta a todos.

Algo é inevitavelmente imitado, celebrado e até adorado, não importa a direção que tomarmos; seja o caminho do egoísmo contraproducente ou da generosidade recíproca e produtiva. Algo sempre é elevado ao lugar mais alto, e esse é um passo essencial antes que os recursos de atenção possam ser alocados e a ação iniciada. Atentar-se a algo, ou fazer algo, é sacrificar tudo o que poderia ter sido notado ou feito. Priorizar é sacrificar, e o sacrifício adequado é expiação. Assim, por definição, não há diferença entre a expiação e a devoção assídua de tudo que é inferior ao que é superior. Essa é a eterna alternativa à Torre de Babel luciferiana, é o cipó que une a terra ao céu. É a Escada de Jacó, o monte Sinai e a pirâmide subsidiária.

A necessidade de sacrifício — e de um sacrifício cruento, por sinal — deveria ser, de fato, autoevidente. A relação entre abrir mão de algo de valor na tentativa de estabelecer um pacto com o amigo, o vizinho e o eu futuro não é diferente do trabalho honesto, produtivo e generoso que obviamente redime. Da mesma forma, os sacrifícios que fazemos na vida são indistinguíveis da própria manutenção e continuidade da existência. Isso é válido, ao mesmo tempo, em todos os níveis de experiência. A comunidade deve sacrificar seu desejo por ganhos irrestritos aos atuais limites do meio natural. A falha em fazê-lo resulta na tragédia dos bens comuns e no colapso do que poderia ser um relacionamento sustentável ("recursos"). O indivíduo tem que sacrificar seu desejo pela gratificação imediata e restrita para promover e preservar seu eu futuro — em prol da comunidade hierárquica do casamento, da família, da sociedade e do meio ambiente. A harmonia alcançada quando esse sacrifício é realizado no mais alto grau é indiscernível da construção de uma estrutura subsidiária de lealdade, direitos e responsabilidade: uma só nação, guiada por Deus.

8

Moisés II: Hedonismo e Tentação Imatura

8.1. Materialismo e celebração orgiástica

Enquanto Moisés está no topo da montanha em comunhão com Deus — uma tarefa terrível, mas reveladora —, estabelecendo as regras e os rituais explícitos pelos quais os israelitas devem viver, seu povo se volta com espantosa rapidez à adoração de falsos ídolos (Êxodo 32:1–6). Ao que parece, o profeta demora um pouco a retornar. Impacientes, os israelitas servis e irascíveis exigem que Arão forje um bezerro de ouro, para o qual oferecem todos os brincos de ouro usados pelas mulheres israelitas. Esse é outro exemplo do sacrifício que fundamenta a comunidade; dessa vez, no entanto, é uma oferta aos deuses da gratificação imediata e da adoração do ego restrito. Isso não é liberdade; os israelitas regrediram ao paganismo do domínio pelos instintos.

> E ele recebeu das suas mãos, e o formou com um buril, depois de o ter formado em bezerro de fundição, e eles disseram: Estes são teus deuses, ó Israel, que te tiraram da terra do Egito.
>
> E quando Arão o viu, construiu um altar diante dele. E Arão fez uma proclamação e disse: Amanhã é a festa ao Senhor.
>
> E eles se levantaram cedo no dia seguinte, e ofereceram ofertas queimadas, e trouxeram ofertas pacíficas; e o povo assentou-se para comer e beber, e se levantou para festejar.
>
> *Êxodo 32:4–6*

Onde está o materialismo, *em si*? Um bezerro é um repositório de valor para um pastor; um bezerro de ouro é a etapa intermediária entre uma posse concreta — algo diretamente comestível, ou capaz de produzir o que é comestível ao longo do tempo — e o dinheiro em si, que é um padrão ou banco de valor completamente abstrato. Adorar o bezerro de ouro é sucumbir a algo semelhante ao amor ao dinheiro, mais tarde considerado a raiz de todos os males (1 Timóteo 6:10). Há pouquíssima diferença entre a adoração da gratificação materialista e o domínio pelos caprichos impulsivos e destrutivos.[1]

Arão, como líder político, sucumbe à tentação e cede às exigências impulsivas de seu povo assim que a voz do Próprio Divino (na forma de Moisés) silencia. No entanto, Deus informa diretamente a Moisés o que está acontecendo (Êxodo 32:7) e deixa claro que está bastante desapontado com essa traição, a ponto de considerar a aniquilação dos israelitas. Ele, então, oferece a Moisés a possibilidade de ser o único progenitor, como Noé ou Abraão, do futuro povo escolhido de Deus. Moisés rejeita a oferta, preferindo repreender o irmão e o povo. O profeta retorna ao acampamento com pressa e raiva e, ao chegar, arremessa as tábuas da lei no chão, quebrando-as. Em seguida, ele incinera o bezerro de ouro, reduz seus restos a pó e os espalha sobre a água — devolvendo-o ao caos de onde surgiu. Depois, exige que os filhos de Israel bebam aquela mistura de pó e água, para que engulam e digiram o que haviam feito (Êxodo 32:19–22).

A disposição política de Arão em ceder até mesmo aos impulsos malignos de seu povo tornou os israelitas fracos, vulneráveis e até desprezíveis para seus inimigos: "Moisés viu que o povo estava desenfreado e que Arão o tinha deixado fora de controle, tendo se tornado motivo de riso para os seus inimigos" (Êxodo 32:25, Nova Versão Internacional); "Moisés viu que Arão havia permitido que o povo se descontrolasse completamente, dando motivo de zombaria a seus inimigos" (Êxodo 32:25, Nova Versão Transformadora); "E, vendo Moisés que o povo estava despido, porque Arão o havia deixado despir-se para vergonha entre os seus inimigos" (Êxodo 32:25, Almeida Corrigida Fiel); "Quando Moisés viu que o povo estava sem controle, pois Arão o tinha deixado à solta para vergonha no meio dos seus inimigos" (Êxodo 32:25, Nova Almeida Atualizada); "E quando Moisés viu que o povo estava nu (porque Arão os havia despido para vergonha entre os seus inimigos)" (Êxodo 32:25, King James).

Essa narrativa, que descreve a ascensão de um populismo corrosivo, demonstra o problema fundamental da verdade ou até do contrato social surgidos com base em um mero consenso, na ausência de qualquer correspondência legítima com uma realidade[2] abrangente e intrinsecamente estruturada ou com uma ordem cósmica *a priori*. O cajado da tradição, fincado no solo, em torno do qual tudo gira inevitavelmente, foi arrancado de sua posição central necessária — substituído pelo inferno imaturo do anarquismo hedonista.

> Girando e girando em crescente espiral,
> O falcão já não ouve o falcoeiro;
> Tudo desmorona; o centro não é capaz de suportar;
> Mera anarquia assola o mundo,
> A maré tingida de sangue se espalha por toda parte,
> A cerimônia da inocência se afoga;
> Os melhores carecem de convicção, enquanto os piores
> Estão tomados de impetuosa intensidade.[3]

Na ausência das palavras de Moisés e do cajado unificador da tradição viva, os israelitas decidem priorizar a celebração e a adoração de algo que os leva, quase de imediato, a um comportamento irresponsável e fraco o suficiente para torná-los alvo do escárnio de inimigos potencialmente mortais. Há, também, uma clara indicação de uma celebração hedonista — festejos irreverentes e ébrios — na adoração do bezerro de ouro pelos israelitas: "E ele disse: Não é voz dos que gritam por domínio, nem é a voz dos que entoam derrota, mas ouço um alarido dos que cantam" (Êxodo 32:18). Essa passagem no Livro do Êxodo é traduzida alternativamente das seguintes formas:

> Respondeu-lhe Moisés: "Não é alarido dos vencedores nem alarido dos vencidos, porém alarido dos que cantam é o que ouço." (Sociedade Bíblica Britânica)
>
> Moisés disse: "Não parece um barulho de vitória, nem um grito de derrota; o que estou ouvindo é gente cantando." (Nova Tradução na Linguagem de Hoje)
>
> Moisés respondeu: "Não são gritos de vitória nem lamentos de derrota. Ouço barulho de festa." (Nova Versão Transformadora)
>
> Respondeu-lhe Moisés: "Não é alarido dos vencedores nem alarido dos vencidos, mas alarido dos que cantam é o que ouço." (Almeida Revista e Atualizada)

Essa repentina decadência dos israelitas é apresentada como um perigo para sua sobrevivência. O puramente político, apartado da tradição, não é apenas suscetível à dominação pelos caprichos momentâneos e negligentes do povo, mas também, como se revela, pelos caprichos momentâneos e negligentes da pior parte de uma pequena minoria. Isso indica que, na ausência de uma voz que busque um objetivo verdadeiramente elevado e difícil, os mais imaturos e desregrados clamarão, com sucesso, por controle. E por que seria diferente? A regressão é mais fácil e mais provável do que a progressão, da mesma forma que o movimento em direção à entropia é mais fácil do que o movimento inverso — embora este seja a própria essência da vida.[4]

Moisés convoca aqueles que ainda permanecem fiéis a Deus a se juntarem a ele no portão do acampamento (Êxodo 32:26). Os levitas atendem ao chamado sob a liderança de Fineias, filho de Arão. O grupo reunido decide matar cerca de três mil israelitas infiéis (Êxodo 32:28). Não está claro qual a proporção que esse número representa em relação à população total. Quando Jetro aconselha Moisés a dividir seu povo em uma hierarquia de responsabilidade, eles são separados em grupos de dez, cinquenta, cem e mil, o que indica que havia israelitas suficientes para formar vários grupos de milhares. Êxodo 12:37 afirma que havia seiscentos mil homens — portanto, talvez a população total girasse em torno de dois milhões —, e essa informação é reiterada em Números 1:46 e 11:21. Alguns acreditam que esse número seja uma superestimativa substancial, sugerindo que, na verdade, a população estaria mais próxima de trinta mil.[5] Mesmo que a estimativa menor seja aceita, os três mil mortos ainda representam uma pequena porcentagem da população.

Essa passagem ressalta ainda mais que, quando apartado de sua conexão ou integração subsidiária ao reino profético ou tradicional, o reino político pode ser rapidamente corrompido por uma minoria dedicada a satisfazer seus desejos estreitamente egoístas. O desfecho severo dessa parte da jornada indica dois aspectos: primeiro, o perigo do declínio de um povo desviado à imaturidade coletiva da multidão hedonista e egocêntrica; e segundo — e igualmente perigoso —, a evocação do espírito tirânico por essa multidão, nesse caso na forma da represália mortal de Moisés, cujo pecado capital é a tendência a usar a coerção e a força (em suma, o poder) quando a exortação e o diálogo seriam suficientes. Essas duas tendências são inseparáveis. Um povo que abandona toda responsabilidade e maturidade em busca do que é carnal e hedonista no presente é o mesmo povo incapaz de fazer o sacrifício necessário para garantir sua sobrevivência futura ou uma vida comunitária pacífica — e o mesmo povo cujas atitudes clamam pela presença de um autoritarismo brutal. O que isso significa para a compreensão do que constitui uma ação necessária diante da crise e da degeneração? O texto não enfatiza tanto os perigos da tolerância estúpida (pois os israelitas são dominados por um pequeno número de maus elementos) quanto os do Estado repressivo (na forma da transição do Estado mais tradicional para o uso de força mortal). Lembre-se: no Livro do Apocalipse, no final arquetípico dos tempos, a besta escarlate mata a mãe de todas as prostitutas que serve ao prazer. Essa é uma visão de como pessoas e sociedades podem sofrer um fim terrível.[6]

Após a purgação, Moisés intercede mais uma vez em favor do povo desviado de Israel, dizendo a Deus que não quer participar das decisões sobre o futuro dos israelitas se eles não forem perdoados. Em Êxodo 32:10, Deus ameaça destruí-los completamente. Após a intercessão de Moisés (Êxodo 32:35), essa sentença é substituída por um castigo um tanto vago, porém menor (pois "afligir" pode ser interpretado como "atormentar" ou "contaminar com uma doença"[7]). Logo em seguida, Deus reitera seu desejo de que os israelitas peregrinem até a terra prometida, mas se afasta da liderança direta, substituindo-a por um anjo, uma forma muito inferior:

> E disse o Senhor a Moisés: Vai, sobe daqui, tu e o povo que fizeste subir da terra do Egito, para a terra que jurei a Abraão, a Isaque, e a Jacó, dizendo: À tua semente a darei.
>
> E enviarei um anjo adiante de ti e expulsarei os cananeus, os amorreus, os heteus, os ferezeus, os heveus e os jebuseus,
>
> Para uma terra que mana leite e mel; porque eu não subirei no meio de ti, porque és um povo obstinado, para que eu não te consuma no caminho.
>
> *Êxodo 33:1–3*

O que indica esse afastamento, ao menos parcial, de Deus? Que os ímpios que se afastam daquilo que deveria ocupar o lugar mais elevado correm o risco de prejudicar permanentemente o relacionamento com a consciência e o chamado que, de outra forma, os guiariam tanto em tempos de dificuldade quanto de prosperidade. Esse sentimento é ecoado em Jeremias 5:21: "Ouvi agora isto, ó povo tolo, e sem entendimento, os quais têm olhos e não veem, os quais têm ouvidos e não ouvem"; e em Isaías 42:20: "Vendo muitas coisas, porém tu não observas. Abrindo os ouvidos, porém ele não ouve"; e enfatizado em Mateus 13:14: "E neles se cumpre a profecia de Isaías, que diz: Ouvindo, ouvireis, e não compreendereis, e, vendo, vereis, e não percebereis." As pessoas se tornam aquilo que praticam. Nossas percepções são moldadas por nossas intenções e nossos propósitos, que, quando habituais, podem ocultar da consciência tudo o que não é pertinente ao éthos dominante. Quando o pecado é praticado, o bem se afasta. A visão se torna turva. No nível individual, isso significa a alienação da consciência e a rejeição do chamado; no coletivo, a própria Morte de Deus. Quando há pecado suficiente, o divino desaparece em meio à obscuridade e ao caos. Será, então, que até mesmo o arrependimento só é capaz de restaurar uma sombra daquilo que, de outra forma, poderia ter sido plenamente presente?

8.2. O restabelecimento desesperado do pacto

Os israelitas, profundamente infelizes com essa reviravolta, despem-se de seus adornos e lamentam. Moisés ergue um tabernáculo temporário fora do acampamento, um local de adoração para todos aqueles que assim desejassem. Isso significa que o centro sagrado foi deslocado para a margem — uma reafirmação da ideia de que Deus foi substituído por um anjo inferior. Na verdade, os israelitas ainda têm a sorte de o divino não ter se afastado por completo, como aconteceu com Sodoma e Gomorra. O profeta aproveita a oportunidade para falar diretamente com Deus (escondido na coluna de nuvem) — lutando mais uma vez com o divino[8] — enquanto o povo permanece em segurança ao redor de suas tendas. Ele expressa dúvidas sobre sua liderança na jornada que está por vir, sobretudo após Deus indicar que retiraria ao menos parte de Seu favor.

Moisés, então, pede a Deus que esclareça a situação, que mostre o caminho e reitere a crença de que Israel ainda é a nação escolhida por Deus: "Como pois se poderá saber que achamos graça aos teus olhos, eu e teu povo? Não é em andares tu conosco? Assim seremos separados, eu e teu povo, de todos os povos que estão sobre a face da terra" (Êxodo 33:16). Entre traduções alternativas, está: "Pois como se poderá saber que alcançamos favor diante de ti, eu e o teu povo? Será que não é o fato de andares conosco, de maneira que somos separados, eu e o teu povo, de todos os povos da terra?" (Nova Almeida Atualizada). Quando Deus se afasta do povo, apenas os profetas à margem ainda conseguem ver e ouvir a verdade. São as vozes "clamando no deserto", como João Batista no evangelho, dizendo: "Arrependei-vos, porque o reino do céu tem-se aproximado!" e "Preparai o caminho do Senhor, fazei planos seus caminhos" (Mateus 3:1–3).

Em resposta, Deus concorda em se revelar a Moisés. Isso é tanto uma recompensa por sua fidelidade quanto uma indicação de que, mesmo marginalizado, Moisés permaneceu próximo a Deus. Assim, pelo menos um israelita ainda mantém contato direto e suficiente com o divino — e um só pode ser o bastante, como foi no caso de Elias, com quem Moisés é notoriamente comparado mais tarde.[9] Deus esconde seu fiel servo na fenda de uma rocha e passa diante dele, ocultando Seu rosto, mas permitindo que Moisés veja Suas costas (Êxodo 33:22–23). Assim, Moisés pode ver onde Deus esteve — pode ver Suas costas, as consequências de Sua presença — e isso é mais do que suficiente para fortalecer sua fé. Como afirma o *Comentário Bíblico do Púlpito*: "Os antropomorfismos da passagem são numerosos e fortes — devem, é claro, ser considerados como acomodações para as ideias humanas. Depois que a Presença Divina passasse, Moisés deveria ter permissão para olhar, e veria tanto da glória Divina quanto ele seria capaz de suportar."[10]

Mesmo para alguém com a estatura moral e a proximidade com Deus de Moisés, a experiência plena da divindade é excessiva, mas um vislumbre parcial parece suficiente para reconectá-lo com o que é mais profundo, aplacar suas dúvidas e reacender sua esperança. Essas concepções de Deus ridicularizam qualquer tentativa simplista de reduzir a divindade caracterizada no relato bíblico a algo plenamente compreensível, quanto mais material ("Deus é real?") ou simplesmente personificado, como sugere a metáfora — muito criticada, porém mais sofisticada do que parece — da figura de um "homem idoso que vive no céu". Por que *mais sofisticada*? Porque, até onde se pode determinar, não há nada mais complexo em toda a existência do que a psique humana; porque um ser humano é um microcosmo ou modelo da ordem cósmica. Portanto, no que diz respeito a metáforas ou caracterizações, a figura do "pai celestial" é melhor do que a maioria. Mas nos relatos antigos que estamos analisando, não há qualquer indicação de que tal representação deva ser considerada de maneira completa ou definitiva. Dawkins, novamente:

> Costuma-se dizer que há uma lacuna no cérebro com o formato de Deus que precisa ser preenchida: temos uma necessidade psicológica de Deus — amigo imaginário, pai, irmão mais velho, confessor,

> confidente — e essa necessidade precisa ser satisfeita, independentemente de Deus existir de fato ou não. Mas será que Deus não está ocupando uma lacuna que seria mais bem preenchida com outra coisa? Com a ciência, talvez? A arte? A amizade humana? O humanismo? O amor por esta vida no mundo real, sem dar credibilidade a outras vidas após a morte? Um amor pela natureza, ou o que o grande entomólogo E. O. Wilson chamou de biofilia?[11]

Que ideia ingênua e otimista, diante da eterna tendência em direção ao bezerro de ouro. Que tal o culto ao poder, para preencher a lacuna com o formato de Deus? As tentações invejosas da grande ilusão comunista? A fervorosa celebração da identidade racial que caracterizou os nacional-socialistas? Ou talvez uma guinada cruel e desmoralizante em direção às seduções do niilismo? Aos prazeres imediatos do hedonismo — até mesmo ao autoengrandecimento sádico do Marquês de Sade, gêmeo sombrio da Revolução Francesa e do Iluminismo? Ecos de Michel Foucault.[12]

E quanto à propensão assassina de Raskólnikov, justificada de maneira tão minuciosa e racionalizada em *Crime e Castigo*? As incoerências lunáticas e o misticismo do chamado movimento New Age? Essas não são, também, manifestações de um racionalismo infundado? Tudo flui de maneira lógica, mas os axiomas subjacentes são equivocados. Esse é o estado de alguém seriamente paranoico, embora ainda racional, exceto nas próprias percepções. Eis o dilema para o racionalista: o que deve ser considerado a base de tudo ou o ápice da aspiração? E, em relação à "biofilia", não devemos esquecer que o amor pelo planeta muitas vezes significa ódio por aqueles que o habitam. A adoração de Baal, deus da natureza, era associada ao sacrifício de crianças (Jeremias 19:5). E se você acredita que no mundo moderno somos incapazes de algo assim, é melhor repensar: quanto do profundo sentimento antifilhos que permeia nossa cultura é uma consequência inevitável da elevação da terrível deusa Gaia ao lugar mais alto? Em conjunto, é claro, com o prazer irresponsável, egoísta e fatalmente ingênuo promovido pela chamada revolução sexual, que atrai para a perdição aqueles que, com o devido cuidado, poderiam se tornar mães e pais maduros e responsáveis?[13] É preciso ser realmente cego para não perceber o impressionante anti-humanismo que emerge quando o supostamente louvável culto à natureza, promovido de maneira tão imprudente pelo Dr. Dawkins, assume o lugar central. *O planeta tem gente demais!*[14] Existe algum slogan intrinsecamente mais assassino, ou até genocida? Quem deve morrer então? Quem decide? Serão apenas os pobres, que se multiplicam de maneira imprudente, ou talvez seus filhos indesejáveis?[15] Devemos eliminar os habitantes do mundo em desenvolvimento, aos quais não se deve permitir o uso dos combustíveis fósseis que tiraram o Ocidente da pobreza?[16]

Após a destruição das inscrições originais dos Mandamentos, Deus instrui Moisés a esculpir duas novas tábuas de pedra e a gravar novamente as leis. Essas parecem artefatos um pouco inferiores, já que tanto as tábuas quanto a inscrição originais eram "obra de Deus" (Êxodo 32:16). Em razão da falta de fé dos israelitas e da consequente destruição do contrato original por Moisés, o novo pacto parece uma variante relativamente degenerada, indicando mais uma vez uma deterioração permanente da relação entre o divino e o povo escolhido, conforme sugere o notável intérprete bíblico Charles Ellicott: "Algo sempre se perde com o pecado, mesmo quando ele é perdoado."[17] Para receber a palavra divina renovada, Moisés sobe mais uma vez o monte Sinai, levando as novas tábuas em branco. Essa é uma reinterpretação, em escala microcósmica, da aventura de Abraão; uma nova subida pela Escada de Jacó.

Ao longo do caminho, Deus relembra ao seu profeta o custo da iniquidade e se descreve como aquele "que guarda a misericórdia em milhares, perdoando a iniquidade e a transgressão e o pecado, e que de modo algum inocenta o culpado, e que visita a iniquidade dos pais sobre os filhos, e sobre os filhos dos filhos, até a terceira e quarta geração" (Êxodo 34:7). Nenhuma distorção na estrutura da realidade, causada por um propósito desalinhado, desaparece por conta própria. O erro deve ser corrigido, se não pelo próprio pecador, por aqueles que o sucedem. É uma verdade terrível. Mas, se os seres humanos têm algo importante a fazer e se a realidade que habitamos é de fato real, dificilmente poderia ser de outra forma. Por isso, muito mais tarde, Cristo pronuncia estas palavras implacáveis: "Não penseis que eu vim destruir a lei ou os profetas; eu não vim para destruir, mas para cumprir. Porque na verdade eu vos digo: Até que passem o céu e a terra, um iota ou um traço de letra, não passará da lei, até que tudo seja cumprido" (Mateus 5:17–18). Um "iota" é a transliteração da menor letra do alfabeto hebraico (*yod*). Um "traço de letra" é um termo usado para descrever os pequenos sinais distintivos da escrita hebraica. Com essas palavras, Jesus indicou que nem o menor detalhe da Lei Mosaica deixará de ser cumprido ou aplicado. Em outras palavras: nada feito para o mal desaparece por conta própria. É também por esse motivo que os pecados dos homens eternamente evocam a vingança da mãe de todos os dragões — como revela o *Enuma Elish*[18] de maneira tão contundente, e os mesopotâmicos aprenderam de maneira tão dolorosa. Nós pagamos — ou nossos filhos pagam — por cada pecado.

Moisés é tão impactado por seu encontro com Deus que, ao descer da montanha e se reunir com seu povo, seu rosto, irradiando a glória divina, emana uma resplandecência insuportável. Ele precisa cobri-lo com um véu para atenuar o terror sagrado que provoca em seu povo. Isso reflete dois fatos: primeiro, a genuína proximidade do profeta ao divino, permanecendo em fiel comunhão com Deus; segundo, o estado oposto dos israelitas, ainda mergulhados no pecado. Quanto maior a distância em relação a Deus, ou ao seu profeta, mais aterrorizante e insuportável se torna o ato de contemplar a face do divino. Alguém puro tem pouco a temer diante do que é perfeito; mas aquele que é impuro, ao confrontar o ideal, também deve enfrentar a realidade de sua incontestável impureza. Se essa impureza é consequência de cegueira intencional — se decorreu da sucessiva recusa em se arrepender e melhorar quando a consciência indicava essa necessidade —, como seria possível para essa pessoa (ou esse povo), nessa condição degenerada, suportar a exposição direta ao julgamento implícito no Ideal em si? Algo semelhante é sugerido em outras partes do corpus bíblico, quando Cristo é transfigurado no monte diante de seus discípulos, na companhia das milagrosas aparições de Moisés e do profeta Elias (Mateus 17:1–9), nas visões de Ezequiel (Ezequiel 1) e na revelação de São João.

> E voltei-me para ver a voz que falava comigo. E, voltando-me, eu vi
> sete candelabros de ouro;

> E no meio dos sete candelabros, alguém semelhante ao Filho do homem, vestido com uma roupa comprida até aos pés, e cingido com um cinto de ouro no seu peito.
>
> Sua cabeça e seus cabelos eram brancos como a lã, tão brancos como a neve, e os seus olhos eram como uma chama de fogo;
>
> E seus pés como bronze polido, como se queimassem em uma fornalha; e a sua voz como o som de muitas águas.
>
> E ele tinha em sua mão direita sete estrelas, e da sua boca saía uma espada afiada de dois gumes e a sua face era como o sol quando brilha em sua força.
>
> E, quando o vi, caí como morto aos seus pés. E ele pôs sua mão direita sobre mim, dizendo: Não temas. Eu sou o primeiro e o último;
>
> Eu Sou Ele que vive, e que estava morto; e eis que eu estou vivo para sempre, amém; e tenho as chaves do inferno e da morte.
>
> *Apocalipse 1:12–18*

Esses versículos contêm um duplo significado. Primeiro, todo ideal é, necessariamente, também um juiz; segundo, todo desvio do ideal torna o inevitável julgamento mais severo. Esse é o padrão das pragas que atingem os egípcios, evocadas por Moisés, agindo em nome de Deus. A crescente dificuldade da expiação é consequência inevitável da reiteração do pecado. De certo modo, também é uma referência às experiências de Moisés ao encontrar Deus na forma da sarça ardente e ao se esconder na rocha, protegido pela mão divina, assim como à terrível espada flamejante de purificação descrita em Gênesis 3:24[19] e mencionada em Isaías 34:5: "Porque a minha espada se embriagou nos céus; eis que, para exercer juízo, desce sobre Edom e sobre o povo que destinei para a destruição" (Almeida Revista e Atualizada). Por que o rosto de Moisés resplandece quando ele é inundado pela glória divina? Porque, seja o que Deus for, é algo tão grandioso que mesmo aqueles que apenas refletem sua magnificência adquirem um grau de esclarecimento e iluminação que é intimidador e até insuportável, tornando-se uma terrível ameaça para aqueles imersos no pecado.

Na sequência, Êxodo 35 traz um lembrete para guardar o sábado e construir o Tabernáculo. É preciso reconhecer que os israelitas contribuem com grande entusiasmo, talvez tendo aprendido a lição, pelo menos por um tempo. Estão tão empenhados em suas ofertas para a construção do santuário sagrado que precisam ser contidos — mas concluem o projeto com sucesso (Êxodo 36–40). Como consequência de seu sacrifício, "uma nuvem cobriu a tenda da congregação, e a glória do Senhor encheu o tabernáculo" (Êxodo 40:34). Essa é a mesma coluna que os guiava na forma de nuvem durante o dia e na forma de fogo durante a noite, que agora permanece imóvel sobre a nova estrutura (nesse caso, os israelitas permanecem acampados) ou se desloca à frente (então, eles a seguem). Esse parece um acordo melhor do que a substituição de Deus por um simples anjo, como haviam sido ameaçados. Parece que a intercessão de Moisés, a bem-sucedida negociação do segundo pacto e a disposição dos israelitas em ofertar sacrifícios pelo Tabernáculo convenceram Deus a reassumir a liderança direta.

Assim termina o Livro do Êxodo e uma etapa crucial no desenvolvimento de algo que se aproxima de uma civilização estabelecida: o Tabernáculo dos israelitas é o precursor da sinagoga, da catedral e da igreja. Ele se torna o centro da cidade e da comunidade, o local de reunião para a oferta sacrificial da comunidade unida, onde a confissão, o arrependimento e a expiação, que estabilizam e reequilibram a psique desalinhada, podem ocorrer, de modo que ela volte a mirar na direção ascendente que harmoniza o indivíduo com a hierarquia da sociedade e o presente com o futuro. Esse edifício central e suas variantes posteriores são réplicas do monte sagrado, Sinai ou Horebe, representações arquitetônicas do cajado vivo ou transformador de Moisés, o centro do ideal platônico em torno do qual todas as formas perceptuais necessariamente se ordenam. São o local do sacrifício sobre o qual a comunidade deve ser fundada, pois o indivíduo sempre oferece ou renuncia a algo para assumir seu lugar no mundo social. Isso pode ser feito sem a necessidade de coerção ou força, quando o convite divino é aceito com boa vontade. Ou pode ser feito com resistência e protestos, quando a imaturidade persiste, a consciência é ignorada e o chamado à aventura e à verdade é rejeitado.

A jornada dos israelitas continua em Levítico, Números e Deuteronômio. O primeiro desses livros começa com instruções aos israelitas sobre o uso adequado do Tabernáculo e detalha mais regras explícitas, separando o que é limpo e adequado do que é impuro e proibido, estabelecendo o Código da Santidade

(Levítico 17–26). Em Levítico 26, Deus aproveita a oportunidade para lembrar aos israelitas dos dois caminhos que eternamente se apresentam diante deles. O primeiro é a consequência de colocar o que é verdadeiramente sagrado no lugar mais elevado:

> Se andardes nos meus estatutos, e guardardes os meus mandamentos, e os fizerdes,
>
> Então, eu vos darei as vossas chuvas a seu tempo; e a terra dará o seu incremento, e as árvores do campo darão o seu fruto.
>
> E a vossa debulha alcançará até a vindima, e a vindima alcançará até o tempo da colheita, e comereis o vosso pão até vos fartar, e habitareis na vossa terra com segurança.
>
> E eu darei paz na terra; e deitareis, e não haverá quem vos amedronte; e farei desaparecer da terra os animais ferozes, e nem a espada passará por vossa terra.
>
> E perseguireis os vossos inimigos, e eles cairão diante de vós à espada.
>
> E cinco de vós perseguirão a um cento, e cem de vós colocarão dez mil em fuga; e os vossos inimigos cairão diante de vós à espada.
>
> Porque eu terei respeito para convosco, e vos farei frutificar, e vos multiplicarei, e estabelecerei o meu pacto convosco.
>
> *Levítico 26:3–9*

O que é tabu e impuro é aquilo que é proibido pela consciência, aquilo que contamina, que representa uma ameaça à integridade harmoniosa do indivíduo e da comunidade. Há certa arbitrariedade ou variação no que é proibido, de sociedade para sociedade, o que reflete a ideia da permissão para a exploração nas margens.[20] Por exemplo, os veganos, vegetarianos, carnívoros e onívoros do mundo moderno discordam sobre o que deve ser consumido, seja por questões éticas ou de saúde. Contudo, todos concordam que há certos limites que definem o que é considerado uma conduta aceitável nesses casos — que há uma linha divisória entre o que é aceitável e o que é proibido.

É justamente da aceitação coletiva dessas restrições que depende boa parte da estabilidade social.

Assim, onde houver uma sociedade, haverá o que é sagrado e o que é tabu, pois o acordo sobre o que pode ou não ser feito é a essência da existência comunitária. Trata-se da própria separação entre caos e ordem, que constitui a dinâmica da criação. A disposição de obedecer a esses mandamentos ou tradições, um tanto arbitrários (o que é uma forma de sacrifício do mero interesse próprio), é uma indicação crucial da capacidade de adiar a gratificação, levar os outros em consideração, seguir as regras e contribuir de maneira voluntária e cooperativa. A aceitação de tais restrições "arbitrárias" pelos membros de uma comunidade é um sinal da disposição mútua de todos os envolvidos em se comprometer com o mesmo objetivo unificador e de pagar o preço individual e comunitário necessário. Assim, a observância às nuances do tabu é, no mínimo, um sinal de aceitação individual do sacrifício sobre o qual a sociedade necessariamente se baseia — e, portanto, de quem pode ou não ser confiável.

As promessas de vitória feitas por Deus à linhagem de Moisés lembram a oferta feita a Abraão quando ele é chamado para a aventura.[21] É mais um indício da conjunção entre o caminho divino e os instintos mais profundos da humanidade. Até mesmo o mais ateu dos biólogos evolucionistas admite o poder motivador do impulso reprodutivo, seja ele tão restrito quanto o desejo sexual ou tão amplo quanto a tendência à formação de pares permanentes e ao papel de pai e mãe. No entanto, a oferta feita a Abraão e Moisés é muito mais ampla, profunda e significativa do que o simples desejo sexual imediato: é a garantia de que aspirar a um propósito elevado, amadurecer e se transformar de maneira necessariamente sacrificial é, também, o modo de ser que melhor garante o sucesso dinástico em longo prazo. Essa é a integração harmoniosa dos instintos de sobrevivência e de reprodução, que fazem parte, inclusive, da definição darwiniana do propósito da vida.

Deus acaba de descrever as consequências de atender ao seu convite, ou chamado. Ele acrescenta a isso um aviso sobre a consciência suprema, a terrível consequência de se desviar do caminho, de modo intencional ou não:

> Mas se não me ouvirdes, e não fizerdes todos estes mandamentos,
>
> E se desprezardes os meus estatutos, e se a vossa alma abominar os meus juízos, de modo a não cumprirdes todos os meus mandamentos, quebrando o meu pacto,
>
> Então, eu também vos farei isto: porei sobre vós terror, a tísica e a febre ardente, que consomem os olhos e causam angústia ao coração; e semeareis a vossa semente em vão, porque os vossos inimigos a comerão.
>
> *Levítico 26:14–16*

E isso não é tudo: Deus promete subjugação aos inimigos e às feras selvagens, fome interminável (mesmo em meio à abundância), fracasso nas colheitas e na criação do gado, morte dos filhos, destruição de todas as habitações e locais de culto, diáspora eterna, e pior:

> E sobre os que de vós ficarem vivos, eu enviarei um pavor tão grande ao seu coração, nas terras dos seus inimigos, que o som de uma folha que se mover os perseguirá, e eles fugirão como quem foge da espada; e cairão sem que ninguém os persiga.
>
> E eles cairão uns sobre os outros como diante da espada, sem que ninguém os persiga; e não tereis poder algum diante dos vossos inimigos.
>
> *Levítico 26:36–37*

Nesse ponto, a eterna pergunta do ateu cético pode muito bem ressurgir: como é possível ter fé ou acreditar em um Deus como esse, com toda a sua aparente inveja, raiva, fúria e crueldade? Essas passagens apresentam uma escolha muito clara em relação ao divino, embora terrivelmente realista. Quando o que é mais elevado não é imitado e adorado, só há duas possibilidades: ou as coisas desmoronam, pois tudo compete pela predominância e a confusão reina, ou algo que não é adequado é elevado ao status de Deus. De qualquer forma, o caos é quase inevitável. Qualquer pessoa minimamente familiarizada com a literatura sobre os horrores do século XX e que compreende o preço catastrófico pago pela submissão às tiranias do fascismo e do comunismo (ou mesmo do niilismo, que pode surgir como uma alternativa desesperada) sabe muito bem que as punições profetizadas na segunda parte de Levítico 26 são, se algo, menos severas do que poderiam ser. A consciência, no sentido divino, é aquilo que verdadeiramente nos alerta contra o domínio do inferno.

Como poderia ser diferente de um aviso extremamente sério? E, se esse aviso reflete a realidade, pois há de fato severas consequências para os pecados de orgulho, ressentimento, rebelião, usurpação e engano, por que o alerta contra esses pecados deveria ser considerado cruel? Para aqueles que enfrentam um destino pior do que a morte, a verdadeira crueldade seria a ausência de orientação rigorosa. Nenhum sentimento é ferido quando não há limites — quando nunca se diz "não" —, mas a anarquia impulsiva e a competição desenfreada por poder, que logo surgem como consequência, são devastadoras. Toda a dor evitada pela ausência da disciplina necessária retorna multiplicada e implacável. Esse é o destino daqueles que enfrentam o dilúvio de Noé, o fogo e o enxofre de Sodoma e Gomorra e o caos devastador do Mar Vermelho. Não há nada de compassivo na falha em agir que possibilita tal catástrofe. Isso é apenas abdicação da responsabilidade patriarcal mais essencial.

Quando a verdadeira ordem social se degenera — quando a fé em Deus, que é o compromisso genuíno com o objetivo sacrificial ascendente, desaparece —, a terrível dança entre escravo e tirano inevitavelmente começa. A responsabilidade subsidiária é abandonada, substituída pelo foco nos prazeres do momento. A severidade do autoritarismo deve então ser convocada, de modo que a ordem da cooperação produtiva, da competição e da orientação para o futuro é substituída pelas restrições impostas por coerção e força. O governante absoluto — o próprio faraó — é elevado ao patamar mais alto, no qual inevitavelmente é tentado pelo poder (e na exata proporção da indisciplina do povo). A anarquia hedonista exige regulação pelo pai severo. Aqueles que estão escravizados pelo domínio de uma autêntica tirania não experimentam fraternidade, cooperação, competição saudável ou amor. A generosidade produtiva cessa e é substituída por uma possessividade ciumenta e um acúmulo ressentido de recursos cada vez mais escassos. É uma situação que se equipara ao próprio inferno, e mesmo que não dure para sempre, certamente parecerá que sim. Em uma situação de desesperança tão profunda, a morte pode parecer mais desejável do que a vida. Sob essas condições sombrias, o passado é um poço de miséria, o presente um deserto interminável e o futuro oferece apenas mais do mesmo, ou pior. Cada passo adiante é involuntário e forçado, e todas as direções parecem igualmente sem sentido. Essa estagnação e escravidão à coerção autoritária geram mesquinhez, ressentimento e sadismo que ultrapassam todos os limites.

Eis um único exemplo: quando invadiram a cidade de Nanquim, na China, em 1937, os japoneses deram início a um programa de brutalidade sistemática e execução que levou à morte de mais de trezentos mil civis em seis semanas:

> Os japoneses não se limitaram a eviscerar, decapitar e desmembrar as vítimas, mas também infligiram formas de tortura ainda mais atrozes. Em toda a cidade, prisioneiros foram pregados em tábuas de madeira e atropelados por tanques, crucificados em árvores e postes elétricos, tiveram longas tiras de carne extraídas dos corpos e foram usados para treinamento de baionetas. Relatos indicam que pelo menos cem homens tiveram os olhos arrancados e os narizes e orelhas cortados antes de serem queimados vivos. Outro grupo, composto por duzentos soldados e civis chineses, foi despido, amarrado a colunas e portas de uma escola e, em seguida, perfurado com *zhuizi* — agulhas especiais com cabos — em centenas de pontos pelo corpo, incluindo boca, garganta e olhos.[22]
>
> Os soldados então despiram as meninas e se revezaram para estuprá-las: a de dezesseis anos por dois ou três homens, e a de quatorze anos por três. Os japoneses não apenas esfaquearam a garota mais velha até a morte depois de estuprá-la, mas também introduziram uma vara de bambu em sua vagina. A mais nova foi esfaqueada com uma baioneta e "poupada do tratamento horrível dispensado à sua irmã e mãe", escreveu mais tarde um estrangeiro sobre a cena. Os soldados também esfaquearam a irmã delas, de oito anos, quando ela se escondeu com a caçula de quatro anos debaixo das cobertas de uma cama. A menina de quatro anos permaneceu tanto tempo

> debaixo das cobertas que quase morreu sufocada. Ela teria danos cerebrais pelo resto da vida devido à falta de oxigênio.[23]

Todos que escolhem um caminho a seguir têm um diabo em um ombro e um anjo no outro — ou assim afirma o tropo cômico. Mas essa é uma ideia — uma representação de uma realidade profunda — que está longe de ser mera diversão infantil. O caminho para o inferno começa com um único passo, e depois outro, e cada passo descendente pode ser facilmente racionalizado, e até celebrado como algo moral.[24] Contudo, a velocidade e a inclinação da descida aumentam com a persistência, e o declínio pode ser um caminho terrivelmente longo. Por isso, o inferno é um poço sem fundo, em termos arquetípicos. Isso significa que Deus age com misericórdia ao advertir os israelitas, de maneira clara, para que não se desviem. Assim, a atitude "cruel" de Deus é mais bem compreendida como a consequência inevitável do pecado cometido voluntariamente. Uma atitude que é o extremo oposto da contínua e destrutiva postura de vitimização ressentida adotada por Caim.

O Livro de Números detalha as dificuldades e a jornada dos israelitas após receberem a lei e renovarem o pacto, ainda que em uma forma degenerada, no monte Sinai. São chamados a tomar posse da terra prometida. As pessoas e as especificidades do Estado são contabilizadas (por isso, "Números"), enumeradas e distribuídas geográfica e hierarquicamente de maneira clara e acordada. É fácil ignorar a importância desse texto, dada sua aparente ausência de enredo e caracterização, e se concentrar apenas nas questões técnicas. Entretanto, essa passagem faz nada mais do que estabelecer as estatísticas sobre as quais o Estado moderno se baseia — a descrição e a contabilização de grupos sociais sofisticados, bem como a organização e a análise da própria sociedade.

Esses passos são importantes no processo que possibilita o surgimento de uma civilização de grande escala e alto grau de organização, pois permitem que a contabilização e a abstração numérica sejam aplicadas ao problema de organizar e compreender os detalhes da vida comunitária. Até mesmo os alicerces para a atitude empírica como tal são assim estabelecidos, sobretudo em relação às ciências sociais, consolidando a noção profunda de que tanto a contabilização quanto a categorização e a divisão quantitativa formal são necessárias e úteis em nossos esforços para compreender o mundo e lidar com suas necessidades práticas. Assim, o Livro de Números continua a jornada de transformação de um grupo desorganizado de escravos libertos em uma sociedade estruturada e funcional — um progresso aprimorado e facilitado pelas abstrações numéricas e pela ordem social resultante.

Números também oferece um retrato sutil da divisão do trabalho, que é outra condição vital para a provisão comunitária abundante. Por exemplo, alguns filhos das tribos são designados para o exército (Números 1:20–42); os levitas, poupados desse dever, são encarregados de cuidar do Tabernáculo (Números 1:47 e 1:53) — uma tarefa detalhada e especificada em consonância com o espírito desse livro bíblico. Os diversos subclãs dos levitas recebem funções e deveres muito específicos. Os gersonitas, por exemplo, ficam responsáveis pelo "tabernáculo, e a tenda, e a sua coberta, e a cortina para a porta do tabernáculo da congregação, e as cortinas do átrio, e a cortina para a porta do átrio, que está ao lado do tabernáculo, e ao redor do altar, e também as suas cordas, para todo o seu serviço" (Números 3:25–26), enquanto a cargo dos meraritas ficam "as tábuas do tabernáculo, e os varais, e as colunas, e as bases, e todos os seus utensílios, e todo o seu serviço, e as colunas do átrio ao redor, e suas bases, e suas estacas, e suas cordas" (Números 3:36–37). Cada homem, família e clã é alocado em seu devido lugar subordinado dentro da organização do Estado emergente (Números 2:34). Essa atenção meticulosa ao que é, em essência, um detalhe administrativo é uma condição imprescindível para a organização subsidiária da responsabilidade dentro de uma sociedade cada vez maior, mais produtiva e cooperativa. É assim que o Reino de Deus, almejado pelos israelitas, torna-se realidade no mundo terreno.

Toda essa organização torna possível a renovada marcha adiante. No entanto, durante a contínua peregrinação, os infiéis mais uma vez começam a "queixar-se das suas dificuldades" (Números 11:1, Nova Versão Internacional). Um novo indício da tendência do outrora povo escolhido de assumir o papel de vítimas, assim como fez Caim. Eles se veem como oprimidos por Deus e por Moisés; pelo mundo natural e pelos seus pares; e até pela própria tendência ao retrocesso. O perigo de adotar essa atitude não deve ser subestimado. A tendência de assumir a posição de vítima é uma característica marcante dos piores tipos de pessoas — maquiavélicos, manipuladores, narcisistas, psicopatas, parasitas e sádicos estudados por psicanalistas modernos das psicopatologias mais profundas e destrutivas. Ao se definirem como injustiçados e amaldiçoados, nada lhes é proibido — e essa é a verdadeira motivação por trás das alegações de opressão. À medida que se corrompem, os israelitas passam a reclamar, fofocar e difamar. Usam o dom da palavra com o espírito do inimigo, de maneira escusa, dissimulada e covarde, descrita com precisão mais tarde pelo pastor-rei Davi: "Porque não há fidelidade na boca deles; sua parte interior é muita perversidade; sua garganta é um sepulcro aberto; eles lisonjeiam com a sua língua" (Salmos 5:9). Eles "imaginam danos em seu coração" (Salmos 140:2); "afiaram suas línguas como uma serpente" e colocaram "veneno das víboras" "debaixo de seus lábios" (Salmos 140:3). Prepararam armadilhas e "esticaram uma rede ao longo do caminho" (Salmos 140:5). Essa é a estratégia empregada por aqueles que invertem o Logos, usando as palavras não para comunicar, mas para subverter e destruir; por aqueles:

> Que afiam a sua língua como uma espada, e curvam os seus arcos para atirar suas flechas, até palavras amargas.
>
> Que eles possam atirar em secreto no perfeito; repentinamente atiram nele, e não temem.
>
> Eles se encorajam em uma questão maligna; tratam de armar laços secretamente; eles dizem: Quem os verá?
>
> Eles vasculham iniquidades; realizam uma busca diligente; e ambos, o íntimo pensamento de cada um deles, e o coração, são profundos.
>
> *Salmos 64:3–6*

Ao se voltarem para a autopiedade, os israelitas exibem os traços típicos dos infiéis e covardes. Regridem, tergiversam, enganam e se entregam ao ressentimento. Mais uma vez, tornam-se nostálgicos em relação ao Egito, ansiando de maneira hipócrita pelos "bons e velhos tempos". Em vez de adotar uma atitude de humildade, buscar revelação, pensar criticamente, explorar, esclarecer e negociar, eles subvertem, dissimulam e semeiam a discórdia. Tramam vingança, competem por virtude imerecida, excluem, evitam, delatam, desprezam e zombam. E então fazem pior: "E no meio deles havia alguns estrangeiros que sentiram um anseio, e os filhos de Israel também choraram outra vez, e perguntaram: Quem nos dará carne para comer?" (Números 11:4). Não só ansiaram, vale notar, mas "desejaram intensamente" (Nova Versão Transformadora). O que isso significa? Que os israelitas, em seu novo estado de relativa previsibilidade, estabilidade, calma e paz, alimentam seus desejos de maneira desnecessária e imprudente, em vez de serem gratos pelo que receberam e realizaram.

Nesse momento, o povo escolhido não está em condição de privação; receberam maná em abundância e estabeleceram, em sua diáspora, um Estado produtivo e funcional. Mas, de maneira voluntária e ingrata, eles alimentam um desejo ressentido, ansiando pelos dias no Egito quando (pelo menos em sua memória) havia um suprimento interminável de peixes, pepinos, melões, alhos-porós, cebolas e alho, e rejeitando o alimento perfeito provido pelos céus: "Mas agora a nossa alma está seca; não há nada além deste maná, diante dos nossos olhos" (Números 11:6). O clamor de seu descontentamento é tamanho que Moisés mais uma vez repreende Deus por sua decisão de nomeá-lo como líder dos israelitas: "Eu concebi todo este povo? Fui eu que o gerei, para que me dissesses: Leva-os no teu seio, como a ama leva a criança que ainda é amamentada à terra que juraste aos seus pais?" (Números 11:12). O clamor e o lamento constantes o deixam tão angustiado que Moisés chega a desejar a morte: "E, se ages assim comigo, eu te peço, mata-me se encontrei favor aos teus olhos; e não me deixes ver a minha desgraça" (Números 11:15).

Deus alivia o fardo de Moisés — mais uma vez de maneira subsidiária — ao delegar parte da responsabilidade e da autoridade a um grupo de setenta anciãos. Ele, então, ordena a seu profeta que emita um aviso: "E dize ao povo: Santificai-vos para amanhã e comereis carne, porque chorastes aos ouvidos do Senhor, dizendo: Quem nos dará carne para comer? Porque tudo ia bem conosco no Egito; e por isso o Senhor vos dará carne, e comereis" (Números 11:18). Em essência, Deus está dizendo: "Vocês fizeram a sua cama; agora terão que se deitar nela."

> E não comereis um dia, nem dois dias, nem cinco dias, nem dez dias, nem vinte dias;
>
> Mas durante um mês inteiro, até que vos saia pelas narinas, até que vos seja repugnante, porque desprezastes o Senhor, que está no vosso meio, e chorastes diante dele, dizendo: Por que saímos do Egito?
>
> *Números 11:19–20*

Descontente, a divindade envia bandos de codornas aos israelitas, até que as aves se empilham a cerca de um metro de altura, espalhadas em todas as direções até a distância de um dia de caminhada. Prestes a saciar seu apetite sórdido, os israelitas são atingidos por uma praga. Aqueles que morrem e são enterrados ali são "o povo que teve o desejo" (Números 11:34). Tudo isso é uma séria advertência contra a ingratidão — e, de modo mais específico, contra o desnecessário estímulo ao hedonismo impulsivo, que deseja apenas a gratificação imediata.

À medida que os israelitas se aproximam de Canaã, a terra prometida, Deus ordena a Moisés que envie um homem de cada tribo para "espiar a terra" (Números 13:17). Em termos geográficos, os israelitas agora estão perto de seu tão desejado destino. No entanto, em termos metafísicos, essa aproximação se deve a seu sacrifício contínuo, obediência disciplinada, fé, coragem e disposição para se manter no caminho da verdade (apesar dos frequentes lapsos). Quais são as óbvias precondições para uma vida mais abundante? Não é a provisão sem esforço obtida do passado, do mundo natural ou mesmo de Deus, na ausência de um pacto. Em vez disso, é a orientação moral que fornece direção, afastando da tirania e atravessando o deserto; o propósito elevado que une o indivíduo consigo mesmo e todos os indivíduos entre si. É o estabelecimento de uma hierarquia produtiva, baseada no sacrifício mútuo, que gera confiança recíproca. Na narrativa bíblica, não há diferença entre conduta moral e sucesso, considerados todos os aspectos e levando-se em conta o maior período de tempo imaginável.

Como esse sucesso, ou mesmo o próprio conceito de sucesso, deve ser entendido no nível mais profundo de significado existencial? Como esse sucesso, fundamentado no estabelecimento de uma moralidade madura, pode ser conceituado e valorizado diante do sofrimento que ainda parece acompanhar até as vidas mais afortunadas? Como podemos nos reconciliar com os medos e sofrimentos da vida, limitada como é pela terrível realidade de nossa existência finita, nossa própria mortalidade? É um axioma estranho e misterioso da crença judaico-cristã (e de outras) que "o salário do pecado é a morte" (Romanos 6:23) — uma ideia sugerida nos primeiros parágrafos de Gênesis (3:1–7; 3:14–19), que detalham a queda do homem e da mulher, motivados pelo orgulho, do Paraíso para a mortalidade, e afirmada explicitamente em Romanos 5:12: "Portanto, como por um homem o pecado entrou no mundo, e pelo pecado a morte, assim também a morte passou a todos os homens, porque todos pecaram." Essa ideia apresenta um verdadeiro enigma para os fiéis — dado que todos os seres vivos morrem, incluindo os animais, que, evidentemente, não "pecam" — e pode facilmente se tornar motivo de escárnio. Todos os seres vivos morrem, e o homem, nesse aspecto, é um ser vivo como outro qualquer. A tensão gerada por essa constatação — essa realidade — foi intensificada pela atribuição da existência humana aos mesmos processos e limitações biológicas evolutivas que caracterizam todos os outros seres vivos. Parece indiscutível que a morte é inerente à própria estrutura do ser, e não uma consequência de um desvio moral, por mais extremo que seja.

No entanto, talvez não seja tão simples. A morte é uma inevitabilidade biológica pré-programada, que faz parte da ordem natural das coisas, ou é uma consequência de múltiplas falhas sistêmicas cumulativas — o acúmulo de danos em nível molecular e celular, a eventual falência dos órgãos e a incapacidade do corpo de se recuperar? A morte não é, de modo algum, algo simples de definir. Igualmente óbvio é o fato de que a morte chega mais cedo para alguns e mais tarde para outros — e que nossas escolhas podem levar à morte precoce ou prolongar a vida, além de torná-la mais saudável, produtiva e desejável. Desde o início da Revolução Industrial, aumentamos radicalmente a expectativa média de vida, em grande parte devido à drástica redução na mortalidade infantil. Essa melhoria é com frequência atribuída apenas ao progresso tecnológico, uma análise que não leva em conta a melhora na conduta moral que possibilitou o avanço tecnológico.[25] Não teria havido milagre tecnológico sem o desenvolvimento prévio da verdadeira humildade e do espírito de genuína investigação que possibilitaram as descobertas científicas nas quais essa tecnologia se baseou. Isso, por sua vez, exigiu fé: primeiro, de que o mundo era compreensível; segundo, de que homens de boa vontade e coragem poderiam usar sua compreensão de maneira positiva; e terceiro, que a troca livre e generosa dessa compreensão provaria ser de benefício mútuo e sustentado.

Tampouco teria havido a geração ou a acumulação de riqueza que, com o tempo, tornou todos relativamente ricos sem uma aceitação — e até uma valorização — plena, generalizada e, de certa forma, milagrosa da desigualdade na distribuição de recursos e talentos, que foi uma precondição para a criação de riqueza e sua subsequente disseminação. Isso significava confiança: confiança de que aqueles que detinham a riqueza não estavam se beneficiando da exploração alheia, mas, sim, de seu trabalho produtivo. Implicava admiração pelo sucesso, em vez de ressentimento e inveja — e, sobretudo, significava que aqueles que buscavam e alcançavam o sucesso estavam agindo de boa-fé. Essa perspectiva pode ser considerada característica da atitude do cidadão norte-americano, em específico, embora também seja perceptível, em maior ou menor grau, nos países economicamente prósperos do mundo. Assim, nossa vitória parcial coletiva sobre a morte é, em termos fundamentais, uma consequência de um esforço moral sustentado e bem-sucedido — um resultado secundário dos milagres tecnológicos que tal reorientação (ou orientação adequada) possibilita.

Isso levanta uma questão: se todos agíssemos de um modo que nos possibilitasse otimizar a investigação e a troca de informações, que nos permitisse confiar uns nos outros e, portanto, cooperar sem receios, sem obstáculos ou empecilhos desnecessários — haveria algum problema que não seríamos capazes de resolver? Assim, voltamos às perguntas: até que ponto o sofrimento gerado pela mortalidade e até a morte em si são consequência dos efeitos inexoráveis da entropia e da desordem, intrínsecos à condição existencial do homem como organismo material? E até que ponto isso se deve às falhas morais que desestabilizam e corrompem nossos esforços coletivos, impedindo que cada um de nós alcance todo o nosso potencial? E, mesmo que nada disso altere fundamentalmente o fato da morte em si, não continua sendo verdade, como já mencionado,[26] que o total comprometimento com o propósito elevado da aventura ameniza o peso das dolorosas limitações e da mortalidade? Isso também é uma forma de triunfo sobre a morte e o inferno. Significa que os horrores e os limites da vida podem ser superados, em um grau indeterminado: em termos práticos, na medida em que o sofrimento, a degeneração física e até a morte em si podem ser contidos, e a vida plena pode ser promovida e prolongada; em termos psicológicos, na medida em que a busca responsável e significativa por uma aventura genuína pode prover sustento e motivação, mesmo em meio às piores privações imagináveis.[27]

A terra prometida, portanto, não deve ser conceitualizada apenas como um lugar a ser alcançado em termos geográficos (embora também o seja), mas como um lugar estabelecido por meio de um esforço moral sustentado, individual e coletivo. Após se organizarem no âmbito psicológico — abandonando, ao menos em parte, a relutância em assumir responsabilidades, as disputas internas, a falta de fé e a falsa nostalgia pelos dias de tirania — e no âmbito social, em consonância com o princípio da subsidiariedade, os israelitas haviam avançado o suficiente para vislumbrar a terra prometida no horizonte. Assim, enviam emissários para fazer um levantamento detalhado do território: "E o Senhor falou a Moisés, dizendo: Envia homens, para que possam examinar a terra de Canaã, que darei aos filhos de Israel; de cada tribo de seus pais, enviarás um homem, sendo cada um governante entre eles" (Números 13:1–2). Os verdadeiros líderes são visionários. É inevitável que eles sejam legítimos desbravadores de novos territórios, pois esse é o papel do profeta, que é capaz de enxergar o caminho correto à frente com visão irrestrita e clareza moral. Os emissários retornam com um relatório sobre o grande potencial que os aguarda e, ao mesmo tempo, alertam sobre os consideráveis problemas (incluindo a presença dos atuais habitantes):

> E voltaram de examinar a terra, depois de quarenta dias.
>
> E vieram até Moisés, e Arão, e à toda a congregação dos filhos de Israel, em Cades, no deserto de Parã, e lhes deram a informação, e a toda a congregação, e lhes mostraram os frutos da terra.
>
> E contaram-lhe, e disseram: Fomos à terra para onde tu nos enviaste; e verdadeiramente mana leite e mel; e este é o seu fruto.
>
> Todavia, é forte o povo que habita na terra, e as cidades são fortificadas e mui grandes.
>
> *Números 13:25–28*

À medida que avançamos em direção ao futuro, encontramos os eternos espíritos de oposição que lá habitam. Na maioria das vezes, eles são os descendentes de Caim: as presunções e os hábitos orgulhosos e ressentidos em relação a si mesmos e aos outros, que transformarão o futuro em mera repetição dos pecados e erros do passado. São os habitantes que precisam ser derrotados. Tudo o que se mostrar contraproducente ou não visar ao elevado deve, portanto, ser eliminado ou transformado para que a promessa se torne realidade. Esse é outro exemplo do ato de separar o joio do trigo ou da ação da espada giratória que corta e queima, representando a eterna batalha entre o bem e o mal, ou até entre o bom e o melhor. Avançar rumo a um futuro melhor é uma tarefa desafiadora. Muitas dessas potenciais terras prometidas já estão ocupadas pelos cananeus que fracassaram nessa tarefa — algo que é tanto um indício quanto parte de sua dificuldade. É por essas razões que a maioria dos emissários se mostra infiel e pessimista diante dos desafios que ainda restam.

> E Calebe fez com que o povo se calasse diante de Moisés e disse: Subamos imediatamente, e possuamos a terra, porque somos capazes de conquistá-la.
>
> Mas os homens que haviam subido com ele disseram: Não poderemos subir contra aquele povo, porque são mais fortes do que nós.
>
> E apresentaram, diante dos filhos de Israel, maus relatos sobre a terra que haviam examinado, e disseram: A terra pela qual passamos para examiná-la é uma terra que devora os seus moradores; e todo o povo que vimos nela são homens de grande estatura.
>
> E ali vimos os gigantes, os filhos de Anaque, que são descendentes de gigantes; e éramos aos nossos próprios olhos como gafanhotos, e assim éramos aos seus olhos.
>
> *Números 13:30–33*

Essa cautela é mais bem compreendida como uma falha de liderança, em vez de uma avaliação honesta das dificuldades e tribulações que ainda confrontam os israelitas. O povo escolhido por Deus foi continuamente exortado a ter fé no fato de que o que é verdadeiramente moral prevalecerá. Deus deixou claro que, se cumprir o pacto, seu povo prevalecerá mesmo contra probabilidades que parecem insuperáveis. No entanto, os líderes mais medrosos exageram o perigo que ainda está por vir, retratando de maneira falsa e manipuladora seus oponentes como gigantes e comparando a si mesmos a reles insetos. Essas não são ações de homens capazes de avançar ou de motivar os outros a fazê-lo. São ações típicas daqueles que renunciaram à responsabilidade e ao fardo (e abriram mão do significado redentor) da verdadeira exploração de novos caminhos. Eles proferem palavras que aterrorizam e desmoralizam, em vez de fortalecer e renovar. É difícil não suspeitar que isso seja feito por motivos escusos. As pessoas podem ser aterrorizadas a ponto de se submeterem exatamente à condição que as mantém escravas e que permite a ascensão dos aspirantes a tiranos — os mesmos emissários que prenunciam a catástrofe.

Em tempos modernos, o que podemos extrair desse relato, diante das advertências cada vez mais sombrias e perigosamente autoritárias sobre o futuro que inundam as mídias e nossa consciência? O planeta tem pessoas demais; o apocalipse está próximo. Talvez devêssemos nos precaver contra a falta de fé daqueles que constantemente anunciam que o céu está prestes a desabar, enquanto tentamos seguir em frente de boa-fé. É um truísmo que o eterno usurpador semeia dúvida e terror para favorecer suas tentativas de desmoralizar, seduzir e obter poder. Por que *desmoralizar*? Porque a dúvida sobre o futuro gera ansiedade e destrói a esperança. Por que *seduzir* — uma estratégia que funciona muito bem junto com a desmoralização? Em grande parte porque o terror, a ansiedade e a desesperança resultantes convidam ao abandono da responsabilidade e à regressão aos prazeres infantis da gratificação imediata. Perguntar "De que adianta tudo isso?" costuma ser o precedente lógico para se chegar à conclusão egoísta: "Não há esperança; é hora de viver como se não houvesse amanhã". São ecos da adoração infiel e orgiástica ao bezerro de ouro. Essa sedução ao hedonismo servil faz parte da degeneração da sociedade voluntariamente subsidiária em direção à polaridade autoritária entre escravo e tirano.

Os rumores desmoralizantes se espalham como fogo. O povo, mais uma vez, chora de maneira deplorável, murmurando "contra Moisés e contra Arão" (Números 14:1–2), lamentando-se por ainda estarem vivos; lastimando terem chegado tão longe apenas para enfrentar a derrota: "Quisera Deus que tivéssemos morrido na terra do Egito, ou quisera Deus que tivéssemos morrido neste deserto. E por que o Senhor nos trouxe a esta terra, para cairmos pela espada e para que nossas esposas e nossas crianças sejam uma presa? Não seria melhor voltarmos ao Egito?" (Números 14:2–3). Calebe e alguns outros tentam restaurar o ânimo do povo, mas os israelitas, tomados pelo pânico, voltam-se contra os otimistas que se mantêm fiéis e perseverantes — aqueles que negam o apocalipse iminente — e tentam apedrejá-los. Quando um povo cai nas garras da mentira que gera terror, aqueles que falam a verdade — a verdade otimista — são vistos como autênticos inimigos. Essa é uma condição que transforma a própria esperança em crime. Um estado muito próximo do inferno.

A essa altura, não é surpresa que nada disso agrade a Deus. Ele informa a Moisés que sua paciência chegou ao fim e que está farto de ser chamado a demonstrar seu poder redentor. Decide, então, deserdar os israelitas; castigá-los com uma severa praga e recomeçar com Moisés, tal como já havia ameaçado e como fez no caso de Noé. Moisés, em sua perseverança, barganha com Deus, suplicando que Ele, mais uma vez, perdoe os pecadores e continue a lhes prover o que foi prometido, apesar da falta de fé; argumentando que, se não o fizer, prejudicará Sua reputação sagrada (Números 14:15), talvez recordando a Deus que Ele havia concordado em desistir para sempre de medidas tão extremas (simbolizado pelo arco-íris no céu, em Gênesis 9:8–17). Deus concorda em ser benevolente, por assim dizer — mas não em se abster de sua vingança. Todos aqueles que optaram por desistir e fugir estão proibidos de entrar na terra prometida. Em contraste, aqueles que mantiveram a fé, mesmo diante da dúvida semeada pelos conspiradores e covardes, são convidados a avançar:

> E o Senhor disse: Conforme a tua palavra, lhe perdoei.
>
> Mas, tão certamente como eu vivo, toda a terra se encherá da glória do Senhor.
>
> Porque todos esses homens que viram a minha glória e os meus milagres, que fiz no Egito e no deserto, e me tentaram estas dez vezes, e não obedeceram à minha voz,
>
> Certamente não verão a terra que jurei a seus pais, e nenhum dos que me provocaram a verá.

> Mas a meu servo Calebe, porque com ele havia outro espírito, e me seguiu plenamente, a ele levarei à terra em que entrou, e a sua semente a possuirá.
>
> *Números 14:20–24*

Além disso, os infiéis desbravadores do futuro são atingidos por uma praga devastadora (Números 14:36–37), restando vivos entre eles apenas Calebe e Josué, que mantiveram seu otimismo em seu relato após examinar a terra.

Esse é mais um exemplo da ação do Logos, do ato de separar o joio do trigo e as ovelhas dos bodes; da obra da temível espada flamejante. Os supostos gigantes de Canaã equivalem aos implacáveis querubins que empunham essa lâmina ardente. A presença desses inimigos formidáveis, ainda que imaginários, serve para diferenciar o trigo do joio, ou da palha, e as ovelhas dos bodes. Dessa forma, os obstáculos e inimigos no caminho — os espinhos e cardos do mundo decaído (Gênesis 3:18) — cumprem a função de separar o que é digno do que não é. Somente o que é verdadeiramente fiel e corajoso entrará na terra prometida, como já mencionado.[28] Como poderia ser diferente e ainda continuar sendo a terra perfeita? "Os vossos cadáveres cairão neste deserto, como também todos os que de vós foram contados segundo toda a vossa conta, com idade igual ou superior a vinte anos, que contra mim murmurastes; sem dúvida, não entrareis na terra na qual jurei que vos faria habitar, salvo Calebe, filho de Jefoné, e Josué, filho de Num" (Números 14:29–30). Os primeiros cadáveres são dos líderes infiéis e propagadores de rumores desmoralizantes: "Aqueles homens que trouxeram más informações sobre a terra, morreram de praga diante do Senhor" (Números 14:37). A desesperança e o terror podem se tornar exatamente essa praga.

A proibição de avançar e a imposição da morte são seguidas por uma terrível derrota militar, sofrida nas mãos dos amalequitas, que os israelitas imaginavam como gigantes. Moisés os alerta explicitamente de que não estão em condições de lutar: "Porque os amalequitas e os cananeus estão ali diante de vós, e caireis pela espada; porque como vos desviastes do Senhor, o Senhor não estará convosco" (Números 14:43). Insistir que o avanço para o futuro é impossível

— afirmar que a terra prometida é inabitável e envenenada, a despeito de todo esforço moral; desmoralizar, disseminando uma visão negativa; punir aqueles que ousam dizer algo encorajador, otimista e que exija uma conduta responsável e corajosa — nada disso é aceitável para o espírito que permeia as grandes histórias do Antigo Testamento. O castigo de Deus por essa traição é severo, mas realista: não há como um povo que perdeu a fé alcançar seu destino adequado. Antes da praga, da proibição de seguir e da derrota na batalha, apenas quatro homens permaneceram fiéis dentre todo o povo de Israel — Moisés, Arão, Calebe e Josué. Além disso, esses quatro foram justamente aqueles contra os quais a ira da multidão se voltou (ecos de Sodoma, antes de sua destruição por Deus [Gênesis 19]). É uma verdade eterna que aqueles que praticam a fé genuína diante da covardia e do fatalismo irônico da multidão serão perseguidos por sua ousadia, em vez de apenas ignorados. Isso faz parte do padrão de destruição do ideal, característico dos descendentes de Caim. No entanto, nada disso justifica a falha em se posicionar e agir quando chega o momento.

Após a rejeição em massa do pacto, o aviso e o castigo de Deus, e a bem-sucedida intercessão de Moisés, as leis são revisadas mais uma vez — em especial aquelas relativas ao sacrifício e à observância do shabat (Números 15). Mas essa não é a única resposta à insatisfação patética e aos lamentos dos israelitas. Deus também transmite uma instrução aparentemente menor: "E o Senhor falou a Moisés, dizendo: Fala aos filhos de Israel e dize-lhes que nas bordas das suas vestes façam franjas, pelas suas gerações; e nas franjas das bordas ponham uma faixa azul" (Números 15:37–38). Assim como muitas das regras (aparentemente) arbitrárias apresentadas na narrativa bíblica, a ordem de Deus segue um padrão mais amplo de instrução — que, por sua vez, reflete algo muito profundo sobre a estrutura da própria realidade, pelo menos na medida em que a realidade é *percebida* ou *experienciada*. Esse mandamento em relação às vestimentas é uma nova proclamação[29] sobre a necessária relação dinâmica e estabilizadora entre o centro, ou o ideal, e a margem, ou o experimental. O padrão de instrução — deve haver um centro e uma margem, e ambos devem ser reconhecidos e demarcados — também é evidente nos comandos sobre a posse de terras e a colheita:

> E quando fizerdes a colheita da vossa terra, o canto do teu campo não colherás totalmente, nem colherás os restos da tua colheita.
>
> E não recolherás a tua vinha, nem colherás toda uva da tua vinha; tu as deixarás para o pobre e estrangeiro. Eu sou o Senhor vosso Deus.
>
> *Levítico* 19:9–10

A lei imediatamente anterior trata da natureza do sacrifício adequado; a que vem logo após proíbe o roubo, a negociação desonesta e o engano. Assim, está implícita a ideia de que a concessão para a margem, ou a borda, é algo semelhante à oferta sacrificial adequada e antitético, em seu espírito, à usurpação. Se você tem algo e, portanto, os outros não têm, talvez seja necessário (para aliviar a própria consciência; para apaziguar a possível ira da comunidade; para praticar uma produtividade generosa) ser liberal nas margens. Isto é, não ser muito rigoroso e mesquinho quando os limites não são claros, de modo a facilitar a integração daquilo que ainda não faz parte da ordem social e que não é capaz de prosperar em seu contexto atual. Se houver essa generosidade, o que está na margem pode existir sem sofrimento excessivo e, talvez, sem gerar um ressentimento improdutivo contra aquilo que é central, de maneira inevitável e por vezes necessária. Isso significa que pode haver sucesso sem que seja equiparado (por mais justo ou injusto que seja) à usurpação; significa que um indivíduo pode ascender e ser aclamado por essa ascensão, em vez de ser visto como alguém que explorou ou subiu à custa dos outros. É uma proteção tanto do indivíduo que se esforça quanto da sociedade contra uma possível degeneração na dinâmica patológica de vítima/vitimizador representada em termos arquetípicos na narrativa de Caim e Abel. Por fim, a provisão de certa concessão generosa, porém sábia, para os excluídos ou marginalizados pode ajudar em sua incorporação válida ou em seu movimento ascendente em direção ao centro. Isso significa que mais da competência que caracteriza cada indivíduo poderia ser utilizada de maneira produtiva e que a comunidade seria expandida e estabilizada.

A necessidade desse equilíbrio entre o ideal e a margem é ilustrada no Livro de Rute. Rute é uma mulher moabita — e, portanto, uma estrangeira — que se casa com um israelita chamado Malom. Seu marido morre, assim como seu cunhado, deixando Rute viúva e sozinha. Sua sogra, Noemi, sugere que Rute retorne ao próprio povo para recomeçar a vida. Em vez disso, Rute proclama sua lealdade e disposição para servir e acompanha Noemi, aceitando uma vida de pobreza em Belém: "E Rute disse: Não me supliques para te deixar, ou para deixar de te seguir; pois para onde fores, eu irei; e onde te alojares, eu me alojarei; o teu povo será o meu povo, e o teu Deus, o meu Deus; onde morreres, eu morrerei, e ali serei sepultada; que faça-me assim o Senhor, e ainda mais, se algo que não a morte me separar de ti" (Rute 1:16–17). Em Belém, Rute colhe nos campos de Boaz, um próspero proprietário de terras. Impressionado por sua lealdade e bondade, ele se casa com ela. O casal tem um filho, Obede, que se torna o avô do rei Davi. É dessa maneira que Rute, acolhida da margem para integrar o centro ou até mesmo o ideal, vem a desempenhar um papel crucial no desdobramento do destino dos israelitas.

A margem tem valor, assim como o centro. Sem um centro, nada se sustenta. No entanto, sem as margens, não há possibilidade de experimentação. Não há espaço para que novas ideias — que em algum momento podem se tornar centrais ou cruciais para a manutenção daquilo que atualmente é central — se manifestem. O equilíbrio entre esses dois polos — a estabilidade ou o ideal, o bastão fincado no solo que estabelece o território habitável e até mesmo a concepção; e a mutabilidade ou a experimentação, a variação que permite a exploração e a mudança necessária — é evidente até nos níveis mais profundos e fundamentais da existência biológica, como já indicado.[30] É um truísmo que a mutação é aleatória e que a variação da qual depende a transformação adaptativa (em conjunto, é claro, com a seleção natural e sexual) é consequência dessa mutação aleatória. No entanto, esse truísmo revela-se muito menos estritamente verdadeiro do que se pensava.

Na verdade, o processo de mutação é genuinamente aleatório em alguns de seus aspectos, dependendo, por exemplo, dos efeitos imprevisíveis dos chamados raios cósmicos no próprio DNA. Mas o DNA é muito eficiente em se reparar. Isso se revela especialmente válido quando os genes que sofreram danos transformacionais são cruciais para a produção de formas e funções que comprometeriam a sobrevivência ou a aptidão reprodutiva se fossem danificados.

Nesses casos, os processos de reparo funcionam com precisão quase perfeita. Em contrapartida, a variação é permitida nas margens, em relação a funções não cruciais. Assim, mesmo no âmbito molecular do qual a vida depende, o centro é preservado e a experimentação permitida na margem ou na borda.[31] Essa é uma descoberta revolucionária, que transforma nossa compreensão da suposta aleatoriedade da evolução. Se o centro é preservado ao longo da transformação mutacional, a progressão não é aleatória, mesmo no nível da mutação em si. Isso é especialmente relevante dado que a seleção em si está longe de ser algo aleatório (sobretudo quando se trata da seleção sexual altamente exigente, que possibilita que a escolha consciente tenha um efeito discriminatório no progresso evolutivo).

É na dinâmica entre o centro e a margem que a verdadeira estabilidade — a metaestabilidade que é capaz de se adaptar à mudança com o mínimo de perturbação possível — é constantemente negociada. Essa metaestabilidade é garantida pelo respeito ao Logos que transforma (por meio de pensamento criativo, liberdade de expressão, exploração e experimentação) e sua consolidação na tradição paternal que estabiliza (algo semelhante à lei e aos profetas). Pode parecer um paradoxo estranho que os israelitas sejam especificamente instruídos a olhar para a borda a fim de se lembrarem de Deus:

> E nas franjas essa faixa estará, para que o vejais, e vos lembreis de todos os mandamentos do Senhor, e os cumprais; e não seguireis após o vosso coração, nem após os vossos olhos, após os quais andais adulterando.
>
> Para que vos lembreis de todos os meus mandamentos, e os cumprais, e sejais santos ao vosso Deus.
>
> Eu sou o Senhor, vosso Deus, que vos tirei da terra do Egito, para ser vosso Deus; eu sou o Senhor, vosso Deus.
>
> *Números 15:39–41*

Seria exagero presumir que é justamente no ato de perceber a margem que a sabedoria do centro é lembrada? Quando trabalho com clientes clínicos infelizes em seu casamento e tentados a aderir a comportamentos impróprios, como um caso extraconjugal (talvez com essa oportunidade já à disposição), sempre os aconselho a refletir com cuidado. O que você está fazendo ao se desviar dos votos de seu casamento? Você está dedicando à sua amante toda a atenção que deveria ser dada à sua esposa, sem exigir que ela compartilhe nenhuma das reais responsabilidades da sua vida (e, talvez, da dela)? Está fingindo que isso terá benefícios e nenhum custo? Está desconsiderando as terríveis e dolorosas conversas futuras, a traição, o impacto sobre os filhos, as inevitáveis disputas e os custos jurídicos? Está presumindo que essa nova amante, de alguma forma mágica, ignorará todos os defeitos que você carrega e que prejudicaram seu casamento? Em outras palavras, você está se recusando a olhar para a margem e, assim, esquecendo a importância vital do centro?

Não seria, então, o caso de que é justamente na consideração mais profunda da verdadeira natureza da margem (incluindo todos os atrativos e as possibilidades, bem como os perigos inevitáveis) que aquilo que é importante é conceitualizado, esclarecido e lembrado de maneira mais profunda? Em parte, o tolo existe para nos lembrar do sábio; a vítima da tragédia, para destacar a alegria do vencedor; o vilão, para revelar o papel do herói. A margem, em seu devido lugar, significa a necessidade e o valor do centro. Fora de lugar — quando tenta usurpar o centro —, é um agente do caos; e esse mesmo caos destrói primeiro a margem, devido à sua instabilidade e fragilidade comparativas. Os monstruosos e os desajustados têm seu lugar, mas este não é, e não pode ser, o centro. Esse deslocamento para o centro — mesmo quando solicitado — representa mais risco para eles, vale repetir, do que para aqueles que ocupam o ideal ou a tradição, que, mesmo passível de questionamento, é essencialmente mais estável.

Em seguida, Moisés enfrenta mais um desafio à sua liderança (Números 16). Dessa vez, a rebelião irrompe na forma de um populismo igualitário. Corá, um membro da casta sacerdotal levita, surge como um desafiante, dizendo a Moisés e Arão: "Isso deve vos bastar, visto que toda a congregação é santa, todos são santos, e o Senhor está no meio deles; então por que vos elevais sobre a congregação do Senhor?" (Números 16:3). Essa objeção é reiterada mais tarde e, então, Moisés repreende Corá, enfatizando que foi o Próprio Deus quem atribuiu responsabilidades diferenciadas para a liderança:

> Parece-vos pouco que o Deus de Israel tenha vos separado da congregação de Israel, para vos trazer a si, para fazer o serviço do tabernáculo do Senhor e para estar diante da congregação, para ministrar-lhes?
>
> E ele vos trouxe para perto dele, e a todos os teus irmãos, os filhos de Levi, contigo; procurais também o sacerdócio?
>
> Por esse motivo tu e toda a tua congregação estais congregados contra o Senhor; e o que é Arão, que murmurais contra ele?
>
> *Números 16:9–11*

Essa sequência narrativa faz total sentido, pois sucede a apresentação da dinâmica entre margem e centro. O ímpeto revolucionário de Corá é justamente a tentativa da margem de usurpar o centro. Os pretensos rebeldes alegam que a estrutura atual de autoridade é apenas uma manobra para satisfazer a sede por poder e a autogratificação, afirmando que todo o trabalho de Moisés e Arão foi motivado por puro interesse próprio. Essa é também uma variante da narrativa de vítima/vitimizador, ou uma reinterpretação do tema dos irmãos hostis, em que a alegação de opressão é usada pelos queixosos para justificar sua busca pelo poder.

A sincera tentativa de reconciliação de Moisés é prontamente rejeitada. Por quê? Porque os rebeldes não querem paz. Eles querem subverter a ordem, que consideram fruto do desejo pelo poder, e almejam assumir todas as posições que supõem exercer controle e influência. É raro o revolucionário que tenha outra motivação — apesar de todas as declarações compassivas em contrário.

> Não subiremos.
>
> É pouco nos terdes feito subir de uma terra que mana leite e mel, para nos matares neste deserto? E também fazer-te príncipe sobre nós?
>
> Além disso, não nos trouxeste a uma terra que mana leite e mel, nem nos deste herança de campos e vinhas; arrancarás os olhos a estes homens? Nós não subiremos.
>
> *Números 16:12–14*

Moisés está enfrentando inimigos que reivindicam superioridade moral, alegando que agem em nome do povo — e que, portanto, suas tentativas de usurpação são justificadas, pois estariam agindo em prol dos outros vitimizados. Moisés, então, precisa lidar com uma série de acusações que, à primeira vista, parecem potencialmente válidas: como ele (ou qualquer um de seus seguidores) pode ter certeza de que sua liderança não é mero fruto de um senso de grandiosidade, narcisismo, desejo de poder, privilégio (afinal, ele foi criado como filho do faraó) e corrupção? Em grande parte, porque sua consciência continua tranquila em relação à sua conduta. As tentativas de manipulá-lo fracassam: "E Moisés ficou muito irado, e disse ao Senhor: Não atentes para a sua oferta; não tomei deles nem um só jumento, nem fiz mal a nenhum deles" (Números 16:15).

O autêntico líder, que encarna o espírito de Deus, a lei e a tradição, mas que ainda assim fala com uma voz profética, consegue permanecer confiante diante das acusações mais desafiadoras, graças à sua fidelidade e abertura humilde à revelação. O homem bom não tem nada a esconder; já sacrificou genuinamente seu interesse restrito e hedonista pelo bem transcendente. Obedeceu aos ditames da própria consciência e atendeu fielmente à voz do chamado, confiando em si mesmo, assim como qualquer pessoa confiaria em outra que age de maneira honesta e consistente, independentemente da situação ou da tentação. Como consequência, ele é imune à imputação de má conduta, mas não porque seja cego às próprias falhas ou pecados. Na verdade, como um verdadeiro devoto da conduta sacrificial e da jornada transformadora, ele está sempre atento às próprias deficiências. Isso significa que o homem que, assim como Noé, é "justo e perfeito em suas gerações" e que "anda com Deus" (Gênesis 6:9) pode se levantar, de cabeça erguida e sem se envergonhar diante da multidão moralizadora e encará-la de frente. É também essa capacidade de atenção, comunicação e conduta sem autoconsciência excessiva e, portanto, sem constrangimento, que lhe confere credibilidade e carisma como líder.

Moisés e seus apoiadores se afastam de Corá e dos demais rebeldes, expressando tristeza pelo que acreditam ser agora inevitável. As terríveis consequências da rebelião enganosa de Corá se manifestam de imediato:

> E, quando ele havia acabado de dizer todas estas palavras, a terra que estava debaixo deles se abriu.
>
> E a terra abriu a sua boca e os engoliu com as suas casas, e a todos os homens que pertenciam a Corá, e todos os seus bens.
>
> E eles, e tudo o que lhes pertencia, desceram vivos ao abismo, e a terra se fechou sobre eles, e pereceram do meio da congregação.
>
> *Números 16:31–33*

Quando o que está na margem reivindica o direito de ocupar o centro, em geral, não é o centro que colapsa em destruição, mas, sim, os usurpadores injustos. É por isso que o excesso de compaixão, normalmente falsa, por aqueles que habitam as trevas profundas do mundo (o que, lembre-se, é o pecado eterno de Eva[32]) é tão indesculpável. Os próprios alvos desse julgamento indiscriminado e supostamente misericordioso serão os primeiros a serem destruídos por suas consequências. O mundo não sucumbe à destruição total quando a criança é encorajada, pelo excesso de cuidado, a manter sua infantilidade (embora a criança sagrada, o redentor do mundo disfarçado, possa estar ameaçada). Da mesma forma, é muito improvável que o mundo se reorganize para se adaptar aos caprichos de uma criança que se comporta de maneira indisciplinada, e mais tarde de um adolescente ou de um adulto com as mesmas tendências. Em vez disso, é o indivíduo mimado e falsamente encorajado que acabará ameaçado e prejudicado. A mãe devoradora coloca em risco a integridade, a maturidade psíquica, a oportunidade de verdadeira aventura e a esperança de desenvolvimento ascendente que, de outra forma, definiriam o caráter dessa criança.

Ainda há mais na história de revolução, fracasso e destruição de Corá — um indicativo de que a estrutura subsidiária adequada de responsabilidade, estabelecida por Deus por meio de Moisés, não deve ser subvertida por um falso igualitarismo. Moisés e Arão — e, em menor grau, os líderes das tribos de Israel e o próprio povo — fizeram o trabalho genuíno e, portanto, adquiriram a autoridade e a competência necessárias para manter a ordem e apontar o caminho a seguir. Cumpriram parte suficiente do pacto com o que é mais elevado e continuaram sua busca ascendente, afastando-se da tirania e da escravidão, passando pelas provações do deserto e caminhando em direção à terra prometida. Esse não é um padrão a ser casualmente destruído por usurpadores que reivindicam uma revolução justa em nome da massa manipulável e ressentida da margem.

Algumas coisas nunca mudam.

Mesmo após todo o castigo imposto aos rebeldes (e após a praga, a morte e a derrota militar que há pouco tempo haviam sido infligidas àqueles que tiveram a ousadia de perder a fé e reclamar), os israelitas continuam a manifestar suas queixas contra Deus, Moisés e Arão. A jornada desse povo, novamente infeliz, continua pelo deserto de Zim (outro deserto que surge após um episódio de falta de fé e rebelião), onde ficam sem água e começam a reclamar e lastimar ainda mais. Os dois líderes, o profeta e a voz política, ainda assim intercedem em favor do povo desesperado perante Deus. Em resposta, a voz divina instrui Moisés, de maneira muito específica, a falar às rochas do deserto na presença de seu povo e exortá-las a fornecer o líquido vital. Moisés e Arão partem e reúnem os israelitas, conforme instruído, "diante da rocha" (Números 20:10).

Entretanto, Moisés não usa palavras em exortação, como foi explicitamente instruído a fazer. Em vez disso, o grande e outrora devoto servo de Deus golpeia a rocha duas vezes com seu cajado. Esse uso de força e coerção (essa demonstração desnecessária de poder) desagrada imensamente a Deus — tanto que o que acontece em seguida pode ser considerado uma punição severa demais. Deus nega a seu profeta desobediente a entrada na própria terra prometida, apesar das décadas que ele passou a serviço do povo e do divino: "E o Senhor disse a Moisés e a Arão: Porque não crestes em mim, para me santificar aos olhos dos filhos de Israel, por isso não levareis esta congregação à terra que lhes dei" (Números 20:12). Arão também é barrado, talvez porque, apesar de estar presente quando as instruções iniciais foram dadas, não tenha agido para garantir que fossem cumpridas no espírito correto. Será que, ao saber das intenções de Moisés (se é que soube), o irmão do profeta sentiu um peso na consciência? Ou será que Arão acreditou, em uma postura política e muito conveniente, que uma pequena demonstração de poder poderia ser eficiente para manter um povo rebelde sob controle?

O cajado de Moisés é o símbolo da tradição e da ordem. Quando mal utilizado, ele se torna um instrumento de coerção e poder. Um cajado pode tanto apontar a direção de maneira convidativa quanto forçar os relutantes à submissão. Tudo depende do propósito, da vontade e das tentações de quem o empunha. Moisés brandiu seu cajado com força excessiva, recorrendo à coerção quando bastava um incentivo — conforme ordenado pelo Próprio Deus. Ele golpeia a rocha duas vezes, deixando claro que a ação foi intencional. Além disso, tanto ele quanto Arão declaram expressamente que o ato redentor será praticado por eles, em vez de, com a devida humildade, atribuírem a glória a Deus. Moisés diz: "Ouvi agora, rebeldes; teremos que tirar água desta rocha para vós?" (Números 20:10). A essa altura, ambos os homens são muito experientes e estão prestes a alcançar seu objetivo. É nesses momentos que a tentação da arrogância pode se apresentar de maneira mais intensa — e quando pode ter as consequências mais condenatórias e degradantes. Nesse ponto crucial — no limiar do ápice de seu sucesso; justamente quando tem a oportunidade de se tornar o novo homem no novo mundo, o qual tanto foi exortado a ser — Moisés sucumbe, assim como seu irmão, ao espírito do usurpador orgulhoso, tomando para si, à maneira luciferiana, o direito de estabelecer a ordem moral. O grande líder ficou convencido demais, e Arão segue o mesmo caminho. Isso é uma catástrofe psicológica e social, dada a magnitude das questões em jogo.

Ainda pode-se objetar: Moisés e Arão merecem ser perdoados por um lapso momentâneo de fé e racionalidade, se é que alguém algum dia mereceu tal perdão. Pelo visto, não — ao menos no julgamento do que é verdadeira e eternamente soberano. Seria insensato presumir que o privilégio da liderança deve ser acompanhado da exigência de extremo cuidado na conduta moral, sobretudo em questões sérias o suficiente para provocar a intervenção divina? Isso não é ainda mais verdadeiro quando o objetivo é evitar o estabelecimento de uma nova tirania e criar a eterna terra prometida? Essa é uma empreitada moral de alta ordem, que carrega consigo um nível igualmente alto de exigência em relação à conduta. Ao que parece, era necessário que Moisés tivesse renunciado à tentação de usar a força para dar o próximo passo em sua transformação pessoal e como líder de seu povo. Diante de sua falha em se sacrificar, ele é proibido de seguir adiante e sucumbe, por assim dizer, sob a espada do julgamento. Parece que a desobediência em qualquer questão envolvendo a própria água da vida, associada ao uso descuidado e arrogante de força e medo, é um pecado conjunto de magnitude suficiente para impedir que até mesmo os líderes que, exceto por esse lapso, foram os melhores dos homens tenham o privilégio de participar da jornada final em direção ao Jardim do Éden restabelecido ou ao Reino Celestial. A punição para Arão, o braço político, é o impedimento definitivo de seguir adiante. Arão é despojado de suas vestes de autoridade — a própria identidade como líder terreno — e morre:

> E o Senhor falou a Moisés e a Arão no monte Hor, junto à fronteira da terra de Edom, dizendo:
>
> Arão será recolhido a seu povo, pois ele não entrará na terra que dei aos filhos de Israel, porque vos rebelastes contra a minha palavra, nas águas de Meribá.
>
> Toma a Arão e a Eleazar, seu filho, e traze-os ao monte Hor.
>
> E despe a Arão de suas vestes e veste-as em Eleazar, seu filho, porque Arão será recolhido ao seu povo, e morrerá ali.
>
> E Moisés fez como o Senhor lhe havia ordenado; e subiram ao monte Hor diante dos olhos de toda a congregação.
>
> E Moisés despiu a Arão de suas vestes e as vestiu em Eleazar, seu filho; e Arão morreu ali, no topo do monte; e Moisés e Eleazar desceram do monte.
>
> E quando toda a congregação viu que Arão estava morto, toda a casa de Israel chorou por Arão, durante trinta dias.
>
> *Números 20:23–29*

Esse é um autêntico conto de advertência: se homens como Moisés e Arão não são dignos de dar esse passo final, então quem pode ser salvo?

Apenas Josué e Calebe mantêm a fé ao lado de Moisés e Arão, apesar do perigo de Canaã, real ou imaginário, e dos relatos covardes e alarmistas dos emissários enviados à terra prometida (Números 13–14). Josué é um nome estreitamente associado ao próprio salvador cristão. Ambas as denominações são variantes de *Yeshua*, que significa salvação; a variante mais longa, *Yehoshua*, significa "Yahweh salva". É Josué quem assume a liderança de Moisés, guiando os israelitas no trecho final de sua jornada. Os cristãos tradicionalmente interpretam essa história em um nível mais elevado de abstração, presumindo que a própria redenção depende do que Cristo encarna, personifica ou representa, algo que supera o padrão de espírito exemplar até mesmo da liderança de Moisés (e presumindo que essa necessidade é prenunciada pela forma como a jornada israelita termina). Arão morre, como Deus havia indicado, fora da terra "que dei aos filhos de Israel" (Números 20:24). O político, corrompido por orgulho e poder, jamais será o espírito que guia o caminho ao paraíso — independentemente de seu histórico de liderança e triunfo.

O Livro de Números continua com mais um episódio de falta de fé, propagação de boatos e rebelião irresponsável por parte dos israelitas — uma narrativa que também prenuncia a história de Cristo de uma maneira profunda e quase milagrosa. É impossível imaginar como os níveis de coerência e as referências cruzadas que compõem essa narrativa poderiam ter sido criados de maneira deliberada. O significado da história é quase evidente uma vez revelado, mas, antes disso, é incrivelmente sutil, sofisticado e implícito. Como algo assim seria possível — sobretudo considerando os milênios que se passaram entre o início da narrativa e seu desfecho? Quem seria capaz de uma façanha de tamanha genialidade narrativa?

A única explicação secular crível para uma caracterização e uma representação tão profundas é a ação de algo equivalente ao inconsciente coletivo da humanidade, conforme elaborado por C. G. Jung e os pensadores de sua escola:[33] a imaginação da espécie humana, *em grande escala* — primeiro, ao decifrar a natureza central da adaptação em um processo de tentativa e erro; depois, ao representar os resultados desse doloroso processo em uma narrativa abstrata; e, por fim, ao entrelaçar e editar essa narrativa ao longo dos séculos — eliminando contradições internas e elaborando a meta-história mais convincente imaginável. Distinguir esse processo da própria revelação divina parece quase impossível. Ambas as explicações parecem igualmente implausíveis e improváveis. Talvez seja melhor encará-las como variantes da mesma ação sob perspectivas diferentes: uma atuando de baixo para cima, no caso do inconsciente; a outra, de cima para baixo, no caso da revelação divina. Em qualquer dos casos, o milagre permanece.

Após os eventos no deserto de Zim, os israelitas continuam sua jornada, que, a essa altura, deve parecer interminável. Eles viajam "do monte Hor, pelo caminho do Mar Vermelho, para rodearem a terra de Edom" (Números 21:4). Mais uma vez, "a alma do povo ficou muito desencorajada por causa do caminho" (Números 21:4). Petulantes e irascíveis, como tantas vezes ocorre, eles se revoltam contra as privações que enfrentam, expressando insatisfação com o alimento celestial que é sua única provisão: "E o povo falou contra Deus e contra Moisés: Por que nos trouxestes do Egito, para que morrêssemos neste deserto? Porque aqui não há nem pão nem água; e este pão leve traz repugnância à nossa alma" (Números 21:5). Talvez seja compreensível que os israelitas estejam frustrados com a frugalidade de seu sustento: por décadas, vagaram com pouco mais do que fé e esperança para guiá-los, e esse certamente é o mais etéreo dos alimentos. No entanto, o retorno ao papel de vítimas indignadas por parte de Seu povo não agrada a Deus. Dessa vez, porém, Ele toma uma atitude diferente em resposta a essa inconstância: "E o Senhor enviou serpentes ardentes entre o povo, que morderam o povo, e grande parte do povo de Israel morreu" (Números 21:6).

Parece uma medida extrema — assim como a punição imposta a Moisés e Arão pode ser considerada severa (sem falar nos constantes castigos infligidos tanto aos israelitas infiéis quanto a seus inimigos). Os pobres israelitas claramente estão pensando, e com certa razão: "Tirania e escravidão, seguidas por décadas de errância, deserto e caos — já são demais. E agora temos que lidar com serpentes venenosas nos picando, porque — ao que parece — o deserto árido não era castigo suficiente." É fácil, e talvez até apropriado, compadecer-se por sua situação. Abandonar a tirania e enfrentar o deserto interminável: isso não é motivo para alegria. É compreensível que as serpentes venenosas pareçam uma punição além do razoável. Haveria outra interpretação possível, que fosse mais favorável a Deus? Sem dúvida, e é outra verdade insuportável: no inferno, não há poço tão profundo que ainda não possa revelar algo mais abismal — desencadeado por uma ação ou uma omissão traiçoeira, covarde e infiel.

Isso é válido tanto para o indivíduo quanto para a sociedade: o abismo é de fato sem fundo. Se você for atingido pela desgraça, seja ela justa ou injusta, e mantiver a fé, pelo menos terá o consolo da coragem e da fé para aplacar o sofrimento que lhe foi imposto. Se perder a esperança e se voltar para o caminho indicado pelo espírito do ressentimento, da arrogância e do engano, o inferno que já enfrentou — por pior que seja — não será nada comparado ao inferno que será desencadeado. Assim, chegam as serpentes, ardentes e venenosas, mesmo em meio ao deserto mais árido, vasto e inóspito. Isso é mais uma inevitabilidade do que uma punição: não há situação tão terrível que algum filho da mãe estúpido não possa piorar ainda mais. E me refiro a você — e a mim.

Depois de sofrerem picadas suficientes para repensar suas atitudes, ou pelo menos desejarem que as serpentes desaparecessem, os israelitas se arrependem e vão até Moisés, dizendo: "Pecamos, porque falamos contra o Senhor e contra ti; ora ao Senhor, para que tire de nós estas serpentes; e Moisés orou pelo povo" (Números 21:7). Dois desfechos previsíveis e diretos parecem prováveis. Deus poderia recusar o pedido e punir os rebeldes; ou demonstrar misericórdia e se livrar das serpentes — afinal, eram Sua criação. Mas não é isso o que acontece. Em vez disso, Deus instrui Moisés: "Faze uma serpente ardente e coloca-a sobre uma haste" (Números 21:8). A dinâmica entre haste (bastão, cajado) e serpente já foi indicada em diversas ocasiões até o momento, em diferentes formas. Temos a serpente na árvore do conhecimento do bem e do mal (Gênesis 3). Temos o cajado de Moisés, que se transforma em uma serpente capaz de devorar todos os outros cajados e serpentes. Esse réptil ardente é o próprio caos, o próprio desconhecido, em todas as suas manifestações predatórias; em todas as suas possíveis combinações assemelhadas a um dragão — felino, serpente, pássaro e fogo (os inimigos ancestrais do homem e de outros primatas)[34] — e com sua capacidade de trocar de pele e renascer.

Talvez possamos imaginar que o Paraíso é o lugar onde todas as serpentes foram derrotadas; o lugar eternamente seguro e protegido. Mas e o desafio? A aventura? Ou a promessa de algo novo? Talvez seja melhor aprender a lidar com as serpentes do que tentar eliminar todas as serpentes do mundo. Aqueles que amam seus filhos os protegem de todo perigo ou os incentivam a se tornarem combatentes — verdadeiros matadores de dragões? Sempre que endossamos os passos de uma criança diligente e focada em direção à competência e à maturidade, em vez de ao apego à dependência infantil, estamos escolhendo o segundo caminho, não o primeiro.

Essa é a busca que, obviamente, está representada naquela que talvez seja a história mais fundamental de toda a humanidade — a luta contra o dragão. Retratada pela primeira vez em forma escrita no épico mesopotâmico *Enuma Elish*,[35] a batalha com o réptil imortal é reinterpretada constantemente na literatura, tanto antiga quanto moderna.[36] A hipótese fundamental dessa história, por assim dizer — a moral transmitida —, é que o confronto voluntário com o que é mais assustador e repulsivo proporciona riquezas infinitas (o ouro guardado pelo dragão; as virgens libertadas do covil do dragão, agora agradecidas e profundamente impressionadas com seu salvador). É justamente para sinalizar e incentivar essa resposta corajosa que Deus não elimina as serpentes. Em vez disso, Ele decide fortalecer e capacitar os próprios israelitas, como um bom pai faria. Depois que a serpente é forjada e colocada sobre o bastão, ou o cajado da tradição, Deus conclama Seu povo desviado a contemplar essa presença conjunta de ordem e caos, e fazê-lo de maneira voluntária, de boa-fé: "E disse o Senhor a Moisés: Faze uma serpente ardente e coloca-a sobre uma haste; e todo aquele que for mordido, ao olhar para ela, viverá. E Moisés fez uma serpente de bronze, e a pôs sobre uma haste; e acontecia que, se uma serpente mordia algum homem, quando olhava para a serpente de bronze, ficava vivo" (Números 21:8–9).

Ao colocar em prática uma estratégia compensatória de enfrentamento e perceber seu sucesso, até indivíduos neuróticos, dependentes e esquivos conseguem superar a experiência ou a situação desafiadora. Ao fazer isso, eles também atualizam e expandem sua autoconceitualização, passando a se ver cada vez mais como pessoas *capazes*, em vez de *incapazes*.[37] Chegar a essa conclusão generalizada muda seu comportamento, e não apenas em relação a um estímulo específico, mas a toda a classe de estímulos temidos.[38] Isso significa que seu caráter se transforma. Há pouca diferença entre tal mudança e o aprendizado em si. As experiências que nos transformam, mesmo em suas micromanifestações, sempre ocorrem na fronteira, ante o desconhecido, na zona de desenvolvimento proximal — no reino do significado profundo que sustenta e motiva, situado na fronteira entre *yin* e *yang*.[39]

Como consequência da prática de enfrentamento e exploração voluntários que proporcionam a transformação, os que antes eram medrosos tornam-se, ao menos parcialmente, encarnações do matador de dragões. Essa é uma resposta muito mais salutar e adequada, considerando os aspectos mais profundos da natureza humana, do que se encolher no porão, tomado pelo medo e pela vergonha, enquanto o dragão espalha fogo e destruição. Os adeptos desse enfrentamento tornam-se aqueles que tomam medidas ativas para se libertarem do ventre da besta que os devorou quando fugiram e tentaram se esconder — tornam-se aqueles que, em outra variante narrativa, verdadeiramente enfrentam a tirania e escapam da escravidão. Os israelitas encaram a serpente para recuperar sua fé, tornarem-se mais corajosos, menos medrosos e mais dispostos a continuar pelo deserto, apesar das serpentes, porque agora se veem como aqueles capazes de encarar o que é venenoso e paralisante, e prevalecer. Assim, encorajados por Deus (origem paradoxal tanto das serpentes quanto da coragem que as despoja de seu veneno), os servis e apreensivos israelitas avançam rumo ao seu destino ascendente.

Qual é o exemplo máximo desse motivo narrativo de exposição à serpente? E em que parte a pura genialidade do inefável autor do texto se manifesta de maneira tão evidente? Neste detalhe, que está longe de ser um mero detalhe: milênios depois, no Evangelho de João, Jesus faz uma estranha comparação entre si mesmo e essa serpente de bronze. "E como Moisés levantou a serpente no deserto, assim importa que o Filho do homem seja levantado; para que todo o que nele crê não pereça, mas tenha a vida eterna" (João 3:14–15). O que podemos entender dessa comparação tão peculiar e inesperada? De que maneira o Salvador benevolente poderia se assemelhar à mais terrível e venenosa das serpentes? A primeira ferramenta conceitual necessária para resolver esse enigma é esta: a provisão milagrosa de água e alimento que Deus oferece aos israelitas, assim como os pães e os peixes que Jesus mais tarde provê, são *meta*-alimentos, como já mencionado.[40] São figuras emblemáticas do éthos celestial, do espírito da integridade psicológica e do propósito comunitário que garantem a vida prometida mais abundante, em vez de serem meras manifestações concretas de água e alimento. De modo semelhante, Cristo — mais especificamente a grandiosidade de seu exemplo — se revela como uma metasserpente; a soma, ou melhor, a essência, o espírito de todas as coisas terríveis sobre a existência humana que devem ser encaradas de maneira voluntária — e até acolhidas e aceitas com gratidão — para que a oferta sacrificial suprema, a que mais agrada a Deus, seja plenamente realizada.

O espírito do chamado divino e da consciência, na tentativa de redimir as ovelhas desgarradas de Israel, insiste que o povo enfrente seus medos, confrontando voluntariamente a serpente venenosa que sua falta de fé e covardia invocaram à existência. Mas será que essas serpentes, por mais peçonhentas que sejam, são a totalidade ou a essência de todo o mal real e possível? De modo algum. A serpente no Jardim do Éden é apenas um representante de Lúcifer — assim como o terror gerado pelos répteis mortais do deserto é uma mera manifestação da essência do que é aterrorizante e mortal. Qual é o pior de todos os desfechos trágicos e malignos possíveis? O destino mais sombrio e injusto infligido ao indivíduo que menos o merece. É por isso que a Paixão de Cristo constitui a catástrofe redentora definitiva, o terror absoluto à espreita por trás de todos os terrores proximais; o padrão do confronto com a mortalidade e com o mal em si. É a cruz que é o dragão supremo; a cruz que representa a união do Leviatã do caos e do Beemote da ordem patológica, que o Logos derrotou no princípio dos tempos e continua a derrotar sempre e em todos os lugares.

O perigo começa logo no nascimento de Cristo; mesmo em uma condição humilde, ele é ameaçado pelos poderes do Estado, que exigem obediência de seus súditos (Mateus 2:1; Lucas 2:1–7) e, em seguida, determinam a morte de todos os bebês hebreus de determinada idade (Mateus 2:16). Jesus confronta o próprio Satanás e suas tentações no deserto (Mateus 4:1–11; Marcos 1:12–13; Lucas 4:1–13) e é rejeitado por sua comunidade em Nazaré (Mateus 13:53–58; Marcos 6:1–6; Lucas 4:16–30). Ele é submetido à falsa misericórdia dos hipócritas do mundo religioso, acadêmico e jurídico — os fariseus, escribas e doutores da lei (Mateus 21–23; Marcos 12; Lucas 20). Jesus é traído por seu companheiro mais próximo, Judas (Mateus 26:14–16; Marcos 14:10–11; Lucas 22:3–6), e negado por Pedro, a rocha sobre a qual Ele funda Sua igreja (Mateus 26:69–75; Marcos 14:66–72; Lucas 22:54–62; João 18:15–27). Todo esse horror, aceito voluntariamente, prova-se insuficiente, por mais árduo que seja. Ele ainda precisa enfrentar um julgamento injusto e a crucificação, ser exposto à multidão vingativa, açoitado e sentenciado pelo tirano estrangeiro (todos cientes de Sua inocência elementar), escolhido para ser torturado e morto no lugar de um notório criminoso, e então submetido a uma morte concebida especificamente para ser humilhante e dolorosa. Tudo isso enquanto ainda é jovem e solteiro, diante da mãe que O ama, sendo obrigado a testemunhar a angústia materna (Mateus 26:57 - 27:66; Marcos 14:53 - 15:47; Lucas 22:54 - 23:56; João 18:12 - 19:42). E, depois de tudo isso, Ele é chamado a descer ao inferno, o que significa que mergulha no coração da escuridão malévola.

Essa é a catástrofe existencial que todos tentamos enfrentar e superar voluntariamente, como os israelitas corrompidos no deserto, ao longo dos dois mil anos de domínio do cristianismo no Ocidente. Não há destino pior e, ao mesmo tempo, melhor do que o de Cristo. Escolhemos colocar o crucifixo, o terrível símbolo de tudo isso, no coração de nossas catedrais e igrejas — o lugar onde o Santo Sacrifício, que une a psique e a comunidade, é eternamente oferecido. Construímos esses tabernáculos no centro de nossas cidades, com a cruz servindo como o bastão da tradição e da transformação, firmemente posicionada para demarcar o ideal e estabelecer a ordem psicológica e social que é boa ou muito boa. Dessa forma, repetimos o ritual redentor de exposição que Deus ofereceu aos israelitas em meio à sua miséria e exaltamos o Filho do Homem para que possamos carregar os fardos da vida sem sucumbir ao desespero. Quem poderia ter imaginado uma correspondência tão ousada entre ideia e caracterização? E como é possível que esse padrão de identidade tenha permanecido essencialmente implícito durante todos os séculos que nos separam do antigo povo de Israel e, ainda assim, tenha desempenhado um papel tão central? Seja o que for que realizou essa façanha de representação e caracterização imaginativa, sem dúvida merece o lugar de honra reservado ao transcendente e inefável.

As aventuras dos israelitas continuam, cada vez mais árduas, após seu batismo pela serpente e por Deus, com as constantes batalhas descritas no último terço do Livro de Números. O Capítulo 21 detalha a derrota inicial de algumas tribos cananeias. No entanto, os habitantes originais da terra prometida eram um povo disperso, parentes de amorreus, moabitas e midianitas, todos os quais também entraram em conflito com os israelitas invasores e foram derrotados (junto com os amalequitas, sihonitas e ogitas, cuja relação ou derivação dos cananeus permanece desconhecida). Essas múltiplas vitórias militares reforçam a crença dos israelitas de que conseguiriam triunfar sobre aqueles que estavam em seu caminho e ocupar a terra prometida. Os eventos envolvendo Balaque, rei de Moabe, também aumentam a confiança do povo de Israel, ao mesmo tempo que desmoralizam seus inimigos. Balaque pergunta a Balaão, um profeta mesopotâmico, se ele poderia amaldiçoar os israelitas para impedir que se aproximem. Parece bastante claro que Balaão é considerado um verdadeiro homem de Deus por sua reputação moral, e ele é chamado pelo rei justamente por essa razão. Como esperado de um homem assim, Balaão adverte o rei de que dirá a verdade, não importa a recompensa ou quem pague por seus serviços. No entanto, ele concorda em viajar com os príncipes de Moabe para avaliar a situação, e o rei aceita sua oferta.

No caminho, um anjo aparece ao profeta mesopotâmico, dizendo-lhe que ele pode continuar, mas lembrando-o mais uma vez de que deve proferir apenas a palavra de Deus, apesar de estar a serviço do rei. Por três vezes, o profeta observa os israelitas. Por três vezes, ele os abençoa em vez de amaldiçoá-los, indicando, ao fazer isso, o favor que conquistaram perante Deus, destacando a numerosa população, a ausência de iniquidade e maldade (Números 23:21), a opulência de suas tendas (Números 24:5) e sua futura vitória:

> Fala aquele que ouviu os ditos de Deus e o que sabe a ciência de Elyon; o que viu a visão de Shaddai, que cai, mas com os olhos abertos:
>
> Eu o verei, mas não agora; e o contemplarei mas não de perto. Virá uma Estrela de Jacó, e um Cetro subirá de Israel, e ferirá as regiões de Moabe, e destruirá todos os filhos de Sete.
>
> E Edom será uma possessão; Seir também será uma possessão para os seus inimigos; e Israel fará proezas.
>
> De Jacó virá um que dominará, e destruirá os sobreviventes da cidade.
>
> *Números 24:16–19*

A bênção dos israelitas ocorre apesar das investidas de Balaque para tentar Balaão com o aumento do pagamento e as ofertas sedutoras das próprias filhas. Os israelitas continuam a se desviar ao longo do caminho, parando em Sitim, parte do reino moabita de Balaque, para "se prostituir com as filhas de Moabe" (Números 25:1), que os seduzem a adorar Baal. Essa deslealdade resulta na previsível insatisfação de Deus e em uma subsequente praga, mais um castigo infligido pelas forças divinas que o povo escolhido insiste em desafiar de maneira negligente.

Em seguida, Números 26 descreve o segundo censo do livro (o primeiro está em Números 1). O texto continua e amplia a sociologia[41] e a avaliação técnica do Estado,[42] detalhando a divisão do trabalho e a organização social entre os israelitas — descrevendo a segregação, a diferenciação e a especialização nas categorias que compõem o Estado: servos, agricultores e pastores, soldados, mercadores, artesãos, músicos, juízes e sacerdotes. Esse processo de identificação e separação faz parte do desenvolvimento da autoconsciência; o início de uma tipologia e análise formais do indivíduo e da sociedade — os primórdios, como já mencionado,[43] de um modo analítico de observação, descrição, pensamento e registro que hoje consideramos natural. Também faz parte do contínuo desenvolvimento da estrutura subsidiária da nova nação, incluindo sua capacidade de se representar e se monitorar.

Em Números 27, Deus concede a Moisés uma recompensa final por seu serviço fiel, apesar da proibição de entrar na terra prometida. A recompensa parece ter sido concedida em resposta ao pedido direto de Moisés, conforme relatado mais tarde em Deuteronômio 3:25: "Suplico-te, deixa-me passar, e ver a boa terra que está além do Jordão, este bom monte, e o Líbano." Deus instrui o profeta a subir o monte Abarim, o último dos picos escalados ao longo da memorável vida de Moisés, para que ele possa ver "a terra que dei aos filhos de Israel" (Números 27:12). O lado positivo dessa aventura é atenuado pelo fato de que, ao mesmo tempo, Deus informa ao profeta sobre sua morte iminente. É possível imaginar Moisés satisfeito com tudo o que realizou? Ele derrotou um tirano; proporcionou aos israelitas uma concepção de liberdade e responsabilidade; liderou-os através do deserto; repreendeu, protegeu e intercedeu por eles quando sucumbiram à tentação; e os ajudou a estabelecer um Estado verdadeiramente funcional e vitorioso. Seria esse um exemplo da possibilidade já mencionada de que uma vida plenamente vivida justifica a si mesma, apesar das tragédias e dos erros que a permeiam — e inevitavelmente termina em morte?[44]

Moisés nomeia o fiel e corajoso Josué como seu sucessor, após Deus lhe mostrar a terra prometida em um ato presenciado por Eleazar, o sacerdote, e por toda a congregação (Números 27). Assim, o grande profeta designa e especifica seu sucessor, garantindo uma transição bem-sucedida de poder. Depois disso, como é apropriado, os detalhes da lei do pacto são recapitulados (Números 28–30), estabelecendo a continuidade da tradição e do contrato que devem reger o mandato do novo governante, tal como no tempo de Moisés. Logo depois, uma guerra terrível, de brutalidade difícil de justificar, é travada contra os midianitas (Números 30). Os israelitas trazem os espólios, que incluem as mulheres midianitas. Moisés, irado, repreende seus soldados: "Deixastes vivas todas as mulheres? Eis que elas fizeram com que os filhos de Israel, por conselho de Balaão, transgredissem contra o Senhor, no assunto de Peor, e ali houve uma praga entre a congregação do Senhor" (Números 31:15–16). Ele ordena que todas as mulheres cativas, exceto as virgens, sejam mortas, bem como todos os meninos midianitas. São passagens como essa, logo após os relatos da morte de três mil homens, da abertura da terra sob Corá e das pragas sobre aqueles que se envolveram com as prostitutas de Moabe, que causam grande perplexidade ao leitor moderno, convencido de sua superior virtude moral. Seria toda essa violência apenas uma indicação clara da vingança e do ciúme de um Deus arcaico e supersticioso? O Dr. Richard Dawkins não hesita em defender esse ponto de vista:

> O Deus do Antigo Testamento provavelmente é o personagem mais desagradável de toda a ficção: ciumento e orgulhoso disso; um maníaco por controle, mesquinho, injusto e implacável; um eugenista vingativo e sanguinário; um tirano misógino, homofóbico, racista, infanticida, genocida, filicida, pestilento, megalomaníaco, sadomasoquista, malevolente e caprichoso.[45]

Claramente, trata-se de uma interpretação equivocada e intencional por parte do biólogo evolucionista, ao menos se considerarmos as interpretações desse texto que sejam tanto empáticas quanto precisas (sem mencionar toda a história da apologética judaica e cristã). No entanto, os dilemas morais apresentados no texto ainda permanecem.

Seria suficiente argumentar que o perigo representado pela incorporação de muitas mulheres estrangeiras, cuja capacidade de seduzir, atrair e converter os israelitas já havia sido demonstrada, era grande demais para ser tolerado e que Moisés enxergava isso claramente? A mesma lógica poderia ser aplicada ao potencial perigo representado pelos meninos midianitas? Será que esses cativos não representavam uma possível futura quinta coluna e uma fonte de desestabilização? Não está claro sob quais condições podemos aplicar de maneira justa nossos padrões morais supostamente mais elevados às sociedades do passado, que viviam sob condições de privação, ameaça e dificuldade quase (e, felizmente, para nós) inimagináveis. É muito fácil nos considerarmos melhores do que nossos antepassados, condená-los por suas inclinações violentas e supor que agiríamos melhor nas mesmas circunstâncias. Mas também é muito fácil racionalizar ações como as realizadas na guerra contra os midianitas e presumir que os eventos descritos não devem ser tomados de maneira literal; insistir, de maneira acrítica e apenas como questão de "fé" cega e autojustificada, que a palavra de Deus deve ser seguida, mesmo que os comandos pareçam cruéis e injustos, e, assim, evitar o eterno problema de testar os espíritos para determinar — na presença de muitos falsos profetas e profecias — se são de Deus (1 João 4:1). Mas, ao analisar essas antigas histórias, estamos tentando extrair um valor moral universal e, para isso, é preciso considerar tanto as passagens amargas do corpo bíblico quanto as doces.

Sob quais condições matar é justificável, necessário ou até mesmo moralmente obrigatório? Como lidamos com o fato de que a guerra, e toda a brutalidade que a acompanha de maneira inevitável, é uma característica universal de nossas lutas passadas e presentes? Como podemos nos conceber como agentes morais admiráveis — como seres intrinsecamente bons — dada nossa propensão universal ao conflito intertribal, à existência de motivações poderosas que operam dentro de nós, nos impulsionando em direção à arma e à espada quando nossas fronteiras, nossos axiomas — nossas famílias, nossas tribos — estão sob ameaça, ou pelo menos quando acreditamos que estão? Quase todos os indivíduos compreendem, aceitam e apoiam o direito à autodefesa, bem como o direito e a responsabilidade análogos e ampliados de proteger parentes e aliados. Em que circunstâncias a obrigação com o que é local, familiar, tribal supera aquela devida a um estranho — a um inimigo, a um homem ou a um povo que já foi inimigo? O sexto mandamento proíbe o assassinato, e não o ato de matar,[46] e, desde tempos imemoriais, assassinato tem sido considerado algo distinto da guerra. Essas são algumas das questões mais difíceis que enfrentamos em nossa luta com o divino.

As justificativas clássicas para o extermínio dos midianitas assumem duas formas tradicionais. A primeira é que tais ações eram típicas para a época,[47] na qual a destruição total de um inimigo conquistado era considerada necessária para evitar a influência que ele poderia manter e exercer. Tais ações (e sua compreensão ou racionalização) se baseiam na presunção de que a presença de estrangeiros e de suas ideias pode representar uma ameaça à integridade da psique e do Estado. Por quê? Porque o conflito entre as pressuposições fundamentais de conquistados e conquistadores é a própria guerra dos deuses, capaz de minar e derrubar um Estado. Portanto, é algo muito comum, e talvez até biologicamente inato, considerar ideias estrangeiras como patógenos que podem contaminar, se espalhar e matar.[48] Um conservadorismo rígido tende a se manifestar, por exemplo, em locais caracterizados pela alta incidência de doenças transmissíveis[49] — um fato que sugere uma identidade psicológica essencial entre a ideia estrangeira e o predador ou parasita.[50] A segunda justificativa é mais sutil:[51] os midianitas são vistos como aliados dos moabitas, apresentados em Números 25 como aqueles que convidam os homens israelitas "a se prostituir com as filhas de Moabe" (Números 25:1) e "para os sacrifícios de seus deuses" (Números 25:2), entre eles Baal — duas ofertas aceitas pelos convidados. As consequências? "A ira do Senhor se acendeu contra Israel" (Números 25:3).

Há boas razões para se preocupar com o que é estrangeiro; razões tão profundas que nos adaptamos, biologicamente, à sua presença. No entanto, também é verdade que o que é estranho e novo — como no caso do estrangeiro benéfico, descrito anteriormente — pode ser uma graça salvadora, tanto em termos práticos quanto metafísicos.[52] Não é insignificante que Jetro — o admirado e amado sogro de Moisés, que evitou que ele se tornasse um tirano e salvou os israelitas de regressar à escravidão — também fosse um midianita e, portanto, da mesma tribo estrangeira que agora é apresentada como uma ameaça mortal.[53] Esse é mais um exemplo da realidade derradeira e paradoxal de que o tesouro sempre está acompanhado pelo dragão. Como, então, lidamos com o fato reprimido e não verbalizado de que a presença de ameaças, muitas vezes estrangeiras, reais ou imaginadas, pode despertar em nós um forte desejo de caos, uma sede de batalha, um clamor assassino justificado pela autopercepção de justiça, e a demonização entusiástica de qualquer um que, sob tais circunstâncias, ouse argumentar a favor da paz?

Como distinguir nosso direito à autodefesa, em seus sentidos imediatos e mais amplos, do desejo, semelhante ao de Caim, de encontrar um alvo sobre o qual possamos descontar toda a frustração existencial reprimida, o ressentimento, a amargura, a arrogância e a cruel sede de vingança? Como compreendemos e reconciliamos as atrocidades da história, as expansões territoriais que fazem parte do registro histórico de praticamente todos os povos, e a participação de nossos antepassados e de nós mesmos nas guerras que tanto marcaram quanto moldaram o presente? Como expiamos o privilégio que nos foi concedido como resultado, ainda que indireto, do sangue derramado — tanto de culpados quanto de inocentes — no passado? Como sacrificamos de maneira adequada, no âmbito individual e coletivo, para redimir os pecados daqueles que vieram antes de nós, e que têm grande probabilidade de ressurgir com terrível rapidez sempre que as condições forem propícias? Esforçar-se para responder a essas questões é a terrível necessidade de lutar com Deus.

Há uma visão alternativa à moderna caracterização condenatória do Deus do Antigo Testamento, ou da Torá, da tradição judaico-cristã. É uma forma direta e simples de retratar a realidade, embora ainda inegavelmente amarga. E talvez seja ainda mais crível justamente por isso. Considere que existem milhões de caminhos que levam ao desvio, ao afastamento e à deserção, e poucos (talvez apenas um) que permitem um avanço eficaz, eficiente, produtivo, generoso e unificado. Considere, também, que a punição (ou mesmo as "consequências naturais"[54]) para tal desvio pode ser, e muitas vezes é, o sofrimento catastrófico e a morte em massa. Em termos pragmáticos e não teológicos: por que, então, a representação dessa verdade brutal na caracterização de Deus deve ser interpretada como a vontade de algo com intenção maligna? O caminho escolhido pelos nacional-socialistas, pelos soviéticos e pelos maoistas foi um sério desvio, para dizer o mínimo, dos preceitos da tradição judaico-cristã. O destino que se abateu sobre o povo dessas culturas, como resultado direto de suas ações, foi tão terrível quanto qualquer ato retratado como a vingança do furioso Deus do Antigo Testamento. Jogos que não devem ser jogados degeneram primeiro em caos e, depois, em inferno. Isso reflete algo semelhante às consequências da violação da ordem moral subjacente do cosmos.

É, de fato, tão surpreendente e moralmente inaceitável que os resultados inevitáveis[55] — parte do padrão de causa e efeito que caracteriza o mundo, sobretudo do ponto de vista científico — acabem sendo compreendidos e retratados como "ciúme" de Deus? Isso não poderia ser interpretado também, ou em vez disso, como Sua insistência de que nada e ninguém, exceto Ele, seja elevado ao status mais alto? Se tudo mergulha no abismo de maneira inevitável e inescapável quando certas restrições são violadas, não seria um ato de misericórdia, e não de malevolência, indicar isso claramente desde o início? E como poderia ser de outra forma, em um mundo caracterizado pela existência do livre-arbítrio, da realidade genuína e da verdadeira e irredutível importância das ações humanas? Se temos coisas importantes a fazer, e a faculdade irrestrita de escolher fazê-las ou não — e se essas escolhas determinam a maneira como a realidade se desenrola e se a ordem que é boa ou até mesmo muito boa se manifesta ou não —, então nossas más escolhas também terão consequências, tão graves em caso de erro quanto seriam benéficas em caso de serviço fiel.

Moisés toma a difícil decisão de que os cativos midianitas não podem ser incorporados à sociedade israelita sem riscos excessivos. Assim, eles são condenados à espada, e os israelitas seguem para a conclusão de sua longa, desafiadora e monumental jornada. Se isso é culpa dos peregrinos do deserto, de seus inimigos midianitas, do pecado ou do Próprio Deus, é algo sobre o qual permanecemos confusos até hoje. Talvez a solução definitiva para esse dilema — ameaça versus oportunidade, proteção versus opressão — seja a determinação e a prática diligentes do propósito elevado. Se um agente estrangeiro é considerado um salvador bem-vindo e necessário ou um inimigo sempre será uma questão de julgamento — uma questão que seria mais bem resolvida com o conselho da sabedoria. A eterna esperança do praticante religioso é de que os que formulam um pacto com o que é mais elevado e divino são aqueles que se tornarão sábios — mais capazes de separar, mais uma vez, o trigo do joio e as ovelhas dos bodes. Isso pode significar que o melhor que podemos esperar, ao sermos chamados a decidir o que é apropriado em nosso relacionamento com o que é estrangeiro, é que tenhamos desenvolvido a sagacidade e o discernimento daqueles que andam com Deus e, consequentemente, que a decisão apropriada seja tomada no momento adequado.

E, assim, termina o Livro de Números. O Livro de Deuteronômio começa com uma recapitulação da história descrita em Êxodo e Números. Moisés, cansado após tantas lutas, contemplando o fim de sua jornada, faz um longo e poderoso discurso para seu povo, uma síntese de sua trajetória e de seus ensinamentos (Deuteronômio 1–30). Ele encerra com o anúncio do fim de seus dias: "Hoje eu tenho cento e vinte anos de idade; não posso mais sair e entrar; também o Senhor me disse: Não passarás este Jordão" (Deuteronômio 31:2). Ele diz aos israelitas que eles continuarão a viajar na companhia de Deus sob a orientação de seu novo líder: "O Senhor teu Deus irá diante de ti, e ele destruirá estas nações de diante de ti, e tu as possuirás; e Josué irá adiante de ti, como o Senhor disse" (Deuteronômio 31:3). Moisés os incentiva a manter a fé, apesar da transição de liderança: "Sede fortes, e de boa coragem, não temais, nem vos amedronteis com eles; porque o Senhor teu Deus é quem vai contigo; ele não te deixará, nem te desamparará" (Deuteronômio 31:6). Ele, então, se dirige diretamente ao seu sucessor, entrega-lhe as rédeas da autoridade e o encoraja: "E Moisés chamou Josué, e lhe disse diante de todo Israel: Sê forte e de boa coragem, pois deves ir com este povo à terra que o Senhor jurou a seus pais, que lhes daria; e tu os farás herdá-la. E o Senhor é quem vai diante de ti; ele estará contigo, não te deixará, nem te desamparará; não temas, nem desanimes" (Deuteronômio 31:7–8). Esse é outro marco da excelência da liderança do agora idoso profeta: ele faz questão de garantir que o homem que o sucederá seja digno, esteja pronto para a tarefa e receba a bênção de seu predecessor.

Deus diz a Moisés que, no futuro, os israelitas perderão a fé, quebrarão o pacto divino e sofrerão terrivelmente em consequência disso. Ele ordena ao profeta que escreva uma canção que será entoada no futuro como um lembrete ao povo escolhido — e tantas vezes desviado — de sua fé e da eterna existência da terra prometida: "E acontecerá que, quando lhes vierem muitos males e problemas, que este cântico testemunhará contra eles, como uma testemunha; porque ele não será esquecido nas bocas de sua semente; pois conheço a sua imaginação, o que eles fazem mesmo agora, antes que eu os tenha colocado na terra que jurei. Portanto, Moisés escreveu este cântico, no mesmo dia, e o ensinou aos filhos de Israel" (Deuteronômio 31:21–22). Essa canção contém as últimas palavras de Moisés ao povo que ele liderou por tanto tempo. Ela começa com os seguintes versos de recordação:

> Ouvi, ó céus, e falarei; e ouve, ó terra, as palavras da minha boca.
>
> A minha doutrina gotejará como a chuva, a minha fala destilará como o orvalho, como a garoa sobre a tenra erva, e como as chuvas sobre a relva;
>
> Porque divulgarei o nome do Senhor: Engrandecei ao nosso Deus.
>
> Ele é a Rocha, a sua obra é perfeita; porque todos os seus caminhos são juízo; um Deus de verdade e sem iniquidade, justo e reto é ele.
>
> Eles se corromperam, a mancha deles não é a mancha dos seus filhos; eles são uma geração perversa e deturpada.
>
> Assim recompensais ao Senhor, ó povo tolo e insensato? Não é ele o teu pai, que te comprou? Ele não te criou, e não te estabeleceu?
>
> Lembra-te dos dias de antigamente; considera os anos de muitas gerações; pergunta a teu pai, e ele te mostrará, e aos teus anciãos, e eles te dirão.
>
> *Deuteronômio 32:1–7*

E, assim, o maior dos profetas do Antigo Testamento recapitula, mais uma vez, o destino de seu povo, do alto das planícies de Moabe, e vai ao encontro de seu Criador:

E Moisés subiu das planícies de Moabe, até o monte de Nebo, até o topo de Pisga, que está diante de Jericó; e o Senhor lhe mostrou toda a terra de Gileade, até Dã,

E toda Naftali, e a terra de Efraim, e Manassés, e toda a terra de Judá, até o mais extremo mar;

E o sul, e a planície do vale de Jericó, a cidade das palmeiras, até Zoar.

E o Senhor disse a ele: Esta é a terra que jurei a Abraão, a Isaque e a Jacó, dizendo: Eu a darei à tua semente; fiz com que a viste com teus olhos, mas não irás para lá.

Assim, Moisés, o servo do Senhor, morreu ali, na terra de Moabe, conforme a palavra do Senhor.

E ele o sepultou em um vale, na terra de Moabe, diante de Bete-Peor, mas nenhum homem sabe de sua sepultura até hoje.

E Moisés tinha cento e vinte anos de idade quando morreu; o seu olho não se obscureceu, nem a sua força natural se abateu.

E os filhos de Israel choraram por Moisés nas planícies de Moabe, durante trinta dias; assim, terminaram os dias de pranto e luto por Moisés.

E Josué, filho de Num, estava cheio do espírito de sabedoria; porque Moisés havia imposto suas mãos sobre ele; e os filhos de Israel deram ouvidos a ele, e fizeram como o Senhor ordenara a Moisés.

E desde então, não se levantou em Israel, um profeta como Moisés, a quem o Senhor conhecesse face a face.

Em todos os sinais e prodígios que o Senhor ordenou que ele fizesse na terra do Egito, a Faraó, e a todos os seus servos, e a toda a sua terra,

E em toda aquela mão forte, e em todo o grande terror que Moisés exibiu diante de todo Israel.

Deuteronômio 34:1–12

9

Jonas e o Abismo Eterno

Ao sermos apresentados a Jonas, não sabemos nada sobre ele. Podemos inferir que não há nada de extraordinário a seu respeito — que é tão comum e desconhecido quanto qualquer outro homem — até que ele ouve a voz de Deus: "Ora, a Palavra do Senhor veio a Jonas, filho de Amitai, dizendo: Levanta-te, vai à Nínive, aquela grande cidade, e clama contra ela, pois a sua maldade subiu diante de mim" (Jonas 1:1–2). Por que Jonas? Essa é uma pergunta ecoada por todos que, devido às circunstâncias, são obrigados a assumir um dever singular ou carregar um raro fardo existencial: "Por que eu, Deus? O que fiz para merecer tal destino?" Mas nossos destinos nos chamam, sobretudo na forma daquilo que nos interessa ou nos incomoda, apesar de desejarmos que fosse diferente.

Por que Nínive? Essa é uma pergunta igualmente complexa. É uma cidade que Jonas conhece bem. Caso contrário, não faria muito sentido que Deus direcionasse a atenção de Seu potencial servo para lá. Nínive era habitada pelos inimigos declarados de Israel e, sem dúvida, não era um lugar que Jonas consideraria amigável. O Reino de Israel foi conquistado pelos monarcas neoassírios Tiglate-Pileser III e Salmaneser V, e mais tarde por Sargão II e seu filho Senaqueribe. Esses mesmos assírios implementaram uma política de reassentamento forçado (e os deslocados passaram a ser conhecidos como as Dez Tribos Perdidas) (vide 2 Reis 17:3–6). Nínive era a capital do Império Assírio. A história que se desenrola deixa claro que o profeta da antiguidade ficaria muito satisfeito em ver o povo de Nínive mergulhar no caos como consequência das próprias ações. Assim, Deus não só convocou Jonas a enfrentar sozinho uma cidade inteira — e, para piorar, uma cidade degenerada e terrivelmente indisciplinada — como também pediu que ele pregasse aos inimigos declarados de seu povo e os salvasse da destruição que, na opinião do profeta, era justa e merecida.

A mesma voz calma e baixa que falou a Elias[1] agora chama Jonas, sugerindo que ele viaje sozinho até uma cidade estrangeira e odiada, a fim de enfrentar dezenas de milhares de habitantes; nenhum dos quais tem qualquer motivo para sentir algo além de animosidade por ele. Em suma, ele é chamado pelo divino a trabalhar sob imenso risco para salvar aqueles que odeia da punição imposta pelo próprio Deus de Jonas — um castigo que o futuro profeta acha que deveria ser aplicado sem demora e com a máxima severidade. Assim, é surpresa que Jonas faça o que qualquer pessoa sensata faria diante do pedido aparentemente nada razoável de Deus: fugir o mais rápido possível na direção oposta? "Mas Jonas se levantou para fugir para Társis, longe da presença do Senhor, e desceu a Jope, onde encontrou um navio que ia para Társis; pagou, pois, a sua passagem, e desceu para dentro dele, para ir com eles para Társis, longe da presença do Senhor" (Jonas 1:3). Na época, não havia lugar mais distante de Nínive do que Társis.

O dilema de Jonas é semelhante ao enfrentado por um grande homem de uma cultura totalmente diferente, o filósofo grego Sócrates, ao confrontar sua última provação. Sócrates se dedicava a ensinar o povo de sua cidade, Atenas, a pensar. (Será que ele foi, de fato, o primeiro pensador genuinamente hábil do mundo? Essa capacidade de pensar seria equivalente ao surgimento da voz interior?) Havia muitas pessoas poderosas em Atenas que não estavam satisfeitas com esse projeto ou seus frutos. Essas mesmas pessoas o acusaram de não reconhecer os deuses venerados pelos cidadãos e de corromper a juventude da cidade — crimes puníveis com a morte. Assim, elas ameaçaram Sócrates com um julgamento público. Para sermos justos, seus inimigos o avisaram de seus planos. Um homem sensato teria considerado isso um aviso claro: saia da cidade ou enfrente as consequências. O popular filósofo claramente havia irritado indivíduos poderosos. Eles não tinham a intenção de assassiná-lo no meio da rua ou enquanto dormia — não a menos que tal ação se tornasse necessária —, mas estavam mais do que dispostos a alertá-lo de que algo ruim poderia acontecer se ele não desaparecesse. Sócrates reflete sobre a situação, consultando seu *daimónion*, sua musa ou voz interior. Ele ouvia e atendia a essa voz desde a infância, segundo o próprio testemunho, e ela o guiara para longe do mal e em direção à imensa virtude que ele encarnava e promovia. Tragicamente, diante da ameaça do julgamento, o *daimónion* diz a Sócrates para não fugir: em vez disso, aconselha-o a ficar e lutar e, se necessário, tomar o veneno. Ele comunica a decisão aos amigos e admiradores, que, como era de se esperar, não ficam nada contentes.[2]

O texto pertinente, *Críton*, detalha uma conversa entre Sócrates e o homem que dá nome ao diálogo, que faz arranjos para resgatar o velho filósofo da prisão e enviá-lo para o exílio, onde ele estaria seguro. Considerada a situação, essa seria a melhor opção para Sócrates, assim como para seus filhos e amigos, que, de outra forma, poderiam se sentir culpados por não terem feito nada para ajudá-lo; uma escolha que levaria a um desfecho mais justo. Além disso, esses mesmos amigos haviam feito arranjos para proporcionar ao grande professor uma aposentadoria confortável. Sócrates rejeita todos esses planos e apelos, afirmando que um cidadão deve lealdade às leis de seu Estado, por mais injusta que determinada aplicação dessas leis possa ser — um racional coerente com as orientações de sua voz interior. Em um desfecho notório, ele permanece em Atenas, enfrenta o julgamento e, ao longo de sua defesa, destrói a reputação de seus inimigos. Nos relatos da suposta acusação, fica claro por que o filósofo era impopular entre a elite. Ele inverte o julgamento, dizendo a todos os que estão presentes para vê-lo derrotado exatamente o que pensa deles e por quê, da maneira mais pública possível. Ao contrário de Jonas, Sócrates seguiu devotamente os ditames de sua consciência e declara a seus inimigos o que foi exortado a dizer. Desde então, ele é lembrado, ao menos em parte, por essa impressionante coragem, que lhe custou a vida. É razoável agir assim? Esse é o caminho que um Deus bondoso pediria que Seus seguidores trilhassem?

No início dessa narrativa, é muito fácil compreender os motivos de Jonas, o profeta relutante, para resistir em fazer a escolha de Sócrates. Não é de admirar que ele hesite em atender até mesmo a um chamado divino, dada a inviabilidade da situação. Como podemos compreender essa ordem aparentemente insensata, sobretudo considerando a onisciência, a onipotência e a onipresença de Deus? O que de fato significa o dilema de Jonas? Em primeiro lugar, talvez signifique que todos nós, por mais comuns que sejamos, enfrentamos, ao longo da vida, desafios, obstáculos e chamados ao dever que parecem difíceis demais para suportar. Assim, a ideia de que Deus às vezes nos impõe exigências absurdas parece plausível em termos existenciais (ainda que em um contexto secular; ainda que concebida na forma de uma constatação do tipo "às vezes a vida é um fardo pesado demais"). Em segundo lugar, talvez signifique que todos sabem, ao menos em um nível apropriado ao seu atual estágio de desenvolvimento, o que é certo e o que é errado. Todos sabem quando é seu dever corrigir o que está errado e se arriscar nessa tentativa (sobretudo porque é um claro risco deixar que as coisas se deteriorem; sobretudo por causa de suas obrigações para com o futuro e os outros). Entretanto, essa "correção" — esse enfrentamento da crise — pode ser uma tarefa perigosa a curto prazo; pode apresentar um desafio prático e psicológico; pode expor o indivíduo que tenta se manifestar ao julgamento severo e imediato da multidão.

Há uma constante tentativa de se esquivar da responsabilidade — por mais essencial que ela seja —, de deixar que alguém seja a voz sacrificial no deserto; de ocultar algo indesejado sob a névoa; de fingir que o que está errado é irrelevante; de racionalizar e tergiversar; de reivindicar a virtude moral da falsa compaixão; de fechar os olhos para a crescente maldade; de se esconder da realidade e do destino (embora essa fuga também signifique renunciar à própria aventura). Essa é parte da atratividade da mentira, que muitas vezes pode se manifestar no mero silêncio, em vez do pecado de comissão representado pela manipulação ou pelo engano explícitos. Essa omissão quando a ameaça está próxima tem a óbvia vantagem de proporcionar segurança e proteção a curto prazo. Mas aí está o problema: muitas coisas que funcionam bem no presente, e para os egoístas de visão estreita, comprometem o futuro e a comunidade. Talvez a voz da consciência seja parte do espírito que tudo vê; que consegue transitar simultaneamente pelo passado, pelo presente e pelo futuro e que une o indivíduo à comunidade. Ao menos é isso que afirmam o texto e a tradição: "Eu sou o Alfa e o Ômega, o princípio e o fim, diz o Senhor, que é, que era e que há de vir, o Todo-Poderoso" (Apocalipse 1:8).

Jonas foi informado por Deus, de maneira clara e direta, de que o povo de Nínive se desviou seriamente do caminho correto e que, como consequência, está sob ameaça de sofrer o apocalipse divino. O profeta sabe muito bem que isso é verdade, que se tornou um problema pessoal e que seu destino adequado e ordenado é dizer o que precisa ser dito — não importam as consequências. No entanto, assim como faria uma pessoa sensata, mas não temente a Deus o bastante, ele rejeita o chamado. E o que acontece quando tal responsabilidade é abandonada? Os ventos sopram, as ondas se levantam, e o eterno navio da alma e do Estado em si está ameaçado:

> Mas o Senhor enviou um grande vento ao mar, e houve uma poderosa tempestade no mar, de modo que o navio estava a ponto de quebrar-se.
>
> Então os marinheiros ficaram com medo, e cada homem clamou ao seu deus, e lançaram as cargas que estavam no navio ao mar, para o aliviarem. Mas Jonas desceu ao porão do navio, e deitado, dormiu profundamente.
>
> E o mestre do navio dirigiu-se a ele, e disse-lhe: que tens, ó dorminhoco? Levanta-te, clama ao teu Deus, talvez assim, Deus pensará em nós, para que não pereçamos.
>
> *Jonas 1:4–6*

O sono de Jonas durante a crise é uma reinterpretação do tema da fuga — exceto que, dessa vez, ele se afasta da realidade e das exigências da situação atual, refugiando-se na inconsciência (assim como fez Caim, quando foi banido para a terra de Node após o assassinato de Abel; tal como Pedro e os demais discípulos, muito mais tarde (Mateus 26:36–46), quando são solicitados a permanecer em vigília e acompanhar Cristo durante Seu intenso sofrimento no Jardim do Getsêmani). Não é de se admirar que o capitão do navio esteja descontente, tal como Jesus no Jardim: que homem responsável dorme em meio a uma catástrofe? Muitas vezes, somos convocados por nossa consciência — por nossos eus superiores, na linguagem psicologizada, mas de alguma forma aceitável no discurso secular — a falar ou agir quando as partes mais covardes de nosso ser prefeririam permanecer em silêncio; muitas vezes, somos chamados a manter uma vigilância alerta justo quando desejamos desesperadamente o alívio, temporário ou permanente, do não ser.

A situação de tempestade, perigo e inconsciência se reflete em outros momentos da vida de Cristo, com um resultado imediato muito diferente:

> E, entrando ele no barco, seus discípulos o seguiram.
>
> E eis que surgia uma grande tempestade no mar, de modo que o barco foi coberto com as ondas. Ele, porém, dormia.
>
> E vindo até ele os seus discípulos, acordaram-no, dizendo: Senhor, salva-nos; estamos perecendo.
>
> E ele lhes disse: Por que temeis, Oh! Gente de pouca fé? Então, levantando-se, repreendeu os ventos e o mar, e fez-se grande bonança.
>
> Mas os homens se maravilharam, dizendo: Que espécie de homem é este, que até os ventos e o mar lhe obedecem?
>
> *Mateus 8:23–27*

Em vez de ser lançado ao mar como consequência da tempestade (e, mais indiretamente, como resultado da rejeição da palavra de Deus), o homem que é a Palavra em si não precisa ser arrastado para as profundezas contra sua vontade. Ele profere Sua Palavra de amor e verdade, e as águas que ameaçam o (eterno) navio se acalmam.

Os marinheiros que transportam Jonas têm a intuição de que trouxeram a bordo alguém que não está em harmonia com o divino. Para testar essa hipótese, eles tiram a sorte nos dados, concluindo que o perdedor seria aquele em desacordo com a ordem adequada do ser. Jonas é, merecidamente, o infeliz sorteado. "E disseram cada um ao seu companheiro: vinde, e lancemos sorte, para que saibamos por que causa esse mal está sobre nós. Assim eles lançaram sorte, e a sorte caiu sobre Jonas" (Jonas 1:7). Então, o fugitivo piora ainda mais a situação, se é que isso é possível, ao enfatizar o poder do Deus que professa adorar, descrevendo-O nos mais elevados termos — como o criador supremo do próprio cosmos. Isso aterroriza ainda mais os já apavorados marinheiros, sobretudo porque Jonas já havia contado sobre sua contenda com esse mesmo Deus. Atormentado, talvez pela própria consciência, ele se entrega, informando aos companheiros de viagem que estava fugindo de uma ordem transmitida do lugar mais elevado possível, deixando claro que não havia dúvida sobre a credibilidade da fonte e reconhecendo sua relutância em arcar com os riscos decorrentes do cumprimento da ordem:

> Então eles lhe disseram: diga-nos, lhe pedimos, por causa de quem este mal está sobre nós? Qual é a tua ocupação? De onde vens? Qual é a tua terra? E de que povo és tu?
>
> E ele lhes disse: eu sou hebreu, e temo ao Senhor, o Deus do céu, que fez o mar e a terra seca.
>
> Então os homens se encheram de medo, e disseram-lhe: por que tu fizeste isto? Pois os homens sabiam que ele fugia da presença do Senhor, porque ele lhes tinha dito.
>
> *Jonas 1:8–10*

No entanto, em sua defesa, em meio à situação desesperadora, Jonas recupera a honestidade e se oferece em sacrifício para salvar o navio e seus marinheiros, implorando-lhes que o joguem ao mar, para que ele se afogue e eles sobrevivam.

> Então disseram-lhe: o que devemos fazer contigo, para que o mar se acalme para nós? Pois o mar estava agitado e tempestuoso.
>
> E ele lhes disse: levantai-me, e lançai-me ao mar, para que ele se acalme; pois eu sei que é por minha causa que esta grande tempestade está sobre vós.
>
> Entretanto, os homens remaram forte, para trazer o navio à terra, mas eles não conseguiram, pois o mar estava agitado e tempestuoso contra eles.
>
> *Jonas 1:11–13*

Podemos inferir de sua sinceridade e repentina disposição para se sacrificar em meio a uma crise genuína que Jonas era, em essência, um homem bom, apesar de sua (compreensível) covardia circunstancial. Talvez seja por essa razão que a voz da consciência tenha se manifestado dentro dele.

Ao fracassarem nas tentativas de chegar ao refúgio seguro da costa, os marinheiros cedem, ainda que com relutância, e decidem realizar o sacrifício necessário: "Por isso eles clamaram ao Senhor, e disseram: nós te rogamos, ó Senhor! Nós te rogamos, que não nos deixe perecer por causa da vida deste homem, e que não ponha sobre nós sangue inocente; pois tu, ó Senhor, fizeste o que desejavas. Então eles tomaram Jonas, e o lançaram ao mar, e cessou o mar da sua fúria" (Jonas 1:14–15). O mar imediatamente se acalma. O navio é salvo. Isso convence os homens da soberania suprema de Deus, e eles direcionam sua adoração para Ele, prometendo manter essa atitude permanentemente. "Então os homens temeram muito ao Senhor, ofereceram sacrifício ao Senhor e fizeram votos" (Jonas 1:16). A ameaça à embarcação não significa que aqueles que recusam seu chamado divino ameaçam o próprio Estado? Não indica que aqueles que fogem e se escondem devem ser advertidos, por si mesmos e pela comunidade — e também que o domínio do pecado se tornará tão completo e terrível, como consequência dessa recusa, que até aqueles inicialmente relutantes em diferenciar, julgar e rejeitar serão forçados, por uma necessidade emergente, a fazê-lo, enquanto tudo ao seu redor ameaça ruir? Qual é a alternativa? Como a sanidade pode prevalecer, a estabilidade ser preservada e a adaptação avançar se os indivíduos que compõem o Estado rejeitam a responsabilidade que sabem, em seu íntimo, que lhes cabe? Se eles se recusarem a tornar público o que sabem com absoluta certeza? Se eles se calarem quando algo necessário e vital precisa ser dito?

Qual é a moral da história de Jonas, até agora? Falar a verdade para a multidão ensandecida é um grande risco, mas tema ainda mais o Deus que lhe ordena falar quando você tem algo a dizer. Cale-se quando chamado a testemunhar e pague o preço. A tempestade emergirá, e as ondas se erguerão cada vez mais alto, até que a própria arca que o protege do caos esteja em perigo. Então, seus compatriotas, em desespero, o abandonarão à mercê das águas mais escuras e profundas, e você precisará nadar ou perecerá. E isso ainda não é o suficiente:

quando estiver prestes a se afogar, um terrível monstro surgirá do próprio abismo e o arrastará para as profundezas do mundo. Não é por acaso que os três dias que Jonas passa no ventre da baleia sejam comparados, em termos simbólicos, ao inferno que o Próprio Cristo enfrenta após a crucificação. Após a rejeição ao chamado divino para se pronunciar, surgirá a ameaça de degeneração, destruição e morte, mas ainda não é tudo. Tal ameaça será seguida por um destino tão terrível que a própria morte será considerada uma alternativa muito desejável. Afogar-se já é algo tenebroso; mas enfrentar o inferno é uma história completamente diferente. E o que isso significa?

Aquele que viveu de maneira autêntica raramente falha em entender que existem coisas piores do que a mera cessação da existência. Obedecer às autoridades em Auschwitz foi pior do que a morte. A vida como capataz em um Gulag soviético foi pior do que a morte. Ser um agente focado na destruição dos inocentes é pior do que a morte. O inferno é muito pior do que a morte, e aqueles que insistem que o inferno não existe sabem pouco da história e carecem de uma imaginação esclarecida. O espírito que cria o inferno é o da própria malevolência, a amarga combinação de inveja, rancor, arrogância, engano, desdém e ressentimento; o anseio infinito do intelecto luciferiano de usurpar, substituir e ocupar o lugar mais elevado. É muito mais fácil "acreditar" na realidade desse espírito do que professar lealdade a Deus, algo que requer coragem, apesar do sofrimento; humildade, apesar do orgulho; gratidão, em vez de ressentimento; disciplina, em vez do narcisismo imaturo, multiplicado em sua patologia por um hedonismo cego e estreitamente egoísta; e, é claro, o autossacrifício exigido, digamos, dos verdadeiros seguidores de Cristo.

Por que a terrível verdade que Jonas é chamado a proclamar o coloca em perigo? Bem, em primeiro lugar, não é bem assim. É algo que o coloca temporariamente em perigo, mas que o redime, e a todos os outros, na "plenitude dos tempos" (Gálatas 4:4). Por que deveríamos presumir algo que não seja que os instintos mais profundos que nos orientam têm nossos melhores interesses em mente, considerando o cenário mais abrangente, o maior lapso de tempo possível e a comunidade, mesmo que haja um preço a ser pago por isso — um sacrifício a ser feito — no presente? Em segundo lugar, é óbvio que haverá perigo ao confrontar as consequências cumulativas de um propósito desalinhado — do pecado —, dado que havia pelo menos pequenas razões para os atos de evasão (omissão) e engano descarado (comissão) que geraram os problemas. Se um edifício não recebe manutenção, o trabalho necessário não apenas se acumula, mas se multiplica, à medida que uma coisa não leva apenas à outra, mas a uma infinidade de outras:

> E eles chegaram ao outro lado do mar, à terra dos gadarenos.
>
> E, saindo ele do barco, imediatamente veio ao encontro, dos sepulcros, um homem com espírito imundo,
>
> O qual tinha sua morada nos sepulcros; e nenhum homem podia prendê-lo, não, nem com correntes;
>
> Porque, tendo sido ele muitas vezes preso com grilhões e correntes, e as correntes foram por ele arrancadas, e os grilhões quebrados em partes, e nenhum homem podia amansá-lo.
>
> E sempre, noite e dia, ele estava nos montes, e nos sepulcros, gritando, e cortando-se com pedras.
>
> Mas quando ele viu Jesus ao longe, correu e adorou-o,
>
> E, clamando com grande voz, disse: Que tenho eu contigo, Jesus, Filho do Deus Altíssimo? Conjuro-te por Deus que não me atormentes.
>
> Pois ele lhe dizia: Sai deste homem, espírito imundo.
>
> E ele perguntou-lhe: Qual é o teu nome? E lhe respondeu, dizendo: Meu nome é Legião, porque somos muitos.
>
> *Marcos 5:1–9*

Isso significa que Jonas, e todos aqueles chamados a dizer a verdade ao poder, para usar uma expressão banalizada pelos fariseus do mundo moderno, inevitavelmente precisarão enfrentar todos os perigos que se acumularam por meio do pecado. Sem dúvida, isso representa um perigo inescapável: vale reiterar, foi tentando evitar os perigos menores que existiam inicialmente que os pecadores agravaram ainda mais a situação. Isso lhes custou a oportunidade de participar da grande e verdadeira aventura romântica de suas vidas miseráveis, mas — o que isso indica? Melhor o diabo conhecido do que o Deus desconhecido?

Essa é a própria malevolência, presente em cada uma das microações ou inações que criaram o inferno cumulativo, no próprio inferno e na forma do espírito covarde, ressentido e arrogante que motivou cada ato pecaminoso ou falha em agir — e é algo muito mais fácil de "acreditar" do que em Deus, considerados os terrores autoinfligidos ao longo da história humana. Aqueles que insistem que o inferno não existe são voluntariamente cegos ou tão afortunados e protegidos por um destino benevolente que não visitaram esse reino aterrador por tempo suficiente para aprender suas terríveis lições. Atravessar as trevas para encontrar a luz. Isso é algo que Jonas aprende. Só depois de mergulhar no inferno, que reflete tanto a situação dos ninivitas quanto o espírito que os levou a essa condição, é que ele realmente confronta a realidade de Deus. O que isso significa? Que a realidade nua e crua do mal talvez seja a evidência mais convincente da existência de Deus? Como isso é possível?

Se o mal realmente existe, e se essa realidade se torna evidente quando ele se manifesta e revela sua verdadeira natureza, então o oposto do mal é algo igualmente real, ainda que na "mera" forma de uma direção contrária; ainda que na forma inefável de uma alternativa à jornada ao inferno. Se um caminho nos leva ao abismo, podemos inverter nossa direção. Por que deveríamos presumir que há alguma diferença entre nos afastar o máximo possível de Satanás e subir a Escada de Jacó? Ou será que, de algum modo, estamos dispostos a admitir que somente o inferno de fato existe — digamos, na forma de um capataz de Auschwitz ou do Gulag soviético que usufrui dos prazeres de seu poder; na forma do verdadeiro diabo que se deleita em cravar seu tridente nos outros, mesmo que isso signifique se submeter aos tridentes ainda maiores dos diabos ainda piores que inevitavelmente o governam? Assim, o destino final daqueles que se afastam sem hesitar das tentações tolas de Satanás no deserto só poderia ser o inferno, ou então uma neutralidade estúpida, uma terra onde nem o bem nem o mal habitam, a terra igualmente condenada dos que ficam em cima do muro.

Fomos explicitamente advertidos contra tal suposição por ninguém menos do que o Próprio Cristo, na terrível forma de juiz, no final dos tempos: "Eu conheço as tuas obras, que não és nem frio nem quente. Eu gostaria que fosses frio ou quente. Então, como tu és morno; e nem frio, nem quente, vomitar-te-ei da minha boca" (Apocalipse 3:15–16). Ou não seria o caso de que, como foi revelado a Tolstói,[3] a imensidão que se expande acima de nós é tão infinita quanto o terrível abismo que se abre abaixo? Também não seria o caso de que, como consequência da rigidez de nosso coração, a realidade de Deus e a necessidade da mais estrita obediência nos são reveladas não por aquilo que nos atrai na forma de chamado ou que nos alerta na forma de consciência, mas nos momentos mais sombrios de nossa vida, causados justamente por nossa tentativa, à semelhança de Jonas, de fugir e nos esconder?

Há algo mais no monstro devorador à espreita do que o mero bestial e o submundo: algo individual e social, além do natural e abismal ou infernal. Esse *algo mais* faz parte da estranha justaposição de imagem e ideia que é tão característica do pensamento onírico de uma história cuidadosamente elaborada. O terrível Leviatã das profundezas é a boca de Hades, mas, ao mesmo tempo, algo vivo e imensamente valioso. Uma criatura desse tamanho é um bem de utilidade intrínseca. É por essa razão que as baleias têm sido caçadas por seres humanos há milhares de anos. Em seu auge, em meados do século XIX, a indústria baleeira era a quinta maior atividade comercial nos Estados Unidos[4] e uma das principais impulsionadoras da crescente revolução industrial, que dependia do combustível, do osso, da carne e dos produtos de queratina derivados dos grandes habitantes das profundezas. O alto valor de sua carcaça faz parte do complexo de significados que cerca a ideia da baleia. Criadores de animais calculam sua riqueza pelo tamanho de seus rebanhos — pelo peso do corpo dos animais que criam e dos quais obtêm seu sustento —, e não há corpo maior do que o de um cetáceo gigante. Assim, uma baleia é, também, um tesouro de imenso valor e um dos símbolos mais poderosos desse tesouro.

Isso significa, surpreendentemente (pelo menos à primeira vista), que há uma equivalência entre o gigantesco corpo das baleias e as tradições e instituições que nos foram legadas por nossos antecessores — equivalência ressaltada por expressões como "corpo de leis", "corpo de conhecimento" e "corpo de sabedoria". Estes últimos também são tesouros — locais em que o valor acumulado é guardado e preservado. Os grandes corpos em questão, sejam do tipo vivo ou institucional, também são semelhantes pelo fato de seu valor armazenado ser um produto de forças além do controle imediato daqueles que vivem no presente. No caso do tipo institucional (pense em "capital social"), essas forças são as atividades produtivas e cooperativas das pessoas que deixaram para trás mais do que consumiram, para que seus filhos — e os filhos de outros indivíduos — pudessem se beneficiar. No caso do tipo vivo (pense em "recurso natural"), o agente desse legado é a natureza, em vez da cultura, embora a natureza sempre esteja por trás do cultural e do social, podendo ser considerada a fonte mais distal até do que é econômico e comunitário. Seja qual for a fonte, o mesmo resultado é alcançado: algo é deixado para ser utilizado, preservado e enriquecido — ou simplesmente para ser explorado. Sociedades sábias, formadas por pessoas gratas e conscientes, vivem de modo a valorizar o que lhes foi dado e tentam retribuir o favor.

Uma carcaça do tamanho de uma baleia é, de fato, a representação e a manifestação mais evidente do valor acumulado que, em sua forma mais fundamental, é um repositório de alimento e energia. O homem afortunado o suficiente para ter uma baleia em seu depósito, se conseguir preservá-la e mantê-la, está tão bem abastecido quanto possível contra a escassez, exceto nas formas mais extremas concebíveis. Mas e se, por exemplo, a baleia tivesse apenas encalhado na praia — ou seja, se tornado disponível pelos caprichos do destino, sem qualquer esforço por parte daqueles que agora podem se beneficiar —, sem a necessidade de se esforçar para obter seus benefícios, sem a menor compreensão das forças miraculosas e inconcebíveis que precisaram agir para que tal criatura existisse e pudesse ser utilizada? Essa possibilidade — ou, na verdade, essa derradeira realidade — é exatamente o que Deus tenta transmitir a Jó, que, diante de um destino que parece bastante sombrio, se vê tentado a questionar a adequação da ordem cósmica:

> Podes tu fisgar o leviatã com um anzol? Ou sua língua com um cordão que tu deixas cair?
>
> Podes pôr um anzol no seu nariz, ou furar sua mandíbula com um espinho?
>
> Fará ele muitas súplicas a ti? Falará ele palavras suaves a ti?
>
> Fará ele um pacto contigo, ou o tomarás tu por servo para sempre?

> Brincarás com ele como com um pássaro, ou o prenderás por causa de tuas donzelas?
>
> Farão teus companheiros um banquete com ele, ou o repartirão entre os mercadores?
>
> Podes tu encher sua pele com ganchos, ou a sua cabeça com arpões de pescadores?
>
> Põe a tua mão sobre ele, lembra-te da batalha, e não o faças mais.
>
> Eis que a esperança dele é vã, não será alguém humilhado só de vê-lo?
>
> Ninguém é tão feroz que ouse atiçá-lo; quem, então, é capaz de ficar de pé diante de mim?
>
> *Jó 41:1–10*

Sociedades imprudentes (pense em Nínive) consideram as tradições e os recursos acumulados como algo garantido. Vivem de maneira impensada à custa da riqueza do passado, consumindo de maneira narcisista e destrutiva mais do que produzem; a ponto até de destruir, de modo irresponsável, o próprio espírito cuja ação deu origem à riqueza em questão. Podemos considerar a riqueza que nos é oferecida pelo passado e pela natureza como um direito, até como algo merecido, e, em consequência, agir de maneira excessivamente desinteressada e negligente, desprezando nossa herança e sua fonte: o privilégio. É exatamente isso que retrata o *Enuma Elish*, o conto da gênese dos antigos mesopotâmicos: os indolentes habitantes da primeira criação matam o pai, Apsu, e tentam viver sobre ou dentro de seu cadáver.[5] Algo nesse mesmo sentido é retratado no filme da Disney, *Pinóquio*. No meio da história, Geppetto, o benevolente pai do boneco/herói do filme, acaba no ventre de uma baleia, sem que haja uma explicação real para essa situação — exceto pela inferência de que o patriarca desesperado está disposto a procurar o filho desaparecido onde quer que seja. A perda do filho pelo carpinteiro/pai tem um significado equivalente à perda da voz ativa de Jonas, já que o filho é tradicionalmente considerado um agente ativo do pai — os olhos ou a voz do pai; o espírito daquilo que, de outra forma, poderia ser uma tradição estagnada ou inerte. A perda do filho pelo carpinteiro/pai e seu consequente luto representam o anseio de Deus por um pacto ou relacionamento legítimo com o homem. Não somos, de fato, os cocriadores desse reino — e, talvez, do próprio céu? Com certeza somos capazes de criar o inferno sozinhos. O que conseguiríamos fazer se estivéssemos alinhados com o que há de mais elevado imaginável?

O fato de os (voluntariamente) inconscientes sobreviverem no ventre da baleia não significa que aqueles que recebem os benefícios imerecidos da cultura e da natureza podem, em consequência dessa dádiva não merecida, continuar a viver, cega e estupidamente, consumindo a carne e abrigando-se no ventre protetor e abundante desses corpos, por assim dizer? Isso não significa viver mergulhado em ignorância, ingratidão, arrogância, imaturidade e cegueira voluntária? Não é o equivalente à tenda paterna que Abraão habitou por tantas décadas de dependência e infantilidade antes de embarcar na verdadeira aventura de sua vida? Não significa que, em sociedades desenvolvidas e até mesmo em microssociedades (corporações e outras subculturas) bem-sucedidas, a aquisição de riqueza ao longo do tempo tende a possibilitar um colapso dos valores — a verdadeira morte de Deus — em consequência da irresponsabilidade que tal riqueza permite, ainda que temporariamente?

Isso tudo significa, por sua vez, que as carcaças de baleias, sejam elas naturais ou institucionais, inevitavelmente se tornam sobrecarregadas pelos predadores vorazes movidos pela cegueira voluntária, pela terrível inconsciência e pela ingratidão irremediável, que nada produzem, mas que podem e irão consumir tudo até os ossos — e queimar o restante, em crescente desespero, até que tudo se reduza a cinzas? Assim, não seria o caso — para dizer de uma forma um pouco diferente — que o armazenamento de riqueza, bem representado pela ideia do corpo de um gigantesco cetáceo, é um convite à inconsciência do privilégio imerecido e à proliferação dos predadores motivados por narcisismo e psicopatia, cujo único objetivo é extirpar todo o valor armazenado nessa carcaça? O perigo moral da riqueza e do privilégio é o convite ao narcisismo hedonista imaturo. Isso sugere que as limitações impostas pela necessidade natural bruta também podem ser consideradas reguladoras e benéficas, por mais terríveis e até potencialmente mortais que possam ser. Os ricos têm tudo aquilo de que precisam, exceto a privação. Pior: o mesmo é válido para seus filhos. Só Deus sabe o que essa ameaça representa no plano existencial e social.

Nesse ponto, também há um significado mais profundo: quando a sabedoria do passado é esquecida ou traída (isto é, um evento equivalente à morte de Deus), o valor perdido permanece à espreita, latente, nas instituições e tradições que ainda restam desse passado. É uma reversão daquilo que antes era explícito, ou pelo menos mais explícito, em algo implícito. Essa transformação é habilmente representada na narrativa como a imersão do pai no ventre da baleia. Isso tem implicações para o herói, como vemos na história de *Pinóquio*. O filho perdido, ou até mesmo pródigo, do pai agora ausente pode muito bem se ver chamado ou impelido pela consciência a mergulhar no abismo, até as entranhas do mais aterrorizante habitante das profundezas, para encontrar e resgatar o espírito agora implícito ou inconsciente do patriarca. É um análogo à descida de Cristo ao inferno:

> Mas a cada um de nós a graça foi dada, segundo a medida do dom de Cristo.
>
> Pelo que ele diz: Quando subiu ao alto, levou cativo o cativeiro, e deu dons aos homens.
>
> (Agora que ele ascendeu, que é, senão o que também descendeu primeiro às partes inferiores da terra?
>
> Aquele que desceu é também o mesmo que subiu acima de todos os céus, para cumprir todas as coisas).
>
> *Efésios 4:7–10*

Por tradição, esse é o resgate de Adão e Eva do abismo,[6] assim como uma variante do motivo narrativo primordial e fundamental do dragão/tesouro. Em relação a essa equivalência, lembre-se de que a baleia Monstro, de *Pinóquio*, se transforma em um dragão cuspidor de fogo quando se manifesta em sua forma mais perigosa. Aliás, essa não é uma proeza fácil para um animal aquático, mas ainda faz sentido para o espectador da história. Tudo isso não significa que o Deus que morre está, por necessidade, enterrado, em termos simbólicos, no corpo de uma baleia? Não indica que o herói que parte em sua busca corre o risco de ser capturado, até que ele reviva o pai, libertando tanto Deus quanto o homem? Tudo isso também faz parte da ideia de que o que precisa ser desesperadamente encontrado estará nos lugares mais perigosos e improváveis. *In sterquilinis invenitur,*[7] como diziam os antigos alquimistas: *na sujeira será encontrado.*

"Mas o Senhor havia preparado um grande peixe, para que engolisse Jonas. E ele esteve no ventre do peixe três dias e três noites" (Jonas 1:17). Esse versículo fornece exatamente o tipo de detalhe narrativo que os racionalistas reducionistas citam ao tentar demonstrar a falta de veracidade dos relatos bíblicos. Embora seja tecnicamente possível que uma baleia grande abocanhe um homem adulto inteiro, e até mesmo o engula, não há espaço dentro de tais criaturas (como a Monstro em *Pinóquio*) que pudesse ser habitado, mesmo que brevemente, quanto mais por um período de três dias. Além disso, a ideia de que alguém em desarmonia com Deus poderia ser identificado pelo lançar da sorte é indicativa do tipo de mentalidade supersticiosa que nós, do mundo moderno, felizmente superamos (ou é o que pensamos de maneira arrogante, nos tempos da Nova Era). Portanto, é tolice acreditar em tais coisas quando a clareza e a verdade objetiva da racionalidade e da ciência se apresentam como alternativa, ou ao menos esse é o argumento — de Marx; de Freud; de Darwin, no mínimo por inferência; e de Dawkins, de maneira intencional. Diz-se que toda a biblioteca arcaica deveria ser, se não totalmente descartada, relegada ao domínio reservado a crianças, adultos ingênuos e estudantes de mitologia anacrônica (de preferência, aqueles com muito tempo livre) e substituída. Pelo quê? Aí está a questão. Pela insistência de que o sexo (Freud, Darwin, Dawkins; e pior ainda, o Marquês de Sade) ou o poder (Nietzsche, Foucault) é o que nos governa? Pelo terrível niilismo devorador que Nietzsche, apesar de todos os equívocos, previu com tanta precisão? Pela imaturidade idiota fomentada pela mãe devoradora edipiana? Pelas seduções dos hedonistas, que veneram o sexo postulado tanto como fundamento quanto como ápice por aqueles que confundem o prazer momentâneo, embora altamente valioso, da cama com a continuidade da espécie?

A existência de tropos como o cetáceo devorador da história de Jonas dificulta as coisas para os cientistas que são tolos e presunçosos demais para aprender algo sobre literatura e, também, para aqueles crentes que insistem em um literalismo ingênuo. No entanto, esse não é um problema que deva perturbar ou importar a qualquer um que conduza uma investigação séria sobre a significância narrativa, sobretudo porque aqueles que fazem tais alegações, em geral, não entendem o que querem dizer ao usar um termo como "literal". Eles querem dizer "verdadeiro" e associam "verdadeiro" a "literal", mas isso indica pouco mais do que uma ingenuidade filosófica das mais profundas. A história de Jonas é um aviso: pegue sua maldita cruz e a carregue, ou enfrente as consequências. E o que é pior do que a cruz? O inferno: para você, para aqueles que ama e para todos — e um inferno que é culpa sua, causado pelo seu silêncio quando tem algo a dizer; por se esquivar ou escapar para a inconsciência quando a voz de Deus, na forma do inescapável chamado da consciência, se manifesta. Pegue o inferno criado pela humanidade e o carregue também. Quando você é convocado a falar a verdade para transformar a possibilidade, para criar, manter ou reconstituir a ordem que é boa, e rejeita o chamado, você convida o próprio diabo para o jogo. De fato. De Verdade. Ou será que aprendemos algo com as grandes catástrofes morais do século XX? A resposta? Muito pouco.

E tenha muito cuidado ao presumir que, na situação enfrentada por Jonas, você teria agido de maneira diferente. Jonas é o homem comum — até melhor do que a maioria. Afinal, quando a situação se torna crítica, o profeta relutante pelo menos teve a decência de admitir seu erro para salvar os companheiros de viagem. O que o leva a pensar que você faria o mesmo? O que o faz ter tanta certeza de que o silêncio que certamente mantém agora em sua vida sobre questões de importância vital — importantes para você, segundo seus padrões — não o condenará, junto com todos aqueles que ama, à completa perdição? Como você acha que surgem os Estados totalitários? Não é a obediência dos gloriosos aspirantes à liberdade ao tirano dominador que cria o Estado totalitário. É, em vez disso, a submissão de cada alma condenada ao domínio da mentira — e o silêncio, quando há verdade a ser dita, é a mentira mais insidiosa e talvez até a mais imperdoável. Como aprendemos com Solzhenitsyn,[8] em uma tirania todos mentem sobre absolutamente tudo, para si mesmos e para todos que afirmam amar. É a clássica piada soviética: "Eles fingem que nos pagam, e nós fingimos trabalhar". E vale a pena pensar em quem seria capaz de conceber e repetir essa piada pelo resto da vida. *Arbeit macht frei*. Destruição Mútua Assegurada (MAD [louco], na sigla em inglês). O próprio Satanás é um palhaço maligno, o governante da amarga paródia da criação de Deus que inevitavelmente emerge quando aqueles que deveriam se pronunciar se calam — ou se tornam meros porta-vozes do Grande Enganador.

É de fato raro encontrar uma pessoa que, quando a situação se torna crítica, não enterre a cabeça na areia. Você é tudo o que poderia ser? Ou, em vez disso, escondeu sua luz debaixo de um alqueire e, assim, se recusou a iluminar o mundo (Mateus 5:14–15)? O mundo não é, portanto, significativamente inferior por causa de sua reticência e rejeição? Qual é o tamanho da fenda que sua falha em realizar o melhor dentro de você deixou no mundo? Quanto essa fenda — essa chaga, essa ferida aberta, até (porque é dessa forma que você e aqueles ao seu redor experienciam as consequências, mesmo que essa experiência tenha permanecido inconsciente) — serve de portal para o próprio inferno? Aquele que está disposto a dar voz à consciência — o profeta do Antigo Testamento — é a exceção, não a norma. Ele é aquele que está disposto a dizer "aconteça o que acontecer" e "seja feita a temível vontade de Deus"; aquele que sabe que, por mais terrível que essa vontade possa ser (e esse é um aviso seríssimo), a alternativa pode ser e tem sido infinitamente pior; aquele que, mesmo em pequeno número, profere as palavras que poderiam ter salvado até mesmo Sodoma e Gomorra (Gênesis 18–19).

O que você sabe sobre como as coisas deveriam ser que confere à sua previsão uma certeza maior do que a das consequências da verdade? Por que você está tão convencido de que seu desejo, sua vontade e seu capricho devem ter prioridade sobre o que simplesmente se manifesta, com uma força irresistível, quando a verdade é expressada? Também há consequências que aniquilam a alma e são praticamente mortais ao esconder sua luz de si mesmo e dos outros; ao rejeitar o chamado do destino, por menor que possa parecer a princípio; ao fingir que você é menos bom (ou menos mau) do que realmente é. Como os nazistas conseguiram prevalecer? Por causa do silêncio dos "bons". Como os soviéticos mantiveram o domínio do mal por sete décadas? Por causa do silêncio dos "bons". Como os monstros brutais da China maoista assassinaram dezenas de milhões com alegre impunidade? Por causa do silêncio dos "bons". São lobos em pele de cordeiro.

Ignore sua consciência sob o risco do inferno. Real. Verdadeiro.

É como diz o evangelho: "Se você manifestar o que está dentro de você, o que você manifestar o salvará. Se você não manifestar o que está dentro de você, o que você não manifestar o destruirá."[9] Não é assim que Deus equilibra o cosmos, em termos morais? É como também diz o versículo: "Porque a quem quer que muito for dado, muito será requerido" (Lucas 12:48). Há, também, um terrível aviso no início desta passagem de Lucas: "Mas, o que a não sabia e fez coisas dignas de açoites, será castigado com poucos açoites." "Açoites" significa "chicotadas" — na maioria das vezes, do chicote do destino. A afirmação significa: se você errou, mas realmente não sabia o que era certo, será punido de maneira relativamente leve pelo erro. É desse modo que a providência de Deus protege os inocentes — e até os ingênuos. Mas nenhuma misericórdia é reservada para aqueles que sabem o que é certo e pecam, seja por ação ou omissão. Se você erra, apesar de saber a verdade, será punido não apenas pelas consequências desse erro, mas também pelo crime muito maior da autotraição — e, pior ainda, da traição àquilo que eternamente serve como o Verdadeiro Guia. E como você poderá ser resgatado, caso voluntariamente se desvie do caminho e se perca?

Lançado no inferno, Jonas se arrepende, mais uma vez ergue os olhos acima do horizonte, orienta-se ao longo do eixo da Escada de Jacó, eleva os pensamentos aos céus, reunindo sua fé em meio ao abismo. A fé é a coragem de ser, em vez de não ser, apesar da catástrofe da existência. É a coragem de manter um propósito firme e elevado no bem, mesmo no meio do inferno — "todavia tornarei a ver o teu santo templo":

> Então Jonas orou ao Senhor, seu Deus, do ventre do peixe;
>
> E disse: clamei ao Senhor na minha aflição, e ele me ouviu; do ventre do inferno clamei, e tu ouviste a minha voz.
>
> Pois tu me lançaste no profundo, no meio dos mares, e as correntes das águas me cercaram; todas as tuas vagas e as tuas ondas passaram sobre mim.
>
> E eu disse: estou lançado de diante dos teus olhos; todavia tornarei a ver o teu santo templo.

> As águas me cercaram até a alma; o abismo me rodeou, e as ervas daninhas estavam enroladas na minha cabeça.
>
> Eu desci até os fundamentos dos montes; a terra, com seus ferrolhos, estava sobre mim para sempre; mas tu fizeste subir a minha vida da decomposição, ó Senhor meu Deus.
>
> Quando minha alma desfalecia em mim, lembrei-me do Senhor; e minha oração entrou a ti, no teu santo templo.
>
> Os que observam as falsas vaidades desprezam a sua misericórdia.
>
> *Jonas 2:1–8*

Sem dúvida: "Os que observam as falsas vaidades desprezam a sua misericórdia". A baleia realmente engoliu Jonas? Não são apenas os ingênuos irremediáveis que acreditam nessas coisas? Talvez, no sentido de que "acreditar" possa ser a fé infantil na existência genuína, e não metafórica, do Papai Noel — mas, mesmo assim, o desejo de preservar essa crença é compreensível e até admirável, na medida em que faz parte de uma tentativa legítima de sustentar a crença fundamental ou aspiracional que caracteriza nada menos do que a própria civilização judaico-cristã.

Além disso, aqueles que têm a audácia de presumir que sua atitude de dúvida supostamente esclarecida é a resposta adequada e admirável para esse que é o mais profundo dos contos de fadas manifestam uma ingenuidade de igual magnitude — ingenuidade combinada com superioridade moral e adoração do intelecto sem restrições, que transforma essa ingenuidade em algo orgulhoso e perverso. Essa combinação de falta de discernimento no campo literário e arrogância intelectual é mais do que capaz de atrair as forças do abismo, como todos aqueles que têm olhos para ver e ouvidos para ouvir (Mateus 11:15) agora devem ser capazes de perceber. São os falsamente sábios que confundem a própria incapacidade e relutância em separar o trigo da palha, no que diz respeito a essas antigas histórias, com um esclarecimento genuíno, até mesmo científico. Anões morais, munidos com bombas de hidrogênio. A baleia sempre e inevitavelmente fecha suas mandíbulas sobre os Jonas que decidiram permanecer em silêncio e os arrasta para os submundos mais terríveis. E a maioria permanece lá, no ventre da besta, após ter arrastado aqueles que amam para o fundo com eles. E essa é a lição do século XX. Será que a aprendemos, ou um inferno mais profundo ainda nos aguarda?

Jonas faz o impossível. Nas profundezas abissais, ele expressa sua gratidão. Jó, muito depois, faz o mesmo. Isso também não é ingenuidade. É, ao invés disso, a coragem feroz e inabalável da própria fé, apesar dos horrores do mundo. E por isso — em combinação com a graça de Deus — o profeta amaldiçoado retorna do abraço da morte e do submundo:

> Mas eu sacrificarei a ti com a voz do agradecimento; eu pagarei o que votei. A salvação é do Senhor.
>
> E o Senhor falou ao peixe, e este vomitou a Jonas na terra seca.
>
> *Jonas 2:9–10*

Após sua descida ao inferno e sua ressurreição, Jonas deixa o diabo para trás, assim como Cristo faz após quarenta noites e dias no deserto, e avança em direção a Nínive, com a verdade transbordando dentro dele. Ele se tornou o homem que procurou e encontrou a luz na escuridão. Tornou-se o homem que aprendeu o que temer e o que não temer: o mar profundo, o inferno e o Próprio Deus, e não seus semelhantes, nem a perda do próprio conforto e tranquilidade. Ele aprendeu a não buscar a segurança do próprio corpo e a satisfação de seus desejos, mas a salvação da própria alma. Ele se transformou no homem cuja intensidade de sofrimento tornou sua palavra irresistível, até mesmo para aqueles mergulhados em pecado:

> E a palavra do Senhor veio a Jonas pela segunda vez, dizendo:
>
> Levanta-te, vai à Nínive, aquela grande cidade, e prega contra ela a mensagem que eu te ofereço.
>
> Então Jonas se levantou, e foi a Nínive, segundo a palavra do Senhor. Ora, Nínive era uma cidade muito grande, de três dias de jornada.
>
> E Jonas começou a entrar pela cidade jornada de um dia, e clamava, dizendo: ainda quarenta dias, e Nínive será derrubada.

Assim as pessoas de Nínive creram em Deus, e proclamaram um jejum, e vestiram-se de pano de saco, desde o maior até ao menor.

Assim, pois, a palavra chegou ao rei de Nínive; e ele levantou-se do seu trono, tirou de si as suas vestes, cobriu-se de pano de saco, e sentou-se sobre a cinza.

E ele fez com que isso fosse proclamado e divulgado através de Nínive, pelo decreto do rei e dos seus nobres, dizendo: nem homens, nem animais, nem bois, nem ovelhas provem coisa alguma; nem se lhes dê alimentos, nem bebam água;

Mas os homens e os animais sejam cobertos de pano de saco, e clamem poderosamente a Deus; sim, convertam-se, cada um do seu caminho mal, e da violência que está nas suas mãos.

Quem pode dizer se Deus voltará e se arrependerá, e se apartará do furor da sua ira, para que nós não pereçamos?

E Deus viu as suas obras, como se desviaram do seu mau caminho; e Deus se arrependeu do mal que tinha anunciado que faria a eles, e não o fez.

Jonas 3:1–10

A Palavra de Um é a eterna redenção de muitos. A verdade que se revela na alma do homem deve encontrar sua expressão no mundo, para que o Paraíso se revele; ou, pelo menos, para que o inferno e seu governante sejam mantidos à distância. Deus está eternamente disposto a mostrar Sua misericórdia àqueles que se arrependem, apesar de seus pecados passados — apesar até de sua hostilidade contra o povo escolhido de Deus, os judeus. Deus perdoa e embainha Sua espada, mas o homem não. Por isso, Jonas fica indignado ao ver seus inimigos escaparem da ira divina, que ele acreditava ser justamente merecida. Ele diz a Deus que fugiu para Társis, quando chamado a pregar a verdade, em grande parte porque desconfiava que, se o fizesse, aqueles a quem desejava o pior dos castigos teriam a oportunidade de se arrepender e sobreviver. Assim, a história nos diz que aqueles que escolhem o silêncio também podem fazê-lo porque a revelação da verdade poderia libertar até seus inimigos do sofrimento — um resultado inaceitável para aqueles que ainda não aprenderam a amar seus inimigos ou a abandonar seu desejo de vingança.

9.1. Jonas se arrepende de sua virtude

Assim, Jonas fez uma boa ação. No entanto, ele não se perdoa com tanta facilidade pelo terrível crime de redimir seus inimigos e age e fala de uma maneira que indica que não está muito satisfeito com Deus por exigir que fizesse isso. Na verdade, está tão angustiado com o sucesso de sua empreitada que clama a Deus para acabar com sua existência: "Por isso agora, ó Senhor, eu te imploro, tira-me a vida, pois é melhor para mim morrer do que viver" (Jonas 4:3). Mais uma vez, devemos ter cuidado para não imaginar que somos melhores do que o infeliz profeta. Quem renunciaria de bom grado ao deleite de se sentir moralmente superior a seus inimigos? Talvez valha até a pena ser odiado para desfrutar de tal prazer. É muito difícil fazer os sacrifícios necessários para ser uma boa pessoa — permitir que todo o peso morto e o entulho se queimem — enquanto é muito fácil olhar para os outros, sobretudo se forem estrangeiros, com desprezo, uma emoção que tem como uma de suas vantagens a clara implicação de que o objeto de escárnio e alvo de repulsa é inferior ou até mesmo sub-humano. É mais fácil menosprezar os outros ou se esforçar genuinamente para ascender? A resposta é óbvia, pelo menos no curto prazo.

É muito provável que Jonas se sinta um traidor, já que o povo de Nínive era o verdadeiro inimigo dos israelitas, os adoradores de Jeová. O texto também sugere que o homem que Deus chama para salvar a cidade perdida é bastante misantropo. Adão se recusa a andar com Deus no jardim após a queda porque reconhece que está nu; porque passa a acreditar, dominado pela autoconsciência, que é definido por insuficiência, fraqueza e vulnerabilidade. Como pode uma criatura tão atormentada manter algum respeito por si mesma? Ele estende esse autodesprezo a Eva e amaldiçoa a Deus por tê-la criado. Um homem que tem pouco apreço por si mesmo e ainda menos pelas mulheres certamente não será amigo da humanidade como um todo — e o orgulho que levou Adão a comer o fruto que Eva lhe ofereceu é a mesma tentação que o coloca na posição do juiz que considera o próprio homem insuficiente. Essa é a mesma atitude que leva Caim a criticar Deus pela imperfeição da ordem moral, a suposta causa de seu sofrimento; a mesma atitude que Jó rejeita, decidindo, em vez disso, manter a fé na criação e no Criador, apesar do sofrimento aparentemente injusto que lhe é imposto.

Em consonância com essa atitude de desprezo pela humanidade (especialmente quando ela erra), Jonas não acredita que os ninivitas sejam dignos de ser salvos, e a estranha e misteriosa história no final de seu relato torna claro que essa atitude está associada a um desprezo contraproducente e a uma ordenação moral falha. Deus repreende seu profeta: "E disse o Senhor: fazes bem em ficar irado?" (Jonas 4:4), mas o destinatário da pergunta não entende o recado e persiste no ressentimento e no desejo de vingança. O Próprio Senhor se alegra que o povo da cidade condenada tenha se afastado do mau caminho, ao contrário dos habitantes obstinados e autodestrutivos de Sodoma, Gomorra e Egito. Deus parece estar empenhado em separar cuidadosamente do trigo apenas o que é de fato palha, para que tudo o que tem verdadeiro valor (por menor que seja) possa se juntar a Ele.

No entanto, Jonas — menos paciente e misericordioso do que o Deus que o invocou — deixa a cidade irritado e se estabelece em uma pequena cabana feita de gravetos nos arredores, esperando que alguma catástrofe ainda possa atingir aqueles que ele odiava, aguardando que esse glorioso dia chegue. Deus faz brotar uma aboboreira para protegê-lo do sol escaldante — uma *elkeroa*, uma planta comum nas regiões arenosas da Palestina, capaz de crescer a uma "altura considerável" em poucos dias[10] —, embora bastasse dizer que era exuberante e folhosa o suficiente para proporcionar um alívio a quem buscasse abrigo sob seus ramos. Jonas "se alegrou demasiadamente" com a sombra (Jonas 4:6), demonstrando gratidão pela planta e pelo abrigo que ela proporciona. Mas Deus tem outro truque na manga, na esperança de levar Seu seguidor ainda rebelde e atormentado a uma sabedoria mais generosa:

> Mas Deus preparou um verme quando a manhã subiu no dia seguinte, o qual feriu a aboboreira, e esta se secou.

> E aconteceu que, quando o sol apareceu, Deus preparou um forte vento do leste; e o sol feriu a cabeça de Jonas, que desmaiou, e desejou com toda a sua alma morrer, dizendo: é melhor para mim morrer do que viver.
>
> E Deus disse a Jonas: fazes bem em ficar irado por causa da aboboreira? E ele disse: faço bem em ficar irado, até a morte.
>
> *Jonas 4:7–9*

Jonas está legitimamente grato pelos benefícios oferecidos pela planta frondosa que cresce com tanta rapidez e de maneira tão providencial, mas ele ainda não ordenou seus valores adequadamente. Ele se alegra com a provisão da natureza, celebra a natureza — em essência, até a venera, ao lamentar a destruição da planta com uma intensidade quase suicida. Ele está contente com o alívio que a natureza lhe oferece, grato por essa misericórdia e cuidado, mas permanece furioso com Deus por oferecer alívio, misericórdia e cuidado muito maiores aos ninivitas. Portanto, Jonas revela que valoriza muito mais a natureza do que o homem — pois seus inimigos, apesar das transgressões, são seres humanos e, como tal, deveriam ser mais valorizados por um agente moral orientado da maneira adequada do que as meras manifestações do mundo natural. Assim, Jonas substitui a verdadeira moralidade, que o faria amar até mesmo seus inimigos, pelo falso propósito e pela presunção que o tornam um aliado egoísta dos elementos da natureza.

Há, então, outro sério aviso embutido nessa história de consciência e seu chamado — um alerta contra a veneração egoísta da natureza, que oculta um profundo ódio pela humanidade. Essa é uma reversão à própria idolatria contra a qual Elias advertiu e lutou. Jonas é muito grato pela planta que cresce para lhe proporcionar sombra e se entristece com sua morte, considerando-a uma transgressão moral. Deus o repreende, e com razão, por valorizar tanto algo que ele não se esforçou para produzir, sobre o qual não tinha qualquer direito e que, além disso, era transitório e essencialmente insignificante: "E disse o Senhor: tu tiveste pena da aboboreira, na qual não trabalhaste, nem a fizeste crescer; que nasceu em uma noite, e em uma noite pereceu" (Jonas 4:10). Não existem "recursos naturais" — não há "meio ambiente", por mais exaltado que seja; nenhum interesse intrínseco do "planeta" — cujo valor exceda o valor da humanidade — ou, talvez, de qualquer homem ou mulher em específico.

Assim, quando a natureza é elevada acima do homem, o verdadeiro motivo é o orgulho da pessoa que se engaja nessa exaltação, que se coloca na posição de juiz eterno da humanidade e para sempre a considera insuficiente. Isso não é uma legítima celebração do mundo natural, mas uma degeneração corrupta e incrivelmente egoísta de algo que se supõe ser a mais elevada criação de Deus: "Eu me aproprio do direito de ser o juiz de toda a humanidade — e, junto com ela, do espírito que lhes deu vida." O juiz, portanto, do Próprio Deus. Aliada a essa autoproclamação usurpadora e orgulhosa vem uma crueldade e um sadismo inevitáveis e supostamente moralizantes: se a natureza é de fato superior ao homem, então qualquer aspecto da natureza pode ser considerado mais valioso do que qualquer ser humano. Se o homem não é mais do que um rato ou um inseto, então qualquer coisa que possa ser infligida a um rato ou a um inseto — ou mesmo a uma árvore, um arbusto ou uma erva daninha — pode, com ainda mais justificativa, ser infligida à humanidade em geral ou a qualquer homem em particular.

Essa é uma atitude que, desde o início, está fadada ao desastre, e esse é de fato seu propósito, apesar de todas as alegações em contrário. Colocar o mundo natural acima da humanidade na hierarquia do valor supremo é regredir à adoração de Baal, para usar uma conceituação arcaica, e correr o risco de sofrer as terríveis consequências disso. Elevar a natureza dessa maneira é ao mesmo tempo conspurcar tanto o Deus que está além da natureza quanto a própria humanidade. Como seria possível o inferno não emergir e prevalecer, quando a carroça é colocada na frente dos bois? Assim, Deus se opõe com razão. Ele atribui ao povo de Nínive, apesar dos pecados, um valor moral muito superior ao do apego egoísta de Jonas à aboboreira, ao mundo natural e sua capacidade de fornecer abrigo e sustento: "E não deveria eu poupar Nínive, aquela grande cidade, onde estão mais de cento e vinte mil pessoas que não sabem discernir entre a sua mão direita e a sua mão esquerda, e também muitos animais?" (Jonas 4:11).

É dessa forma que termina a grande história de Jonas, o profeta relutante e imperfeito, misteriosamente engolido pela baleia. Então, para encerrar, o que devemos concluir com base na última história analisada em nossa amostragem das narrativas antigas que alicerçam nossa cultura, que nos permitem enxergar a própria verdade? Que, assim como no caso de Elias, Deus é bem caracterizado como a consciência, embora não apenas como tal; que o indivíduo que se recusa a se pronunciar quando o divino bate à sua porta — seja esse chamado concebido, no sentido materialista, como instinto, ou, no sentido religioso, como uma instrução do próprio céu — condena a si mesmo e à sua cultura a um destino pior do que a morte; que, mesmo após tal silêncio covarde, no próprio abismo do inferno, a redenção ainda pode ser obtida e a integridade restabelecida, se houver a vontade para fazê-lo; que não há diferença entre o silêncio dos bons e a vitória do autoritarismo e do mal; que mesmo a cidade habitada por inimigos pode ser salva pelo indivíduo disposto a proferir as simples verdades cuja ausência gera o próprio apocalipse; que o profeta que redime pode sucumbir ao desejo de vingança, mesmo depois de ter sido bem-sucedido como redentor; e que o amor pela humanidade, mesmo em sua condição decaída, é uma virtude moral mais elevada do que a adoração das provisões generosas, necessárias e abundantes do mundo natural.

Em suma, não há diferença real entre o silêncio dos bons e a vitória do mal. Isso é muito para aprender com base em uma única história; há muita informação condensada em um espaço muito pequeno; muitas verdades para digerir em um tempo muito curto — mas todos os livros que analisamos e consideramos têm essa natureza, essa intensa sintetização, essas contínuas pérolas de sabedoria redentora, essas dramatizações profundas e vitais de Deus, do homem e da mulher. A criação em si, Adão e Eva, Noé e a Torre de Babel, a aventura de Abraão e Moisés, a descida e a ascensão de Jonas, o profeta relutante: esses são os relatos que estruturam nossa percepção, que ponderam nosso entendimento, que fornecem contexto para nossas experiências, que nos permitem equilibrar a sabedoria da tradição — a verdadeira estaca fincada no chão ao redor da qual tudo gira — e a experiência viva do presente. A história do homem, da mulher e de Deus não trata de poder ou prazer, mas, sim, da sequência sacrificial de transformação que nos eleva, que reconcilia o agora e o depois e harmoniza o indivíduo e a comunidade — a mesma história que se desdobra de maneira profunda e multifacetada à medida que o corpus bíblico avança. É a história que precisamos conhecer para permanecermos sãos; que devemos compreender de maneira explícita para avançar, à medida que o ritmo do mundo acelera de maneira tão exponencial; que somos chamados e guiados pela consciência a personificar e encarnar, a fim de que possamos regressar ao Jardim do Éden e habitar para sempre o Reino de Deus.

CONCLUSÃO

Como vimos, o mundo é muito mais do que uma mera coleção de fatos. Em consonância com isso, observa-se que não há um caminho óbvio, simples e direto que leve do *que é* para *o que deve ser* — do fato para a ação. Por fim, o mundo também não é um lugar estritamente determinista; não é um cenário onde os átomos, sólidos como mármore em sua essência, colidem uns com os outros, gerando uma cadeia previsível de eventos que conduz ou até define nossos destinos. Em vez disso, a cada momento, aquilo que experienciamos, confrontamos e com que lutamos é um reino de vastas possibilidades. Fazemos isso em nossa condição de autênticas imagens de Deus, semelhantes ao Logos, o espírito criador cujas ações dão origem ao próprio cosmos, com sua ordem inerentemente boa. Fazemos isso ao pairar com o divino sobre as águas primordiais, trazendo a realidade à existência por meio da palavra. Esse espírito de engajamento criativo voluntário é a primeira caracterização daquilo que é adequadamente colocado no lugar mais elevado no corpus bíblico. Isso prepara o terreno para tudo o que vem em seguida — para a compreensão do espírito e da narrativa que transformam os inúmeros fatos da realidade em algo delimitado, tornando-os o foco da atenção e da ação de um modo que faz do mundo um local habitável, acolhedor, estável, propício e produtivo.

Nossa afinidade com o Logos vem acompanhada de um conjunto de responsabilidades: nomear e subjugar de maneira adequada; atuar como complemento ou parceiro nesse processo; administrar o jardim murado, que é o ambiente eterno tanto do homem quanto da mulher; e nos engajar no processo de transformação sacrificial ascendente que reconcilia o humano com o divino. Isso também significa carregar o mundo, voluntariamente, sobre nossos ombros — enfrentar a ameaça do caos quando ela emerge; manter nossa presunção tecnológica sob controle; ousar enfrentar a aventura romântica de nossa vida; tornar-nos líderes dos escravos, afastando-os do tirano; e proferir as palavras que redimem, até mesmo nossos inimigos. Devemos fazer tudo isso de acordo com a ordem moral intrínseca, cujo espírito é de Deus e cujos resultados estão escritos no grande livro da ordem celestial, capturados no texto bíblico e gravados na alma humana.

No entanto, Adão e Eva se veem tentados, desejando tornar-se deuses, arrogando-se o direito de comer o fruto proibido e permitindo a influência do grande usurpador — a serpente que é tanto a cobra na relva quanto o espírito orgulhoso de Lúcifer, o mais elevado dos anjos no reino celestial de Deus, que se corrompeu de maneira terrível. Eva presume ter o direito e a capacidade de abraçar até mesmo aquilo que é verdadeiramente venenoso. Essa é a patologia da compaixão, expandida de maneira orgulhosa além de sua alçada — a mãe devoradora, advertida por mitos e psicanalistas, a bruxa na casa de doces, que é o lugar de uma segurança deliciosa boa demais para ser verdade e o verdadeiro lar do inimigo do espírito do Filho do Homem. “Meu amor não tem limites (olhem para mim, olhem para mim).” A companheira de Adão, tentada por seu propósito ascendente patológico, instiga seu parceiro a incorporar o que não deve ser incorporado e a acolher o traidor e usurpador, reformulando, assim, a ordem cósmica.

Adão, sempre disposto ao falso empenho para impressionar sua companheira, concorda em fazê-lo, ainda que de maneira covarde. Quais são suas eternas racionalizações? Claro que posso fazer isso; minha competência não tem limites; faço qualquer coisa por você, querida; (nada está além de meu alcance); (é mais fácil concordar do que se opor ou negociar); (sou seu amigo fiel e inofensivo). A queda do homem e da mulher é consequência do orgulho — cada um à sua maneira, conforme a tentação específica de seu sexo; ambos manifestando o inverso de seu dom singular e fundamental. No caso da mulher, a capacidade de proteger e cuidar; sua nobre vocação para zelar pelas pessoas. No caso do homem, a paixão por compreender e dominar os elementos do mundo.[1]

Assim, ambos mergulham em amarga autoconsciência, nudez e alienação do Deus com quem agora são covardes demais para caminhar. Além disso, o mundo se torna um lugar degenerado, após o desvio do propósito do pai e da mãe arquetípicos da humanidade. Condenados ao trabalho árduo, o primeiro casal se vê expulso do jardim celestial, diante dos terríveis querubins que guardam o portão junto com a espada flamejante, que queima e gira em todas as direções. O que isso significa? Que nada imperfeito pode entrar no paraíso e que, para os pecadores, o processo de discriminação — o Logos — que bloqueia o caminho pode muito bem parecer o inferno.

É nesse momento que a história profana começa. Caim e Abel, os dois primeiros filhos dos pais primordiais, são também os primeiros habitantes nascidos naturalmente no mundo em que todos vivemos agora. Como tal, personificam e representam dois modos arquetípicos e fundamentalmente opostos de ser e de tornar-se, os quais estabelecem ou constituem o padrão para toda a atividade humana; definem os modos de sacrifício do presente em prol do futuro e do capricho individual em prol da harmonia e da produtividade comunitárias (ou o inverso), que caracterizam o indivíduo e o Estado bem constituídos. Abel oferece o que há de mais elevado, sem reter nada para si. Ele aceita a responsabilidade, que também é aventura e significado, e isso o transforma à medida que amadurece e cresce. Caim faz o oposto. Oferece o que é de segunda categoria, enterrando seus talentos e escondendo sua luz debaixo do proverbial alqueire. Dessa forma, cede à influência do espírito da manipulação e do engano. Aqueles que escolhem o caminho fácil acabam mentindo para si mesmos — sobre quem são, o que fazem e as razões por trás de suas ações — na tentativa de distrair e enganar o Próprio Deus. Mas a vida é um jogo difícil, cujo preço do ingresso é a morte e a possibilidade do inferno, e qualquer jogador que não trouxer o seu melhor à mesa não terá sucesso. A vida que poderia ser paradisíaca é uma recompensa dada apenas àqueles que, de maneira voluntária, disposta e até grata, carregam o mais pesado dos fardos; àqueles que se dispõem a assumir a responsabilidade até mesmo pelos pecados do mundo. Abel luta com o potencial que poderia se tornar o Éden caso seu propósito fosse elevado o suficiente, sua atenção devidamente direcionada e seus sacrifícios da mais alta qualidade. Em consequência, Deus teve consideração por sua oferta.

Caim, por outro lado, escolhe o caminho largo e fácil, tramando para obter falsos benefícios e escapar das consequências inevitáveis de seus fracassos sacramentais. Ao longo desse caminho, ele encontra a mesma tentação cujas seduções levaram à queda de seus pais e deram início ao alvorecer do mundo decaído. Nada além de miséria se segue. Em vez de reconhecer sua falha, confessar seus pecados, arrepender-se e expiar, Caim decide acusar o Próprio Deus pela iniquidade do mundo, apontando com ressentimento o sucesso insuportável de seu irmão, insinuando e acusando, proclamando para si mesmo e para Deus que a ordem cósmica é falha e que o espírito que a criou é injusto. Com que evidência? O próprio fracasso. Deus não tolera a afronta e informa a Seu neto rebelde, de maneira categórica, que foi ele quem abriu a porta para o pecado, no auge de seu sofrimento e isolamento autoinduzidos, e convidou o espírito temível que espreitava à porta a fazer o que bem entendesse com ele. A sombria amargura de Caim sobre seu destino é nada menos do que o casamento consumado entre o homem e o espírito abominável e invejoso que governa o inferno.

Furioso, o irmão que se recusa a admitir o próprio erro conspira e assassina Abel, que também representa seu ideal — sobretudo para afrontar a Deus, que rejeitou suas ofertas de segunda categoria e ousou repreendê-lo. Isso leva a um castigo que é mais do que Caim pode suportar e à sua condenação a vagar para sempre no deserto solitário da inconsciência e da obscuridade. O problema não termina aí. O espírito de Caim reemerge em seus descendentes, condenados a se tornarem não só adoradores imprudentes da tecnologia, em vez de avatares do éthos que orienta o mundo na direção correta, mas também agentes de vingança cada vez mais genocidas, cujas ações ameaçam a própria ordem benevolente. Logo após essa degeneração das gerações, vêm a catástrofe do dilúvio e a ascensão da Torre de Babel. Esse é o retorno do domínio de Leviatã e Beemote; o surgimento, primeiro, da confusão e do caos e, em seguida, da ordem patológica, presunçosa e desalinhada. O próprio Lúcifer não poderia ter feito pior, e esse é exatamente o ponto.

Deus se manifesta a Noé, o mestre do dilúvio, como um caráter ainda não totalmente revelado — na forma de um impulso, uma voz ou um espírito que vem àqueles que mantiveram os olhos abertos e se prepararam adequadamente para o chamado. Sendo um homem bom — sujeito, é claro, às limitações de seu tempo e lugar —, Noé é capaz de confiar em si mesmo e em Deus e, portanto, tem fé em suas intuições, algo que decorre de uma conduta íntegra e que orienta e motiva a ação correta. Sentindo que o caos é iminente, percebendo que Deus está insatisfeito e não deve ser menosprezado, o profeta e salvador constrói a Arca. Ela é o veículo que representa a psique fortificada pela integridade, o casamento comprometido, a família que permanece unida, a comunidade construída sobre uma base inabalável e o Estado que se une sob o Deus soberano. Noé conduz sua embarcação em meio à crise e à catástrofe, guiando sua família, a nascente comunidade e toda a ordem natural — cuja sobrevivência depende da retidão e da confiabilidade da alma humana. Ao fazer isso, ele salva e restabelece o mundo. No entanto, a ingratidão logo ressurge nas ações de seu filho Cam, que zomba quando as fraquezas de seu honrado pai são reveladas. Os descendentes de Cam são os cananeus, os fracassados e eternos ressentidos, condenados a serem para sempre servos dos servos; destinados a ser continuamente subjugados e viver à mercê dos seguidores devotos do único Deus verdadeiro.

Os engenheiros presunçosos, netos de Caim, decidem por conta própria construir a Torre de Babel, um monumento ao orgulho e ao autoengrandecimento do tirano que deseja tomar o lugar do que é transcendental e soberano. Mas os habitantes do Estado monstruoso logo descobrem que são incapazes de se comunicar entre si. Por quê? Quando a fundação correta é destruída de maneira imprudente, quando o espírito transcendental da busca ascendente e da verdade é esquecido, todos se tornam inarticulados e tudo fica indefinido. Todos se dispersam, incapazes de cooperar ou competir em paz e harmonia; incapazes de se unir em uma única direção. A linguagem — as palavras que possibilitam o pensamento e a oferta mútua e frutífera — perde todo o significado. Cada um fala uma língua diferente. Quando o eixo central do mundo se solta, a atenção é fatalmente dividida e fragmentada, a cidade se desintegra e o caos pré-cósmico retorna.

Deus revela outro aspecto de Seu caráter a Abrão, mais tarde Abraão, o arquétipo do indivíduo aventureiro. Abrão tem um despertar tardio e finalmente decide embarcar na jornada de sua vida como consequência do chamado à consciência que constitui a voz divina. Ao ouvir essa voz, ele decide construir seu primeiro altar, consagrar sua vida à jornada ascendente e fazer quaisquer sacrifícios necessários nessa busca. Isso é o que todos nós fazemos sempre que prometemos corrigir a rota, tomar o rumo certo e colocar a vida em ordem; quando escolhemos e decidimos melhorar, em vez de arruinar nossa vida e a vida de todos ao nosso redor. Aspire ao ascendente, ao mais elevado concebível; submeta tudo o que impede seu caminho às chamas da perdição da espada flamejante: essa é a crença em Deus reverenciada pelo espírito discriminador do divino como um sacrifício adequado e aceitável. Esse é o caminho escolhido por Abrão ao se tornar, primeiro, um canalha enganador, depois um guerreiro e aliado de reis, e, por fim, um peregrino que viaja com os anjos de Deus — ou até mesmo com o Próprio Deus. Esse legítimo seguidor do chamado divino se mostra disposto, à medida que seu caráter se desenvolve, até a oferecer seu amado e esperado filho a Deus, a quem jurou fidelidade inabalável. O que tal oferta poderia significar? *Que nada, absolutamente nada, por mais valioso que seja, deve ser retido. Que tudo, especialmente aquilo que é mais amado, deve ser sacrificado ao que é ainda mais elevado — e, como consequência, de maneira tão extraordinária, tudo o que assim for oferecido será preservado.*

Ao longo de sua aventura, a transformação de Abrão é tão completa que ele ganha um novo nome. O Abraão que ele se torna é o próprio espírito do bom pai — e, portanto, a imagem perfeita do encorajamento e da correção divinos; a própria personificação do chamado e da consciência. Esse é o padrão abraâmico que faz com que a reprodução não seja um mero ato sexual, mas, sim, o estabelecimento de um éthos que atravessa gerações e garante, da forma mais autêntica, a sobrevivência da família e da linhagem — que transforma o homem genuíno no pai de nações. E isso não é tudo: Abraão realiza tudo isso agindo de maneira produtiva, hospitaleira, generosa e sacrificial, tornando seu modo de agir no mundo uma bênção para si mesmo, um meio de construir uma notável reputação e um benefício para todos os outros. Tudo isso na companhia da esposa, Sarai (mais tarde Sara), que também experiencia a revolução da aventura romântica, tornando-se a genuína esposa e mãe do mundo. Essa aliança bem-sucedida com Deus, empreendida tanto pelo homem quanto pela mulher, indica nada menos do que o alinhamento absoluto e definitivo entre o instinto que convida toda criança a se aventurar pelo mundo e a ordem implícita da sociedade, da natureza e do divino. Por que esperaríamos algo diferente — algo além dessa harmonia fundamental entre a alma e o desejo humanos com o próprio cosmos? Somos estrangeiros em uma terra estranha ou os habitantes legítimos do jardim edênico? Mesmo o mais materialista dos biólogos ateus entende que o homem é, por necessidade, um microcosmo, um espelho do supremo e do absoluto.

Deus ainda revela mais um caráter para Moisés e os israelitas. Ele é o chamado ascendente desde a própria fundação do mundo — o chamado que convoca os dignos a abandonar o caminho já trilhado, a buscar seu destino perigoso e a se tornarem, tal como Abraão e Sara, quem realmente são. O Deus do Êxodo, Números e Deuteronômio é o fenômeno ardente e intensamente vivo cuja investigação produz a mais profunda transformação de caráter; o impulso divino e a voz que impelem o homem a se tornar o líder que eternamente exorta a si mesmo e a seu povo a abandonar o tirano, adentrar o deserto caótico e avançar rumo à terra prometida. Esse é o padrão arquetípico de nossa busca, da motivação em si — da história de nossa vida[2] — em sua forma unificada e madura. Moisés também enfrenta seu adversário; assim como Adão e Eva; assim como Abel. Em parte, esse adversário é o Faraó, mas também é, de maneira mais abstrata e fundamental, a tentação do poder, sendo o Faraó um mero avatar desse espírito sedutor. Moisés emprega força e coerção quando persuasão e incentivo seriam mais adequados. Como resultado, ele se vê impedido pela mão intransigente de Deus de entrar na terra prometida, apesar de décadas de serviço fiel. Essa caracterização do divino torna ridícula qualquer alegação de que o Deus bíblico é um tirano. Complexo, sim; multifacetado, sim; em última análise, além da compreensão humana — mas de modo algum aliado do tirano ou do aspirante a escravo.

Nossa jornada terminou com Jonas, o homem que se cala quando é ordenado por Deus a fazer o oposto. Esse é um relato muito sutil, e há poucos com mais ressonância no mundo moderno. Qual é a moral da história de

Jonas? Que cada homem é chamado a dizer o que pensa, para que o mundo não pereça na ausência dessa verdade singular e única. Que todo homem que deixa de oferecer o seu melhor e oculta a própria luz e o próprio talento cria uma lacuna no mundo que poderia ter sido preenchida por essa oferta — uma falha cuja culpa é só sua. Que cada pessoa tem a responsabilidade de manter o navio do Estado à tona, de se arrepender mesmo após mergulhar nas profundezas do inferno e de fazer a jornada até o lugar onde o destino tenta se manifestar. Todos sabemos, após os horrores do século XX, que não há diferença entre o silêncio mentiroso da covardia dos bons (que estão longe de ser realmente bons) e a vitória das forças do abismo. Sabemos que há alguns pecados que corrompem não apenas a alma, mas o mundo todo — tal qual os crimes contra a humanidade cuja realidade transcendente foi asseverada pelos juízes de Nuremberg, após os horrores do Holocausto.

Não há nada mais real do que esse mal e o bem que eternamente o contrapõe — e, portanto, nada mais real do que os governantes desses respectivos reinos. Sabemos disso. Direcionamos todo o nosso esforço literário para sua representação. Precisamos conhecer a história. Precisamos compreendê-la corretamente. Precisamos colocá-la em prática. Não se trata apenas de recitar palavras sagradas e alardear essa prática. Trata-se da disposição para se expor por inteiro, com a vulnerabilidade confiante proporcionada por um pacto voluntário com Deus. Essa coragem de falar é, simultaneamente, a disposição de se tornar um avatar do Logos divino, a Palavra que invocou e continua a invocar à existência o cosmos ordenado de modo benevolente, o espírito do conquistador do caos e do Estado tirânico, a voz do conselho sábio em tempos de crise, o processo dinâmico que conduz os perdidos através do deserto árido. Esse é o reflexo de Deus e a fundação dos direitos e das responsabilidades do homem e da mulher, assim como a presença no ápice recuante ao final da sequência de picos e vales desafiadores que compõem as oportunidades e as crises — os tesouros e os dragões — da nossa incursão no mundo.

Todas essas grandes, profundas e memoráveis histórias são caracterizações de Deus — e, inevitavelmente, dos homens e das mulheres que vivem alguma forma de relacionamento com esse Deus. Essas não são, é claro, as únicas caracterizações existentes do divino. Tampouco são as únicas representações ou dramatizações daqueles que vivem de acordo com seus ditames, espírito ou princípios — ou que falham em fazê-lo. Ao longo de nossa investigação, abordamos algumas alternativas importantes, históricas e atuais. Analisamos o *Enuma Elish* dos mesopotâmicos, um precursor, variante ou paralelo das narrativas mais arcaicas de Deus em Gênesis e em outros textos, em especial em relação ao seu papel como vencedor sobre o grande dragão do caos; analisamos a grande história de Osíris, Seth, Ísis e Hórus, cujas caracterizações moldaram o Egito onde os antigos hebreus peregrinaram e habitaram, primeiro como convidados, depois como escravos, e de onde escaparam; e analisamos as sofisticadas concepções taoistas da paisagem moral como a dinâmica do yin e yang, feminino e masculino ou, de maneira igualmente profunda e mais geral, caos e ordem. Isso sem mencionar as muitas outras tradições tão bem estudadas e interpretadas pela escola de Jung, Neumann e Eliade ou apresentadas e analisadas nas muitas outras histórias do Antigo e do Novo Testamento. Um novo livro abordará as narrativas do Novo Testamento, com algumas análises adicionais do Antigo Testamento.

Os relatos dos evangelhos e os textos complementares, é claro, dão continuidade à caracterização de Deus iniciada nas obras mais antigas, descrevendo Sua descida ao mundo de sofrimento do homem; detalhando a oferta sacrificial, semelhante à de Abraão, de Seu Filho, que também era Ele próprio, para garantir redenção, salvação e a vitória sobre a morte e o inferno, e manifestar a vontade de Deus e o Reino dos Céus na Terra. A vida e as palavras de Jesus dramatizam e descrevem o padrão de abandono ascendente de tudo o que é insuficiente na busca da harmonia perfeita que caracteriza o céu, que poderia ter se manifestado na Terra se homens e mulheres mantivessem seu pacto com o divino, manifestassem sua verdadeira natureza e assumissem a responsabilidade de caminhar com Deus. Esse é o espírito de ascensão exemplificado pelos diversos caracteres de Deus, que refletem, da maneira mais profunda possível, o monoteísmo fundamental e unificado — a integração de tudo na fundação ou no lugar mais alto, que parece ser central para a motivação do homem, da mulher e do cosmos.

Em todas essas histórias, dramatizações e descrições de propósito — todas essas caracterizações —, Deus é apresentado como a unidade que é o alicerce ou o ápice. Na ausência dessa unidade, não há nada capaz de unir e harmonizar, o que leva à deterioração em anarquia e caos, ou há vários substitutos que surgem para, de maneira vil, usurpar e dominar: o espírito de poder que caracteriza o reino luciferiano e produz a besta escarlate do Estado degenerado. Isso torna o divino real? Em última análise, trata-se de uma questão de definição — e, portanto, de fé. Ele é real na medida em que sua busca torna a dor suportável, mantém a ansiedade à distância e inspira a esperança que brota eternamente no coração humano. É real visto que estabelece a ordem cósmica benevolente e inteligível, esse eterno lugar onde cada um pode escolher entre o esforço marcado pelo pecado ou a interação inspirada pela fé. É tão real quanto a força que se opõe ao orgulho e leva todos aqueles que se sacrificam de maneira inadequada a se arrependerem. É tão real quanto os confins mais distantes da imaginação humana, que se esforça incessantemente em direção ao elevado.

O divino é mais real do que o inferno que o contrapõe. É mais real do que toda a certeza totalitária e sua oferta patológica de uma vida livre de fardos e deveres e, portanto, sem aventura e significado. É mais real do que o poder; mais real do que o impulso, o desejo, a vontade ou o capricho. É tão real quanto a consciência que confronta as possibilidades da vida; tão real quanto o fardo das decisões concretizadas a cada olhar, palavra e passo adiante. É a oferta de redenção e expiação para os perdidos, a base dos direitos que tornam os países livres tanto livres quanto desejáveis e o espírito de todo relacionamento voluntário e produtivo — consigo mesmo, com o cônjuge, com o filho, pai e irmão, com o amigo e o compatriota. É tão real quanto o confronto com o destino que necessariamente caracteriza nossa vida, não importa que rumo ela tome. Sem a crença, não há percepção; sem a crença, não há estrutura para proteger e inspirar; não há resiliência e avanço; não há unidade da psique ou da sociedade — sem a crença, não há fé, esperança ou coragem.

Somos, portanto, por necessidade, aqueles que lutam com Deus. Se empreendermos essa luta com os olhos voltados para o céu, seremos capazes de nos alinhar com a realidade que é eterna e caminhar com Deus enquanto cultivamos e guardamos o jardim paradisíaco. Se trilharmos o caminho sacrificial adequado, oferecendo o que há de melhor, mantendo-nos no caminho reto e estreito, sem reter nada para nosso eu restrito; se ouvirmos a voz da consciência e do chamado — poderemos experienciar a aventura romântica e redentora de nossa vida, transformando-nos, assim, nos gigantes que outrora caminharam pela terra; transmutando-nos em verdadeiros Filhos e Filhas de Deus, convocados a realizar feitos ainda maiores do que os do único Filho já conhecido e revelado. E, então, em resposta ao brilhante Nietzsche, que insistiu que o homem deve se tornar aquele que cria os próprios valores, replicando, assim, o chamado da serpente no jardim; em resposta aos niilistas e hedonistas que adoram a Prostituta da Babilônia e, portanto, arriscam-se até a aniquilar o prazer em si; em resposta aos ateus materialistas e reducionistas que negam até mesmo a conclusão lógica das próprias investigações sobre o papel orientador dos instintos mais profundos envolvidos, digo o seguinte:

Já passou da hora de resgatarmos o que é mais elevado de sua existência inconsciente em meio ao que é inferior; de nos tornarmos plenamente conscientes, diante das extraordinárias transformações que hoje nos confrontam com tanta rapidez, e de restabelecermos nosso pacto com o Deus cujas palavras mágicas estruturam nossa consciência e as sociedades funcionais e produtivas. É hora de enfrentar essa luta com seriedade, de despertar, de retornar à nossa origem e conhecê-la, como adultos conscientes, pela primeira vez.

Deus está morto? Não.

Deus renatus est.

NOTAS

Preâmbulo: Cadáver-Conforto

1. Hopkins, G. M. e Phillips, C. (2002). *Gerard Manley Hopkins: The Major Works*. Oxford, Reino Unido: Oxford University Press. Veja poetryfoundation.org/poems/44392/carrion-comfort. Meus agradecimentos ao Dr. Michael Hurley por me indicar esse poema durante nossa viagem por Samos e Patmos, Grécia.
2. Eliade, M. (1959). *The Sacred and the Profane*. Tradução de Willard R. Trask. Nova York: Harcourt, Brace and Company, 8. Título no Brasil: *O Sagrado e o Profano*. Tradução de Rogério Fernandes.

Prenúncio: A Voz Calma e Baixa

1. Goldberg, E. (1981). Hemisphere differences in the acquisition and use of descriptive systems. *Brain and Language, 14*, 144–175; McGilchrist, I. (2009). *The Master and His Emissary: The Divided Brain and the Making of the Western World*. New Haven: Yale University Press; Peterson, J. B. (1999). *Maps of Meaning: The Architecture of Belief*. Nova York: Routledge. Título no Brasil: *Mapas do Significado: A Arquitetura da Crença*.
2. Newman, J. H. (1875). *A letter addressed to the Duke of Norfolk on occasion of Mr. Gladstone's recent expostulation: certain difficulties felt by Anglicans in Catholic Teaching (Volume 2)*: newmanreader.org/works/anglicans/volume2/gladstone/section5.html; veja também Hansen, C. (2011). Newman, conscience and authority. *New Blackfriars* 92, 209–223; Gage, L. P. (2020). Newman's argument from conscience: why he needs Paley and natural theology after all. *American Catholic Philosophical Quarterly* 94, 141–157.
3. Dennett, D. C. (1984). Cognitive Wheels: The Frame Problem of AI. Em C. Hookway (Ed.), *Minds, Machines and Evolution: Philosophical Studies* (129–150). Cambridge

University Press, 130; veja também McCarthy, J. e Hayes, P. J. (1969). Some philosophical problems considered from the standpoint of artificial intelligence. Em B. Meltzer e D. Michie (Eds.), *Machine Intelligence* (Vol. 4, 463–502). Nova York: Elsevier; Dennett, D. C. (1984). Medin, D. L. e Aguilar, C. M. (1999). *Categorization.* Em Wilson R. A. e Keil, F. (Eds.). MIT Encyclopedia of Cognitive Sciences (104–105). Cambridge, MA: MIT Press; Miller, G. A. (1956). The magical number seven, plus or minus two: Some limits on our capacity for processing information. *Psychological Review 63*, 81–97; Nørretranders, T. (1998). *The User Illusion: Cutting Consciousness Down to Size.* Penguin Books.

1. No Princípio

1. Hirsh, J. B., Mar, R. A. e Peterson, J. B. (2012). Psychological entropy: a framework for understanding uncertainty related anxiety. *Psychological Review* 119, 304–320.
2. White, L. (1967). The historical roots of our ecological crisis. *Science* 155, 1203–1207.
3. Conforme detalhado em Peterson, J. B. (1999). *Maps of Meaning: the Architecture of Belief.* Nova York: Routledge. Título no Brasil: *Mapas do Significado: A Arquitetura da Crença.*
4. Chomsky, N. e Halle, M. (1968). *The Sound Pattern of English.* Cambridge, MA: MIT Press.
5. Blevins, J. (2004). *Evolutionary Phonology: The Emergence of Sound Patterns.* Cambridge: Cambridge University Press.
6. Blevins, J. *Evolutionary Phonology.*
7. Todas essas associações foram geradas pelo Grok, a IA do X, em resposta ao comando: "Quais são as dez palavras ou conceitos mais prováveis de existir em proximidade ao termo? Não forneça palavras repetidas".
8. Rowling, J. K. (2000). *Harry Potter and the Chamber of Secrets.* Londres: Bloomsbury. Título no Brasil: *Harry Potter e a Câmara Secreta.*
9. Disney, W. (Produtora), Luske, H., Hee, T., Jackson, W., Kinney, J., Roberts, B. e Sharpsteen, B. (Diretores). (1940). *Pinóquio* [Filme]. EUA: Walt Disney Productions.
10. Nolan, C. (Diretor), Thomas, E. e Nolan, C. (Produtores). (2008). *Batman: O Cavaleiro das Trevas.* [Filme]. EUA: Warner Bros Pictures.
11. Derrida, J. (1976). Of grammatology (Trad. de G. C. Spivak). Baltimore, MD: Johns Hopkins University Press; Foucault, M. (1972). The archaeology of knowledge and the discourse on language (Trad. de A. M. S. Smith). Nova York: Pantheon Books; Lyotard, J. F. (1984). The postmodern condition: a report on knowledge (Trad. de G. Bennington e B. Massumi). Minneapolis, MN: University of Minnesota Press.
12. Os exemplos mais conhecidos atualmente são o ChatGPT, da OpenAI, e o Grok, do X.
13. Veja GPT4, Wikipedia: en.wikipedia.org/wiki/GPT-4. Em português: pt.wikipedia.org/wiki/GPT-4.

14. O fiasco, ocorrido em fevereiro/março de 2024, causado pelo lançamento do Gemini, o espantoso aplicativo de inteligência artificial/modelo de linguagem de grande escala do Google (gemini.google.com/app), forneceu um bom exemplo desse viés, especialmente no que diz respeito à geração de imagens (nytimes.com/2024/02/24/opinion/google-gemini-artificial-intelligence.html); veja também Rozado, D. (2 de fevereiro de 2024,). *The Political Preferences of LLMs*. davidrozado.substack.com/p/the-political-preferences-of-llms.
15. Para um breve resumo, veja *Zeitgeist*, em Wikipédia: en.wikipedia.org/wiki/Zeitgeist. Em português: https://pt.wikipedia.org/wiki/Zeitgeist.
16. Marx, K. (1875/1970). *Critique of the Gotha program*. Em Marx/Engels Selected Works, Volume 3. Moscou: Progress Publishers: marxists.org/archive/marx/works/1875/gotha/ch01.htm.
17. Freud, S. e Breuer, J. (1955). *Studies in hysteria*. (Trad. de J. Strachey). Nova York: Basic Books; Freud, S. (1955). *The interpretation of dreams*. (Trad. de J. Strachey.). Nova York: Basic Books.
18. Jung, C. G. (1976). *Letters of C. G. Jung*, Volume 2, 1951–1961 (G. Adler, Ed.). Princeton University Press, 610–611.
19. Peterson, J. B. *Maps of Meaning*. Título no Brasil: *Mapas do Significado: A Arquitetura da Crença*.
20. Nietzsche, F. (2005). *Thus Spake Zarathustra: A Book for Everyone and No One*. (Trad. de T. Common). Nova York: Penguin Classics, 125. Título no Brasil: *Assim Falou Zaratustra*.
21. Peterson, J. B. *Maps of Meaning*. Título no Brasil: *Mapas do Significado: A Arquitetura da Crença*.
22. Jung, C. G. (1953). *Two Essays on Analytical Psychology*. Princeton University Press, par. 384.
23. Jung, C. G. The structure and dynamics of the psyche. Em *Collected Works of C. G. Jung* (Vol. X). Princeton University Press, parágrafos 924–940; Dawkins, R. (1976). Worlds in Microcosm. Em R. Dawkins (Ed.) Inside the Survival Machine. Nova York: Oxford University Press, 115–30.
24. Veja a análise e a discussão de C. G. Jung, que se opôs a essa restrição: Jung, C. G. (1952). *Symbols of Transformation: An Analysis of the Prelude to a Case of Schizophrenia* (2ª ed.). Nova York: Harper & Brothers. (Obra original publicada em 1912); Jung, C. G. (1913/1950). The theory of psychoanalysis. Em *Collected Works of C. G. Jung* (Vol. 4). Princeton University Press.
25. Dawkins, R. (1976). *The Selfish Gene*. Oxford University Press. Título no Brasil: *O Gene Egoísta*.
26. Derrida, J. (1976). *Of Grammatology*. (Trad. de G. C. Spivak). Johns Hopkins University Press. (Obra original publicada em 1967); Foucault, M. (1991). Discipline and Punish:

The Birth of a Prison. Londres: Penguin; Foucault, Michel (1998) The History of Sexuality: The Will to Knowledge, Londres: Penguin.

27. Pageau, J. e Peterson, J. B. (2023). *Identity: Individual and the State versus the Subsidiary Hierarchy of Heaven.* Londres: Alliance for Responsible Citizenship Publications (arc-research.org/s/The-Subsidiary-Hierarchy-Jonathan-Pageau-and-Jordan-Peterson-ARC-Research-Paper).

28. Peterson, J. B. *Maps of Meaning*; Jung, C. G. (1967). Título no Brasil: *Mapas do Significado: A Arquitetura da Crença. The Collected Works of C. G. Jung: Vol. 5. Symbols of Transformation* (2ª ed.). (Em H. Read, *et al.*, Eds.). (Trad. de R. F. C. Hull). Princeton University Press; Campbell, J. (2012). *The Hero with a Thousand Faces* (3ª ed.). New World Library; Neumann, E. (2014). *The Origins and History of Consciousness.* Princeton University Press; Neumann, E. (2015). *The Great Mother.* Princeton University Press Platform.

29. Neumann, E. *The Great Mother.*

30. Para um resumo rápido, veja Daniel Defoe. Wikipedia: en.wikipedia.org/wiki/Daniel_Defoe. Em português: https://pt.wikipedia.org/wiki/Daniel_Defoe.

31. Defoe, D. (1726). *The History of the Devil.* Londres: Thomas Warner, 106.

32. Peterson, J. B. *Maps of Meaning*; veja também Jung, *Collected Works: Vol. 5*; Campbell, *Hero with a Thousand Faces*; Neumann, *Origins and History of Consciousness*; Neumann, *The Great Mother.*

33. Freedman, R. D. (1983). Woman, a power equal to man. *Biblical Archaeology Review* 9, 56–58.

34. Vygotsky, L. S. (1978). *Mind in Society: The Development of Higher Psychological Processes.* Cambridge, MA: Harvard University Press, 86.

35. Costa, P. T., Jr., Terracciano, A. e McCrae, R. R. (2001). Gender differences in personality traits across cultures: Robust and surprising findings. *Journal of Personality and Social Psychology* 81, 322–331; Feingold, A. (1994). Gender differences in personality: A meta-analysis. *Psychological Bulletin* 116, 429–456; Schmitt, D. P., Realo, A. e Voracek, M. (2008). The big five factor model of personality across cultures: Robust and generalizable across 55 cultures. *Journal of Personality and Social Psychology* 94, 26–40; Weisberg, Y. J., Deyoung, C. G. e Hirsh, J. B. (2011). Gender differences in personality across the ten aspects of the Big Five. *Frontiers in Psychology* 2, 178–189.

36. Lippa, R. A. (2010). Gender differences in personality and interests: When, where, and why? *Social and Personality Psychology Compass* 4, 1098–1110.

37. Weisberg, Y. J., Deyoung, C. G. e Hirsh, J. B. (2011). Gender differences in personality across the ten aspects of the Big Five. *Frontiers in Psychology* 2, 178; Benenson, J. F., Webb, C. E. e Wrangham, R. W. (2022). Self-protection as an adaptive female strategy. *Behavioral and Brain Science* 45, e128.

38. Trousdale, G. e Wise, K. (Diretores), e Woolverton, L. (Roteirista). (1991). *A Bela e a Fera* [Filme]. EUA: Walt Disney Pictures.

39. Jonason, P. K., Webster, G. D., Schmitt, D. P. e Li, N. P. (2009). The dark tetrad of personality: Narcissism, Machiavellianism, psychopathy, and sadism. *Journal of Personality and Social Psychology* 97, 1295–1308; Buss, D. (2021). *When Men Behave Badly.* Nova York: Little and Brown; Brazil, K. J., Forth, A. E. (2020). Psychopathy and the Induction of desire: formulating and testing an evolutionary hypothesis. *Evolutionary Psychological Science* 6, 64–81; Carter, G. L., Campbell, A. C. e Muncer, S. (2014). The dark triad personality: attractiveness to women. *Personality and Individual Differences* 56, 57–1.
40. Veja seção 1.3.
41. Peterson, J. B. (1999). *Maps of Meaning.* Título no Brasil: *Mapas do Significado: A Arquitetura da Crença.*
42. Bak, P., Tang, C. e Wiesenfeld, K. (1987). Self-organized criticality: An explanation of the 1/f noise. *Physical Review Letters* 59, 381; Peterson, J. B. *Maps of Meaning.* Título no Brasil: *Mapas do Significado: A Arquitetura da Crença.* Stephen, D. G. e Dixon, J. A. (2009). The self-organization of insight: entropy and power laws in problem solving. *The Journal of Problem Solving,* 2, 72–101. Vervaeke, J. e Ferraro, L. (2013). Relevance, meaning and the cognitive science of wisdom. Em M. Ferrari e Weststrate, N. M. (Eds.). *The Scientific Study of Personal Wisdom* (21–51). Nova York: Springer; Vervaeke, J. (2013). Relevance realization and the neurodynamics and neuroconnectivity of general intelligence. Em I. Harvey, Cavoukian, A., Tomko, G., Borrett, D., Kwan, H. e Hatzinakos, D. (Eds.). *SmartData: Privacy Meets Evolutionary Robotics* (57-68). Nova York: Springer Science; veja também Andersen, B. Order, chaos, relevance realization and mythology: brettandersen.substack.com/p/order-chaos-complexityand-mythology.
43. Para uma discussão mais ampla, veja Peterson, J. B., *Maps of Meaning.* Título no Brasil: *Mapas do Significado: A Arquitetura da Crença.*
44. Heidel, A. (1951). *The Babylonian Genesis: The Story of the Creation.* University of Chicago Press.
45. Eliade, M. (1954). *The Myth of the Eternal Return: Cosmos and History.* Princeton University Press.
46. Veja Prenúncio: A Voz Calma e Baixa.
47. Shakespeare. W. (1606). *King Lear.* Ato 4, Cena 1: shakespeare.mit.edu/lear/lear.4.1.html. Trecho extraído da tradução de Ridendo Castigat Mores.
48. classics.mit.edu/Homer/iliad.html. *Ilíada.* Trecho extraído da tradução de Manoel Odorico Mendes. https://www.ebooksbrasil.org/adobeebook/iliadap.pdf.
49. Peterson, J. B. (1999). *Maps of Meaning,* 105. Título no Brasil: *Mapas do Significado: A Arquitetura da Crença.*
50. Taleb, N. N. (2007). *The Black Swan: The Impact of the Highly Improbable.* Nova York: Random House.
51. Walleczek, J. (2019.) Agent inaccessibility as a fundamental principle in quantum mechanics: objective unpredictability and formal uncomputability. *Entropy, 21,* 4.

52. Simons, D. J. e Ambinder, M. S. (2005). Change blindness: theory and consequences. *Current Directions in Psychological Science* 14, 44–48.
53. O filósofo alemão Martin Heidegger tornou a ideia de cuidado o ponto central de seu pensamento, conceptualizando-a como o mecanismo existencial por meio do qual o Ser se revela, definindo-a como algo mais profundo e fundamental do que mera emoção. Heidegger, M. (2008). *Being and Time*. Nova York: HarperCollins.
54. Peterson, J. B. *Maps of Meaning*. Título no Brasil: *Mapas do Significado: A Arquitetura da Crença*.
55. Tomkins, S. (2007). *William Wilberforce: A Biography*. Londres: Lion Books.
56. Veja, por exemplo, o caso da escravidão em: Metaxas, E. (2009). *Amazing Grace: William Wilberforce and the Heroic Campaign to End Slavery*. Nova York: HarperCollins Publishers.

2. Adão, Eva, Orgulho, Autoconsciência e a Queda

1. De *kenosis*, "ato de esvaziar-se" (pt.wikipedia.org/wiki/Kenosis), como descrito em Filipenses 2:5–7 Nova Versão Internacional: "Seja a atitude de vocês a mesma de Cristo Jesus, que, embora sendo Deus, não considerou que o ser igual a Deus era algo a que devia apegar-se; mas esvaziou-se a si mesmo (*ekenōsen heauton*), vindo a ser servo, tornando-se semelhante aos homens".
2. Do sânscrito *avatāra*, que significa "descida" ou "encarnação": dictionary.com/browse/avatar; e também: "A manifestação de um deus em forma corporal na terra; o período de tal manifestação. Também (atualmente mais comum): uma forma corporal específica na qual um deus se manifesta": oed.com/dictionary/avatar_n?tl=true.
3. "A palavra 'paradise' foi incorporada à língua inglesa a partir do francês *paradis*, herdado do latim *paradisus*, do grego *parádeisos* (παράδεισος), de uma forma iraniana antiga, do proto-iraniano **parādaiĵah-* 'recinto murado', de onde vem o persa antigo *p-r-d-y-d-a-m /paridaidam/*, o avéstico *pairi-daêza-*. O significado literal dessa palavra no antigo idioma iraniano oriental é '(recinto) murado', derivado de *pairi-* 'ao redor' (cognato do grego *περί* e do prefixo inglês *peri-* de significado idêntico) e *-diz* 'fazer, formar (um muro), construir' (cognato do grego *τεῖχος* 'muro'). A etimologia da palavra remonta, em última instância, a uma raiz do proto-indo-europeu **dheigʷ* 'fixar e erguer (um muro)' e **per* 'ao redor'." en.wikipedia.org/wiki/Paradise.
4. "O nome deriva do acadiano *edinnu*, de uma palavra suméria *edin* que significa 'planície' ou 'estepe', intimamente relacionada a uma raiz aramaica que significa 'frutífero, bem irrigado'. Outra interpretação associa o nome a uma palavra hebraica para 'prazer'; assim, a Vulgata traz *paradisum voluptatis* em Gênesis 2:8, e a Bíblia Douay-Rheims, seguindo essa linha, apresenta a formulação: 'E o Senhor Deus plantou um paraíso de prazer'."

5. Também menciono isso em Peterson, J. B. (1999). *Maps of Meaning*, 124. Título no Brasil: *Mapas do Significado: A Arquitetura da Crença.*
6. Stevenson, M. S. (1920). *The Rites of the Twice-Born*. Londres: Oxford University Press, 354.
7. Eliade, M. (1991). *The Myth of the Eternal Return, or, Cosmos and History.* Princeton University Press, 19.
8. Jung, C. G. (2014). Concerning Mandala symbolism. Em *Collected Works of C.G. Jung, Volume 9 (Part 1):* Archetypes and the Collective Unconscious (355–384). De Gruyter.
9. Há um exemplo particularmente apropriado — dada a representação do aninhamento hierárquico — em: en.wikipedia.org/wiki/Mandala#/media/File:Manjuvajra mandala_con_43_divinit%C3%A0_-_Unknown_-_Google_Cultural_Institute.jpg; para uma imagem mais especificamente relacionada ao Paraíso, veja: metmuseum.org/art/collection/search/228991.
10. Veja seção 1.2. O espírito do homem no lugar mais elevado.
11. Pater, W. (1912). *The Renaissance: Studies in Art and Poetry.* Londres: Macmillan: gutenberg.org/files/2398/2398-h/2398-h.htm. Meus agradecimentos ao Sr. Rex Murphy, extraordinário jornalista, por me indicar esse livro.
12. Alegações extraordinárias requerem evidências extraordinárias, Wikipédia: en.wikipedia.org/wiki/Extraordinary_claims_require_extraordinary_evidence. Em português: pt.wikipedia.org/wiki/Padr%C3%A3o_Sagan.
13. Tolstoy, L. (1983). *Confessions* (Trad. de D. Patterson.). W. W. Norton & Company. Título no Brasil: *Uma Confissão.*
14. Veja seção 1.4. Eva a partir de Adão.
15. Shiner, R. L. (2019). Negative emotionality and neuroticism from childhood through adulthood: A lifespan perspective. Em D. P. McAdams, R. L. Shiner e J. L. Tackett (Eds.), *Handbook of Personality Development* (137–152). Guilford Press; Salk, R. H., Hyde, J. S. e Abramson, L. Y. (2017). Gender differences in depression in representative national samples: Meta-analyses of diagnoses and symptoms. *Psychological Bulletin 143*, 783–822; Chaplin T. M. (2015). Gender and emotion expression: a developmental contextual perspective. *Journal of the International Society for Research on Emotion, 7*, 14–21.
16. Ben Mansour, G., Kacem, A., Ishak, M. *et al.* (2021). The effect of body composition on strength and power in male and female students. *BMC Sports Science Medicine and Rehabilitation 13*, 1–11.
17. Vanhouten, J. N. e Wysolmerski, J. J. (2013). The calcium-sensing receptor in the breast. *Best practice and research. Clinical endocrinology and metabolism 27*, 403–414; Mamillapalli, R., VanHouten, J., Dann, P., Bikle, D., Chang, W., Brown, E. e Wysolmerski, J. (2013). Mammary-specific ablation of the calcium-sensing receptor during lactation alters maternal calcium metabolism, milk calcium transport, and neonatal calcium accrual. *Endocrinology 154*, 3031–3042.

18. Buss, D. M. (1989). Sex differences in human mate preferences: Evolutionary hypotheses tested in 37 cultures. *Behavioral and Brain Science* 12, 1–49.
19. Buss, D. M. e Barnes, M. (1986). Preferences in human mate selection. *Journal of Personality and Social Psychology* 50, 559–570; Buss, D. M. (1989). Sex differences in human mate preferences: Evolutionary hypotheses tested in 37 cultures. *Behavioral and Brain Science* 12, 1–14; Buss, D. M., Shackelford, T. K., Kirkpatrick, L. A. e Larsen, R. J. (2001). A half century of mate preferences: The cultural evolution of values. *Journal of Marriage and Family* 63, 491–503.
20. Jauk, E., Neubauer, A. C., Mairunteregger, T., Pemp, S., Sieber, K. P. e Rauthmann, J. F. (2016). How alluring are dark personalities? The dark triad and attractiveness in speed dating. *European Journal of Personality* 30, 125–138.
21. Clark, R. D. e Hatfield, E. (1989). Gender differences in receptivity to sexual offers. *Journal of Psychology and Human Sexuality* 2, 39–55.
22. Rosenfeld, M. J. (2018). Who wants the breakup? Gender and breakup in heterosexual couples. D. F. Alwin, F. Felmlee e D. Kreager. (Eds.), *Social Networks and the Life Course*. Nova York: Springer, 221–243.
23. Reynolds, T., Baumeister, R. F. e Maner, J. K. (2018). Competitive reputation manipulation: women strategically transmit social information about romantic rivals. *Journal of Experimental Social Psychology* 78, 195–209; Björkqvist, K., Lagerspetz, K. e Kaukiainen A. (1992). Do girls manipulate and boys fight? Developmental trends in regard to direct and indirect aggression. *Aggressive Behavior* 18, 117–122; Lagerspetz K., Bjorkqvist, K. e Peltonen, T. (1988). Is indirect aggression typical of females? Gender differences in aggressiveness in 11- to 12-year-old children. *Aggressive Behavior* 14, 403–414; Werner, N. E. e Crick, N. R. (1999). Relational aggression and social-psychological adjustment in a college sample. *Journal of Abnormal Psychology* 108, 615-623.
24. Congreve, W. (1697). *The mourning bride*. Londres: Jacob Tonson.
25. São essas diferenças que constituem verdadeiramente o chamado "gênero", entendido como o reflexo do sexo no temperamento, até o ponto em que isso pode ser medido de maneira válida e confiável, e que variam em relação ao verdadeiro binário subjacente da capacidade reprodutiva funcional (assim como existem homens com temperamentos mais femininos; há mulheres com temperamentos mais masculinos).
26. Jung, C. G. (1969). Archetypes and the collective unconscious. *Collected Works of C. G. Jung, Volume 9 (Part 1)*: (G. Adler e R. F. C. Hull, Eds.). Princeton University Press, parágrafos 292–294. Veja também DeVun, L. (2008). The Jesus hermaphrodite: science and sex difference in premodern Europe. *Journal of the History of Ideas* 69, 193–218.
27. Isbell, L. A. (2011). *The Fruit, the Tree and the Serpent: Why We See So Well*. Cambridge: Harvard University Press.
28. Nesse sentido, os chamados traços de personalidade da Tétrade Sombria (narcisismo, manipulação, psicopatia e sadismo) imitam a competência de uma maneira atraente e tentadora entre gerações — e são particularmente atraentes para mulheres

jovens, ingênuas e inexperientes. Buss, D. (2021). *When Men Behave Badly.* Nova York: Little and Brown; Brazil, K. J., Forth, A. E. (2020). Psychopathy and the Induction of desire: formulating and testing an evolutionary hypothesis. *Evolutionary Psychological Science 6*, 64–81; Carter, G. L., Campbell, A. C. e Muncer, S. (2014). The Dark Triad personality: attractiveness to women. *Personality and Individual Differences 56*, 57–61. "Voluntariamente cegas" poderia muito bem ser adicionada a esse triunvirato de vulnerabilidades, embora eu não conheça nenhuma demonstração experimentalmente validada dessa hipótese.

29. Milton, J. (1674). *Paradise Lost: Book 1:* poetryfoundation.org/poems/45718/paradise-lost-book-1-1674-version. Título no Brasil: *Paraíso Perdido.*
30. Nietzsche, F. W. e Kaufmann, W. (1989). *Beyond Good and Evil: Prelude to a Philosophy of the Future.* Nova York, Vintage Books.
31. Milton, J. (1674). *Paradise Lost: Book 1:* poetryfoundation.org/poems/45718/paradise-lost-book-1-1674-version. Título no Brasil: *Paraíso Perdido.*
32. Goethe, J. W. (2008). *Faust: Part One.* (Tradução de B. Taylor). Project Gutenberg. Extraído de gutenberg.org/files/14591/14591-h/14591-h.htm. Título no Brasil: *Fausto.*
33. Goethe, *Faust: Part One.* Título no Brasil: *Fausto.*
34. Goethe, *Faust: Part One.* Título no Brasil: *Fausto.*
35. Santo Agostinho (1961). *Confessions* (Tradução de R. S. Pine-Coffin). Londres: Penguin Classics. (Obra original escrita em 397); Agostinho, Santo (2003). *The City of God* (Tradução de H. Bettenson). Londres: Penguin Classics. (Obra original escrita em 426).
36. Veja Vygotsky, L. S. (1962). *Thought and Language.* Cambridge, MA: MIT Press.
37. Vygotsky, *Thought and Language*; Carhart-Harris, R. e Peterson, J. B. (2023). Consciousness, chaos and order. *The Jordan B Peterson Podcast*, 314 (youtube.com/watch?v=4NtKdisgoGA&ab_channel=JordanBPeterson); Anderson, B. (2022). Consciousness emerges at the border between order and chaos. *Intimations of a New Worldview* (brettandersen.substack.com/p/consciousness-emerges-at-the-border); Carhart-Harris, R. L. (2018). The entropic brain — revisited. *Neuropharmacology 142*, 167–78.
38. Hakkarainen, P. e Bredikyte, M. (2019). The zone of proximal development in play and learning. *Cultural-Historical Psychology 4*, 2–11.
39. Jonason, P. K., Webster, G. D., Schmitt, D. P. e Li, N. P. (2009). The Dark Tetrad of personality: Narcissism, Machiavellianism, psychopathy, and sadism. *Journal of Personality and Social Psychology 97*, 1295–1308.
40. Reynolds, T., Baumeister, R. F. e Maner, J. K. (2018). Competitive reputation manipulation: women strategically transmit social information about romantic rivals. *Journal of Experimental Social Psychology 78*, 195–209; Björkqvist, K., Lagerspetz, K. e Kaukiainen A. (1992). Do girls manipulate and boys fight? Developmental trends in

regard to direct and indirect aggression. *Aggressive Behavior 18*, 117–122; Lagerspetz, K., Bjorkqvist, K. e Peltonen, T. (1988). Is indirect aggression typical of females? Gender differences in aggressiveness in 11- to 12-year-old children. *Aggressive Behavior 14*, 403–414; Werner, N. E. e Crick, N. R. (1999). Relational aggression and social-psychological adjustment in a college sample. *Journal of Abnormal Psychology 108*, 615–623.

41. Brewer, G., De Griffa, D. e Uzun, E. (2019). Dark triad traits and women's use of sexual deception. *Personality and Individual Differences 142*, 42–44; Lauder, C. e March, E. (2023). Catching the catfish: Exploring gender and the Dark Tetrad of personality as predictors of catfishing perpetration. *Computers in Human Behavior 140*, 107599.
42. Peterson, J. B. (1999). *Maps of Meaning*, 240–243. Título no Brasil: *Mapas do Significado: A Arquitetura da Crença.*
43. DeYoung, C. G., Quilty, L. C. e Peterson, J. B. (2007). Between facets and domains: 10 aspects of the Big Five. *Journal of Personality and Social Psychology 93*, 880-896.
44. Church A. T. (1994). Relating the Tellegen and five-factor models of personality structure. *Journal of Personality and Social Psychology 67*, 898-909.
45. A autoconsciência é uma faceta do bem estabelecido modelo de personalidade Big Five do NEO-PI. (veja o inventário de 240 itens em Neuroticism Extraversion Openness Personality Inventory Revised: Costa, P. T., Jr. e McCrae, R. R. (1992). *Revised NEO Personality Inventory (NEO-PI-R)* e *NEO Five-Factor Inventory (NEO-FFI): Professional manual*. Odessa, FL: Psychological Assessment Resources); veja também "...o neuroticismo está associado a uma maior autoconsciência, que, por sua vez, leva a um aumento da autoconsciência em situações sociais" em Watson, D. e Hubbard, B. (1996). Adaptational style and dispositional structure: Coping in the context of the five-factor model. *Journal of Personality 64*, 737–774, 753; "A alta autoconsciência tende a estar associada a altos níveis de neuroticismo, uma vez que ambos os conceitos envolvem um foco na própria experiência interna", em Tangney, J. P. e Dearing, R. L. (2002). *Shame and guilt*. Nova York: Guilford Press, 375.
46. Leary, M. R., Tambor, E. S., Terdal, S. K. e Downs, D. L. (1995). Self-presentational concerns in social interaction. *Journal of Personality and Social Psychology 68*, 517–525.
47. Bruch, M. A. e Heimberg, R. G. (1994). Self-consciousness and social anxiety: A review of the literature. *Clinical Psychology Review 14*, 77–95.
48. Hong, K., Nenkova, A., March, M. E., Parker, A. P., Verma, R. e Kohler, C. G. (2015). Lexical use in emotional autobiographical narratives of persons with schizophrenia and healthy controls. *Psychiatry Research 225*, 40–49; Fineberg, S. K., Leavitt, J., Deutsch-Link, S., Dealy, S., Landry, C. D., Pirruccio, K., Shea, S., Trent, S., Cecchi, G. e Corlett, P. R. (2016). Self-reference in psychosis and depression: a language marker of illness. *Psychological Medicine 46*, 2605–2615.

49. Rudolph, K. D. e Conley, C. S. (2005). Self-consciousness, social anxiety, and maladjustment during adolescence: A longitudinal investigation. *Journal of Personality and Social Psychology* 88, 1074–1086.

50. Leary, M. R. e Kowalski, R. M. (1990). Social anxiety and cognitive interference: A mediational analysis. *Journal of Personality and Social Psychology* 58, 636–645.

51. Beilock, S. L. e Carr, T. H. (2001). On the fragility of skilled performance: What makes experts susceptible to choking under pressure? *Journal of Experimental Psychology* 130, 701–24.

52. Barrick, M. R., Stewart, G. L. e Piotrowski, M. (2002). Personality and job performance: A meta-analysis. *Personnel Psychology* 55, 529–552.

53. Veja a seção 2.5.

54. Freedman, R. D. (1983). Woman, a power equal to man. *Biblical Archaeology Review* 9, 56–58.

55. De acordo com luminares como Phyllis Trible, professora associada de Estudos do Antigo Testamento, "é desnecessário documentar o patriarcado nas Escrituras", em Trible, P. (1973). Depatriarchalizing in biblical interpretation. *Journal of the American Academy of Religion* 41, 30–48, 30; para outro exemplo particularmente notável, veja Williams, J. (18 de janeiro de 2011). The book of Genesis, part 6: Patriarchs and others. *The Guardian:* theguardian.com/commentisfree/belief/2011/jan/18/bookgenesis-patriarchs-women; ou Schwark, M. (2 de março de 2021). Avenging Eve: the death of Eden and the birth of patriarchy. *Bitchmedia*: bitchmedia.org/article/avenging-eve-the-death-of-eden-and-the-birth-of-patriarchy. Em português: https://angelanatel.wordpress.com/2022/01/06/vingando-eva/.

56. Gruss, L. T. e Schmitt, D. (2015). The evolution of the human pelvis: changing adaptations to bipedalism, obstetrics and thermoregulation. *Philosophical Transactions of the Royal Society of London. Series B, Biological Science* 370 (1663); Fischer, B. e Mitteroecker, P. (2015). Covariation between human pelvis shape, stature, and head size alleviates the obstetric dilemma. *Proceedings of the National Academy of Sciences of the United States of America* 112, 5655–5660. Rosenberg, K. R. (1992). The evolution of modern human childbirth, *Yearbook of Physical Anthropology* 35, 89–124.

57. Essa verdade geral (Hyde, J. S. (2005). The gender similarities hypothesis. *American Psychologist* 60, 581–592) é um tanto complicada pelo aparente fato de haver maior variabilidade na inteligência entre os homens (Johnson, W., Carothers, A. e Deary, I. J. (2008). Sex differences in variability in general intelligence. *Perspectives on Psychological Science* 3, 518–531) — um fato que pode, em certa medida, explicar a predominância diferencial dos homens em muitas áreas que dependem de habilidades cognitivas.

58. Weisberg, Y. J., Deyoung, C. G. e Hirsh, J. B. (2011). Gender differences in personality across the ten aspects of the Big Five. *Frontiers in Psychology* 2, 178.

59. Barrick, M. R. e Mount, M. K. (1991). The Big 5 personality dimensions and job-performance: A meta-analysis. *Personnel Psychology* 44, 1–26.

60. Johnson, R. W., Smith, K. E. e Butrica, B. *Lifetime employment-related costs to women of providing family care.* Washington D.C.: Urban Institute: Program on Retirement Policy. Gabinete da Mulher do Departamento do Trabalho dos EUA: dol.gov/sites/dolgov/files/WB/Mothers-Families-Work/Lifetime-caregiving-costs_508.pdf.

61. Buss, D. (1989). Sex differences in human mate preferences: Evolutionary hypotheses tested in 37 cultures. *Behavioral and Brain Science* 12, 1–14; Buss, D. M. e Schmitt, D. P. (1993). Sexual strategies theory: an evolutionary perspective on human mating. *Psychological Review* 100, 204–32; Buss, D. (2021). *When Men Behave Badly.* Nova York: Little and Brown.

62. Jackson, J. J., Wood, D., Bogg, T., Walton, K. E., Harms, P. D. e Roberts, B. W. (2010). What do conscientious people do? Development and validation of the Behavioral Indicators of Conscientiousness (BIC). *Journal of Research in Personality* 44, 501–511; Barrick, M. R. e Mount, M. K. (1991). The Big 5 personality dimensions and job-performance: A meta-analysis. *Personnel Psychology* 44, 1–26.

63. DeYoung, C. G., Flanders, J. L e Peterson, J. B. (2008). Cognitive abilities involved in insight problem solving: an individual differences model. *Creativity Research Journal* 20, 278–290.

64. Gibson, J. J. (1979). The Ecological Approach to Visual Perception. Nova York: Houghton Mifflin.

65. Jung, C. G. (1977). *Mysterium Coniunctionis: An Inquiry into the Separation and Synthesis of Psychic Opposites in Alchemy* (2ª ed.). Princeton University Press, parágrafo 750.

66. Tversky, A. e Kahneman, D. (1973). Availability: A heuristic for judging frequency and probability. *Cognitive Psychology* 5, 207-232.

67. Vygotsky, L. S. (1986). *Thought and Language.* Cambridge, MA: MIT Press.

68. en.wikipedia.org/wiki/Socratic_dialogue. Em português: https://pt.wikipedia.org/wiki/diálogo_socrático.

69. Isso é discutido em detalhe em Peterson, J. B. (1999). *Maps of Meaning: The Architecture of Belief.* Nova York: Routledge; Título no Brasil: *Mapas do Significado: A Arquitetura da Crença;* e anteriormente em Jung, C. G. (1970). Mysterium coniunctionis (Trad. de R. F. C. Hull). Em *The Collected Works of C. G. Jung (Volume 14).* (Eds. de H. Read *et al.*) Princeton University Press. (Obra original publicada em 1955-1956).

70. Lambdin, T. O. (Trad.). (s.d.). *The Gospel of Thomas.* The Gnostic Society Library. Extraído de gnosis.org/naghamm/gthlamb.html. Título no Brasil: *Evangelho de Thomé.* Versão em português extraída de https://teologiaparatodos.com.br/Promocionais/EvangelhodeTomeoDidimo.pdf.

71. Kabat, P., Fresco, L., Stive, M., Veerman, C., Alphen, J., Parmet, B., Hazeleger, W. e Katsman, C. (2009). Dutch coasts in transition. *Nature GeoScience* 2, 2. 10.1038/ngeo572.

72. Roth, L. H. (c. 2005). *The New Orleans levees: the worst engineering catastrophe in US History — what went wrong and why.* American Society of Civil Engineers: apresentação em PowerPoint, slide 23: biotech.law.lsu.edu/climate/oceanrise/against-the-deluge/01-new_orleans_levees.pdf.

3. Caim, Abel e Sacrifício

1. Popper, K. (1963). *Conjectures and Refutations: The Growth of* Scientific Knowledge. Nova York: Routledge, 29.

2. Gray, J. A. e McNaughton, N. (2000). *The neuropsychology of anxiety: an enquiry into the functions of the septohippocampal system.* Nova York: Oxford University Press; Gray, J. A. e McNaughton, N. (2003). *The neuropsychology of anxiety: an enquiry into the functions of the septo-hippocampal system.* Nova York: Oxford University Press; Peterson, J. B. *Maps of Meaning*; Panksepp, J. (2004). *Affective neuroscience: the foundations of human and animal emotions.* Nova York: Oxford University Press.

3. Friston, K. (2009). The free-energy principle: a rough guide to the brain? *Trends in Cognitive Sciences* 13, 293-301; Hirsh, J. B., Mar, R. A. e Peterson, J. B. (2012). Psychological entropy: a framework for understanding uncertainty-related anxiety. *Psychological Review* 119, 304–320.

4. Para um resumo brilhante desse processo unificador, em termos desenvolvimentais, veja Swanson, L. W. (2000). Cerebral hemisphere regulation of motivated behavior. *Brain Research* 886, 113–164.

5. Feyerabend, P. K. (1967). Epistemology without a knowing subject. Em P. K. Feyerabend e G. Maxwell (Eds.), *Mind, Matter, and Method: Essays in Philosophy of Science in Honor of Herbert Feigl* (233–248). University of Minnesota Press, 245.

6. en.wikipedia.org/wiki/Entertainment.

7. Van Gogh, V. (1898). *Still life: vase with five sunflowers.* De Martin, B. (2013). The sunflowers are mine: the story of van Gogh's masterpiece. Londres: Frances Lincoln Ltd. 54; Van Gogh, V. (1890). *Still life with irises against a yellow background.* Van Gogh Museum, Amsterdam.

8. Huxley, A. (1954). *The Doors of Perception.* Nova York, NY: Harper & Brothers.

9. Peterson, J. B. (2018). Q & A 2018, 3 de março. *The Jordan B. Peterson Podcast* (youtube.com/live/ckWEDr6VSo?feature=share).

10. Os verdadeiros vencedores perseguem as revelações do divino, independentemente de qualquer outro jogo que possam estar jogando. O próprio nome "pomo de ouro" [*golden snitch*] revela a relação entre chamado e consciência: um pomo comum [*snitch*], ou dedo-duro, denuncia condutas impróprias à autoridade. Um pomo de ouro, por

outro lado, aponta desvios do caminho celestial. Segundo a narrativa da saga *Harry Potter,* o pomo original era um pássaro chamado pomorim (*snidget*, em inglês) (veja Rowling, J. K. [2001]. *Fantastic Beasts and Where to Find Them.* Londres: Bloomsbury. Título no Brasil *Animais Fantásticos e Onde Habitam*). Não é preciso muita imaginação para perceber a associação entre essas ideias e a pomba que, tradicionalmente, representa a Terceira Pessoa da Santíssima Trindade.

11. Rowling, J. K. (1997). *Harry Potter and the Philosopher's Stone.* London: Bloomsbury. Título no Brasil: *Harry Potter e a Pedra Filosofal.*
12. Jung, C. G. (1967). The spirit Mercurius. Em H. Read *et al.* (Eds.), *The Collected Works of C. G. Jung*: Vol. 13. Alchemical studies (Trad. de R. F. C. Hull, 2ª ed., 169–201). Princeton University Press.
13. A expressão "Jiminy Cricket" [Grilo Falante] é usada como eufemismo para "Jesus Christ" pelo menos desde 1803 (en.wikipedia.org/wiki/Jiminy_Cricket).
14. Solzhenitsyn, A. (1974). *The Gulag Archipelago, 1918–1956: An Experiment in Literary Investigation.* (Volume 1; Trad. de T. P. Whitney). Nova York: Harper & Row, 168.
15. White, L. K. e Klein, D. M. (2008). *Family Theories: An Introduction.* Nova York: Sage Publications.
16. Conger, K. J. e Conger, R. D. (1994). Differential parenting and change in sibling differences in delinquency. *Journal of Family Psychology* 8, 287–302.
17. Conger, K. J. e Conger, R. D. (1994). Differential parenting and change in sibling differences in delinquency. *Journal of Family Psychology* 8, 287–302.
18. Gilligan, T. D., Sansone, R. A. e Hervey, G. R. (2010). Sibling rivalry as a predictor of borderline personality. *Personality and Mental Health* 4, 159–64.
19. Kernberg, O. (2014). Sibling relationships and narcissistic pathology. *Psychoanalytic Inquiry* 34, 46–61.
20. Cousineau, K. M., Domene, J. F. e McGregor, L. N. (2018). Dark personality and sibling relationships. *Journal of Research in Personality* 73, 157–163.
21. Langergraber, K. E., *et al.* (2012). Generation times in wild chimpanzees and gorillas suggest earlier divergence times in great ape and human evolution. *Proceedings of the National Academy of Science* 109, 15716–15721; Bjorklund, D. F. (2011). *Children's Thinking: Cognitive Development and Individual Differences.* Los Angeles: SAGE; Kuzawa, C. W. e Thayer, Z. M. (2011). Timescales of human adaptation: The role of epigenetic processes. *Epigenomics* 3, 221–234; Hrdy, S. B. (2009). *Mothers and Others: The Evolutionary Origins of Mutual Understanding.* Cambridge MA: Harvard University Press; Konner, M. (2010). *The Evolution of Childhood: Relationships, Emotion, Mind.* Cambridge MA: Harvard University Press.
22. Rosenberg, K. R., Trevathan, W. R. e Fuentes, A. (2009). Revising the human evolutionary paradigm: The need for a broader view of diversification within Hominidae.

Em W. R. Leonard, M. F. Oxner e M. T. Baca (Eds.), *Human Biology: An Evolutionary and Biocultural Perspective* (3–17). Nova York: John Wiley & Sons.

23. Hewlett, B. S. e Lamb, M. E. (2005). *Hunter-Gatherer Childhoods: Evolutionary, Developmental, and Cultural Perspectives.* Piscataway NJ: Aldine Transaction; Kaplan, H., Hill, K., Lancaster, J. e Hurtado, A. M. (2000). A theory of human life history evolution: Diet, intelligence, and longevity. *Evolutionary Anthropology: Issues, News, and Reviews* 9, 156–185.

24. Buhrmester, D. e Furman, W. (1987). The development of companionship and intimacy. *Child Development* 58, 1101–1113; Brody, G. H. e Stoneman, Z. (1994). Sibling relationships in middle childhood and adolescence: A developmental perspective. Em P. Salovey (Ed.), *The Psychology of Jealousy and Envy* (331–350). Guilford Press; McHale, S. M., Updegraff, K. A. e Whiteman, S. D. (2012). Sibling relationships and influences in childhood and adolescence. *Journal of Marriage and Family* 74, 913–930.

25. Perreault, T. e Wittman, H. (2010). Anthropology, food policy, and food security. Em J. G. Carrier e D. James (Eds.), *The Routledge Handbook of Anthropology of Policy* (403–420). Routledge; Batterbury, S. P. J. (2001). Landscapes of diversity: A local political ecology of livelihood diversification in southwestern Niger. *Cultural Geographies* 8, 437–464; Durrenberger, E. P. (2012). Agriculture and the rural environment: Conflict and change. *Annual Review of Anthropology* 41, 45–62; Garcia, E. (2018). The contested ecology of cattle ranching and agricultural expansion in Brazil. *Journal of Peasant Studies* 45, 1442–1462.

26. De Davidson, A. B. (Ed.). (1899). *Cambridge Bible for schools and colleges.* Cambridge, Reino Unido: Cambridge University Press; extraído diretamente de biblehub.com/commentaries/genesis/25-26.htm. Versão em português extraída de: https://www.bibliaplus.org/pt/commentaries/256/biblia-de-cambridge-para-escolas-e-faculdades/genesis/25/26.

27. Trousdale, G. e Wise, K. (Diretores); e Woolverton, L. (Roteirista). (1991). *A Bela e a Fera* [Filme]. EUA: Walt Disney Pictures.

28. Rowling, J. K. (2005). *Harry Potter and the Half-Blood Prince.* Nova York: Arthur A. Levine Books. Título no Brasil: *Harry Potter e o Enigma do Príncipe.*

29. Nolan, C. (Diretor); Thomas, E. e Nolan, C. (Produtores). (2008). *Batman: O Cavaleiro das Trevas* [Filme]. EUA: Warner Bros. Pictures.

30. Tolkien, J. R. R. (1993). *The Lord of the Rings* (2ª ed.). Boston: Houghton Mifflin Co. Título no Brasil: *O Senhor dos Anéis.*

31. Milton, J. (1674). *Paradise Lost*: poetryfoundation.org/poems/45718/paradise-lost-book-1-1674-version. Título no Brasil: *Paraíso Perdido.*

32. Goethe, J. W. (2008). *Faust* (Trad. de B. Taylor): Project Gutenberg. Extraído de gutenberg.org/files/14591/14591-h/14591-h.htm. Título no Brasil: *Fausto.*

33. Allers, R. e Minkoff, R. (Diretores). (1994). *O Rei Leão* [Filme]. EUA: Walt Disney Pictures.

34. Coffin, P. e Renaud, C. (Diretores). (2010). *Meu Malvado Favorito* [Filme]. EUA: Universal Pictures.

35. Clements, R. e Musker, J. (Diretores). (1992). *Aladdin* [Filme]. EUA: Walt Disney Pictures.

36. Bird, B. (Diretor). (2004). *Os Incríveis* [Filme]. EUA: Buena Vista Pictures.

37. Chase, D. (Criador). (1999–2007). *Família Soprano* [série]. EUA: Chase Films; Brad Grey Television; HBO Entertainment.

38. Gilligan, V. (Criador). (2008-2013). *Breaking Bad* [série]. EUA: High Bridge Productions; Gran Via Productions; Sony Pictures Television.

39. Dostoiévski, F. (1992). *Crime and Punishment* (Tradução de R. Pevear e L. Volokhonsky). Nova York: Vintage Books. Título no Brasil: *Crime e Castigo*.

40. Dostoiévski, F. (2002). *The Brothers Karamazov* (Tradução de R. Pevear e L. Volokhonsky). Nova York: Farrar, Straus and Giroux. Título no Brasil: *Os Irmãos Karamázov*.

41. Dostoiévski, F. (1994). *The Possessed* (ou *The Demons*) (R. Pevear e L. Volokhonsky). Vintage Books. Títulos no Brasil: *Os Possessos* e *Os Demônios*.

42. Jung, C. G. (1959). *Archetypes of the Collective Unconscious*. Nova York: Routledge. Título no Brasil: *Arquétipos do Inconsciente Coletivo*.

43. Wooldridge, A. (2021). *The Aristocracy of Talent: How Meritocracy made the Modern World*. Nova York: Skyhorse.

44. Rowling, J. K. (2003). *Harry Potter and the Order of the Phoenix*. Nova York: Scholastic Press. Título no Brasil: *Harry Potter e a Ordem da Fênix*.

45. Ogas, O. e Gaddam, S. (2011). *A Billion Wicked Thoughts: What the World's Largest Experiment Reveals about Human Desire*. Nova York: Dutton/Penguin Books.

46. Buss, D. (2021). *When Men Behave Badly*. Nova York: Little and Brown; Brazil, K. J., Forth, A. E. (2020). Psychopathy and the Induction of desire: formulating and testing an evolutionary hypothesis. *Evolutionary Psychological Science* 6, 64–81; Carter, G. L., Campbell, A. C. e Muncer, S. (2014). The Dark Triad personality: attractiveness to women. *Personality and Individual Differences* 56, 57–61; Diller, S. J., *et al*. (2021). The positive connection between dark triad traits and leadership levels in self- and other--ratings. *Leadership, Education, Personality: An Interdisciplinary Journal* 3, 117–131.

47. Veja Peterson, J. B. e Willink, J. (2019, July). Be dangerous but disciplined. *Jocko Podcast* (youtu.be/a4PS_DhzyDg?si=NnrKidwZ3Y1pNtgS).

48. Para uma análise bem elaborada e abrangente, veja Ogas, O. e Gaddam, S. (2011). *A billion wicked thoughts: What the world's largest experiment reveals about human desire*. Nova York: Dutton/Penguin Books; para representações recentes na cultura popular, veja *A Bela e a Fera*, Disney (2017); James, E. L. (2012). *Fifty Shades of Grey*. Nova York: Random House. Título no Brasil: *Cinquenta Tons de Cinza*.

49. Veja seção 3.4. O bom pastor como líder arquetípico.

50. Veja, por exemplo, Êxodo 13:1–2: E o Senhor falou a Moisés, dizendo: Santificai-me todos os primogênitos, todo o que abriu a madre entre os filhos de Israel, tanto do homem quanto do animal; este é meu.

51. Como apontado por Giszczak, M. (26 de junho de 2013). Nine biblical metaphors for sin. Em *Catholic Bible Student*: catholicbiblestudent.com/2013/06/biblical-metaphors--sin.html.

52. Peterson, J. B. *Maps of Meaning*. Título no Brasil: *Mapas do Significado.*

53. Veja o comentário de MacLaren em biblehub.com/commentaries/genesis/4-7.htm; extraído de MacLaren, A. (1891). *Expositions of Holy Scripture — Genesis, Exodus, Leviticus and Numbers*. Londres: Hodder and Stoughton.

54. História extraída dos Papiros Bíblicos Chester Beatty, uma coleção de manuscritos gregos antigos em papiro, preservados principalmente na Chester Beatty Library, em Dublin, Irlanda, e na Universidade de Michigan; veja Schrire, T. (1972). *The Chester Beatty Biblical Papyri: Descriptions and Texts of Twelve Manuscripts on Papyrus of the Greek Bible*. Dublin: Hodges, Figgis.

55. Peterson, J. B. *Maps of Meaning*. Título no Brasil: *Mapas do Significado.*

56. Peterson, J. B. *Maps of Meaning*. Título no Brasil: *Mapas do Significado.*

57. Lichtheim, M. (1976). *Ancient Egyptian Literature: A Book of Readings (Vol. 2)*. University of California Press.

58. Rowling, J. K. (2005). *Harry Potter and the Half-Blood Prince*. Londres: Bloomsbury. Título no Brasil: *Harry Potter e o Enigma do Príncipe*.

59. Esse tema é excepcionalmente bem desenvolvido no brilhante documentário *Crumb;* (Zwigoff, T. [Diretor]. [1995]. *Crumb* [Filme]. EUA: Sony Pictures Classics), que retrata a relação entre os três irmãos da família Crumb. Um deles, Robert, consegue seu êxodo para o mundo, onde se torna um autor e ilustrador de quadrinhos underground muito bem-sucedido e famoso, embora ainda tenha seus problemas, para dizer o mínimo. Ele transforma seu ressentimento e o desejo de vingança em uma carreira genuína e até admirável. Seus irmãos, no entanto — igualmente ou até mais brilhantes e talentosos — desaparecem no abismo. Raras vezes fomos apresentados a um estudo mais abrangente sobre disfunções psicológicas e familiares, com toda sua carga de violência e tortura sádica. Não faltam expressões de raiva, amargura, ressentimento, quedas e sarcasmo em *Crumb* — incluindo o fratricídio nos moldes de Caim.

60. A primeira referência legal a esse conceito aparece na Lei do Perdão das Ofensas de 1389, 13° Ricardo II; Estatuto 2, capítulo 1.

61. Bonanno, G. A. (2004). Loss, trauma, and human resilience: have we underestimated the human capacity to thrive after extremely aversive events? *The American Psychologist* 59, 20–28.

62. Piaget, J. (1962). *Play, Dreams, and Imitation in Childhood*. Nova York: Norton; Piaget, J. (1965). *The Moral Judgment of the Child*. Nova York: Free Press.

63. Lakoff, G. (1987). *Women, Fire, and Dangerous Things: What Categories Reveal about the Mind*. University of Chicago Press, 108.
64. "Aquele que desceu é também o mesmo que subiu acima de todos os céus, para cumprir todas as coisas" (Efésios 4:10).
65. Eliade, M. (1981). *A History of Religious Ideas* (Vol. 2). University of Chicago Press, 18. Título no Brasil: *Histórias das Crenças e das Ideias Religiosas – Volume II*.
66. Eliade, M. (2004). *Shamanism: Archaic Techniques of Ecstasy*. Princeton University Press, 61.
67. Eliade, *Shamanism*, 18.
68. Pagels, E. (1979). *The Gnostic Gospels*. Nova York: Random House, xv.
69. Veja, por exemplo, os comentários amargos sobre a crueldade de Deus feitos pelo ateu e estudioso da mitologia Stephen Fry, em Fry, S. e Peterson, J. B. (2021, May). An atheist in the realm of myth. *The Jordan B. Peterson Podcast, 169* (youtu.be/fFFSKedy9f4?si=GLj__Y1z9rd1NHOO).
70. Jung, C. G. (1958). *Answer to Job*. Nova York: Routledge and Kegan Paul.
71. Por que filho? "...Ora, houve um dia em que os filhos de Deus vieram apresentar-se diante do Senhor, Satanás veio também entre eles (Jó 1:6)".
72. Keathley, J. H. (s.d.). *Biblical Typology: A Brief Overview*. Bible.org. Extraído de bible.org/article/biblical-typologybrief-overview.
73. Stevenson, R. L. (1913). The land of Nod. Em *A Child's Garden of Verses*. Nova York: Charles Scribner's Sons.
74. Robinson, H. W. (1913). *Genesis*. Cambridge, Reino Unido: Cambridge University Press, 98–99. Veja biblehub.com/commentaries/genesis/4-24.htm. Versão em português extraída de www.bibliaplus.org/pt/commentaries/256/biblia-de-cambridge-para-escolas-e-faculdades/genesis/4/24.
75. Citação dentro do texto: Gordon, C. H. (1907). *Early Traditions of Genesis*. The University of Chicago Press, 204.
76. Josefo. (s.d.). *Antiquities of the Jews* (Trad. de W. Whiston). Extraído de gutenberg.org/files/2848/2848-h/2848-h.htm.
77. Comentários sobre Gênesis 4:15; biblehub.com/commentaries/pulpit/genesis/4.htm, extraído de Spence-Jones (1890), H. D. M. (Ed.). *Genesis*. Em *The Pulpit Commentaries* (Vol. 1, 82). Funk & Wagnalls Company. *Comentário Bíblico do Púlpito*. Versão em português extraída de www.bibliaplus.org/pt/commentaries/5/comentario-biblico-do-pulpito/genesis/4/1-16.
78. Chagnon, N. A. (1988). Life histories, blood revenge, and warfare in a tribal population. *Science 239*, 985–992.
79. Stringer, C. (2016). The origin and evolution of *Homo sapiens*. Philosophical Transactions of the Royal Society B. *Biological Science 371*, 1698–1702.

80. Kelly, R. L. (2005). The evolution of lethal intergroup violence. *Proceedings of the National Academy of Science* 102, 15294–15298.

81. Wikan, U. (2008). *In honor of Fadime: murder and shame*. University of Chicago Press.

82. Hobbes, T. (1651). *Leviathan*, Parte I, Capítulo XIII. Extraído de gutenberg.org/files/3207/3207-h/3207-h.htm#link2HCH0013.

83. Milton, J. (1674). *Paradise Lost*: Livro 1: poetryfoundation.org/poems/45718/paradise-lost-book-1-1674-version. Título no Brasil: *Paraíso Perdido*.

84. Derivado especificamente de biblehub.com/genesis/4-16.htm#commentary; extraído de Spence-Jones, H. D. M. (Ed.). (1890). *The Pulpit commentary*. Londres: Funk & Wagnalls. *Comentário Bíblico do Púlpito*. Versão em português extraída de www.bibliaplus.org/pt/commentaries/5/comentario-biblico-do-pulpito/genesis/4/1-16.

85. Jung, C. G. (1958). Answer to Job. Em H. Read, M. Fordham, G. Adler e W. McGuire (Eds.), *The Collected Works of C. G. Jung* (Vol. 11, 355–470). Princeton University Press.

86. Kiehl, K. A. e Hoffman, M. B. (2011). The criminal psychopath: history, neuroscience, treatment and economics. *Jurimetrics* 51, 355–397; Patrick, C. J. e Drislane, L. E. (2015). *Psychopathy: An Introduction to Clinical and Forensic Aspects*. Nova York: Guilford Press; Jonason, P. K., Kaźmierczak, I., Campos, A. C. e Davis, M. D. (2021). Leaving without a word: Ghosting and the Dark Triad traits. *Acta Psychologica* 220, 103425; Jonason, P. K., Luevano, V. X. e Adams, H. M. (2012). How the Dark Triad traits predict relationship choices. *Personality and Individual Differences* 53, 180–184; veja também, para uma caracterização mais anacrônica, en.wikipedia.org/wiki/Haltlose_personality_disorder.

87. Farrington, D. P., Ullrich, S. e Salekin, R. T. (2010). Environmental influences on child and adolescent psychopathy. Em R. T. Salekin e D. R. Lynam (Eds.). *Handbook of child and adolescent psychopathy* (capítulo 9). Nova York: Guilford.

88. Veja a seção 2.7 A perda do Paraíso e a espada flamejante.

89. Veja a seção 2.4. Os eternos pecados de Adão e Eva.

90. Dostoiévski, F. (1880). *The Brothers Karamazov*. Capítulo 7: The Old Buffoon (Trad. de Constance Garnett (1912): onlineliterature. com/dostoevsky/brothers_karamazov/7. Título no Brasil: *Os Irmãos Karamázov*.

91. Veja a seção 3.6. Possessão criativa pelo espírito do ressentimento.

4. Noé: Deus e o Chamado para a Preparação

1. Rashi (1040–1105). *The Complete Jewish Bible with Rashi Commentary*. Gênesis 4:25. chabad.org/library/bible_cdo/aid/8165/showrashi/true.

2. Ibn Ezra (1089–1167). *The Complete Jewish Bible with Ibn Ezra's Commentary*. Gênesis 4:25. chabad.org/library/bible_cdo/aid/8173/showrashi/true.

3. Ramban (1194–1270). *The Complete Jewish Bible with Ramban's Commentary*. Gênesis 4:25. chabad.org/library/bible_cdo/aid/8200/showrashi/true.

4. Ellicott, C. J. (1878). *Ellicott's Commentary for English Readers*. London: Cassell, Petter, and Galpin; Spence-Jones, H. D. M. (Ed.). (1890). *The Pulpit Commentary*. London: Funk & Wagnalls; Perowne, J. J. S. e Howson, J. S. (Eds.). (1885). *The Cambridge Bible for Schools and Colleges*. Cambridge University Press (biblehub.com/genesis/6-4.htm#commentary). Trechos em português extraídos de www.bibliaplus.org/pt/commentaries/5/comentario-biblico-do-pulpito/genesis/6/1-8.

5. Eliade, M. (1958). *Patterns in Comparative Religion*. Nova York: Sheed and Ward, 258.

6. Eliade, M. (1954). *The Myth of the Eternal Return: Cosmos and History*. Princeton, NJ: Bollingen Foundation Press, 215.

7. Milton, J. (1674). *Paradise Lost: Book 1*: poetryfoundation.org/poems/45718/paradise--lost- book-1-1674-version. Título no Brasil: *Paraíso Perdido*.

8. Heidel, A. (1965). *The Babylonian Genesis*. Chicago University Press (Phoenix Books). Tablet 1:133–138, 23.

9. Como detalhado em Peterson, J. B. *Maps of Meaning*; veja também Jung, C. G. (1967). *The Collected Works of C. G. Jung: Vol. 5. Symbols of Transformation* (2ª ed.). Em H. Read, *et al.*, Eds. (Tradução de R. F. C. Hull). Princeton University Press; Campbell, J. (2012). *The Hero with a Thousand Faces* (3ª ed.). New World Library; Neumann, E. (2014). *The origins and history of consciousness*. Princeton University Press; Neumann, E. (2015). *The Great Mother*. Princeton University Press.

10. Nietzsche, F. (2005). *Thus Spake Zarathustra: A Book for Everyone and No One*. (Trad. de T. Common). Nova York: Penguin Classics, 125. Título no Brasil: *Assim Falou Zaratustra*.

11. Allers, R. e Minkoff, R. (Diretores). (1994). *O Rei Leão* [Filme]. EUA: Walt Disney Pictures.

12. Kaufmann, W. (Ed. e Trad.). (1954). *The Portable Nietzsche*. Nova York: Viking Press, 211–212.

13. Nietzsche, F. (1969). *Thus Spoke Zarathustra: A Book for Everyone and Nobody*. (Trad. de W. Kaufmann). (Obra original publicada em 1883–1885). Harmondsworth, Reino Unido: Penguin Books, 70. Título no Brasil: *Assim Falou Zaratustra*.

14. Nietzsche, F. (1967). *On the Genealogy of Morals and Ecce Homo*. (Trad. de W. Kaufmann). Vintage Books. (Obras originais publicadas em 1887 e 1908), Primeiro Ensaio, Seção 10, 30.

15. Kaufmann, W. (1974). *Nietzsche: Philosopher, Psychologist Antichrist*. Princeton University Press. 98.

16. Pevear, R. (1995). *Foreword to Demons* (Trad. de Pevear e Volokhonsky). Em F. Dostoiévski, *Demons*. Nova York: Vintage, xvii.

17. Solzhenitsyn, A. (1974). *The Gulag Archipelago*, 1918–1956: An Experiment in Literary Investigation (Trad. de T. P. Whitney). Nova York: Harper and Row. Título no Brasil: *Arquipélago Gulag – Um experimento de investigação artística 1918-1856*.

18. Peterson, J. B. (2018). Prefácio. Em A. Solzhenitsyn, *The Gulag Archipelago: Abridged Edition* (Trad. de J. Whitney, Trans.). Vintage Classics, xii.
19. Veja seção 2.6. A nudez e o sofrimento como fruto do pecado.
20. Shakespeare, W. (2008). As you like it. Em S. Greenblatt, W. Cohen, J. Howard e K. Eisaman Maus (Eds.), *The Norton Shakespeare: Based on the Oxford Edition* (2ª ed., 1611–1663). Nova York: W. W. Norton & Company. Trecho extraído de *Como Gostais*, tradução de Beatriz Viegas-Faria.
21. Solzhenitsyn, A. (1972). Nobel lecture in literature. Em M. Slonim (Ed.), *Alexander Solzhenitsyn: A Documentary Record*. Hardmondsworth: Penguin Books, 284.
22. Solzhenitsyn, Aleksandr Isaevich. (1974). *The Gulag Archipelago, 1918–1956: An Experiment in Literary Investigation*. Nova York: Harper and Row. Título no Brasil: *Arquipélago Gulag – Um experimento de investigação artística 1918-1856*. Dreher, R. (2020). *Live Not By Lies: A Manual for Christian Dissidents*. Nova York: Sentinel; Orwell, G. (1949/2021). 1984. Nova York: Penguin Classics.
23. Dostoiévski, F. (1880). *The Brothers Karamazov*. Capítulo 25: Father Ferapont (1912). (Trad. de Constance Garnett) online-literature.com/dostoevsky/brothers_ karamazov/25. Título no Brasil: *Os Irmãos Karamázov*, tradução de Natália Nunes e Oscar Mendes.
24. Dostoiévski, *Brothers Karamazov*. Capítulo 41: Conversation and Exhortations of Father Zossima. Título no Brasil: *Os Irmãos Karamázov*, tradução de Natália Nunes e Oscar Mendes.
25. Como em "consideramos essas verdades como autoevidentes" — parte da famosa abertura do segundo parágrafo da Declaração de Independência dos EUA.
26. Eliade, M. (1978). *A History of Religious Ideas: Volume 1: From the Stone Age to the Eleusinian Mysteries*. Chicago University Press, 62–63. Título no Brasil: *História das crenças e das ideias religiosas: Volume 1: Da Idade da Pedra aos mistérios de Elêusis*.
27. Veja seção 1.1. Deus como espírito criativo.
28. Goebel, T., Waters, M. R. e O'Rourke, D. H. (2008). The late Pleistocene dispersal of modern humans in the Americas. *Science 319*, 1497–1502.
29. Martin, P. S. (1967). *Prehistoric Overkill*. Nova York: Wiley; Steadman, D. W. e Martin, P. S. (2003). The late Quaternary extinction and future resurrection of birds on Pacific islands. Earth's Insights 6, 49–60; Fariña, R. A., Vizcaíno, S. F. e De Iuliis, G. (2013). *Megafauna: Giant Beasts of Pleistocene South America*. Indiana University Press; Barnett; Shapiro, R. *et al.* (2009). Phylogeography of lions (*Panthera leo ssp.*) reveals three distinct taxa and a late Pleistocene reduction in genetic diversity. *Molecular Ecology 18*, 1668–1677; Meachen, J. A. e Janowicz, A. C. (2015). Morphological convergence of the prey-killing arsenal of sabertooth predators. *Paleobiology 41*, 280–312.
30. Martin, P. S. (1967). *Prehistoric overkill*. Nova York: Wiley; Johnson, C. N. e Miller, W. E. (2002). Australasia's own 'Lost World': The late Pleistocene fossil mammal deposits

of the Naracoorte Caves, South Australia. *Transactions of the Royal Society of South Australia* 126, 1–12.

31. Huffman, T. N. (2019). *Handbook to the Iron Age: The Archaeology of Pre- Colonial Farming Societies in Southern Africa*. Nova York: Springer.
32. Steadman, D. W. e Franz, R. (2017). Prehistoric extinctions of Pacific island birds: Biodiversity meets zooarchaeology. *Science* 358, 911–914; Pregill, G. K. e Steadman, D. W. (2019). Extinctions and declines of terrestrial vertebrates in the Hawaiian Islands. *Journal of Mammalogy* 100, 1907–1924; Burney, D. A., James, H. F., Grady, F. V., Raferty, J. P. e Talbot, S. L. (1997). Ecology, extinction and conservation of island birds: La Parguera, Puerto Rico. *Bird Conservation International* 7, 209–242.
33. Worm, B. *et al.* (2006). Impacts of biodiversity loss on ocean ecosystem services. Science 314, 787–90; Myers, R. A. e Worm, B. (2003). Rapid worldwide depletion of predatory fish communities. *Nature* 423, 280–283.
34. Atualmente, 1 a cada 20 norte-americanos se considera vegetariano e 1 a cada 33, vegano, a opção mais extrema: Saad, L. (3 de agosto de 2020). *In U.S., 5% Consider Themselves Vegetarian*. Gallup. Extraído de news.gallup.com/poll/317077/five- consider-themselves-vegetarian.aspx.
35. Derivado especificamente de biblehub.com/genesis/9-4.htm#commentary; extraído de Ellicott, C. J. (1905). *Ellicott's commentary for English readers*. Londres: Cassell and Company, Ltd.
36. Luther, M. (1966). *Luther's Works, Volume 42: Devotional Writings I* (Ed. de P. D. W. Krey). Londres: Fortress Press. 91. Versão em português extraída de www.bibliaplus.org/pt/commentaries/5/comentario-biblico-do-pulpito/genesis/9/18-29#google_vignette.
37. Derivado especificamente de from biblehub.com/genesis/ 9-22.htm#commentary; extraído de Spence-Jones, H. D. M. (Ed.). (1890). *The Pulpit Commentary*. Londres: Funk & Wagnalls. Versão em português extraída de www.bibliaplus.org/pt/commentaries/5/comentario-biblico-do-pulpito/genesis/9/18-29#google_vignette.
38. Esse moralismo modernista (ou pós-modernista) pode ser observado até mesmo no comportamento dos modernos sistemas de modelos de linguagem de IA, os quais, aparentemente, aprenderam incorporando material literário enviesado em seu conteúdo devido à arbitrária predominância de escritos modernos sobre os clássicos (dada a atual facilidade tecnológica para produzir e compartilhar material impresso) ou foram programados posteriormente por censores movidos por motivações políticas, criando respostas excessivamente cautelosas e evasivas que os covardes consideram tanto morais quanto socialmente aceitáveis. Por exemplo, foi assim que o ChatGPT (chat.openAI.com) respondeu quando solicitado a "falar sobre o papel bíblico e a caracterização dos cananeus": "Vale notar que a descrição bíblica dos cananeus tem sido alvo de críticas e revisões, com alguns estudiosos argumentando que a representação é tendenciosa e reflete as preocupações políticas e teológicas dos escritores israelitas. Além disso, evidências arqueológicas e históricas sugerem que

os cananeus eram uma sociedade diversificada e complexa, com sua própria cultura e tradições distintas, e que sua interação com os israelitas foi mais complexa do que a narrativa bíblica sugere" (acesso em 1º de maio de 2023). É impossível para qualquer pessoa sensata ler esse tipo de absurdo interesseiro, autoindulgente e patético (seja gerado por máquina ou não) sem sentir uma profunda vergonha pelo crime de simplesmente ser humano.

39. Veja seção 1.5. À imagem de Deus.
40. Veja, por exemplo, Monuments and Memorials Removed in Canada 2020–2022, Wikipédia: en.wikipedia.org/wiki/Monuments_and_memorials_in_Canada_removed_in_2020–2022.
41. Para uma visão que é ao mesmo tempo especialmente repreensível e reveladora, veja Nayeri, F. (2 de maio de 2023). The conflict over vandalizing art as a way to protest. *The New York Times*, nytimes.com/2023/05/02/arts/design/vandalizing-art-protests.html.
42. Derivado especificamente de biblehub.com/genesis/10-6.htm#commentary; extraído de Spence-Jones, H. D. M. (Ed.). (1890). *The Pulpit Commentary*. Londres: Funk & Wagnalls.

5. A Torre de Babel: Deus versus Tirania e Orgulho

1. en.wikipedia.org/wiki/Ziggurat: acesso em 18 de junho de 2024.
2. en.wikipedia.org/wiki/Mesoamerican_pyramids: acesso em 18 de junho de 2024.
3. Maslow, A. H. (1943). Um exemplo famoso é a "hierarquia de necessidades" desenvolvida pelo psicólogo Abraham Maslow, um dos fundadores da escola humanista de psicoterapia. A theory of human motivation. *Psychological Review* 50, 370–96. Embora Maslow não tenha empregado essa imagem (Ballard, J. A. [agosto de 2006]. *The diffusion of Maslow's motivation theory in management and other disciplines*. Artigo apresentado na 66th Academy of Management Annual Meeting, Knowledge, Action and the Public Concern: Atlanta GA, EUA), suas ideias são comumente representadas com imagens derivadas de zigurates (nietzscheselfhelp.com/single-post/2017/12/31/maslow-s-ziggurat) ou, com ainda mais frequência, pirâmides (en.wikipedia.org/wiki/Maslow% 27s_hierarchy_of_needs; simplypsychology.org/maslow.html.).
4. Eliade, M. (1959). *The Sacred and the Profane*. Tradução de Willard R. Trask. Nova York: Harcourt, Brace and Company, 40–41. Título no Brasil: *O Sagrado e o Profano*. Tradução de Rogério Fernandes.
5. Lipiński, E. (2000). *The Aramaeans: Their Ancient History, Culture, Religion*. Leuven, Bélgica: Peeters Publishers, 87.
6. Lipiński, E. (1992). *Dictionnaire de la Civilisation Phénicienne et Punique*. Turnhout, Bélgica: Brepols.

7. George, A. (2007). The tower of Babel: archaeology, history and cuneiform texts. *Archiv für Orientforschung* 51, 75–95.
8. Walton, J. H. (2006). *Ancient Near Eastern Thought and the Old Testament: Introducing the Conceptual World of the Hebrew Bible*. Grand Rapids, MI: Baker Academic, 179.
9. Black, J. A., Cunningham, G., Robson, E. e Zólyomi, G. (2006). *The Epic of Gilgamesh: A New Translation, Analogues, Criticism*. Oxford University Press.
10. Van der Toorn, K. (2007). *Scribal Culture and the Making of the Hebrew Bible*. Cambridge, EUA: Harvard University Press, 133.
11. A besta escarlate de sete cabeças do Estado, apresentada na terrível imagem de Apocalipse 17, é tradicionalmente considerada uma referência a Roma, fundada sobre sete colinas.
12. Hess, R. S. (1994). Babel, Tower of. Em D. N. Freedman (Ed.), *The Anchor Yale Bible Dictionary* (Vol. 1, 522–526). Nova York: Doubleday.
13. Menner, Robert J. (1938). Nimrod and the Wolf in the Old English "Solomon and Saturn", *Journal of English and Germanic Philology* 37, 332–384.
14. Esse acontecimento lembra o ressurgimento do caos monstruoso de Tiamat após os antigos guardiões mesopotâmicos matarem Apsu de modo tão casual e tentarem usar seu cadáver como fundação.
15. Coogan, M. D. (2009). *A Brief Introduction to the Old Testament: The Hebrew Bible in Its Context*. Oxford University Press.
16. Para uma ilustração recente, veja Folk, J. (Diretor). (2022). *What Is a Woman?* [Filme]. Nashville, EUA: Daily Wire Plus.
17. Wittgenstein, L. (1953). *Philosophical Investigations*. Londres: Blackwell Publishing, seção 31.
18. Milton, J. (1674). *Paradise Lost: Book 7*: poetryfoundation.org/poems/45743/ paradise-lost-book-7-1674-version. Título no Brasil: *Paraíso Perdido*.
19. Veja seção 1.4. Eva a partir de Adão.
20. Marelich, W. D., Lundquist, J., Painter, K. e Mechanic, M. B. (2008). Sexual deception as a social-exchange process: Development of a behavior-based sexual deception scale. *Journal of Sex Research* 45, 27–35; veja também Brewer, G., De Griffa, D. e Uzun, E. (2019). Dark triad traits and women's use of sexual deception. *Personality and Individual Differences* 142, 42–44.
21. Milton, J. (1634). *Comus: A Mask Presented at Ludlow Castle*. Extraído de Project Gutenberg: gutenberg.org/files/24353/24353-h/24353-h.htm#link2H_4_0003; especificamente derivado de biblehub.com/revelation/17-4.htm#commentary; extraído de Ellicott, C. J. (1905). *Ellicott's Commentary for English Readers*. Londres: Cassell and Company, Ltd.
22. Ogas, S. e Gaddam, S. (2011). *A Billion Wicked Thoughts: What the Internet Tells Us about Sexual Behavior*. Nova York: Plume.

23. Para um guia detalhado (do quanto isso é absurdo), veja Episode 113: how porn drives tech innovation. *Tech for Non-Techies*: techfornontechies.co/blog/how-porn-drives-tech-innovation; Waddell, K. (junho de 2016). How porn leads people to upgrade their tech. *The Atlantic*: theatlantic.com/technology/archive/2016/05/how-porn-leads-people-to-upgrade-their-tech/484132/; Arlidge, J. (2002, Mar). The dirty secret that drives new technology: it's porn. *The Guardian*: theguardian.com/technology/ 2002/mar/03/ internetnews.observerfocus.

24. Freud, S. (1905). Three Essays on the Theory of Sexuality. Em J. Strachey (Ed. e Trad.), *The Standard Edition of the Complete Psychological Works of Sigmund Freud* (Vol. 7). Londres: Hogarth Press.

25. Derivado especificamente de biblehub.com/revelation/18-24.htm#commentary; extraído de Ellicott, C. J. (1896). *A New Testament Commentary for English Readers.* Londres: Cassell and Company, Ltd. Versão em português extraída de https://www.bibliatotal.com/pt/comentario-biblico/apocalipse-18/comentario-ellicott/biblia-almeida-corrigida-fiel-2007-acf07.

26. Veja a seção 1.4. Eva a partir de Adão.

27. McManus, L. (3 de novembro de 2023). AI sex robot technician jokes 'women are becoming extinct' as doll sales sky-rocket. *Daily Star*: dailystar.co.uk/news/weird- news/ ai-sex-robot-technician-jokes-31356090.

28. "Ora, houve um dia em que os filhos de Deus vieram apresentar-se diante do Senhor, Satanás veio também entre eles" (Jó 1:6; veja também Jó 2:1).

29. Veja seção 2.5. A eterna serpente.

30. Milton, J. (1674). *Paradise Lost: Book 1*: poetryfoundation.org/poems/45718/paradise--lost-book-1-1674-version. Título no Brasil: *Paraíso Perdido.*

31. Milton, *Paradise Lost: Book 1*. Título no Brasil: *Paraíso Perdido.*

32. Milton, *Paradise Lost: Book 1*. Título no Brasil: *Paraíso Perdido.*

33. Milton, *Paradise Lost: Book 1*. Título no Brasil: *Paraíso Perdido.*

34. Milton, *Paradise Lost: Book 1*. Título no Brasil: *Paraíso Perdido.*

35. Comunicação pessoal do renomado engenheiro James (Jim) Keller, inventor de muitos dos chips de computador que mantêm a tecnologia do mundo em funcionamento: para referência, veja en.wikipedia.org/wiki/Jim_Keller_(engineer).

36. Tolkien, J. R. R. (1993). *The Lord of the Rings* (2ª ed.). Boston: Houghton Mifflin Co. Título no Brasil: *O Senhor dos Anéis.*

37. Veja, por exemplo, (há muitos outros) Shen, X. (4 de outubro de 2018). "Skynet", China's massive video surveillance network. *South China Morning Post*: scmp.com/abacus/who-what/what/article/3028246/skynet-chinas-massive-video-surveillance-network.

38. Cameron, J. (Diretor). (1984). *O Exterminador do Futuro* [Filme]. EUA: Orion Pictures; (1991). *O Exterminador do Futuro 2: O Julgamento Final* [Filme]. EUA: TriStar Pictures;

Mostow, J. (Diretor). (2003). *O Exterminador do Futuro 3: A Rebelião das Máquinas* [Filme]. EUA: Warner Bros. Pictures; McG (Diretor). (2009). *O Exterminador do Futuro: A Salvação* [Filme]. EUA: Warner Bros. Pictures; Taylor, A. (Diretor). (2015). *O Exterminador do Futuro: Gênesis* [Filme]. EUA: Paramount Pictures; Miller, T. (Diretor). (2019). *O Exterminador do Futuro: Destino Sombrio* [Filme]. EUA: Paramount Pictures.

39. Peterson, D. (2021). *China's "sharp eyes" program aims to surveil 100% of public space.* Center for Security and Emerging Technology, cset.georgetown.edu/article/ chinas--sharp-eyes-program-aims-to-surveil-100-of-public-space, acesso em: 15 de maio de 2023.

40. Kang, D. (2018). *Chinese "gait recognition" tech IDs people by how they walk.* Associated Press, apnews.com/article/china-technology-beijing-business-international-news-bf75dd1c26c947b7826d270a16e2658a, acesso em 15 de maio de 2023.

41. George, A. L. e Smoke, R. (1974). *Deterrence in American Foreign Policy: Theory and Practice.* Nova York: Columbia University Press.

42. Versão cinematográfica: Fosse, B. (Diretor). (1972). *Cabaret* [Filme]. Hollywood, CA: Allied Artists Pictures.

43. *Os Simpsons.* Temporada 4, Episódio 21: "Marge Vai para a Cadeia" (1993).

44. Idem. Temporada 11, Episódio 14: "Sozinho Outra Vez, na Natureza" (2000).

45. Idem. Temporada 12, Episódio 11: "O Pior Episódio de Todos" (2001).

46. Idem. Temporada 18, Episódio 14: "Caipiras Cantores" (2007).

47. Idem. Temporada 23, Episódio 5: "A Esposa Gourmet" (2011).

48. Idem. Temporada 2, Episódio 13: "Homer Contra Lisa e o 8º Mandamento" (1991).

49. Ovid. (2004). *The Metamorphoses* (D. Raeburn, Trans.). Londres: Penguin Classics. (Obra original publicada *c.* século VIII E.C.).

50. "E ele disse-lhes: Eu vi Satanás cair como um relâmpago do céu" (Lucas 10:18).

51. Especificamente derivado de biblehub.com/commentaries/isaiah/14-12.htm; extraído de Gill, J. (1748). *A commentary on the whole Bible: Explaining and defending the sacred text.* Londres: J. and J. Knapton.

52. Como detalhado em Wrangham, R. e Peterson, D. (1996). *Demonic Males: Apes and the Origins of Human Violence.* Nova York: Houghton Mifflin.

53. De Waal, F. (1982). *Chimpanzee Politics: Power and Sex among Apes.* Baltimore MD: Johns Hopkins University Press, 138.

54. De Waal, F. (2001). *The Ape and the Sushi Master: Cultural Reflections by a Primatologist.* Nova York: Basic Books, 46.

55. De Waal, *Chimpanzee Politics*, 223.

56. De Waal, F. B. M. (2013). *The Bonobo and the Atheist: In Search of Humanism among the Primates.* Nova York: W. W. Norton & Company, 11.

57. Como descrito de maneira tão patológica por Foucault, M. (1991). *Discipline and Punish: The Birth of a Prison*. Londres: Penguin; Foucault, M. (1998) *The History of Sexuality: The Will to Knowledge*. Londres: Penguin.
58. en.wikipedia.org/wiki/Death_of_Benito_Mussolini; acesso em 15 de maio de 2023.
59. en.wikipedia.org/wiki/Nicolae_Ceau%C8%99escuL; acesso em 15 de maio de 2023.
60. George, A. R. (2003). *The Epic of Gilgamesh*. Nova York: Penguin Classics.
61. Sturluson, S. (2011). *The Prose Edda*. Londres: Penguin Classics.
62. Wu, C. (1977). *The Journey to the West*. University of Chicago Press.
63. Graves, R. (1955). *The Greek Myths*. Londres: Penguin Books.
64. Veja Wittgenstein, L. (1953). *Philosophical Investigations*. (Trad. de G. E. M. Anscombe). Oxford, Reino Unido: Basil Blackwell.
65. Isso é explicado de maneira excepcional em Nørretranders, T. (1991). *The User Illusion: Cutting Consciousness Down to Size*. Nova York: Viking.
66. Isso parece ser algo que se aproxima de uma variante do teorema formulado por Gödel e descrito anteriormente.
67. Veja Neumann, E. (2014). *The Origins and History of Consciousness*. Princeton University Press; Neumann, E. (2015). *The Great Mother*. Princeton University Press; Jung, C. G. (1967). *The Collected Works of C. G. Jung: Vol. 5. Symbols of Transformation* (2ª ed.). (Em H. Read, *et al.*, editores). (Trad. de R. F. C. Hull). Princeton University Press; Peterson, J. B. *Maps of Meaning*. Título no Brasil: *Mapas do Significado: A Arquitetura da Crença*.
68. A natureza axiomática de tal suposição, ou seu equivalente, foi, em parte, tema de meu livro de 1999 *Maps of Meaning: The Architecture of Belief*, bem como de obras nas quais ele foi, em parte, baseado. Veja mais na seção 7.4.
69. Jones, D. N. e Paulhus, D. L. (2021). The explanatory power of the Dark Tetrad of personality in the prediction of risk-taking behaviors. *Australian Journal of Psychology 73*, 253–261; Watts, A. L., Lilienfeld, S. O., Smith, S. F., Miller, J. D. e Campbell, W. K. (2021). Deception and the Dark Tetrad of personality: The roles of psychopathy and Machiavellianism. *Personality and Individual Differences 185*, 111243; Movahedi, S., Kajbaf, M. B. e Rasekh, A. (2021). Dark Tetrad personality traits and different beliefs: Exploring the links. *The Journal of Social Psychology 161*, 433–451.
70. Cale, E. M. e Lilienfeld, S. O. (2002). Sex differences in psychopathy and antisocial personality disorder: a review and integration. *Clinical Psychology Review 22*, 1179–1207; Jonason, P. K. e Li, N. P. Relationship between number of sexual partners and involvement in an antisocial lifestyle among young adults. *Journal of Social Psychology 149*, 222–225.
71. Lee, K., Ashton, M. C., Wiltshire, J., Bourdage, J. S., Visser, B. A. e Gallucci, A. (2013). Sex, power, and money: Prediction from the Dark Triad and Honesty-Humility. *European Journal of Personality 27*, 169–84.

72. Łowicki, P., Zajenkowski, M., Golec de Zavala, A. e Piotrowski, J. (2019). Dark Triad of personality and its association with addictive behaviors, both substance- related and non-substance-related: A systematic review. *Frontiers in Psychology* 10, 1–18; Van Schie, C. C. e Van Roekel, E. (2021). The relationship between Dark Triad personality trait levels and addiction tendencies to "substances" and "processes". *Addiction Research and Theory* 30, 184–193; Lewis, C. E. e Bucholz, K. K. (1991). Alcoholism, antisocial behavior and family history. *British Journal of Addiction* 86, 177–94; Pihl, R. O. e Peterson, J. B. (1991). Attention-deficit hyperactivity disorder, childhood conduct disorder, and alcoholism: Is there an association? *Alcohol Health and Research World* 15, 25–31.

73. Moss, J. e O'Connor, P. J. (2020). The Dark Triad traits predict authoritarian political correctness and alt-right attitudes. *Heliyon* 6, e04453.

74. As preocupações já surgiam quando as telas em questão eram apenas as da televisão: Hill, D. J. *et al.* (2016). Media and young minds. *Pediatrics* 138: e20162591.

75. Veja seção 4.4. O filho infiel condenado à servidão.

76. Haidt, J. (2024). *The Anxious Generation: How the Great Rewiring of Childhood Is Causing an Epidemic of Mental Illness.* Nova York: Penguin Press.

77. Veja seção 2.6. A nudez e o sofrimento como fruto do pecado.

78. Um relato informativo, embora esteja longe de ser exaustivo, pode ser encontrado em *Wikipedia*: en.wikipedia.org/wiki/Unit_731. Em português: https://pt.wikipedia.org/wiki/Unidade_731.

79. Panzram, C. (2002). *Panzram: a journal of murder.* T. E. Gaddis e Long, J. (Eds.). Gardena, CA: Amok Books.

80. Marx, K. (1843). A contribution to the critique of Hegel's philosophy of right: Marxists.org/archive/marx/works/1843/critique-hpr/intro.htm.

81. Freud, S. (1927). *The Future of An Illusion.* Londres: Hogarth Press.

82. Isso é tecnicamente verdade. Veja Gray, J. (1982). *The Neuropsychology of Anxiety.* Oxford University Press.

83. Solzhenitsyn, A. (1973). *The Gulag Archipelago, 1918–1956: An Experiment in Literary Investigation, Volume III.* Nova York: Harper and Row, 615. Título no Brasil: *Arquipélago Gulag – Um experimento de investigação artística 1918–1856.*

84. Solzhenitsyn, *Gulag Archipelago*, 338–339. Título no Brasil: *Arquipélago Gulag.*

6. Abraão: Deus como o Chamado Vivificante à Aventura

1. Dostoiévski, F. (1918). *Notes from the Underground* (Trad. de C. Garnett). gutenberg.org/files/600/600-h/600-h.htm.

2. Derivado especificamente de biblehub.com/commentaries/genesis/12-1.htm; extraído de Benson, J. (1857). *Benson Commentary.* Nova York: T. Carlton and J. Porter.

3. Veja seção 3.5. O sacrifício que agrada a Deus.

4. Veja seção 6.6. Com os anjos para dentro do abismo.
5. Milton, *Paradise Lost: Book 1*. Título no Brasil: *Paraíso Perdido*.
6. Lukianoff, G. e Haidt, J. (2018). *The Coddling of the American Mind: How Good Intentions and Bad Ideas Are Setting Up a Generation for Failure*. Nova York: Penguin Press.
7. Haidt, J. (2024). *The Anxious Generation: How the Great Rewiring of Childhood Is Causing an Epidemic of Mental Illness*. Nova York: Penguin Press.
8. Gray, J. (1982). *The Neuropsychology of Anxiety*. Oxford University Press.
9. Veja o trabalho de Jaak Panksepp e Tiffany Field sobre a necessidade do toque, por exemplo, para equilibrar a vida da criança.
10. Como analisado em meu livro anterior: Peterson, J. B. (2022). *Beyond Order: 12 More Rules for Life*. Londres: Allen Lane. Título no Brasil: *Além da Ordem: Mais 12 Regras para a Vida*. Editora Alta Books.
11. Veja o comentário de MacLaren em biblehub.com/commentaries/genesis/13-1.htm, extraído de MacLaren, A. (1891). *Expositions of Holy Scripture Genesis, Exodus, Leviticus and Numbers*. Londres: Hodder and Stoughton.
12. Veja seção 2.7. A perda do Paraíso e a espada flamejante.
13. Veja seção 6.2. O diabo nas encruzilhadas.
14. Veja seção 3.1. A identidade do trabalho e do sacrifício.
15. O pensador mais citado em humanidades. Van Noorden, R. (2010). The top 100 papers. *Nature 463*, 569–571. Veja Foucault, M. (1991). *Discipline and Punish: The Birth of a Prison*. Londres: Penguin; Foucault, M. (1998). *The History of Sexuality: The Will to Knowledge*. Londres: Penguin Books.
16. Dawkins, R. (2006). *The Selfish Gene*. Oxford University Press. Título no Brasil: *O Gene Egoísta*.
17. Buss, D. (1989). Sex differences in human mate preferences: Evolutionary hypotheses tested in 37 cultures. *Behavioral and Brain Science 12*, 1–14; Buss, D. M. e Schmitt, D. P. (1993). Sexual strategies theory: an evolutionary perspective on human mating. *Psychological Review 100*, 204–232; Tucaković, L., Bojić, L. e Nikolić, N. (2022). The battle between light and dark side of personality: how light and dark personality traits predict mating strategies in the online context. *Interpersona: An International Journal on Personal Relationships 16*, 295–312.
18. Barrick, M. R. e Mount, M. K. (1991). The Big Five personality dimensions and job performance: A meta-analysis. *Personnel Psychology 44*, 1–26; Hogan, R. e Ones, D. S. (1997). Conscientiousness and integrity at work. Em R. Hogan, J. Johnson e S. Briggs (Eds.), *Handbook of personality psychology*. São Francisco: Academic Press, 85–110; Higgins, D. M., Peterson, J. B., Pihl, R. O. e Lee, A. G. M. (2007). Prefrontal cognitive ability, intelligence, Big Five personality, and the prediction of advanced academic and workplace performance. *Journal of Personality and Social Psychology 93*, 298–319.

19. Costa, P. T., Jr., Terracciano, A. e McCrae, R. R. (2001). Gender differences in personality traits across cultures: Robust and surprising findings. *Journal of Personality and Social Psychology 81*, 322–331; Feingold, A. (1994). Gender differences in personality: A meta-analysis. *Psychological Bulletin 116*, 429–456; Schmitt, D. P., Realo, A. e Voracek, M. (2008). The big five factor model of personality across cultures: Robust and generalizable across 55 cultures. *Journal of Personality and Social Psychology 94*, 26–40; Weisberg, Y. J., Deyoung, C. G. e Hirsh, J. B. (2011). Gender differences in personality across the ten aspects of the Big Five. *Frontiers in Psychology 2*, 178.
20. Brown, D. (1991). *Human Universals*. Philadelphia, PA: Temple University Press.
21. Brown, D. *Human Universals*.
22. Buss, D. (1989). Sex differences in human mate preferences: Evolutionary hypotheses tested in 37 cultures. *Behavioral and Brain Science 12*, 1–14.
23. Como analisado em Scheiber, I. B. R., Weiß, B. M., Kingma, S. A. e Komdeur, J. (2017). The importance of the altricial/precocial spectrum for social complexity in mammals and birds — a review. *Frontiers in Zoology 14*, 3–13.
24. Dawkins, R. (1976). *The Selfish Gene*. Oxford University Press. Título no Brasil: *O Gene Egoísta*.
25. Farrell, W. e Gray, J. (2018). *The Boy Crisis*. Dallas, TX: BenBella Books.
26. Jonason, P. K., Luevano, V. X. e Adams, H. M. (2012). How the Dark Triad traits predict relationship choices. *Personality and Individual Differences 53*, 180–184.
27. Carter, G. L., Campbell, A. C. e Muncer, S. (2014). The dark triad personality: attractiveness to women. *Personality and Individual Differences 56*, 57–61; Qureshi, C., Harris, E. e Atkinson, B. E. (2016). Relationships between age of females and attraction to the Dark Triad personality. *Personality and Individual Differences 95*, 200–203.
28. Analisado brevemente em new.nsf.gov/news/benefits-sexual-reproduction-lie-defense-against#); veja Jaenike J. (1978). An hypothesis to account for the maintenance of sex within populations. Evolutionary Theory, 3, 191–194; Hamilton, W. (1980). Sex versus non-sex versus parasite. *Oikos 35*, 282–290; Bell, G. (1982). *The Masterpiece of Nature: The Evolution and Genetics of Asexuality*. Berkeley: University of California Press; King, K. C., Delph, L. F., Jokela, J. e Lively, C. M. (2009). The geographic mosaic of sex and the Red Queen. *Current Biology 19*, 1438–1441.
29. Veja seção 1.4. Eva a partir de Adão.
30. Thompson, D. F., Ramos, C. L. e Willett, J. K. (2014). Psychopathy: clinical features, developmental basis and therapeutic challenges. *Journal of Clinical Pharmacy and Therapeutics 39*, 485–495.
31. Jonason, P. K., Li, N. P., Webster, G. D. e Schmitt, D. P. (2009). The Dark Triad: Facilitating a Short-Term Mating Strategy in Men. *European Journal of Personality 23*, 5–18; Brewer, G. *et al.* (2018). Dark triad traits and romantic relationship attachment, accommodation, and control. Personality and Individual Differences, 120, 202–208;

Figueredo, A. J., Gladden, P. R., Sisco, M. M., Patch, E. A. e Jones, D. N. (2015). The unholy trinity: The Dark Triad, coercion, and Brunswik-Symmetry. *Evolutionary Psychology 13*, 435–454; Jonason, P. K. e Burtăverde, V. (2023). The dark triad traits and mating psychology. Em D. M. Buss (Ed.), *The Oxford Handbook of Human Mating*. Oxford University Press, 590–605.

32. Frankl, G. (2003). *The Failure of the Sexual Revolution*. Free Association Books; Perry, L. (2022). *The Case Against the Sexual Revolution*. Nova York: Polity Press.

33. Dworkin, E. R., Krahé, B. e Zinzow, H. (2021). The global prevalence of sexual assault: a systematic review of international research since 2010. *Psychology of Violence 11*, 497–508.

34. Flanagan, C. (2019). Losing the *Rare* in "Safe, Legal and Rare". *The Atlantic*, theatlantic.com/ideas/archive/2019/12/the-brilliance-of-safe-legal-and-rare/603151.

35. Diamant, J., Mohamed, B. e Leppert, R. (2024). What the data says about abortion in the US. Pew Research Center: pewresearch.org/short-reads/2024/03/25/what-the-data-says-about-abortion-in-the-us.

36. Garcia, J. R., Reiber, C., Massey, S. G. e Merriwether, A. M. (2012). Sexual hookup culture: a review. *Review of General Psychology 16*, 161–176.

37. Abbey, A., Zawacki, T., Buck, P. O., Clinton, A. M. e McAuslan, P. (2001). Alcohol and sexual assault. *Alcohol Research and Health 25*, 43–51; veja também (se fizer questão) Miodus, S., Tan, S., Med, Evangelista, N. D., Fioriti, C. e Harris, M. (2023). Campus sexual assault: Fact sheet from an intersectional lens. *American Psychological Association of Graduate Students Resourcs for Students*: apa.org/apags/resources/campus--sexual-assault-fact-sheet.pdf.

38. Young, C. (2014). Want to have sex? Sign this contract. *Minding the Campus: Reforming our Universities*:, mindingthecampus.org/2014/02/20/want_to_have_ sex_sign_this_con.

39. Eberstadt, M. (2013). *Adam and Eve After the Pill: Paradoxes of the Sexual Revolution*. São Francisco: Ignatius Press; Perry, L. (2022). *The Case Against the Sexual Revolution*. Nova York: Polity Press; Harrington, M. (2023). *Feminism Against Progress*. Washington, D.C.: Regnery Publishing.

40. Pineda, D., Galán, M., Martínez-Martínez, A., Campagne, D. M. e Piqueras, J. A. (2022). Same personality, new ways to abuse: How Dark Tetrad personalities are connected with cyber intimate partner violence. *Journal of Interpersonal Violence 37*, 13–14; Pineda, D., Martínez-Martínez, A., Manuel Galán, M., Pilar Rico-Border, P. e Piqueras, J. A. (2023). The Dark Tetrad and online sexual victimization: Enjoying in the distance. *Computers in Human Behavior 142*, 107659; Costa, R., Fávero, M., Moreira, D., Del Campo, A. e Sousa-Gomes, V. (2024). Is the link between the Dark Tetrad and the acceptance of sexual violence mediated by sexual machismo? *Aggressive Behavior 50*, 1, e22116.

41. snopes.com/fact-check/mike-tyson-social-media.

42. Institute for Family Studies and Wheatley Institute. (2018). *Global Family and Gender Survey:* ifstudies.org/ifs-admin/resources/global-family-and-gender-survey-2018-g-fg-1.pdf.

43. Park, B. Y. *et al.* (2016). Is internet pornography causing sexual dysfunction? A review with clinical reports. *Behavioral Sciences (Basel, Switzerland), 6,* 17–24; Foubert, J. D. (2017). The public health harms of pornography: the brain, erectile dysfunction, and sexual violence. *Dignity: A Journal of Analysis of Exploitation and Violence 2,* Article 6; Fog-Poulsen, K., Jacobs, T., Høyer, S., Rohde, C., Vermande, A., De Wachter, S. e De Win, G. (2020). Can time to ejaculation be affected by pornography? *The Journal of Urology 203 (Supplement 4),* e615; Sharpe, M. e Mead, D. (2021). Problematic pornography use: legal and health policy considerations. *Current Addiction Reports 8,* 556–567. There are contrary or lesser findings, not least because the causes of erectile dysfunction and sexual violence are manifold: Landripet, I. e Štulhofer, A. (2015). Is pornography use associated with sexual difficulties and dysfunctions among younger heterosexual men? *The Journal of Sexual Medicine 12,* 1136–1139.

44. Isso parece ser particularmente, embora não exclusivamente, verdadeiro no caso do Japão, com outros países ocidentais ou ocidentalizados seguindo: Ghaznavi, C., Sakamoto, H., Yoneoka, D. *et al.* (2019). Trends in heterosexual inexperience among young adults in Japan: analysis of national surveys, 1987–2015. *BMC Public Health 19,* 355–363.

45. Veja um resumo razoável em Single parents in the United States, *Wikipedia*: en.wikipedia.org/wiki/Single_parents_in_the_United_States.

46. Perry, L. (2022). *The Case against the Sexual Revolution.* Nova York: Polity; veja também Perry, L. e Peterson, J. B. (2023). Against the sexual revolution. *The Jordan B. Peterson Podcast, 331* (youtu.be/rGsZ_HI_q1M?si=jvCcDwRT_PeJKSyR).

47. Farrell, W. e Gray, J. (2018). *The Boy Crisis.* Dallas, TX: BenBella Books.

48. Harris, I. D., Fronczak, C., Roth, L. e Meacham, R. B. (2011). Fertility and the Aging Male. *Reviews in Urology 13,* e184–90.

49. Monga, M., Alexandrescu, B., Katz, S. E., Stein, M., and Ganiats, T. (2003). Impact of infertility on quality of life, marital adjustment, and sexual function. *Urology 63,* 126–130; Peterson, B. D., Newton, C. R., Rosen, K. H. e Skaggs, G. E. (2006). Gender differences in how men and women who are referred for IVF cope with infertility stress. *Human Reproduction 21,* 2443–2449; Ying, L. Y., Wu, L. H. e Loke, A. Y. (2015). Gender differences in experiences with and adjustments to infertility: a literature review. *International Journal of Nursing Studies 52,* 1640–1652.

50. Lassek, W. D. e Gaulin, S. J. C. (2008). Waist-hip ratio and cognitive ability: Is gluteofemoral fat a privileged store of neurodevelopmental resources? *Evolution and Human Behavior 29,* 26–34; Buss, D. (1989). Sex differences in human mate preferences: Evolutionary hypotheses tested in 37 cultures. *Behavioral and Brain Science 12,* 1–14; Cloud, J. M. e Perilloux, C. (2014). Bodily attractiveness as a window to women's

fertility and reproductive value. Em V. A. Weekes-Shackelford e T. K. Shackelford (Eds.), *Evolutionary Perspectives on Human Sexual Psychology and Behavior.* Nova York: Springer, 135–148.

51. Wolf, N. (2015). *The Beauty Myth.* Nova York: Vintage Classics.

52. Shaw, S. J. e Peterson, J. B. (2023). The epidemic that dare not speak its name. *The Jordan B. Peterson Podcast, 338* (youtu.be/Qrg8t34yXRs?si= gYoS9S9rXlkAzE7R).

53. Esse é um achado bem estabelecido no campo da psicologia evolutiva: Buss, D. M. e Barnes, M. (1986). Preferences in human mate selection. *Journal of Personality and Social Psychology* 50, 559–570; Buss, D. M. (1989). Sex differences in human mate preferences: Evolutionary hypotheses tested in 37 cultures. *Behavioral and Brain Science 12,* 1–14; Buss, D. M., Shackelford, T. K., Kirkpatrick, L. A. e Larsen, R. J. (2001). A half century of mate preferences: The cultural evolution of values. *Journal of Marriage and Family* 63, 491–503.

54. Crick, N. R. e Grotpeter, J. K. (1995). Relational aggression, gender, and social- psychological adjustment. *Child Development* 66, 710–722.

55. Eliade, M. (1959). *The Sacred and the Profane.* Tradução de Willard R. Trask. Nova York: Harcourt, Brace and Company. Título no Brasil: *O Sagrado e o Profano.* Tradução de Rogério Fernandes.

56. Nietzsche, F. (1990). *Twilight of the Idols and The Anti-Christ.* (Trad. de R. J. Hollingsdale). Nova York: Penguin Classics.

57. Derivado especificamente de biblehub.com/commentaries/genesis/17-15.htm; extraído de Benson, J. (1857). *Benson Commentary.* Nova York: T. Carlton and J. Porter. Em português extraído de www.bibliaplus.org/pt/commentaries/58/comentario-de-joseph-benson-sobre-o-antigo-e-o-novo-testamento/genesis/17/15.

58. Derivado especificamente de biblehub.com/hebrew/6117.htm; extraído de Strong, J. (1996). *Strong's Exhaustive Concordance of the Bible.* Nashville, TN: Abingdon Press.

59. Scott, W. (1808). *Marmion: A Tale of Flodden Field.* Edinburgh, Scotland: John Ballantyne and Co.

60. Esse é exatamente o tema da mencionada obra-prima de Dostoiévski, *Crime e Castigo.* Raskólnikov, o sombrio herói da história, escapa impune do assassinato, mas não consegue suportar as consequências psicológicas e se expõe como o responsável pelo crime.

61. Veja seção 6.5 Sacrifício e transformações de identidade: Abrão, Sarai e Jacó.

62. Derivado especificamente de biblehub.com/genesis/18-21.htm; extraído de Spence-Jones, H. D. M. (Ed.). (1890). *The Pulpit Commentary.* Londres: Funk and Wagnalls. Tradução adaptada de https://www.bibliaplus.org/pt/commentaries/5/comentario-biblico-do-pulpito/genesis/18/16-22.

63. Sou grato a Jonathan Pageau, famoso pelo site Symbolic World (thesymbolicworld.com), por esta interpretação (comunicação pessoal).

64. Al-Shorman, A., Ababneh, A., Rawashdih, A., Makhadmih, A., Alsaad, S. e Jamhawi, M. (2017). Travel and hospitality in late antiquity. *Near Eastern Archaeology* 80, 22–28.
65. Brown, D. (1991). *Human Universals*. Philadelphia, PA: Temple University Press.
66. Peterson, J. B. *et al.* (2023). Biblical series: Exodus. *The Jordan B. Peterson Podcast (Exodus Episodes 1–17)*. Primeiro episódio em youtu.be/GEASnFvLxhU?si= YKbupJppve1iSDbO.
67. Peterson, J. B. *et al.* (2024). Biblical series: The Gospels. *The Daily Wire Productions* (em breve).
68. Masci, D. (29 de junho de 2017). In Russia, nostalgia for Soviet Union and positive feelings about Stalin. Pew Research Center: pewresearch.org/short-reads/2017/06/29/in--russia-nostalgia-for-soviet-union-and-positive-feelings-about-stalin/; Dadabaev, T. (2020). Manipulating post-Soviet nostalgia: contrasting political narratives and public recollections in Central Asia. *International Journal of Asian Studies* 18, 61–81; Nemtsova, A. (2019, December 7). Russia's twin nostalgias. *The Atlantic*: theatlantic.com/international/archive/2019/12/vladimir-putin-russia-nostalgia-soviet-union/603079.
69. Ding, I. e Javed, J. (29 de maio de 2019). Why Maoism still resonates in China today. *Washington Post*: washingtonpost.com/politics/2019/05/29/why-maoism-still-resonates-china-today; Yue-Jones, T. (8 de setembro de 2011). Witness: nostalgia for Mao era lives on 35 years after his death. *Reuters*: reuters.com/article/us-china-mao-idUSTRE7872EY20110908.
70. Jung, C. G. (1921). *The Relations between the Ego and the Unconscious*. Princeton University Press, parágrafo 254.
71. Lefond, S. J. (2012). *Handbook of World Salt Resources*. Nova York: Springer, 337.
72. Veja seção 5.4.
73. Klein, M. (1957). *Envy and Gratitude*. Londres: Tavistock, 190.
74. Veja Neumann, E. (2014). *The Origins and History of Consciousness*. Princeton University Press; Neumann, E. (2015). *The Great Mother*. Princeton University Press; Jung, C. G. (1967). *The Collected Works of C. G. Jung: Vol. 5. Symbols of Transformation* (2ª ed.). Em H. Read, *et al.* (Eds.). (Trad. de R. F. C. Hull). Princeton University Press; veja também *Crumb*. Zwigoff, T. (Diretor). *Crumb* [Filme] (1995). EUA: Sony Pictures Classics.

7. Moisés I: Deus como o Temível Espírito da Liberdade

1. Sarna, J. D. (2004). *American Judaism: A History*. New Haven, CT: Yale University Press.
2. Cochran, G. e Harpending, H. (2009). *The 10,000 Year Explosion: How Civilization Accelerated Human Evolution*. Nova York: Basic Books.
3. Malory, T. (1485). *Le Morte d'Arthur* [A Morte de Artur]. Middle English. (Eugène Vinaver, Ed.). Londres: J. M. Dent & Sons Ltd.
4. Eliade, M. (1954). *The Myth of the Eternal Return: Cosmos and History*. Princeton University Press.

5. Roser, M. (11 de abril de 2023). Mortality in the past: every second child died. *Our World in Data*: ourworldindata.org/child-mortality-in-the-past.

6. Birdsell, J. B. (1986). Some predictions for the Pleistocene based on equilibrium systems among recent hunter gatherers. Em R. Lee e Devore, I. (Eds.). *Man the Hunter.* London: Aldine Publishing Company.

7. Veja Flanagan, C. (2019). Losing the *Rare* in "Safe, Legal and Rare". *The Atlantic*, theatlantic.com/ideas/archive/2019/12/the-brilliance-of-safe-legal-and-rare/603151.

8. Rowling, J. K. (1997). *Harry Potter and the Philosopher's Stone.* Londres: Bloomsbury. Título no Brasil: *Harry Potter e a Pedra Filosofal.*

9. Disney. (1959). *Bela Adormecida* [Filme]. EUA: Walt Disney Productions.

10. Malory, T. (1485). *Le Morte d'Arthur* [A Morte de Artur]. Middle English. (Eugène Vinaver, Ed.). Londres: J. M. Dent & Sons Ltd.

11. Jung, C. G. (2014). The psychology of the child archetype. Em *Collected Works of C. G. Jung*, Volume 9 (Part 1); Archetypes and the Collective Unconscious (151–181). De Gruyter.

12. Veja Orphan characters in literature, *Wikipedia*: en.wikipedia.org/wiki/Category: Orphan_ characters_ in_ literature.

13. Disney, W. e Allers, R. (Diretores). (1994). *O Rei Leão* [Filme]. EUA: Walt Disney Pictures.

14. Veja Monte Horebe, *Wikipedia*: en.wikipedia.org/wiki/Mount_Horeb.

15. Jung, C. G. (1952). *Synchronicity: An Acausal Connecting Principle.* Nova York: Routledge and Kegan Paul.

16. Peterson, J. B. (1999). *Maps of Meaning: The Architecture of Belief.* Nova York: Routledge. Título no Brasil: *Mapas do Significado: Arquitetura da Crença.*

17. Liser, P. (data desconhecida). *Understanding Jacob's Ladder: Commentary on Parashat Vayetzei, Genesis 28:10–32:3*: myjewishlearning.com/article/on-dreams-and-reality/; derivado de Genesis Rabbah, um texto religioso do período clássico do judaísmo, escrito entre 300 e 500 d.C. (veja Genesis Rabah, *Wikipedia*: en.wikipedia.org/wiki/Genesis_ Rabbah).

18. Veja, por exemplo, Jung, C. G. (1967). The philosophical tree. Em R. F. C. Hull (Trad.), *Alchemical Studies* (333-344). Nova York: Routledge and Kegan Paul.

19. Esse motivo narrativo é bem analisado em Árvore da Vida, *Wikipedia*: en.wikipedia.org/wiki/Tree_ of_life; veja também Eliade, M. (1959). *The sacred and the profane.* Tradução de Willard R. Trask. Nova York: Harcourt, Brace and Company. Título no Brasil: *O Sagrado e o Profano.* Tradução de Rogério Fernandes.

20. Otto, R. (1923). *The Idea of the Holy*. Oxford University Press.

21. Disney, W. (Produtor), e Geronimi, C. Luske e Jackson, W. (Diretores). (1959). *Bela Adormecida* [Filme]. EUA: Walt Disney Productions.

22. LeRoy, M. (Produtor) e Fleming, V. (Diretor). (1939). *O Mágico de Oz* [Filme]. EUA: Metro-Goldwyn-Mayer.
23. Veja Seven League Books, *Wikipedia*: en.wikipedia.org/wiki/Seven-league_boots.
24. Veja Capítulo 5: A Torre de Babel – Deus versus Tirania e Orgulho.
25. Essas são, é claro, as palavras que abrem a Declaração de Independência dos Estados Unidos, após o preâmbulo: archives.gov/founding-docs/declaration-transcript.
26. Hirsh, J. B., Mar, R. A. e Peterson, J. B. (2012). Psychological entropy: a framework for understanding uncertainty-related anxiety. *Psychological Review 119*, 304–320; Friston, K., Kilner, J. e Harrison, L. (2006). A free energy principle for the brain. *Journal of Physiology* 100, 70-87; Janoff-Bulman, R. (1992). *Shattered Assumptions: Towards a New Psychology Of Trauma*. Nova York: The Free Press.
27. Janoff-Bulman, R ., *Shattered Assumptions*.
28. Peterson, J. B. *Maps of Meaning*. Título no Brasil: *Mapas do Significado*.
29. Como retratado, por exemplo, em Rowling, J. K. (1999). *Harry Potter and the Chamber of Secrets*. Nova York: Scholastic. Título no Brasil: *Harry Potter e a Câmara Secreta*.
30. Disney, W. (Produtor) e Luske, H., Hee, T., Jackson, W., Kinney, J., Roberts, B. e Sharpsteen, B. (Diretores). (1940). *Pinóquio* [Filme]. EUA: Walt Disney Productions.
31. Allers e Minkoff, *O Rei Leão*.
32. Isso é bem resumido em "I Am that I Am", *Wikipedia*: en.wikipedia.org/wiki/I_ Am_ that_I_Am. Em português: https://pt.wikipedia.org/wiki/Eu_Sou_o_Que_Sou.
33. Resumo em Common being and Being as pure Act, *Wikipedia*: en.wikipedia.org/ wiki/ Actus_purus#Common_being_and_Being_as_pure_Act.
34. Van der Toorn, K. (1999). Yahweh. Em K. van der Toorn, B. Becking e P. W. van der Horst (Eds.), *Dictionary of Deities and Demons in the Bible* (952–960). Grand Rapids, MI: Eerdmans.
35. Eliade, M. (1959). *The Sacred and the Profane*. Tradução de Willard R. Trask. Nova York: Harcourt, Brace and Company, 33. Título no Brasil: *O Sagrado e o Profano*. Tradução de Rogério Fernandes.
36. Veja seção 8.2. O restabelecimento desesperado do pacto.
37. Analisado em Eliade, *Sacred and the Profane*. Título no Brasil: *O Sagrado e o Profano*. Tradução de Rogério Fernandes.
38. Eliade, *Sacred and the Profane*, 34–36.
39. Galen (1968). *On the Usefulness of the Parts of the Body*. Tradução de M. T. May. Ithaca, NY: Cornell University Press.
40. Veja seção 8.2. O restabelecimento desesperado do pacto.
41. Veja Rule of Three (writing), *Wikipedia*: en.wikipedia.org/wiki/Rule_of_three_ (writing).
42. Veja seção 7.2. A sarça ardente como revelação de ser e do tornar-se.

43. Essa é uma tradução que encontrei por acaso há cerca de duas décadas e que se tornou minha favorita: Rosenthal, S. (1984). *Tao Teh Ching: The Way and Its Power* (verso 78): http://enlight.lib.ntu.edu.tw/FULLTEXT/JR-AN/an142304.pdf.

44. Nietzsche, F. (1969). *Thus Spoke Zarathustra: A Book for Everyone and Nobody.* Tradução de W. Kaufmann. (Obra original publicada em 1883–1885.) Harmondsworth, Reino Unido: Penguin Books, 70. Part 1: On the Gift Giving Virtue. Título no Brasil: *Assim Falou Zaratustra.*

45. Na forma, por exemplo, do mencionado *Enuma Elish.*

46. *Online Etymology Dictionary.* Enthusiasm (n): etymonline.com/word/enthusiasm.

47. Descrito em grande detalhe em Peterson, J. B. (1999). *Maps of Meaning: The Architecture of Belief.* Nova York: Routledge. Título no Brasil: *Mapas do Significado: Arquitetura da Crença.*

48. Isso é tecnicamente verdadeiro: o colapso de um sistema de crenças, um mapa, produz um aumento na entropia, sinalizado pela ansiedade, bem como uma diminuição na emoção positiva, em consequência da confusão e do aumento da distância em relação a um objetivo valorizado: veja Hirsh, J. B., Mar, R. A. e Peterson, J. B. (2012). Psychological entropy: a framework for understanding uncertainty-related anxiety. *Psychological Review,* 119, 304–20; Friston, K., Kilner, J. e Harrison, L. (2006). A free energy principle for the brain. *Journal of Physiology, Paris* 100, 70-87; Janoff-Bulman, R. *Shattered Assumptions*; Gray, J. A. e McNaughton, N. (2004). *The Neuropsychology of Anxiety.* Oxford University Press.

49. Gray e McNaughton. *The Neuropsychology of Anxiety.*

50. Veja seção 7.3. Retorno ao reino tirânico.

51. Veja Capítulo 1: No Princípio.

52. Peterson, J. B. *Maps of Meaning*; veja também Jung, C. G. (1967). *The Collected Works of C. G. Jung: Vol. 5. Symbols of Transformation* (2ª ed.). Em H. Read, *et al.*, Eds. Tradução de R. F. C. Hull. Princeton University Press; Campbell, J. (2012). *The Hero with a Thousand Faces* (3rd ed.). New World Library; Neumann, E. (2014). *The Origins and History of Consciousness.* Princeton University Press; Neumann, E. (2015). *The Great Mother.* Princeton University Press Platform; Eliade, M. (1978). *A History of Religious Ideas (Volumes I–III):* Chicago University Press; Eliade, *Sacred and the Profane.* Título no Brasil: *O Sagrado e o Profano.*

53. Veja seção 4.3. Salvação pelos sábios e o restabelecimento do mundo.

54. Analisado em Peterson, J. B. *Maps of Meaning*; veja também Goldberg, E. e Costa, L. D. (1981). Hemisphere differences in the acquisition and use of descriptive systems. *Brain and Language* 14, 144–173.

55. Dawkins, R. (1976). Worlds in Microcosm. Em R. Dawkins (Ed.). *Inside the Survival Machine* (115–130). Nova York: Oxford University Press, 202.

56. Dawkins, Worlds in Microcosm. Em *Survival Machine.*

57. Dawkins, Worlds in Microcosm. Em *Survival Machine*, 203.
58. Dawkins, Worlds in Microcosm. Em *Survival Machine*, 210.
59. Donehower, L. A., *et al.* (2019). Defining a mutational hierarchy of cancer drivers based on the distribution of somatic mutations. *Nature Genetics* 51, 27888, 1.
60. Veja seção 8.2. O restabelecimento desesperado do pacto.
61. Dawkins, R. (1976). Worlds in Microcosm. Em *Survival Machine*, 217.
62. Dawkins, Worlds in Microcosm. Em *Survival Machine*, 219.
63. Dawkins, Worlds in Microcosm. Em *Survival Machine*, 220.
64. Katsikopoulos, K. V., Şimşek, Ö., Buckmann, M. e Gigerenzer, G. (2020). *Classification in the Wild: The Science and Art of Transparent Decision Making*. Cambridge, MA: MIT Press.
65. Gibson, J. J. (1979). *The Ecological Approach to Visual Perception*. Nova York: Houghton Mifflin.
66. Menand, L. (2001). *The Metaphysical Club: A Story of Ideas in America*. Nova York: Farrar, Straus and Giroux.
67. Faulkner, W. (1951). *Requiem for a Nun*. Nova York: Random House, Ato I, cena III: veja fadedpage.com/books/20190243/html.php.
68. Veja Prenúncio: A Voz Calma e Baixa.
69. Para uma discussão brilhante sobre esse perigo e como evitá-lo, veja Jung, C. G. (1921). *The Relations between the Ego and the Unconscious*. CW 7. Princeton University Press.
70. Uma breve revisão da extensa literatura sobre os efeitos benéficos do estabelecimento voluntário de metas pode ser encontrada em Peterson, J. B. e Mar, R. (2014). The Benefits of Writing: selfauthoring.blob.core.windows.net/media/Default/ Pdf/ WritingBenefits.pdf; veja, também, Morisano, D., Hirsh, J. B., Peterson, J. B., Shore, B. e Pihl, R. O. (2010). Personal goal setting, reflection, and elaboration improves academic performance in university students. *Journal of Applied Psychology* 95, 255-264; Pennebaker, J. W. e Seagal, J. D. (1999). Forming a story: The health benefits of narrative. *Journal of Clinical Psychology* 55, 1243–1254.
71. Vygotsky, L. S. (1986). *Thought and Language*. Cambridge, MA: MIT Press.
72. Peterson, J. B. e Flanders, J. L. (2005). Play and the regulation of aggression. Em R. E. Tremblay, W. W. Hartup e J. Archer (Eds.), *Developmental Origins of Aggression*. Nova York: Guilford, 133-157; Flanders, J. L., Leo, V., Paquette, D. Pihl, R. O. e Séguin, J. R. (2009). Rough-and-tumble play and the regulation of aggression: an observational study of father-child play dyads. *Aggressive Behavior* 35, 285–295.
73. Zimmerman, A. (2019). Subsidiarity and a free society: the subsidiary role of the state in Catholic social teaching. *Solidarity: the Journal of Catholic Social Thought and Secular Ethics* 8, 1–19.

74. Behr, T. (2019). *Social Justice and Subsidiarity: Luigi Taparelli and the Origins of Modern Catholic Social Thought*. Washington D.C.: The Catholic University of America Press.

75. Zimmermann, A. (2017). Reforming the democratic state: subsidiarity and a vision of limited government. *Revista de la Facultad de Jurisprudencia 1*, 1–15.

76. Shields-Wright, K. (2017). The principles of Catholic social teaching: a guide for decision making from daily clinical encounters to national policy-making. *Linacre Quarterly* 84, 10–22.

77. Röpke, W. (Autor), Hugger, D. J. (Ed.) e Kolev, S. (Intro.). (2019). *The Humane Economist: A Wilhelm Röpke Reader*. Grand Rapids, MI: Acton Institute.

78. Hayek, F. A. (1944). *The road to Serfdom*. University of Chicago Press.

79. Kieffer, J. W. (2017). Subsidiarity: restoring a sacred harmony. *Linacre Quarterly* 84, 1–9.

80. The principle of subsidiarity. *Fact Sheets on the European Union*. European Parliament. (n.d.). Extraído de europarl.europa.eu/factsheets/en/sheet/7/the-principle-of-subsidiarity, acesso em 31 de julho de 2023; Cygan, A. (202). Participation by national parliaments in the EU legislative process. *ERA Forum* 22, 421–435.

81. Vischer, R. K. (2001). Subsidiarity as a principle of governance: beyond devolution. *Indiana Law Review* 34, 103–132.

82. Veja seção 2.7. A perda do Paraíso e a espada flamejante.

83. Veja Prenúncio: A Voz Calma e Baixa.

84. Van der Kolk, B. (2014). *The Body Keeps the Score*. Nova York: Viking. A recente obra, já citada, sobre a relação entre percepção, conceituação, entropia e regulação emocional também é relevante ao se considerar tais questões: veja Friston K. (2009). The free--energy principle: a rough guide to the brain? *Trends in Cognitive Sciences, 13*, 293-301; Hirsh, J. B., Mar, R. A. e Peterson, J. B. (2012). Psychological entropy: a framework for understanding uncertainty-related anxiety. *Psychological Review* 119, 304–320.

85. McEwen, B. S. (1998): Protective and damaging effects of stress mediators. *New England Journal of Medicine* 338, 171–179.

86. McEwen, B. S. (2000). Allostasis and allostatic load: implications for neuropsychopharmacology. *Neuropsychopharmacology* 22, 108–124, 108.

87. Janoff-Bulman, R. *Shattered Assumptions*; Edmondson, D., Chaudoir, S. R., Mills, M. A., Park, C. L., Holub, J. e Bartkowiak, J. M. (2011). From shattered assumptions to weakened worldviews: trauma symptoms signal anxiety buffer disruption. *Journal of Loss & Trauma* 16, 358–385.

88. Bremner, J. D. (2006). Traumatic stress: effects on the brain. *Dialogues in Clinical Neuroscience* 8. 445–461.

89. Huffman, N., Shih, C. H., Cotton, A. S., Lewis, T. J., Grider, S., Wall, J. T., Wang, X. e Xie, H. (2023). Association of age of adverse childhood experiences with thalamic volumes and post-traumatic stress disorder in adulthood. *Frontiers in Behavioral NeuroScience* 17, 1147686.

90. Foa, E. B. e McLean, C. P. (2016). The efficacy of exposure therapy for anxiety-related disorders and its underlying mechanisms: the case of OCD and PTSD. *Annual Review of Clinical Psychology, 12*, 1–28.

91. Lindauer, R. J., Vlieger, E. J., Jalink, M., Olff, M., Carlier, I. V., Majoie, C. B., Den Heeten, G. J. e Gersons, B. P. (2005). Effects of psychotherapy on hippocampal volume in out-patients with post-traumatic stress disorder: a MRI investigation. *Psychological Medicine 35*, 1421–1431.

92. Gray, J. A. e McNaughton, N. (2004). *The Neuropsychology of Anxiety*. Oxford University Press; veja também Vinogradova, O. S. (2001). Hippocampus as comparator: role of the two input and two output systems of the hippocampus in selection and registration of information. *Hippocampus 11*, 578–598.

93. Carhart-Harris, R. L. e Friston, K. J. (2019). REBUS and the anarchic brain: toward a unified model of the brain action of psychedelics. *Pharmacological Reviews 71*, 316–344; Friston K. (2009). The free-energy principle: a rough guide to the brain? *Trends in Cognitive Sciences 13*, 293-301; Hirsh, J. B., Mar, R. A. e Peterson, J. B. (2012). Psychological entropy: a framework for understanding uncertainty-related anxiety. *Psychological Review 119*, 304–320. Aldous Huxley apontava nessa direção em sua inspirada obra de meados do século XX. Huxley, A. (1954). *The Doors of Perception*. Londres: Chatto & Windus.

94. Isso é frequentemente confundido com defesa contra a ansiedade da morte, seguindo Becker, E. (1973). *The Denial of Death*. Nova York: Free Press.

95. Jung, C. G. (1963). *Psychology and Religion*. New Haven: Yale University Press, parágrafo 82.

96. Jung, *Psychology and Religion*, parágrafo 75.

97. Wordsworth, W. (1807). Ode: Intimations of immortality from recollections of early childhood. Em *Poems in Two Volumes* (285-296). Londres: Longman, Hurst, Rees, Orme, and Brown.

98. DeYoung, C. G., Flanders, J. L. e Peterson, J. B. (2008). Cognitive abilities involved in insight problem solving: an individual differences model. *Creativity Research Journal 20*, 278–290.

99. De Waal, F. (1982). *Chimpanzee politics: Power and Sex among Apes*. Nova York: Harper & Row.

100. Pusey, J. M. e Packer, C. (1997). The evolution of social structure in female baboons. *Advances in the Study of Behavior 27*, 1–79; Gilby, M. L., Hill, R. A. e Barton, R. A. (2006). Social rank stability in male baboons: The role of kinship and social learning. *Animal Behavior 71*, 513–522.

101. Veja seção 7.5. O interregno inevitável entre o caos e o espírito que nos guia.

102. Como na declaração "consideramos estas verdades como autoevidentes", que abre o segundo parágrafo da Declaração de Independência dos Estados Unidos.

103. Axelrod, R. e Hamilton, W. D. (1981). The evolution of cooperation. *Science 211*, 1390-1396; Nowak, M., Sigmund, K. (2005). Evolution of indirect reciprocity. *Nature 437*, 1291-1298, 1291; veja também Bicchieri, C. (2012). *The Grammar of Society: The Nature and Dynamics of Social Norms*. Cambridge, MA: MIT Press; Fehr, E. e Fischbacher, U. (2002). The nature of human altruism. *Nature 415*, 752–755; Hofstadter, D. R. (1983). The prisoner's dilemma: computer tournaments and the evolution of cooperation. Em D. R. Hofstadter (Ed.). *Metamagical Themas: Questing for the Essence of Mind and Pattern* (715-734). Nova York: Basic Books.

104. Yan, J. Personal sustained cooperation based on networked evolutionary game theory. *Scientific Reports 13*, 9125–9130.

105. Veja resumos breves, porém instrutivos, em newworldencyclopedia.org/entry/Golden_Rule; Golden Rule, *Wikipedia*: en.wikipedia.org/wiki/Golden_Rule.

106. Jung, C. G. (1967). Alchemical studies (Trad. de R. F. C. Hull). Princeton University Press; Jung, C. G. (1968). Psychology and alchemy (Trad. de R. F. C. Hull). Princeton University Press.

8. Moisés II: Hedonismo e Tentação Imatura

1. Kasser, T. (2016). Materialistic values and goals. *Annual Review of Psychology 67*, 489–514; Dittmar, H., Bond, R., Hurst, M. e Kasser, T. (2014). The relationship between materialism and personal well-being: A meta-analysis. *Journal of Personality and Social Psychology* 107, 879–924.

2. Como argumentado, por exemplo, em Rorty, R. (1979). *Philosophy and the Mirror of Nature*. Princeton University Press e, pelo menos, fortemente implícito nas obras de Foucault, M. (1991). *Discipline and Punish: The Birth of a Prison*. Londres: Penguin; Foucault, M. (1998). *The History of Sexuality: The Will to Knowledge*. Londres: Penguin.

3. Yeats, W. B. (1989). *The Collected poems of W. B. Yeats*. Nova York: Collier Books.

4. Schrödinger, Erwin (1951). *What is Life? The Physical Aspect of the Living Cell*. Cambridge University Press.

5. Essa questão é discutida de modo inteligente em gotquestions.org/Israelites-exodus.html.

6. Como descrito em 5.1. Lúcifer e os engenheiros.

7. Especificamente derivado de biblehub.com/exodus/32-35.htm#commentary; extraído de Spence-Jones, H. D. M. (Ed.). (1890). *The Pulpit Commentary*. Londres: Funk & Wagnalls.

8. Veja biblehub.com/exodus/33-12.htm#commentary; extraído de Spence-Jones, *Pulpit Commentary*. Versão em português extraída de bibliaplus.org/pt/commentaries/5/comentario-biblico-do-pulpito/exodo/33/12-17.

9. Veja Prenúncio: A Voz Calma e Baixa.

10. Veja biblehub.com/exodus/33-23.htm#commentary; extraído de from Spence-Jones, *Pulpit Commentary*. Versão em português extraída de www.bibliaplus.org/pt/commentaries/5/comentario-biblico-do-pulpito/exodo/33/18-23.
11. Dawkins, R. (2006). *The God Delusion*. Nova York: Houghton Mifflin Harcourt, capítulo 10. Título no Brasil: *Deus, um Delírio*.
12. "Um colega intelectual, Guy Sorman, desencadeou uma tempestade entre os 'intellos' parisienses ao afirmar que Foucault, que morreu em 1984 aos 57 anos, era um estuprador pedófilo que teve relações sexuais com crianças árabes enquanto vivia na Tunísia no final da década de 1960": thetimes.co.uk/article/French-philosopher-michel-foucault-abused-boys-in-tunisia-6t5sj7jvw. Isso sem mencionar sua insistência em continuar com suas aventuras sexuais promíscuas e sadomasoquistas após se tornar um notório portador do vírus da aids: veja Kimball, R. (março de 1993). The perversions of M. Foucault. *New Criterion*: newcriterion.com/article/the-perversions-of-m-foucault.
13. Perry, L. (2022). *The Case against the Sexual Revolution: A New Guide to Sex in the 21st Century*. Nova York: Polity.
14. Ehrlich, P. R. (1968). *The Population Bomb*. Nova York: Ballantine Books; veja também a igualmente repreensível e injustificada missiva do chamado Clube de Roma: Meadows, D. H., Meadows, D. L., Randers, J. e Behrens III, W. W. (1972). *The Limits to Growth: A Report for the Club of Rome's Project on the Predicament of Mankind*. Nova York: Universe Books.
15. Conly, S. (2016). *One Child: Do We Have a Right to More?* Nova York: Oxford University Press.
16. Para uma revisão e crítica de tais perspectivas, veja Lomborg, B. (2020). Welfare in the 21st century: Increasing development, reducing inequality, the impact of climate change, and the cost of climate policies. *Technological Forecasting and Social Change 156*, 119981; veja também Epstein, A. (2022). *Fossil Future: Why Global Human Flourishing Requires More Oil, Coal, and Natural Gas — Not Less*. Nova York: Penguin.
17. Especificamente derivado de biblehub.com/exodus/34-1.htm#commentary; extraído de Ellicott, C. J. (1905). *Ellicott's Commentary for English Readers*. Londres: Cassell and Company, Ltd.
18. Veja seção 1.5. À imagem de Deus.
19. Veja seção 2.7. A perda do Paraíso e a espada flamejante.
20. Veja seção 2.2. O orgulho versus a sagrada ordem moral.
21. Veja seção 6.1. Siga adiante.
22. Chang, I. (1997). *The Rape of Nanking: The Forgotten Holocaust of World War II*. Nova York: Basic Books, 104.
23. Chang, *The Rape of Nanking*, 109-110.

24. Browning, C. R. (1992). *Ordinary Men: Reserve Police Battalion 101 and the Final Solution in Poland*. Nova York: Harper Perennial.
25. Para uma análise completa e perspicaz sobre tais questões, veja Landes, D. S. (1998). *The Wealth and Poverty of Nations: Why Some Are So Rich and Some So Poor.* Nova York: W. W. Norton.
26. Veja seção 8.2. O restabelecimento desesperado do pacto.
27. Frankl, V. E. (1963). *Man's Search for Meaning: An Introduction to Logotherapy*. Nova York: Washington Square Press.
28. Veja Capítulo 6. Abraão: Deus Como Chamado Vivificante para a Aventura.
29. Veja seção 2.2. O orgulho versus a sagrada ordem moral.
30. Veja seção 8.2. O restabelecimento desesperado do pacto.
31. Donehower, L. A., *et al.* (2019). Defining a mutational hierarchy of cancer drivers based on the distribution of somatic mutations. *Nature Genetics* 51, 278–288.
32. Veja seção 2.4. Os eternos pecados de Adão e Eva.
33. Veja, por exemplo, Peterson, J. B. *Maps of Meaning*; veja também Jung, C. G. (1967). *The Collected Works of C. G. Jung: Vol. 5. Symbols of Transformation* (2ª ed.). Em H. Read, *et al.*, Eds. Tradução de R. F. C. Hull. Princeton University Press; Campbell, J. (2012). *The Hero with a Thousand Faces* (3ª ed.). New World Library; Neumann, E. (2014). *The Origins and History of Consciousness*. Princeton University Press; Neumann, E. (2015). *The Great Mother.* Princeton University Press Platform; Eliade, M. (1978). *A History of Religious Ideas (Volumes I-III):* Chicago University Press; Eliade, M. (1959). *The Sacred and the Profane*. Tradução de Willard R. Trask. Nova York: Harcourt, Brace and Company. Títulos no Brasil: *A História das Crenças e das Ideias Religiosas Vol. I-III* e *O Sagrado e o Profano.*
34. Jones, D. E. (2002). *An Instinct for Dragons*. Nova York: Routledge.
35. Veja seção 1.5. À imagem de Deus.
36. Veja seção 1.5. À imagem de Deus.
37. Foa, E. B. e McLean, C. P. (2016). The efficacy of exposure therapy for anxiety- related disorders and its underlying mechanisms: the case of OCD and PTSD. *Annual Review of Clinical Psychology* 12, 1–28.
38. Vervliet, B., Vansteenwegen, D. e Eelen, P. (2004). Generalization of extinguished skin conductance responding in human fear conditioning. *Learning and Memory* 11, 555–558; Preusser, F., Margraf, J. e Zlomuzica, A. (2017). Generalization of extinguished fear to untreated fear stimuli after exposure. *Neuropsychopharmacology* 42, 2545–2552.
39. Piaget, J. (1962). *Play, Dreams, and Imitation in Childhood*. Nova York: Norton; Piaget, J. (1965). *The Moral Judgment of the Child*. Nova York: Free Press; Vygotsky, L. S. (1986). *Thought and Language*. Cambridge, MA: MIT Press; Peterson, J. B. *Maps of Meaning*. Título no Brasil: *Mapas do Significado.*

40. Veja seção 3.6. Possessão criativa pelo espírito do ressentimento.
41. Douglas, M. (1970). *Numbers*. Pelican Books; Peterson, J. B. e Flanders, J. L. (2005). Play and the regulation of aggression. Em R. E. Tremblay, W. W. Hartup e J. Archer (Eds.), *Developmental Origins of Aggression*. Nova York: The Guilford Press, 133–157.
42. Veja seção 8.2. O restabelecimento desesperado do pacto.
43. Veja seção 8.2. O restabelecimento desesperado do pacto.
44. Veja seção 6.7. O ápice do sacrifício.
45. Dawkins, R. (2006). *The God Delusion*. Nova York: Houghton Mifflin Harcourt, 295. Título no Brasil: *Deus, um Delírio*.
46. Prager, D. (2018). *The Rational Bible: Exodus*. Washington, D.C.: Regnery Faith; veja também Prager, D. (dezembro de 2014). Do not murder. *Prager U*. youtu.be/0RENPaY043o?si=35PHjhPgVj8QfZSu.
47. Niditch, S. (1995). *War in the Hebrew Bible: A Study in the Ethics of Violence*. Nova York: Oxford University Press.
48. Peterson, J. B. e Thornhill, R. (2021). Death, disease and politics. *The Jordan B. Peterson Podcast, 184* (youtu.be/6DqJ1Wv6EtQ?si=sZJA5pvUchlNbsWN).
49. Fincher, C. L, Thornhill, R., Murray, D. R. e Schaller, M. (2008). Pathogen prevalence predicts human cross-cultural variability in individualism/collectivism. *Proceedings of the Royal Society: Biology 275*, 1279–1285; Fincher, C. L. e Thornhill, R. (2012). Parasite-stress promotes in-group assortative sociality: The cases of strong family ties and heightened religiosity. *Behavioral and Brain Science 35*, 61–79; Murray, D. R., Schaller, M. e Suedfeld, P. (2013). Pathogens and politics: Further evidence that parasite prevalence predicts authoritarianism. *PLoS One 8*, e62275; Thornhill, R. e Fincher, C. L. (2014). *The Parasite-Stress Theory of Values and Sociality: Infectious Disease, History and Human Values Worldwide*. Nova York: Springer; Thornhill, R., Fincher, C. L. e Aran, D. (2009). Parasites, democratization, and the liberalization of values across contemporary countries. *Biological Reviews of the Cambridge Philosophical Society 84*, 113–131.
50. Explicações adicionais sobre a identidade psicológica do estrangeiro, da ideia estranha e do estranho em si podem ser encontradas em Peterson, J. B. *Maps of Meaning*. Título no Brasil: *Mapas do Significado*.
51. Blenkinsopp, J. (1981). *Gibeon and Israel: The Role of Gibeon and the Gibeonites in the Political and Religious History of Early Israel*. Cambridge University Press. 184.
52. Veja seção 7.1. Os judeus como escravos e viajantes indesejados.
53. Veja seção 7.1. Os judeus como escravos e viajantes indesejados.
54. Ingersoll, R. G. (1905). The punishment of natural consequences. Em *The Works of Robert G. Ingersoll* (Vol. 10, 39–40). Joliet, IN: Freethought Press Association.
55. Para uma análise dessa relação causal a respeito do comunismo e seus horrores, veja Solzhenitsyn, A. (1974). *The Gulag Archipelago, 1918–1956: An Experiment in Literary Investigation*. Tradução de T. P. Whitney. Nova York: Harper & Row.

9. Jonas e o Abismo Eterno

1. Veja Prenúncio: A Voz Calma e Baixa.
2. Plato. (1997). Apology. Tradução de G. M. A. Grube. Em J. M. Cooper (Ed.), *Plato: Complete Works*. Hackett Publishing Company, 17–38.
3. Veja seção 2.2. O orgulho versus a sagrada ordem moral.
4. Thompson, D. (fevereiro de 2012). The spectacular rise and fall of US whaling: an innovation story. *The Atlantic*, theatlantic.com/business/archive/2012/02/the-spectacular-rise-and-fall-of-us-whaling-an-innovation-story/253355.
5. Veja seção 4.2. Pecado e o retorno do caos.
6. Veja, por exemplo, *The Harrowing of Hell*: afresco no pareclésio (capela adjacente) da Igreja de Chora, Istambul. Nessa imagem, Cristo é retratado puxando Adão e Eva do inferno pelos pulsos, e não pelas mãos (indicando que a obra está sendo realizada pela intervenção divina que desce até eles, e não como consequência dos esforços do homem e da mulher).
7. Peterson, J. B. (1999). *Maps of Meaning: The Architecture of Belief.* Nova York: Routledge. Título no Brasil: *Mapas do Significado.*
8. Solzhenitsyn, A. (1974). *The Gulag Archipelago, 1918-1956: An Experiment in Literary Investigation* (Trad. de T. P. Whitney). Nova York: Harper and Row. Título no Brasil: *Arquipélago Gulag – Um experimento de investigação artística 1918-1856.*
9. Do Evangelho de Tomé, citado em Pagels, E. (1979). *The Gnostic Gospels.* Nova York: Random House, p. xv.
10. Derivado especificamente de biblehub.com/jonah/4-6.htm#commentary; extraído de Spence-Jones, H. D. M. (Ed.). (1890). *The Pulpit Commentary.* Londres: Funk & Wagnalls.

Conclusão

1. Blau, F. D. e Kahn, L. M. (2017). The gender wage gap: Extent, trends, and explanations. *Journal of Economic Literature 55*, 789–865; Charles, M. e Grusky, D. B. (2004). *Occupational Ghettos: The Worldwide Segregation of Women and Men.* Stanford University Press; Croson, R. e Gneezy, U. (2009). Gender differences in preferences. *Journal of Economic Literature* 47, 448-74; Del Giudice, M. (2022). Measuring sex differences and similarities. Em D. P. VanderLaan e Wong, W. I. (Eds.), *Gender and Sexuality Development: Contemporary Theory and Research* (pp. 1–38). Cham, Switzerland: Springer Nature AG; Falk, A., Becker, A., Dohmen, T., Enke, B., Huffman, D. e Sunde, U. (2018). Global evidence on economic preferences. *Quarterly Journal of Economics 133*, 1645-1692; Kahn, S. e Ginther, D. (2017). Women and STEM. *NBER Working Paper 23525*; Kuhn, A. e Wolter, S. C. (2022). Things versus people: Gender differences in vocational interests and in occupational preferences. *Journal of Economic Behavior & Organization 203*,

210–234; Weisberg, Y. G., DeYoung, C. G. e Hirsh, J. B. (2011). Gender differences in personality across the ten aspects of the big five. *Frontiers in Psychology* 2, 178.

2. Peterson, J. B. (1999). *Maps of Meaning: The Architecture of Belief.* Nova York: Routledge. Título no Brasil: *Mapas do Significado: Arquitetura da Crença*.